Nicola Jacob

Aktive Sterbehilfe im Rechtsvergleich und unter der Europäischen Menschenrechtskonvention

Nicola Jacob

Aktive Sterbehilfe im Rechtsvergleich und unter der Europäischen Menschenrechtskonvention

Tectum Verlag

Nicola Jacob

Aktive Sterbehilfe im Rechtsvergleich
und unter der Europäischen Menschenrechtskonvention.

Zugl. Diss. Humboldt-Universität zu Berlin, Juristische Fakultät 2012
ISBN: 978-3-8288-3196-4

Druck und Bindung: CPI buchbücher.de, Birkach
Printed in Germany

Besuchen Sie uns im Internet
www.tectum-verlag.de

Bibliografische Informationen der Deutschen Nationalbibliothek
Die Deutsche Nationalbibliothek verzeichnet diese Publikation in der Deutschen Nationalbibliografie; detaillierte bibliografische Angaben sind im Internet über http://dnb.ddb.de abrufbar.

Inhalt

Abkürzungsverzeichnis

a. A.	andere Ansicht
Abl. EG	Amtsblatt der Europäischen Gemeinschaften
Abs.	Absatz; Absätze
ähnl.	ähnlich
AG	Amtsgericht
AHL	Annals of Health Law
AIDS	Acquired Immune Deficiency Syndrome / Acquired immunodeficiency syndrome
AK	Alternativkommentar
ALS	Amyotrophe Lateralsklerose
a. M.	am Main
Anh.	Anhang
Anm.	Anmerkung(en)
Ann. Dr. Lux.	Annales du Droit Luxembourgeois
Art.	Artikel (Singular)
Artt.	Artikel (Plural)
Aufl.	Auflage
Az.	Aktenzeichen
BÄK	Bundesärztekammer
Basler Komm	Basler Kommentar
Bd.	Band
Bearb.	Bearbeiter/-in
Benelux	Belgien, Niederlande und Luxemburg
Beschl.	Beschluss
Bf.	Beschwerdeführer(in)
BG	Bundesgericht
BGE	Entscheidungen des Schweizerischen Bundesgerichts
BGH	Bundesgerichtshof
BGHSt	Bundesgerichtshof in Strafsachen
BMB	British Medical Bulletin
BT	Besonderer Teil

BT-Drucks.	Bundestags-Drucksache
BtMG	Betäubungsmittelgesetz
BV	Bundesverfassung der Schweizerischen Eidgenossenschaft
BVerfG	Bundesverfassungsgericht
BVerfGE	Entscheidungen des Bundesverfassungsgericht
BVerwG	Bundesverwaltungsgericht
BVerwGE	Entscheidungen des Bundesverwaltungsgerichts
bzgl.	bezüglich
bzw.	beziehungsweise
c.	contre (frz.: „gegen“)
ca.	circa, etwa
C. C. N. E., CCNE	Comité Consultatif National d'Ethique
chStGB	Schweizer Strafgesetzbuch
DÄBl	Deutsches Ärzteblatt
ders.	derselbe/n
d. h.	das heißt
dies.	dieselbe/n
DJT	Deutscher Juristentag
D. L. R.	Dominion Law Reports
Doc.	Document
DPP	Director of Public Prosecutions
D. R.	Decisions and Reports
Drucks.	Drucksache
dt.	deutsch/-e/-er/-es
E.	Erwägung (vom Schweizer BG verwendet)
ECHR	European Court of Human Rights
EG	Europäische Gemeinschaft
EGMR	Europäischer Gerichtshof für Menschenrechte
EHRLR	European Human Rights Law Review
EJHL	European Journal of Health Law
EKMR	Europäische Kommission für Menschenrechte
EL	Ergänzungslieferung

EMRK	Europäische Konvention zum Schutze der Menschenrechte und Grundfreiheiten
engl.	englisch/-e/-er/-es
et al.	et alii (lat.: „und andere“)
etc.	et cetera (lat.: „und im Übrigen“; hier verwendet als „und so weiter“)
EU	Europäische Union
EuGH	Europäischer Gerichtshof
EuGRZ	Europäische Grundrechtezeitschrift
EuR	Europarecht
EUV	Vertrag über die Europäische Union
e. V.	eingetragener Verein
f.	folgende (Einzahl)
FAQ	Frequently Asked Questions
FAS	Frankfurter Allgemeine Sonntagszeitung
FAZ	Frankfurter Allgemeine Zeitung
ff.	folgende (Mehrzahl)
FLS	Feminist Legal Studies
Fn.	Fußnote
frz.	französisch
FS	Festschrift
g	Gramm
GA	Goltdammer's Archiv für Strafrecht
GedS	Gedächtnisschrift
gem.	gemäß
GG	Grundgesetz
ggf.	gegebenenfalls
GJIL	Gonzaga Journal of International Law
GRCh, GR-Charta	Charta der Grundrechte der Europäischen Union
Hervorheb.	Hervorhebung(en)
HK	Handkommentar
h. L.	herrschende Lehre
h. M.	herrschende Meinung

Hrsg.	Herausgeber
hrsgg.	herausgegeben
i. Br.	im Breisgau
i. E.	im Ergebnis
i. F. d.	im Falle der/des; in Form der/des
i. F. e.	im Falle einer/eines; in Form einer/eines
IJCL	International Journal of Constitutional Law
inkl.	inklusive
insb.	insbesondere
insg.	insgesamt
IPbpR	Internationaler Pakt über bürgerliche und politische Rechte (1966)
i. R.	im Rahmen
i. R. d.	im Rahmen der/des
i. S., iS	im Sinne
i. S. d., iSd	im Sinne der/des
i. S. e.	im Sinne einer/eines
i. S. v.	im Sinne von
i. Ü.	im Übrigen
i. V. m.	in Verbindung mit
i. W. d.	im Wege der/des
i. w. S.	im weiteren Sinne
JA	Juristische Arbeitsblätter
jew.	jeweilig/e/er/es jeweils
Jg.	Jahrgang
JLS	Journal of Law and Society
JR	Juristische Rundschau
JURA	Juristische Ausbildung
JuS	Juristische Schulung
JZ	Juristen Zeitung
Kap.	Kapitel

KNMG	Koninklijke Nederlandsche Maatschappij tot bevordering der Geneeskunst (Königliche Niederländische Gesellschaft zur Förderung der Heilkunst)
krit.	kritisch
KritV	Kritische Vierteljahresschrift für Gesetzgebung und Rechtsprechung
lat.	lateinisch
LEIF	Life End Information Forum
LG	Landgericht
lit.	litera
Ltd.	Limited
MedR	Medizinrecht
MK	Münchener Kommentar
MLR	Medical Law Review
mögl.	möglich/-e/-en/-er/-es
MRK	Menschenrechtskonvention
Mrs	englische Bezeichnung / Anrede für „Frau"
MS	Multiple Sklerose
Ms	englische Bezeichnung / Anrede für „Frau"
m. entspr. N.	mit entsprechendem Nachweis / mit entsprechenden Nachweisen
m. v. N.	mit vielen Nachweisen
m. w. N.	mit weiterem Nachweis / mit weiteren Nachweisen
Nachw.	Nachweis/-e/-en
NF	Neue Folge
NJW	Neue Juristische Wochenschrift
No.	Number
Nr.	Nummer
NRW	Nordrhein-Westfalen
NStZ	Neue Zeitschrift für Strafrecht
o. ä.	oder ähnliche/-m/-n/-r/-s

o. G.; o. g.	oben genannt/-e/-er/-es oben gesehen; oben gezeigt oben Gesagtes
OLG	Oberlandesgericht
OVG	Oberverwaltungsgericht
p.	page (frz.: „Seite")
PDF	Portable Document Format (Datenformat für digitalisierte Texte)
PEG	perkutane endoskopische Gastrostomie
Rdn.; Rn	Randnummer(n)
RGSt	Entscheidungen des Reichsgerichts in Strafsachen
Rs.	Rechtssache
Rspr.	Rechtsprechung
RTDH	Revue trimestrielle des droits de l'homme
S.	Satz; Seite
s.	siehe
sb	somebody
SCEN	Steun en Consultatie bij Euthanasie in Nederland (Unterstützung und Beratung bei Sterbehilfe in den Niederlanden)
schStGB	Schweizer StGB
Slg.	Gerichtshof der Europäischen Gemeinschaften, Sammlung der Rechtsprechung des Gerichtshofes
s. o.	siehe oben
sog.	so genannte/-er/-es
S/S	Schönke/Schröder (Strafrechtskommentar, s. Literaturverzeichnis)
StGB	Strafgesetzbuch
sth	something
StPO	Strafprozessordnung
SZ	Süddeutsche Zeitung
u. a.	unter anderem; und andere
u. ä.	und ähnliche/-m/-n/-r/-s
Übers.	Übersetzung

übers.	übersetzt
UK	United Kingdom
UKHL	United Kingdom House of Lords
UN	United Nations (Vereinte Nationen)
Urt.	Urteil(e)
USA	United States of America (Vereinigte Staaten von Amerika)
usw.	und so weiter
u. U.	unter Umständen
v.	vom; von; versus
v. a.	vor allem
Verf.	Verfasserin
VG	Verwaltungsgericht
vgl.	vergleiche
VoG	Vereinigung ohne Gewinnerzielungsabsicht
Vol.	Volume
Vorb.; Vorbem.	Vorbemerkung(en)
VwGO	Verwaltungsgerichtsordnung
WGBO	Wet op de Geneeskundige Behandelings Overeenkomst (Law on Contracts for Medical Treatment, Niederlande)
WLR	The Weekly Law Reports
WvSr	Wetboek van Strafrecht (niederländisches Strafgesetzbuch)
Z.	Ziffer
z. B.	zum Beispiel
ZfL	Zeitschrift für Lebensrecht
zit.	zitiert
ZRP	Zeitschrift für Rechtspolitik
ZSR	Zeitschrift für Schweizerisches Recht
ZStR	Schweizerische Zeitschrift für Strafrecht
z. Zt.	zur Zeit

Vorbemerkung und Danksagung

Die vorliegende Arbeit wurde im April 2012 bei der Juristischen Fakultät der Humboldt-Universität zu Berlin als Dissertation eingereicht. Im September 2012 erfolgte die Disputation. Neu aufgelegte Literatur konnte bis Ende Oktober 2012 berücksichtigt werden.

Nachdem ich die Arbeit eingereicht hatte, urteilte der Europäische Gerichtshof für Menschenrechte (*EGMR*) im Sommer 2012 zum Fall *Koch ./. Bundesrepublik Deutschland* (Urteil vom 19.07.2012, Az. 497/09). Diesbezüglich habe ich die Arbeit im Dezember 2012 noch einmal entsprechend inhaltlich aktualisiert. Ferner habe ich einige Anregungen zur Klarstellung aus der Disputation mit aufgenommen sowie die Arbeit noch mehrfach Korrektur gelesen. Hierbei habe ich Rechtschreib-, Wort- und Grammatikfehler verbessert. Zugleich habe ich am Schluss der Arbeit unter § 2 C) sowie im Gesamtergebnis noch einige Ergänzungen vorgenommen, die der Klarstellung dienen sollen.

Vorab sei auch darauf hingewiesen, dass Ergänzungen meinerseits in den verwendeten direkten Zitaten mit eckigen Klammern („[...]“) gekennzeichnet sind, ebenso wie Auslassungen („[...]“). Das heißt, alles (einzige Ausnahme: S. 415), was in direkten Zitaten mit eckigen Klammern gekennzeichnet ist, ist entweder eine Auslassung oder eine Anmerkung von mir (z. B., weil der Satz ansonsten sprachlich keinen Sinn ergeben würde).

Anlässlich der Fertigstellung und Veröffentlichung dieser Dissertation möchte ich nun meinen Dank an meine Doktormutter Frau Prof. Dr. Will, den Zweitgutachter Herrn Prof. Dr. Heger sowie an meine Freunde und meine Familie aussprechen.

Mein Dank gilt zuvörderst Frau Prof. Dr. Rosemarie Will, die mich während der Erstellung dieser Arbeit betreut hat. Ich danke ihr sehr herzlich für die Betreuung und für die vielen anregenden Diskussionen, die wir während dieser Zeit geführt haben. Ihr und ihrem Lehrstuhl-Team gilt ein großes Dankeschön für die spannende und lehrreiche, insbesondere aber schöne Zeit. Herrn Prof. Dr. Martin Heger danke ich sehr herzlich für die Erstellung des Zweitgutachtens. Der Friedrich-Naumann-Stiftung für die Freiheit danke ich für die Gewährung eines Promotionsstipendiums und für die schöne Stipendiatenzeit.

Meinen Freundinnen und Freunden sei von Herzen für all ihre Unterstützung und Begleitung gedankt: Ich hoffe, dass ich Euch ein wenig hiervon zurückgeben kann.

Der größte Dank gilt meinen Eltern. Sie haben mich einen selbstbestimmten Menschen werden lassen, unterstützen mich in meinen Entscheidungen und begleiten mich auf meinem Weg: Euch ist diese Arbeit in Liebe gewidmet.

Bielefeld, im Dezember 2012

Nicola Jacob

Einleitung

Die vorliegende Arbeit soll die Fragestellung untersuchen, was die Europäische Menschenrechtskonvention (EMRK) zur aktiven Sterbehilfe und zur Suizidbeihilfe vorgibt und was die Mitgliedstaaten der EMRK daraus machen (können). Dies beinhaltet zum Einen die Auseinandersetzung mit der Dogmatik und Rechtsprechung zur EMRK, zum Anderen aber auch die Untersuchung der Regelungen zur aktiven Sterbehilfe sowie zur Suizidbeihilfe in einzelnen Mitgliedstaaten der EMRK.

Eine solche Untersuchung, die beide Aspekte miteinander zu verknüpfen versucht, gibt es bislang nicht. Die bereits bestehende Sterbehilfe-Praxis und ihre Legalisierung in den Niederlanden im Jahr 2002 war Anlass für eine größere Anzahl von Kommentierungen und entsprechenden Monographien. Exemplarisch seien hierzu „Das niederländische Gesetz über die Prüfung von Lebensbeendigung auf Verlangen und Beihilfe zur Selbsttötung" von *Grundmann* oder „Die gesetzliche Regelung der aktiven ärztlichen Sterbehilfe des Königreichs der Niederlande – ein Modell für die Bundesrepublik Deutschland?" von *Reuter* genannt. Ebenso gibt es zahlreiche Aufsätze wie beispielsweise von *Janssen*[1], *Czerner*[2], *Smies*[3] oder *Lewis/Hoogendorn*[4], die sich mit der niederländischen Rechtslage auseinandersetzen und diese kommentieren.

Nachdem Belgien ebenfalls die aktive Sterbehilfe legalisierte, war dies Anlass für eine entsprechende Rechtsvergleichung zwischen diesen beiden Staaten. Hierzu liegen beispielsweise Werke wie „Euthanasia and Palliative Care in the Low Countries" von *Schotsmans/ Meulenbergs* oder Aufsätze wie „A Presentation of the Belgian Act of Euthanasia against the Background of Dutch Euthanasia Law" von *Nys*[5] vor. Darüber hinaus gibt es auch rechtsvergleichende Werke, die weitere Staaten mit einbeziehen. Dies sind z. B. „Euthanasia and Law in Europe" von *Griffiths/Weyers/Adams* oder „Euthanasia in Europe" von *Sohn/Zenz*.

1 *Janssen*, in: ZRP 2001, S. 179 ff.; *ders.*, in: ZfL 2002, S. 107 ff.

2 *Czerner*, in: MedR 2001, S. 354 ff.

3 *Smies*, in: GJIL 2003, S. 0 ff.

4 *Lewis/Hoogendorn*, in: JLS 1998, Nr. 4, S. 636 ff.

5 *Nys*, in: EJHL 2003, S. 239 ff.

Auffallend ist insoweit, dass die Rechtsvergleichung überwiegend in englischer Sprache erfolgt. Somit soll die vorliegende Arbeit primär einen Beitrag zur deutschsprachigen Diskussion leisten. Darüber hinaus soll diese Arbeit jedoch auch den dritten Staat, der inzwischen die aktive Sterbehilfe legalisiert hat, nämlich Luxemburg, mit einbeziehen. Hierzu gibt es bislang vorwiegend Einzeldarstellungen, z. B. von *Braum*[6]. Der rechtsvergleichende Abschnitt legt somit einen Schwerpunkt auf die Regelungen in den sog. Benelux-Staaten (Niederlande, Belgien, Luxemburg). Deren nationale Sterbehilfe-Regelungen sind bislang nicht in dieser Form miteinander verglichen worden. An Hand dieses Vergleichs sollen Kriterien aufgezeigt werden, mit denen man sich im Rahmen der Legalisierungsprozesse in den drei Staaten auseinandersetzen musste.

In Bezug auf die Thematik „Aktive Sterbehilfe unter der EMRK" sticht die Diskussion des Urteils *Diane Pretty ./. Vereinigtes Königreich* des Europäischen Gerichtshofs für Menschenrechte (*EGMR*)[7] heraus[8]. Ebenso setzen sich Autoren wie *Kneihs* in „Grundrechte und Sterbehilfe" mit dem Verhältnis zwischen Sterbehilfe und EMRK auseinander[9]. Es fehlt aber bislang an einer Verknüpfung der thematisch die Sterbehilfe betreffenden Urteile des *EGMR*. An Hand einer solchen Verknüpfung können allgemein gültige Aussagen für oder auch gegen die Legalisierung von Sterbehilfe unter der EMRK erarbeitet werden.

Erst recht fehlt eine hiermit verbundene Inbezugnahme auf die nationalen Regelungen der drei Benelux-Staaten. Das heißt, das Zusammenwirken zwischen der Konvention und den nationalen Regelungen der Mitgliedstaaten wird nicht hinreichend deutlich. Vielmehr wird überwiegend nur die rechtsvergleichende Ebene oder nur die EMRK-Ebene betrachtet. Eine Verbindung zwischen beiden Ebenen fehlt meistens. Die vorliegende Arbeit versucht, eine solche Ver-

6 *Braum*: „Sterbehilfe in Luxemburg: Vorgeschichte, Inhalt und Auswirkungen des neuen Gesetzes", veröffentlicht bei der Evangelischen Akademie Tutzing.

7 *EGMR, Pretty ./. Vereinigtes Königreich*, Urt. v. 29.04.2002, Az. 2346/02, in: NJW 2002, S. 2851 ff.

8 Siehe z. B. *Byk*, in: Ethical Eye I, S. 109 ff.; *de Schutter*, in: RTDH 2003, Nr. 53, S. 71 ff.; *Heymann*, in: JuS 2002, S. 957 ff.

9 *Kneihs*, S. 225 ff.

bindung herzustellen. Sie wird die Lücke gewiss nicht schließen. Aber sie unternimmt den Versuch, den Abstand zu verringern.

A) Zur EMRK

Bei der EMRK handelt es sich um „das älteste Vertragswerk seiner Art im Rahmen des regionalen Menschenrechtsschutzes."[10] Nach dem Ende des Zweiten Weltkriegs wollte man auf internationaler Ebene „Menschenrechtsdokumente mit vertraglich-bindender Wirkung" schaffen. Insbesondere ging es darum, die „systematische Missachtung von Menschenrechten vor allem im Dritten Reich" für die Zukunft zu unterbinden[11]. Die EMRK ist ein solches Dokument auf regionaler europäischer Ebene. Das Besondere an ihr ist, dass sie in Art. 34 EMRK ein Recht auf Individualbeschwerde enthält. Hiernach kann „[d]er Gerichtshof[12] [...] von jeder natürlichen Person, nichtstaatlichen Organisation oder Personengruppe, die behauptet, durch eine der Hohen Vertragsparteien in einem der in dieser Konvention oder den Protokollen dazu anerkannten Rechte verletzt zu sein, mit einer Beschwerde befaßt werden. Die Hohen Vertragsparteien verpflichten sich, die wirksame Ausübung dieses Rechts nicht zu behindern." Unter den weiteren Voraussetzungen des Art. 35 EMRK kann sich also jeder Bürger an den Europäischen Menschenrechtsgerichtshof (*EGMR*) wenden und eine durch einen Mitgliedstaat der EMRK begangene Konventionsverletzung rügen. Stellt der Gerichtshof eine Rechtsverletzung fest, kann er nach Art. 41 EMRK dem Betroffenen ggf. sogar eine Entschädigung zusprechen. Ursprünglich gab es im Rahmen des EMRK-Systems neben dem Gerichtshof auch eine Europäische Kommission für Menschenrechte (*EKMR*), die bei Einlegung einer Individualbeschwerde zunächst die Zulässigkeit dieser Beschwerde zu prüfen hatte[13]. Die Kommission ist jedoch inzwischen abgeschafft worden[14].

10 *Grabenwarter/Pabel*, EMRK, § 1, Rdn. 1.

11 *Grabenwarter/Pabel*, EMRK, § 1, Rdn. 1. Siehe zur Entstehungsgeschichte der EMRK *dies.*, EMRK, § 1, Rdn. 2 ff.

12 Anm. der Verf.: Hierbei handelt es sich um den Europäischen Gerichtshof für Menschenrechte (*EGMR*), siehe Art. 19 EMRK.

13 Vgl. *Grabenwarter/Pabel*, EMRK, § 6, Rdn. 1.

14 Vgl. *Grabenwarter/Pabel*, EMRK, § 1, Rdn. 3 f.; § 6, Rdn. 1; *Jaeckel*, S. 105, m. w. N.

Alle derzeit 47 Mitgliedstaaten des Europarates[15] sind auch Mitgliedstaaten der EMRK[16]. Darunter sind zunächst alle Mitgliedstaaten der Europäischen Union (EU). Darüber hinaus sind beispielsweise auch Staaten wie Russland, Armenien, Aserbaidschan, Georgien, Serbien, Bosnien-Herzegovina, die Türkei, Andorra, San Marino oder Liechtenstein Mitglied. Die einzigen beiden Nicht-Mitgliedstaaten, die geographisch in Europa liegen, sind der Vatikan und Belarus. Allerdings hat wiederum der Heilige Stuhl (als sog. atypisches Völkerrechtssubjekt[17]) seit 1970 Beobachterstatus[18].

Es hat sich also in Europa ein von den Institutionen der EU unabhängiges System des Menschenrechtsschutzes etabliert[19]. Die Besonderheit besteht in dem oben beschriebenen „Rechtsschutzsystem zur gerichtlichen Überprüfung der Einhaltung der Garantien"[20]. Damit hat sich die EMRK im europäischen Raum eine eigenständige Bedeutung erarbeitet. Die Einführung der individuellen Beschwerdemöglichkeit für den Einzelnen war auf Menschenrechtsebene „etwas schlechthin Revolutionäres"[21]. Ob die EMRK nun als eine Art europäische Verfassung bezeichnet werden kann[22], soll vorliegend nicht entschieden werden. Der *EGMR* bezeichnet die Konvention jedenfalls als „constitutional instrument of European public order (*ordre public*)."[23] Dabei hat die EMRK Auswirkungen sowohl auf das nationale Verfassungsrecht

---

15 Mitgliederliste abrufbar unter <http://www.coe.int/lportal/web/coe-portal/home/country?dynLink=true&layoutId=10&dlgroupId=10226&fromArticleId=> (zuletzt abgerufen: 27.10.2012).

16 Vgl. *Grabenwarter/Pabel*, EMRK, § 1, Rdn. 4; *Herdegen*, § 49, Rdn. 2; *Oppermann/Classen/Nettesheim*, § 17, Rdn. 17.

17 Vgl. *Herdegen*, § 9, Rdn. 1.

18 Siehe <http://www.coe.int/lportal/web/coe-portal/country/holy-see?dynLink=true&layoutId=208&dlgroupId=10226&fromArticleId=> (zuletzt abgerufen: 27.10.2012).

19 Vgl. *Grabenwarter/Pabel*, EMRK, § 1, Rdn. 3 ff.

20 *Grabenwarter/Pabel*, EMRK, § 2, Rdn. 1; siehe auch *Herdegen*, § 49, Rdn. 3.

21 *Herdegen*, § 49, Rdn. 3. Siehe auch *Oppermann/Classen/Nettesheim*, § 17, Rdn. 18.

22 Siehe hierzu *Grabenwarter/Pabel*, EMRK, § 2, Rdn. 3, m. v. N.

23 *EGMR, Loizidou ./. Turkey (Preliminary Objections)*, Urt. v. 23.03.1995, Az: 15318/89, in: Publications of the European Court of Human Rights, Series A: Judgments and Decisions, Vol. 310, S. 27, Rdn. 75. Hervorheb. im Text.

einzelner Mitgliedstaaten[24], als auch auf Ebene des EU-Rechts[25]. Beispielsweise ist in Art. 6 Abs. 2 S. 1 EUV vorgesehen, dass die EU der EMRK beitreten soll[26]. Nach Art. 6 Abs. 3 EUV sind die Grundrechte, wie sie in der EMRK gewährleistet sind und wie sie sich aus den gemeinsamen mitgliedstaatlichen Verfassungsüberlieferungen ergeben, als allgemeine Grundsätze Teil des Unionsrechts. Seit den 1970er Jahren zitiert der Gerichtshof der Europäischen Union (*EuGH*) die EMRK „regelmäßig in seiner Grundrechtsjudikatur" und bezieht sich „dabei auch auf die Judikatur des EGMR"[27]. Überdies wurden z. T. einzelne Bestimmungen der EMRK wörtlich in die EU-Grundrechtecharta übernommen[28], so dass man trotz bisher fehlendem Beitritts der EU

24 Siehe hierzu *Grabenwarter/Pabel*, EMRK, § 3, Rdn. 1 ff.; *Jaeckel*, S. 104 f.

25 Siehe hierzu *Grabenwarter/Pabel*, EMRK, § 4, Rdn. 1 ff.

26 Wobei diesbezüglich noch Einiges ungeklärt ist, siehe z. B. *Hobe*, § 14, Rdn. 48, 50, 57 a; *Oppermann/Classen/Nettesheim*, § 17, Rdn. 21 f.

27 *Oppermann/Classen/Nettesheim*, § 17, Rdn. 19. Siehe *EuGH, Nold ./. Kommission der Europäischen Gemeinschaften*, Rs. 4/73, Urt. v. 14.05.1974, in: Slg. 1974, S. 491 ff. (507 f.), Rdn. 12 ff., insb. S. 507, Rdn. 13: „Auch die internationalen Verträge über den Schutz der Menschenrechte, an deren Abschluß die Mitgliedstaaten beteiligt waren oder denen sie beigetreten sind, können Hinweise geben, die im Rahmen des Gemeinschaftsrechts zu berücksichtigen sind." Ebenso *EuGH, Hauer ./. Land Rheinland-Pfalz*, Rs. 44/79, Urt. v. 13.12.1979, in: Slg. 1979-III, S. 3727 ff. (3744 f.), Rdn. 15. Zur weiteren Entwicklung siehe z. B. *EuGH, Wachauf ./. Bundesamt für Ernährung und Forstwirtschaft*, Rs. 5/88, Urt. v. 13.07.1989, in: Slg. 1989-III, S. 2609 ff. (2639), Rdn. 17; *ders., Elliniki Radiophonia Tileorassi (ERT) AE ./. Dimotiki Etairia Pliroforisis und Sotirios Kouvelas*, Rs. C-260/89, in: Slg. 1991-I/4, S. I-2925 ff. (2963 f.), Rdn. 41: „[...] daß in der Gemeinschaft keine Maßnahmen als Rechtens anerkannt werden können, die mit der Beachtung der so anerkannten und gewährleisteten Menschenrechte unvereinbar sind." Ebenso *EuGH, Kremzow ./. Republik Österreich*, Rs. C-299/95, Urt. v. 29.05.1997, in: Slg. 1997-I/3, S. I-2629 ff. (2645), Rdn. 14. Siehe beispielsweise zur Übernahme der Gewährleistungen aus dem Recht auf Achtung des Privatlebens (Art. 8 EMRK) *EuGH, Kommission der Europäischen Gemeinschaften ./. Bundesrepublik Deutschland*, Rs. C-62/90, Urt. v. 08.04.1992, in: Slg. 1992-I/4, S. I-2575 ff. (2609), Rdn. 23; *ders., X ./. Kommission der Europäischen Gemeinschaften*, Rs. C-404/92 P, Urt. v. 05.10.1994, in: Slg. 1994-I/8, S. I-4737 ff. (4789 f.), Rdn. 17 f.

28 Vgl. *Oppermann/Classen/Nettesheim*, § 17, Rdn. 20. Siehe auch Art. 52 Abs. 3 Charta der Grundrechte der Europäischen Union (GRCh):
„So weit diese Charta Rechte enthält, die den durch die Europäische Konvention zum Schutze der Menschenrechte und Grundfreiheiten garantierten Rechten

zur EMRK sagen kann, dass die EMRK-Bestimmungen in die EU hineinstrahlen[29].

In Deutschland hat die EMRK (nur) den Rang eines einfachen Bundesgesetzes[30]. Zusammen mit der Rechtsprechung des *EGMR* dient sie aber grundsätzlich „auf der Ebene des Verfassungsrechts als Auslegungshilfe[...] für die Bestimmung von Inhalt und Reichweite von Grundrechten und rechtsstaatlichen Grundsätzen des Grundgesetzes“[31]. Die Urteile des *EGMR* müssen daher im Rahmen des innerstaatlichen Rechts von staatlichen Stellen beachtet werden. Dies folgt aus der Bindung an Gesetz und Recht nach Art. 20 Abs. 3 GG[32].

Die EMRK spielt also für Fragen des Grund- und Menschenrechtsschutzes in Europa eine wichtige Rolle. Das System der EMRK hat sich etabliert und ist – wie Art. 6 Abs. 2 S. 1 EUV zeigt – aus Europa nicht mehr wegzudenken. Oder – wie *Herdegen* es ausdrückt: Sie „ist mittlerweile zur Grundlage eines gemeineuropäischen Mindeststandards für den Individualschutz geworden.“[33] Aus diesem Grund war es nur eine Frage der Zeit, bis sich auch im Rahmen der EMRK Fragen zum Umgang mit Sterbehilfe bzw. Entscheidungen in Bezug auf das Lebensende stellten.

Ähnlich wie eine Verfassung regelt die EMRK das Verhältnis zwischen einzelnen Individuen und den Mitgliedstaaten. Daher stellt sich zum Einen die Frage, inwieweit der Wunsch, zu sterben, von ihr geschützt wird. Dies ist verbunden mit der Frage nach möglichen Ansprüchen z. B. gegenüber den Strafverfolgungsbehörden. Zum Anderen ist aber auch die Frage nach den sog. Schutzpflichten, die dem Staat von der EMRK auferlegt werden, zu klären. Unter dem Begriff

---

entsprechen, haben sie die gleiche Bedeutung und Tragweite, wie sie ihnen in der genannten Konvention verliehen wird. Diese Bestimmung steht dem nicht entgegen, dass das Recht der Union einen weiter gehenden Schutz gewährt.“
Abgedruckt in: Abl. EG, 18.12.2000, C-364/ 1 ff. (C-364/21), abrufbar unter <http://www.europarl.europa.eu/charter/pdf/text_de.pdf> (zuletzt abgerufen: 27.10.2012).

29 Vgl. *Oppermann/Classen/Nettesheim*, § 17, Rdn. 21.

30 Vgl. *BVerfGE* 111, 307 ff. (317).

31 *BVerfGE* 111, 307 ff. (317). Siehe ebenso *BVerfGE* 74, 358 ff. (370).

32 Vgl. *BVerfGE* 111, 307 ff. (323 f.).

33 *Herdegen*, § 49, Rdn. 2.

der „Schutzpflichten“ sollen in der vorliegenden Arbeit in Anlehnung an *Grabenwarter/Pabel* „jene Gehalte der EMRK-Garantien verstanden [werden], die den Staat verpflichten, Angriffe von Privaten (Störern) auf die Rechtspositionen des betroffenen Grundrechtsberechtigten (Opfer) abzuwehren.“[34] Dabei ist der Staat nach Art. 2 Abs. 1 S. 1 EMRK dazu verpflichtet, Leben zu schützen. Es geht also um die Problematik, ob, wann und inwieweit der Staat nach dieser Norm tätig werden muss, um Handlungen der Sterbehilfe als Eingriffe in das Recht auf Leben zu unterbinden.

Derartige und ähnliche Fragen waren bereits Gegenstand von Rechtsschutzverfahren vor der *EKMR* und dem *EGMR*[35] und sollen in der vorliegenden Arbeit aufgegriffen werden. Es soll hierdurch ein Überblick über die Entscheidungspraxis der Konventionsorgane (sozusagen über das Kommissions- und Richter-Recht der EMRK) zum Thema „Sterbehilfe“ gegeben werden. Dies wird zugleich in Beziehung zu nationalen Entscheidungen gesetzt, die die Vereinbarkeit von Sterbehilfe mit der EMRK zum Gegenstand hatten. Da die Anzahl der Entscheidungen zur Vereinbarkeit von Sterbehilfe und EMRK bislang überschaubar ist, soll hier die Möglichkeit genutzt werden, mit Hilfe der Entscheidungen zur EMRK auf internationaler Ebene *und* der nationalen Entscheidungsfindung die Zulässigkeit der aktiven Sterbehilfe unter der EMRK auf einer breiteren Basis zu untersuchen.

B) Vorgehensweise

Eines mag überraschen: Die vorliegende Arbeit dreht die oben beschriebene Fragestellung um. Es wird zunächst ein Rechtsvergleich zu den Sterbehilfe-Gesetzen einzelner Staaten durchgeführt. Erst *danach* geht die Arbeit auf die Dogmatik und Rechtsprechung zur EMRK ein. Dieser Vorgehensweise liegt die Erwägung zu Grunde, dass zunächst geklärt werden soll, mit welchen Begriffen die Dissertation arbeiten soll. Namentlich sind dies die Sterbehilfe-Begriffe, die dem deutschen Recht zu Grunde liegen. Das hat seinen Grund darin, dass man letztlich an einer Rechtsordnung anknüpfen muss, um die Diskussion in Richtung der anderen Rechtsordnungen zu öffnen.

34 *Grabenwarter/Pabel*, EMRK, § 19, Rdn. 3.

35 Siehe z. B. *EGMR, Pretty ./. Vereinigtes Königreich,* Urt. v. 29.04.2002, Az. 2346/02, in: NJW 2002, S. 2851 ff. Dazu noch unten.

Die vorliegende Arbeit beginnt demnach bei der Definition von Sterbehilfe-Begriffen nach dem deutschen Recht und stellt einzelne Diskussionen vor, die in Deutschland (z. B. in Bezug auf die Abgrenzung einzelner Begriffe) stattfinden. Sodann wird auf die Rechtslage zur aktiven Sterbehilfe in der Schweiz eingegangen. Danach wird die Legalisierung der aktiven Sterbehilfe in den Niederlanden, Belgien und Luxemburg (sog. Benelux-Staaten) untersucht. Diese drei Staaten sind bislang die einzigen, die die aktive Sterbehilfe in Europa erlauben. Die Arbeit setzt sich mit den Ursprüngen und Gründen für die jeweilige Gesetzgebung auseinander und erläutert die einzelnen Gesetze. Ferner untersucht sie die Gesetze auf ihre Unterschiede hin, z. B. auf die Frage, wie mit Patientenverfügungen oder dem Sterbeverlangen Minderjähriger in den drei Benelux-Staaten umgegangen wird.

Dabei sollen die Rechtsordnungen miteinander in Beziehung gesetzt und Unterschiede und Gemeinsamkeiten der Sterbehilfe-Gesetze herausgearbeitet werden. An ausgewählten Stellen wird bereits zu diesem Zeitpunkt darauf eingegangen, wie die jeweiligen Staaten ihre Verpflichtungen aus der EMRK beurteilen. Dabei handelt es sich zunächst aber (nur) um rein nationale Ansichten.

Der zweite große Teil des Rechtsvergleichs untersucht die Frage, wie die Suizidbeihilfe in Deutschland, der Schweiz und den Benelux-Staaten geregelt wird. Auch hier werden die rechtlichen Regelungen der einzelnen Staaten miteinander verglichen. Die Verfasserin dieser Arbeit hat sich dafür entschieden, die aktive Sterbehilfe und die Suizidbeihilfe getrennt zu untersuchen, weil es bei der Suizidbeihilfe einige Besonderheiten gibt. So wird sie in Deutschland, der Schweiz und den Benelux-Staaten jeweils unterschiedlich behandelt. Dies wird an den entsprechenden Stellen aufzuzeigen sein. Darüber hinaus umfassen die Legalisierungsgesetze der Benelux-Staaten nach heutigem Verständnis alle auch die Suizidbeihilfe. Dies war jedoch in Belgien nicht von vorne herein klar – es wurde dort sogar abgelehnt. Erst im Zuge einer Rechtsfortbildung im Rahmen der Anwendung des Sterbehilfe-Gesetzes erkannte man in Belgien die Geltung dieses Gesetzes auch für Fälle der Suizidbeihilfe an. Das heißt, auch im Vergleich der einzelnen Benelux-Staaten zueinander gab es zunächst Unterschiede bei der rechtlichen Beurteilung der Suizidbeihilfe.

Aus Sicht der Verfasserin wäre der Rechtsvergleich zu unübersichtlich, wenn man Sterbe- und Suizidbeihilfe zusammen betrachten und einen einzigen Rechtsvergleich somit auf beide Handlungsformen erstrecken würde. Daher unterscheidet die Arbeit zwischen beiden Formen. Gleichwohl lassen sich Überschneidungen an einzelnen Stellen nicht vermeiden.

Nach Abschluss des Rechtsvergleichs widmet sich die vorliegende Arbeit der Beurteilung von Sterbehilfe und Suizidbeihilfe unter der EMRK. Dabei werden verschiedene Kommissions- und Gerichtsverfahren, die Fragen der Sterbehilfe und deren Vereinbarkeit mit der EMRK zum Gegenstand hatten, untersucht und miteinander in Beziehung gesetzt. Jedoch werden auch nationale Gerichtsentscheidungen zur Vereinbarkeit von Sterbehilfe und EMRK besprochen, bzw. noch einmal aufgegriffen. Diese Gesamtschau von einerseits nationalen Entscheidungen, andererseits Entscheidungen seitens der *EKMR* und des *EGMR* soll zur Klärung der Vorgaben, die die EMRK in Bezug auf die Sterbehilfe und Suizidbeihilfe macht, beitragen.

Dabei wird zunächst die Frage gestellt, ob die EMRK Ansprüche auf Sterbe- oder Suizidbeihilfe gewährt. Hierfür spielt insbesondere das Urteil *Pretty ./. Vereinigtes* König*reich*[36] eine Rolle, welches im Jahre 2002 vom *EGMR* entschieden wurde. Die hierzu geführten Diskussionen sollen dargestellt und nachvollzogen werden. Es werden aber auch Probleme aufgezeigt, die in der damaligen Diskussion aus Sicht der Verfasserin zu kurz kamen. Weitere bedeutende Entscheidungen sind die des britischen *House of Lords* im Fall von *Debbie Purdy*[37] oder des *EGMR* im Fall von *Haas*[38]. Innerhalb dieses Abschnitts zeigt sich bereits die enge Verknüpfung von Fragen nach möglichen Ansprüchen aus der EMRK und der Ausübung der staatlichen Schutzpflichten in Bezug auf das Leben. Es wird nicht möglich sein, die Frage nach den Ansprüchen strikt von der Schutzpflichten-Diskussion zu trennen. Das heißt, schon bei der Problematik möglicher Ansprüche ergeben sich viele Hinweise auf die staatlichen Lebensschutzverpflichtungen.

Die andere bedeutende Frage im Rahmen der EMRK-Diskussion ist die, ob ein Mitgliedstaat der EMRK dazu verpflichtet ist, aktive freiwillige Sterbehilfe zu verbieten. Dabei geht es um die bereits benannte Frage nach staatlichen Schutzpflichten, die aus der EMRK und insbesondere deren Art. 2 (Recht auf Leben) resultieren. Ferner ist nach

36 *EGMR, Pretty ./. Vereinigtes Königreich*, in: NJW 2002, S. 2851 ff.

37 *House of Lords, R (on the application of Purdy) (Appellant) v Director of Public Prosecutions (Respondent)*, Urt. v. 30.07.2009, Session 2008-09, [2009] UKHL 45.

38 *EGMR, Affaire Haas c. Suisse*, Urt. v. 20.01.2011, Az. 31322/07.

dem Schutz des Menschen vor sich selbst bzw. vor seinen eigenen Entscheidungen zu fragen. Für diese Diskussion ist entscheidend, ob der Mensch durch sein Sterbeverlangen den staatlichen Schutzpflichten Grenzen setzen kann.

Innerhalb dieses Abschnitts wird es nicht möglich sein, sämtliche denkbare Regelungsansätze einer aktiven freiwilligen Sterbehilfe zu untersuchen. Der Rechtsvergleich in Bezug auf die Benelux-Staaten wird zeigen, dass es innerhalb der Legalisierung aktiver Sterbehilfe verschiedene Regelungsmöglichkeiten gibt. Beispielsweise wird dort die Frage der Behandlung von Minderjährigen unterschiedlich geregelt. *Die eine* Legalisierung gibt es also nicht. Daher soll dieser Abschnitt lediglich einen Überblick darüber geben, ob *generell* eine Legalisierung der aktiven freiwilligen Sterbehilfe unter der EMRK möglich erscheint.

Die Arbeit schließt mit einem Résumé, in welchem die einzelnen Ergebnisse noch einmal aufgegriffen werden. Dabei werden die beiden großen Abschnitte dieser Arbeit (Rechtsvergleich, EMRK) miteinander in Beziehung gesetzt. Sodann erfolgt eine abschließende Bewertung.

§ 1) Rechtsvergleich: Strafrechtliche Beurteilung der aktiven Sterbehilfe und der Beihilfe zur Selbsttötung in ausgewählten europäischen Staaten

Im ersten Teil der vorliegenden Arbeit werden strafrechtliche Regelungen zur aktiven Sterbehilfe und Suizidbeihilfe verschiedener Staaten miteinander verglichen. Untersucht werden Regelungen aus Deutschland, der Schweiz sowie den Niederlanden, Belgien und Luxemburg (sog. Benelux-Staaten).

Das Kapitel ist in zwei Teile gegliedert. Diese Teile sind: „A) Die strafrechtliche Beurteilung der aktiven Sterbehilfe in Europa" und „B) Die strafrechtliche Beurteilung der Beihilfe zur Selbsttötung in Europa". Es sei vorab darauf hingewiesen, dass es an einigen Stellen begriffliche Überschneidungen geben wird. Das resultiert u. a. daraus, dass in den Benelux-Staaten eine Verlagerung auf die Frage stattgefunden hat, unter welchen Voraussetzungen Sterbehilfe generell straflos sein soll, und zwar unabhängig von ihrer Form.

Der Auswahl der untersuchten Staaten liegen folgende Überlegungen zu Grunde: Zunächst bietet sich eine Klärung der Begriffe „aktive (direkte) Sterbehilfe", „indirekte Sterbehilfe", „passive Sterbehilfe" und „Beihilfe zur Selbsttötung" bzw. „Suizidbeihilfe" an Hand des deutschen Rechts an. Dadurch wird deutlich, welche Begriffe die vorliegende Arbeit verwendet. Im Rahmen eines Rechtsvergleichs ist es erforderlich, einen bestimmten Staat als „Anknüpfungspunkt" zu finden, von dem die Vergleichsuntersuchungen letztlich ausgehen. Die Verfasserin der Arbeit hat sich für die deutsche Rechtsordnung als Anknüpfungspunkt entschieden, weil sie mit dieser am besten vertraut ist und es auf Grund der sehr detaillierten Unterscheidung im deutschen Recht einfacher ist, andere Rechtsordnungen hierzu in Beziehung zu setzen.

Die auf Deutschland jeweils folgende Untersuchung des Schweizer Rechts bietet sich aus zweierlei Gründen an: Zum Einen sind die Regelungen zur aktiven direkten Sterbehilfe in Deutschland und der Schweiz vom Gesetz her gleich. D. h., hierbei werden sich keine gewichtigen Unterschiede ergeben, so dass die Schweiz direkt nach Deutschland behandelt werden kann. Aus diesem Grund wird der Beitrag zur aktiven Sterbehilfe in der Schweiz auch recht knapp ausfallen. Der zweite Grund für die Besprechung des Schweizer Rechts direkt nach dem deutschen Recht zeigt sich im zweiten Teil des Rechtsvergleichs, also dem Abschnitt zur Suizidbeihilfe: Die Schweiz trifft nämlich eine klare und ausdrückliche Regelung zur Suizidbeihilfe, die es in Deutschland bislang in dieser Art nicht gibt. Es ist schon allein deswegend zwingend, auch die Schweiz zu erwähnen. Außerdem kann hierdurch der Unterschied zum deutschen Recht herausgearbeitet werden.

Die darauf jeweils folgende Untersuchung der Benelux-Staaten ist zwingend: Denn die aktive Sterbehilfe, das heißt, die aktive direkte Tötung auf Verlangen, ist lediglich in diesen drei Staaten unter bestimmten Voraussetzungen straflos. Die Legalisierungsentwicklung in den Benelux-Staaten hat dabei erst in der zweiten Hälfte des vergangenen Jahrhunderts eingesetzt. Auf Grund der Legalisierung der aktiven direkten Sterbehilfe nehmen diese drei Staaten eine Sonderrolle in Europa ein. Der vorliegende Rechtsvergleich richtet sein Augenmerk daher auf diese Sonderstellung.

Der zweite Teil des Rechtsvergleichs beschäftigt sich schließlich – wie bereits erwähnt – mit der Suizidbeihilfe in Deutschland, der Schweiz und den Benelux-Staaten. Es kann durchaus kritisiert werden, dass die vorliegende Arbeit die aktive Sterbehilfe und die Beihilfe zur Selbsttötung getrennt betrachtet. Diese Aufteilung bietet sich aber aus Sicht der Verfasserin aus zweierlei Gründen an: Zum Einen ist – wie oben erwähnt – die Suizidbeihilfe *die* Komponente, die im Schweizer Recht entscheidend ist. Hier zeigen sich erhebliche Abweichungen zum deutschen Recht. Zum Anderen bestand im belgischen Recht die Besonderheit, dass es dort keineswegs von Anfang an klar war, ob das Legalisierungsgesetz auch Fälle der Suizidbeihilfe umfassen sollte. Dies wurde erst im Wege einer Rechtsfortbildung deutlich. Das bedeutet, dass auch die Benelux-Staaten im Vergleich zueinander anfangs die Suizidbeihilfe unterschiedlich behandelten. Insofern rechtfertigen diese beiden Aspekte eine Darstellung, die zwischen der aktiven Sterbehilfe und der Suizidbeihilfe trennt. Darüber hinaus spricht auch das Argument einer besseren Übersicht dafür, beide Formen getrennt zu untersuchen.

A) Die strafrechtliche Beurteilung der aktiven Sterbehilfe in Europa

Die aktive (direkte) Sterbehilfe ist überall verboten, bis auf die Niederlande, Belgien und Luxemburg. Sowohl in Deutschland als auch in der Schweiz wird die aktive Sterbehilfe in Form der direkten Tötung auf Verlangen von einem strafrechtlichen Privilegierungstatbestand erfasst, der eine geringere Strafandrohung für solche Fälle vorsieht als für eine „normale" Tötung (also eine Tötung ohne Verlangen).

I) Deutschland

Die Untersuchung des deutschen Strafrechts soll zum Anlass genommen werden, die Begriffe der aktiven (direkten), indirekten und passiven Sterbehilfe (bzw. Behandlungsabbruch) sowie der Suizidbeihilfe zu definieren. Diese Begriffe werden im späteren Verlauf der Arbeit immer wieder auftauchen. Ausgangspunkt ist also die Definition der Begriffe nach dem deutschen Recht. Es wird sich zeigen, dass die in dieser Arbeit verwendeten Sterbehilfe-Begriffe aus anderen Rechtsordnungen den deutschen Begriffen sehr ähnlich sind. Aus diesem Grund bietet es sich an, von der Begriffsklärung eines Landes (hier Deutschland) auszugehen und entsprechende Ergebnisse dann mit anderen Staaten in Beziehung zu setzen.

Vorweg sei angemerkt, dass sich die Diskussion im späteren Verlauf der Arbeit auf die aktive (direkte) Sterbehilfe und die Suizidbeihilfe zuspitzen wird. Es wird sich zeigen, dass die partielle Legalisierung dieser beiden Sterbehilfe-Formen das Entscheidende in den Benelux-Staaten war. Die Abgrenzung zu den anderen Formen der Sterbehilfe war dort – im Gegensatz zum deutschen oder auch zum Schweizer Recht – einfach nicht entscheidend. Vielmehr wurden in den Benelux-Staaten die indirekte und die passive Sterbehilfe als normales medizinisches Handeln angesehen, so dass sich die Frage der Abgrenzung zu diesen Sterbehilfe-Formen nicht in der Art und Weise stellte wie z. B. in Deutschland.

1) Begriffsklärung (aktiv - indirekt - passiv sowie Suizidbeihilfe) und Rechtslage

In Deutschland wird zwischen der aktiven direkten Sterbehilfe, der aktiven indirekten Sterbehilfe, der passiven Sterbehilfe sowie der Beihilfe zum Suizid unterschieden. Die aktive Sterbehilfe wird von § 216 StGB geregelt, der die Tötung auf Verlangen unter Strafe stellt. Der Begriff der „Sterbehilfe" an sich wird hingegen an keiner Stelle des StGB verwendet.

a) aktive (direkte) Sterbehilfe

In Deutschland ist die aktive Sterbehilfe sowohl in ihrer direkten, als auch in ihrer indirekten Form als Tötung auf Verlangen nach § 216 StGB (bzw. sofern kein Verlangen vorliegt, mindestens als „normale" Tötung nach § 212 StGB) strafbar. Die indirekte Form kann nach überwiegender Ansicht durch den Notstand nach § 34 StGB gerechtfertigt werden (dazu weiter unten). Für die aktive direkte Sterbehilfe hingegen besteht nach herrschender Meinung und nach Ansicht der Rechtsprechung kein Rechtfertigungs- oder Strafausschließungsgrund wie in den Benelux-Staaten.

Sofern im weiteren Verlauf der Arbeit nur von „aktiver Sterbehilfe" gesprochen wird, ist damit die aktive direkte Form gemeint. Handelt es sich hingegen um die aktive indirekte Form, wird der Begriff „indirekte Sterbehilfe" verwendet. Diese Bezeichnungen bzw. begrifflichen Trennungen haben sich auch im deutschen Recht durchgesetzt[39].

aa) Begriff und grundsätzliche Strafbarkeit

Unter dem Begriff der aktiven Sterbehilfe wird „eine *gezielte* [...] Tötung oder Beschleunigung des Todeseintritts durch aktives Tun" verstanden[40]. Der Eintritt des Todes ist hierbei das primäre Ziel der Handlung[41]. Die aktive Sterbehilfe „ist nach h. M. selbst im Falle einer nur geringen Lebensverkürzung und, wie § 216 ergibt, auch dann strafbar,

39 Vgl. *Fischer*, Vor §§ 211 – 216 StGB, Rdn. 33 (zugleich aber mit einem Vorschlag zur begrifflichen Neuorientierung, siehe Rdn. 34 f., m. w. N.). Siehe z. B. MK-*Schneider*, Vor §§ 211 ff. StGB, Rdn. 100: Sowohl die direkte als auch die indirekte Sterbehilfe sind eigentlich beide Unterfälle der aktiven Sterbehilfe. Ebenso *Hoerster*, S. 43.

40 *Fischer*, Vor §§ 211 – 216 StGB, Rdn. 33.

41 *Verrel*, in: MedR 1997, S. 249.

wenn der Sterbende in seine Tötung wirksam einwilligt und sie ausdrücklich *verlangt*"[42]. Der *BGH* bestätigt dies durch seinen Ausspruch,

> *„daß Sterbehilfe auch bei aussichtsloser (infauster) Prognose nicht durch gezieltes Töten geleistet werden darf. Sterbehilfe ist nur entsprechend dem erklärten oder mutmaßlichen Patientenwillen durch die Nichteinleitung oder den Abbruch lebensverlängernder Maßnahmen zulässig, um dem Sterben – ggf. unter wirksamer Schmerzmedikation – seinen natürlichen, der Würde des Menschen gemäßen Verlauf zu lassen"*[43].

Der *BGH* begründet die Strafbarkeit aktiver direkter Sterbehilfe damit, dass „[e]iner Anerkennung strafloser aktiver Sterbehilfe [...] der sich aus der Werteordnung des Grundgesetzes ergebende vorrangige Schutz menschlichen Lebens entgegen" stehe[44]. Dieser legitimiere „auch die sich aus § 216 StGB ergebende Einwilligungssperre"[45]. Das heißt, die Einwilligung eines Sterbewilligen in die aktive direkte Sterbehilfe wirkt lediglich privilegierend bzw. strafmildernd, jedoch nicht strafbefreiend bzw. -ausschließend. Trotz Einwilligung in die Tötung macht sich derjenige, der die Tötung begeht, strafbar. Damit steht auch schon fest, dass die Abgrenzung zwischen Straflosigkeit und Strafbarkeit mit der Abgrenzung zwischen „direkt" und „indirekt" einhergeht.

bb) ausdrückliches Verlangen: Bestimmen des Täters durch das Opfer

§ 216 StGB setzt voraus, dass der Täter durch das Verlangen des Sterbewilligen zur Tötung bestimmt worden ist. Das Verlangen muss dabei ausdrücklich und ernstlich sein.[46] *Fischer* zufolge ist ein „'Verlangen' [...] mehr als eine Einwilligung"[47]. Die privilegierende Wirkung

---

42 *Fischer*, 57. Aufl., Vor §§ 211 – 216 StGB, Rdn. 17 m. w. N., Hervorheb. im Text. Vgl. nun *Fischer*, Vor §§ 211 – 216 StGB, Rdn. 33, 69 ff.

43 *BGHSt* 37, 376 ff. (379). Siehe dort auch S. 376, Leitsatz 2.

44 *BGH*, in: NStZ 2003, S. 537 ff. (538), Rdn. 7.

45 *BGH*, in: NStZ 2003, S. 538, Rdn. 7.

46 *Fischer*, § 216 StGB, Rdn. 7.

47 *Fischer*, § 216 StGB, Rdn. 7 a, mit Bezugnahme auf *BGHSt* 50, 80 ff. (92) (dazu sogleich).

des § 216 StGB kann also überhaupt nur zur Anwendung kommen, wenn ein deutliches, ernstzunehmendes Verlangen vorliegt, das über eine bloße Einwilligung hinaus geht.

Abgegrenzt werden muss dies zunächst von Fällen, in denen jemand lediglich mit der eigenen Tötung „einverstanden" ist, aber den Täter nicht erst zur Tötung bewegt (bzw. überredet). Der Täter ist in diesen Fällen vielmehr schon zur Tötung entschlossen. Beispielhaft für einen solche Situation ist der vom *BGH* entschiedene Fall des „Kannibalen von Rotenburg"[48]. In dieser Entscheidung führt der *BGH* zum Begriff des „Bestimmens" aus:

> *„'Bestimmen' i.S.v. § 216 Abs. 1 StGB setzt mehr voraus, als die bloße Einwilligung des Opfers. Es muß im Täter der Entschluß zur Tat hervorgerufen werden. Die außerordentliche Strafmilderung des § 216 StGB ist nur dann zu rechtfertigen, wenn das ‚Bestimmen' auch tatsächlich handlungsleitend war* [...].*"*[49]

In dem zu Grunde liegenden Fall bestand nach Ansicht des *BGH* die Besonderheit, dass es der Täter (also der „Kannibale") war, „der aus eigenem Antrieb zur Tötung bereite Opfer gesucht" hatte[50]. Der später von ihm später Getötete sei „lediglich darauf eingegangen, um das von ihm erstrebte Ziel einer Penisamputation zu verwirklichen"[51]. Dem späteren Opfer sei es dabei aber eben nicht um die eigene Tötung gegangen, diese sei vielmehr unerheblich gewesen. Dass das Opfer infolge der Penisamputation ggf. sterben würde, habe es schlicht in Kauf genommen. Angekommen sei es ihm darauf aber eben nicht[52]. Der *BGH* grenzt hier also sehr deutlich ab, wie ein „Bestimmen" im Sinne des § 216 StGB beschaffen sein muss: Der später Getötete muss den Täter also überhaupt erst einmal dazu bewegen, ihn zu töten. Das

48 Der Täter hatte sich via Internet jemanden gesucht, den er töten und verspeisen konnte und diese Tat dann im Jahre 2001 tatsächlich umgesetzt. Siehe hierzu die umfangreiche Schilderung der Fallumstände z. B. bei *Müller*, in: faz.net, 30.01.2004.

49 *BGHSt* 50, 80 ff. (92).

50 *BGHSt* 50, 80 ff. (92).

51 *BGHSt* 50, 80 ff. (92).

52 *BGHSt* 50, 80 ff. (92).

bloße Einverstanden-Sein mit dem eigenen Tod im Sinne eines Zugeständnisses[53] reicht nicht aus.

Eser sieht daher das entscheidende „Plus" gegenüber der Einwilligung darin, dass „der Getötete auf den Willen des Täters" jedenfalls im Sinne eines „Bestimmens" nach § 26 StGB eingewirkt hat[54]. *Fischer* zufolge werde man „[*i*]*nhaltlich* [...] [zwar] mehr als eine unbedingte Einwilligung nicht voraussetzen können". Es gehe aber jedenfalls um „ein aktives, auf die Tötungsmotivation des Täters gerichtetes Handeln"[55]. Dass das Verlangen ausdrücklich sein muss, soll *Fischer* zufolge indes nicht bedeuten, dass es auch wörtlich sein muss. Das heißt, eine Ausdrücklichkeit „liegt auch bei eindeutigen Gebärden vor."[56]

§ 216 StGB erfordert demnach, dass der später Getötete den Täter überhaupt erst konkret davon überzeugt, dass er ihn töten soll[57]. Dies muss nicht wörtlich geschehen, sondern kann auch ausdrücklich durch entsprechende Zeichen oder Hinweise erfolgen. Es reicht aber eben nicht aus, dass das spätere Opfer – wie im „Kannibalen"-Fall – lediglich mit seiner eigenen Tötung einverstanden ist und sich auf den Tatplan des Täters bloß einlässt. Es muss dem Opfer um die eigene Tötung gehen und in diesem Sinne muss es auf den späteren Täter einwirken.

cc) Ernstlichkeit des Verlangens

Das Verlangen im Sinne des § 216 StGB muss auch ernstlich sein. Die Ernstlichkeit liegt nach Ansicht des *BGH* nur dann vor, wenn das Verlangen auf einer fehlerfreien Willensbildung beruht[58]. Derjenige, der seinen Tod verlangt, muss „Bedeutung und Tragweite seines Ent-

---

53 So auch die Formulierung des *BGH*: *BGHSt* 50, 80 ff. (92).

54 S/S-*Eser*, § 216 StGB, Rdn. 5.

55 *Fischer*, § 216 StGB, Rdn. 7 a, m. w. N.; Hervorheb. im Text.

56 *Fischer*, § 216 StGB, Rdn. 8; ebenso *AG Berlin-Tiergarten*, Urt. v. 13.09.2005, Az.: (237) 1 Kap Js 2655/04 (19/05), in: MedR 2006, S. 298 ff. (298, Leitsatz 1 des Bearb.).

57 Vgl. *Fischer*, § 216 StGB, Rdn. 10.

58 *BGH*, in: NJW 1981, S. 932 f. (932). Siehe zuletzt *BGH*, in: NStZ 2011, S. 340 f. (340 f.).

schlusses verstandesmäßig [...] überblicken und ab[...]wägen“[59]; das heißt, er muss wissen und verstehen, was er verlangt und welche Konsequenzen dies hat. Insofern kommt es

> *„allein auf die natürliche Einsichts- und Urteilsfähigkeit des Lebensmüden an* [...]. *Ist dieser zu freier Selbstbestimmung über sein Leben entweder allgemein oder in der konkreten Situation nicht imstande, z. B. als Geisteskranker oder Jugendlicher, der nicht die entsprechende Verstandesreife besitzt, so fehlt es an dem in § 216 StGB vorausgesetzten ernstlichen Verlangen* [...].*“*[60]

Bezug nehmend auf den oben erwähnten „Kannibalen“-Fall stellt der *BGH* in einer späteren Entscheidung klar, er habe

> *„einem Tötungsverlangen die Anerkennung versagt, weil das Tatopfer durch eine krankhafte seelische Störung in seiner natürlichen Einsichts- und Willensfähigkeit beeinträchtigt war und deshalb die Tragweite seines Entschlusses, sich töten zu lassen, nicht rational überblickte* [...].*“*[61].

Hier werden genau die o. g. Kriterien angewandt, das heißt, es wird danach gefragt, ob der „Lebensmüde“ wusste bzw. erkannte, was er forderte. Nach Ansicht des *BGH* könne man ein Tötungsverlangen nur dann in diesem Sinne anerkennen, wenn der Sterbewillige frei verantwortlich entscheiden und „die Bedeutung und die Tragweite seines Entschlusses verstandesmäßig überblicken und abwägen“ kann[62]. Demgegenüber liegt keine solche Freiverantwortlichkeit vor, wenn der Sterbewillige z. B. unter Drogen- oder Alkoholeinfluss steht oder z. B. unter Druck gesetzt oder getäuscht wurde[63].

---

59 *BGH*, in: NJW 1981, S. 932.

60 *BGH*, in: NJW 1981, S. 932, m. w. N. Siehe ebenso *BGH*, in: NStZ 2011, S. 341.

61 *BGH*, in: NStZ 2011, S. 341 mit Verweis auf „*BGH*St 50, 80, Rn 5, 37“.

62 *BGH*, in: NStZ 2011, S. 341.

63 *BGH*, in: NStZ 2011, S. 341 m. w. N.; vgl. auch *Fischer*, § 216 StGB, Rdn. 9 a, m. w. N. Es gibt noch weitere Diskussionen um die Einschränkung des Sterbeverlangens, z. B. wenn lediglich eine Augenblicksstimmung vorliegt oder der Sterbewunsch als unüberlegt verstanden wird, siehe hierzu mit vielen Nachweisen *BGH*, in: NStZ 2011, S. 341.

dd) subjektiver Tatbestand: zumindest bedingter Vorsatz

In subjektiver Hinsicht setzt § 216 StGB zumindest bedingten Vorsatz voraus. Dieser „muss sich vor allem auch auf das Verlangen des Opfers und auf dessen Ernstlichkeit beziehen."[64] Der Täter muss also das Verlangen des Opfers kennen und er muss vor allem darauf vertrauen, dass dieses Verlangen ernstlich ist. Überdies muss er das Opfer gerade auf Grund des geäußerten Verlangens töten wollen.

ee) Strafdrohung des § 216 StGB gilt für jedermann

Die Strafandrohung der Tötung auf Verlangen in § 216 StGB richtet sich nicht etwa nur an einen Arzt[65]. Derjenige, der zur Tötung auffordert, bleibt natürlich straffrei. Es kann aber jede beliebige andere Person, die kein Arzt ist, der Bitte des Sterbewilligen nachkommen. Sicherlich wird es sich beim Täter in den meisten Fällen um einen Arzt handeln, da dieser eher über das benötigte Fachwissen verfügt als ein Nicht-Arzt. Jedoch soll durch § 216 StGB klar gestellt werden, dass die Eigenschaft, Arzt zu sein, nicht strafbegründend für diese Norm ist[66].

ff) Eigenschaft des § 216 StGB als Privilegierungstatbestand

§ 216 StGB wird von der Rechtsprechung als eigenständiger Tatbestand verstanden[67]. In *BGHSt* 2, 258 ff. verweist der *BGH* auf die Ansicht des Reichsgerichts, „wonach der Tatbestand des § 216 StGB als der engere den des Totschlags oder Mordes ausschließt."[68] Dies hatte seinen Grund in der früheren Gesetzesfassung, wonach „die Überlegung bei der Tötung das Unterscheidungsmerkmal zwischen Tot-

64 *Fischer*, § 216 StGB, Rdn. 11.

65 Insofern missverständlich *Antoine*, S. 367.

66 Siehe dazu noch unten.

67 Vgl. *Fischer*, § 216 StGB, Rdn. 2 mit Verweis auf *BGHSt* 2, 258 ff.; 13, 162 ff., 165. Siehe insoweit *BGHSt* 2, 258 ff.; 13, 162 ff. (165).

68 *BGHSt* 2, 258 ff. (258) mit Verweis auf „zuletzt RGSt 53, 293". Siehe hierzu sogleich.

schlag und Mord bildete"[69]. Weil die „Tötung auf Verlangen [...] fast ausnahmslos mit Überlegung begangen" werde, habe man zur Abgrenzung derselben vom Mord einen eigenen Tatbestand schaffen müssen[70]. Das Reichsgericht sah im Tatbestand des § 216 StGB folglich eine engere Tötungsvariante als bei §§ 211, 212 StGB. Es handele sich um ein selbstständiges Vergehen. Verfahrensrechtlich liege dabei im Vergleich zu §§ 211, 212 StGB ein gesetzlich besonders vorgesehener Umstand vor, „der die Strafbarkeit vermindert."[71]

Von der h. M. wird § 216 StGB hingegen als sog. Privilegierungstatbestand aufgefasst[72]. Das bedeutet, dass „das Gesetz aus einem bestimmten Grundtatbestand [(in dem Fall die „normale" Tötung nach § 212 StGB)[73]] durch Hinzufügen weiterer Merkmale [(in dem Fall das „Verlangen" in § 216 StGB)[74]] neue Tatbestände mit selbstständiger strengerer oder milderer Strafdrohung bildet"[75]. Im Falle des § 216 StGB handelt es sich um eine Straf*milderung* gegenüber der normalen Tötung. Damit bilden sog. Privilegierungstatbestände einen eigenständigen Deliktstypus[76].

Einig sind sich beide Auffassungen dahingehend, dass die Tötung auf Verlangen mit einem geringeren Strafrahmen bedroht ist als der Totschlag (§ 212 StGB) oder gar Mord (§ 211 StGB). Das Argument, § 216 StGB sei tatbestandlich enger gefasst als §§ 211, 212 StGB überzeugt hingegen nicht. Denn § 216 StGB setzt zudem – wie oben gesehen – ein ernsthaftes und ausdrückliches Tötungsverlangen voraus, inklusive aller oben beschriebenen Merkmale. Dieses Verlangen fehlt bei §§ 211, 212 StGB.

---

69 *BGHSt* 2, 258 ff. (259).

70 *BGHSt* 2, 258 ff. (259).

71 *RGSt* 53, 293 ff. (294).

72 Vgl. *Fischer*, § 216 StGB, Rdn. 2; § 12 StGB, Rdn. 8; *Lackner/Kühl*, Vor § 211 StGB, Rdn. 24; § 216 StGB, Rdn. 1; LK-*Jähnke*, Vor § 211 StGB, Rdn. 45 und § 216 StGB, Rdn. 2 (jew. Stand: 30.11.2001); a. A. S/S-*Eser*, Vorbem. §§ 211 ff. StGB, Rdn. 7; § 216 StGB, Rdn. 17.

73 Anm. der Verf.

74 Anm. der Verf.

75 *Fischer*, § 12 StGB, Rdn. 8.

76 *Fischer*, § 12 StGB, Rdn. 8.

Gegenüber §§ 211, 212 StGB verlangt § 216 StGB außerdem keine weiteren subjektiven Beweggründe. Während die Diskussion über das Verhältnis zwischen § 211 und § 212 StGB noch insofern nachvollziehbar ist, als dass § 211 StGB (als im StGB zuerst benanntes Tötungsdelikt) bei einigen Mordalternativen zusätzliche subjektive Beweggründe voraussetzt und dies für eine Eigenständigkeit der Norm gegenüber § 212 StGB sprechen kann[77], fehlen diese bei § 216 StGB. Hier reicht vielmehr normales vorsätzliches Handeln aus[78]. Auch ist vor dem oben beschriebenen rechtshistorischen Hintergrund zu sagen, dass das Merkmal der Überlegung heute kein Unterscheidungskriterium mehr zwischen den §§ 211, 212, 216 StGB ist. Dies bemerkt auch der BGH schon in *BGHSt* 2, 258 ff., wonach das Merkmal der Überlegung „die Eigenschaft eines Tatbestandsmerkmals des § 211 StGB eingebüßt" hat[79].

Auch die systematische Stellung des § 216 StGB spricht für eine Einordnung als Privilegierung. Denn er folgt (nach § 213 StGB) auf § 212 StGB. Letzterer übernimmt hiernach die Eigenschaft als Grundtatbestand[80].

Aus heutiger Sicht sprechen somit die nachvollziehbareren Argumente für eine Einordnung des § 216 StGB als Privilegierungstatbestand.

aaa) Grund für die Privilegierung

Es ist umstritten, worauf genau sich die Privilegierung bei § 216 StGB eigentlich stützt[81].

Fischer zufolge sei „die in der Einwilligung liegende Unrechtsminderung" bestimmend[82]. Das „Unrecht der Tat" ist demzufolge laut

77 Vgl. *BGHSt* 1, 368 ff. (370 f.); 22, 375 ff. (377).

78 Vgl. *Lackner/Kühl*, § 216 StGB, Rdn. 5; LK-*Jähnke*, § 216 StGB, Rdn. 18 (Stand: 30.11.2001).

79 *BGHSt* 2, 258 ff. (260).

80 Zur Einordnung des § 212 StGB als Grunddelikt siehe auch LK-*Jähnke*, Vor § 211 StGB, Rdn. 45 (Stand: 30.11.2001).

81 Vgl. *Fischer*, § 216 StGB, Rdn. 3.

82 *Fischer*, § 216 StGB, Rdn. 3. So auch *Arzt*: Man solle bei § 216 StGB „von einer Unrechtsabschwächung wegen Einwilligung des Opfers aus[...]gehen", siehe *Arzt*, in: *Arzt/Weber* et al., BT, § 3, Rdn. 12. Ebenso LK-*Jähnke*, § 216 StGB,

Schneider „auf Grund des einwilligungsähnlichen Tötungsverlangens herabgesetzt“[83]. Hier wird also darauf abgestellt, dass das Tötungsverlangen – das ja streng genommen mehr als eine Einwilligung ist – einen ähnlichen unrechtsmindernden Charakter haben soll wie eine reine Einwilligung. *Schmidhäuser* sieht den Grund für die Strafmilderung bei § 216 StGB hingegen in der geringeren Schuld des Täters. Denn es sei „die Vorstellung des Täters, das Opfer habe ausdrücklich und ernstlich seine Tötung verlangt“, entscheidend[84]. Hier soll die Privilegierung also der „Konfliktsituation des Täters“ entspringen[85]. *Fischer* lehnt diese Sichtweise ab: „[E]in Konflikt *ohne* Verlangen des Getöteten“ würde dem Täter nämlich gar nichts nützen, sondern allenfalls einen minder schweren Fall nach § 213 StGB darstellen. Darüber hinaus müsse „das Verlangen iS von § 216 [...] nicht [zwangsläufig] zu einer Konfliktlage [beim Täter] führen“[86]. Gerade bei der aktiven Sterbehilfe gäbe es eine solche Konfliktlage oft auch gar nicht[87].

Eser leitet hingegen den Grund für die Strafmilderung des § 216 StGB daraus ab, „dass sich der Täter von dem suizidähnlichen Verlangen des Getöteten hat leiten lassen und dadurch sowohl das *Unrecht* (Rechtsgutsverzicht) wie auch die *Schuld* (Mitleidskonflikt, Hilfsmotivation) *gemindert* erscheint“[88]. Das heißt, die Privilegierung resultiert nach dieser Ansicht aus einer Kombination aus der schuldmindernden Konfliktlage des Täters sowie der „Unrechtsminderung, die sich aus der gesteigerten Einwilligung des Opfers herleiten lässt“[89].

Der Auffassung, dass die Unrechtsminderung im einwilligungsähnlichen Charakter des Tötungsverlangens liegt, ist zuzustimmen. Zwar vermag beim einzelnen Täter durchaus eine Konfliktsituation dergestalt auftreten, dass er um die Strafbarkeit der Tötung auf

Rdn. 2 (Stand: 30.11.2001), m. w. N.: „Die Vorschrift unterscheidet sich von §§ 211, 212 durch die im Verlangen liegende Unrechtsminderung, in der Elemente der Einwilligung durchschlagen.“

83 MK-*Schneider*, § 216 StGB, Rdn. 1, m. w. N.

84 *Schmidhäuser*, BT, S. 28, Kapitel 2, Rdn. 35.

85 So deutet dies *Fischer*, § 216 StGB, Rdn. 3, m. w. N.

86 *Fischer*, § 216 StGB, Rdn. 3.

87 *Fischer*, § 216 StGB, Rdn. 3, m. w. N.

88 S/S-*Eser*, § 216 StGB, Rdn. 1; Hervorheb. im Text.

89 *Lackner/Kühl*, § 216 StGB, Rdn. 1.

Verlangen weiß, er aber dem Sterbewilligen dennoch helfen möchte, z. B. weil dieser schwer erkrankt ist. Eine solche Konfliktsituation wird aber von § 216 StGB gar nicht vorausgesetzt, ebenso wenig wie die Motivation, dem Betroffenen „helfen" zu wollen. § 216 StGB ist vielmehr auch dann anwendbar, wenn sich der Täter gar nicht in einer Konfliktsituation sieht, sondern dem Verlangen einfach nur nachkommt. Deswegen sind weder die Frage nach einer Konfliktsituation noch die Frage nach dem Schuldvorwurf entscheidend. Der einzige Grund für die mildere Strafandrohung ist nur das Verlangen und damit der (beabsichtigte) Rechtsgutsverzicht des Getöteten.

bbb) Kritik: Strafmilderung ja, Straflosigkeit nein

Warum ein Verlangen der eigenen Tötung aber dennoch nicht zur Straflosigkeit führt, bleibt nach den gerade getroffenen Feststellungen erstmal unklar. Es bedeutet nämlich, dass ein wirksames Verlangen der eigenen Tötung nur strafmildernd wirkt, die Strafbarkeit selbst aber nicht entfallen lässt.

Fischer kritisiert hieran, dass die „Anerkennung des Todeswunsches als autonome Entscheidung [...] stets zur Straflosigkeit des Suizids und der Teilnahme daran [führe], nicht aber zur Straflosigkeit des Vollzugs [des Tötungswunsches] durch Dritte"[90]. Der Wunsch werde also anerkannt, „wenn eine Person sich selbst Gift injiziert". Nicht anerkannt werde er hingegen, „wenn sie eine dritte Person darum[91] bittet"[92].

Fraglich ist, weshalb eine solche Unterscheidung gemacht wird. Hierzu werden von *Fischer* generalpräventive Erwägungen genannt[93]. *Eser* weist in diesem Zusammenhang auf „grundsätzliche Bedenken (Unantastbarkeit fremden Lebens) wie auch praktische Gründe (Missbrauchsgefahr)" hin[94]. Das Argument der Unantastbarkeit menschlichen Lebens hält jedoch *Kubiciel* für kontraproduktiv. Erstens werde damit das Potential des Strafrechts überschätzt. Zweitens sei es wider-

90 *Fischer*, § 216 StGB, Rdn. 3.

91 Also um die Injektion, Anm. der Verf.

92 *Fischer*, § 216 StGB, Rdn. 3.

93 *Fischer*, § 216 StGB, Rdn. 3.

94 S/S-*Eser*, § 216 StGB, Rdn. 1. Zur möglichen Missbrauchsgefahr siehe auch sogleich unter gg).

sprüchlich, dass „das Verabreichen einer tödlichen Spritze (auf Verlangen) verboten" sei, jedoch wiederum „die Injektion eines Sedativs mit tödlicher Nebenwirkung und die Einstellung lebenserhaltender Maßnahmen gestattet" seien. Dies mache nicht den Eindruck, dass das Leben unantastbar oder absolut geschützt sei[95]. Dem ist zuzustimmen, weil der *BGH* durch die Rechtfertigung der indirekten Sterbehilfe (siehe dazu weiter unten) eindeutig zeigt, dass eine Abwägung im Einzelfall zulässig ist. Darüber hinaus spricht gegen die Unantastbarkeit menschlichen Lebens das Argument *Kaufmanns*, dass es – wenn es diese wirklich gäbe – dann nicht möglich sein dürfte, eine Tötung überhaupt zu rechtfertigen (z. B. über §§ 32 oder 34 StGB) und man in diesem Fall dann auch die Suizidteilnahme zwingend unter Strafe stellen müsste[96].

Auch das Argument der generalpräventiven Erwägungen bzw. der Missbrauchsgefahr trägt nur begrenzt. Zwar handelt es sich bei der aktiven direkten Sterbehilfe um eine Form der direkten Tötung, so dass nach dem unmittelbaren Ansetzen des Täters zur Tat ein Rücktritt gemäß § 24 StGB nur selten denkbar ist. Die Rechtsgutsverletzung (Tod des Opfers) tritt also ggf. schneller ein als bei anderen Formen der Sterbehilfe. Darin besteht im Einzelfall das höhere Risiko bei der aktiven direkten Sterbehilfe. Ein solches Risiko kann aber ebenso bei anderen Sterbehilfe-Formen bestehen, wenn z. B. das sedierende Mittel so in den Körper gelangt ist, dass es wirkt und ein Rückgängigmachen zu spät ist. Das heißt, das Risiko, dass das Opfer schnell stirbt, besteht auch dort.

Darüber hinaus ließe sich unter generalpräventiven Erwägungen anführen, dass im Nachhinein (z. B. im späteren Strafprozess) nicht (mehr) feststellbar ist, ob das Opfer seine Tötung wirklich verlangt hat[97]. Derartige Beweisschwierigkeiten können aber auch bei anderen Sterbehilfe-Formen auftauchen. Außerdem kann „man mit dem Hinweis auf Beweisprobleme nicht die Strafwürdigkeit eines Verhaltens begründen"[98]. Ansonsten „müßte man § 216 StGB abschaffen und bei Tötung auf Verlangen immer wegen Totschlags (§ 212 StGB) strafen,

95 *Kubiciel*, in: JZ 2009, S. 602.

96 Vgl. *Kaufmann*, in: MedR 1983, S. 124.

97 Vgl. *Verrel*, in: MedR 1997, S. 249.

98 *Kaufmann*, in: MedR 1983, S. 124.

denn bei Beibehaltung beider Strafbestimmungen tauchen die genannten Beweisschwierigkeiten ja auch auf."[99]

Festzuhalten ist hier zunächst, dass das Argument der Unantastbarkeit fremden Lebens in diesem Zusammenhang nicht überzeugt, weil andere Sterbehilfe-Formen zulässig sind und auch eine normale Tötung durchaus (z. B. durch Notwehr) gerechtfertigt sein kann. Das Argument der Beweisschwierigkeiten ist begrenzt tauglich. Es ist richtig, dass man den Verstorbenen nicht mehr fragen kann, ob er wirklich seine eigene Tötung verlangt hat. Hier besteht ein Risiko, wenn man auch die aktive direkte Sterbehilfe zulässt. Trotzdem darf man nicht vergessen, dass es auch in anderen Konstellationen Beweisschwierigkeiten geben kann und auch dort bereits Menschen gestorben sein können. Das Risiko, dass menschliches Leben verletzt bzw. getötet wird, besteht dort also gleichermaßen.

Das größte Risiko, das bei der aktiven direkten Sterbehilfe besteht, ist der Umstand, dass es sich um eine direkte Tötung handelt und ein Rücktritt nach dem unmittelbaren Ansetzen zur Tat deswegen oft gar nicht (mehr) möglich ist. Daher kann es in bestimmten Konstellationen aus generalpräventiven Erwägungen heraus nachvollziehbar sein, die aktive direkte Sterbehilfe anders zu behandeln als andere Sterbehilfe-Formen.

gg) keine Rechtfertigung der aktiven direkten Sterbehilfe

Nach überwiegender Auffassung kommt bei der aktiven direkten Sterbehilfe keine Rechtfertigung in Betracht, auch nicht über die Notstandsregelung des § 34 StGB[100].

Lackner/Kühl begründen dies damit, dass

> *„es wegen des hohen Ranges und der Unverfügbarkeit des Eingriffsgutes sowie der Möglichkeiten des Behandlungsabbruchs* [...] *und der bloßen Teilnahme an einer Selbsttötung* [...] *am ‚wesentlichen Überwiegen' des geschützten Interesses"*

99 *Kaufmann*, in: MedR 1983, S. 124.

100 Vgl. *Fischer*, Vor §§ 211 – 216 StGB, Rdn. 33, 69, 71, m. w. N.

fehle[101]. Das heißt, selbst das unerträgliche aussichtslose Leiden eines Sterbewilligen rechtfertigt hiernach eine aktive direkte Sterbehilfe nicht. Der hohe Wert des Rechtsguts Leben überwiegt so sehr, dass man andere mildere Möglichkeiten der Sterbehilfe in Betracht ziehen muss. *Neumann* argumentiert in diesem Zusammenhang mit der „'Nichtdispositivität' des Rechtsguts Leben". Damit meint er, dass man auch durch ein ernstliches Verlangen nicht in die eigene Tötung einwilligen könne. Es gehe dabei gar nicht um eine besondere Qualität des Rechtsguts Leben oder um die Bedeutung des Lebens für den Betroffenen, sondern nur um die Frage, ob man die verlangte Tötung rechtfertigen könne. Und dies sei eben nicht möglich[102].

Hirsch begründet das Versagen des § 34 StGB bei der aktiven direkten Sterbehilfe mit dem Argument, man könne sich nicht auf einen rechtfertigenden Notstand berufen, „wenn die Handlung in der gezielten Liquidation der zu schützenden Person selbst besteht"[103]. Er stellt also auf die zielgerichtete Tötung des Betroffenen ab, übersieht dabei aber Argumente wie das oben genannte von *Kaufmann*[104], wonach auch eine gezielte Liquidierung einer anderen Person im Rahmen einer Notwehr (§ 32 StGB) dann nicht zu rechtfertigen sein dürfte. Denn auch der einen Anderen unrechtmäßig angreifende Täter, den der Angegriffene (ggf. gerechtfertigt) durch eine Notwehr tötet, unterliegt grundsätzlich genauso dem Schutz der strafrechtlichen Tötungsdelikte. Indem der Angegriffene den Angreifer tötet, erfüllt er (der Angegriffene) den objektiven und subjektiven Tatbestand von § 212 StGB. Erst im Rahmen der Rechtfertigung wird ggf. festgestellt, dass der Angegriffene den Angreifer töten durfte. Zu Beginn unterliegt der An-

101 *Lackner/Kühl,* Vor § 211 StGB, Rdn. 7.

102 NK-*Neumann,* § 34 StGB, Rdn. 18. An anderer Stelle wird der Begriff der Nichtdispositivität besser erläutert, siehe NK-*Neumann,* § 34 StGB, Rdn. 84. Dort steht, die „Nichtdispositivität des Rechtsguts Leben besagt nur, dass Eingriffe Dritter in dieses Rechtsgut trotz Einwilligung des Betroffenen rechtswidrig bleiben; sie bedeutet nicht, dass dadurch Eingriffe in andere Rechtsgüter des Betroffenen gerechtfertigt werden könnten [...]."

103 *Hirsch,* in: FS-*Lackner,* S. 609.

104 Vgl. *Kaufmann,* in: MedR 1983, S. 124.

greifer aber genauso dem Schutz des Strafrechts wie der Angegriffene[105].

Auch der *BGH* hält § 34 StGB bei der aktiven direkten Sterbehilfe für nicht anwendbar[106]. Seiner Ansicht nach ist der dem Grundgesetz entspringende Schutzauftrag für das menschliche Leben so gewichtig, dass § 216 StGB eine Einwilligungssperre aufstellt[107]. Daher kann man nach dieser Ansicht nicht mit strafbefreiender Wirkung die eigene Tötung verlangen.

Diese herrschende Auffassung wird allerdings in der Literatur stark kritisiert. Zumindest in Ausnahmefällen soll es möglich sein, auch die aktive direkte Sterbehilfe rechtfertigen zu können. Beispielsweise beruft sich *Kutzer* auf seltene Ausnahmesituationen, in denen „die Möglichkeiten der Schmerztherapie und der ärztlichen Kunst einmal nicht ausreichen sollten, einen entwürdigenden Todeskampf zu verhindern"[108]. *Merkel* nennt in diesem Zusammenhang

> „[...] *seltene Extremfälle, in denen das ausweglose Leiden eines Sterbenden für die palliativen Möglichkeiten der Medizin so unerreichbar wird wie ein verbrennender Autofahrer. Dann endet die Rechtfertigung einer Strafdrohung, die allein noch dem Schutz der Normgeltung für die Gesellschaft, nicht mehr dem gequälten Leben des Sterbenden dienen kann. Dort beginnt erneut die Möglichkeit einer Rechtfertigung der Tat, die nun auch eine gezielte aktive Tötung sein darf: der Bereich des strafrechtlichen Notstands.*"[109]

Auch *Wolfslast* spricht sich für eine begrenzte Straffreiheit der aktiven Sterbehilfe aus und weist darauf hin, dass es hierbei „um die Respektierung des Selbstbestimmungsrechts" gehe[110]. Weiter – aber auch unkonkreter – benennt *Otto* den Bereich möglicher Straffreiheit bei der aktiven Sterbehilfe; nämlich dann, wenn „die Achtung menschlicher Würde der Achtung des Lebens [vorgehe] [...] und es nur noch eine

---

105 Vgl. S/S-*Lenckner/Sternberg-Lieben*, Vorbem. §§ 32 ff. StGB, Rdn. 4; S/S-*Perron*, § 32 StGB, Rdn. 1; *Wessels/Beulke*, Rdn. 270, 273, 281, 324 a.

106 Siehe oben; *BGH*, in: NStZ 2003, S. 538, Rdn. 7.

107 Vgl. *BGH*, in: NStZ 2003, S. 538, Rdn. 7.

108 *Kutzer*, in: MedR 2001, S. 78.

109 *Merkel*, in: FS-*Schroeder*, S. 320 f.

110 *Wolfslast*, in: FS-*Schreiber*, S. 924.

Frage der Zeit ist, bis der Betroffene der Unerträglichkeit der Schmerzen erliegt"[111]. Auch hier könne ggf. § 34 StGB zur Anwendung kommen[112]. Insbesondere das Beispiel des verbrennenden Autofahrers macht aber deutlich, dass hier wirklich nur über extrem seltene Fälle nachgedacht wird.

Die grundsätzliche Strafbarkeit nach § 216 StGB möchten die Stimmen aus der Literatur größtenteils aber nicht antasten. Zwar schütze *Kutzer* zufolge das Grundrecht auf freie Persönlichkeitsentfaltung auch vor Selbstgefährdungen. Man könne es aber „durch überwiegende Interessen der Allgemeinheit" einschränken[113]. Diese überwiegenden Interessen bestünden „darin, dass auch bei einer ausgefeilten gesetzlichen Regelung die Missbrauchsgefahren zum Schaden der Betroffenen und auf Kosten des Vertrauens in die Unverbrüchlichkeit des Lebensschutzes auch für Behinderte und Leidende nicht gebannt werden könnten"[114]. Auf Missbrauchsgefahren weist auch *Verrel* hin, der insbesondere die Gefahr eines verschleierten Missbrauchs hervorhebt. Es müsse dem potentiellen Täter gar nicht darum gehen, aus dem Tod der anderen Person z. B. Profit in Form einer Erbschaft zu ziehen. Ausreichend sei vielmehr, „das vermögende oder einfach lästige Opfer mit mehr oder weniger subtilen Mitteln zur Äußerung eines Todeswunsches zu bewegen", bei dem man sich gar nicht sicher sein könne, ob er wirklich ausdrücklich und/oder ernsthaft ist[115]. Das heißt, selbst die Stimmen, die ausnahmsweise eine Straflosigkeit der aktiven Sterbehilfe in Extremfällen fordern, halten an der grundsätzlichen Strafbarkeit insbesondere auf Grund der genannten Missbrauchsgefahren fest.

Eine andere Meinung nennt die Möglichkeit, in entsprechend extremen Ausnahmefällen einen übergesetzlichen Schuldausschließungsgrund anzunehmen[116]: *Hirsch* kennzeichnet diese Situationen als solche, in denen ein Leben endet und die Leiden so unerträglich werden, dass als einzige Alternative die aktive Tötung des Betroffenen auf des-

111 *Otto*, in: NJW 2006, S. 2222.

112 *Otto*, in: NJW 2006, S. 2222.

113 *Kutzer*, in: MedR 2001, S. 78.

114 *Kutzer*, in: MedR 2001, S. 78.

115 *Verrel*, in: MedR 1997, S. 249.

116 Vgl. *Fischer*, Vor §§ 211 – 216 StGB, Rdn. 71, m. w. N. (siehe nun folgend).

sen Verlangen hin verbleibt[117]. In einer solch seltenen Extremsituation werde „die Möglichkeit, rechtmäßig zu handeln, auf ein strafrechtlich unerhebliches Minimum herabgesetzt“[118]. Möglicherweise könne man in solchen Konstellationen sogar zu einer Straflosigkeit kommen, jedenfalls aber zu einem übergesetzlichen entschuldigenden Notstand, der die Schuld entfallen lässt[119]. In diesen extremen Ausnahmesituationen könnte der Täter demnach straffrei bleiben, weil ihm kein Schuldvorwurf gemacht werden kann. Ansonsten aber soll es auch hiernach bei der aktiven direkten Sterbehilfe nicht möglich sein, straflos zu bleiben.

Das „auf § 216 StGB gestützte absolute Verbot“ hält *Fischer* „etwa in Fällen medikamentös nicht mehr unterdrückbaren Vernichtungsschmerzes“ für sehr „zweifelhaft“[120]. *Kubiciel* merkt an, dass der Schutz vor einer übereilten Sterbe-Entscheidung dann nicht mehr nötig sei, wenn die Übereilungsgefahr einfach nicht bestehe, z. B., im Rahmen einer aus nachvollziehbaren Gründen getroffenen Sterbe-Entscheidung[121]. Neben dem Extrem-Beispiel des verbrennenden Autofahrers kann es also ggf. Krankheitsfälle geben, in denen die Schmerzen des Betroffenen auch durch stärkste Schmerzmittel nicht unterdrückt werden können und sich somit die Frage stellt, ob der Patient nicht doch auf sein Verlangen hin aktiv direkt getötet werden darf. In eine solche Situation fällt auch die genannte Anmerkung *Kubiciels*[122], wonach sich jemand z. B. bereits im Endstadium einer unheilbaren Krankheit befindet und sich lange genug mit seinem Zustand auseinander gesetzt hat. In einer solchen Situation wird man dem Betroffenen kaum entgegen halten können, er treffe eine übereilte Entscheidung.

Das ausnahmslose Verbot in § 216 StGB sei *Fischer* zufolge „überdies mit der Straffreiheit des Suizids auch legitimatorisch nur schwer zu vereinbaren“[123]. Denn dies führe nach dem oben Gesagten dazu, dass der Sterbewunsch einer Person dann anerkannt werde,

---

117 *Hirsch*, in: FS-*Lackner*, S. 609 f.

118 *Hirsch*, in: FS-*Lackner*, S. 610.

119 *Hirsch*, in: FS-*Lackner*, S. 610.

120 *Fischer*, Vor §§ 211 – 216 StGB, Rdn. 72.

121 *Kubiciel*, in: JZ 2009, S. 605.

122 Siehe soeben; *Kubiciel*, in: JZ 2009, S. 605.

123 *Fischer*, Vor §§ 211 – 216 StGB, Rdn. 72.

wenn sie sich selbst z. B. das Gift injiziert. Bittet sie hingegen eine andere Person um die Injektion, wird der Sterbewunsch nicht mehr anerkannt[124].

Auch *Saliger* kritisiert die in diesem Zusammenhang bestehende Abgrenzung zu anderen (ggf. zulässigen) Formen der Sterbehilfe. „[A]us der Warte des Selbstbestimmungsrechts" heraus seien die Unterscheidungen zwischen aktiver und passiver sowie zwischen direkter und indirekter Sterbehilfe „schlicht nicht erheblich"[125]. Ebenso sei es „unter Humanitätsaspekten [...] zweifelhaft, ob die Einstellung der künstlichen Ernährung bei einem Apalliker oder das ‚Liegenlassen' schwerstgeschädigter Neugeborener stets die humaneren Alternativen gegenüber aktiver Sterbehilfe" seien[126].

Der *BGH* hält dennoch an der Strafbarkeit der aktiven Sterbehilfe fest. Denn diese ergebe sich aus dem vorrangigen Schutz menschlichen Lebens, der der grundgesetzlichen Werteordnung entspringe[127]. Dieser Schutz legitimiere „auch die sich aus § 216 StGB ergebende Einwilligungssperre"[128]. Insofern blieben „Änderungen des Rechtsgüterschutzes [...] vor diesem Hintergrund allenfalls dem Gesetzgeber vorbehalten"[129]. Zwar verwehre „die bestehende Rechtslage es einem vollständig bewegungsunfähigen, aber bewusstseinsklaren moribunden Schwerstbehinderten [...] weitgehend [...], ohne strafrechtliche Verstrickung Dritter aus dem Leben zu scheiden"[130]. Für diesen Betroffenen könne daher „das Lebensrecht zur schwer erträglichen Lebenspflicht werden"[131]. Dies könne „aber nicht ein auch in Art. 1 I GG angelegtes Recht auf ein Sterben unter menschenwürdigen Bedingungen begründen [...]"[132]. Insofern gebe es auch keinen verfassungsrecht-

124 Siehe oben; *Fischer*, Vor §§ 211 – 216 StGB, Rdn. 72; § 216 StGB, Rdn. 3.

125 *Saliger*, in: KritV 2001, S. 386.

126 *Saliger*, in: KritV 2001, S. 386. Krit. zur Abgrenzung gegenüber der indirekten Sterbehilfe auch *Fischer*, Vor §§ 211 – 216 StGB, Rdn. 72.

127 *BGH*, in: NStZ 2003, S. 538, Rdn. 7.

128 *BGH*, in: NStZ 2003, S. 538, Rdn. 7.

129 *BGH*, in: NStZ 2003, S. 538, Rdn. 7.

130 *BGH*, in: NStZ 2003, S. 538, Rdn. 8.

131 *BGH*, in: NStZ 2003, S. 538, Rdn. 8.

132 *BGH*, in: NStZ 2003, S. 538, Rdn. 8.

lichen „Anspruch auf aktive Sterbehilfe, der eine Straflosigkeit des die Tötung Ausführenden zur Folge haben könnte"[133].

hh) Suche nach anderen Lösungen

Zu welch großen Diskrepanzen die ausnahmslose Strafbarkeit der Tötung auf Verlangen und das „Verständnis" für den handelnden Täter in der Rechtspraxis führt, zeigt sich immer wieder in Fällen aus der Rechtsprechung. Für Deutschland lässt sich ein jüngerer Fall aus Berlin[134] anführen: Hier wurde *Brigitte R.* 2005 wegen Tötung auf Verlangen verurteilt, weil sie ihrem schwerbehinderten Sohn aktive Sterbehilfe auf dessen Verlangen hin geleistet hatte. Sie wollte mit ihrem Sohn sterben und versuchte daher ebenfalls, sich umzubringen. Jedoch überlebte sie.[135] Das Gericht verhängte infolgedessen trotz des Schuldspruchs keine Strafe gegen *Brigitte R.* und berief sich auf § 60 StGB[136]. Zunächst nahm das Gericht eine Strafrahmenverschiebung gem. §§ 21, 49 StGB vor und berücksichtigte verschiedene strafmildernde Umstände[137]. Sodann sah es die Voraussetzungen des § 60 StGB als gegeben an. Insbesondere wäre nach Auffassung des Gerichts die Verhängung einer Strafe verfehlt gewesen, weil „[d]ie Angeklagte [...] für ihr weiteres Leben durch diese [...] Tat belastet" sei[138]. Sie müsse insbesondere ver-

133 *BGH*, in: NStZ 2003, S. 538, Rdn. 8.

134 *AG Berlin-Tiergarten*, Urt. v. 13.09.2005, Az.: (237) 1 Kap Js 2655/04 (19/05), in: MedR 2006, S. 298 ff.

135 Vgl. *AG Berlin-Tiergarten*, in: MedR 2006, S. 298 f.; *Deckwerth*, in: Berliner Zeitung online, 17.09.2005.

136 Vgl. *AG Berlin-Tiergarten*, in: MedR 2006, S. 299 f. § 60 StGB lautet: „Das Gericht sieht von Strafe ab, wenn die Folgen der Tat, die den Täter getroffen haben, so schwer sind, daß die Verhängung einer Strafe offensichtlich verfehlt wäre. Dies gilt nicht, wenn der Täter für die Tat eine Freiheitsstrafe von mehr als einem Jahr verwirkt hat." Das Gericht verneinte in seinem Urteil die Anwendbarkeit des § 34 StGB, weil die Einwilligung des Opfers bei § 216 StGB unbeachtlich sei. Daher könne man allenfalls über einen übergesetzlichen Notstand nachdenken oder ggf. von Strafe absehen, vgl. *AG Berlin-Tiergarten*, in: MedR 2006, S. 300.

137 Vgl. *AG Berlin-Tiergarten*, in: MedR 2006, S. 300.

138 *AG Berlin-Tiergarten*, in: MedR 2006, S. 300.

arbeiten, dass sie ihren Suizidversuch überlebt habe, „und ihren Sohn, der ihr ganzer Lebensinhalt war, selbst getötet hat."[139]

An Hand dieses Falles zeigt sich, dass die Rechtsprechung versucht, in Einzelfällen eine Abwägung zum ausnahmslosen Verbot der Tötung auf Verlangen zu finden. Mit Hilfe des § 60 StGB kann im Einzelfall von einer Strafe abgesehen werden, wenn ihre Verhängung offensichtlich verfehlt wäre. Insofern bietet sich auf diesem Wege – neben der Annahme eines übergesetzlichen Schuldausschließungsgrundes o. ä. – eine weitere Möglichkeit, das ausnahmslose Tötungsverbot im Ergebnis nicht durchschlagen zu lassen. Derartige Lösungen sind aber nach der jetzigen Gesetzeslage der Rechtsprechung vorbehalten. Eine ggf. „gerechtere" Behandlung des einzelnen Falles ist also bislang nur auf der Rechtsanwendungsebene möglich.

ii) Zwischenergebnis

Die aktive direkte freiwillige Sterbehilfe im Sinne einer gezielten schmerzlosen Tötung oder Beschleunigung des Todeseintritts auf Verlangen des Betroffenen hin ist nach bisheriger Rechtslage in Deutschland also nach § 216 StGB strafbar. § 216 StGB enthält eine Einwilligungssperre. Hiernach ist die Tötung auf Verlangen lediglich gegenüber der „normalen" Tötung (ohne Verlangen) privilegiert, aber eben nicht straflos. Die Strafdrohung richtet sich dabei an jedermann, und nicht etwa nur an einen Arzt.

Im Rahmen des § 216 StGB ist das Verlangen mehr als eine bloße Einwilligung. Der Täter muss zur Tötung „bestimmt" worden sein. Es reicht also nicht aus, dass das spätere Opfer lediglich mit seiner eigenen Tötung „einverstanden" ist. Das spätere Opfer muss vielmehr im Täter den Entschluss zur Tat überhaupt hervorgerufen haben. Darüber hinaus muss das Verlangen ernstlich sein, das heißt, der später Getötete muss einsichts- und urteilsfähig sein. Das ausdrücklich kundgemachte Tötungsverlangen führt sodann zu einer privilegierenden Behandlung der Tat.

Es ist umstritten, weshalb es diese Privilegierung eigentlich gibt. Die vorliegende Arbeit hält die Ansicht für vorzugswürdig, dass in dem erklärten Tötungsverlangen eine Unrechtsminderung liegt und sich die Privilegierung *allein* aus diesem erklärten Rechtsgutsverzicht

139 *AG Berlin-Tiergarten*, in: MedR 2006, S. 300 f.; vgl. auch *Deckwerth*, in: Berliner Zeitung online, 17.09.2005.

ableitet. Denn allein das erklärte Tötungsverlangen unterscheidet vom Gesetzeswortlaut her § 216 StGB von § 212 StGB. Hingegen ist das Argument abzulehnen, der Täter befinde sich in einer Konfliktsituation oder wolle dem Sterbewilligen „helfen". Beide Varianten werden von § 216 StGB nicht vorausgesetzt. Die Gesetzesnorm stellt nur auf das Verlangen ab. Zusätzliche Komponenten, die die subjektive Einstellung des Täters betreffen, gibt es vom Gesetz her nicht.

Es bleibt aber dabei, dass die Tötungshandlung im Falle einer aktiven Sterbehilfe strafbar bleibt. Daher muss innerhalb der aktiven Sterbehilfe zwischen der direkten und der indirekten Form näher unterschieden werden. Im sogleich folgenden Abschnitt wird dargelegt, dass die aktive indirekte Sterbehilfe möglicherweise gerechtfertigt sein kann. Für die aktive direkte Sterbehilfe gibt es aber eine solche Rechtfertigung bislang nicht. Es wird nach dem oben Gesagten allenfalls für extreme Ausnahmefälle ein Schuldausschließungsgrund angenommen. Einige Stimmen erweitern dies auch auf bestimmte Krankheitsfälle bzw. rational getroffene Sterbe-Entscheidungen. Daher ist die verbleibende Strafbarkeit umstritten. In diesem Zusammenhang wird ferner die fragwürdige Unterscheidung zwischen Suizid und aktiver direkter Sterbehilfe angeführt, aber auch das Selbstbestimmungsrecht, auf dessen Grundlage eine Unterscheidung zwischen verschiedenen Formen der Sterbehilfe nicht nachvollziehbar erscheint.

Dennoch hält der *BGH* an der Strafbarkeit der aktiven direkten Sterbehilfe fest[140]. Er begründet dies damit, dass aus der Verfassung Schutzpflichten zu Gunsten des Lebens entspringen. Diese Schutzpflichten übt der Staat durch seine Gesetzgebung entsprechend aus. Daher obliegt es aus der Sicht des *BGH* auch nur dem Gesetzgeber, die Rechtsordnung ggf. entsprechend zu ändern. Derjenige aber, der sich selbst nicht (mehr) töten kann und auf die Hilfe Anderer angewiesen ist, muss mit der bestehenden Gesetzeslage leben.

Das genannte Urteil aus Berlin zeigt, dass die Rechtsprechung z. B. über die Anwendung des § 60 StGB (Absehen von Strafe) versuchen kann, diesen Konflikt zu lösen. Solche Lösungen sind aber eben der Rechtsprechung vorbehalten, solange der Gesetzgeber die bestehenden Regelungen beibehält.

140 Siehe oben; *BGH*, in: NStZ 2003, S. 538, Rdn. 7.

b) aktive indirekte Sterbehilfe

Die aktive indirekte Sterbehilfe auf Verlangen fällt ebenfalls unter § 216 StGB, ist aber im Ergebnis straffrei[141]. Da es eine ausdrückliche Regelung bislang nicht gibt, hat sich der 66. Deutsche Juristentag (DJT) im Jahre 2006 „mit großer Mehrheit *für* eine (klarstellende) *gesetzliche* Regelung der Straflosigkeit der Leidenslinderung bei Gefahr der Lebensverkürzung ausgesprochen"[142]. Diese Forderung blieb bislang erfolglos.

aa) Begriffsklärung

Die indirekte Sterbehilfe liegt vor, „wenn sicher oder nicht auszuschließen ist, dass die ärztlich indizierte, vom Patienten oder Betreuer gewünschte schmerzlindernde oder bewusstseinsdämpfende Medikation bei einem tödlich Kranken oder Sterbenden unbeabsichtigt, aber unvermeidbar den Todeseintritt beschleunigt"[143]. Oder – wie es der *BGH* formuliert: „Eine ärztlich gebotene schmerzlindernde Medikation entsprechend dem erklärten oder mutmaßlichen Patientenwillen wird bei einem Sterbenden nicht dadurch unzulässig, daß sie als unbeabsichtigte, aber in Kauf genommene unvermeidbare Nebenfolge den Todeseintritt beschleunigen kann."[144] Abgestellt wird also darauf, dass – im Unterschied zur aktiven direkten Sterbehilfe – der beschleunigte Todeseintritt nicht beabsichtigt, sondern nur als unvermeidbare Nebenfolge „akzeptiert" wird.

Diese Abgrenzung zwischen der aktiven direkten und der aktiven indirekten Sterbehilfe erscheint problematisch. Denn es gibt Fälle, in denen eigentlich klar ist, dass der Betroffene durch eine entsprechende Behandlung schneller sterben wird. Insofern kann auch nicht ausgeschlossen werden, dass der beschleunigte Todeseintritt vom Arzt sogar gewollt ist. *Merkel* weist in diesem Zusammenhang darauf hin, dass die indirekte Sterbehilfe Fälle der terminalen Sedierung umfasst,

141 Vgl. *Fischer*, Vor §§ 211 – 216 StGB, Rdn. 32 f., 55.

142 *Fischer*, Vor §§ 211 – 216 StGB, Rdn. 57; Hervorheb. im Text; siehe ferner Tagungsbericht bei *Kaspar*, in: JZ 2007, S. 236.

143 *Fischer*, Vor §§ 211 – 216 StGB, Rdn. 56 unter Bezugnahme auf *BGHSt* 42, 301 ff. (305) und m. w. N. Siehe auch *BGHSt* 46, 279 ff. (284 f.).

144 *BGH* 42, 301 ff. (301), Leitsatz 2; siehe auch S. 305.

> *„wenn der Arzt zur Linderung schwerer Schmerzen so hohe Dosen von Analgetika gibt, daß er den davon verursachten Tod voraussehen kann. Rechtlich ist das ein eindeutiger Fall der aktiven Tötung mit* ***dolus eventualis****, in Fällen einer praktisch sicheren tödlichen Wirkung sogar mit* ***dolus directus 2. Grades****."*[145]

Das heißt, eigentlich weiß der behandelnde Arzt schon auf Grund der hohen Medikamentendosis, dass der Tod alsbald eintreten wird. Deswegen erscheint die Abgrenzung zur aktiven direkten Sterbehilfe, bzw. das Abstellen auf die „unerwünschte Nebenfolge", fragwürdig.

bb) Lösungsansätze für die Straffreiheit der indirekten Sterbehilfe

Bei der indirekten Sterbehilfe gibt es zum Einen den Lösungsansatz, dass „schon der Tatbestand des § 212 StGB nicht gegeben [sei], weil die Tötung in diesem Fall nach ihrem ‚sozialen Sinngehalt' dem Schutzbereich der Vorschrift nicht unterfalle"[146]. Ferner existiert die Ansicht, dass man eine „Rechtfertigung durch Kombination von Einwilligung und rechtfertigendem Notstand" annimmt[147]. Die überwiegende Ansicht löst das Problem der Straffreiheit hingegen auf der Rechtfertigungsebene und wendet § 34 StGB (Notstand) an[148].

---

145 *Merkel*, in: JZ 1996, S. 1147; Hervorhebungen im Text.

146 *Fischer*, Vor § 211 – 216 StGB, Rdn. 57, m. w. N. Siehe z. B. LK-*Jähnke*, Vor § 211 StGB, Rdn. 16 (Stand: 30.11.2001), demzufolge „[d]ie Behandlungspflicht [...] korrespondierendes Gegenstück zum Tötungsverbot" sei und deswegen eine nötige „Schmerzlinderung bei einem schwer leidenden Patienten" als „Befolgung des ärztlichen Auftrages [...] nicht zugleich den Tatbestand des Totschlags erfüllen" kann.

147 *Fischer*, Vor § 211 – 216 StGB, Rdn. 57, mit Verweis auf *Dölling*. Siehe *Dölling*, in: FS-*Gössel*, S. 212, m. w. N.:

> *„Zur Rechtfertigung führt aber eine Kombination von Elementen der Einwilligung und des rechtfertigenden Notstandes: Der wirkliche oder mutmaßliche Wille des Patienten, die Medikation zu erhalten, und das Interesse an erheblicher Schmerzlinderung und Ermöglichung eines Todes in Würde rechtfertigen die unter Umständen lebensverkürzende Medikation."*

148 *Fischer*, Vor § 211 – 216 StGB, Rdn. 57, m. w. N. Auch *Schreiber* verweist darauf, dass dies die überwiegende (und auch seine) Meinung sei, nennt aber zugleich eine Reihe weiterer Lösungsansätze: *Schreiber*, in: NStZ 1986, S. 340. Ebenso rechtfertigt *Kutzer* die indirekte Sterbehilfe über § 34 StGB: *Kutzer*,

Der *BGH*[149] führt hierzu aus, dass selbst dann, wenn man die indirekte Sterbehilfe ihrem sozialen Sinngehalt nach *nicht* aus dem Tatbestand der Tötungsdelikte herausfallen lasse, dennoch „das zu einer Lebensverkürzung führende, den Tatbestand des § 212 oder des § 216 StGB erfüllende Handeln des Arztes jedenfalls nach der Notstandsregelung des § 34 StGB gerechtfertigt sein" könne[150]. Der *BGH* löst den Konflikt an dieser Stelle also nicht, sondern sieht es als ausreichend an, dass *jedenfalls* ein Berufen auf § 34 StGB möglich ist. Er begründet diese Auffassung damit, dass „die Ermöglichung eines Todes in Würde und Schmerzfreiheit gemäß dem erklärten oder mutmaßlichen Patientenwillen [...] ein höherwertiges Rechtsgut [sei] als die Aussicht, unter schwersten, insbesondere sog. Vernichtungsschmerzen noch kurze Zeit länger leben zu müssen [...]."[151] Damit nimmt der *BGH* an dieser Stelle eine Abwägung zwischen einem Sterben in Würde und der Aussicht, unter unerträglichen Qualen weiterleben zu müssen, vor.[152]

Eine solche Abwägung findet – wie wir oben gesehen haben – aber bei der aktiven direkten Sterbehilfe gerade nicht statt. Insofern liegt – unter Berücksichtigung der oben erläuterten zweifelhaften Abgrenzung – ein Widerspruch vor. Denn demzufolge ist das Rechtsgut Leben unter Umständen eben doch abwägbar. Daher stoßen auch *Fischer* zufolge „[a]lle Rechtfertigungserwägungen [...] an die Grenze des § 216 und sind mit einem grundsätzlichen ‚Abwägungsverbot' hinsichtlich des menschlichen Lebens [doch nur] schwer vereinbar"[153]. *Dreier* spitzt dies noch zu: „[D]ie Rechtfertigung der indirekten Sterbehilfe (allein) gemäß § 34 StGB" stehe mit der Annahme in Widerspruch, „daß wegen der Abwägungsresistenz des Lebens als eines ‚Höchstwertes' die rechtfertigende Notstandssituation, die eine solche

in: NStZ 1994, 115; *ders.* in: FS-*Salger*, S. 672. Siehe auch MK-*Schneider*, Vor §§ 211 ff. StGB, Rdn. 108 ff. (aber krit.); *Merkel*, in: FS-*Schroeder*, S. 308 ff. (weiterführende Diskussion). Krit. z. B. *Dreier*, in: JZ 2007, S. 322.

149 *BGHSt* 42, 301 ff.

150 *BGHSt* 42, 301 ff. (305).

151 *BGHSt* 42, 301 ff. (305).

152 Auch in *BGHSt* 46, 279 ff. (284 f.) weist der *BGH* darauf hin, dass die indirekte Sterbehilfe nach § 34 StGB gerechtfertigt sein kann. In dieser Entscheidung wird die Abwägung dann auch namentlich benannt, siehe S. 285 f.

153 *Fischer*, Vor § 211 – 216 StGB, Rdn. 57.

Abwägung gerade voraussetzt, eigentlich nicht vorliegen kann"[154]. Gemeint ist mit dieser Kritik, dass bei der aktiven direkten Sterbehilfe die Abwägungsmöglichkeit abgelehnt wird, während sie bei der indirekten Sterbehilfe wiederum zugelassen wird. Dies allein dadurch zu erklären, dass der Tod in dem einen Fall beabsichtigt, in dem anderen Fall nur unerwünschte Nebenfolge ist, erscheint daher als Begründung zu dünn.

Jähnke führt für die bisherige Abgrenzung aus, dass die indirekte Sterbehilfe eine „völlig andere[...] Zwecksetzung" habe als die direkte. Daher könne man aus dem bloßen Umstand, dass beide Formen „ein aktives Tun" darstellen, „nichts herleiten"[155]. Aber eine solche „'völlig andere Zwecksetzung' [...] dürfte [*Fischer* zufolge] in der Realität oft eher eine *Bewertung* als eine *Tatsache* sein."[156] Denn gerade „[i]n Fällen der Leidensminderung bei schwersten Erkrankungen lässt sich eine Grenze zwischen ‚Inkaufnahme' und ‚Zwecksetzung' [...] kaum ziehen und muss umso fraglicher sein, je sicherer die ärztliche Erkenntnis ist."[157] *Fischer* meint damit, dass es im Einzelfall kaum möglich sein wird, die Intention der Sterbehilfe-Handlung zweifelsfrei bestimmen zu können. Denn es kann ggf. nicht ausgeschlossen werden, dass der beschleunigte Todeseintritt nicht nur eine unerwünschte Nebenfolge des Handelns war, sondern eben doch beabsichtigt wurde[158]. Es ist daher in der Tat zweifelhaft, ob die bisherige Abgrenzung so aufrechterhalten werden kann.

Verrel weist in Zusammenhang mit dieser Abgrenzung darauf hin, dass die Nachweisbarkeit einer Tötungsabsicht vor Gericht unter Umständen sehr schwer sein könne. Es werde wohl kaum jemand „zugeben", dass er gezielt aktive direkte Sterbehilfe habe begehen wollen. Deswegen müsse dann das Gericht z. B. aus der Höhe der Dosierung abgegebener Schmerzmittel ein Indiz für oder gegen die Annahme einer Tötungsabsicht ziehen. An Hand der Entscheidung *BGHSt* 42, 301

154 *Dreier*, in: JZ 2007, S. 322.

155 LK-*Jähnke*, Vor § 211 StGB, Rdn. 14 (Stand: 30.11.2001). Von einer anderen Zwecksetzung spricht auch der *BGH*, siehe *BGHSt* 46, 279 ff. (285).

156 *Fischer*, 57. Aufl., Vor §§ 211 – 216 StGB, Rdn. 18 a; Hervorheb. im Text. Vgl. nun *Fischer*, Vor §§ 211 – 216 StGB, Rdn. 64.

157 *Fischer*, Vor §§ 211 – 216 StGB, Rdn. 64; Hervorheb. im Text. Siehe auch *Saliger*, in: KritV 2001, 386.

158 So auch *Merkel*, in: JZ 1996, S. 1147, siehe oben.

ff. zeigt er, dass sich aber ggf. auch die gerichtlichen Sachverständigen nicht darüber einig sind, ob die dem Verstorbenen verabreichten Dosen wirklich für sich genommen tödlich sind. Kann man also medizinisch keine eindeutige Grenze zwischen einer noch als therapeutisch geltenden und einer nicht mehr als therapeutisch geltenden Dosierung ziehen, werde die Tötungsabsicht kaum nachweisbar sein[159].

Auch *Merkel* kritisiert die Notstandskonstruktion bei der Abgrenzung zwischen der verbotenen aktiven und der erlaubten indirekten Sterbehilfe: Er hält sie „für verschleiernd und objektiv unehrlich, weil sie dem Handelnden mit der ganz unangebrachten Suggestion beispringt, für den vorausgesehenen Nebeneffekt seines Tuns sei er nicht verantwortlich, wenn er dabei nur die richtige Gesinnung habe."[160] Ferner kritisiert er diese Lehre auch in strafrechtlicher Hinsicht, denn „[s]ie postuliert mit dem Gebot, ausschließlich die Schmerzlinderung ‚anzustreben', ein bestimmtes *Motiv* des Handelnden, während sie ein anderes, das der Lebensverkürzung, als unzulässig ausschließt, obwohl sich der strafrechtliche Vorsatz auch darauf erstreckt."[161] Wenn aber der Täter grundsätzlich den gleichen Handlungsvorsatz habe, könne dies „im objektiven Bereich von Recht und Unrecht" nicht unterschiedlich bewertet werden[162] – es sei denn, bestimmte Motive wurden vom *Gesetzgeber selbst* in den gesetzlichen Tatbestand mit aufgenommen (wie z. B. die subjektiven Mordmerkmale)[163].

Schroth hält diesen „gesinnungsstrafrechtlichen" Ansatz dennoch für zulässig. Seiner Ansicht nach erfahre „die indirekte Sterbehilfe ihre Legitimation aus der Tatsache [...], dass der Arzt gerade in seiner Funktion als Arzt handelt"[164]. Daher reiche es auch aus, dass „der Arzt zumindest auch die Motivation verfolgt, Leiden mindern zu wollen"[165]. Dabei übersieht *Schroth* erstens jedoch, dass auch Nicht-

159 *Verrel*, in: MedR 1997, S. 249. (In der entsprechenden Entscheidung *BGHSt* 42, 301 ff. gibt es keine Informationen bzgl. der Feststellungen der Sachverständigen.) Zum Problem der Nachweisbarkeit auch *Schöch*, in: NStZ 1997, 410 f.

160 *Merkel*, in: JZ 1996, S. 1148.

161 *Merkel*, in: JZ 1996, S. 1148; Hervorheb. im Text.

162 *Merkel*, in: JZ 1996, S. 1148.

163 *Merkel*, in: JZ 1996, S. 1148, Fn. 21; Hervorheb. im Text.

164 *Schroth*, in: GA 2006, S. 566.

165 *Schroth*, in: GA 2006, S. 566.

Ärzte indirekte Sterbehilfe leisten können, ohne sich strafbar zu machen. Zweitens kommt es – wie schon oben gesehen – bei § 216 StGB gerade nicht auf die innere Motivation an, sondern auf das Verlangen des Sterbewilligen. Nur wenn das Verlangen vorliegt, wird überhaupt erst die Anwendung des § 216 StGB eröffnet.

Die überwiegenden Argumente sprechen daher gegen die Abgrenzung in ihrer bisherigen Form. Insbesondere überzeugen die genannten Argumente von *Fischer* und *Verrel*, wonach der Tatrichter oft gar nicht feststellen können wird, ob der Sterbehilfe-Leistende eine entsprechende Tötungsabsicht hatte. Darüber hinaus ist eine solche Abgrenzung auch nicht ungefährlich, weil die entscheidende Frage – ob nämlich überhaupt ein Tötungsverlangen vorliegt – völlig in den Hintergrund tritt.

cc) Zwischenergebnis

Die aktive indirekte Sterbehilfe auf Verlangen fällt also ebenso wie die aktive direkte Sterbehilfe auf Verlangen unter § 216 StGB und liegt vor, wenn jedenfalls nicht auszuschließen ist, dass die ärztlich gebotene schmerzlindernde oder bewusstseinsdämpfende Medikation bei einem tödlich Kranken oder Sterbenden als unbeabsichtigte, aber unvermeidbare Nebenfolge den Todeseintritt beschleunigt.

Nach überwiegender Ansicht soll bei der indirekten Sterbehilfe die Straffreiheit auf Rechtfertigungsebene über die Anwendung des § 34 StGB (Notstand) ermöglicht werden. Diesen Weg geht insbesondere der *BGH*[166]. Nach seiner Auffassung soll die Ermöglichung eines schmerzfreien, würdevollen Sterbens unter Berücksichtigung des Patientenwillens höherwertig sein als die Aussicht, noch kurze Zeit länger schmerzvoll leben zu müssen. Damit nimmt der *BGH* an dieser Stelle eine Abwägung vor, die er für den Fall der aktiven direkten Sterbehilfe ablehnt.

Innerhalb dessen liegt also die Grenzziehung zwischen einer verbotenen aktiven direkten Sterbehilfe und einer erlaubten aktiven indirekten Sterbehilfe. Diese Grenzziehung wird entsprechend kritisiert. *Fischer* führt z. B. an, dass je sicherer die medizinische Erkenntnis ist, sich umso schlechter die bloße unerwünschte Inkaufnahme des To-

166 Siehe oben; *BGHSt* 42, 301 ff. (305).

des vom bezweckten Tod abgrenzen lasse[167]. Es wird also im Einzelfall kaum möglich sein, die „wahre Intention" der Sterbehilfe-Leistung zweifelsfrei bestimmen zu können. Ein anderes Argument ist – wie *Merkel* anführt – die Gefahr, dass „Gesinnungsstrafrecht" geschaffen wird[168]. Denn es wird ein bestimmtes Motiv des Handelnden gefordert. Dies ist aber jedenfalls dort unzulässig, wo bestimmte Motive für die strafrechtliche Beurteilung eines Verhaltens keine Rolle spielen.

c) passive Sterbehilfe (Behandlungsabbruch)

Die passive Sterbehilfe ist nach dem StGB erlaubt. Sie wird definiert als „ein für den vorzeitigen Todeseintritt bei unheilbar erkrankten Personen ursächliches Unterlassen"[169], bzw. nach dem *BGH* als eine Situation, in der „das Grundleiden eines Kranken nach ärztlicher Überzeugung unumkehrbar (irreversibel) ist, einen tödlichen Verlauf angenommen hat und der Tod *in kurzer Zeit* eintreten wird"[170].

Dabei ist der reine Begriff der passiven Sterbehilfe auf den eigentlichen Sterbevorgang zugespitzt, das heißt, es muss eine unmittelbare Todesnähe gegeben sein[171]. Der *BGH* merkt hierzu an: „Erst in diesem Stadium ist es [...] gerechtfertigt, von Hilfe für den *Sterbenden* und Hilfe *beim* Sterben, kurz: von Sterbehilfe zu sprechen. Sie erlaubt dem Arzt den Verzicht auf lebensverlängernde Maßnahmen wie Beatmung, Bluttransfusion oder künstliche Ernährung"[172]. Das heißt, an sich geht es dem *BGH* um sterbe-nahe Situationen. Allerdings ist es möglich, dass ein Behandlungssabbruch auch dann zulässig ist, wenn der Sterbevorgang noch nicht eingesetzt hat[173] (siehe nun „Kemptener Fall").

167 Siehe oben; vgl. *Fischer*, Vor §§ 211 – 216 StGB, Rdn. 64.

168 Siehe oben; vgl. *Merkel*, in: JZ 1996, S. 1148.

169 *Fischer*, Vor §§ 211 – 216 StGB, Rdn. 33.

170 *BGHSt* 40, 257 ff. (260) (sog. „Kemptener Fall"); Hervorheb. im Text.

171 *BGHSt* 40, 257 ff. (260); vgl. auch *Fischer*, Vor §§ 211 – 216 StGB, Rdn. 59.

172 *BGHSt* 40, 257 ff. (260); Hervorheb. im Text.

173 *BGHSt* 40, 257 ff. (260 ff.).

aa) *BGHSt* 40, 257 ff. („Kemptener Fall")

Nach dem sog. „Kemptener Fall" des *BGH*[174] aus dem Jahre 1994 kann

> „[b]*ei einem unheilbar erkrankten, nicht mehr entscheidungsfähigen Patienten* [...] *der Abbruch einer ärztlichen Behandlung oder Maßnahme ausnahmsweise auch dann zulässig sein, wenn die Voraussetzungen der von der Bundesärztekammer verabschiedeten Richtlinien für die Sterbehilfe nicht vorliegen, weil der Sterbevorgang noch nicht eingesetzt hat. Entscheidend ist der mutmaßliche Wille des Kranken.*"[175]

Ausnahmsweise soll in diesem Fall also „ein zum Tod führendes Unterlassen weiterer medizinischer Behandlung auch dann zulässig (gerechtfertigt) sein, wenn zwar der Sterbevorgang noch nicht eingesetzt hat [...], aber von einer mutmaßlichen Einwilligung des Kranken auszugehen sei"[176]. Der *BGH* stellt aber „[a]n die Voraussetzungen für die Annahme eines mutmaßlichen Einverständnisses [...] strenge Anforderungen [...]. Hierbei kommt es vor allem auf frühere mündliche oder schriftliche Äußerungen des Patienten, seine religiöse Überzeugung, seine sonstigen persönlichen Wertvorstellungen, seine altersbedingte Lebenserwartung oder das Erleiden von Schmerzen an."[177]

Sofern aber der individuelle mutmaßliche Wille des Kranken nicht festgestellt werden kann, müsse auf Kriterien der allgemeinen Wertvorstellungen zurückgegriffen werden: „Dabei ist jedoch Zurückhaltung geboten; im Zweifel hat der Schutz menschlichen Lebens Vorrang vor persönlichen Überlegungen des Arztes, eines Angehörigen oder einer anderen beteiligten Person."[178]

Das bedeutet also zum Einen, dass der *BGH* die Zulässigkeit eines Behandlungsabbruchs nicht auf den Sterbevorgang beschränkt. Er merkt selbst an, dass „[e]ine Sterbehilfe im eigentlichen Sinn" in dem zu Grunde liegenden Fall nicht vorgelegen habe[179]. Ein Behandlungsabbruch ist somit auch zulässig, wenn der Sterbevorgang noch nicht

174 *BGHSt* 40, 257 ff.

175 *BGHSt* 40, 257 ff. (257), 1. Leitsatz.

176 *Fischer*, Vor §§ 211 – 216 StGB, Rdn. 59.

177 *BGHSt* 40, 257 ff. (257), 2. Leitsatz; siehe auch S. 260 f., 263.

178 *BGHSt* 40, 257 ff. (257, 3. Leitsatz; ebenso S. 263).

179 *BGHSt* 40, 257 ff. (260).

eingesetzt hat. Jedoch seien „an die Annahme des *mutmaßlichen* Willens erhöhte Anforderungen, insbesondere im Vergleich zur Sterbehilfe im eigentlichen Sinne zu stellen."[180] Das bedeutet zum Anderen, dass eine passive Sterbehilfe (im weiteren Sinne) nicht nur dann zulässig ist, wenn ein ausdrücklicher Wille des Patienten vorliegt, sondern auch dann, wenn „nur" auf einen mutmaßlichen Willen oder gar lediglich auf allgemeine Wertvorstellungen zurückgegriffen werden kann. Dabei unterstreicht der *BGH*, dass die Anforderungen umso höher werden, desto mehr man sich von der Erforschung des wirklichen Willens des Patienten entfernt. Das bedeutet zugleich aber auch, dass bei der passiven Sterbehilfe in subjektiver Hinsicht viel mehr zulässig ist als bei der aktiven. Während bei der aktiven direkten Sterbehilfe nicht einmal das ausdrückliche Verlangen strafbefreiend wirkt, kann bei der passiven Sterbehilfe ggf. sogar nur ein ermittelter mutmaßlicher Wille bzw. das Abstellen auf das beste Interesse des Patienten ausreichen.

bb) aktives Tun oder Unterlassen?

In Zusammenhang mit den Fällen der passiven Sterbehilfe war es immer umstritten, „ob das Abschalten eines Beatmungsgeräts als aktives Tun [...] oder als ‚Unterlassen der Weiterbehandlung' anzusehen sei"[181].

aaa) pro aktives Tun

Jähnke spricht sich dafür aus, dass ein tätiger Behandlungsabbruch wie „das Abstellen des Respirators [...] keine Unterlassung" sei:

> *„Niemand käme auf den Gedanken, eine Unterlassung mit der Strafmilderungsmöglichkeit nach § 13 anzunehmen, wenn sich der Neffe in das Krankenzimmer der Tante begibt und, um sie zu beerben, die lebensnotwendige Sauerstoffzufuhr unterbricht oder wenn dies, ebenfalls aus Habgier, der Arzt bei einem Normalpatienten tut, der durchaus Heilungschancen hat."*[182]

180 *BGHSt* 40, 257 ff. (260); Hervorheb. im Text.

181 *Fischer*, Vor §§ 211 – 216 StGB, Rdn. 60 m. w. N.; siehe auch *Krey/Hellmann/Heinrich*, BT 1, Rdn. 10.

182 LK-*Jähnke*, Vor § 211 StGB, Rdn. 18 (Stand: 30.11.2001).

Jähnke kritisiert in diesem Zusammenhang vor allem, dass eine Unterlassens-Konstruktion „in eklatanter Weise dem äußeren Erscheinungsbild des ärztlichen Vorgehens" widerspreche und „das Verhalten mit dem Verhaltensziel" in unzulässiger Weise miteinander vermenge[183].

Auch *Gropp* spricht sich für eine Einordnung als aktives Tun aus. Er leitet dies daraus ab, dass der Einsatz eines Respirators einem beendeten Rettungsversuch gleich gestellt werden kann, weil der Respirator ja ermöglichen soll, dass der Mensch beatmet wird und gleichzeitig verhindern soll, dass er erstickt. Umgekehrt lasse sich dann aber auch das Abschalten des Respirators als Tun qualifizieren[184]. Darüber hinaus sei die Einordnung des Abschaltens als „Unterlassen" deswegen ein „Kunstgriff", weil man dadurch den Arzt aus der Garantenstellung „aufgrund der Wahrnehmung des Selbstbestimmungsrechts durch den Patienten" entlassen könne[185]. Anderenfalls würde nämlich „das Selbstbestimmungsrecht des Patienten seine Grenze in einer Verwirklichung von § 216 StGB durch aktives Tun" finden[186]. *Gropp* deutet in diesem Zusammenhang an, dass es wohl sauberer wäre, auch das Abschalten als aktives Tun einzuordnen und es dann eben dem Gesetzgeber obliegen würde, bestimmte Fälle der (aktiven) Tötung auf Verlangen straffrei zu stellen[187].

Auch *Otto* spricht sich dafür aus, dass das Abschalten eines Gerätes positives Tun sei. Eine Umdeutung in ein Unterlassen sei dogmatisch nicht notwendig. Es komme „allein auf die Pflichtwidrigkeit des Verhaltens" an. Außerdem könne man nicht durch Unterlassen etwas „tun"[188]. Überdies sei es auch rechtlich irrelevant, ob das Abschalten Tun oder Unterlassen sei. Es komme darauf an, dass die Einstellung medizinischer Maßnahmen mit dem Patientenwillen übereinstimme. Nur in diesem Fall realisiere man das Selbstbestimmungsrecht des Patienten[189].

183 LK-*Jähnke*, Vor § 211 StGB, Rdn. 18 (Stand: 30.11.2001).

184 *Gropp*, in: GedS-*Schlüchter*, S. 181 f.

185 *Gropp*, in: GedS-*Schlüchter*, S. 184.

186 *Gropp*, in: GedS-*Schlüchter*, S. 184. Ähnl. auch *Helgerth*, in: JR 1995, S. 339.

187 *Gropp*, in: GedS-*Schlüchter*, S. 184. Ähnl. auch *Baumann/Weber/Mitsch*, § 15, Rdn. 33.

188 *Otto*, in: JURA 1999, S. 438, m. w. N.

189 *Otto*, in: JURA 1999, S. 438, m. w. N.

bbb) pro Unterlassen

Im „Kemptener Fall" wertet der *BGH* den Behandlungsabbruch als einen Fall der „versuchten Tatbegehung durch Unterlassen bei bestehender Garantenpflicht (sog. unechtes Unterlassungsdelikt)"[190]. Die in diesem Fall streitgegenständliche Beendigung der Nahrungszufuhr stelle „aus der Sicht des Pflegepersonals ein Unterlassen dar. Denn in der Nichtvornahme der gebotenen Handlung liegt das strafrechtlich relevante Geschehen [...]."[191] Es gehe nicht um ein möglicherweise vorgeschaltetes aktives Tun oder um eine andere aktive Handlung, sondern „Mittel zum Zweck [...] [sei] die Nichtvornahme der gebotenen (künstlichen) Ernährung" gewesen[192]. Diese Figur ermögliche *Schöch* zufolge „in allen Fällen der passiven Sterbehilfe einheitliche Lösungen, weil es für Garanten keine Rechtspflicht gibt, lebensverlängernde Maßnahmen weiterzuführen, wenn schon deren Einleitung nicht mehr zulässig oder geboten wäre"[193].

Für ein Unterlassen sprechen sich z. B. auch *Lackner/Kühl*[194], *Maurach/Schroeder/Maiwald*[195] und *Albrecht*[196] aus. *Albrecht* stellt beispielsweise gleichsam der Abgrenzung zwischen Tun und Unterlassen auf den Schwerpunkt der Vorwerfbarkeit ab und sieht den „Schwerpunkt des ärztlichen Verhaltens [...] darin, dass eine Behandlung durch den zuständigen Arzt nicht durch- bzw. weitergeführt wird. [...]"[197] Auch *Roxin*[198] spricht sich im Ergebnis für eine Einordnung ins Unterlassen aus, genauer gesagt in ein „Unterlassen durch Tun"[199]. Er leitet dies daraus ab, dass ein Arzt in Kenntnis der „völlige[n] Aussichtslosig-

190 *BGHSt* 40, 257 ff. (265).

191 *BGHSt* 40, 257 ff. (265 f.).

192 *BGHSt* 40, 257 ff. (266).

193 *Schöch*, in: NStZ 1995, S. 154.

194 *Lackner/Kühl*, Vor § 211 StGB, Rdn. 8.

195 *Maurach/Schroeder/Maiwald*, BT 1, § 1 VI, Rdn. 37.

196 *Albrecht*, in: FS-*Schreiber*, S. 553 f.

197 *Albrecht*, in: FS-*Schreiber*, S. 553.

198 *Roxin*, in: FS-*Engisch*, S. 380 ff.

199 *Roxin*, in: FS-*Engisch*, z. B. S. 381, 384 f., 392 f., 400 f. Er will damit nach eigener Aussage die Existenz der „Unterlassungsdelikte durch Begehen" aufzeigen, siehe S. 381. Gemeint ist damit, dass es Unterlassungsdelikte gibt, die

keit weiterer Reanimierungsbemühungen [...] die zwecklose, künstliche Lebensverlängerung von vornherein hätte ‚lassen' dürfen."[200] Das Abschalten eines Gerätes sei dann aber als „Aufgabe eines objektiv nicht gebotenen Erfolgsabwendungsversuches bzw. als Rücktritt von einer wegen der Hoffnungslosigkeit der Situation nicht (oder nicht mehr) geforderten Lebensverlängerungshandlung" einzuordnen[201]. Es werde „durch das Abschalten des Gerätes nur der status quo ante wiederhergestellt."[202]

Roxin entwickelt seine Auffassung an Hand von Beispielen, u. a. dem, dass jemand einem Ertrinkenden eine Rettungsleine zuwirft, diese jedoch im letzten Moment wieder zurückzieht. Durch diese aktive Handlung wäre der Täter eigentlich wegen eines Totschlags (im Form der aktiven Begehung) strafbar. Jedoch mache hier „der Handelnde seinen eigenen Rettungsversuch rückgängig [...] mit dem Ergebnis, daß die Situation nun dieselbe ist, wie wenn er von Anfang an untätig geblieben wäre."[203]

ccc) *BGH (Putz)*, in: NJW 2010, S. 2963 ff.

Der *BGH* hat sich inzwischen dafür entschieden, die Unterscheidung zwischen Tun und Unterlassen bei der passiven Sterbehilfe bzw. dem Behandlungsabbruch aufzugeben[204]. Zuletzt befasste er sich im Jahre 2010 mit dem Behandlungsabbruch[205]. Angeklagt war der Münchener Rechtsanwalt *Putz*, der in der Vorinstanz wegen versuchten Totschlags zu einer Bewährungsstrafe von neun Monaten verurteilt worden war[206]. Der Angeklagte hatte seit 2006 die Kinder einer Patientin be-

erst durch eine zeitlich vorgelagerte Begehung entstehen und dann trotzdem nicht als Begehungs-, sodern als Unterlassungsdelikte gelten.

200 *Roxin*, in: FS-*Engisch*, S. 398.

201 *Roxin*, in: FS-*Engisch*, S. 398.

202 *Roxin*, in: FS-*Engisch*, S. 398.

203 *Roxin*, in: FS-*Engisch*, S. 382 f.

204 Vgl. *Fischer*, Vor §§ 211 – 216 StGB, Rdn. 61; *ders.*, in: FS-*Roxin*, S. 570.

205 *BGH*, 2 StR 454/09, Urt. v. 25.06.2010, in: NJW 2010, S. 2963 ff.

206 *BGH*, in: NJW 2010, S. 2963 f.

raten[207]. Diese „lag [...] nach einer Hirnblutung im Wachkoma"[208] und wurde u. a. durch eine PEG-Sonde künstlich ernährt. „Eine Besserung ihres Gesundheitszustands war nicht mehr zu erwarten."[209] Vor der Hirnblutung war die Patientin noch von ihrer Tochter befragt worden, welche Wünsche sie für den Fall habe, dass ihr etwas zustoße. Die Patientin hatte u. a. erwidert, „[sie] wolle [...] keine lebensverlängernden Maßnahmen in Form künstlicher Ernährung und Beatmung, sie wolle nicht an irgendwelche ‚Schläuche' angeschlossen werden."[210]

Im Dezember 2007 „beendete [...] [die Tochter der Patientin] die Nahrungszufuhr über die Sonde und [...] [schränkte] auch die Flüssigkeitszufuhr" ein[211]. Hierauf intervenierte die Geschäftsleitung des Pflegeheimunternehmens und „wies [...] die Heimleitung an, die künstliche Ernährung umgehend wieder aufzunehmen."[212] Infolgedessen erteilte *Putz* den Kindern der Patientin „den Rat, den Schlauch der Sonde unmittelbar über der Bauchdecke" durchzuschneiden[213]. Er vermutete, dass „keine Klinik eigenmächtig eine neue Sonde" legen würde, so dass die Patientin in Ruhe sterben könnte[214]. Doch das Gegenteil war der Fall: Das Pflegepersonal entdeckte den durchtrennten Schlauch bereits nach wenigen Minuten und die Polizei wurde eingeschaltet. Auf staatsanwaltschaftliche Anordnung „wurde [...] [die komatöse Patientin] gegen den Willen ihrer Kinder in ein Krankenhaus gebracht". Dort wurde „ihr eine neue PEG-Sonde gelegt und die künstliche Ernährung wieder aufgenommen"[215]. Anfang 2008 starb sie letztlich eines natürlichen Todes[216].

Das *LG Fulda* hatte das Geschehen in der Vorinstanz als gemeinschaftlich begangenen versuchten Totschlag durch aktives Tun gewür-

---

207 *BGH*, in: NJW 2010, S. 2963.

208 *BGH*, in: NJW 2010, S. 2963.

209 *BGH*, in: NJW 2010, S. 2963 f.

210 *BGH*, in: NJW 2010, S. 2964.

211 *BGH*, in: NJW 2010, S. 2964.

212 *BGH*, in: NJW 2010, S. 2964.

213 *BGH*, in: NJW 2010, S. 2964.

214 *BGH*, in: NJW 2010, S. 2964.

215 *BGH*, in: NJW 2010, S. 2964.

216 *BGH*, in: NJW 2010, S. 2964. Siehe zu den Umständen des Falles auch das vorinstanzliche Urteil des *LG Fulda*, 16 Js 1/08 – 1 Ks, Urt. v. 30.04.2009, Rdn. 4 ff.

digt[217]. Weder eine mutmaßliche Einwilligung der Patientin noch eine Nothilfe noch ein rechtfertigender Notstand hätten als Rechtfertigung greifen können[218]. *Putz* hätte sich auch nicht auf einen entschuldigenden Notstand berufen können[219]. Soweit er sich im Erlaubnisirrtum befunden habe, wäre dieser für ihn als einschlägig spezialisierten Rechtsanwalt vermeidbar gewesen[220]. Die mitangeklagte Tochter der Patientin wurde vom LG freigesprochen, da sie sich in einem unvermeidbaren Erlaubnisirrtum befunden habe[221].

Der *BGH* sprach nun aber auch *Putz* frei. Das Gericht war der Auffassung, dass „Sterbehilfe durch Unterlassen, Begrenzen oder Beenden einer begonnenen medizinischen Behandlung (Behandlungsabbruch) [...] gerechtfertigt [sei], wenn dies dem tatsächlichen oder mutmaßlichen Patientenwillen entspricht und dazu dient, einem ohne Behandlung zum Tode führenden Krankheitsprozess seinen Lauf zu lassen."[222] Ein entsprechender Behandlungsabbruch könne „sowohl durch Unterlassen als auch durch aktives Tun vorgenommen werden".[223] Eine Grenze sei nur dort, wo die Schwelle zur aktiven Sterbehilfe überschritten werde: So könnten „[g]ezielte Eingriffe in das Leben eines Menschen", die nicht in Zusammenhang mit einem Behandlungsabbruch stehen, nicht durch eine Einwilligung des Sterbewilligen/Verstorbenen gerechtfertigt werden[224].

Sodann leitete der *BGH* die Rechtfertigung für den Behandlungsabbruch aus der Einwilligung der Patientin ab, „die künstliche Ernährung abzubrechen und ihre Fortsetzung oder Wiederaufnahme

217 *LG Fulda,* 16 Js 1/08 – 1 Ks, Urt. v. 30.04.2009, Tenor, Rdn. 36. Zur Mittäterschaft insb. Rdn. 41 ff.

218 *LG Fulda,* 16 Js 1/08 – 1 Ks, Urt. v. 30.04.2009, Rdn. 59 (zur Einwilligung), Rdn. 62 ff. (zur Nothilfe), Rdn. 78 ff. (zum Notstand). (Insg. zu den Rechtfertigungsgründen Rdn. 57 ff.)

219 *LG Fulda,* 16 Js 1/08 – 1 Ks, Urt. v. 30.04.2009, Rdn. 84 ff.

220 *LG Fulda,* 16 Js 1/08 – 1 Ks, Urt. v. 30.04.2009, Rdn. 93 ff.

221 *LG Fulda,* 16 Js 1/08 – 1 Ks, Urt. v. 30.04.2009, Tenor, Rdn. 101 f.

222 *BGH,* in: NJW 2010, S. 2963, 1. Leitsatz. Bestätigt durch *BGHSt,* 2 StR 320/10, Beschl. v. 10.11.2010, in: NJW 2011, S. 161 ff. (S. 162, Rdn. 10).

223 *BGH,* in: NJW 2010, S. 2963, 2. Leitsatz.

224 *BGH,* in: NJW 2010, S. 2963, 3. Leitsatz.

zu unterlassen"[225]. Zwar sei die vorgeworfene Handlung (Durchtrennen des Schlauches) als aktives Tun zu werten[226]. An der Abgrenzung an Hand der äußeren Erscheinungsformen von Tun und Unterlassen, die zugleich „Kriterium für die Abgrenzung zwischen gerechtfertigter und rechtswidriger Herbeiführung des Todes mit (mutmaßlicher) Einwilligung des betroffenen Patienten [ist,] hält der Senat [aber] nicht fest."[227]

Der *BGH* argumentierte, „dass die Kriterien für die Abgrenzung zwischen erlaubtem und verbotenem Verhalten nicht allein in der äußerlichen Handlungsqualität gefunden werden können."[228] Denn es habe sich in der Vergangenheit bereits gezeigt, dass auch „ein pflichtwidriges Unterlassen den Tatbestand des § 216 StGB [...] erfüllen" kann[229]. Auch die generelle Unterscheidung des StGB „zwischen dem pflichtwidrigen Unterlassen einer erfolgsabwendenden Handlung und dem aktiv erfolgsverursachenden Tun [...] [gebe] die Möglichkeit [...], Tun und Unterlassen wertungsmäßig gleich zu gewichten und damit auch gleich zu behandeln [...]."[230]

Daher könne „[d]ie Grenze zwischen erlaubter Sterbehilfe und einer nach §§ 212, 216 StGB strafbaren Tötung [...] nicht sinnvoll nach Maßgabe einer naturalistischen Unterscheidung von aktivem und passivem Handeln bestimmt werden".[231] So könne man auch einen „Behandlungsabbruch" nicht als bloße Untätigkeit einstufen. Vielmehr könne er auch eine Vielzahl von aktiven Handlungen beinhalten. Wie man diese Handlungen im Einzelnen einordnet, sei aber auf Grund der „zu den Unterlassungstaten des § 13 StGB entwickelten Kriterien problematisch" und hänge z. T. von Zufällen ab[232]. Daher müssten alle Handlungen, die mit einer solchen Behandlungsbeendigung zusammenhängen, „in einem normativ-wertenden Oberbegriff des *Behandlungsabbruchs*" zusammengefasst werden, der auch die subjektive

225 *BGH*, in: NJW 2010, S. 2965, Rdn. 21; siehe insg. Rdn. 21 ff.

226 *BGH*, in: NJW 2010, S. 2965, Rdn. 22.

227 *BGH*, in: NJW 2010, S. 2966, Rdn. 28.

228 *BGH*, in: NJW 2010, S. 2966, Rdn. 29.

229 *BGH*, in: NJW 2010, S. 2966, Rdn. 29.

230 *BGH*, in: NJW 2010, S. 2966, Rdn. 29.

231 *BGH*, in: NJW 2010, S. 2966, Rdn. 30.

232 *BGH*, in: NJW 2010, S. 2967, Rdn. 31; Hervorheb. im Text.

Zielsetzung mit berücksichtigt, eine bereits begonnene medizinische Behandlung gemäß dem Willen des Patienten ganz oder teilweise zu beenden oder zu reduzieren[233]. „Denn wenn ein Patient das Unterlassen einer Behandlung verlangen kann, muss dies gleichermaßen auch für die Beendigung einer nicht (mehr) gewollten Behandlung gelten, gleich, ob dies durch Unterlassen weiterer Behandlungsmaßnahmen oder durch aktives Tun umzusetzen ist [...]."[234] Gleiches gelte für die potentielle Wiederaufnahme einer Maßnahme, die dem Patientenwillen nicht (mehr) entspricht[235].

Die künftigen Beurteilungskriterien für die Abgrenzung ergeben sich nach Ansicht des *BGH* „aus den Begriffen der ‚Sterbehilfe' und des ‚Behandlungsabbruchs' selbst und aus der Abwägung der betroffenen Rechtsgüter vor dem Hintergrund der verfassungsrechtlichen Ordnung."[236] Zunächst einmal setze „[d]er Begriff der Sterbehilfe durch Behandlungsunterlassung, -begrenzung oder -abbruch [...] voraus, dass die betroffene Person lebensbedrohlich erkrankt ist und die betreffende Maßnahme medizinisch zur Erhaltung oder Verlängerung des Lebens geeignet ist. Nur in diesem engen Zusammenhang hat der Begriff der ‚Sterbehilfe' einen systematischen und strafrechtlich legitimierenden Sinn."[237] Die zu bewertende Handlung müsse also in Zusammenhang mit der medizinischen Behandlung einer Erkrankung stehen. Handlungen, die außerhalb eines solchen Zusammenhangs stehen, seien sowieso nicht durch eine Einwilligung zu rechtfertigen. Dies ergebe sich schon aus den §§ 216 und 228 StGB[238].

Ferner habe auch die Möglichkeit, sich auf das Selbstbestimmungsrecht aus Artt. 2 Abs. 1 in Verbindung mit 1 Abs. 1 GG zu berufen, nach Ansicht des *BGH* Grenzen: Dieses Recht legitimiere zwar die Abwehr nicht gewollter Eingriffe in die „körperliche Unversehrtheit und in den unbeeinflussten Fortgang" des Lebens und Sterbens[239]. Der Einzelne habe „aber kein Recht oder gar einen Anspruch darauf, Dritte

233 *BGH*, in: NJW 2010, S. 2967, Rdn. 31; Hervorheb. im Text.

234 *BGH*, in: NJW 2010, S. 2967, Rdn. 31.

235 *BGH*, in: NJW 2010, S. 2967, Rdn. 31.

236 *BGH*, in: NJW 2010, S. 2967, Rdn. 32; Hervorheb. im Text.

237 *BGH*, in: NJW 2010, S. 2967, Rdn. 33; Hervorheb. im Text.

238 *BGH*, in: NJW 2010, S. 2967, Rdn. 33; siehe auch Rdn. 34.

239 *BGH*, in: NJW 2010, S. 2967, Rdn. 35.

zu selbstständigen Eingriffen in das Leben ohne Zusammenhang mit einer medizinischen Behandlung zu veranlassen."[240] Die Einwilligung könne nur dann rechtfertigend wirken, wenn durch das Handeln eines Anderen ein Zustand (wieder) hergestellt werden soll, der einen bereits begonnenen Krankheitsprozess fortschreiten lässt. Hierbei werde zwar Leiden gelindert, die Krankheit aber nicht weiter behandelt, so dass der Patient sterben kann. Davon müsse man aber Fälle eines gezielten Eingriffs unterscheiden, welcher „die Beendigung des Lebens vom Krankheitsprozess abkoppelt"[241]. Daher blieben im Ergebnis auch die Grenzen des § 216 StGB unangetastet[242].

ddd) Besprechung des *Putz*-Urteils

Aus der *Putz*-Entscheidung ergeben sich *Gaede* zufolge im Wesentlichen zwei Dinge: Zum Einen wird beim Behandlungsabbruch die Unterscheidung zwischen Tun und Unterlassen aufgegeben. Zum Anderen wird deutlich gemacht, dass eine zulässige Sterbehilfe immer an einen Behandlungsprozess oder -verlauf gekoppelt ist, das heißt, in objektiver Hinsicht eine sog. Behandlungsbezogenheit vorliegt und die Sterbehilfe lediglich „einer unbehandelt letalen Krankheit ihren Lauf lässt"[243]. In subjektiver Hinsicht „muss das Handeln darauf abzielen, eine Behandlung gemäß dem Patientenwillen zu verhindern, zu beenden oder zu reduzieren."[244] Darüber hinaus sei aber auch zu bemerken, dass der *BGH* es nicht nur Ärzten und Betreuern ermöglicht, sich auf diese Voraussetzungen zu berufen, sondern grundsätzlich jedermann[245].

Gaede ist außerdem der Ansicht, dass durch die *Putz*-Entscheidung der Anwendungsbereich des § 216 StGB reduziert werde. Dadurch, dass dem Selbstbestimmungsrecht künftig mehr Raum gegeben werde, lasse der *BGH* nun auch zu, dass man wirksam in aktive

240 *BGH*, in: NJW 2010, S. 2967, Rdn. 35.

241 *BGH*, in: NJW 2010, S. 2967, Rdn. 35.

242 *BGH*, in: NJW 2010, S. 2967, Rdn. 37.

243 *Gaede*, in: NJW 2010, S. 2926.

244 *Gaede*, in: NJW 2010, S. 2926.

245 *Gaede*, in: NJW 2010, S. 2926.

Tötungen einwilligen könne[246]. *Gaede* lässt die vom *BGH* benannte Unberührtheit des § 216 StGB nicht gelten und schreibt,

> *„dass die* ***heute*** *vom BGH extensiv gerechtfertigten aktiven Behandlungsabbrüche* ***gestern*** *Fälle der (nach § 216 StGB) strafbaren aktiven Sterbehilfe gewesen wären."*[247]

Liest man das *Putz*-Urteil, so würde der *BGH* dieser Aussage wohl widersprechen. Denn die Urteilsformulierungen zeigen, dass das Gericht zwischen Behandlungsabbrüchen durch aktives Tun und der aktiven direkten Sterbehilfe immer noch zu unterscheiden weiß. Hauptanliegen des Urteils ist es, die oben erwähnte Diskussion über die Frage, ob ein Behandlungsabbruch nun eigentlich Tun oder Unterlassen ist, aufzugeben. Der Behandlungsabbruch wird vielmehr für zulässig erachtet und zwar unabhängig davon, ob er durch Tun oder Unterlassen erfolgt[248]. Gleichzeitig stellt der *BGH* klar, dass er gezielte Eingriffe in das Leben von Menschen, die nicht in Zusammenhang mit dem Unterlassen, dem Begrenzen oder dem Beenden einer begonnenen medizinischen Behandlung stehen, auch weiterhin als strafbare aktive Sterbehilfe ansieht[249]. Die von *Gaede* angesprochene „Behandlungsbezogenheit" ist daher vielmehr als „Behandlungsabbruchsbezogenheit" zu verstehen.

Vorzuwerfen ist dem *BGH* vielmehr, dass er der Frage ausweicht, wo die Behandlungs(abbruchs)bezogenheit endet. Die Argumentation des Gerichts greift zu kurz, wenn es darauf abstellt, dass die zu bewertende Handlung in einem Zusammenhang mit der medizinischen Behandlung einer Erkrankung stehen müsse[250]. Denn es sind viele Arten von Sterbehilfe-Handlungen denkbar, die in Zusammenhang mit einer medizinischen Behandlung stehen[251]. Der kategori-

---

246 *Gaede*, in: NJW 2010, S. 2926 f. Auch *Joerden*, in: FS-*Roxin*, S. 595 geht davon aus, dass der *BGH* den Anwendungsbereich des § 216 StGB teleologisch reduzieren will.

247 *Gaede*, in: NJW 2010, S. 2927; Hervorheb. im Text. Ähnl. auch *Joerden*, in: FS-*Roxin*, S. 593 f.

248 Siehe oben, *BGH*, in: NJW 2010, S. 2963, 2. Leitsatz.

249 Siehe oben: *BGH*, in: NJW 2010, S. 2963, 3. Leitsatz.

250 Siehe oben: *BGH*, in: NJW 2010, S. 2967, Rdn. 33 f.

251 Vgl. auch *Fischer*, in: FS-*Roxin*, S. 572 f.

sche Ausschluss von Handlungen, die z. B. § 216 StGB unterfallen und deswegen einen solchen Zusammenhang nicht aufweisen[252], legt den Schluss nahe, dass eine zulässige Handlung aus der medizinischen Behandlung selbst resultiert und somit deren unmittelbares Gegenteil ist. *Weitergehende* Handlungen, die diese dichte Verbindung zur Behandlung nicht aufweisen, sind danach grundsätzlich unzulässig.

Daher ist ein Behandlungsabbruch nach den Erwägungen des oben zitierten Urteils *Fischer* zufolge unter den Voraussetzungen zulässig,

> *„dass die betroffene Person lebensbedrohlich erkrankt ist, dass die unterlassene oder aktiv beendete Maßnahme zur Erhaltung oder Verlängerung des Lebens geeignet ist und dass ein rechtsfehlerfrei festgestellter Wille der betroffenen Person vorliegt, die Behandlung zu* ***unterlassen*** *oder* ***abzubrechen****."*[253]

cc) Zwischenergebnis

Passive Sterbehilfe bzw. ein Behandlungsabbruch, der für eine konkrete Lebensverkürzung ursächlich ist, sind erlaubt. Eigentlich werden hierunter Fälle verstanden, in denen die Krankheit des Betroffenen unumkehrbar ist und er bald sterben wird. Es ist also eine gewisse Todesnähe erforderlich, denn nur dann kann man eigentlich von *Sterbe*hilfe sprechen. Allerdings kann ein Behandlungsabbruch auch dann zulässig sein, wenn der Sterbevorgang noch nicht eingesetzt hat (passive Sterbehilfe im weiteren Sinne). Es muss aber immer einen medizinischen Zusammenhang geben: Das heißt, die betroffene Person muss lebensbedrohlich erkrankt sein und die bereits eingeleitete oder geplante Maßnahme muss medizinisch zur Erhaltung des Lebens geeignet sein. Nur diese Maßnahme kann dann auch wieder beendet werden. Die zulässige Sterbehilfe muss also direkt auf diese medizinische Behandlungsmaßnahme bezogen sein und quasi ihr Gegenteil darstellen.

Der *BGH* führt aus, dass sogar die Annahme eines nur mutmaßlichen Einverständnisses der betroffenen Person oder ein Zurückgreifen auf Kriterien der allgemeinen Wertvorstellungen ausreichen kann,

252 Siehe oben: *BGH*, in: NJW 2010, S. 2967, Rdn. 33 f.

253 *Fischer*, in: FS-*Roxin*, S. 571; Hervorheb. im Text.

um einen Behandlungsabbruch als erlaubt anzusehen[254]. Die Anforderungen werden hierbei aber umso höher, je mehr man sich von dem wirklichen Willen des Patienten entfernt. Im Zweifel hat daher das Leben Vorrang.

Das bedeutet aber auch, dass bei der passiven Sterbehilfe in subjektiver Hinsicht unter Umständen mehr zulässig ist als bei der aktiven Sterbehilfe. Bei der aktiven Sterbehilfe wirkt – wie oben gesehen – nicht einmal das ausdrückliche Sterbeverlangen strafbefreiend. Bei der passiven Sterbehilfe kann hingegen für den Behandlungsabbruch die Annahme eines mutmaßlichen Willens oder das Abstellen auf allgemeine Wertvorstellungen ausreichend sein.

Ein entsprechender Behandlungsabbruch kann sowohl durch Unterlassen, als auch durch aktives Tun vorgenommen werden. Rechtfertigendes Element ist die Einwilligung des Betroffenen in den Behandlungsabbruch. Wenn nämlich jemand das Unterlassen einer Behandlung verlangen kann, muss er auch die Beendigung einer nicht (mehr) gewollten Behandlung verlangen können. Dies gilt unabhängig davon, wie diese Beendigung umzusetzen ist, das heißt, ob durch Tun oder durch Unterlassen. Damit wird der bisherige Streit über die Unterscheidung zwischen Tun und Unterlassen an dieser Stelle aufgegeben und das Augenmerk auf die Frage gelegt, ob eine Einwilligung in den Behandlungsabbruch vorlag.

d) Zwischenergebnis aus a) – c)

Die vorstehende Untersuchung zeigt, dass bis auf den Fall der aktiven direkten Sterbehilfe für die verschiedenen Sterbehilfe-Formen Lösungen gefunden wurden, um sie im Ergebnis als straffrei zu behandeln. Damit weicht die Rechtspraxis von dem ab, was eigentlich im Gesetz steht.

Die Rechtfertigungsmöglichkeit der indirekten Sterbehilfe widerspricht der Argumentation, die der *BGH* zur Strafbarkeit der aktiven direkten Sterbehilfe ins Feld führt[255]. Hiernach übe der Staat durch eine entsprechende Gesetzgebung seine grundgesetzlichen Schutz-

254 Siehe oben; zum mutmaßlichen Einverständnis vgl. *BGH* 40, 257, 2. Leitsatz; 260 f.; 263; zum Rückgriff auf allgemeine Wertvorstellungen vgl. *BGH* 40, 257, 3. Leitsatz; 263.

255 Siehe oben; vgl. *BGH*, in: NStZ 2003, S. 538, Rdn. 7.

pflichten zu Gunsten des Lebens aus. Um diesen Schutzpflichten Wirksamkeit zu verleihen, gebe es letztlich die Einwilligungs- bzw. Verlangenssperre bei § 216 StGB. Das Problem in diesem Zusammenhang besteht darin, dass ein Fall der indirekten Sterbehilfe immerhin durch die Anwendung der Notstandsvorschrift (§ 34 StGB) letztlich straflos bleibt. Insofern leuchtet die Argumentation des *BGH* nicht ein: Denn es ist nicht ersichtlich, weswegen bei der indirekten Sterbehilfe die Notstandsregelung greifen kann und die staatliche Schutzpflicht zurücktritt, während dies bei der aktiven direkten Sterbehilfe nicht funktionieren soll. Das erscheint vor allem unter dem Aspekt fragwürdig, dass die Abgrenzung zwischen der aktiven direkten und der aktiven indirekten Sterbehilfe marginal ist. Es geht allein darum, ob der Täter den Tod der anderen Person nur als unerwünschte Nebenfolge in Kauf nimmt (dann straflos) oder ob er auf den Todeseintritt abzielt (dann strafbar). Eine genaue Ermittlung der subjektiven Einstellung des Sterbehelfers wird aber im Einzelfall kaum möglich sein.

Fraglich bleibt auch, weswegen man nicht auch einen Fall der aktiven direkten freiwilligen Sterbehilfe über § 34 StGB lösen kann. Die Abwägung des *BGH,* unter Berücksichtigung des Patientenwillens ein schmerzfreies, würdevolles Sterben zu ermöglichen und demgegenüber die Aussicht auf eine kurzzeitige Verlängerung eines ggf. schmerzvollen Lebens zurücktreten zu lassen[256], wäre in gleichem Maße auf die aktive direkte Sterbehilfe anwendbar.

Die vorausgegangene Untersuchung zeigt auch, dass mit der Komponente der Einwilligung völlig unterschiedlich umgegangen wird. Bei der passiven Sterbehilfe bzw. dem Behandlungsabbruch wirkt sie rechtfertigend. Bei der aktiven direkten und indirekten Sterbehilfe wird ihr hingegen die rechtfertigende Wirkung versagt. Bzw. muss man genauer sagen: Dem *Verlangen* – was ja *mehr* ist als eine „bloße" Einwilligung – wird die rechtfertigende Wirkung versagt. Obwohl das Verlangen also ein „Mehr" gegenüber der reinen Einwilligung darstellt, wirkt es sich nur privilegierend, nicht aber strafbefreiend aus. Demgegenüber ist bei der indirekten Sterbehilfe lediglich die unter Berücksichtigung des Patientenwillens getroffene Abwägung im Rahmen des § 34 StGB entscheidend, das heißt, die Abwägung zwischen einem Sterben in Würde gegenüber der Aussicht, unter Schmerzen weiterleben zu müssen. In letzterem Falle wird der Patientenwil-

256 Siehe oben, *BGHSt* 42, 301 ff. (305).

le somit zwar berücksichtigt, ist aber nicht alleiniges rechtfertigendes Element. Es läuft vielmehr auf die Abwägung hinaus.

Darüber hinaus zeigt die vorliegende Untersuchung – insbesondere im Fall *Putz* – dass die Einteilung in aktive und passive Formen der Sterbehilfe dazu geeignet ist, große Verwirrung hervorzurufen. Der *BGH* „rettet" sich in *Putz* damit, dass er sich nur auf den Behandlungsabbruch bezieht und feststellt, dass ein solcher sowohl durch Tun als auch durch Unterlassen verwirklicht werden kann. Rein sprachlich verbindet man aber ein „Tun" immer mit einer aktiven Komponente und ein „Unterlassen" mit einer passiven Komponente. Damit wird deutlich, dass die bisherige Unterscheidung nur bedingt geeignet ist, um eine Einteilung in die verschiedenen Formen der Sterbehilfe vorzunehmen. Auch aus diesem Grund wird sich der *BGH* von den bisherigen Abgrenzungskriterien entfernt haben.

e) Beihilfe zum Suizid

Die Selbsttötung an sich ist nach deutschem Recht straflos. Denn „die Tötungsdelikte richten sich gegen einen *anderen Menschen*"[257]. Da es an einer vorsätzlichen und rechtswidrigen Haupttat fehlt, sind somit auch der Versuch eines Suizids sowie die Teilnahme am Suizid einer anderen Person straflos[258]. Der *BGH* grenzt in diesem Zusammenhang so ab, dass er als „[m]aßgebendes Kriterium zur Abgrenzung strafloser Selbstgefährdung [...] die Trennungslinie zwischen Täterschaft und Teilnahme" heranzieht[259]. Es geht also darum, ob der potentielle Täter „im Vollzug des Gesamtplans des zum Tode führenden Geschehens [...] die Gefährdungsherrschaft" inne hat[260]. Diese Abgrenzung bezeichnete der *BGH* bereits in den 1960er Jahren als „gesicherte

257 *Fischer*, Vor §§ 211 – 216 StGB, Rdn. 19; Hervorheb. im Text.

258 Vgl. *Fischer*, Vor §§ 211 – 216 StGB, Rdn. 19, m. w. N. Siehe z. B. *BGHSt* 13, 162 ff. (167): „Eine etwaige ‚Beihilfe' zur Selbsttötung wäre wegen Fehlens einer Strafandrohung gegen den Freitod als solche nicht strafbar." Ebenso *BGHSt* 24, 342 ff. (343): „Wer mit Gehilfenvorsatz den Tod eines Selbstmörders mitverursacht, kann nicht bestraft werden, weil der Selbstmord keine Straftat ist." Siehe auch *BGHSt* 32, 262 ff. (264); *BGHSt* 32, 367 ff. (371); *BGH*, in: NStZ 1984, S. 452 f. (452).

259 *BGH*, in: NStZ 2003, S. 538, Rdn. 4.

260 *BGH*, in: NStZ 2003, S. 538, Rdn. 5.

Rechtsprechung"[261]. Danach liegt also eine Selbsttötung vor, wenn der Suizident die eigene Tötung selbst ausführt. Eine Tötung auf Verlangen liegt hingegen vor, wenn jemand anders als der Sterbewillige das Gesamtgeschehen in den Händen hält.

Auf einen etwaigen Täterwillen kommt es hingegen nicht an. Schon in den 1960er Jahren stellte der *BGH* fest, dass sich entsprechende subjektive Kriterien (also z. B., ob jemand „den Willen zur Tatherrschaft oder ein eigenes Interesse an der Tat hatte"[262]) nicht für die Abgrenzung eignen[263]. Es komme allein darauf an, „wer das zum Tode führende Geschehen tatsächlich beherrscht hat."[264]

aa) unterlassene Hilfeleistung nach § 323 c StGB?

An sich ist – wie oben erwähnt – die Suizidbeihilfe deswegen straflos, weil es an einer vorsätzlichen, rechtswidrigen Haupttat fehlt, an der jemand teilnehmen kann. Problematisch ist in diesem Zusammenhang jedoch die Frage, ob jemand, der einen Suizidenten sterben lässt, als Garant [dazu unter bb)] oder zumindest nach § 323 c StGB (unterlassene Hilfeleistung) strafbar ist.

Die laut *Fischer* wohl herrschende Lehre verneint eine solche Strafbarkeit[265]. *Eser* führt diesbezüglich an, dass bei

> „*einem freiverantwortlichen und bis zum tödlichen Ende durchgehaltenen Suizidwillen* [davon] *ausgegangen werden kann* [...] [, dass] *sich bei Respektierung dieses Entschlusses weder für die Nichthinderung des Suizids noch für den Verzicht auf Rettungsmaßnahmen eine strafrechtliche Verantwortlichkeit begründen* [lasse], *und zwar weder aus Garantenhaftung noch aus § 323 c* [...]."[266]

261 *BGHSt* 19, 135 ff. (137 f.).

262 *BGHSt* 19, 135 ff. (138).

263 *BGHSt* 19, 135 ff. (138).

264 *BGHSt* 19, 135 ff. (139).

265 Vgl. *Fischer*, Vor §§ 211 – 216 StGB, Rdn. 26.

266 S/S-*Eser*, Vorbem. §§ 211 ff. StGB, Rdn. 41.

Der *BGH* sieht das jedoch anders[267]. Zunächst entschied er im Jahre 1952, dass eine Selbsttötung grundsätzlich kein Unglücksfall sei[268]. Denn ein solcher sei

> *„begrifflich und sprachlich ausgeschlossen, solange das verantwortliche Handeln des Selbstmörders die Lebensgefahr im wesentlichen so gestaltet, wie er es sich vorgestellt hat, und solange sein Selbsttötungswille fortbesteht."*[269]

Aber bereits 1954 entschied das Gericht, dass „[d]ie durch einen Selbstmordversuch herbeigeführte Gefahrenlage [...] ein Unglücksfall im Sinne des § 330 c StGB" (heute § 323 c StGB) sei[270]. Der *BGH* begründete diese Kehrtwende unter anderem damit, dass durch den Suizidversuch für den Suizidenten „eine ernste Gefahrenlage" entsteht, bei der geholfen werden müsse[271]. Rechtlich gesehen dürfe niemand über sein Leben verfügen, so dass auch der Wille des Suizidenten dahinstehen könne[272]. Überdies könne man in der Realität bei einem Suizidversuch von der (zufällig) vorbeikommenden zweiten Person nicht erwarten, dass sie sich erst noch Gedanken darüber macht, ob der Suizident wohl freiverantwortlich handelt(e) bzw. auch im Zustand der Hilfsbedürftigkeit noch an seinem Entschluss festhält[273].

1959 entschied der *BGH*, dass eine an sich straflose vorsätzliche Beihilfe zum Suizid in Form des Unterlassens „als unterlassene Hilfeleistung verfolgt werden" kann[274]. „Der ‚Unglücksfall' und damit die Pflicht zur Hilfeleistung treten ein, sobald sich ein Lebensmüder in erkannter Selbsttötungsabsicht in unmittelbare Lebensgefahr begibt."[275] Zwar sei die Teilnahme am Suizid straflos, aber unabhängig davon sei

267 S/S-*Eser*, Vorbem. §§ 211 ff. StGB, Rdn. 42.

268 *BGHSt* 2, 150 ff. (150, 2. Leitsatz; 151).

269 *BGHSt* 2, 150 ff. (151).

270 *BGHSt* 6, 147 ff. (147, Leitsatz).

271 *BGHSt* 6, 147 ff. (153).

272 *BGHSt* 6, 147 ff. (153).

273 *BGHSt* 6, 147 ff. (153 f.).

274 *BGHSt* 13, 162 ff. (162, 2. und 3. Leitsatz).

275 *BGHSt* 13, 162 ff. (162, 3. Leitsatz).

§ 323 c (damals § 330 c) StGB anwendbar. Daran ändere auch nichts, dass der Hilfsbedürftige ggf. auf eine Rettung verzichtet habe[276].

Eine entsprechende Rettungspflicht gilt nach der Rechtsprechung des *BGH* also „jedenfalls ab dem Zeitpunkt der Hilfsbedürftigkeit des Suizidenten"[277]. Darüber hinaus ist in solchen Fällen aber „die *Zumutbarkeit* des Eingreifens besonders zu prüfen"[278].

Nach dieser Rechtsprechung kann eine Unterlassungsstrafbarkeit nach § 323 c StGB also grundsätzlich jeden treffen. Das bedeutet, es besteht eine Rettungspflicht auch beim Suizid. Auf den Selbsttötungsentschluss oder den Willen des Suizidenten kommt es somit nicht an. Dies hat der *BGH* im *Wittig*-Fall[279] bestätigt. Danach könne nämlich

> *„die jedermann treffende allgemeine Hilfspflicht nicht davon abhängig gemacht werden, ob im konkreten Einzelfall der Selbstmörder aufgrund eines freiverantwortlich gefaßten oder eines auf Willensmängeln beruhenden Tatenschlusses handelt oder gehandelt hat. Dies kann innerhalb der kurzen Zeitspanne, die für die unter Umständen lebensrettende Entscheidung am Unglücksort zur Verfügung steht, kaum jemand ohne psychiatrisch-psychologische Fachkenntnisse und ohne sorgfältige Abklärung der äußeren und inneren Motivationsfaktoren zuverlässig beurteilen."*[280]

Damit bleibt also eine massive Unsicherheit bzgl. der Frage, ob man jemanden sterben lassen darf oder nicht. Deswegen wird man im Zweifelsfall immer versuchen, den Suizidenten zu retten.

bb) Begehung des § 216 StGB durch Unterlassen?

Im Jahre 1959 entschied der *BGH*, dass die „Tötung auf Verlangen auch durch pflichtwidriges Unterlassen begangen werden kann, wenn das ausdrückliche, ernstliche und bestimmt wirkende Verlangen des Op-

---

276 *BGHSt* 13, 162 ff. (169).

277 *Fischer*, Vor §§ 211 – 216 StGB, Rdn. 23. Indirekt ergibt sich dieser Zeitpunkt aus *BGHSt* 6, 147 ff. (153); 7, 268 ff. (272), 13, 162 ff. (162, 169), sowie *BGH*, in: NJW 1960, S. 1821 f. (1822).

278 *Fischer*, Vor §§ 211 – 216 StGB, Rdn. 23; Hervorheb. im Text; *BGHSt* 6, 147 ff. (154); 7, 268 ff. (272); 13, 162 ff. (169); *BGH*, in: NStZ 1984, S. 73.

279 *BGHSt* 32, 367 ff.

280 *BGHSt* 32, 367 ff. (376).

fers dahin ging, seinen Tod nicht zu verhindern."[281] Dazu müsse der Täter aber einen „Täterwillen" haben, das heißt, das herbeigeführte Geschehen auch beherrschen wollen. Dies könne aber „jedenfalls dann nicht durch das Bewußtsein einer Rechtspflicht zum Handeln ersetzt werden, wenn der Unterlassende die Möglichkeit zu einem rettenden Eingreifen nicht besitzt."[282] Das Abstellen auf den „Täterwillen" gab der *BGH* später auf, weil dies zur Abgrenzung nicht geeignet sei[283]. Vielmehr komme es darauf an, „wer das zum Tode führende Geschehen tatsächlich beherrscht hat."[284]

Auch im *Wittig*-Fall führte der *BGH* aus, dass jemand Unterlassenstäter im Sinne des § 216 StGB sein kann. Das „Geschehenlassen eines auf freier Entschließung beruhenden Selbstmords" könne durchaus von § 216 StGB erfasst werden[285]. Ein Arzt als Fürsorgepflichtiger könne sich sehr wohl nach § 216 StGB strafbar machen, „wenn er die lebensrettende Versorgung des Suizidpatienten unterläßt."[286] Dabei knüpft der *BGH* daran an, dass der behandelnde Arzt eine Garantenpflicht zur Lebensrettung des Verunglückten habe[287]. Diese habe er auch dann, wenn der Suizident sich absichtlich in den Zustand der Handlungs- und Willensunfähigkeit versetzt habe. Denn in diesem Moment springe die Tatherrschaft über das Geschehen auf den Hinzukommenden über[288]:

> *„Wenn nämlich der Suizident die tatsächliche Möglichkeit der Beeinflussung des Geschehens (‚Tatherrschaft') endgültig verloren hat, weil er infolge Bewußtlosigkeit nicht mehr von seinem Entschluß zurücktreten kann, hängt der Eintritt des Todes jetzt allein vom Verhalten des Garanten ab. In dessen Hand liegt es nunmehr, ob das Opfer, für dessen*

281 *BGHSt* 13, 162 ff. (166).

282 *BGHSt* 13, 162 ff. (166).

283 *BGHSt* 19, 135 ff. (138).

284 *BGHSt* 19, 135 ff. (139; ebenso 135), hier entschied der 2. Strafsenat. Der 3. Strafsenat des *BGH* erwähnte in *BGHSt* 32, 367 ff. (374) abermals den Täterwillen, allerdings nicht mehr als entscheidendes Abgrenzungskriterium, sondern nur als „Annex" (siehe weiter unten das Zitat).

285 *BGHSt* 32, 367 ff. (371).

286 *BGHSt* 32, 367 ff. (371).

287 *BGHSt* 32, 367 ff. (373).

288 *BGHSt* 32, 367 ff. (373 f.).

> *Leben er von Rechts wegen einzustehen hat, gerettet wird oder nicht. In diesem Stadium* [...] *hat dann nicht mehr der Selbstmörder, sondern nur noch der Garant die Tatherrschaft und, wenn er die Abhängigkeit des weiteren Verlaufs ausschließlich von seiner Entscheidung in seine Vorstellung aufgenommen hat, auch den Täterwillen.* [...]"[289]

Insofern geht nach Ansicht des *BGH* die Tatherrschaft vom Suizidenten auf den Garanten über, sobald der Suizident handlungs- und willensunfähig geworden ist. Trotz Erwähnung ist der Täterwille hier nicht (mehr) das entscheidende Abgrenzungskriterium, denn es ist laut *BGH* unerheblich, ob sich der Hinzukommende dem Willen des Suizidenten unterordnen will[290]. Die ferner von der Unterlassenstäterschaft vorausgesetzte Rechtspflicht zum Einschreiten (also die Garantenpflicht) leite sich aus dem bereits bestehenden Arzt-Patienten-Verhältnis ab[291].

Roxin kritisiert hieran, dass „die Täterschaft bei Unterlassungen [...] überhaupt nicht durch die Tatherrschaft, sondern durch die Erfolgsabwendungspflicht des Unterlassenden begründet" werde[292]. „[E]ine solche Hilfspflicht [ende] jedenfalls am entgegenstehenden Willen des Patienten, der sich eine Intensivbehandlung und das Anschließen an Apparate verbitten" könne[293]. Diese Kritik trifft das Problem im Kern. Bei der Unterlassungstäterschaft, die sich in § 13 Abs. 1 StGB widerspiegelt, besteht der Strafbarkeitsvorwurf darin, dass man einen Erfolg nicht abwendet, obwohl man dazu verpflichtet ist. Erst im Rahmen der Strafbarkeitsprüfung wird untersucht, ob einem die Erfolgsabwendung auch tatsächlich möglich war. Zwischen dieser Möglichkeit und einer Tatherrschaft besteht jedoch ein Unterschied. Unter „Tatherrschaft" versteht man, dass jemand die konkrete Situation in den Händen hält. Die Möglichkeit zur Erfolgsabwendung bedeutet nur, dass man eine Gelegenheit verstreichen lässt, den Betroffenen zu retten. Ob man infolgedessen aber auch das Geschehen in den Händen hält, geht daraus allein überhaupt nicht hervor.

289 *BGHSt* 32, 367 ff. (374).

290 *BGHSt* 32, 367 ff. (374); vgl. auch *BGHSt* 19, 135 ff. (135, 138 f.).

291 *BGHSt* 32, 367 ff. (374).

292 *Roxin*, in: NStZ 1987, S. 346.

293 *Roxin*, in: NStZ 1987, S. 346.

Dies bemerkt auch *Roxin*: Auch ein Gehilfe beherrsche seinen eigenen Tatbeitrag, ohne selbst Täter zu sein. Namentlich sei dies z. B. dann der Fall, wenn es „ganz von seinem Willen abhängt, ob er dem Täter das Tatwerkzeug liefert oder nicht."[294] Man müsse aber vielmehr berücksichtigen, „ob jemand, der einen aktiven Beitrag leistet, die Tat als *ganze* beherrscht oder wenigstens mitbeherrscht."[295]

„Die auf einen Wechsel der Tatherrschaft gestützte Ansicht, ein (zunächst straflos unterlassender) Garant sei bei Eintritt von Bewusstlosigkeit zum Handeln verpflichtet, lässt sich [*Fischer* zufolge] [...] dogmatisch kaum aufrecht erhalten [...], weil die Tatherrschaft als solche eine (neue) Garantenpflicht nicht begründen" könne[296]. Insofern müssen die Begriffe der Tatherrschaft und der Garantenstellung auch getrennt voneinander betrachtet werden. Denn – wie *Roxin* zu Recht anmerkt – „[d]ie Garantenstellung verpflichtet, wenn und soweit sie überhaupt besteht, in jedem Stadium des Geschehens zum Einschreiten."[297] Das bedeutet, ich kann die Tatherrschaft inne haben, ohne Garant(in) zu sein. Ebenso kann ich Garant(in) sein, ohne dass ich die Tatherrschaft inne habe. Ob ich mich deswegen strafbar mache, ist darüber hinaus eine völlig andere Frage.

Otto kritisiert, dass „die Vorstellung von einem ‚Wechsel der Tatherrschaft im Moment der Handlungsunfähigkeit' auf einem Mißverständnis der Tatherrschaft als Zurechnungskriterium"[298] beruht. Tatherrschaft bedeute „stets nur [die] Herrschaft über das Geschehen bis zur Situation des beendeten Versuchs" im Sinne des § 24 StGB. Sie bedeute also „nicht [eine] jederzeitige faktische Beherrschbarkeit des Geschehensablaufs bis zum Eintritt der Rechtsgutsverletzung."[299] Wenn aber der Suizident schon selbst alles Erforderliche getan hat, damit *bei ihm* die Rechtsgutsverletzung (also sein Tod) eintritt, bedeute dies, dass sein für den (möglichen) Todeseintritt kausales Handeln auch nur

294 *Roxin*, in: NStZ 1987, S. 347.

295 *Roxin*, in: NStZ 1987, S. 347; Hervorheb. im Text.

296 *Fischer*, Vor §§ 211 – 216 StGB, Rdn. 25, m. w. N. Siehe auch LK-*Jähnke*, Vor § 211 StGB, Rdn. 24 (Stand: 30.11.2001); MK-*Schneider*, Vor §§ 211 ff. StGB, Rdn. 67 ff. (insb. 68, 73 f.).

297 *Roxin*, Täterschaft und Tatherrschaft, S. 474.

298 *Otto*, in: Verhandlungen des 56. DJT, Bd. I, S. D 68.

299 *Otto*, in: Verhandlungen des 56. DJT, Bd. I, S. D 68.

von *ihm* gesetzt worden sein kann. Somit könne der tatsächliche Tode*seintritt* dann nicht plötzlich wegen eines Wechsels der Tatherrschaft einem anderen zugerechnet werden[300]. Denn der Suizident hat für den Todes*eintritt* schon alle Bedingungen selbst gesetzt. Nur, weil er ggf. durch Bewusstlosigkeit seine Handlungsfähigkeit verliert, gibt er die Verantwortung für sein Tun nicht ab. Die Tatherrschaft bleibt also bei ihm (dem Suizidenten) und geht *nicht* auf einen anderen über[301].

Überdies hält *Otto* das Übergehen der Tatherrschaft für eine unzulässige Ausdehnung einer vorhandenen Beschützergarantenstellung. Denn die freiverantwortliche Entscheidung des Suizidenten, sein Leben zu beenden, sei die Grenze für eine mögliche Garantenstellung. Der Garant sei nicht der Vormund des Suizidenten, es sei denn, der Suizident ändere plötzlich erkennbar seinen Willen und wolle nun doch gerettet werden[302].

Allerdings macht der *BGH* auch in der *Wittig*-Entscheidung deutlich, dass der Wille des Suizidenten grundsätzlich unbeachtlich sei. Die „jedermann treffende allgemeine Hilfspflicht [könne] nicht davon abhängig gemacht werden, ob im konkreten Einzelfall der Selbstmörder aufgrund eines freiverantwortlich gefassten oder eines auf Willensmängeln beruhenden Tatentschlusses handelt oder gehandelt hat."[303]

Dennoch verneint der *BGH* einen Schuldspruch im *Wittig*-Fall „wegen der besonderen Umstände des Falles"[304]: Der Arzt habe sich in dem Konflikt befunden, einerseits „jede Chance zur Rettung des Lebens seiner Patientin zu nutzen" sowie andererseits „dem Gebot, ihr Selbstbestimmungsrecht zu achten"[305]. Infolgedessen dürfe er auch

> *„berücksichtigen, daß es keine Rechtsverpflichtung zur Erhaltung eines erlöschenden Lebens um jeden Preis gibt. Maßnahmen zur Lebensverlängerung sind nicht schon deswegen unerläßlich, weil sie technisch möglich sind. Angesichts des bisherige Grenzen überschreitenden Fort-*

300 *Otto,* in: Verhandlungen des 56. DJT, Bd. I, S. D 68.

301 Vgl. *Otto,* in: Verhandlungen des 56. DJT, Bd. I, S. D 68.

302 *Otto,* in: NJW 2006, S. 2222.

303 *BGHSt* 32, 367 ff. (376). Diese „Unterscheidung zwischen ‚Normal'- und ‚Suizidpatienten'" wurde *Fischer* zufolge erheblich kritisiert, siehe *Fischer,* Vor §§ 211 – 216 StGB, Rdn. 24, m. v. N.

304 *BGHSt* 32, 367 ff. (377).

305 *BGHSt* 32, 367 ff. (377).

schritts medizinischer Technologie bestimmt nicht die Effizienz der Apparatur, sondern die an der Achtung des Lebens ***und*** *der Menschenwürde ausgerichtete Einzelfallentscheidung die Grenze ärztlicher Behandlungspflicht.*"[306]

Der *BGH* fasst abschließend noch einmal zusammen, dass „sich ein Arzt dem Todeswunsch des Suizidenten" grundsätzlich nicht beugen dürfe[307]. Entlastet habe den Täter vielmehr, dass er überzeugt davon war, dass das Leben der betroffenen Patientin nur noch unter Einsatz intensivmedizinischer Maßnahmen hätte fortgeführt werden können[308] und er deswegen „in Respekt vor der Persönlichkeit der Sterbenden bis zum endgültigen Eintritte des Todes bei ihr ausharrte"[309].

Die neuere Rechtsprechung des *BGH* misst *Fischer* zufolge nun – entgegen dem *Wittig*-Fall – „dem ernsthaft freiverantwortlich gefassten Selbsttötungsentschluss [...] eine größere Bedeutung zu"[310]. In einem Beschluss von 1987 führt der *BGH* zur Achtung des Selbstbestimmungsrechts aus, hierzu genüge es, „wenn feststeht, daß der Suizident den Selbsttötungsentschluß ernsthaft und freiverantwortlich gefaßt hat und daß er demgemäß nicht mit einer Verhinderung des von ihm erstrebten Todes einverstanden ist."[311] In *BGHSt* 46, 279 ff. stellt der *BGH* auf einen Suizid „in voller Selbstverantwortlichkeit" ab[312]. Auch eine Strafbarkeit durch Unterlassen schließt er mit dem Argument aus, es sei festgestellt worden, dass etwaige Rettungsversuche nach Eintritt der Bewusstlosigkeit bei der Suizidentin aussichtslos gewesen wären und der betroffene Angeklagte ebenso davon ausging[313]. Ob man hier aber tatsächlich – wie *Fischer* meint – eine Änderung der *BGH*-Rechtsprechung erkennen kann, ist fraglich. Denn der *BGH* behält sich an dieser Stelle ja ausdrücklich vor, auch weiterhin eine Un-

306 *BGHSt* 32, 367 ff. (379 f.), Hervorheb. im Text.

307 *BGHSt* 32, 367 ff. (380).

308 *BGHSt* 32, 367 ff. (380).

309 *BGHSt* 32, 367 ff. (381).

310 *Fischer*, Vor §§ 211 – 216 StGB, Rdn. 25, m. w. N.

311 *BGH*, in: NJW 1988, S. 1532.

312 *BGHSt* 46, 279 ff. (284).

313 *BGHSt* 46, 279 ff. (290).

terlassungsstrafbarkeit anzunehmen, wenn sich aus dem jeweiligen Fall mögliche Anhaltspunkte ergeben.

cc) Zwischenergebnis

Die Suizidbeihilfe ist nach deutschem Strafrecht an sich straffrei. Es gibt – da der Suizid selbst straflos ist – keine vorsätzliche, rechtswidrige Haupttat, an der man teilnehmen könnte. Im Rahmen der Suizidbeihilfe stellen sich dennoch zwei wesentliche Probleme:

Zunächst wird das Sterbenlassen ggf. als unterlassene Hilfeleistung im Sinne des § 323 c StGB eingeordnet. Der *BGH* nimmt nämlich einen Unglücksfall im Sinne dieser Norm an, sobald beim Suizidenten die Hilfsbedürftigkeit eintritt (z. B. weil er bewusstlos geworden ist). Dies gilt nach Ansicht des *BGH* unabhängig vom Willen des Suizidenten[314]. Das heißt, selbst dann, wenn dieser in noch bewusstem Zustand für sich die Entscheidung getroffen hat, nicht gerettet werden zu wollen, ist dies für die Rettungspflicht eines Außenstehenden unerheblich. Die einzige theoretische Ausnahme besteht darin, dass der Suizident erkennbar an seinem Selbsttötungsentschluss festhält. Aber genau das kann laut *BGH* in der kurzen Zeit, in der man sich als Rettungspflichtiger entscheiden muss, ob man handelt oder nicht, kaum beurteilt werden[315].

Das zweite Problem betrifft die Frage, ob man sich durch das Geschehenlassen eines Suizids ggf. als Unterlassungstäter nach § 216 StGB strafbar macht. Selbst dann, wenn der Suizid auf einem freien Entschluss beruht, soll es – sofern eine Garantenpflicht nach § 13 Abs. 1 StGB besteht – nach § 216 StGB verboten sein, den Suizid tatenlos geschehen zu lassen. Der *BGH* nimmt in diesem Zusammenhang nämlich einen Wechsel der Tatherrschaft an. Die Tatherrschaft soll auf den Garanten übergehen, sobald der Suizident handlungs- und willensunfähig geworden ist. Der Todeseintritt hängt dann nur noch und allein vom Verhalten des Garanten ab[316].

---

314 Siehe oben; *BGHSt* 6, 147 ff. (147, Leitsatz; 153 f.); 13, 162 ff. (162, 2. und 3. Leitsatz; 169); 32, 367 ff. (376).

315 Siehe oben; *BGHSt* 32, 367 ff. (376).

316 Siehe oben; *BGHSt* 32, 367 ff. (374).

Möglicherweise kann in solchen Fällen die Strafbarkeit aber trotzdem entfallen, wie die Rechtsprechung des *BGH* im *Wittig*-Fall[317] zeigt. Wenn man also weiß, dass der angetroffene Suizident nur unter intensivmedizinischen Maßnahmen am Leben erhalten werden kann und man unter diesem Gesichtspunkt dem Geschehen seinen Lauf lässt, so kann man möglicherweise straffrei bleiben. Das ist aber eben nicht sicher, sondern muss vielmehr im Einzelfall (ggf. auch erst in einem Strafprozess) geklärt werden. Gleiches gilt, wenn Rettungsversuche erkennbar aussichtslos sind. Aber auch dies kann ggf. erst im Nachhinein geklärt werden. Diese Ansätze lassen sich auf die unterlassene Hilfeleistung nach § 323 c StGB übertragen.

Dennoch bleibt diese Situation unbefriedigend, denn es gibt immer noch ein Risiko. Wenn der Rettungspflichtige in der konkreten Situation ggf. etwas falsch einschätzt, kann er später dafür strafrechtlich verantwortlich gemacht werden.

2) Abgrenzung aktive Sterbehilfe - Suizidbeihilfe

Nicht nur die Beurteilung der Suizidbeihilfe, bzw. hieran anknüpfender Probleme ist im deutschen Strafrecht fragwürdig. Auch die Abgrenzung zwischen (strafbarer) aktiver Sterbehilfe und (strafloser) Suizidbeihilfe wird kritisiert.

a) Abgrenzung nach den Grundsätzen von Täterschaft und Teilnahme

Die Grenze der Strafbarkeit bestimmt sich – wie oben bereits angedeutet – an Hand der Abgrenzung zwischen Täterschaft und Teilnahme[318]. *Fischer* zufolge kommt es „darauf an, wer das zum Tode führende Geschehen tatsächlich beherrscht und welches Gewicht die Verfügung des Getöteten über sein Leben im Rahmen der tatsächlichen Umsetzung des Gesamtplans gewonnen hat. Danach besteht jedenfalls nach Eintritt von Bewusstlosigkeit des Opfers eine volle Tatherrschaft des Täters für positives, zum Tod führendes Handeln“[319]. Hingegen liege eine straflose Beihilfe vor, „wenn der Todeswillige bis zuletzt die freie

317 Siehe oben; *BGHSt* 32, 367 ff. (377 ff.).

318 *Fischer*, § 216 StGB, Rdn. 4; *BGH*, in: NStZ 2003, S. 538, Rdn. 4 f.

319 *Fischer*, § 216 StGB, Rdn. 4 a; siehe auch oben.

Entscheidung und die Kontrolle über den Geschehensablauf behält."[320] Dabei spielt es nach der Rechtsprechung des *BGH* keine Rolle, ob sich der potentielle Straftäter eventuell „nur" dem Willen eines Suizidenten unterordnen will. Es reicht für eine Täterschaft aus, dass der Suizident durch seine Bewusstlosigkeit das Geschehen um ihn herum nicht mehr beeinflussen kann. Die Tatherrschaft springt quasi auf die andere Person über, weil der weitere Geschehensverlauf von ihrem Verhalten und ihren Entscheidungen abhängen soll[321].

Das maßgebliche Abgrenzungskriterium zwischen der straflosen Teilnahme an einer eigenverantwortlichen *Selbst*schädigung oder –gefährdung und der strafbaren *Fremd*gefährdung ist also wie bei § 216 StGB „die Überschreitung der Grenzlinie zwischen Täterschaft und Teilnahme"[322]. Damit ist es – wie *Eser* schreibt – entscheidend,

> *„ob sich das Geschehen letztlich als Selbst- oder als Fremdverfügung darstellt: Soll dem* ***Getöteten*** *nach dem letzten Tatbeitrag des anderen noch die* ***freie Entscheidung*** *über Leben und Tod verbleiben (durch Verlassen des Raumes, Zurückweisen des Bechers), so handelt es sich um bloße Suizidbeihilfe, anderenfalls (so beim Schuss mit der Waffe, dem Zuziehen der Schlinge, der tödlichen Spritze) um täterschaftliche Tötung auf Verlangen"*[323].

b) Kritik

Fischer hält diese Abgrenzung nach den Kriterien der Mittäterschaft für zweifelhaft, weil sie „in vielen Fällen" nicht „zu tragfähigen Ergebnissen" führe. Es stoße nämlich an die Grenze einer sinnvollen Wertung, „beim Einflößen von tödlichem Gift für die Täterschaft darauf abzustellen, ob das *Hinunterschlucken* (dann Selbsttötung) oder das *Becher-Halten* (dann Fremdtötung) als entscheidende Tathandlung anzusehen ist"[324]. Auch *Arzt* kritisiert die

320 *Fischer*, § 216 StGB, Rdn. 4 a.

321 *BGH*, in: NJW 1987, S. 1092 ff. (1092). Siehe auch oben *BGHSt* 32, 367 ff. (374).

322 *Fischer*, Vor §§ 211 – 216 StGB, Rdn. 21; Hervorheb. im Text.

323 S/S-*Eser*, § 216 StGB, Rdn. 11; Hervorheb. im Text.

324 *Fischer*, § 216 StGB, Rdn. 4 a; Hervorheb. im Text.

> *„auf Äußerlichkeiten abstellende Spitzfindigkeit. Ob der zu Tötende den Arm hinhält, damit der Helfer ihm die tödliche Spritze geben kann oder ob er sich vom Helfer das Glas mit dem tödlichen Getränk an die Lippen setzen lässt, sollte juristisch keine fundamental unterschiedliche Bewertung auslösen.“*[325]

Erkenne man *Fischer* zufolge nämlich das Autonomie-Prinzip an und lehne man es umgekehrt ab, dass der Einzelne im Hinblick auf sein eigenes Leben eine Pflichtenstellung habe, so sei die dem § 216 StGB „zugrunde liegende Differenzierung zwischen Selbst- und Fremdtötung zumindest zweifelhaft“[326]. Hiernach macht es also keinen Unterschied, ob man eine autonome Entscheidung für einen Suizid (den man selbst ausführt) oder seine eigene Tötung, ausgeführt durch eine andere Person, trifft.

Kaufmann erläutert die fragwürdige Abgrenzung zwischen strafbarer Tötung auf Verlangen und strafloser Teilnahme am Suizid ähnlich: Er benennt den Fall eines Mannes, der vom Kopf abwärts dauerhaft gelähmt ist. Dieser Mann hat den sehnlichsten Wunsch, von seinen Qualen erlöst zu werden. Seine Ehefrau aber glaubt, diesem Wunsch „mit Hinblick auf die Strafbarkeit eines solchen Tuns nicht entsprechen zu können“[327]. Der Betroffene könne allenfalls „ein ihm an die Lippen gehaltenes Glas mit einem tödlichen Gift“ trinken[328]. Doch dieses Glas werde ihm von niemandem gereicht, „da eben ganz ungewiß ist, ob ein Gericht in dem bloßen Trinken [nur] eine Selbsttötung sehen würde“.[329]

Kaufmann zufolge ließe sich ein solches Paradoxon „in der Weise auflösen, daß man auch die *Teilnahme an der Selbsttötung* unter Strafe stellt“[330]. Dies hat z. B. *Schmidhäuser* vorgeschlagen[331]. *Kaufmann* lehnt eine solche Lösung jedoch ab, da man weder die Selbsttötung ernsthaft

325 *Arzt*, in: Arzt/*Weber* et al., BT, § 3, Rdn. 40.

326 *Fischer*, § 216 StGB, Rdn. 4 a.

327 *Kaufmann*, in: MedR 1983, S. 123.

328 *Kaufmann*, in: MedR 1983, S. 123.

329 *Kaufmann*, in: MedR 1983, S. 123.

330 *Kaufmann*, in: MedR 1983, S. 123, Hervorheb. im Text.

331 *Schmidhäuser*, in: FS-*Welzel*, S. 813 ff. *Schmidhäuser* stellt – verkürzt gesagt – die These auf, dass auch ein Suizid tatbestandliches Unrecht i. S. d. Tötungsdelikte sei (obwohl kein eigener Straftatbestand existiert), den man auch

für rechtswidrig erklären könne[332], noch dem beschriebenen gelähmten Mann die Möglichkeit nehmen dürfe, dass das Reichen des Giftbechers letztlich doch nur als straflose Suizidteilnahme gewertet wird[333].

„[E]inen grundsätzlichen wertmäßigen Unterschied zwischen der Tötung auf Verlangen und der (aktiven) Teilnahme an der Selbsttötung – Anstiftung und Beihilfe –" gebe es *Kaufmann* zufolge jedoch nicht[334]. Denn es könne „mal das eine, mal das andere schwerwiegender sein."[335] Unter Umständen könne sogar eine Suizidteilnahme viel schwerwiegender sein als eine Tötung auf Verlangen: Wenn jemand seinen nicht sterbenskranken Ehepartner zum Suizid durch Erhängen überredet und ihm dabei auch noch hilft, handele er viel verwerflicher als die oben beschriebene Ehefrau[336]. Es sei *Kaufmann* zufolge auch nicht richtig, mit dem Leben des Menschen als unverfügbares Rechtsgut der Allgemeinheit zu argumentieren. Denn das Leben sei – insbesondere in Art. 2 Abs. 2 GG – „als ein höchstpersönliches Recht konzipiert"[337]. Infolgedessen sei aber „nicht einzusehen, warum dieses Recht juristisch unverzichtbar sein soll."[338] Eine solche Auffassung führe auch nicht zu einem extremen Individualismus. Denn der Einzelne sei gegenüber der Gemeinschaft nicht dazu „verpflichtet, sich am Leben zu erhalten"[339]. Zwar sei „der einzelne [...] der Gemeinschaft verpflichtet, [...] solange er lebt; er ist der Gemeinschaft indessen nicht [dazu] verpflichtet[, überhaupt] zu leben."[340]

Kaufmann will mit dieser Auffassung nach eigenen Angaben „nicht die religiös oder gar moralisch fundierte Unverfügbarkeit des

nicht rechtfertigen könne und dass man *deswegen* sehr wohl daran teilnehmen und diese Teilnahme auch bestrafen könne, siehe S. 815, 819 ff.

332 *Kaufmann*, in: MedR 1983, S. 123 f.

333 *Kaufmann*, in: MedR 1983, S. 124.

334 *Kaufmann*, in: MedR 1983, S. 124.

335 *Kaufmann*, in: MedR 1983, S. 124.

336 *Kaufmann*, in: MedR 1983, S. 124.

337 *Kaufmann*, in: MedR 1983, S. 124.

338 *Kaufmann*, in: MedR 1983, S. 124.

339 *Kaufmann*, in: MedR 1983, S. 124.

340 *Kaufmann*, in: MedR 1983, S. 124.

Lebens in Frage" stellen[341]. Aber damit lasse sich „keine staatliche Strafnorm begründen. Über eine Selbsttötung und über eine Einwilligung zur Tötung muß der einzelne selbst entscheiden [...]. Den Staat geht das nichts an."[342]

Kaufmann lehnt es ebenso ab, die Regelung des § 216 StGB wegen Beweisschwierigkeiten strikt aufrechtzuerhalten. Damit ist gemeint, dass das Opfer der Behauptung des Täters, es habe in die eigene Tötung eingewilligt, nicht mehr widersprechen könne. Man könne jedoch „mit dem Hinweis auf Beweisprobleme nicht die Strafwürdigkeit eines Verhaltens begründen"[343]. Denn dann müsste man konsequenterweise § 216 StGB ganz abschaffen und eine „Tötung auf Verlangen immer wegen Totschlags" nach § 212 StGB bestrafen. Man könnte nämlich immer bezweifeln, dass überhaupt ein Tötungsverlangen vorgelegen habe[344].

Nicht haltbar sei *Kaufmann* zufolge auch das Argument, dass die Tötung auf Verlangen deswegen bestraft werden müsse, weil das Leben unantastbar sei und dieser Grundsatz nicht durchbrochen werden dürfe. „Wäre das richtig, so dürfte es bei der Tötung [überhaupt] keine Rechtfertigungsgründe geben und vor allem müßte zwingend auch die Teilnahme an einer Selbsttötung strafbar sein."[345]

c) Zwischenergebnis

Die Abgrenzung zwischen der aktiven Sterbehilfe und der Suizidbeihilfe erfolgt nach den Grundsätzen über die Abgrenzung zwischen Täterschaft und Teilnahme. Es wird unterschieden zwischen einer straflosen eigenverantwortlichen Selbstschädigung/-gefährdung und einer strafbaren Fremdschädigung/-gefährdung. Es muss immer danach gefragt werden, wer das zum Tode führende Geschehen beherrscht und welches Gewicht die Verfügung des Getöteten über sein Leben gewonnen hat.

341 *Kaufmann*, in: MedR 1983, S. 124.

342 *Kaufmann*, in: MedR 1983, S. 124.

343 *Kaufmann*, in: MedR 1983, S. 124; siehe schon oben.

344 *Kaufmann*, in: MedR 1983, S. 124.

345 *Kaufmann*, in: MedR 1983, S. 124.

Diese Abgrenzung wird zu Recht kritisiert. *Fischer*[346], *Arzt*[347] und *Kaufmann*[348] weisen nach dem oben Gesagten darauf hin, dass man man beispielsweise beim Einflößen von Gift schnell zu unterschiedlichen Ergebnissen kommen kann, je nachdem, ob man das Hinunterschlucken (= Selbsttötung) oder das Becher-Halten (= Fremdtötung) als entscheidend ansieht. Knüpft man also daran an, dass zu der Autonomie, über das eigene Leben zu entscheiden, auch die Entscheidung gehört, zu sterben, so kann das „Wie" des Sterbens keinen Unterschied machen.

Auch ist die weiterführende Argumentation *Kaufmanns*[349] entscheidend. Denn es könne – je nach den konkreten Umständen – sowohl die Tötung auf Verlangen wie auch die Suizidbeihilfe „schlimmer" als die jeweils andere Tat sein. Der Einzelne sei aber gegenüber den anderen Menschen nicht dazu verpflichtet, sich selbst am Leben zu erhalten. Das ist die Vertiefung dessen, was *Fischer*[350] anspricht. Das „Wie" des Sterbens und somit auch das „Wie" der Sterbehilfe-Form macht insofern keinen Unterschied, als dass es aus der Autonomie des Einzelnen folgt, selbst über das eigene Sterben zu entscheiden.

Kaufmann ist auch insofern zuzustimmen, als dass man die Abgrenzung nicht mit etwaigen Beweisproblemen rechtfertigen könne[351]. Denn Beweisprobleme kann es immer geben, nicht nur bei einer Tötung auf Verlangen. Konsequenterweise müsste man daher tatsächlich § 216 StGB ganz abschaffen, was aber der oben angenommenen Unrechtsminderung widerspricht. Insofern ist *Kaufmann* auch dahin gehend beizupflichten, dass das Leben nicht unantastbar ist[352]. Denn es gibt auch im Rahmen einer Tötung Fälle, in denen man sich auf Rechtfertigungsgründe berufen kann. Wie oben gezeigt wurde, ist dies gerade beim Handeln aus Notwehr oder eben bei der indirekten Sterbehilfe der Fall. Bei dieser geht der *BGH* von einer Rechtfertigungs-

346 Siehe oben: *Fischer*, § 216 StGB, Rdn. 4 a.

347 Siehe oben: *Arzt*, in: Arzt/*Weber* et al., BT, § 3, Rdn. 40.

348 Siehe oben: *Kaufmann*, in: MedR 1983, S. 123 f.

349 Siehe oben: *Kaufmann*, in: MedR 1983, S. 124.

350 Siehe oben: *Fischer*, § 216 StGB, Rdn. 4 a.

351 Siehe oben: *Kaufmann*, in: MedR 1983, S. 124.

352 Siehe oben: *Kaufmann*, in: MedR 1983, S. 124.

möglichkeit über § 34 StGB aus[353]. Hierdurch wird das Leben eben doch antastbar.

3) Zwischenergebnis Deutschland

Die bestehende Rechtslage in Deutschland ist geprägt von dem Bestreben, die aktive direkte Sterbehilfe auch weiterhin unter Strafandrohung zu belassen. Anders lässt es sich nicht erklären, weshalb das Sterbeverlangen bei einigen Sterbehilfe-Formen rechtfertigend wirkt, es bei der aktiven direkten Sterbehilfe aber gänzlich ignoriert wird.

Festzuhalten bleibt für die vorliegende Arbeit, dass die aktive direkte Sterbehilfe in Deutschland bis auf Weiteres strafbar ist. Hingegen kann die aktive indirekte Sterbehilfe als unerwünschte Beschleunigung des Todeseintritts gerechtfertigt werden. Auch die passive Sterbehilfe, bzw. nach der neueren *BGH*-Rechtsprechung der Behandlungsabbruch, ist nicht strafbar. Die Suizidbeihilfe hingegen kann möglicherweise nach §§ 216, 13 Abs. 1 StGB als Unterlassungstat strafbar sein, wenigstens aber nach § 323 c StGB als unterlassene Hilfeleistung.

Durch diese offen gelassenen „Hintertüren" im Rahmen der Suizidbeihilfe wird eine erhebliche Rechtsunsicherheit geschaffen. Treffe ich jemanden an, der gerade einen Suizidversuch unternommen hat, bin ich – zumindest nach § 323 c StGB – dazu verpflichtet, Rettungsversuche zu unternehmen. Das Risiko, sich später darauf zu berufen, der Suizident habe in diesem Moment erkennbar an seiner Selbsttötungsabsicht festgehalten, wird kaum jemand eingehen.

Gravierend sind die Auswirkungen dieser Rettungsverpflichtung insbesondere dann, wenn man im Sinne des § 13 Abs. 1 StGB als Garant für den Suizidenten eingeordnet wird. Allein aus dieser rechtlichen Verantwortlichkeit wird gefolgert, dass in dem Moment des Bewusstseinsverlusts (beim Suizidenten) die Tatherrschaft auf den Garanten übergeht. Das ist insbesondere deswegen fragwürdig, weil der Eindruck entsteht, dass nach jemandem gesucht wird, der für einen „erfolgreichen" Suizid verantwortlich gemacht werden kann. Wenn man – wie es der *BGH* durchaus andeutet – wirklich darauf abstellt, dass sich jemand aus freien Stücken umbringt, dann muss diese Freiverantwortlichkeit auch fortgelten, sobald der Suizident bewusstlos

353 Siehe oben: *BGHSt* 42, 301 ff. (305).

bzw. handlungsunfähig geworden ist. Für einen „Wechsel der Tatherrschaft" ist dann kein Raum.

II) Schweiz

Die strafrechtlichen Regelungen zur Sterbehilfe in der Schweiz ähneln den Normen des deutschen Strafrechts. Es gibt sowohl einen Privilegierungstatbestand der Tötung auf Verlangen als auch eine grundsätzliche Straffreiheit der Beihilfe zur Selbsttötung. Die Suizidbeihilfe ist nur dann strafbar, wenn sie aus selbstsüchtigen Motiven heraus erfolgt [dazu dann unten unter B)].

1) aktuelle Rechtslage in der Schweiz zur aktiven Sterbehilfe

In der Schweiz ist die aktive direkte Sterbehilfe als Tötung auf Verlangen nach Art. 114 chStGB verboten. Diese Norm sieht gegenüber der „normalen" Tötung (ohne Verlangen) nach Art. 111 chStGB bei achtenswerten Beweggründen, wie z. B. Mitleid, eine Privilegierung vor[354]. Art. 114 chStGB nennt Mitleid sogar ausdrücklich als Beispiel für solche Beweggründe[355].

Des Weiteren muss der Täter die aktive Sterbehilfe „auf ernsthaftes und eindringliches Verlangen des Opfers (Patient)" vornehmen[356]. Die bloße Einwilligung genügt nicht; ein Verlangen soll nur dort vorliegen, „wo der Betroffene den Täter nachdrücklich zur Tat *auffordert*."[357]

354 Vgl. *Breitenmoser*, in: *Petermann*, S. 172, m. w. N.; *Schwarzenegger*, in: Basler Komm II, Art. 114 StGB, Rdn. 2; *Stratenwerth/Jenny/Bommer*, BT I, § 1, S. 39, Rdn. 37.

355 Art. 114 chStGB lautet:
„Wer aus achtenswerten Beweggründen, namentlich aus Mitleid, einen Menschen auf dessen ernsthaftes und eindringliches Verlangen tötet, wird mit Freiheitsstrafe bis zu drei Jahren oder Geldstrafe bestraft."
Abrufbar unter <http://www.admin.ch/ch/d/sr/311_0/a114.html> (zuletzt abgerufen: 27.10.2012).

356 *Baumgarten*, S. 311; siehe auch *Stratenwerth/Jenny/Bommer*, BT I, § 1, S. 39, Rdn. 37; *Schwarzenegger*, in: Basler Komm II, Art. 114 StGB, Rdn. 4.

357 *Stratenwerth/Jenny/Bommer*, BT I, § 1, S. 40, Rdn. 39, Hervorheb. im Text; vgl. auch *Schwarzenegger*, in: Basler Komm II, Art. 114 StGB, Rdn. 5.

„Als ernsthaft kann [...] nur ein Verlangen gelten, das auch ernst *genommen* werden muss, das heisst von einer hinreichend urteilsfähigen Person ausgeht, nicht auf Irrtum oder Zwang beruht und nicht nur einer vorübergehenden depressiven Verstimmung entspricht"[358]. Auch in der Schweiz reicht – wie in Deutschland – ein mündliches, bzw. bei Sprachbehinderung eindeutig erkennbares Sterbeverlangen (z. B. durch entsprechende Gestik) aus[359].

„Die Privilegierung [der Tötung auf Verlangen] wird [...] damit begründet, dass das Tötungsunrecht durch das Verlangen des Getöteten herabgesetzt wird."[360] Damit gibt es in der Schweiz eine ähnliche Begründung für die Privilegierung wie in Deutschland. Jedoch bleibt auch nach dem Schweizer Recht das Tötungsverbot grundsätzlich bestehen: „Aufgrund der grundrechtlichen Höchstwertigkeit des menschlichen Lebens und der Systematik der Tötungsdelikte (absolute Einwilligungssperre oder -schranke von Art. 114)" sei eine Mehrheit *Schwarzenegger* zufolge der Ansicht, dass „eine Rechtfertigung der direkten aktiven Sterbehilfe [...] unmöglich" sei[361]. Dies sei „jedoch nicht zwingend": Denn es zeige sich

> „*beim Behandlungsabbruch* [...] *und der indirekten aktiven Sterbehilfe* [...], [...] [dass] *durch normative Umwertungen und appellatorische Argumente schon heute ‚direkte' aktive Sterbehilfehandlungen als gerechtfertigt angesehen* [werden], *wobei es zur direkten aktiven Sterbehilfe* [...] *nur unscharfe Trennlinien gibt. Daher ist in extremen Fällen von unheilbaren Krankheiten im terminalen Stadium bei frei geäussertem Wunsch* [...] *nach direkter aktiver Sterbehilfe eine Höhergewichtung des individuellen Autonomieanspruchs gegenüber dem Lebensschutz und damit ein (über)gesetzlicher Rechtfertigungsgrund bzw. eine Straflosigkeit der direkten aktiven Sterbehilfe nach Abwägung der konkreten Umstände* [...] *anzuerkennen*"[362].

358 *Stratenwerth/Jenny/Bommer*, BT I, § 1, S. 40, Rdn. 40, Hervorheb. im Text, m. w. N.; vgl. auch *Schwarzenegger*, in: Basler Komm II, Art. 114 StGB, Rdn. 6.

359 Vgl. *Schwarzenegger*, in: Basler Komm II, Art. 114 StGB, Rdn. 5.

360 *Schwarzenegger*, in: Basler Komm II, Art. 114 StGB, Rdn. 2.

361 *Schwarzenegger*, in: Basler Komm II, Vor Art. 111 StGB, Rdn. 26, m. w. N.

362 *Schwarzenegger*, in: Basler Komm II, Vor Art. 111 StGB, Rdn. 26, m. w. N.

Schwarzenegger führt demnach ähnliche Argumente für die Straffreiheit der aktiven direkten Sterbehilfe ins Feld wie deutsche Autoren. Auch er bezweifelt die Abgrenzungen zur indirekten Sterbehilfe wie zum Behandlungsabbruch, im Rahmen derer aktive Sterbehilfehandlungen als straffrei gelten. Er erkennt an, dass es extreme Fälle wie unheilbare Krankheiten gibt, bei denen dem Sterbewunsch Vorrang einzuräumen ist und die staatliche Verpflichtung zum Lebensschutz zurücktreten kann.

Art. 114 chStGB soll – wie in Deutschland – „die Unantastbarkeit fremden Lebens" sowie „die Unverbrüchlichkeit des Tötungsverbotes" sichern. Die Norm „enthält keine Aussage des Inhaltes, dass der Wunsch zu sterben rechtlich stets als illegitim oder gar verwerflich angesehen werden müsste."[363] Denn anderen Falls „dürfte auch die Mitwirkung am Selbstmord aus anderen als selbstsüchtigen Beweggründen, also etwa Mitleid, nicht straflos bleiben, wie sie es doch nach [...] Art. 115 ist."[364] Damit greift Art. 114 chStGB wie § 216 StGB den Wunsch, zu sterben, als solchen nicht an. Vielmehr soll auch diese Norm eine Grenze dergestalt markieren, dass die gezielte aktive Tötung auch auf Verlangen des Opfers hin strafbar sein soll.

Die indirekte aktive Sterbehilfe wird in der Schweiz genauso wie in Deutschland behandelt. Das heißt, auch hier darf ein Arzt palliative Maßnahmen anwenden, die möglicherweise in einzelnen Fällen eine Lebensverkürzung mit sich bringen können[365]. Passive Sterbehilfe im obigen Sinne ist in der Schweiz nicht strafbar[366]. Damit verfestigt sich die oben erwähnte Kritik *Schwarzeneggers*, wonach die Grenzziehung zu diesen erlaubten Formen von Sterbehilfe unter Umständen zweifelhaft ist.

363 *Stratenwerth*, in: ZStR Bd. 95, 1978, S. 69.

364 *Stratenwerth*, in: ZStR Bd. 95, 1978, S. 69.

365 Vgl. *Seelmann*, in: *Brudermüller/Marx/Schüttauf*, S. 137 f., m. w. N.; 144; *Breitenmoser*, in: *Petermann*, S. 172, m. w. N.

366 Vgl. *Bosshard*, in: *Griffiths/Weyers/Adams*, S. 465 f.; *Breitenmoser*, in: *Petermann*, S. 173, m. w. N. Umfassend zu verschiedenen Problemen und Fallkonstellationen aber *Schwarzenegger*, in: Basler Komm II, Vor Art. 111 StGB, Rdn. 21 ff.

2) Vergleich zu Deutschland in Bezug auf die aktive Sterbehilfe

Deutschland und die Schweiz haben gemeinsam, dass beide die aktive direkte Sterbehilfe privilegieren, aber dennoch bestrafen. Die aktive Tötung auf Verlangen bleibt strafbar und das Sterbeverlangen lässt die Strafbarkeit nicht entfallen. Dabei kann das Sterbeverlangen auch lediglich mündlich (bzw. jedenfalls eindeutig erkennbar) erteilt werden. Es muss aber in allen Fällen aktiv auf den Täter eingewirkt werden. Somit gibt es aber auch bei Art. 114 chStGB eine Einwilligungs-, bzw. Verlangenssperre. Obwohl das Verlangen auch nach dem Schweizer Strafrecht mehr ist als eine bloße Einwilligung, kann es die aktive direkte Sterbehilfe nicht rechtfertigen oder entschuldigen.

Somit ergibt sich hier Ähnliches wie bei der oben durchgeführten Untersuchung des deutschen Rechts: Selbst ein Sterbeverlangen in Form des ernsthaften und ausdrücklichen Bestimmens des Täters zur Tat kann die Strafbarkeit nicht entfallen lassen. Umgekehrt reicht es aber aus, wenn eine aktive indirekte Sterbehilfe oder ein Behandlungsabbruch vorgenommen werden sollen.

Ähnlich wie in Deutschland wird auch im Schweizer Strafrecht angeführt, dass sich die Privilegierung der Tötung auf Verlangen letztlich daraus ableitet, dass das Tötungsunrecht durch das Verlangen des Sterbewilligen gemindert wird. Damit erkennt man das Sterbeverlangen als unrechtsmildernd an, hält jedoch an der Strafbarkeit fest. Allerdings gibt es auch in der Schweiz Stimmen, wonach man in extremen Fällen einen Strafausschluss für möglich hält, z. B. in Form eines übergesetzlichen Rechtfertigungsgrunds. Die dabei ins Feld geführte Argumentation beruht auf ähnlichen Argumenten wie in Deutschland. Insbesondere bei unheilbaren Krankheiten im Endstadium soll ein Zurücktreten der vom Staat angenommenen Lebensschutzverpflichtung möglich sein.

Von § 216 StGB unterscheidet sich das Schweizer Strafrecht insofern, als dass die Tötung auf Verlangen nach Art. 114 chStGB von Gesetzes Wegen her zusätzlich „achtenswerte Beweggründe“ erfordert. Dabei wird im Schweizer StGB sogar ausdrücklich Mitleid als Beispiel genannt. Eine solche Motivation ist nach der deutschen Rechtslage nicht erforderlich. § 216 StGB verlangt allein das Vorliegen eines ernstlichen und ausdrücklichen Verlangens.

Insofern ist das Schweizer Strafrecht – was sich weiter unten in Bezug auf die Suizidbeihilfe nach Art. 115 chStGB noch zeigen wird – stärker von subjektiven Täterelementen geprägt als das deutsche. Nach § 216 StGB kann es dem Täter sogar egal sein, weswegen der Sterbewillige sterben möchte. Er muss lediglich in Kenntnis des Tötungsverlangens handeln. Hingegen muss der Täter nach Art. 114 chStGB achtenswerte Beweggründe aufweisen.

III) Niederlande

In den Niederlanden sind grundsätzlich die Tötung auf Verlangen und die Beihilfe zur Selbsttötung strafbar. Jedoch wurden sie für bestimmte Umstände durch das „Gesetz zur Überprüfung von Lebensbeendigung auf Verlangen und Hilfe bei Selbsttötung" im Jahre 2002 legalisiert[367]. Schon aus dem Wortlaut des Gesetzes wird deutlich, dass die Legalisierungsvoraussetzungen sowohl für die aktive Sterbehilfe als auch für den assistierten Suizid in gleichem Maße gelten[368]. Bereits in der Überschrift werden „termination of life on request" und „assisted suicide"[369] bzw. „Lebensbeendigung auf Verlangen" und „Beihilfe zur Selbsttötung"[370] nebeneinander genannt. Auch die am Anfang des Gesetzes genannten Begriffe („definitions") nennen die Lebensbeendigung auf Verlangen sowie den assistierten Suizid in gleichem Atemzug (Chapter I, Section 1, c., d.)[371]. Ebenso verdeutlichen die Änderung und Angleichung der strafrechtlichen Vorschriften (Chapter IV, Section 20 des Sterbehilfe-Gesetzes) dass beide Handlungsalternativen unter den gleichen Voraussetzungen legal sein sollen[372].

367 Nennung des Gesetzesnamens bei *Ress*, in: FS-*Fischer*, S. 446, Fn. 61: „Wet toetsing levensbeëindigung op verzoek en hulp bij zelfdoding" (Gesetz zur Überprüfung von Lebensbeendigung auf Verlangen und Hilfe bei Selbsttötung) vom 01.04.2002; engl. Übers. in: EJHL, Vol. 8, 2001, S. 183 ff. Dt. Übers. bei *Grundmann*, S. 217 ff.

368 Vgl. engl. Textfassung in: EJHL, Vol. 8, 2001, S. 183 ff., bzw. die dt. Fassung bei *Grundmann*, S. 217 ff.

369 Engl. Textfassung, in: EJHL, Vol. 8, 2001, S. 183.

370 *Grundmann*, S. 217.

371 Engl. Textfassung, in: EJHL, Vol. 8, 2001, S. 184; *Grundmann*, S. 217. Für das niederländische Gesetz wurden die in der englischen Fassung verwendeten Unterteilungsbegriffe („chapter", „section" usw.) übernommen.

372 Engl. Textfassung, in: EJHL, Vol. 8, 2001, S. 188 f.; *Grundmann*, S. 221 f.

Aktive Sterbehilfe wird in den Niederlanden definiert als „the intentional termination of the life of a patient at his request by someone other than the patient"[373], bzw. auf Deutsch als „'das vorsätzliche lebensbeendende Handeln durch einen anderen als den Betroffen[en] auf dessen Verlangen'"[374]. Der assistierte Suizid („assisted suicide") wird von Chapter I, Section 1, b. des Sterbehilfe-Gesetzes definiert als „intentionally helping another person to commit suicide or providing him with the means to do so as referred to in article 294, paragraph 2, second sentence, of the Criminal Code"[375]. Auf Deutsch lautet die Definition: „das einem anderen vorsätzlich bei der Selbsttötung behilflich Sein oder ihm die dazu erforderlichen Mittel Verschaffen im Sinne des Artikel 294 Absatz 2 Satz 1 des Strafgesetzbuches"[376].

In Art. 293 Abs. 2 (Tötung auf Verlangen) des niederländischen Strafgesetzbuches (im Folgenden: WvSr[377]) und Art. 294 Abs. 2 S. 2 WvSr (Beihilfe zur Selbsttötung) sind nach diesem Legalisierungsgesetz nun Strafausschließungsgründe für den handelnden Arzt enthalten[378]. Dem Sterbehilfe-Gesetz ist zu entnehmen, dass *nur ein Arzt* nach niederländischem Recht eine Lebensbeendigung auf Verlangen ausführen oder Beihilfe zur Selbsttötung leisten darf[379]. Die Eigenschaft des Arzt-Seins ist somit ein besonderes persönliches Merkmal (dazu noch unten).

Hingegen werden die Nichteinleitung oder Beendigung von medizinisch sinnlosen Behandlungen, die Nichteinleitung oder Beendigung einer ärztlichen Behandlung auf Verlangen und die auf Schmerzbekämpfung abzielende ärztliche Behandlung, die den Todeseintritt beschleunigt, in den Niederlanden als normales medizinisches Handeln („normaal medisch handelen") angesehen und sind so-

---

373 *Gordijn/Janssenes/Schade/Wanrooij*, in: *Sohn/Zenz*, S. 136.

374 *Grundmann*, S. 18, m. w. N.

375 Engl. Textfassung, in: EJHL, Vol. 8, 2001, S. 184.

376 *Grundmann*, S. 217.

377 *Grundmann*, S. 24: Wetboek van Strafrecht (WvSr) = niederländisches Strafgesetzbuch.

378 Engl. Textfassung, in: EJHL, Vol. 8, 2001, S. 188 f.; *Grundmann*, S. 221 f.

379 Engl. Textfassung, in: EJHL, Vol. 8, 2001, S. 183 ff.; *Grundmann*, S. 15 f., 25; 217 ff.

mit für die öffentliche Sterbehilfe-Debatte irrelevant[380]. Im Gegensatz zu Deutschland, wo noch über die verschiedenen Begrifflichkeiten der passiven, indirekten und aktiven Sterbehilfe gestritten wird, fällt diese Diskussion in den Niederlanden also von vorne herein weg. Damit konzentriert(e) sich die Sterbehilfe-Debatte in den Niederlanden allein auf die aktive Sterbehilfe sowie die Suizidbeihilfe[381]. Allerdings muss in diesem Zusammenhang auch erwähnt werden, dass schon vor der Legalisierung sowohl die Tötung auf Verlangen als auch die Suizidbeihilfe nach niederländischem Recht strafbar waren und dies auch heute noch grundsätzlich sind, sofern nicht der Strafausschließungsgrund eingreift. Das bedeutet, dass sich die Abgrenzungsschwierigkeiten zwischen aktiver direkter Sterbehilfe und Suizidbeihilfe, so wie wir sie aus dem deutschen Recht kennen, in den Niederlanden schon früher nicht in dem Maße stellten[382]. Umgekehrt mag dies ein Grund dafür sein, dass die Niederlande die Straffreiheitskriterien auf die aktive Sterbehilfe wie auf die Suizidbeihilfe in gleichem Maße anwenden (dazu noch unten).

1) Hintergrund

Mit dem neuen niederländischen Gesetz ist *Fokkens* zufolge „gesetzlich [das] verankert [worden], was sich in der [...] Rechtsprechung und der Strafverfolgung [...] seit" mehreren Jahrzehnten entwickelt hat[383]. *Janssen* zufolge setzte „[e]twa mit dem Beginn der Siebzigerjahre [...] in der niederländischen Gesellschaft [...] ein Wandel hinsichtlich der Akzeptanz der" Sterbehilfe und der Suizidbeihilfe ein[384]. „Zunehmend erachtete man eine Straffreiheit des behandelnden Arztes als

380 *Mattisseck-Neef*, S. 334; *Reuter*, S. 6; siehe auch *Grundmann*, S. 20 ff.; *Niederländisches Ministerium für auswärtige Angelegenheiten*, FAQ Sterbehilfe, S. 3; *Kimsma/van Leeuwen*, in: *Ritzel*, S. 77 ff.

381 Vgl. *Reuter*, S. 6.

382 Vgl. *Reuter*, S. 8.

383 *Fokkens*, in: *Brudermüller/Marx/Schüttauf*, S. 147. Der Aufsatz ist fast zehn Jahre alt, daher wurde die damals verwendete Jahresangabe „seit etwa zwanzig Jahren" hier nicht mehr mit übernommen.

384 *Janssen*, in: ZfL 2002, S. 107.

wünschenswert."[385] Dies lässt sich darauf zurückführen, dass man den Arzt letztlich in einer Art Notstand oder Pflichtenkollision handelnd ansieht[386]. Als Kriterien dienten *Griffiths/Weyers/Adams* zufolge schon damals das ernsthafte, freiwillige und wohlüberlegte Verlangen des Patienten, seine unerträgliche und aussichtlose Leidenssituation, die Beteiligung eines Arztes und die Konsultation eines weiteren Fachmanns[387].

In der folgenden Untersuchung wird sich zeigen, dass die niederländischen Gerichte eine erhebliche Rolle innerhalb der Legalisierungsentwicklungen spielten. *Lewis* merkt in diesem Zusammenhang an:

> *„Although the role of other influences should not be overlooked, in particular the medical profession (especially the position of the Royal Dutch Medical Association) and pro-euthanasia pressure groups, [...] the Dutch courts were the agent of formal legal change in the Netherlands."*[388]

a) 1970er Jahre

Im sog. *Leeuwardener Urteil* von 1973 wurden *Grundmann* zufolge „erstmals Kriterien für die Straflosigkeit von Sterbehilfe aufgestellt"[389]. In

385 *Janssen*, in: ZfL 2002, S. 107. Dies ergibt sich i. E. auch aus der Gesamtschau der Ereignisse in den Niederlanden; dazu noch unten. Zur gesellschaftlichen Entwicklung in den Niederlanden siehe auch *von Kühlmann*, S. 67 ff., *Grundmann*, S. 34 ff., deren Beschreibung schon die 1960er Jahre mit umfasst.

386 Dazu im Folgenden.

387 *Griffiths/Weyers/Adams*, S. 30.

388 *Lewis*, S. 76.

389 *Grundmann*, S. 38. Ebenso *Oduncu/Eisenmenger*, in: MedR 2002, S. 327. Krit. *Reuter*, S. 19, die es als „schlichtweg verfehlt" bezeichnet, das Urteil so zu interpretieren, „daß das Gericht die aktive Sterbehilfe auf Verlangen unter gewissen Voraussetzungen für zulässig erachtet habe". Vielmehr habe das Gericht „die rechtlichen Grenzen der aktiven Sterbehilfe auf Verlangen konkludent in Frage gestellt [...] und dadurch eine öffentliche Diskussion um die Zulässigkeit der aktiven Sterbehilfe auf Verlangen eingeläutet [...]." Jedoch muss auch *Reuter* bedenken, dass die vom Gericht formulierten Kriterien zu dieser Zeit neu waren und sich letztendlich auch im heutigen Gesetz wiederfinden. Aus diesem Grund kann man dem Urteil zumindest entneh-

diesem Fall hatte eine „angeklagte Ärztin [...] ihrer 78-jährigen Mutter [...] Morphin gespritzt, woraufhin diese verstarb."[390] Die schon länger erkrankte und halbseitig gelähmte Mutter hatte „ihre Tochter schon mehrfach um Sterbehilfe gebeten" und sogar schon selbst versucht, Suizid zu begehen[391]. Die Angeklagte wurde wegen Tötung auf Verlangen zu einer einwöchigen Freiheitsstrafe auf Bewährung verurteilt[392]. Dies wurde damit begründet, dass der Angeklagten „ein milderes Mittel zu Verfügung gestanden [habe], nämlich die lebensverkürzende Schmerzbekämpfung (indirekte Sterbehilfe)"[393].

In diesem Verfahren nahm das Gericht aber auch an, dass sich „ein Arzt [...] im Fall lebensverkürzender Schmerzbekämpfung unter bestimmten Voraussetzungen erfolgreich auf Notstand i.S.d. Art. 40 WvSr berufen" könne und die Tötung auf Verlangen ggf. gerechtfertigt wäre[394]. Art. 40 WvSr lautet: „'Wer aus einem übergesetzlichen Notstand heraus eine Straftat begeht, ist nicht strafbar.'"[395] Diese Norm umfasst den rechtfertigenden Notstand und die entschuldigende psychische Übermacht. Der Notstand kann zum Einen einen rechtfertigenden Notstand bedeuten, wie wir ihn aus § 34 StGB kennen, zum Anderen aber auch eine rechtfertigende Pflichtenkollision[396]. Bei Sterbehilfe-Fällen geht es innerhalb dieser Pflichtenkollision um die „Kollision der ärztlichen Pflicht zur Lebenserhaltung mit der Pflicht des Arztes, Leiden zu lindern"[397].

Im *Leeuwardener Urteil* stellte das Gericht folgende Bedingungen für eine Rechtfertigung auf:

---

men, dass das Gericht die Zulässigkeit aktiver Sterbehilfe offen in Erwägung gezogen hat.

390 Zit. nach *Grundmann*, S. 37.

391 Zit. nach *Grundmann*, S. 37.

392 *Grundmann*, S. 37.

393 Zit. nach *Grundmann*, S. 37.

394 Zit. nach *Grundmann*, S. 37.

395 *Grundmann*, S. 26 (die die Norm übersetzt hat).

396 *Grundmann*, S. 26, m. w. N.

397 *Grundmann*, S. 26, 37 f.

– *„die Unheilbarkeit der Krankheit des Patienten,*

– *die Unerträglichkeit des Leidens des Patienten in körperlicher oder geistiger Hinsicht,*

– *das schriftlich oder mündlich geäußerte Verlangen des Patienten nach dem Tod oder zumindest nach Erlösung von seinem Leiden und*

– *die Ausführung durch einen Arzt."*[398]

Grundmann bezeichnet dieses Urteil als „die Konsequenz aus der Diskussion in den späten sechziger Jahren [...], die sich im wesentlichen mit der indirekten Sterbehilfe befasste."[399] *Reuter* zufolge wurde durch das Urteil „eine öffentliche Diskussion um die Zulässigkeit der aktiven Sterbehilfe auf Verlangen eingeläutet [...]."[400]

Über die Frage, ob auch die aktive Sterbehilfe erlaubt sein sollte, war man sich zu dieser Zeit aber noch nicht einig. Und so gründeten sich zunächst mehrere Vereinigungen, in denen sich vor allem Ärzte für oder gegen Sterbehilfe aussprachen. Allerdings gab es auch eine große Anzahl von Ärzten, die weder dafür noch dagegen waren und eher eine vermittelnde Ansicht vertraten[401]. Das Präsidium der Königlichen Niederländischen Gesellschaft zur Förderung der Heilkunst (*KNMG*) vertrat im Jahre 1973 die Auffassung, dass aktive Sterbehilfe auf Verlangen unzulässig sei, der Arzt aber – sofern er sie leisten will – sich vorher „in so großem Umfang wie möglich mit Kollegen, Pflegekräften, Angehörigen [...] und gegebenenfalls auch der Staatsanwaltschaft beraten"[402] und „sich vor Gericht auf Rechtfertigungs- oder Entschuldigungsgründe [...] berufen" solle[403]. Es war nach Ansicht der

---

398 Zit. nach *Grundmann*, S. 38. Zum *Leeuwardener* Urteil siehe auch *Gevers*, in: BMB 1996, Vol. 52, Nr. 2, S. 327; *Gordijn/Janssenes/Schade/Wanrooij*, in: *Sohn/Zenz*, S. 138 f.; *Reuter*, S. 16 ff.; *Smies*, in: GJIL, 2003, S. 9 f.

399 *Grundmann*, S. 38.

400 *Reuter*, S. 19; ähnl. auch *Smies*, in: GJIL, 2003, S. 10.

401 *Grundmann*, S. 38 f.

402 So die Schilderung bei *Grundmann*, S. 41; siehe auch *Reuter*, S. 52 f.

403 So die Schilderung bei *Grundmann*, S. 41.

KNMG vorstellbar, dass bei einem Sterbehilfe leistenden Arzt ggf. ein Strafausschließungsgrund zur Anwendung kommt[404].

Hingegen kam eine Arbeitsgruppe der *KNMG* in ihrem 1975 veröffentlichten Bericht zu dem Ergebnis, dass eine aktive Sterbehilfe auf Verlangen innerhalb der Sterbephase durchaus zulässig sein könne, sofern sie von einem unerträglich leidenden Patienten verlangt wurde und der behandelnde Arzt zumindest seine Kollegen konsultiert hat[405].

b) 1980er Jahre

In den frühen 1980er Jahren begannen niederländische Ärzte zu dokumentieren, dass sie aktive Sterbehilfe („euthanasia") geleistet hatten. Die Strafverfolgungsbehörden verfolgten einige von ihnen, um in zweierlei Hinsicht Klarheit zu schaffen: einmal dahin gehend, aus welchen Gründen Sterbehilfe gerechtfertigt sein könnte und andererseits im Hinblick auf den präzisen Inhalt der Sorgfaltsanforderungen, in deren Rahmen sich ein Arzt zu bewegen hatte[406]. Diese Zeit wird von *Griffiths/Weyers/Adams* als Beginn eines eindeutigen Kurses in der rechtlichen Entwicklung hin zum Sterbehilfe-Gesetz („the beginning of the unique course of legal development the Dutch have followed with respect to euthanasia") angesehen[407]. Gemeint ist damit, dass sich zu dieser Zeit bereits abzeichnete, dass man aktive Sterbehilfe zumindest partiell als akzeptabel ansehen und sie vielleicht sogar legalisieren würde.

Da im regionalen Vergleich teilweise unterschiedliche Strafverfolgungspraktiken herrschten, entschied im Jahre 1981 die Versammlung der Generalstaatsanwälte auf Weisung des niederländischen Justizministers, dass Fälle der ärztlich durchgeführten Sterbehilfe an diese generalstaatsanwaltliche Versammlung weitergeleitet werden, um auf nationaler (also gesamt-niederländischer) Ebene zu entscheiden, ob der Einzelfall weiter verfolgt wird. Bei dieser Entscheidungs-

404 *Reuter*, S. 52, m. w. N.

405 Schilderung bei *Grundmann*, S. 42.

406 *Griffiths/Weyers/Adams*, S. 30; *Fokkens*, in: *Brudermüller/Marx/Schüttauf*, S. 148 f.; vgl. auch *Reuter*, S. 108 ff., m. v. N.

407 *Griffiths/Weyers/Adams*, S. 30.

findung „sollte auf die von der Rechtsprechung erarbeiteten Kriterien zurückgegriffen werden."[408]

aa) *Rotterdamer Urteil* von 1981

In diese Zeit fällt ein weiteres Urteil, nämlich das *Rotterdamer Urteil* vom Dezember 1981. Darin wurde eine Nicht-Ärztin wegen Beihilfe zur Selbsttötung zu einer sechsmonatigen Bewährungsstrafe verurteilt[409]. Zwar stellte das Gericht v. a. darauf ab, dass die Angeklagte gerade keine Ärztin war, jedoch gab es erneut und noch sehr viel detaillierter eine Auflistung von Kriterien, wonach lebensbeendende ärztliche Behandlungen zulässig sein könnten[410].

Die Kriterien, die das Gericht für einen Notstand aufstellte, waren Folgende:

- *„ein durch den Patienten als unerträglich erfahrenes körperliches oder seelisches Leiden,*
- *die Dauerhaftigkeit dieses Leidens,*
- *ein dauerhaftes Verlangen nach dem Tode,*
- *eine freiwillige und wohlüberlegte Bitte um den Tod,*
- *eine Abwägung aller Alternativen und Möglichkeiten zur Linderung des Leidens,*
- *keine unnötige Leidenszufügung durch den Tod bei Dritten,*
- *keine Entscheidung zur Leistung der Beihilfe zur Selbsttötung durch nur eine Person,*
- *die Herbeiziehung eines Arztes, der die erforderlichen Mittel verschreibt, sowie*

408 *Mattisseck-Neef,* S. 336; siehe auch *Reuter,* S. 108; *Smies,* in: GJIL, 2003, S. 11 f.

409 *Grundmann,* S. 44; *Reuter,* S. 19.

410 Vgl. *Reuter,* S. 19; *Grundmann,* S. 44 f.

– *die größtmögliche Sorgfalt bei der Entscheidung über die Leistung von Beihilfe zur Selbsttötung.*"[411]

Die Bedeutung der Entscheidung liegt *Grundmann* zufolge „in der erneuten Formulierung verallgemeinerungsfähiger Kriterien für die Annahme eines rechtfertigenden Notstandes. Hieran konnte sich vor allem die Staatsanwaltschaft bei der Entscheidung über die Anklageerhebung orientieren."[412] *Reuter* hält sich demgegenüber zurück, weil das Urteil einfach noch keine Garantie dafür geliefert habe, dass Ärzte nicht doch angeklagt bzw. von einem anderen Gericht verurteilt wurden[413]. Sie hält das *Rotterdamer Urteil* dennoch für einen Wendepunkt in der Sterbehilfe-Diskussion, weil das Gericht nicht nur die Zulässigkeit der Sterbehilfe an sich erörtert habe, sondern vielmehr die Möglichkeit eröffnet habe, eine ärztliche Suizidbeihilfe zu rechtfertigen. Dies sei ein „Schritt in Richtung ihrer rechtlichen Zulässigkeit für Ärzte" gewesen[414].

bb) 1982 - 1984

1982 wurde auf Antrag des niederländischen Parlaments eine *State Commission on Euthanasia* eingerichtet, um die Regierung hinsichtlich möglicher Gesetzesänderungen in Sachen Sterbehilfe zu beraten[415]. Die *State Commission* trug Informationen von vielen Organisationen zusammen, u. a. solche der *KNMG*[416]. Diese setzte ein Komitee ein, welches im Jahre 1984 Kriterien für die Zulässigkeit aktiver direkter Sterbehilfe vorlegte. Hiernach sollte sich die *KNMG* dafür einsetzen, dass Sterbehilfe nur von einem Arzt vorgenommen werden dürfe und dieser die ärztlichen Sorgfaltspflichten einhalten müsse. Darüber hinaus sollte ein freiwilliges und ernsthaftes Verlangen des Betroffenen vorliegen und dieser sollte an einem nicht-akzeptablen, das heißt, uner-

411 Zit. nach *Grundmann*, S. 44 f. Zum *Rotterdamer Urteil* auch *Reuter*, S. 19 ff.; *Smies*, in: GJIL, 2003, S. 10 ff.

412 *Grundmann*, S. 45.

413 *Reuter*, S. 23.

414 *Reuter*, S. 21 f.

415 *Griffiths/Weyers/Adams*, S. 30; *Grundmann*, S. 45; *Gevers*, in: BMB 1996, Vol. 52, Nr. 2, S. 328.

416 *Griffiths/Weyers/Adams*, S. 30.

träglichen und hoffnungslosen Leiden, erkrankt sein[417]. Überdies sollten bestimmte prozedurale Vorgehensweisen eingehalten werden, d. h. es sollte ein zweiter Arzt hinzugezogen werden und es durfte keine Sterbeurkunde mit der Angabe „natürlicher Tod" ausgefüllt werden[418]. Das *KNMG*-Präsidium übernahm diese Stellungnahme und machte damit *Griffiths/Weyers/Adams* zufolge deutlich, dass die niederländischen Ärzte darauf vorbereitet waren, Verantwortung für die Leistung von Sterbehilfe zu übernehmen[419]. Zugleich wurden in diesem Dokument die Begriffe (und zugehörigen Definitionen) der passiven und indirekten Sterbehilfe aus dem Begriff „euthanasie" („euthanasia") herausgenommen. Damit wurden die terminologischen Vorgaben für die künftige Sterbehilfe-Debatte gemacht[420]. Die Stellungnahme löste gleichzeitig eine Reihe von Austritten derjenigen Ärzte aus, die gegen die aktive Sterbehilfe waren[421].

cc) *Alkmaar*-Entscheidung von 1984

Etwa zur gleichen Zeit erging ein bekanntes Gerichtsurteil – das Erste zur aktiven Sterbehilfe[422]: In der *Alkmaar*-Entscheidung von 1984[423] ging es um eine 95-jährige, unheilbar schwerkranke Frau. Sie hatte mehrfach ihren Arzt gebeten, ihrem Zustand ein Ende zu bereiten. Einige Tage vor ihrem Tod erlitt sie eine substantielle Verschlechterung und verlor das Bewusstsein. Nachdem sie dieses wiedererlangt hatte, erklärte sie, eine solche Erfahrung nicht noch einmal machen zu wollen und drängte den Arzt dazu, ihr Leben zu beenden. Schließlich füg-

417 *Griffiths/Weyers/Adams*, S. 30 f.

418 *Griffiths/Weyers/Adams*, S. 31. Zu den Kriterien auch *Gevers*, in: BMB 1996, Vol. 52, Nr. 2, S. 328; *Gordijn/Janssenes/Schade/Wanrooij*, in: *Sohn/Zenz*, S. 139; *Grundmann*, S. 50; *Reuter*, S. 53 ff.

419 *Griffiths/Weyers/Adams*, S. 31; zurückhaltender hingegen *Reuter*, S. 38, 51 f. Zum Standpunkt des *KNMG*-Präsidiums von 1984 insg. *Grundmann*, S. 47 ff.; *Reuter*, S. 53 ff.

420 *Grundmann*, S. 48.

421 *Reuter*, S. 61 f., m. w. N.; *Kimsma/van Leeuwen*, in: *Ritzel*, S. 99 f.

422 *Grundmann*, S. 50.

423 Auch bekannt als *Schoonheim*-Fall, siehe *Griffiths/Weyers/Adams*, S. 31; *Grundmann*, S. 50; *Keown*, Euthanasia, S. 84; *Ress*, in: FS-*Fischer*, S. 447.

te dieser sich dem Wunsch der Patientin in der Überzeugung, dass jeder weitere Tag für die Frau eine schwere Last sei[424].

Der Arzt wurde in erster Instanz freigesprochen[425], was aber durch das Berufungsgericht verworfen (Schuldspruch ohne Verhängung einer Strafe) wurde[426]. Daraufhin legte der Arzt Revision beim *Hoge Raad* ein[427]. Der *Hoge Raad* (*Supreme Court*) akzeptierte grundsätzlich die Berufung seitens des Arztes auf eine „force majeure" oder „necessity", die als Resultat einer Pflichtenkollision angesehen wird: Es kollidieren hier die Pflicht gegenüber dem Patienten, hoffnungsloses Leiden zu verringern und die Pflicht gegenüber dem Gesetz, das Leben des Patienten zu bewahren. Ein Arzt wird somit nicht bestraft, wenn er sorgsam zwischen den kollidierenden Pflichten abgewogen und eine Entscheidung getroffen hat, die objektiv gerechtfertigt werden kann, sofern er die speziellen Umstände des Einzelfalls mit berücksichtigt hat[428]. Der *Hoge Raad* hob daher das berufungsgerichtliche Urteil auf, „weil das Berufungsgericht nicht in ausreichendem Maße geprüft habe, ob der Arzt wegen Notstandes gerechtfertigt sei."[429] Umgekehrt gesagt: Das Berufungsgericht hatte keine ausreichenden Gründe für die Verurteilung des behandelnden Arztes dargelegt. Es hätte auch berücksichtigen müssen, ob die Patientin noch lange dazu in der Lage gewesen wäre, in würdevollen und der menschlichen Existenz gerecht werdenden Umständen sterben zu können[430]. Der Fall ging zurück an den *Court of Appeals* in Den Haag, der den Arzt wegen rechtfertigenden Notstands freisprach[431].

---

424 *Gevers*, in: BMB 1996, Vol. 52, Nr. 2, S. 327. Siehe auch *Grundmann*, S. 50 f.; *Reuter*, S. 24.

425 Hierzu im Einzelnen *Reuter*, S. 23 ff.

426 Hierzu im Einzelnen *Reuter*, S. 27 f.

427 *Grundmann*, S. 51, m. w. N.; *Reuter*, S. 28 ff.

428 *Gevers*, in: BMB 1996, Vol. 52, Nr. 2, S. 328; vgl. auch *Reuter*, S. 32.

429 So die Schilderung bei *Grundmann*, S. 51, m. entspr. N. (siehe dort auch Fn. 240, in der *Grundmann* die betreffende Stelle des Urteils übersetzt); siehe auch *Reuter*, S. 30 f.

430 *Gevers*, in: BMB 1996, Vol. 52, Nr. 2, S. 328.

431 *Gevers*, in: BMB 1996, Vol. 52, Nr. 2, S. 328; *Grundmann*, S. 51 f., m. entspr. N.; *Reuter*, S. 37 ff.; insg. zum *Alkmaar*-Fall *Reuter*, S. 23 ff.; *Smies*, in: GJIL, 2003, S. 14 ff.; *Griffiths/Weyers/Adams*, S. 31; *Rietjens/van der Maas* et al., in: Bioethical

Es ist *Grundmann* zufolge umstritten, ob das Urteil des *Hoge Raad* wirklich als Anerkennung der Zulässigkeit der aktiven Sterbehilfe unter den Voraussetzungen des Notstandes zu verstehen ist. Denn der *Hoge Raad* habe das Ergebnis der Notstandsprüfung ja nicht vorweggenommen, sondern dem Berufungsgericht überlassen[432]. Dabei muss man aber bedenken, dass der *Hoge Raad* in seinem Urteil in Betracht gezogen hat, dass die aktive Sterbehilfe unter den entsprechenden Gesichtspunkten gerechtfertigt werden *könnte*. Er hat somit die materiellen Anforderungen an die Rechtfertigung genauer bestimmt. Deswegen kann man annehmen, dass der *Hoge Raad* die Rechtfertigungsmöglichkeit *an sich* anerkannt hat – und *das* war angesichts der bis dato abgelaufenen Entwicklungen das Entscheidende.

Reuter sieht eine Anerkennung der Straflosigkeit durch den *Hoge Raad* aus einem anderen Grund kritisch: Denn die bis dato entwickelten Sorgfaltskriterien und das Konzept des rechtfertigenden Notstandes seien zwei völlig verschiedene Dinge[433]. Der *Hoge Raad* habe an der grundsätzlichen Strafbarkeit der aktiven Sterbehilfe gar nicht gerüttelt, sondern vielmehr die Berufung auf den rechtfertigenden Notstand im Einzelfall zugelassen. Damit lassen sich eigentlich zwei Richtungen in der niederländischen Rechtsprechung ausmachen, nämlich zum Einen die bis dato entwickelten Sorgfaltskriterien durch die früheren Entscheidungen und zum Anderen das Konzept des Notstands, das – ähnlich wie § 34 StGB – eine grundsätzlich weiterhin strafbare Tat im Einzelfall lediglich als gerechtfertigt ansieht[434].

dd) parlamentarische Debatten Mitte der 1980er Jahre

Ebenfalls im Jahre 1984 scheiterte ein Gesetzentwurf, der die Legalisierung von Sterbehilfe vorsah, am Widerstand der christdemokratischen Partei, obwohl er ursprünglich im Parlament von vielen Abgeordneten unterstützt worden war[435]. Eine Mehrheit – zusammengesetzt aus Sozialdemokraten, Links- sowie Nationalliberalen – konnte nicht vollstän-

Inquiry 2009, S. 272 f.; *de Haan*, in: MLR 2002, S. 59; *Fokkens*, in: *Brudermüller/Marx/Schüttauf*, S. 149 f.

432 *Grundmann*, S. 52, m. w. N.

433 Vgl. *Reuter*, S. 32 f.

434 Vgl. *Reuter*, S. 32 f.

435 *Griffiths/Weyers/Adams*, S. 31; *Grundmann*, S. 46 f., 57 ff.

dig mobilisiert werden, weil die Christdemokraten zu dieser Zeit großen Einfluss hatten („an essential part of any coalition government") und ihre Position dazu nutzten, einen solchen Gesetzentwurf zu blockieren[436]. Zunächst war die Behandlung des ersten Entwurfs 1984 bis zum Erscheinen des Berichts der *State Commission on Euthanasia* ausgesetzt worden[437]. Später wurde der Entwurf einschränkend geändert[438], zugleich aber von Seiten der Regierung ein Probe-Gesetzentwurf eingebracht[439]. Zwischenzeitlich zeichnete sich für die modifizierte Fassung des schon 1984 eingebrachten Entwurfs in der zweiten Parlamentskammer eine Mehrheit ab, aber die Regierung machte deutlich, sie würde ein von beiden Kammern verabschiedetes Gesetz nicht gegenzeichnen[440]. Am Ende wurde der Entwurf zwar beraten, aber es wurde nicht darüber abgestimmt[441]. Es wurde nur beschlossen, den Staatsrat (*Raad van Staate*) über beide Entwürfe zu befragen, der dann zu der Auffassung kam, die Diskussion sei noch nicht reif dafür, um strafbefreiende Voraussetzungen für die aktive Sterbehilfe ins niederländische StGB aufzunehmen[442]. Aus *Grundmanns* Schilderungen wird deutlich, dass die niederländische Regierung zu diesem Zeitpunkt „gegen ein Tätigwerden des Gesetzgebers" war[443], so dass ihr der Ausgang dieses Prozesses offenbar sehr entgegenkam.

ee) weiterer Verlauf bis 1990

1985 veröffentlichte die *State Commission on Euthanasia* ihren Bericht, in dem sie sich für eine begrenzte Freigabe der aktiven direkten Sterbehilfe aussprach[444]. Die Kommission definierte den Begriff „euthanasie"

436 *Griffiths/Weyers/Adams*, S. 31; vgl. auch *Reuter*, S. 81 ff.

437 *Grundmann*, S. 47; *Reuter*, S. 77.

438 *Grundmann*, S. 57 f.; *Reuter*, S. 77 ff.

439 *Grundmann*, S. 58 f.; *Reuter*, S. 81 ff.

440 *Grundmann*, S. 59; *Reuter*, S. 82.

441 *Grundmann*, S. 59; *Reuter*, S. 88.

442 *Grundmann*, S. 59; siehe auch *Reuter*, S. 88 f.

443 *Grundmann*, S. 59; ähnl. *Reuter*, S. 82.

444 *Griffiths/Weyers/Adams*, S. 31; *Grundmann*, S. 53; *Gevers*, in: BMB 1996, Vol. 52, Nr. 2, S. 328; *Gordijn/Janssenes/Schade/Wanrooij*, in: *Sohn/Zenz*, S. 140; *Smies*, in: GJIL, 2003, S. 36.

als „'das vorsätzliche lebensbeendende Handeln durch einen anderen als den Betroffenen auf dessen Verlangen'"[445]. Seitdem war Sterbehilfe ein regelmäßiges Thema auf der niederländischen Politikagenda, wenngleich eine gesetzliche Neuregelung bis Ende der 1990er Jahre auf sich warten ließ[446]. 1985 wurde auch entschieden, dass an Stelle der Versammlung der Generalstaatsanwälte (im Unterschied noch zu der Entscheidung von 1981, siehe oben) nun die Bezirksstaatsanwaltschaften über die Verfolgung von Sterbehilfe-Fällen entscheiden sollten. Hierdurch wurde also die Entscheidung von der gesamt-niederländischen Ebene wieder auf die bezirkliche Ebene verlagert[447].

Der erwähnte „euthanasie"-Begriff setzte sich derweil allseits durch[448]. An Hand der Definition zeigte sich aber auch, dass der „euthanasie"-Begriff „ausschließlich die aktive Sterbehilfe auf ernsthaftes und ausdrückliches Verlangen des Betroffenen hin" erfassen sollte[449]. Damit wird auch an dieser Stelle deutlich, dass sich die Sterbehilfe-Diskussion auf die aktive Sterbehilfe verengt hatte.

Im Laufe der Jahre befasste man sich in den Niederlanden mit verschiedenen Fragen die Sterbehilfe betreffend: Ende der 1980er Jahre entschied der *Hoge Raad*, dass ein Arzt, der die Sorgfaltsanforderungen einhält, voraussetzen darf, dass er nicht strafrechtlich verfolgt wird[450]. Die bis dato von der Rechtsprechung entwickelten Sorgfaltskriterien wurden im Jahre 1986 von Justiz- und Gesundheitsminister zu „offiziellen Leitsätzen der Rechtsprechung zur Straflosigkeit aktiver ärztlicher Sterbehilfe auf Verlangen kasuistisch zusammengefasst"[451]. Darüber hinaus sicherte der Justizminister im Rahmen einer politischen Entscheidung zu, dass die Strafverfolgungsbehörden in solchen Fällen keine Anklage erheben würden und übte somit Druck auf die Strafver-

445 Zit. nach *Grundmann*, S. 52, m. entspr. N. Siehe auch S. 18, m. entspr. N.

446 *Griffiths/Weyers/Adams*, S. 31.

447 Vgl. *Mattisseck-Neef*, S. 336; *Reuter*, S. 111.

448 *Grundmann*, S. 18, 52 f.; vgl. auch *Reuter*, S. 5.

449 *Grundmann*, S. 18, siehe ferner S. 52 f.; *Gevers*, in: BMB 1996, Vol. 52, Nr. 2, S. 326.

450 *Griffiths/Weyers/Adams*, S. 31; *Grundmann*, S. 60 f.

451 *Reuter*, S. 50, 111; siehe auch S. 33.

folgungsbehörden aus[452]. Seitdem wurde *Griffiths/Weyers/Adams* zufolge „euthanasia" in den Niederlanden als „effectively legal" angesehen, wenngleich die Regierung, insbesondere die beteiligten Christdemokraten und auch andere Stimmen sie weiterhin als „illegal" bezeichneten[453].

Das bedeutet, dass spätestens ab dieser Zeit die Zulässigkeit der aktiven Sterbehilfe auch politisch abgesegnet worden war. Durch die oben erwähnte Zusicherung des Justizministers verloren die Strafverfolgungsbehörden im Grunde ihre Grundlage dafür, entsprechende Fälle zu verfolgen. Insofern gab es eine gesellschaftliche und in Teilen auch politische Rechtsfortbildung, und zwar lange bevor tatsächlich das *Gesetz* geändert wurde.

1989 gab es abermals Beratungen in der Zweiten Kammer des Parlaments über die modifizierte Fassung des bereits 1984 eingebrachten Entwurfs sowie einen die aktive Sterbehilfe *nicht* legalisierenden Entwurf der Regierung von 1987[454]. Vor der Abstimmung trat aber die bis dato amtierende Regierung zurück und die Zweite Kammer stimmte nicht über die Entwürfe ab. Die neue Regierung vertagte die Sterbehilfe-Debatte anschließend[455].

c) 1990er Jahre

Nachdem die aktive Sterbehilfe in den Niederlanden seit Ende der 1980er Jahre als quasi legal galt, verlagerte sich der Schwerpunkt der niederländischen Diskussion *Griffiths/Weyers/Adams* zufolge in den 1990er Jahren auf die Frage nach einer „effective control"[456]. Dabei wurde eine spezielle „reporting procedure" (Meldeverfahren) ausgearbeitet, in der Ärzten zugesichert wurde, dass die den Strafverfolgungsbehörden gemeldeten Fälle von geleisteter „euthanasia" abweichend behandeln würden. Wenn der behandelnde Arzt dem örtlich zuständigen Gerichtsmediziner von der Sterbehilfeleistung Bericht erstattete und darlegen konnte, dass er die nötigen Sorgfaltsanforde-

452 Vgl. *Griffiths/Weyers/Adams*, S. 31; *Reuter*, S. 33, 111 f.; *Smies*, in: GJIL, 2003, S. 19.

453 *Griffiths/Weyers/Adams*, S. 31.

454 Hierzu *Reuter*, S. 90 ff.

455 *Grundmann*, S. 62; *Reuter*, S. 98; jew. m. w. N.

456 *Griffiths/Weyers/Adams*, S. 31.

rungen eingehalten hatte, verzichteten die Strafverfolgungsbehörden darauf, in diesem Fall zu ermitteln[457]. Die Ausarbeitung dieses Meldeverfahrens war also ein entscheidender Vorläufer des späteren Sterbehilfe-Gesetzes.

Das Meldeverfahren in seiner ursprünglichen Form wurde dann auch 1993 in Gesetzesform gegossen – allerdings nicht im niederländischen Strafgesetzbuch, sondern im Bestattungsgesetz in Verbindung mit einer Rechtsverordnung[458]. Dabei ging es *Grundmann* zufolge aber nicht um eine materiell-rechtliche Regelung, sondern lediglich um eine verfahrensrechtliche Festschreibung der Meldung[459]. Daher sei das Meldeverfahren bei der Sterbehilfe auch ein typisches Beispiel für die niederländische Duldungspolitik:

> *„Das Prinzip des* ***gedogen*** *(= Dulden) besteht darin, dass die Behörden im voraus verbindlich erklären, in welchen Fällen sie trotz Gesetzesübertretung von der Strafverfolgung absehen, sich also im voraus auf bestimmte Regeln für die Ermessensausübung im Rahmen des Opportunitätsprinzips festlegen."*[460]

Bis 1995 betrug die Zahl der gemeldeten Fälle jedoch weniger als 50 %. Die Regierung ging davon aus, dass die Ärzte ggf. eher dazu tendierten, die Fälle zu melden, desto mehr der Sterbehilfe-Handlung der „kriminelle" Charakter genommen wurde. Folglich errichtete man *Regional Review Committees* (Kontroll-Kommissionen, Komitees) als Puffer zwischen den Ärzten und den Strafverfolgungsbehörden, um gemeldete Fälle von „euthanasia" zu prüfen. Hatte ein Arzt die Sorgfaltskriterien eingehalten, riet die Kommission den Strafverfolgungsbehörden, den Fall nicht zu verfolgen, was auch meistens be-

457 *Griffiths/Weyers/Adams*, S. 31; *Grundmann*, S. 63 f. Vgl. auch *Mattisseck-Neef*, S. 336 f.; *Reuter*, S. 114 ff. Zu den Entwicklungen der „reporting procedure" siehe auch *Rietjens/van der Maas* et al., in: Bioethical Inquiry 2009, S. 273.

458 *Grundmann*, S. 70 ff. In Kraft traten diese Änderungen am 01.04.1994, *Reuter*, S. 2, 127 ff.

459 *Grundmann*, S. 72.

460 *Grundmann*, S. 73, Hervorheb. im Text. Siehe auch *Gordijn/Janssenes/Schade/Wanrooij*, in: *Sohn/Zenz*, S. 137:

> *„It [...] means declaring in advance that under certain specific conditions people do not need to fear criminal prosecution of certain illegal actions. Of course, this is done only when policy makers think that not prosecuting certain illegal actions has particular societal advantages over prosecuting them."*

folgt wurde[461]. Auch die Kontroll-Kommissionen wurden – wie schon das Meldeverfahren an sich – in einer auf dem Bestattungsgesetz basierenden Rechtsverordnung verankert[462].

Damit wurde etwas geschaffen, was später in das Sterbehilfe-Gesetz übernommen wurde. Denn die in dieser Zeit geschaffenen Institutionen (Meldeverfahren, Kontroll-Kommissionen) wurden später in Strafgesetz-Form gegossen. Das heißt, es gab zuerst eine tatsächliche Entwicklung und ihr wurde – als sie bereits anerkannt war – erst später die strafgesetzliche Grundlage gegeben.

Im Jahr 1998 gab es eine weitere Neuerung namens „SCEN"[463]: Hierbei werden geschulte Berater für die Allgemeinärzte bereitgestellt, die ggf. aktive Sterbehilfe oder Suizidbeihilfe leisten wollen. Die SCEN-Berater informieren die Ärzte über die Anforderungen der ärztlichen Sorgfaltskriterien und können außerdem kontrollieren, ob diese Sorgfaltskriterien in einem bestimmten Fall eingehalten wurden[464]. Diese Institution ist *Griffiths/Weyers/Adams* zufolge in medizinischen Kreisen sehr positiv angenommen worden[465]. Der niederländischen Ärzteschaft wird von Seiten der Regierung auch heute noch geraten, sich für die Pflicht, im Rahmen des Sterbehilfe-Gesetzes die Meinung eines anderen Arztes einzuholen, an das Netzwerk der SCEN-Ärzte

461 *Griffiths/Weyers/Adams*, S. 31 f.; *Grundmann*, S. 76 ff.; zu der Eigenschaft als „Puffer" siehe auch *Ress*, in: FS-*Fischer*, S. 448; *de Haan*, in: MLR 2002, S. 62; *Reuter*, S. 135. *Kimsma/van Leeuwen* sehen als Grund für die geringe Meldequote hingegen, dass die bereits geschaffenen gesetzlichen Regeln und somit die „Institutionalisierung ärztlicher Sterbehilfe" im Widerspruch zur Wahrnehmung von ärztlicher Verantwortung seitens der Ärzte standen. Der Widerspruch resultiere daraus, dass der Staat in den bereits geschaffenen Verfahrensregeln „sein Interesse am Schutz menschlichen Lebens bekundet", was aber für die Ärzte eben nicht mit der von ihnen wahrgenommenen Wirklichkeit übereinstimmt. Vgl. *Kimsma/van Leeuwen*, in: *Ritzel*, S. 75.

462 *Grundmann*, S. 78; *Reuter*, S. 131 ff. Für 1997 geben *Kimsma/van Leeuwen* die Meldequote mit immer noch nur 41 % an, siehe *Kimsma/van Leeuwen*, in: *Ritzel*, S. 74.

463 „'Steun en Consultatie bij Euthanasie in Nederland'" = „Unterstützung und Beratung bei Sterbehilfe in den Niederlanden", *Grundmann*, S. 98.

464 *Griffiths/Weyers/Adams*, S. 32.

465 *Griffiths/Weyers/Adams*, S. 32.

zu wenden und von einem der SCEN-Ärzte die obligatorische zweite Meinung einzuholen[466].

Das, was die SCEN-Berater oder SCEN-Ärzte berichten oder schlussfolgern, ist nicht bindend. Das bedeutet, auch wenn ein SCEN-Arzt der Meinung ist, die Sterbehilfe-Kriterien seien in einem bestimmten Fall nicht erfüllt, so kann der behandelnde Arzt die Sterbehilfe trotzdem ausführen[467].

d) Ende der 1990er Jahre bis zur Legalisierung

Nach den Parlamentswahlen im Jahre 1998 nahm sich die niederländische Regierungskoalition eines von der mitregierenden Partei *D66* vorgelegten Gesetzentwurfs zur Legalisierung von Sterbehilfe an[468]. Dieser Gesetzentwurf wurde – nach Übernahme durch die niederländische Regierung – später die Grundlage für die Legalisierung der aktiven Sterbehilfe und der Beihilfe zum Suizid[469]. Wesentlicher Inhalt des Gesetzentwurfs war im Allgemeinen, dass sich ein Sterbehilfe leistender Arzt, der die allgemein anerkannten Anforderungen einhält und den Tod des Patienten ordnungsgemäß meldet, nicht einer Straftat schuldig macht. Außerdem sollte der Gesetzentwurf den *Regional Review Committees* eine gesetzliche Grundlage geben[470].

Die niederländische Regierung übernahm den Entwurf zunächst in unveränderter Weise und legte ihn dem Staatsrat vor[471]. Nachdem dieser Einiges am Entwurf zu beanstanden hatte, wurde der Gesetzentwurf von der Regierung geändert[472]. Unter anderem war im ursprünglichen Entwurf vorgesehen, dass die vom Arzt einzuhaltenden Sorgfaltskriterien mit in das Strafgesetzbuch aufgenommen werden[473].

466 *Niederländisches Ministerium für auswärtige Angelegenheiten*, FAQ Sterbehilfe, S. 11. Zu „SCEN" siehe auch *Grundmann*, S. 98; *Gordijn/Janssenes/Schade/Wanrooij*, in: *Sohn/Zenz*, S. 150 f.

467 *Lunshof/Visser*.

468 *Griffiths/Weyers/Adams*, S. 32; siehe auch *Grundmann*, S. 80 f., 125 ff.

469 *Griffiths/Weyers/Adams*, S. 32 f.; *Grundmann*, S. 81, 130 ff.

470 *Griffiths/Weyers/Adams*, S. 32 f. Krit. zu dem Entwurf *Grundmann*, S. 127 ff.

471 *Grundmann*, S. 131.

472 *Grundmann*, S. 131.

473 *Grundmann*, S. 126.

Dies bemängelte der Staatsrat, weil seiner Ansicht nach das Strafrecht „nicht mit verfahrensrechtlichen Regelungen aufgebläht werden" sollte[474]. Aus diesem Grund gab es auch am Ende ein eigenständiges Sterbehilfe-Gesetz, auf das z. B. das Strafgesetzbuch an entsprechender Stelle verweist[475].

Die niederländische Regierung legte daraufhin die geänderte Fassung abermals dem Staatsrat vor[476]. Dieser äußerte erhebliche Kritik daran, dass die Stellung der Staatsanwaltschaft im vorgesehenen Verfahren nicht geklärt sei. Dem Gesetzentwurf zufolge wurde die Staatsanwaltschaft in ihren Kompetenzen nicht beschnitten, aber die Äußerungen der Regierung deuteten auf eine solche Beschneidung durch die Kontroll-Kommissionen hin[477]. Daher wies der Staatsrat die Regierung an, den Entwurf klarstellend dahingehend zu ändern, „dass die Staatsanwaltschaft in allen Fällen von Sterbehilfe befugt ist, nach den allgemeinen Grundsätzen Anklage gegen den Arzt zu erheben"[478].

Der niederländische Justizminister wies *Grundmann* zufolge diese Kritik zurück. Es sei

> *„Ziel des vorgesehenen Gesetzes* [...], *die Staatsanwaltschaft zwecks Erhöhung der Meldebereitschaft unter Ärzten ‚auf Abstand zu setzen'. Wenn die Kontrollkommission zu einem positiven Urteil käme, so bestehe – sofern nicht aus anderer Quelle stammend – kein Verdacht einer Straftat, der die Staatsanwaltschaft veranlassen könnte, Ermittlungen einzuleiten. Den gesetzlichen Befugnissen der Staatsanwaltschaft werde damit kein Abbruch getan."*[479]

Grundmann sieht hierin Anlass für die Vermutung, dass

> *„die Regierung* [...] *die Tatsache, dass es sich bei der Tötung auf Verlangen und der Beihilfe zur Selbsttötung noch immer um Straftaten handelt, der Bevölkerung und vor allem der Ärzteschaft gegenüber verschleiern oder zumindest bagatellisieren* [habe wollen], *um das – wie*

474 So die Schilderung bei *Grundmann*, S. 131.

475 *Grundmann*, S. 131; s. dazu noch unten.

476 *Grundmann*, S. 132.

477 So die Schilderung bei *Grundmann*, S. 132 f., m. entspr. N.

478 So die Schilderung bei *Grundmann*, S. 133, m. entspr. N.

479 So die Schilderung bei *Grundmann*, S. 133, m. entspr. N.

es scheint – gesetzgeberische Hauptziel, die Erhöhung der Meldebereitschaft, nicht zu gefährden."[480]

Die Regierung beließ in diesem Punkt aber den Entwurf so, wie er war[481]. Nachdem die Zweite Parlamentskammer den Gesetzentwurf im November 2000 ohne wesentliche Änderungen mit 104 zu 40 Stimmen angenommen hatte, votierte im April 2001 auch die Erste Kammer hierfür mit 46 zu 28 Stimmen. Am 01.04.2002 konnte das Gesetz in Kraft treten[482].

e) Festschreibung des status quo oder „Mehr"?

Die Bewertungen darüber, ob das Legalisierungsgesetz von 2002 nur eine Festschreibung des status quo war oder demgegenüber doch ein „Mehr", wird unterschiedlich bewertet.

Griffiths/Weyers/Adams bewerten das am Ende entstandene Legalisierungsgesetz als etwas, das im Grunde genommen den bereits bestehenden Konsens in Sachen Sterbehilfe nun auch gesetzlich festschrieb. Es habe lediglich zwei echte Neuerungen gegeben: Dies sei zum Einen die Tatsache, dass nach dem Sterbehilfe-Gesetz Menschen auch für den Fall der Einwilligungsunfähigkeit bereits im Vorfeld schriftlich ein Sterbeverlangen abgeben können. Zum Anderen seien dies die Regelungen, die sich in Bezug auf Minderjährige ergeben[483]. Auch unterscheide sich das Sterbehilfe-Gesetz insofern von der Rechtsprechung, als dass es die Verfahrensanforderungen und einzelnen Schritte einer legalen Sterbehilfe-Leistung stärker betone[484].

Demgegenüber sieht *Grundmann* das niederländische Sterbehilfe-Gesetz als ein „Mehr" zu dem an, was vorher war: Denn das Sterbehilfe-Gesetz habe „einen besonderen Strafausschließungsgrund[...] für Ärzte eingeführt. Dies ist ein Novum und gibt der Sterbehilfepraxis

480 *Grundmann*, S. 133.

481 *Grundmann*, S. 133 f.; es gab lediglich eine andere kleine Änderung in Bezug auf die Minderjährigen-Regelung, siehe *Grundmann*, S. 133 f., Fn. 718.

482 *Griffiths/Weyers/Adams*, S. 35; *Grundmann*, S. 142 ff.

483 *Griffiths/Weyers/Adams*, S. 33. Auch *Janssen*, in: ZRP 2001, S. 183 zieht das Fazit, die Niederlande hätten „lediglich die bislang schon durchgeführte, im Laufe von Jahrzehnten gewachsene Praxis kodifiziert. Nicht mehr, aber auch nicht weniger."

484 *Griffiths/Weyers/Adams*, S. 33.

eine völlig andere Grundlage."[485] Denn vorher habe es nur „eine laxe Rechtsprechung" gegeben, die der Straffreiheit die Grundlage gab. Nun aber werde zum ersten Mal „durch den Gesetzgeber festgelegt, wann ein Arzt töten darf"[486].

Aus hiesiger Sicht scheint es das Entscheidende für das niederländische Sterbehilfe-Gesetz zu sein, dass in erster Linie das, was es schon gab, tatsächlich doch noch gesetzlich verankert wurde. Im Endeffekt war man sich auch vorher schon über die Bedingungen einig, unter denen ein Arzt straffrei bleiben sollte. Insbesondere hatte man – neben der Erarbeitung der Sorgfaltskriterien in den 1970er und 1980er Jahren – in den 1990er Jahren bereits verfahrensrechtlich die Kontrollmöglichkeiten (Meldeverfahren, *Regional Review Committees*) festgeschrieben. Es fehlte nur noch die Niederlegung in einem formellen Strafgesetz. Daher liegt das von *Grundmann* beschriebene „Novum"[487] eher in einem symbolischen Wert, nämlich dass sich ein Gesetzgeber offen dazu entschließt, festzulegen, wann jemand im Falle einer Sterbehilfe-Leistung straflos ausgeht[488]. Insofern stand die Legalisierung am Ende der langen Entwicklung in den Niederlanden. Das „Novum" liegt eher darin, dass die Niederlande das erste Land weltweit waren, das die aktive direkte Sterbehilfe legalisierte.

f) Zwischenergebnis

Die vorangegangene Untersuchung hat die These *Lewis'*[489] bestätigt: Bei allem Druck, den die niederländische Ärzteschaft und auch die Sterbehilfe-Befürworter machten, waren es doch aus juristischer Sicht die niederländischen Gerichte, die die „Hauptrolle" im Rahmen der Legalisierungsentwicklung spielten. Die Ärzte, die z. T. bis vor Gericht zogen bzw. sich vor Gericht ziehen ließen, waren zwar diejenigen, die

485 *Grundmann*, S. 118.

486 *Grundmann*, S. 118 f.

487 *Grundmann*, S. 119.

488 Für einen zumindest teilweise nur symbolischen Wert auch *de Haan*, in: MLR 2002, S. 59 f., demzufolge aber der symbolische Charakter nicht unterschätzt werden sollte, siehe S. 60: „[...] it is the formal recognition of the fact that the Dutch attitude to respect for life has somehow shifted in the last three decades."

489 Siehe oben unter „1) Hintergrund": *Lewis*, S. 76.

die Handlungen ausführten und hierdurch somit eine rechtliche Untersuchung erst nötig machten. Aber die Gerichte legten durch ihre Rechtsprechung den Grundstein für die öffentliche Akzeptanz und letztlich auch für die weiteren Legalisierungsentwicklungen[490].

Natürlich haben die niederländische Ärzteschaft und insbesondere die *KNMG* die Entwicklung entscheidend vorangetrieben. Bereits in den 1970er Jahren gab es eine erste Öffnung in Richtung der Zulässigkeit der aktiven Sterbehilfe seitens der *KNMG*. In den 1980er Jahren trieb die *KNMG* diese Öffnung weiter voran. Dies ist insbesondere deswegen so wichtig, weil sie die Ärzteschaft repräsentiert(e). Daher trug sie auch ihren Teil dazu bei, dass der Sterbehilfe-Streit in den Niederlanden letztlich auf die aktive Sterbehilfe und die Suizidbeihilfe beschränkt wurde und dass eben nach wie vor nur Ärzte die Möglichkeit haben, straffrei eine aktive Sterbehilfe oder Suizidbeihilfe zu leisten. Zugleich zeigte sich durch die Einflussnahme der *KNMG* aber auch, dass die niederländische Ärzteschaft bereit war, Verantwortung zu übernehmen. Gleichzeitig ging dies nicht ohne Konflikte einher, wenn man beispielsweise bedenkt, dass nach der Veröffentlichung der *KNMG*-Stellungnahme von 1984 auch eine Reihe ihrer sterbehilfekritischen Mitglieder austrat. Die niederländische Ärzteschaft sprach somit nicht mit einer gemeinsamen Stimme.

Entscheidend ist vielmehr, dass bereits seit den 1970er Jahren in den Gerichtsentscheidungen mehrfach die Frage aufgeworfen wurde, ob sich jemand auf den Notstand im Sinne des Art. 40 WvSr berufen kann, wenn er Sterbehilfe leistet. Das geschah zu einer Zeit, als die niederländische Ärzteschaft noch sehr uneins darüber war, ob aktive Sterbehilfe überhaupt zulässig sein sollte. Der gerichtliche „Durchbruch" kam dann spätestens im Jahre 1984, als in der *Alkmaar*-Entscheidung die Pflichtenkollision, in der sich der behandelnde Arzt befindet, als rechtfertigend anerkannt wurde. Damit war in den Niederlanden der Rechtsprechung nach also bereits zu dieser Zeit das möglich, was in Deutschland nur bei der *indirekten* aktiven Sterbehilfe möglich ist, nämlich die Berufung auf einen Rechtfertigungsgrund.

Ende der 1980er Jahre wurde diese Ansicht dann auch von der Politik übernommen und letztlich auf die Strafverfolgungsbehörden eingewirkt, Sterbehilfe leistende Ärzte bei der Einhaltung der erforderlichen Sorgfaltskriterien strafrechtlich nicht zu verfolgen. Gericht-

490 Ähnl. auch *Reuter*, S. 3; *Smies*, in: GJIL, 2003, S. 4.

lich und politisch war die Erlaubtheit der aktiven Sterbehilfe zu dieser Zeit somit abgesegnet, wenn auch nach wie vor ohne Gesetz.

In den 1990er Jahren kamen das Meldeverfahren und die Einrichtung der *Regional Review Committees* hinzu. Hierdurch wurde dem bereits bestehenden Konsens, aktive Sterbehilfe zuzulassen, ein entsprechender Rahmen gegeben. Allerdings geschah dies noch nicht in Form eines formellen Strafgesetzes, sondern zunächst nur über das Bestattungsgesetz in Verbindung mit einer entsprechenden Rechtsverordnung. Deutlich wurde aber schon hier, dass die Erlaubtheit aktiver Sterbehilfe weiter rechtlich abgesichert werden sollte. Erst durch das Gesetz vom 01.04.2002 erhielt der bis dato erarbeitete Konsens höchst offiziellen Charakter. Abschließend ist daher *Knopp* darin zuzustimmen, dass „diese Gesetzesentwicklung [...] nicht [überraschend war], da hier lediglich jahrzehntelanger niederländischer Sterbehilfepraxis Gesetzesstatus verliehen wurde“[491]. Daher nehmen die Niederlande von ihrer Entwicklung her eine gewisse Sonderrolle ein, die sich nicht einfach auf andere Staaten übertragen lässt[492].

2) Voraussetzungen für die Straffreiheit der aktiven Sterbehilfe oder der Beihilfe zur Selbsttötung in den Niederlanden

Im folgenden Abschnitt sollen die gesetzlichen Voraussetzungen für die Straffreiheit der aktiven Sterbehilfe und der Beihilfe zur Selbsttötung nach dem niederländischen Recht vorgestellt werden. Der Schwerpunkt liegt in diesem Abschnitt zunächst auf der aktiven Sterbehilfe, weil bei der Suizidbeihilfe zum Einen nach niederländischem Recht die gleichen Kriterien erfüllt sein müssen wie bei der aktiven Sterbehilfe und zum Anderen die Suizidbeihilfe in einem eigenen Unterkapitel weiter unten gesondert behandelt wird.

491 *Knopp*, in: *Knopp/Schluchter*, S. 53. Siehe auch *Janssen*, in: ZRP 2001, S. 183.

492 Vgl. *Knopp*, in: *Knopp/Schluchter*, S. 53.

a) Grundsätzliches

Um für seine Handlung nicht nach niederländischem Recht bestraft zu werden, muss der (behandelnde) Arzt gemäß Chapter II, Section 2, Subsection 1[493] des Sterbehilfe-Gesetzes

> *„zu der Überzeugung gelangt sein, dass*
>
> *1) ein freiverantwortliches und wohlüberlegtes Verlangen des Patienten vorliegt,*
>
> *2) ein aussichtsloses und unerträgliches Leiden gegeben ist,*
>
> *3) der Arzt den Patienten über seine Lage und seine Aussichten informiert hat,*
>
> *4) der Arzt und der Patient zusammen zu dem Schluss gelangt sind, dass es in der gegenwärtigen Lage keinen anderen Ausweg gibt,*
>
> *5) der Arzt mindestens einen anderen unabhängigen Arzt hinzugezogen hat, der den Patienten untersucht hat und eine schriftliche Stellungnahme zu den bereits genannten Punkten abgegeben hat,*
>
> *6) der Arzt die Lebensbeendigung oder Hilfe beim Selbstmord medizinisch sorgfältig durchgeführt hat."*[494]

aa) Ziel(e) des Gesetzes

Die zentralen Ziele des niederländischen Sterbehilfe-Gesetzes sind *Griffiths/Weyers/Adams* zufolge die Schaffung von Transparenz sowie

---

493 Für das niederländische Gesetz wurden die in der englischen Fassung in EJHL Vol. 8, 2001, S. 183 ff. verwendeten Begriffe („chapter", „section" usw.) übernommen.

494 So die Wiedergabe bei *Ress*, in: FS-*Fischer*, S. 446 f. Siehe auch *Knopp*, in: *Knopp/Schluchter*, S. 54; ebenso *Janssen*, in: ZRP 2001, S. 181; *Oduncu/Eisenmenger*, in: MedR 2002, S. 327 f.; *Fokkens*, in: *Brudermüller/Marx/Schüttauf*, S. 161. Weitere Übers. bei *Grundmann*, S. 217 f. Siehe auch die engl. Textfassung in: EJHL, Vol. 8, 2001, S. 184; ebenso *Niederländisches Ministerium für auswärtige Angelegenheiten*, FAQ Sterbehilfe, S. 5.

Rechtssicherheit, was sich aus der Präambel ergebe[495]. Die zugehörige Stelle in der Präambel lautet:

> „*Whereas We have considered that it is desirable to include in the Criminal Code grounds for granting immunity to a physician who, acting in accordance with the statutory due care criteria laid down in this Act, terminates life on request or provides assistance with suicide, and also that it is desirable to create a statutory notification and review procedure* [...]"[496].

Griffiths/Weyers/Adams begründen ihre Feststellung damit, es sei während des niederländischen Gesetzgebungsverfahrens vom Justiz- und vom Gesundheitsminister darauf verwiesen worden, dass es auf Grund des langen Aufschubs einer gesetzlichen Regelung zu Rechtsunsicherheit gekommen und die niedrige Rate gemeldeter Sterbehilfe-Fälle auch auf diese Unsicherheit zurückzuführen sei[497]. Auch *Grundmann* sieht im Rahmen ihrer Untersuchung die Schaffung von Rechtssicherheit als einen wesentlichen Gesetzeszweck an. Ferner gehe es um die sorgfältige Ausführung und Kontrolle aktiver Sterbehilfe sowie die Erhöhung der Bereitschaft, entsprechende Sterbehilfefälle zu melden[498].

Bereits in den 1990er Jahren war nach dem oben Gesagten die Rechtsunsicherheit trotz Ausarbeitung eines entsprechenden Meldeverfahrens noch sehr hoch. Dies gab Anlass zur Schaffung der Kontroll-Kommissionen. Nach dem, was *Griffiths/Weyers/Adams* und *Grundmann* schreiben (siehe oben), sah die Politik aber immer noch Anlass zum Handeln, weil die Zahl gemeldeter Fälle offenbar nicht signifikant anstieg. Insofern geht die oben wiedergegebene Präambel des niederländischen Sterbehilfe-Gesetzes noch deutlich weiter: Es ist nicht nur die Schaffung von Transparenz und Rechtssicherheit, die hier im Vordergrund steht. Vielmehr wird ausdrücklich eine strafrechtliche Immunität für den handelnden Arzt („granting immunity to a physician") beabsichtigt, sofern er sich im Rahmen der Voraussetzungen des Sterbehilfe-Gesetzes bewegt. Die Verwendung des Begriffes der Immunität verleiht der bereits erfolgten politischen und gesellschaftli-

495 *Griffiths/Weyers/Adams*, S. 33.

496 Engl. Textfassung in: EJHL, Vol. 8, 2001, S. 183 f.

497 *Griffiths/Weyers/Adams*, S. 33.

498 *Grundmann*, S. 83, m. w. N.

chen Anerkennung der aktiven Sterbehilfe erst ihren offiziellen Charakter.

Hält man sich darüber hinaus die tatsächliche Entwicklung in den Niederlanden gerade in den 1990er Jahren vor Augen, so wird aus der Präambel ferner deutlich, dass es bei dem Sterbehilfe-Gesetz darum ging, etwas gesetzlich festzuschreiben, das längst Praxis war. Vor dem Hintergrund der oben aufgezeigten Legalisierungsentwicklungen und der Verwendung des Begriffs „statutory" („gesetzlich") in der Präambel („statutory due care criteria laid down in this Act") zeigt sich die Intention des Gesetzgebers, die bereits entwickelten und anerkannten Sorgfaltskriterien offiziell strafrechtlich verankern zu wollen.

bb) Änderungen des Strafgesetzbuchs

Das niederländische Sterbehilfe-Gesetz enthält in Chapter IV „Amendments to other legislation", Section 20 entsprechende Vorschriften, um auch das Strafgesetzbuch (WvSr) im Sinne des neuen Sterbehilfe-Gesetzes zu ändern. Die Passage lautet:

„The Criminal Code shall be amended as follows.

A

Article 293 shall read as follows:

Article 293

1. *Any person who terminates another person's life at that person's express and earnest request shall be liable to a term of imprisonment not exceeding twelve years or a fifth-category fine.*

2. *The act referred to in the first paragraph shall not be an offence if it is committed by a physician who fulfils the due care criteria set out in section 2 of the Termination of Life on Request and Assisted Suicide (Review Procedures) Act, and if the physician notifies the municipal pathologist of this act in accordance with the provisions of section 7, subsection 2 of the Burial and Cremation Act.*

B

Article 294 shall read as follows:

Article 294

1. *Any person who intentionally incites another to commit suicide shall, if suicide follows, be liable to a term of imprisonment not exceeding three years or to a fourth-category fine.*

2. *Any person who intentionally assists another to commit suicide or provides him with the means to do so shall, if suicide follows, be liable to a term of imprisonment not exceeding three years or a fourth-category fine. Article 293, paragraph 2 shall apply mutatis mutandis."*[499]

Durch die Gesetzesänderung wird klargestellt, dass sowohl die aktive Sterbehilfe als auch der assistierte Suizid weiterhin grundsätzlich strafbar sind und letztlich nur für einen Arzt die Ausnahmevorschriften greifen können – sofern denn die Voraussetzungen erfüllt sind[500]. Hierbei handelt es sich um einen besonderen Strafausschließungsgrund, d. h. einen solchen, der lediglich eine bestimmte Straftat und auch nur einen bestimmten Täter betrifft – nämlich den Arzt[501].

Auch wird an Hand der zitierten Normen das deutlich, was oben bereits angesprochen wurde: Nachdem der niederländische Staatsrat die ursprüngliche Fassung des Gesetzentwurfes dahin gehend kritisiert hatte, dass sie das Strafrecht mit Verfahrensrecht aufblähte, sind am Ende die Normen im Strafgesetzbuch so geregelt worden, dass sie auf das eigentliche Sterbehilfe-Gesetz verweisen[502]. Die dem Arzt ggf. zukommende Straffreiheit ergibt sich also erst aus dem Zusammenspiel zwischen Strafgesetzbuch und Sterbehilfe-Gesetz, da lediglich im Sterbehilfe-Gesetz die einzelnen Schritte, die ggf. zur Straffreiheit führen, aufgelistet sind.

---

499 Engl. Textfassung in: EJHL, Vol. 8, 2001, S. 188 f. Übers. bei *Grundmann*, S. 221 f.

500 *De Haan*, in: MLR 2002, S. 60.

501 *Grundmann*, S. 27.

502 Siehe oben; *Grundmann*, S. 131.

cc) Sterbeverlangen des Betroffenen

Es reicht nach den Angaben der niederländischen Regierung aus, wenn das aktuelle Sterbeverlangen von einem Patienten mündlich abgegeben wird. Die schriftliche Willenserklärung (siehe sogleich) sei vielmehr v. a. dann wichtig, wenn ein Patient nicht mehr dazu in der Lage ist, sich mündlich zu äußern[503]. Obwohl es vom Gesetz her nicht vorgeschrieben ist, so wird de facto dennoch Wert darauf gelegt, dass das Sterbeverlangen des Patienten dokumentiert werden kann, das heißt, möglichst schriftlich abgefasst wurde. Dies dient Beweiszwecken und vor allem dem Schutz des Arztes[504].

Das Sterbeverlangen muss freiwillig sein, das heißt, der Sterbewillige muss „seinen Willen rechtsgültig bilden [...] können" und der Wille muss „ohne äußeren Einfluss oder Druck zustande gekommen" sein[505]. Wohlüberlegtheit liegt vor, wenn die Bitte „nicht aus einem plötzlichen Ausbruch, einer plötzlichen heftigen Gefühlsregung resultiert" und nur dann, „wenn der Patient über seine Krankheit vollständig aufgeklärt worden ist"[506]. Auffällig ist hier, dass das niederländische Sterbehilfe-Gesetz im Gegensatz zum deutschen § 216 StGB oder Schweizer Art. 114 chStGB nicht voraussetzt, dass der Sterbewillige durch sein Verlangen den Arzt erst zur Tötung bestimmt. Die strengen Anforderungen, die das deutsche und das Schweizer Recht an das Sterbeverlangen stellen, finden sich in dieser Form im niederländischen Gesetz nicht wieder.

Grundsätzlich soll in den Niederlanden eine Sterbehilfe nur dann möglich sein, wenn der Betroffene sie ausdrücklich verlangt (hat). Im Jahre 2002 stellte jedoch der *Supreme Court* nach einem langen Verfah-

---

503 *Niederländisches Ministerium für auswärtige Angelegenheiten*, FAQ Sterbehilfe, S. 13. Siehe auch *Grundmann*, S. 88.

504 *Griffiths/Weyers/Adams*, S. 85 f. Vgl. auch *de Haan*, in: MLR 2002, S. 63.

505 *Grundmann*, S. 89.

506 *Grundmann*, S. 89. Zu den Kriterien auch *de Haan*, in: MLR 2002, S. 63 (Hervorheb. im Text):

> *„A request for euthanasia is voluntary if it is not made under coercion, or even pressure, from others such as family members who are burdened by the situation. The request is well considered if it is the result of a sound reasoning process, in which the relevant information is processed adequately. Further, the patient must have chosen euthanasia on the basis of a priority ordering, having used his* ***own*** *views on quality of life."*

ren gegen den Arzt *van Oijen* fest, dass die Rechtfertigung der „necessity" grundsätzlich *auch* in Fällen einschlägig sein kann, in denen der sterbende Patient *keinen* ausdrücklichen Sterbewunsch geäußert hat („termination of life *without* an explicit request"). Dies sei aber die absolute Ausnahme. Dazu seien dringende Umstände, die die Verfassung des Patienten beeinflussen, nötig, so dass der Arzt in eine „situation of necessity" kommt, in der er zwischen wechselseitig kollidierenden Pflichten und Interessen wählen müsse[507].

Diese Kriterien waren jedoch im betreffenden Fall nicht erfüllt. *Van Oijen* hatte einer 85-jährigen Patientin, die im Koma lag und weiterhin Morphium verabreicht bekam, ein seit zwei Jahren abgelaufenes Muskelentspannungsmittel gespritzt, so dass sie starb. Er hatte keine zweite Meinung hinzugezogen und gab stattdessen an, die Patientin sei eines natürlichen Todes gestorben. Im Laufe des Verfahrens wurde festgestellt, dass die Patientin nie den Wunsch geäußert hatte, zu sterben. Vielmehr hatte sie sogar im Vorfeld ausdrücklich klar gemacht, dass sie gar nicht sterben wollte. Überdies wurde ihr Zustand schon in erster Instanz vom *District Court Amsterdam* nicht als „suffering" angesehen, weil sie im Koma lag. *Van Oijen* wurde in erster Instanz verurteilt, was der *Supreme Court* später bestätigte[508]. Für die Leistung der unfreiwilligen Sterbehilfe wurde jedoch keine Strafe auferlegt[509].

dd) Sterbehilfe für psychisch Kranke

Darüber hinaus weist die niederländische Regierung darauf hin, dass zumindest die Hilfe bei der Selbsttötung auch für (nur) chronisch psychisch Kranke nicht grundsätzlich ausgeschlossen ist. Denn in Einzelfällen könne „ein nachhaltiger Todeswunsch aufgrund eines unerträglichen Leidens und eines Zustands, für den keine Aussicht auf Besserung besteht, als Folge einer psychiatrischen Erkrankung einer freiwilligen und nach reiflicher Überlegung geäußerten Bitte um Hil-

---

507 *Griffiths/Weyers/Adams*, S. 40 f.; Hervorhebungen der Verf. Zu diesem Fall auch *Smies*, in: GJIL, 2003, S. 25 ff. Das „Besondere" an dem Fall war die Frage nach der Abgrenzung zwischen zulässigen palliativen Maßnahmen und unfreiwilliger Sterbehilfe.

508 Ausführliche Darstellung des Falls m. Nachw. bei *Griffiths/Weyers/Adams*, S. 40 f. Siehe auch *Smies*, in: GJIL, 2003, S. 25 ff.

509 *Smies*, in: GJIL, 2003, S. 27.

fe bei der Selbsttötung zugrunde liegen."[510] Würden alle Sorgfaltskriterien des Gesetzes eingehalten, so könne auch in diesen Fällen unter Zugrundelegung des Sterbehilfe-Gesetzes Suizidbeihilfe geleistet werden[511]. Im *Chabot*-Fall von 1994 ist in den Niederlanden psychisches Leiden (in Bezug auf die Rechtfertigung einer Suizidbeihilfe) erstmals anerkannt worden[512]. Lebensmüdigkeit bzw. existenzielles Leiden *allein* ist hingegen kein ausreichendes „Leiden" im Sinne des Sterbehilfe-Gesetzes, wie der Fall *Brongersma* zeigt[513]. Der *Hoge Raad* hat in diesem Fall ausdrücklich festgestellt, dass Leiden, das „seine Ursache weder in einer körperlichen noch in einer psychischen Erkrankung" hat, nicht dem Sterbehilfe-Gesetz unterfällt[514]. Es handelt sich bei der Lebensmüdigkeit nur um ein „existential suffering", so dass der Arzt von seiner beruflichen Rolle her nicht dazu verpflichtet ist, auch *dieses* Leiden zu lindern. Somit kann er schon nicht in den „conflict of duties" kommen, weil dieser Konflikt mangels Leidensminderungspflicht gar nicht erst aufkommt[515].

510 *Niederländisches Ministerium für auswärtige Angelegenheiten*, FAQ Sterbehilfe, S. 15.

511 *Niederländisches Ministerium für auswärtige Angelegenheiten*, FAQ Sterbehilfe, S. 15. Unumstritten ist das alles aber nicht, siehe *Grundmann*, S. 92 f. Zur Entwicklung des Umgangs mit psychiatrischen Patienten siehe *Reuter*, S. 143 ff.

512 *Griffiths/Weyers/Adams*, S. 80; 114 f.; *Grundmann*, S. 73 f. m. w. N.; *de Haan*, in: MLR 2002, S. 62 f. Ausführlich auch *de Vries*, in: AHL 2004, Vol. XX, S. 115 ff.; *Reuter*, S. 163 ff.; *Smies*, in: GJIL, 2003, S. 19 ff.; *Fokkens*, in: *Brudermüller/Marx/Schüttauf*, S. 151 ff.

513 *Griffiths/Weyers/Adams*, S. 35 ff.; *Grundmann*, S. 196 ff.; *de Haan*, in: MLR 2002, S. 63; *Adams/Nys*, in: Euthanasia and Palliative Care, S. 24; *Smies*, in: GJIL, 2003, S. 24 f.; *Fokkens*, in: *Brudermüller/Marx/Schüttauf*, S. 162. Ausführlich auch *de Vries*, in: AHL 2004, Vol. XX, S. 119 ff.; *Lewis*, S. 99 ff.

514 So die Wiedergabe bei *Grundmann*, S. 199; siehe auch *Griffiths/Weyers/Adams*, S. 37.

515 *Lewis*, S. 99 f.; *de Vries*, in: AHL 2004, Vol. XX, S. 123. Wobei es möglich erscheint, dass unter den Ärzten irgendwann ein Konsens entsteht, dass auch Lebensmüdigkeit von Ärzten gelindert werden muss. Dann wiederum scheint eine Rechtfertigung über die Notstands-Konstruktion auch hier denkbar zu sein, siehe *Lewis*, S. 100.

b) Vorausverfügungen und Sterbehilfe für Minderjährige

Das niederländische Sterbehilfe-Gesetz sieht die Möglichkeit vor, im Vorfeld schriftlich seinen Sterbewillen für den Fall der Äußerungsunfähigkeit zu verfassen. Ebenso gibt es auch für Patienten unter 18 Jahren grundsätzlich die Möglichkeit, Sterbehilfe in Anspruch zu nehmen. Da das niederländische Gesetz die Vorausverfügungen (Patientenverfügungen für die Inanspruchnahme aktiver Sterbehilfe) und die Regelungen für Minderjährige zusammen behandelt, werden beide Fragen hier zusammen dargestellt.

Die Frage, inwiefern minderjährige Patienten von dem Sterbehilfe-Gesetz erfasst sein sollen, wurde *Griffiths/Weyers/Adams* zufolge im Gesetzgebungsverfahren sehr kontrovers diskutiert: Der ursprüngliche Gesetzentwurf sah vor, dass die Eltern von Kindern/Heranwachsenden im Alter zwischen 12 und 18 Jahren generell den Sterbewunsch ihrer Kinder zurückweisen können. Der Staatsrat empfahl der Regierung, dies zu ändern und die Regelungen dem *Law on Contracts for Medical Treatment (WGBO)* anzupassen. Danach hätten 16 - 18-Jährige das Recht, alleine zu entscheiden und bei Kindern zwischen 12 und 16 Jahren müssten beide Eltern zusammen einschreiten, um das Kind zu überstimmen. Dieser Vorschlag wurde von der Regierung übernommen. Allerdings ergänzte sie den Gesetzentwurf mit einer Regelung, dass der Sterbewunsch von Menschen zwischen 12 und 16 Jahren auch dann akzeptiert werden dürfte, wenn nur ein Elternteil dagegen sei. Dies wurde heftig kritisiert. Als sich abzeichnete, dass diese Regelung keine parlamentarische Zustimmung finden würde, wurde die Altersgrenze auf 16 Jahre angehoben[516]. Die jetzigen Altersgrenzen stammen *Grundmann* zufolge aus den niederländischen zivilrechtlichen Vorschriften über den ärztlichen Behandlungsvertrag[517].

516 Vgl. *Griffiths/Weyers/Adams*, S. 34; *de Haan*, in: MLR 2002, S. 64; *Czerner*, in: MedR 2001, S. 354. Zu den Vorschriften über Minderjährige siehe auch *Grundmann*, S. 111 ff., 126, 130, 137 ff.

517 *Grundmann*, S. 112.

aa) Chapter II, Section 2, Subsection 2: Patientenverfügungen ab 16 Jahren

Chapter II, Section 2, Subsection 2 des niederländischen Sterbehilfe-Gesetzes sieht die Möglichkeit vor, dass ein Patient, der älter ist als 16 Jahre, im Vorfeld sein Sterbeverlangen schriftlich für den Fall seiner Äußerungsunfähigkeit abgibt. Die Norm lautet:

> *„If a patient aged sixteen or over who is no longer capable of expressing his will, but before reaching this state was deemed capable of making a reasonable appraisal of his own interests, has made a written declaration requesting that his life be terminated, the attending physician may comply with this request. The due care criteria referred to in subsection 1 shall apply mutatis mutandis."*[518]

Damit wird es als grundsätzlich möglich angesehen, dass man ab einem Alter von 16 Jahren eine schriftliche Vorausverfügung abgeben kann, der sich der behandelnde Arzt im Falle der Äußerungsunfähigkeit fügen *darf* – unter entsprechender Beachtung der sonstigen Sterbehilfe-Kriterien. Dies setzt aber voraus, dass der Patient (bereits) als fähig erachtet wurde, eine vernünftige Einschätzung seiner Interessen vorzunehmen[519]. Die Vorschrift ist auch dann anwendbar, „wenn die Verfügung bereits vor Vollendung des sechzehnten Lebensjahres verfasst worden ist, aber erst danach Entscheidungsunfähigkeit des Patienten und die in der Verfügung bestimmte Krankheitssituation eintreten."[520]

Die schriftliche Vorausverfügung gilt nach den Angaben der niederländischen Regierung als eine „Bitte um Sterbehilfe"[521]. Das bedeutet, sie ist grundsätzlich der Bitte um Sterbehilfe im Sinne des aktuel-

518 Engl. Textfassung in: EJHL, Vol. 8, 2001, S. 184. Dt. Übers. bei *Grundmann*, S. 218:
> *„Sofern ein Patient von sechzehn Jahren oder älter nicht länger in der Lage ist, seinen Willen zu äußern, aber vor Eintritt dieses Zustandes als zur vernünftigen Bewertung seiner Interessen in dieser Sache fähig erachtet wurde, und eine schriftliche Erklärung abgegeben hat, die eine Bitte um Lebensbeendigung enthält, kann der Arzt dieser Bitte Folge leisten. Die Sorgfaltskriterien gemäß Absatz 1 gelten entsprechend."*

519 So auch *Grundmann*, S. 115.

520 *Grundmann*, S. 115, m. w. N.

521 *Niederländisches Ministerium für auswärtige Angelegenheiten*, FAQ Sterbehilfe, S. 13.

len Sterbeverlangens gleichgestellt[522]. Die Verfügung „befreit den Arzt jedoch nicht von seiner Pflicht, eine persönliche Abwägung vorzunehmen und zu entscheiden, ob der Patient und seine Bitte die Sorgfaltskriterien erfüllen."[523] Damit muss der Arzt im Rahmen seiner Erwägungen eine entsprechende Patientenverfügung berücksichtigen, es sei denn, dass „es Anhaltspunkte dafür gibt, dass der Patient beim Verfassen der Verfügung nicht mehr fähig war, seine Interessen richtig einzuschätzen"[524]. In diesem Fall gilt die Patientenverfügung also nicht als Bitte um Sterbehilfe. Vielmehr wird eine solche Vorausverfügung dann durchaus als Indiz zu werten sein, aber sie kann das Sterbeverlangen des Patienten im Sinne des Sterbehilfe-Gesetzes nicht verkörpern, bzw. ersetzen. In einem solchen Fall bleibt dann bei konsequenter Anwendung des Gesetzes auch kein Raum, eine straffreie Sterbehilfe zu leisten.

Allerdings wirkt die schriftliche Vorausverfügung *Grundmann* zufolge so, dass der Arzt grundsätzlich „von der Freiwilligkeit und Wohlüberlegtheit der Bitte um den Tod ausgehen kann, sofern die Umstände nicht Anlass zur Annahme des Gegenteils geben."[525] Das heißt, die Vorausverfügung hat die Wirkung der „*Vermutung* der Freiwilligkeit und Wohlüberlegtheit"[526]. Dies geht *Grundmann* zu weit, da man sich ggf. zwar „schriftlich weniger unüberlegt" äußere „als mündlich", aber dies eben noch keine generelle Vermutung begründe[527]. Insofern weicht die niederländische Regierung in den *FAQ Sterbehilfe* auch etwas zurück, indem sie darauf hinweist, dass auch die schriftliche Vorausverfügung den Arzt nicht von einer eigenen Einschätzung entbindet[528].

522 *Grundmann*, S. 113.

523 *Niederländisches Ministerium für auswärtige Angelegenheiten*, FAQ Sterbehilfe, S. 13.

524 *Niederländisches Ministerium für auswärtige Angelegenheiten*, FAQ Sterbehilfe, S. 13.

525 *Grundmann*, S. 114, m. w. N.

526 *Grundmann*, S. 114; Hervorheb. im Text.

527 *Grundmann*, S. 114.

528 Siehe oben; *Niederländisches Ministerium für auswärtige Angelegenheiten*, FAQ Sterbehilfe, S. 13.

Griffiths/Weyers/Adams zufolge wird weitgehend vermutet, dass die Anerkennung schriftlicher Vorverfügungen nur eine leere Geste sei, vor allem in Bezug auf Demenzpatienten, für die die Vorausverfügung im Wesentlichen vorgesehen gewesen sei. Denn es müssten auch die anderen Kriterien erfüllt sein, unter anderem das unerträgliche Leiden. Schwer dementen Patienten werde generell unterstellt, sie litten gar nicht an ihrem Zustand. Ebenso werde oft angenommen, dass andere „non-competent patients" durch Schmerzlinderung und die Verabreichung von Beruhigungsmitteln („sedation") behandelt werden können[529].

Grundmann beschreibt hingegen, dass die Regierung es den Gesetzesmaterialien zufolge als gerecht empfunden habe, eine solche Regelung mit in das Sterbehilfe-Gesetz aufzunehmen, damit Menschen auch für den Fall der Äußerungsunfähigkeit im Vorfeld eine solche Verfügung treffen können[530]. Dass das Argument der „Gerechtigkeit" hier eher unpassend, wenn nicht sogar bedenklich ist[531], ist nicht von der Hand zu weisen. Es geht eher um die Frage, inwieweit man einer schriftlichen Vorausverfügung die gleiche rechtliche Wirkung zukommen lässt wie einem aktuell geäußerten Sterbeverlangen. Und insofern hat sich der niederländische Gesetzgeber für den Weg entschieden, beiden grundsätzlich den gleichen rechtlichen Rang einzuräumen. Außerdem gab es *Grundmann* zufolge zum Zeitpunkt des Gesetzeserlasses bereits etwa 100.000 Patientenverfügungen in den Niederlanden, denen man zur Rechtsgültigkeit habe verhelfen wollen[532].

Eine zeitliche Gültigkeitsdauer der schriftlichen Vorausverfügungen sieht das niederländische Sterbehilfe-Gesetz hingegen nicht vor. *Grundmann* zufolge habe „der Gesetzgeber bewusst [hierauf] verzichtet, um das Entstehen von schwierigen Grenzfällen zu vermeiden. Er rechnet damit, dass die Patienten in der Praxis zu einer regelmäßigen Erneuerung ihrer Verfügung angehalten werden."[533] Dies bedeutet de facto aber auch, dass eine Vorausverfügung auch dann „lebenslan-

529 *Griffiths/Weyers/Adams*, S. 88; zu den Demenzpatienten siehe auch S. 34; zurückhaltend auch *Niederländisches Ministerium für auswärtige Angelegenheiten*, FAQ Sterbehilfe, S. 16. Krit. *Fokkens*, in: *Brudermüller/Marx/Schüttauf*, S. 162.

530 *Grundmann*, S. 113.

531 So *Grundmann*, S. 113.

532 *Grundmann*, S. 113.

533 *Grundmann*, S. 115, m. w. N.

ge" Gültigkeit hat, wenn ihr Abfasser in der Praxis *nicht* zu einer Bestätigung oder Erneuerung angehalten wird bzw. dies entsprechend vorgenommen hat.

bb) Chapter II, Section 2, Subsection 3: aktuelles Sterbeverlangen 16 – 18-jähriger Patienten

Chapter II, Section 2, Subsection 3 bezieht sich gegenüber der gerade besprochenen Norm auf Patienten zwischen 16 und 18 Jahren und deren *aktuellen Sterbewillen* (im Gegensatz zur gerade besprochenen Norm, denn dort ging es um schriftliche Verfügungen). Wird nach Chapter II, Section 2, Subsection 3 ein Patient zwischen 16 und 18 Jahren für fähig erachtet, eine vernünftige Einschätzung seiner Interessen vorzunehmen, so darf sich der behandelnde Arzt einem entsprechenden Sterbeverlangen dieses Patienten fügen. Allerdings setzt dies voraus, dass zuvor die Eltern des Minderjährigen oder dessen Vormund konsultiert wurden. Die Norm lautet:

> *„If the patient is a minor aged between sixteen and eighteen and is deemed to be capable of making a reasonable appraisal of his own interests, the attending physician may comply with a request made by the patient to terminate his life or provide assistance with suicide, after the parent or parents who has/have responsibility for him, or else his guardian, has or have been consulted."*[534]

Diese Norm bezieht sich also auf 16 – 18-jährige Patienten, die – im Gegensatz zu Subsection 2 – noch äußerungsfähig sind. Verlangen sie, zu sterben, so müssen ihre Eltern oder ihr Vormund konsultiert werden. Zustimmen müssen die gesetzlichen Vertreter aber nicht[535]. Vergleicht man Subsection 2 und 3, so fällt auf, dass beide Absätze *nicht* aufeinander Bezug nehmen. Das heißt, bei einer schriftlichen Vorausverfügung

534 Engl. Textfassung in: EJHL, Vol. 8, 2001, S. 184 f. Dt. Übers. bei *Grundmann*, S. 218:

> *„Sofern ein minderjähriger Patient im Alter zwischen sechzehn und achtzehn Jahren als zur vernünftigen Bewertung seiner Interessen in dieser Sache fähig erachtet werden kann, kann der Arzt einer Bitte des Patienten um Lebensbeendigung oder Beihilfe zur Selbsttötung Folge leisten, nachdem er die erziehungsberechtigten Eltern oder den Vormund an der Beschlussfassung beteiligt hat."*

535 *Grundmann*, S. 112; vgl. auch *Knopp*, in: *Knopp/Schluchter*, S. 54.

eines noch minderjährigen Patienten nach Subsection 2 müssen die Eltern oder der Vormund nach Subsection 3 *nicht* konsultiert werden.

cc) Chapter II, Section 2, Subsection 4: aktuelles Sterbeverlangen 12 - 16-jähriger Patienten

Chapter II, Section 2, Subsection 4 regelt die Situation für Minderjährige zwischen 12 und 16 Jahren, die ein aktuelles Sterbeverlangen abgeben (wollen). Die Norm lautet – nach *Grundmanns* Übersetzung – folgendermaßen:

> *„Sofern ein minderjähriger Patient im Alter zwischen zwölf und sechzehn Jahren als zur vernünftigen Bewertung seiner Interessen in dieser Sache fähig erachtet werden kann, kann der Arzt, sofern die erziehungsberechtigten Eltern, ein erziehungsberechtigtes Elternteil oder der Vormund mit der Lebensbeendigung oder der Beihilfe zur Selbsttötung einverstanden sind, der entsprechenden Bitte des Patienten Folge leisten. Absatz 2 gilt entsprechend."*[536]

Entgegen der ursprünglichen Gesetzesfassung ist die Zustimmung der Eltern in dieser Situation in jedem Fall Voraussetzung für die Sterbehilfeleistung[537]. Ansonsten ist eine straffreie Sterbehilfe-Leistung bei unter 16-Jährigen nicht möglich[538].

536 *Grundmann*, S. 218. Die englische Textfassung in: EJHL, Vol. 8, 2001, S. 185 kann an dieser Stelle nicht verwendet werden, weil es sich beim Abdruck der Norm offenbar um ein redaktionelles Versehen handelt. Es handelt sich bei der dort abgedruckten Norm nämlich um den ursprünglichen Regierungsentwurf, vgl. *Grundmann*, S. 112; 138 f.

537 *Antoine*, S. 309; *Niederländisches Ministerium für auswärtige Angelegenheiten*, FAQ Sterbehilfe, S. 19; *de Haan*, in: MLR 2002, S. 64; *Knopp*, in: *Knopp/Schluchter*, S. 54; *Grundmann*, S. 112, wobei es ihren Ausführungen zufolge nicht ganz klar ist, ob es ausreicht, wenn ein Elternteil zustimmt, oder ob nicht – sofern beide existieren – beide Elternteile zustimmen müssen, siehe *Grundmann*, S. 112 f.

538 *Grundmann*, S. 139.

c) Das Verfahren nach Eintritt des Todes (Chapter III)

Das in Chapter III des niederländischen Sterbehilfe-Gesetzes verankerte Verfahren nach dem Ableben des Patienten wird von *Ress*[539] beschrieben:

> *„Nach dem Eintritt des Todes des Patienten muss der Arzt den Leichenbeschauer der Gemeinde verständigen und diesem ein Formular bezüglich der Todesursache und einen Bericht über die Einhaltung der genannten Sorgfaltsanforderungen übergeben. Der Leichenbeschauer informiert dann seinerseits eine regionale Prüfungskommission, die bestätigt, ob der Arzt die genannten Sorgfaltsanforderungen eingehalten hat. Die regionalen Prüfungskommissionen bestehen aus einer ungeraden Anzahl von Mitgliedern, jedoch mindestens drei, und entscheiden mit einfacher Mehrheit. In jedem Fall gehören ihr ein Jurist, ein Mediziner und ein Ethiker an. Kommt die Prüfungskommission zu dem Ergebnis, dass die Sorgfaltsanforderungen nicht eingehalten wurden, so übergibt sie die Angelegenheit der Staatsanwaltschaft."*[540]

aa) Einrichtung von *Regional Review Committees* (Kontroll-Kommissionen, Komitees) und deren Zusammenwirken mit anderen Stellen

Das niederländische Sterbehilfe-Gesetz regelt die Voraussetzungen für das einzuhaltende Verfahren nach dem Tod des Patienten an verschiedenen Stellen. Die Einrichtung der *Regional Review Committees,* die als Sachverständigengremien angesehen werden[541], wird von Chapter III, Division 1, Section 3 geregelt. Subsection 1 lautet:

> *„There shall be regional committees to review reported cases of the termination of life on request or assisted suicide as referred to in article*

539 *Ress,* in: FS-*Fischer,* S. 447.

540 *Ress,* in: FS-*Fischer,* S. 447, ähnl. *Janssen,* in: ZRP 2001, S. 181 f. Siehe auch *Grundmann,* S. 100 ff.; ebenso die engl. Textfassung in: EJHL, Vol 8, 2001, S. 185 ff.; ferner *Niederländisches Ministerium für auswärtige Angelegenheiten,* FAQ Sterbehilfe, S. 4, 10.

541 *Grundmann,* S. 102 f.

> *293, paragraph 2, and article 294, paragraph 2, second sentence, of the Criminal Code."*[542]

Subsection 2 legt die Zusammensetzung der *Committees* fest:

> *„A committee shall consist of an odd number of members, including in any event one legal expert who shall also chair the committee, one physician and one expert on ethical or moral issues. A committee shall also comprise alternate members from each categories mentioned in the first sentence."*[543]

Mindestvoraussetzung für ein solches Komitee ist somit, dass ihm wenigstens drei Personen (ein Jurist, ein Arzt und ein Ethik-Experte) angehören. Dabei muss die Anzahl der Mitglieder eine ungerade Zahl ergeben. Der Jurist soll den Vorsitz des Komitees übernehmen. Überdies sollen der Kommission gleichzeitig auch in wechselnder Reihenfolge weitere Experten aus den verschiedenen Ressorts angehören[544]. Diese multidisziplinäre Zusammensetzung soll gewährleisten, dass der konkrete Fall „sowohl unter medizinisch-ethischen als auch unter juristischen Aspekten" untersucht wird[545].

aaa) Aufgaben der Kontroll-Kommissionen

Chapter III, Division 4, Section 8 nimmt auf die Aufgaben der Kontroll-Kommission näher Bezug. Subsection 1 lautet:

> *„The committee shall assess, on the basis of the report referred to in section 7, subsection 2 of the Burial and Cremation Act, whether an attending physician, in terminating life on request or in assisting with suicide, acted in accordance with the due care criteria set out in section 2."*[546]

---

542 Engl. Textfassung in: EJHL, Vol. 8, 2001, S. 185; vgl. dt. Übers. bei *Grundmann*, S. 218.

543 Engl. Textfassung in: EJHL, Vol. 8, 2001, S. 185; vgl. dt. Übers. bei *Grundmann*, S. 218.

544 Siehe auch *Grundmann*, S. 103.

545 *Grundmann*, S. 103, m. w. N.

546 Engl. Textfassung in: EJHL, Vol. 8, 2001, S. 186; dt. Übers. bei *Grundmann*, S. 219:
„Die Kommission beurteilt auf Grundlage des Berichts im Sinne des Artikel 7 Absatz 2 des Bestattungsgesetzes, ob der Arzt, der Lebensbeendigung auf Verlan-

Das Verfahren, das der Arzt nach dem Todeseintritt vollziehen muss, ist also gar nicht im Sterbehilfe-Gesetz selbst geregelt, sondern im sog. *Burial and Cremation Act* (Bestattungsgesetz). Das Sterbehilfe-Gesetz regelt somit nur die Aufgaben des Komitees selbst: Das ist die Beurteilung der Frage, ob sich der Arzt bei seiner Sterbehilfe-Leistung an die Vorgaben gehalten hat, die das Sterbehilfe-Gesetz macht. Subsection 2 regelt die Beteiligung des Arztes bei dieser Beurteilung, das heißt, die Möglichkeit, vom behandelnden Arzt weitere Informationen bzgl. seiner konkreten Sterbehilfe-Leistung einzuholen[547]. Subsection 3 eröffnet dem Komitee die Möglichkeit, den Leichenbeschauer der Gemeinde, den vom behandelnden Arzt konsultierten zweiten Arzt sowie die (weiteren) betroffenen medizinischen Leistungserbringer („care provider") einzuschalten, falls dies für die Beurteilung des Falles erforderlich ist[548].

bbb) Informationsweitergabe durch den behandelnden Arzt

Chapter IV, Section 21, regelt die für das Sterbehilfe-Gesetz erforderlichen Änderungen des genannten *Burial and Cremation Act*. Dessen Section 7 lautet seit Inkrafttreten des Sterbehilfe-Gesetzes[549]:

gen oder Beihilfe zur Selbsttötung geleistet hat, gemäß den Sorgfaltsanforderungen im Sinne des Artikel 2 gehandelt hat."

547 Engl. Textfassung in: EJHL, Vol. 8, 2001, S. 186; dt. Übers. bei *Grundmann*, S. 219:

„Die Kommission kann den Arzt bitten, seinen Bericht schriftlich oder mündlich zu ergänzen, sofern dies für eine gute Beurteilung des Handeln des Arztes notwendig ist."

548 Engl. Textfassung in: EJHL, Vol. 8, 2001, S. 186; dt. Übers. bei *Grundmann*, S. 219:

„Die Kommission kann bei dem gemeindlichen Leichenbeschauer, dem Konsulenten oder dem beteiligten medizinischen Personal Informationen einholen, sofern dies für eine gute Beurteilung des Handeln des Arztes notwendig ist."

549 Im Folgenden wird die engl. Textfassung in: EJHL, Vol. 8, 2001, S. 189 zitiert mit jeweiliger Angabe der dt. Übers. von *Grundmann* am Ende eines jeden Absatzes.

„Section 7

1. The person who conducted the post-mortem examination shall issue a death certificate if he is satisfied that the death was due to natural causes[550]*.*

2. If death was the result of the termination of life on request or assisted suicide as referred to in article 293, paragraph 2, or article 294, paragraph 2, second sentence, of the Criminal Code respectively, the attending physician shall not issue a death certificate and shall immediately notify the municipal pathologist or one of the municipal pathologists of the cause of death by completing a report form. The attending physician shall enclose with the form a detailed report on compliance with the due care criteria set out in section 2 of the Termination of Life on Request and Assisted Suicide (Review Procedures) Act[551]*.*

3. If the attending physician decides, in cases other than those referred to in subsection 2, that he is unable to issue a death certificate, he shall immediately notify the municipal pathologist or one of the municipal pathologists accordingly by completing a report form[552]*."*[553]

In dieser Norm sind in Subsection 2 (Nr. 2) somit die Informationspflichten des Arztes geregelt, der die Sterbehilfe ausgeführt hat. Er muss den Leichenbeschauer der Gemeinde in Kenntnis setzen und zugleich einen detaillierten Bericht darüber abliefern, dass er die Kriteri-

550 Dt. Übers. bei *Grundmann*, S. 222:
„Wer die Leichenschau verrichtet hat, stellt eine Todesbescheinigung aus, wenn er überzeugt ist, dass der Tod infolge einer natürlichen Ursache eingetreten ist."

551 Dt. Übers. bei *Grundmann*, S. 222 f.:
„Sofern der Tod Folge einer Lebensbeendigung auf Verlangen oder Beihilfe zur Selbsttötung im Sinne der Artikel [...] *des Strafgesetzbuches war, stellt der behandelnde Arzt keine Todesbescheinigung aus und teilt dem gemeindlichen Leichenbeschauer unverzüglich durch Ausfüllen eines Formulars die Todesursache mit. Dieser Mitteilung fügt der Arzt einen mit Begründung versehenen Bericht über die Erfüllung der Sorgfaltsanforderungen gemäß Artikel* [...] *hinzu."*

552 Dt. Übers. bei *Grundmann*, S. 223:
„Sofern der behandelnde Arzt in anderen Fällen als denen des Absatzes 2 glaubt, keine Todesbescheinigung ausstellen zu können, teilt er dies dem gemeindlichen Leichenbeschauer unverzüglich durch Ausfüllen eines Formulars mit."

553 Engl. Textfassung in: EJHL, Vol. 8, 2001, S. 189.

en des Sterbehilfe-Gesetzes eingehalten hat. Eine solche Informationspflicht besteht auch dann, wenn zwar kein Sterbehilfe-Fall im Sinne des Sterbehilfe-Gesetzes vorliegt, der behandelnde Arzt aber dennoch zu der Überzeugung gelangt ist, keinen natürlichen Tod bescheinigen zu dürfen [Subsection 3 (Nr. 3)].

Im Anschluss hieran hat der Leichenbeschauer zwei Möglichkeiten. Nach Section 10, Subsection 1 des *Burial and Cremation Act* kann er selbst die Staatsanwaltschaft einschalten. Liegt aber ein Fall der Sterbehilfe oder Suizidbeihilfe vor, so übergibt der Leichenbeschauer gemäß Section 10, Subsection 2 die Angelegenheit dem *Regional Review Committee*[554].

ccc) weiteres Vorgehen der Kontroll-Kommission

Chapter III, Division 4, Section 9, Subsection 2 des niederländischen Sterbehilfe-Gesetzes ermächtigt das *Regional Review Committee* dazu, die Strafverfolgungsbehörden und die Gesundheitsaufsicht einzuschalten und zwar insbesondere dann, wenn das Komitee zu dem Ergebnis kommt, dass der behandelnde Arzt die Sterbehilfe nicht gemäß der Voraussetzungen des Sterbehilfe-Gesetzes geleistet hat. Die Norm lautet:

> *„The committee shall notify the Board of Procurators General of the Public Prosecution Service and the regional health care inspector of its findings:*
>
> *a. if the attending physician, in the committee's opinion, did not act in accordance with the due care criteria set out in section 2; or*
>
> *b. if a situation occurs as referred to in section 12, last sentence, of the Burial and Cremation Act. The committee shall notify the attending physician accordingly."*[555]

Wichtig ist hiervon insbesondere die erste Alternative (a.). Kommt das Komitee zu dem Urteil, dass sich der behandelnde Arzt nicht an die

554 Engl. Textfassung in: EJHL, Vol. 8, 2001, S. 190; dt. Übers. bei *Grundmann*, S. 223.

555 Engl. Textfassung in: EJHL, Vol. 8, 2001, S. 186; dt. Übers. bei *Grundmann*, S. 219 f.

Vorschriften gehalten hat – sich also ggf. sogar strafbar gemacht hat – so werden die Generalstaatsanwaltschaft sowie die Gesundheitsaufsicht eingeschaltet. Das Komitee hat gemäß Section 10 dann auch die Pflicht, der Staatsanwaltschaft alle notwendigen Informationen zur Verfügung zu stellen[556]. In der zweiten Alternative (b.) wird auf die Situation Bezug genommen, dass die Staatsanwaltschaft sich nicht dazu in der Lage sieht, eine Unbedenklichkeitsbescheinigung in Bezug auf Beerdigung und Einäscherung des Leichnams auszustellen (das regelt nämlich Section 12 des *Burial and Cremation Act*[557]), das heißt, dass die Staatsanwaltschaft die Leiche des Verstorbenen (noch) nicht freigeben will. In diesem Fall muss sie den Leichenbeschauer der Gemeinde und das *Regional Review Committee* informieren[558]. In diesem Fall ist also wiederum das Komitee dazu verpflichtet, nach dem hier genannten Chapter III, Division 4, Section 9, Subsection 2, lit. b. die Direktion der Generalstaatsanwaltschaft, die Gesundheitsaufsicht sowie auch den betroffenen Arzt zu informieren[559].

Das niederländische Sterbehilfe-Gesetz legt in Chapter III, Division 6, Section 12 fest, dass das *Regional Review Committee* seine Entscheidungen gemäß Subsection 1 mit einfacher Mehrheit trifft („by a simple majority of votes"). In Subsection 2 ist außerdem festgelegt, dass das Komitee seine Entscheidungen nur dann treffen darf, wenn alle Mitglieder an der Abstimmung teilgenommen haben („The committee may adopt findings only if all members have taken part in the vote.")[560].

ddd) keine Inkompatibilitätsvorschriften

Inkompatibilitätsvorschriften enthält das niederländische Sterbehilfe-Gesetz nicht. In Chapter III, Division 7 „Confidentiality and disqualifi-

556 Engl. Textfassung in: EJHL, Vol. 8, 2001, S. 186; dt. Übers. bei *Grundmann*, S. 220.

557 Engl. Textfassung in: EJHL, Vol. 8, 2001, S. 190; dt. Übers. bei *Grundmann*, S. 223.

558 Engl. Textfassung in: EJHL, Vol. 8, 2001, S. 190; dt. Übers. bei *Grundmann*, S. 223.

559 Engl. Textfassung in: EJHL, Vol. 8, 2001, S. 186; dt. Übers. bei *Grundmann*, S. 219 f.

560 Engl. Textfassung in: EJHL, Vol. 8, 2001, S. 187; dt. Übers. bei *Grundmann*, S. 220.

cation" wird lediglich festgeschrieben, dass die Mitglieder des Komitees mit Informationen vertraulich umzugehen haben (Section 14) und dass sie davon Abstand nehmen sollen, ihre Meinung einem Arzt gegenüber abzugeben, der seinen Plan geäußert hat, Sterbehilfe zu leisten (Section 16)[561]. Außerdem soll sich nach Section 15 ein Kommissionsmitglied für befangen erklären oder kann „als befangen abgelehnt werden, wenn ein Grund vorliegt, der geeignet ist, die Unparteilichkeit des Mitglieds zu beeinträchtigen"[562].

bb) Warum überhaupt Kontroll-Kommissionen?

Die niederländische Regierung hält es für ein wichtiges Merkmal, „dass die regionalen Kontrollkommissionen, in denen jeweils auch ein Arzt, ein Jurist und ein Ethiker vertreten sind, selbst beurteilen, ob ein Arzt die Sorgfaltskriterien eingehalten hat oder nicht."[563]

Man habe

> *„sich für diesen Weg entschieden, weil sich gezeigt hat, dass die Bereitschaft, einen Sterbehilfefall zu melden, zunehmen kann, wenn an der ersten Prüfung des ärztlichen Handelns auch Angehörige der eigenen Berufsgruppe beteiligt sind. Eine direkte und alleinige Beurteilung durch die Staatsanwaltschaft wird von den Beteiligten nämlich oft als bedrohlich empfunden* [...]."[564]

Damit zeigt sich an dieser Stelle das, was weiter oben bereits von *Griffiths/Weyers/Adams* zitiert wurde[565]: Die Kontroll-Kommissionen dienen als Puffer zwischen der Ärzteschaft und den Strafverfolgungsbehörden. Man geht davon aus, dass die Zahl der gemeldeten Sterbehilfe-Fälle ansteigt, wenn es solche Kontroll-Kommissionen gibt. Indem dort auch immer ein Arzt an der Fall-Prüfung beteiligt ist, wird die

561 Engl. Textfassung in: EJHL, Vol. 8, 2001, S. 187; dt. Übers. bei *Grundmann*, S. 220 f.

562 *Grundmann*, S. 104; vgl. engl. Textfassung in: EJHL, Vol. 8, 2001, S. 187 sowie dt. Übers. bei *Grundmann*, S. 220 f.

563 *Niederländisches Ministerium für auswärtige Angelegenheiten*, FAQ Sterbehilfe, S. 10.

564 *Niederländisches Ministerium für auswärtige Angelegenheiten*, FAQ Sterbehilfe, S. 10.

565 Siehe oben: *Griffiths/Weyers/Adams*, S. 31 f.

Untersuchung des jeweiligen Falles von der rein (straf-)rechtlichen auf eine interdisziplinäre Ebene verlagert. Damit wird ein Bezug zur medizinischen Praxis hergestellt, der die Nachprüfung in Bezug auf drohende strafprozessuale Gefahren für den Arzt „entschärfen" soll.

Ob das Sterbehilfe-Gesetz aber tatsächlich zu einer erhöhten Meldebereitschaft führt, ist *Grundmann* zufolge fraglich[566]. Sie selbst erwartet dies nicht[567]. Denn die Ärzte gingen „bei Meldung eines Sterbehilfefalles [...] immer noch ein gewisses Risiko [...] ein"[568], so dass die Gefahr bestehe, dass manche Ärzte z. B. dem Verstorbenen lieber einen natürlichen Tod bescheinigen, als die Sterbehilfe zuzugeben[569]. Dennoch sähen die zuständigen Minister das Sterbehilfe-Gesetz als Anreiz für mehr Meldungen, weil den Ärzten ansonsten die Bestrafung wegen eines Tötungsdelikts drohe[570]. *Grundmann* zufolge betrug die Meldequote von Sterbehilfefällen im Jahre 2001 54 %[571]. Man könne daher nur „durch regelmäßige Befragungen der Ärzte [...] untersuchen", ob sich die Meldebereitschaft noch weiter erhöht[572]. Jedoch sei eine Quote „von nur knapp über 50 % [...] bei weitem nicht ausreichend"[573].

cc) Konflikt mit dem staatlichen Strafverfolgungsmonopol

Grundmann deutet in diesem Zusammenhang einen sich anbahnenden Konflikt zwischen Kontroll-Kommissionen und Strafverfolgungsbehörden an: Grundsätzlich werde durch das niederländische Sterbehilfe-Gesetz das Strafverfolgungsmonopol der Staatsanwaltschaft nicht beschnitten[574]. Denn die Staatsanwaltschaft werde nicht daran gehin-

566 *Grundmann,* S. 119 ff.

567 *Grundmann,* S. 120.

568 *Grundmann,* S. 119.

569 *Grundmann,* S. 119 f.

570 *Grundmann,* S. 120, m. w. N.

571 *Grundmann,* S. 120 f.

572 *Grundmann,* S. 121.

573 *Grundmann,* S. 121.

574 *Grundmann,* S. 109 f.

dert, eigene Ermittlungen anzustellen[575]. Allerdings beobachtet *Grundmann* an Hand der Gesetzesmaterialien und einiger Äußerungen des niederländischen Justizministers den Versuch, in gewisser Weise auf die Staatsanwaltschaft Einfluss zu nehmen. So werde z. B. darauf hingewiesen, „dass bei einem positiven Urteil der Kontrollkommission ‚die Sache erledigt sei' und eine Beurteilung durch die Staatsanwaltschaft unterbleibe", ferner „dass [...] in diesen Fällen nicht der Verdacht einer Straftat bestehe und es keine Veranlassung zur Einleitung eines Ermittlungsverfahrens gebe"[576]. *Grundmann* zufolge werde „deutlich, dass man gerade auch der Wirkung auf Ärzte wegen bemüht ist, die Staatsanwaltschaft so weit als möglich von der Beurteilung des Sterbehilfefalles fernzuhalten, weil man nur hierin eine Möglichkeit sieht, die Meldebereitschaft der Ärzte zu vergrößern."[577] Gleiches gilt auch für die von *Grundmann* beschriebene (oben bereits erwähnte) Weigerung der niederländischen Regierung, die im Vorfeld der Gesetzesverabschiedung durch den Staatsrat deutlich gemachten Bedenken noch in das Gesetz mit aufzunehmen[578].

Grundmann erwähnt auch, dass es in den Niederlanden ursprünglich die Idee gab, ein Strafverfolgungshindernis „für die Fälle [einzuführen], in denen die Kontrollkommission zu dem Urteil kommt, der Arzt habe sorgfältig im Sinne des Sterbehilfegesetzes gehandelt [...]". Genau dies sei aber „von der Regierung mit der Begründung abgelehnt [worden], dass damit das Strafverfolgungsmonopol der Staatsanwaltschaft beschnitten werde und dies gerade nicht gewollt sei."[579]

Damit zeichnet sich das ab, was auch schon vor der Verabschiedung des Gesetzes deutlich wurde: Es wurde versucht, der ärztlichen Sterbehilfe den „kriminellen Charakter" zu nehmen. An Hand der oben nachgezeichneten niederländischen Entwicklung und dem, was *Grundmann* betont, wird deutlich, dass man durch diese Entkriminalisierungstendenzen versucht (hat), die Ärzte zu mehr Meldebe-

575 *Grundmann*, S. 110; siehe auch *de Haan*, in: MLR 2002, S. 66.

576 *Grundmann*, S. 111, m. w. N.

577 *Grundmann*, S. 111, m. w. N. Zur Erinnerung: Auch der niederländische Staatsrat bemängelte in einem Gutachten, dass die Stellung der Staatsanwaltschaft nicht hinreichend geklärt sei, siehe *Grundmann*, S. 132 f. und siehe oben.

578 *Grundmann*, S. 132 f.

579 *Grundmann*, S. 110, m. w. N.

reitschaft zu bewegen. Insofern besteht aber auch die Gefahr, dass die Politik versucht, mehr Einfluss auf die Strafverfolgungsbehörden zu nehmen und diese dazu zu bewegen, gewissermaßen „ein Auge zuzudrücken". Gleichsam findet de facto – im Falle eines positiven Urteils der Kontroll-Kommission – eine Verlagerung der Entscheidung über die strafrechtliche (Nicht-)Verfolgung auf die Kommission statt[580].

Auch die starre Haltung der niederländischen Regierung im Vorfeld der Gesetzesverabschiedung macht deutlich, dass ihr eine Beschneidung der staatsanwaltschaftlichen Kompetenzen relativ gleich gewesen sein muss[581]. Insofern handelte es sich hierbei in jedem Fall um eine Bagatellisierung, wie *Grundmann* es ausdrückt[582].

Grundmann weist ferner auf die Gefahr hin, dass gegen das Strafverfolgungsmonopol der Staatsanwaltschaft verstoßen werden könnte: Und zwar wollte die niederländische Regierung den Gesetzesmaterialien zufolge „den Kontrollkommissionen einen Beurteilungsspielraum in dem Sinne zugestehen [...], dass diese trotz Nichterfüllung oder nicht gehöriger Erfüllung einer Sorgfaltsanforderung das Handeln des Arztes insgesamt als ‚sorgfältig' beurteilen können [...], mit der Folge, dass der Staatsanwaltschaft keine Mitteilung gemacht wird."[583] Sofern sich dies in der Praxis bestätige, könne man „einen Verstoß gegen das Strafverfolgungsmonopol der Staatsanwaltschaft" annehmen[584].

d) keine Verpflichtung, Sterbehilfe zu leisten

Das niederländische Gesetz enthält kein ausdrückliches Weigerungsrecht für den behandelnden Arzt, Sterbehilfe zu leisten oder für medizinisches Personal, an etwaigen Vorbereitungshandlungen mitzuwirken[585]. Jedoch geht die niederländische Regierung davon aus, dass Ärzte sich weigern können, „an der Durchführung von Sterbehilfe

580 *Reuter*, S. 196.

581 Vgl. *Grundmann*, S. 133.

582 *Grundmann*, S. 133.

583 *Grundmann*, S. 111, m. w. N.

584 *Grundmann*, S. 111.

585 Vgl. engl. Textfassung in: EJHL, Vol. 8, 2001, S. 183 ff.; dt. Übers. bei *Grundmann*, S. 217 ff.

mitzuwirken“[586]. Sie weist ferner darauf hin, dass medizinische Hilfskräfte keine Sterbehilfe leisten, sondern „lediglich gewisse vorbereitende Handlungen vornehmen“ dürfen[587]. Ebenso seien sie aber „nicht verpflichtet, sich an solchen Handlungen zu beteiligen.“[588]

Die niederländische Regierung bemerkt außerdem:

> *„Durch die Möglichkeit, eine Bitte um Sterbehilfe oder Hilfe bei der Selbsttötung abzulehnen, hat der Arzt die Gewähr, nicht gegen seine eigenen Normen und Werte handeln zu müssen. Das Gesetz geht davon aus, dass der Patient kein Recht auf Sterbehilfe hat und dass der Arzt nicht verpflichtet ist, Sterbehilfe zu leisten.“*[589]

Damit stellt die Regierung klar, dass das Sterbehilfe-Gesetz dem Betroffenen keinen Anspruch auf Sterbehilfe gibt. Kein Arzt kann somit dazu gezwungen werden, eine Sterbehilfe auszuführen oder an ihr mitzuwirken[590].

Allerdings wird von einem sich (aus Gewissensgründen) weigernden Arzt erwartet, „dass er den sterbewilligen Patienten an einen anderen Arzt vermittelt“[591]. Dies kann sogar so weit gehen, dass er den Kontakt zu dem anderen Arzt herstellen muss[592]. Das bedeutet *Grundmann* zufolge, dass „Gewissensgründe, die dem Arzt die Leistung von Sterbehilfe verbieten, vom Gesetzgeber nur anerkannt [werden], soweit sie sich auf die direkte Leistung von Sterbehilfe beziehen. [...] Ein indirekter Beitrag in Form der Vermittlung an einen anderen Arzt wird dennoch verlangt.“[593] Die niederländische Regierung spricht insoweit

---

586 *Niederländisches Ministerium für auswärtige Angelegenheiten,* FAQ Sterbehilfe, S. 7; siehe auch *Grundmann,* S. 116.

587 *Niederländisches Ministerium für auswärtige Angelegenheiten,* FAQ Sterbehilfe, S. 7.

588 *Niederländisches Ministerium für auswärtige Angelegenheiten,* FAQ Sterbehilfe, S. 7.

589 *Niederländisches Ministerium für auswärtige Angelegenheiten,* FAQ Sterbehilfe, S. 7.

590 Siehe auch *Grundmann,* S. 116.

591 *Grundmann,* S. 116, m. w. N.; siehe auch *Niederländisches Ministerium für auswärtige Angelegenheiten,* FAQ Sterbehilfe, S. 7 f.

592 *Grundmann,* S. 116, m. w. N.

593 *Grundmann,* S. 116.

von einer „*moralische*[n] Verpflichtung des Arztes, dem Patienten dahingehend zu helfen, dass sich ein anderer Arzt der Bitte um Sterbehilfe annimmt“[594]. Demgegenüber „besteht diese Verpflichtung nicht“, wenn „die Bitte [...] aus inhaltlichen Gründen abgelehnt“ wird[595].

e) Straffreiheit nur für den Arzt

Das Sterbeverlangen des Patienten führt nach dem niederländischen Gesetz nur zu einer Straffreiheit für den Arzt. Das bedeutet, dass man sich nur von Ärzten töten lassen kann. Der Patient kann sich also nicht aussuchen, wer die Sterbehilfe oder Suizidbeihilfe leistet. Dies deutet darauf hin, dass das Gesetz nicht mit dem Selbstbestimmungsrecht des Patienten begründet werden kann.

Griffiths/Weyers/Adams verweisen darauf, dass das Selbstbestimmungsrecht des Patienten innerhalb der Argumentation der niederländischen Regierung während des Gesetzgebungsverfahrens kaum aufgetaucht sei. Auch tauche dieser Begriff nicht in der Präambel des Gesetzes auf. Vielmehr sei die Situation, die durch das Gesetz kodifiziert werde, die Pflichtenkollision, die die Rechtsprechung als Basis für die Rechtfertigung der „necessity“ gefordert habe[596]. Die Selbstbestimmung sei aber gerade kein Teil *dieses* Konflikts – wenngleich sie substantiell für die Zulässigkeit von Sterbehilfe sei[597]. Dies beschreibt auch *Lewis:*

> „*The conflict of duties which forms the basis of the defence of necessity is a conflict between the duty to preserve life and the duty to relieve suffering, rather than a duty to respect the patient's autonomous choice.*“[598]

Gemeint ist Folgendes: Zu der Pflichtenkollision, in der sich der Arzt befindet, gehört eben nur untergeordnet die Pflicht, den Willen des Pa-

594 *Niederländisches Ministerium für auswärtige Angelegenheiten,* FAQ Sterbehilfe, wortgleich auf S. 7 und 8, Hervorheb. jew. im Text.

595 *Niederländisches Ministerium für auswärtige Angelegenheiten,* FAQ Sterbehilfe, S. 8.

596 *Griffiths/Weyers/Adams,* S. 33. Vgl. auch die engl. Textfassung des Gesetzes in: EJHL, Vol. 8, 2001, S. 183 ff. sowie die dt. Übers. bei *Grundmann,* S. 217 ff. Zu der fehlenden Verankerung im Verfassungsrecht siehe auch *Lewis,* S. 102 ff.

597 *Griffiths/Weyers/Adams,* S. 33; Hervorheb. (hier übers.) im Text.

598 *Lewis,* S. 106, m. w. N.

tienten zu berücksichtigen. Die Pflichtenkollision, die zur Straffreiheit der Sterbehilfe führt, findet jedoch nur statt zwischen der Lebensrettungs- und der Leidensminderungspflicht und nicht auch der Willensbeachtungspflicht.

Auch die zuständigen Minister haben *Griffiths/Weyers/Adams* zufolge im Gesetzgebungsverfahren darauf hingewiesen, dass die Selbstbestimmung kein vom Gesetz gewährleistetes Recht sei[599]. Dies bestätigt *Grundmann*, denn ihr zufolge hätten die Minister das niederländische Sterbehilfe-Gesetz zwar „als ein ‚Entgegenkommen in Hinblick auf den Gedanken der Selbstbestimmung des Patienten'" bezeichnet, welches „niemals aber als tatsächliches Selbstbestimmungs*recht* aufgefasst werden könne, da es dem Patienten kein Recht auf den Tod verschaffe und dem Arzt keine Pflicht zur Tötung auferlege."[600]

Auch *de Haan* verdeutlicht, dass das niederländische Sterbehilfe-Gesetz auf Grund seines Ausnahmecharakters (Straffreiheit nur für den Arzt unter gleichzeitiger Beibehaltung der Strafbarkeit von aktiver Sterbehilfe durch einen Nicht-Arzt) in gewisser Weise gleichgültig gegenüber dem Selbstbestimmungsrecht des Patienten ist, was dessen Vorstellungen von einem wertvollen Leben angeht:

> *„In a sense, one of the basic ideas of the Dutch regulation of euthanasia thus remains respect for human life, a respect that is due irrespective of whether the patient himself believes that his life is still valuable."*[601]

Dennoch versuche das Sterbehilfe-Gesetz, dem Selbstbestimmungsrecht des Patienten Rechnung zu tragen. Wenn ein Patient unerträglich und hoffnungslos leidet, sollte sein autonomer Wunsch, nicht länger leben zu wollen, respektiert werden. Aber das Gesetz gehe eben nicht so weit, Patienten einen rechtlich durchsetzbaren Anspruch auf Sterbehilfe zuzuerkennen, bzw. Ärzte zur Leistung von Sterbehilfe zu verpflichten[602]. Hieraus erklärt sich, dass das niederländische Sterbehilfe-Gesetz eben nur insoweit Ausdruck des Selbstbestimmungsrechts ist, als dass es den Sterbewunsch von jemandem anerkennt und die Sterbehilfe bei Vorliegen aller weiteren Voraussetzungen auch geleis-

599 *Griffiths/Weyers/Adams*, S. 33.

600 *Grundmann*, S. 83 (Hervorheb. im Text), m. w. N. Siehe auch *Lewis*, S. 105, die die kulturellen Hintergründe in den Niederlanden mit einbezieht.

601 *De Haan*, in: MLR 2002, S. 60.

602 *De Haan*, in: MLR 2002, S. 60.

tet werden darf. Aber so weit, dass man eine gerechtfertigte Sterbehilfe auf Grundrechte des Patienten stützt, geht die niederländische Rechtsentwicklung eben nicht[603].

Die fehlende Verankerung des Selbstbestimmungsrechts wird ebenso aus der oben bereits zitierten Präambel des Gesetzes deutlich. Denn darin steht (siehe schon oben):

> „*We have considered that it is desirable to include in the Criminal Code grounds* ***for granting immunity to a physician*** *who, acting in accordance with the statutory due care criteria laid down in this Act, terminates life on request or provides assistance with suicide, and also that it is desirable to create a statutory notification and review procedure*"[604].

Von einem Selbstbestimmungsrecht des Patienten ist in der Präambel somit nicht die Rede. Es wird auch nicht festgehalten, dass man den Wünschen des Patienten mit diesem Gesetz Respekt zollen will o. ä.. Vielmehr wird die Gewährung strafrechtlicher Immunität für den handelnden Arzt als Ziel genannt. Damit wird auch deutlich, dass die bis dato in den Niederlanden bestehende Rechtsprechung bzw. auch die gesellschaftliche und politische Akzeptanz der Sterbehilfe gesetzlich abgesichert werden sollte. Denn die gesetzliche Festschreibung einer strafrechtlichen Immunität für den Arzt ist die Fortsetzung der oben erwähnten Rechtsprechung, die die aktive Sterbehilfe bereits mit dem „state of necessity" oder einem „conflict of duties" gerechtfertigt hat.

Dies wird vor allem deutlich, wenn man liest, was *de Vries* zur *Alkmaar*-Entscheidung und dem Pflichtenkonflikt des Arztes anmerkt:

> „*On the one hand, he had a legal duty to preserve life, as implied under section 293; on the other hand, he had a professional duty to his patient to relieve her suffering. In the doctor's opinion, to fulfill the latter would only result in his patient's death, thereby breaching his legal duty and violating section 293.*"[605]

Es ist also gerade und nur der Arzt, der sich in einer Pflichtenkollision befinden kann, weil er auf der einen Seite die Pflicht hat, Leben zu erhalten, aber auf der anderen Seite auch die Pflicht hat, Leiden

603 *Lewis*, S. 106.

604 So die engl. Übers., in: EJHL, Vol. 8, 2001, S. 183 f. Hervorheb. der Verf.

605 *De Vries*, in: AHL 2004, Vol. XX, S. 107.

zu mindern. Dies resultiert aus der speziellen Beziehung zwischen dem Arzt und dem Patienten und auch aus dem Status des Arztes als „professional"[606]. Nur in einer Fußnote weist *de Vries* darauf hin, dass sich Nicht-Ärzte im Fall von Sterbehilfe bislang erfolglos auf einen Notstand berufen haben[607]. Das bedeutet, es wird überhaupt nur dem Arzt zuerkannt, dass er in die beschriebene Pflichtenkollision gelangen kann, weil nur er als Berufsträger die Pflicht hat, Leiden zu lindern[608]. Daher beruht – wie *Lewis/Hoogendoorn* anmerken – die Rechtfertigung über den Notstand letztlich auf dem Prinzip der Wohltat („principle of beneficence") und nicht auf dem Selbstbestimmungsrecht bzw. einem Recht auf persönliche Autonomie[609].

Daraus folgt – und das ist das, was auch *Griffiths/Weyers/Adams* betonen[610] – dass es eben tatsächlich nur der Arzt ist, der aktive Sterbehilfe (oder Suizidbeihilfe) leisten darf. Wenn das Sterbehilfe-Gesetz ein Ausdruck des Selbstbestimmungsrechts oder gar dessen Anerkennung hätte sein sollen, dann hätte man in der Tat fragen müssen, weswegen nur ein Arzt und nicht auch jede andere Person straflos aktive Sterbehilfe leisten darf. Und dann wäre z. B. auch der oben erwähnte *Brongersma*-Fall (Lebensmüdigkeit) anders entschieden worden[611]. Dies ist aber durch die Betonung der Pflichtenkollision im Rahmen des Notstands umschifft worden. Man suchte von vorne herein nur eine Rechtfertigungsmöglichkeit für den Arzt. Denn das war auch die Basis für die Rechtsprechung. Die umfassende Anerkennung des Selbstbestimmungsrechts – die letztlich eine andere Basis für die Anerkennung der Straffreiheit des Sterbehelfers gewesen wäre – war vom Gesetz-

606 *De Vries*, in: AHL 2004, Vol. XX, S. 108.

607 *De Vries*, in: AHL 2004, Vol. XX, S. 108, Fn. 33.

608 Natürlich hat auch das Pflegepersonal Fürsorgepflichten und i. R. dessen auch die Pflicht, Leiden zu lindern. Aber das Pflegepersonal entscheidet in diesem Sinne nicht über die medizinische Behandlung, sondern begleitet diese höchstens. Die eigentlichen Entscheidungen trifft der Arzt. Daher konzentriert sich die Frage darauf, ob *er als Berufsträger* Sterbehilfe leisten darf.

609 *Lewis/Hoogendoorn*, in: JLS 1998, Nr. 4, S. 637; ebenso *Reuter*, S. 40.

610 *Griffiths/Weyers/Adams*, S. 33.

611 *Lewis*, S. 106 f.

geber überhaupt nicht beabsichtigt, bzw. nach niederländischem Verständnis in dem Sinne auch nicht erforderlich[612].

f) Vereinbarkeit mit internationalem Recht

Die niederländische Regierung ist der Auffassung, dass das Sterbehilfe-Gesetz „nicht im Widerspruch zu internationalen Übereinkommen und den darin formulierten elementarsten Menschenrechten" wie Art. 6 IPbpR und Art. 2 EMRK stehe. Denn der Leitgedanke dieser Normen sei die „Achtung vor dem Leben". Vielmehr stehe die niederländische Regierung sogar „uneingeschränkt hinter diesen Rechten". Gerade deswegen sei man aber der Auffassung, dass die Achtung vor dem Leben kein Grund dafür sei, eine Sterbehilfe auf Verlangen bei einem unerträglich Leidenden, bei dem „keine Aussicht auf Besserung" besteht, zu verbieten[613].

g) Sterbe-Tourismus in die Niederlande

Ist es möglich, dass jemand aus einem anderen Staat in die Niederlande reist, um sich dort Sterbehilfe leisten zu lassen? Die niederländische Regierung verneint dies, „da zwischen dem behandelnden Arzt und dem Patienten eine Arzt-Patienten-Beziehung bestehen muss."[614] Um überhaupt beurteilen zu können, ob die Voraussetzungen für eine legale Sterbehilfe vorliegen, müssten sich die Beteiligten länger kennen. Hierfür müsse der Patient längerfristig beim Arzt in Behandlung sein[615]. Auch *Janssen* stellt auf das Vertrauensverhältnis ab, weil nur hierdurch „der Arzt überhaupt erst zu der Überzeugung gelangen [könne], dass ein freiverantwortliches und wohl überlegtes Verlangen gegeben" sei[616].

---

612 Sehr krit. zur fehlenden Beachtung des Selbstbestimmungsrechts *Oduncu/Eisenmenger*, in: MedR 2002, S. 329.

613 *Niederländisches Ministerium für auswärtige Angelegenheiten*, FAQ Sterbehilfe, S. 20.

614 *Niederländisches Ministerium für auswärtige Angelegenheiten*, FAQ Sterbehilfe, S. 18.

615 *Niederländisches Ministerium für auswärtige Angelegenheiten*, FAQ Sterbehilfe, S. 18.

616 *Janssen*, in: ZfL 2002, S. 109.

Eine *Reise* wird hierdurch aber nicht ausgeschlossen: *Janssen* hält es nämlich für „denkbar, dass auch in Deutschland lebende Patienten, die etwa regelmäßig einen Arzt in den Niederlanden aufsuchen, von diesem bei einem entsprechenden Vertrauensverhältnis und dem Vorliegen der weiteren Voraussetzungen straffrei getötet werden können."[617] Seiner Ansicht nach würde es sich aber nur um eine geringe Zahl von Personen handeln, so dass man nicht ernsthaft einen „Euthanasie-Tourismus" befürchten müsse[618].

Es wird politisch nicht wünschenswert sein, dass solche Fälle vorkommen. Deswegen hat die niederländische Regierung auch eine derart strenge Haltung. Sie übersieht aber tatsächlich den von *Janssen* skizzierten Fall. Insofern ist ein Sterbe-Tourismus in die Niederlande denkbar[619].

3) Vergleich zwischen Deutschland, der Schweiz und den Niederlanden

Allein auf Grund der Tatsache, dass die Niederlande sich bereits für eine Legalisierung der aktiven direkten Sterbehilfe entschieden haben, Deutschland und die Schweiz jedoch nicht, kann festgehalten werden, dass sich die drei Staaten gesellschaftlich und rechtlich auf sehr unterschiedlichen Ebenen befinden. Die Niederlande waren das erste Land, das die aktive Sterbehilfe legalisiert hat. In Deutschland wird noch darüber gestritten, ob das Verbot der Tötung auf Verlangen zumindest in Ausnahmefällen aufgehoben werden sollte. Die Niederlande legalisierten bereits in den 1980er Jahren die aktive Sterbehilfe faktisch – und das mit ausdrücklicher Billigung der Politik. In Deutschland und auch in der Schweiz ist hingegen die aktive Sterbehilfe nach wie vor strafbar, wenn auch „nur" in Form eines Privilegierungstatbestands. Nach Gerichtsentscheidungen wie der niederländischen *Alkmaar*-Entscheidung von 1984 sucht man in Deutschland vergebens.

Insofern lässt sich – wie oben schon angedeutet – die niederländische Entwicklung nicht auf die deutsche Rechtslage übertragen. Der gesellschaftliche Hintergrund und die entsprechenden Entwicklungen sind anders als in Deutschland. Da der *BGH* an der Strafbarkeit

617 *Janssen*, in: ZfL 2002, S. 109.

618 *Janssen*, in: ZfL 2002, S. 109; so auch *Grundmann*, S. 150.

619 So i. E. auch *Grundmann*, S. 149 f.

der aktiven direkten Sterbehilfe festhält, fehlt es an entsprechenden Einzelfallentscheidungen, die – vergleichbar mit den Niederlanden – irgendwann einmal einer Gesetzesänderung den Weg weisen könnten. Darüber hinaus steht die der *KNMG* vom Einfluss und Bekanntheitsgrad her vergleichbare *Bundesärztekammer (BÄK)* als offizielle Vertreterin der Ärzte in Deutschland der aktiven direkten Sterbehilfe ablehnend gegenüber. So hat sie in ihren jüngsten Grundsätzen zur Sterbebegleitung festgehalten, dass die aktive Tötung auch dann strafbar ist, „wenn sie auf Verlangen des Patienten erfolgt."[620]

Somit verbleibt ein Vergleich der Regelungen im Detail. Wichtig erscheint in diesem Zusammenhang als Erstes, dass auch in den Niederlanden wie in Deutschland und in der Schweiz eine begriffliche Unterscheidung zwischen der aktiven direkten Sterbehilfe und der Suizidbeihilfe existiert. Das heißt, auch in den Niederlanden wird von der Theorie her zwischen beiden Handlungsformen unterschieden. Allerdings haben sich die Niederlande dafür entschieden, beide Formen unter einem Gesetz zusammenzufassen. Somit gelten für eine Straffreiheit die gleichen Kriterien. Dies wird unten im Rahmen der Suizidbeihilfe noch weiter erläutert, deshalb sei hier zunächst nur darauf hingewiesen.

Das Kriterium des freiverantwortlichen und wohlüberlegten Sterbeverlangens des Patienten ist in allen drei Staaten gleich. Nur dann, wenn ein Patient urteilsfähig ist, kann er ein wirksames Verlangen abgeben. Allerdings beschränkt sich das niederländische Gesetz auf die Nennung der Freiverantwortlichkeit und Wohlüberlegtheit. Es enthält nicht etwa noch den Hinweis, dass das Verlangen nicht durch äußeren Druck o. ä. entstanden sein darf. Auch fehlt dem Gesetz die Verknüpfung zwischen dem ausgedrückten Verlangen des Patienten und dem Hervorrufen des Tatentschlusses beim Arzt. Während es in Deutschland und in der Schweiz Voraussetzung ist, dass der Sterbewillige durch sein Verlangen auf den späteren Täter im Sinne eines Bestimmens einwirkt, fehlt diese Verknüpfung nach dem niederländischen Gesetz.

Das Sterbeverlangen selbst kann hingegen in allen drei Staaten auch mündlich abgegeben werden. Allerdings wird für die Niederlande darauf hingewiesen, dass es entsprechend dokumentiert werden muss und deswegen am besten schriftlich abgegeben werden soll.

620 *BÄK*, Grundsätze Sterbebegleitung 2011, in: DÄBl. 18.02.2011, S. A 346.

Ferner wird in den Niederlanden vorausgesetzt, dass der betroffene Patient ein aussichtsloses und unerträgliches Leiden hat. Liegt dieses nicht vor, so darf auch keine Sterbehilfe oder Suizidbeihilfe geleistet werden. Dies erinnert ein wenig an das, was der *BGH* nach dem oben Gesagten als tatsächliche *Sterbe*hilfe ansieht. Danach muss es also jedenfalls einen irreversiblen Verlauf einer entsprechenden Erkrankung geben. Insofern sehen es aber weder der deutsche *BGH* noch die niederländischen Regelungen als notwendig an, dass der Sterbevorgang bereits eingesetzt hat.

Ein Unterschied besteht ferner in dem Kriterium des niederländischen Gesetzes, dass es keine andere Möglichkeit mehr als aktive Sterbehilfe geben darf, um dem Patienten zu helfen. Ein solches Kriterium ist weder bei der Tötung auf Verlangen nach § 216 StGB noch derjenigen nach Art. 114 chStGB erforderlich. Auch die Konsultation eines anderen Arztes hat im deutschen und Schweizer Strafrecht kein Äquivalent. Umgekehrt besteht aber wiederum ein Unterschied zwischen den Niederlanden und Deutschland auf der einen sowie der Schweiz auf der anderen Seite dahin gehend, dass die Schweizer Norm des Art. 114 chStGB es erfordert, dass der Täter achtenswerte Beweggründe für die Tötung aufweist. Dies setzen weder § 216 StGB noch das niederländische Sterbehilfe-Gesetz voraus. Vielmehr lassen die Normen des niederländischen Sterbehilfe-Gesetzes ebenso den Schluss zu, dass der Arzt kein Mitleid o. ä. mit dem Patienten haben muss. Der Zustand des Patienten kann ihm in dieser Hinsicht sogar völlig egal sein. Es reicht aus, dass er sich an die niedergeschriebenen Sorgfaltskriterien hält.

Ein weiterer zentraler Unterschied zwischen den drei Staaten besteht in Bezug auf den potentiellen Kreis der Täter: Von der Privilegierung der Tötung auf Verlangen kann sowohl in Deutschland als auch in der Schweiz jedermann profitieren. Die Straffreiheit in den Niederlanden gilt hingegen nur für einen Arzt. Die niederländischen Gerichte haben auch in der Vergangenheit die Ausweitung ihrer in Bezug auf Ärzte getroffenen Ausnahmen auf Nicht-Ärzte strikt abgelehnt. Insofern spiegelt sich hier das Ziel des niederländischen Gesetzes wieder, dem Arzt (und zwar nur dem Arzt!) strafrechtliche Immunität zu garantieren. Die Tötung auf Verlangen ist also nach niederländischem Recht mitnichten generell freigegeben worden. Eine Strafbefreiung ist überhaupt nur möglich, wenn ein Arzt die Sterbehilfe ausgeführt hat.

Nach der niederländischen Rechtslage geht es somit auch nicht – im Unterschied z. B. zur deutschen Debatte – um die Stärkung des

Selbstbestimmungsrechts oder des Autonomieprinzips. Es ging vielmehr die ganze Zeit nur um die rechtliche Absicherung der Straffreiheit für den Arzt. Eine Rechtfertigung über das Selbstbestimmungsrecht war nie beabsichtigt und hätte auch dazu geführt, dass die Beschränkung der Legalisierung nur auf Ärzte stark angreifbar gewesen wäre. Die Beschränkung auf den Arzt hat(te) in den Niederlanden zur Folge, dass Sterbehelfer sich dort – im Unterschied zu Deutschland – auch im Falle der aktiven direkten Sterbehilfe auf eine Art Notstand berufen können. Allerdings sei hier noch einmal betont, dass diese Rechtfertigungsmöglichkeit eine andere war bzw. ist, als sie es der *BGH* für die aktive indirekte Sterbehilfe im Rahmen des § 34 StGB ins Feld geführt hat. Während es im deutschen Recht nach § 34 StGB um eine Abwägung zwischen einer Ermöglichung des Sterbens in Würde gegenüber der Aussicht, noch kurze Zeit unter Schmerzen weiterleben zu müssen, geht, hat sich in den Niederlanden das Konzept der Pflichtenkollision durchgesetzt. Dabei geht es um die Kollision zweier ärztlicher Pflichten. Es kollidieren hier die Pflicht gegenüber dem Patienten, dessen Leiden zu mindern und die Pflicht gegenüber dem Gesetz, Leben zu bewahren und zu schützen.

IV) Belgien

Die Legalisierung aktiver Sterbehilfe erfolgte in Belgien durch ein Gesetz vom Mai 2002[621]. „'Euthanasie' wird [auch] hier definiert als das vorsätzliche lebensbeendende Handeln eines Dritten auf ausdrückliches Ersuchen des Betroffenen"[622]. In Art. 2 des Gesetzes heißt es:

> *„Pour l'application de la présente loi, il y a lieu d'entendre par euthanasie l'acte, pratiqué par un tiers, qui met intentionnellement fin à la vie d'une personne à la demande de celle-ci".*

Auf Deutsch übersetzt bedeutet dies:

---

621 Loi relative à l'euthanasie du 28 mai 2002, abrufbar unter <http://staatsbladclip.zita.be/moniteur/lois/2002/06/22/loi-2002009590.html> (zuletzt abgerufen: 27.10.2012); unoffizielle engl. Übers. in EJHL 2003, Vol. 10, S. 329 ff. Dt. Übers. in: Moniteur Belge/Belgisch Staatsblad 12.06.2003, Ed. 2, S. 31821 ff.; abrufbar unter <http://reflex.raadvst-consetat.be/reflex/pdf/Mbbs/2003/06/12/76155d.pdf> (zuletzt abgerufen: 27.10.2012).

622 *Knopp*, in: MedR 2003, S. 381.

„Für die Anwendung des vorliegenden Gesetzes ist unter Sterbehilfe die von einer Drittperson ausgeführte Handlung zu verstehen, durch die dem Leben einer Person auf deren Bitte hin vorsätzlich ein Ende gesetzt wird“.[623]

1) Hintergrund

Bis 2002 war aktive Sterbehilfe in Belgien nicht nur nach dem Strafgesetzbuch, sondern auch nach dem *Deontological Code (Code of Medical Ethics)* der Belgischen Ärzteschaft verboten[624]. Obwohl *Griffiths/Weyers/Adams* zufolge schon damals bekannt war, dass aktive Sterbehilfe im Verborgenen stattfand, gab es – im Unterschied zu den Niederlanden – kein *case law*, da niemand jemals wegen aktiver Sterbehilfe verurteilt worden war. Das Thema war von einem gewissen Maß an Rechtsunsicherheit umgeben, da man z. B. nicht wusste, wie ein belgisches Gericht auf den Rechtfertigungseinwand „Notstand“ (den es ja in den Niederlanden gab) reagiert hätte[625]. Noch schwieriger gestaltete sich die Situation im Hinblick auf die assistierte Selbsttötung. Auf den ersten Blick war eine Beihilfe zur Selbsttötung nicht strafbar, da auch die Selbsttötung an sich nicht strafbar war. Doch so lange kein *case law* existierte, blieb unklar, ob ein Arzt einer Selbsttötung assistieren konnte, ohne strafrechtlich verfolgt zu werden. Anerkannt war insofern nur, dass ein Arzt nicht dazu verpflichtet war, eine medizinische Behandlung fortzuführen, die ihre heilende oder therapeutische Wirkung verloren hatte. Als zulässig angesehen wurde auch eine mög-

623 Dt. Übers. in: Moniteur Belge/Belgisch Staatsblad 12.06.2003, Ed. 2, S. 31821.

624 *Griffiths/Weyers/Adams*, S. 275. Die aktive Sterbehilfe wurde in Belgien früher (mangels eines Privilegierungstatbestandes wie § 216 StGB) als „murder“ behandelt, siehe *Betz/Goelen/Rigo*, in: *Sohn/Zenz*, S. 9.

625 *Griffiths/Weyers/Adams*, S. 275. Die Verwendung des Begriffs *case law* ist an dieser Stelle nur teilweise zutreffend, weil es sich bei *case law* eigentlich um ein Phänomen aus dem englischen Recht handelt, was „als [...] Fall-Recht [...] auf früheren Entscheidungen höherer Gerichte“ beruht und die Gerichte nun entsprechend bindet. Dies hierdurch entstehenden Fall-Rechts-Sammlungen werden als Richterrecht (*judiciary law*) angesehen und ständig weiter ergänzt, so dass sich hierdurch Recht fortbildet. Siehe *Creifelds* Rechtswörterbuch, S. 259 („Common law“). Trotzdem soll im weiteren Verlauf der Arbeit der Begriff *case law* verwendet werden, weil er die Rechtsentwicklung in den Niederlanden am treffendsten kennzeichnet.

liche Lebensverkürzung durch die Verabreichung schmerzlindernder Mittel[626]. Der Behandlungsabbruch und die indirekte Sterbehilfe waren somit wie in den Niederlanden auch schon damals erlaubt. Damit beschränkte sich auch in Belgien die Frage nach der Zulässigkeit von Sterbehilfe einerseits auf die aktive direkte Sterbehilfe sowie andererseits auf die Suizidbeihilfe.

a) 1980er Jahre

Grifftihs/Weyers/Adams bezeichnen die Gründung zweier Organisationen (*„Right to Die with Dignity" / „Recht op Waardig Sterven"* und *„Association pour le Droit de Mourir dans la Dignité"*) im Jahre 1980 als kleinen Anfang, um eine Regelung der „euthanasia" durchzusetzen. Der Einfluss dieser Organisationen sei aber sehr gering gewesen, denn das Thema Sterbehilfe sei zu dieser Zeit noch kein wirklich öffentliches oder politisches Anliegen gewesen. Vielmehr seien die genannten Organisationen sogar als radikal-ideologisch im Sinne von liberal und atheistisch oder nicht-religiös angesehen worden. Es habe zunächst auch keine breite gesellschaftliche Unterstützung für entsprechende Vorstellungen dieser Organisationen gegeben; vor allem habe zu dieser Zeit der katholische Glaube die Politik noch weitgehend beherrscht[627].

Die jahrzehntelang regierenden Christdemokraten blockierten schon aus Prinzip jeden Versuch, aktive Sterbehilfe rechtlich zu regeln[628]. Gleichzeitig nehmen *Griffiths/Weyers/Adams* aber einen geringen Einfluss aus dem Nachbarland Niederlande an: Denn Sterbehilfe sei auch in Belgien seit den 1970er Jahren regelmäßig in den Nachrichten und gelegentlich auch in öffentlichen Debatten aufgetaucht. Sogar in den Reihen der Christdemokraten habe sich über das Thema ab den 1980er Jahren vor allem durch den technischen Fortschritt in Medizin und Biologie zumindest streiten lassen[629].

626 *Griffiths/Weyers/Adams*, S. 275. Zur rechtlich unsicheren Lage auch *Adams/Nys*, in: Euthanasia and Palliative Care, S. 5 f.

627 *Griffiths/Weyers/Adams*, S. 276.

628 *Griffiths/Weyers/Adams*, S. 276; sie hatten sich in entsprechenden Koalitionsvereinbarungen später zwischenzeitlich sogar ein Vetorecht für ethische Fragen gesichert, siehe *Griffiths/Weyers/Adams*, S. 281.

629 *Griffiths/Weyers/Adams*, S. 276.

Im Jahre 1983 wurde von französischsprachigen Christdemokraten eine Kommission eingesetzt, um die vom Thema Sterbehilfe betroffenen ethischen Aspekte zu untersuchen. Die Initiatoren hatten – in Übereinstimmung zu dem später veröffentlichten Bericht der Kommission – die Prämisse, dass der gesellschaftliche Pluralismus, die zunehmende Demokratisierung, die wachsende Unabhängigkeit der Moral von religiösen Vorstellungen und die medizinisch-technische Entwicklung voraussichtlich einen gesellschaftlichen Wandel erzeugen könnten[630].

Diese Kommission unterschied letztlich auch zwischen aktiver und passiver Sterbehilfe. Während sie die Zulässigkeit aktiver Sterbehilfe ausschloss, erachtete sie die passive Sterbehilfe durchaus für zulässig, allerdings nur unter der Voraussetzung, dass sie von palliativmedizinischen Maßnahmen sowie einer entsprechenden intensiven Beratung begleitet wurde[631].

Im Vorfeld eines 1987 abgehaltenen Kolloquiums *„Bioethics in the 1990s"* schlug eine Arbeitsgruppe vor, das Strafgesetzbuch im Interesse von Ärzten zu ändern, die Sterbehilfe leisten. Aus diesem Vorschlag wurde jedoch nichts, weil der liberale Justizminister dagegen war. Jedoch gab das Kolloquium immerhin den Anstoß zur Schaffung eines pluralistischen Bioethik-Komitees, das rund zehn Jahre später seine Arbeit aufnahm[632].

Sowohl in den 1980er als auch 1990er Jahren kursierten unter den Abgeordneten des belgischen Parlaments mehrere Gesetzesvorschläge zu Patientenrechten, zur medizinischen Behandlung Schwerkranker am Lebensende oder zur Sterbehilfe. Die Vorschläge scheiterten jedoch allesamt[633]. Zumindest zur Zeit ihres Einbringens hatte *Griffiths/Weyers/Adams* zufolge keiner der Vorschläge die Chance, ernsthaft im Parlament beraten zu werden. Lediglich drei Vorschläge aus den 1990er Jahren seien nochmal eingebracht worden, nachdem die Christdemokraten nicht mehr in der belgischen Regierung vertreten waren[634].

630 *Griffiths/Weyers/Adams*, S. 276.

631 *Griffiths/Weyers/Adams*, S. 276 f.

632 *Griffiths/Weyers/Adams*, S. 277.

633 *Griffiths/Weyers/Adams*, S. 277 ff.

634 *Griffiths/Weyers/Adams*, S. 279.

b) 1990er Jahre

Als ein wichtiger Schritt hin zur Legalisierung der aktiven Sterbehilfe in Belgien wird der erste Vorschlag des belgischen *Advisory Committee on Bioethics* (*Comité Consultatif de Bioéthique* oder auf deutsch: *Beratender Bioethik-Ausschuss*) aus dem Jahre 1997 angesehen[635]. Es handelt sich um den „Avis n° 1 du 12 mai 1997 concernant l'opportunité d'un règlement légal de l'euthanasie"[636]. Eine der wichtigsten Errungenschaften ist *Adams/Nys* zufolge, dass das Komitee für Belgien zum ersten Mal überhaupt eine klare und verbindliche Definition von „euthanasia" aufgestellt habe, die Grundlage für die weiteren gesellschaftlichen Debatten zur Regelung der Sterbehilfe gewesen sei[637].

aa) das Gutachten des *Comité Consultatif de Bioéthique* (1997)

aaa) Allgemeines

Das Komitee definiert den Begriff „Sterbehilfe" zunächst als „'eine Handlung eines Dritten, der dem Leben einer Person auf deren Bitte hin vorsätzlich ein Ende bereitet'"[638]. Obwohl der Wortlaut sehr weit gefasst ist, wollen die Ausschuss-Mitglieder dem Gutachten zufolge „ihre Diskussion vorläufig auf die Fälle [...] begrenzen, in denen die Lage des Kranken aussichtslos ist und die Handlung von einem Arzt vorgenommen wird."[639] Darüber hinaus befasst sich das Komitee in dem Gutachten nur mit Patienten, die zur Willensäußerung in der Lage sind[640]. Der von dem Bioethik-Ausschuss in diesem Gutachten verwendete „Euthanasie"-Begriff entspricht der Definition, die sich

635 *Griffiths/Weyers/Adams*, S. 279, 292; *Betz/Goelen/Rigo*, in: *Sohn/Zenz*, S. 13 ff.

636 *Comité Consultatif de Bioéthique* „Avis n° 1 du 12 mai 1997 concernant l'opportunité d'un règlement légal de l'euthanasie". Bzw. auf Deutsch: *Beratender Bioethik-Ausschuss* „Gutachten Nr. 1 vom 12. Mai 1997 über die Opportunität einer gesetzlichen Euthanasieregelung". Im Folgenden wird die deutsche Fassung zitiert.

637 *Adams/Nys*, in: Euthanasia and Palliative Care, S. 8.

638 *Beratender Bioethik-Ausschuss*, Gutachten Nr. 1 vom 12.05.1997, S. 1.

639 *Beratender Bioethik-Ausschuss*, Gutachten Nr. 1 vom 12.05.1997, S. 1.

640 *Beratender Bioethik-Ausschuss*, Gutachten Nr. 1 vom 12.05.1997, S. 1.

in den Niederlanden schon in den 1980er Jahren durchgesetzt hatte[641]. Hier zeigt sich also ein gewisser Einfluss seitens der Niederlande.

Darüber hinaus wolle man „die Euthanasie [...] wegen der in der Definition betonten Absicht, dem Leben ein Ende zu bereiten, von anderen Arzthandlungen [...] unterscheiden" wie Handlungen der indirekten Sterbehilfe und des Behandlungsabbruchs[642]. An dieser Stelle wird die bereits zu diesem Zeitpunkt in Belgien vorherrschende Akzeptanz der indirekten und passiven Sterbehilfe deutlich. Gleichzeitig wird durch die gewählte Formulierung die Diskussion auf die aktive direkte Sterbehilfe zugespitzt.

Der belgische Bioethik-Ausschuss weist ferner in seinem Gutachten darauf hin, dass bei der Sterbehilfe zwischen einer ethischen und einer rechtlichen Komponente unterschieden werden müsse. Ethisch stelle sich die Frage nach der moralischen Rechtfertigung der Sterbehilfe, rechtlich die Frage, ob Regeln hierzu wünschenswert sind[643]. Die ethische Frage war innerhalb des Ausschusses hoch umstritten[644], hat aber nach dessen Angaben „zu einer breiteren Debatte über die Werte geführt, die beim herannahenden Lebensende immer auf dem Spiel stehen."[645] Insbesondere sei über den Begriff der Lebensqualität diskutiert worden[646].

bbb) die vier Vorschläge

Zur rechtlichen Frage nach Regelungen zur aktiven Sterbehilfe gibt es von Seiten des Komitees vier Vorschläge[647].

---

641 *Adams/Nys,* in: Euthanasia and Palliative Care, S. 8.

642 *Beratender Bioethik-Ausschuss,* Gutachten Nr. 1 vom 12.05.1997, S. 1.

643 *Beratender Bioethik-Ausschuss,* Gutachten Nr. 1 vom 12.05.1997, S. 1.

644 *Beratender Bioethik-Ausschuss,* Gutachten Nr. 1 vom 12.05.1997, S. 1 f.

645 *Beratender Bioethik-Ausschuss,* Gutachten Nr. 1 vom 12.05.1997, S. 2.

646 *Beratender Bioethik-Ausschuss,* Gutachten Nr. 1 vom 12.05.1997, S. 2.

647 *Beratender Bioethik-Ausschuss,* Gutachten Nr. 1 vom 12.05.1997, S. 2 ff. Siehe auch *Nys,* in: EJHL 1997, S. 390 ff.; *Griffiths/Weyers/Adams,* S. 280; *Betz/Goelen/Rigo,* in: *Sohn/Zenz,* S. 13 ff.

(1) Vorschlag 1

Der erste Vorschlag („Eine Gesetzesänderung, die Euthanasie straffrei macht") basiert auf der Vorstellung,

> *„dass das Gesetz in einer demokratischen Gesellschaft keine Handlung untersagen darf, die keine (zumindest mögliche) Gefahr für andere oder für die Gesellschaft darstellt. Das Gesetz muss ausdrücklich das Recht jedes Einzelnen garantieren, sein Leben selbst zu bestimmen und nach seiner eigenen Auffassung zu leben* [...].*"*[648]

Nach den Angaben des Ausschusses soll dieser Vorschlag „eine eindeutige Rechtslage für den Arzt" schaffen und „ein echtes Vertrauensverhältnis zwischen Arzt und Patient erlauben."[649] Der Vorteil einer solchen Regelung hätte *Nys* zufolge darin bestanden, dass der Patient seinem Arzt ohne Zögern hätte vertrauen können, denn dieser hätte nicht länger Angst davor haben müssen, strafrechtlich verfolgt zu werden[650].

Vorgesehen ist in dem ersten Vorschlag auch die Schaffung eines Gesetzes, welches die Kriterien für eine zulässige Sterbehilfe genau definiert. Hierzu gehört auch, „dass die Handlung von einem Arzt vorgenommen wird"[651]. *Griffiths/Weyers/Adams* verstehen diesen Vorschlag so, dass eine nachträgliche Kontrolle der Sterbehilfe-Leistung (*„after-the-fact control"*) eingeführt werden sollte[652]. Damit wäre – so ihre Folgerung – bereits zu diesem Zeitpunkt in Belgien eine Regelung geschaffen worden, wie sie später zunächst in den Niederlanden tatsächlich in Kraft trat[653].

(2) Vorschlag 2

Der zweite Vorschlag („Ein Verfahren zur nachträglichen Regelung der gemeinsam von Arzt und Patienten beschlossenen Euthanasie")

---

648 *Beratender Bioethik-Ausschuss*, Gutachten Nr. 1 vom 12.05.1997, S. 2.

649 *Beratender Bioethik-Ausschuss*, Gutachten Nr. 1 vom 12.05.1997, S. 2.

650 *Nys*, in: EJHL 1997, S. 390 f.

651 *Beratender Bioethik-Ausschuss*, Gutachten Nr. 1 vom 12.05.1997, S. 2.

652 *Griffiths/Weyers/Adams*, S. 280.

653 *Griffiths/Weyers/Adams*, S. 280.

lehnt sich an die damals geltende niederländische Rechtslage an[654]. Danach soll das strafrechtliche Verbot der aktiven Sterbehilfe aus symbolischen Gründen bestehen bleiben. Es sollen „jedoch die Bedingungen" festgelegt werden, „unter denen der Arzt [...] aus rechtlicher Sicht einen ‚Notstand' geltend machen kann."[655] Man wollte mit diesem zweiten Vorschlag also ein Gesetz schaffen, das die bis dato entwickelte Rechtsprechung aus den Niederlanden (und die dort für zulässig erachteten Notstands-Kriterien) aufgenommen hätte.

Zu den Kriterien gehören nach Verständnis des Ausschusses: unerträgliche Schmerzen des Patienten, ein wohlüberlegtes und nachvollziehbares Sterbeverlangen, die Leistung von Sterbehilfe durch einen Arzt, die Konsultation eines anderen Arztes, die Information von Pflegepersonal und Angehörigen sowie die Leistung der Sterbehilfe durch hierfür geeignete Mittel[656].

Der Ausschuss betont ferner, dass dieses Vorgehen „auf dem Gespräch zwischen dem Patienten und seinem Arzt" beruhe und „weder das Pflegepersonal noch die Familie, noch der örtliche Bioethikausschuss" mit einbezogen werden sollen[657]. Später dann soll der Arzt die Gerichtsbehörden entsprechend informieren[658]. *Nys* zufolge sollte dieser Regelungsvorschlag die einzigartige Beziehung zwischen Arzt und Patienten berücksichtigen[659]. Erst im Nachhinein sollte es – wie beim ersten Vorschlag – eine Überprüfung (*„after-the-fact control"*) der Sterbehilfe-Handlung geben[660].

(3) Vorschlag 3

Der dritte Vorschlag („Ein Verfahren zur vorherigen Regelung der wichtigsten medizinischen Entscheidungen bezüglich des Lebens-

654 *Beratender Bioethik-Ausschuss*, Gutachten Nr. 1 vom 12.05.1997, S. 2. Siehe auch *Nys*, in: EJHL 1997, S. 391; *Griffiths/Weyers/Adams*, S. 280; *Betz/Goelen/Rigo*, in: *Sohn/Zenz*, S. 13.

655 *Beratender Bioethik-Ausschuss*, Gutachten Nr. 1 vom 12.05.1997, S. 2.

656 *Beratender Bioethik-Ausschuss*, Gutachten Nr. 1 vom 12.05.1997, S. 2 f.

657 *Beratender Bioethik-Ausschuss*, Gutachten Nr. 1 vom 12.05.1997, S. 3.

658 *Beratender Bioethik-Ausschuss*, Gutachten Nr. 1 vom 12.05.1997, S. 3.

659 *Nys*, in: EJHL 1997, S. 391; siehe auch *Betz/Goelen/Rigo*, in: *Sohn/Zenz*, S. 14.

660 *Griffiths/Weyers/Adams*, S. 280; siehe auch *Nys*, in: EJHL 1997, S. 391.

endes, einschließlich der Euthanasie, nach entsprechender kollegialer Beratung")[661] ist sehr vage formuliert. Er „sieht ein Verfahren zur vorherigen Regelung der wichtigsten medizinischen Entscheidungen bezüglich des Lebensendes, einschließlich Euthanasie, nach entsprechender kollegialer Beratung vor."[662] Damit werde „das Ziel verfolgt, Verfahren für eine Reihe medizinischer Entscheidungen bezüglich des Lebensendes gesetzlich vorzuschreiben."[663] Wie genau die einzelnen Verfahrensschritte aussehen sollen, wird nicht gesagt. Patient und Arzt sollen sich aber „die Verantwortung für die Entscheidung" teilen[664]. Da auch das Pflegepersonal und die Familie des Patienten hinzugezogen werden sollen, soll diese Vorgehensweise sicherstellen, dass eine gewisse ethische und gesellschaftliche Kontrolle der geplanten Handlung stattfindet. Diesbezüglich soll auch „eine vom örtlichen Bioethikausschuss benannte Drittperson (die nicht Arzt ist) an der ethischen Debatte" teilnehmen[665]. Durch diese ethische und gesellschaftliche Beratung soll dem Arzt Rechtssicherheit garantiert werden, weil die nach den Beratungen gefundene Entscheidung zeigen solle, „dass er sich zum Zeitpunkt der Euthanasiehandlung in einer ‚Notlage' befand."[666]

Der Vorschlag ist so zu verstehen, dass er im Bereich der Entscheidungen am Lebensende eine Kontrolle im Vorfeld (*„before-the-fact control"*) einführen will. Diese soll nicht nur in Bezug auf aktive Sterbehilfe greifen, sondern in Bezug auf alle potentiell lebensverkürzenden Maßnahmen[667]. Nach diesem Vorschlag soll das Strafgesetzbuch ebenfalls nicht geändert werden[668]. Der Notstand soll sich daher auch nicht aus strafrechtlichen Regelungen, sondern vielmehr aus rechtlich festgeschriebenen Verfahrensschritten ergeben[669].

Nys zufolge zielt dieser Vorschlag mehr auf den ethischen Aspekt der Sterbehilfe-Problematik ab: Eine ethische Beurteilung wür-

661 *Beratender Bioethik-Ausschuss*, Gutachten Nr. 1 vom 12.05.1997, S. 3.

662 *Beratender Bioethik-Ausschuss*, Gutachten Nr. 1 vom 12.05.1997, S. 3.

663 *Beratender Bioethik-Ausschuss*, Gutachten Nr. 1 vom 12.05.1997, S. 3.

664 *Beratender Bioethik-Ausschuss*, Gutachten Nr. 1 vom 12.05.1997, S. 3.

665 *Beratender Bioethik-Ausschuss*, Gutachten Nr. 1 vom 12.05.1997, S. 3.

666 *Beratender Bioethik-Ausschuss*, Gutachten Nr. 1 vom 12.05.1997, S. 3.

667 *Griffiths/Weyers/Adams*, S. 280; siehe auch *Nys*, in: EJHL 1997, S. 391 f.

668 *Griffiths/Weyers/Adams*, S. 280.

669 *Nys*, in: EJHL 1997, S. 391 f.

de nicht auf eine statische Rechtsnorm abstellen, sondern vielmehr die spezifischen Fallumstände berücksichtigen und darauf achten, angemessen auf den jeweiligen Fall zu reagieren[670].

Der dritte Vorschlag ist also so zu verstehen, dass man aus ethischen Gründen Sterbehilfe durchaus für vertretbar ansieht und hierfür auch Verfahrenskriterien vorschlägt, um einen rechtlichen Rahmen zu schaffen. Allerdings soll hierdurch eben nicht das Strafgesetzbuch geändert werden, so dass die Sterbehilfe grundsätzlich strafbar bliebe. Erst im Rahmen einer „ethischen Entscheidung" könnte man beurteilen, ob der Arzt sich auf einen Notstand berufen kann. Diese Vorgehensweise wäre im Vergleich zum oben beschriebenen zweiten Vorschlag schwächer, weil man (wenn überhaupt) nur die Möglichkeit außerstrafrechtlicher (aber eben nicht unbedingt gesetzlicher) Notstandsregelungen zuließe.

Der bedeutendere Unterschied ist aber – wie *Nys* anmerkt[671] – die Tatsache, dass der dritte Vorschlag die Einschaltung einer unabhängigen Person vorsieht. Begründet wird dies damit, dass hierdurch einem potentiellen Missbrauch entgegengewirkt werden und die Kriterien eines möglichen Notstands objektiv überprüft werden können[672]. Dem stehen die Befürworter des zweiten Vorschlags entgegen, da hiernach die einmalige Arzt-Patienten-Beziehung nicht berührt werden darf[673], denn „anderenfalls würden Werte wie die Selbstbestimmung und der Dialog zwischen Arzt und Patient angetastet."[674]

---

670 *Nys*, in: EJHL 1997, S. 391. Dies ist sehr frei übersetzt, trifft nach Ansicht der hiesigen Verf. aber den Kern dessen, was *Nys* meint, am Besten. So sind wohl auch die Ausführungen im Original-Text gemeint, siehe *Beratender Bioethik-Ausschuss*, Gutachten Nr. 1 vom 12.05.1997, S. 3.

671 *Nys*, in: EJHL 1997, S. 393.

672 *Nys*, in: EJHL 1997, S. 393. So auch der Originaltext, siehe *Beratender Bioethik-Ausschuss*, Gutachten Nr. 1 vom 12.05.1997, S. 4:

> *„Für die Befürworter von Vorschlag Nr. 3 ist diese Drittperson unerlässlich, um ärztliche Willkür zu verhindern und die Notlage zu objektivieren."*

673 *Beratender Bioethik-Ausschuss*, Gutachten Nr. 1 vom 12.05.1997, S. 4; *Nys*, in: EJHL 1997, S. 393.

674 *Beratender Bioethik-Ausschuss*, Gutachten Nr. 1 vom 12.05.1997, S. 4.

(4) Vorschlag 4

Nach dem vierten Vorschlag („Beibehaltung des uneingeschränkten Euthanasieverbots") soll das generelle Verbot der aktiven Sterbehilfe beibehalten werden[675]. Dem Recht auf Leben müsse hiernach in gesetzlicher wie in medizinischer Hinsicht die Priorität eingeräumt werden. Zur Schmerzlinderung sollen andere Wege – insbesondere Palliativmedizin – beschritten werden[676]. Als Gründe für diesen restriktiven Vorschlag werden zum Einen die Angst vor der Entkriminalisierung der aktiven Sterbehilfe angeführt sowie zum Anderen die schwierige Handhabung des Begriffs „Notlage". Denn dieser Begriff „setzt das objektive Abwägen zweier Pflichten voraus, während die Bewertung des moralischen Leidens doch hauptsächlich subjektiv ist."[677] Außerdem dürfe der Arzt nicht die Macht bekommen, über Leben und Tod zu entscheiden. Und es würden Sterbende verängstigt, ggf. sogar unter Druck gesetzt[678].

Der Ausschuss schließt sein Gutachten mit der Aufforderung an die Behörden, „eine ausführliche demokratische Debatte zwischen den betroffenen Akteuren und – auf breiterer Basis – unter den Bürgern in Gang zu setzen."[679]

bb) jäher Stopp der Sterbehilfe-Diskussion

Das Gutachten des *Beratenden Bioethik-Ausschusses* wurde in Politik und Öffentlichkeit breit diskutiert, unter anderem im belgischen Senat im Dezember 1997[680]. Es zeichnete sich sodann eine breite Unterstüt-

675 *Beratender Bioethik-Ausschuss*, Gutachten Nr. 1 vom 12.05.1997, S. 4. Siehe auch *Griffiths/Weyers/Adams*, S. 280; *Nys*, in: EJHL 1997, S. 392; *Betz/Goelen/Rigo*, in: *Sohn/Zenz*, S. 14.

676 *Beratender Bioethik-Ausschuss*, Gutachten Nr. 1 vom 12.05.1997, S. 4. Siehe auch *Nys*, in: EJHL 1997, S. 392; *Betz/Goelen/Rigo*, in: *Sohn/Zenz*, S. 14.

677 *Beratender Bioethik-Ausschuss*, Gutachten Nr. 1 vom 12.05.1997, S. 4.

678 *Beratender Bioethik-Ausschuss*, Gutachten Nr. 1 vom 12.05.1997, S. 4. Siehe auch *Nys*, in: EJHL 1997, S. 392; *Betz/Goelen/Rigo*, in: *Sohn/Zenz*, S. 14 f.

679 *Beratender Bioethik-Ausschuss*, Gutachten Nr. 1 vom 12.05.1997, S. 5.

680 *Griffiths/Weyers/Adams*, S. 281 f.

zung für den dritten Vorschlag ab[681]. Jedoch stoppte diese Entwicklung einige Monate später, als die niederländisch sprechenden Sozialisten plötzlich erklärten, dass eine Gesetzgebung, die sich nur mit „euthanasia" befasse, zu eng gefasst sei. Vielmehr sollte die Gesetzgebung auch komatöse Patienten, behinderte Neugeborene und schwer Demenzkranke erfassen[682].

Dies war ein herber Schlag für die Politik: Nach der Senats-Debatte im Dezember 1997 war nämlich unter anderem vereinbart worden, dass das *Senate Committee for Justice* (verantwortlich für strafrechtliche Fragestellungen) und das *Committee on Social Affairs* (verantwortlich für das Gesundheitswesen) gemeinsam einen Gesetzentwurf formulieren sollten. Da diese Vereinbarung auf einer heiklen politischen Balance beruhte, waren die Christdemokraten geschockt. Damit war das Thema politisch zunächst wieder vom Tisch[683]. An diesem Bruch änderte auch ein weiterer Vorschlag des *Beratenden Bioethik-Ausschusses* aus dem Jahre 1999, der sich mit dem Lebensende einwilligungsunfähiger Patienten befasste, nichts[684].

c) Neuversuch nach den Wahlen 1999 und Geschehen bis 2002

Im Jahre 1999 fanden in Belgien Wahlen statt. Zum ersten Mal seit 40 Jahren war es möglich, eine Regierung ohne die politisch bedeutenden Christdemokraten zu bilden. Stattdessen wurde eine Koalition aus Liberalen, Sozialisten und Grünen gebildet. Die Koalitionsvereinbarungen enthielten den Passus, es solle ein Gesetzeswerk für Fragen der Bioethik ausgearbeitet werden, welches auch aktive Sterbehilfe beinhalte[685].

---

681 *Griffiths/Weyers/Adams*, S. 282. Dieser dritte Vorschlag hatte sich auch schon in den Reihen des Komitees selber als tragfähige Mehrheitsmeinung abgezeichnet, siehe *Griffiths/Weyers/Adams*, S. 281 f.

682 So die Schilderung bei *Griffiths/Weyers/Adams*, S. 282.

683 So die Schilderung bei *Griffiths/Weyers/Adams*, S. 282.

684 *Griffiths/Weyers/Adams*, S. 282 f.; zu diesem zweiten Vorschlag siehe *Betz/Goelen/Rigo*, in: *Sohn/Zenz*, S. 15 f.

685 *Griffiths/Weyers/Adams*, S. 283, dort in engl. Übers. Die dort angegebene URL enthält die Koalitionsvereinbarungen nicht mehr. Inzwischen sind sie (in niederländischer Sprache) abrufbar unter dem Titel „De brug naar de een-

Der formale Gesetzgebungsprozess begann nach erneuten Senats-Verhandlungen im Oktober 1999. Von Seiten der neuen Regierung wurden mehrere alte Gesetzesvorschläge wieder aufgegriffen. Die Regierungsfraktionen machten deutlich, dass sie in naher Zukunft einen endgültigen Vorschlag vorlegen wollten[686]. Auch die oppositionellen Christdemokraten legten eigene Vorschläge vor, so dass es binnen kurzer Zeit sechs Vorschläge gab[687]. Dabei sahen *Griffiths/Weyers/Adams* zufolge alle Parteien außer den Christdemokraten den Gedanken der Selbstbestimmung als zentral an[688]. Auch wurde von allen (außer den Christdemokraten) gefordert, dass gesetzliche Regelungen verabschiedet werden. Das Strafgesetzbuch sollte geändert werden, so dass die aktive Sterbehilfe – jedenfalls unter bestimmten Umständen – nicht länger unter die Definition von „manslaughter" oder „murder" falle[689].

Im Detail unterschieden sich die Vorschläge hingegen z. T. erheblich. Gerade die medizinischen Voraussetzungen für die Sterbehilfe wurden unterschiedlich bewertet. Die niederländisch sprechenden Grünen hatten z. B. ein sehr weites Verständnis von „medical hopelessness". Die Sozialisten hingegen forderten unter anderem einen praktisch unheilbaren Zustand, der auf einen Unfall oder eine Krankheit zurückzuführen sei und in dem der Patient unerträglich leide[690]. *Griffiths/Weyers/Adams* bemerken, dass die Unterschiede zwischen den einzelnen Gesetzenwürfen der Koalitionsparteien selbst genauso scharf gewesen seien wie die Unterschiede zwischen den Vorschlägen von Seiten der Regierung und denen der Opposition[691].

Im Dezember 1999 schlugen die Regierungsparteien vor, ihre vier jeweiligen Gesetzentwürfe zu einem einzigen zusammenzufüh-

---

entwintigste eeuw - regeerakkoord - 7 juli 1999" auf <http://home.scarlet.be/~pin67548/Regeerakkoord.pdf> (zuletzt abgerufen: 27.10.2012).

686 *Griffiths/Weyers/Adams*, S. 284.

687 *Griffiths/Weyers/Adams*, S. 284. Eine Tabelle zu den wichtigsten Punkten der sechs Vorschläge ist dort auf S. 285 zu finden.

688 *Griffiths/Weyers/Adams*, S. 284.

689 *Griffiths/Weyers/Adams*, S. 284.

690 *Griffiths/Weyers/Adams*, S. 284. Vgl. zu den weiteren unterschiedlichen Vorschlägen dort S. 284 f.

691 *Griffiths/Weyers/Adams*, S. 284 f.

ren. Dieser glich faktisch dem der Sozialisten und sollte als weitere Beratungsgrundlage dienen[692]. Diese Entwicklung sei *Griffiths/Weyers/Adams* zufolge dem noch im Jahre 1997 erzielten Konsens komplett entgegengesetzt, jedoch auch absehbar gewesen. Denn seit dem erwähnten Bruch im Jahre 1998 sei es klar gewesen, dass die beiden sozialistischen Parteien auf einer eigenen Position beharrten und sich nicht mit dem zuvor erzielten Konsens zufrieden geben wollten[693].

Nun standen sich die Regierung und die oppositionellen Christdemokraten gegenüber. Die beiden Lager unterschieden sich – erwartungsgemäß – unter anderem dadurch, dass für die Regierungsparteien bereits ein dauerhafter, auf einer unheilbaren Krankheit beruhender Leidenszustand zusammen mit dem Sterbeverlangen ausreichte, um aktive Sterbehilfe zu rechtfertigen. Die Christdemokraten wollten demgegenüber die Sterbehilfe nur in der terminalen Phase zulassen[694]. Überdies wollten die Regierungsparteien, dass die aktive Sterbehilfe auch wirklich von Gesetzes wegen her legalisiert wird, während die Christdemokraten die grundsätzliche Strafbarkeit beibehalten und lediglich eine Rechtfertigungsmöglichkeit über den Fall des Notstands zulassen wollten[695]. Ferner stritten die beiden Lager darüber, ob ein Sterbeverlangen auch vorher schriftlich für den Fall der Einwilligungsunfähigkeit („advance request for euthanasia") abgegeben werden durfte. Die Christdemokraten lehnten dies ebenfalls ab[696].

Infolgedessen gab es noch viele politische Scharmützel[697] (z. B. äußerte sich der Senatspräsident dahingehend, eigentlich handele es sich seiner Meinung nach bei dem gemeinsamen Entwurf gar nicht um eine Mehrheitsentscheidung, sondern um einen Entwurf, der von vereinzelten Senatoren der Regierungsparteien vorgelegt wurde[698]), wei-

692 *Griffiths/Weyers/Adams*, S. 285; wohl nicht nur aus diesem Grund wird der neuen Regierung vorgeworfen, sie sei nicht an einer ernsthaften Debatte mit den Christdemokraten interessiert gewesen, siehe auch S. 288, 291.

693 *Griffiths/Weyers/Adams*, S. 286.

694 *Griffiths/Weyers/Adams*, S. 286.

695 *Griffiths/Weyers/Adams*, S. 286.

696 *Griffiths/Weyers/Adams*, S. 286. Dort werden noch weitere Unterschiede zwischen den beiden politischen Lagern genannt.

697 *Griffiths/Weyers/Adams*, S. 286 f.

698 *Griffiths/Weyers/Adams*, S. 287.

tere Expertenanhörungen[699] und es wurden verschiedene Änderungen in den Entwurf aufgenommen[700].

Im März 2001 rief der Senatspräsident den Staatsrat (*Council of State, Conseil d'Etat*) wegen ethischer Bedenken gegen den Gesetzentwurf an. Dies führte zu erheblichen Irritationen, zumal er den Staatsrat auch gerade deswegen anrufen konnte, weil er Präsident des Senats war. Im Mai 2001 veröffentlichte der Staatsrat eine insgesamt eher zurückhaltende Stellungnahme[701]. *Griffiths/Weyers/Adams* zufolge habe er wohl Bedenken gehabt, in ein politisch derart sensibles Thema einzugreifen[702].

Im Oktober 2001 nahm folglich der belgische Senat den Gesetzentwurf an – wenn auch mit Gegenstimmen aus dem Regierungslager selbst[703]. Im Mai 2002 wurde der Entwurf – unter weniger Differenzen im Vorfeld, aber mit offenbar ähnlichen Szenarien wie im Senat (insbesondere unter Zurückweisung sämtlicher Änderungsanträge der Opposition) – auch vom Repräsentantenhaus angenommen[704]. Die Unterzeichnung durch den König erfolgte im Juni 2002[705].

2) Voraussetzungen für die Straffreiheit

Nach dem belgischen Sterbehilfe-Gesetz wird ebenso wie in den Niederlanden eine Straffreiheit nur dann angenommen, wenn der Patient die eigene Tötung ausdrücklich und ernstlich verlangt und sich in

699 *Griffiths/Weyers/Adams*, S. 287 f.

700 Allerdings nur von Seiten des Regierungslagers. Die Änderungsanträge der Opposition wurden stets zurückgewiesen, *Griffiths/Weyers/Adams*, S. 288 f. und zwar dies auch dann, wenn sie nur redaktionelle Verbesserungen enthielten, s. S. 289.

701 *Griffiths/Weyers/Adams*, S. 289. Siehe *Sénat de Belgique*, Session de 2000-2001, 02.07.2001, Dok.-Nr. 2-244/21, Proposition de loi relative à l'euthanasie, Avis du *Conseil d'Etat*, Az. 31.441/AV-AG und 31.442/AV-AG. Eine Zusammenfassung des *Avis* findet sich auch in Doc. 10455, *Explanatory memorandum* von *Marty*, II., Appendix 2, Rdn. 17 ff. Dieser *Avis* wird weiter unten bei der Frage besprochen, ob das belgische Sterbehilfe-Gesetz mit internationalem Recht vereinbar ist.

702 *Griffiths/Weyers/Adams*, S. 289.

703 *Griffiths/Weyers/Adams*, S. 289 f.

704 *Griffiths/Weyers/Adams*, S. 290 f.

705 *Griffiths/Weyers/Adams*, S. 291.

einer medizinisch aussichtslosen Lage befindet. Arzt und Patient müssen zu dem Schluss kommen, dass es keine andere Möglichkeit mehr gibt, als die Leistung von aktiver Sterbehilfe. Auch muss der behandelnde Arzt mindestens einen anderen Kollegen hinzugezogen haben.

Ein genauerer Vergleich zwischen Belgien und den Niederlanden ergibt jedoch einige Unterschiede im Detail, die im weiteren Verlauf an jeweils passender Stelle dargestellt werden.

a) Definition des Sterbehilfe-Begriffs

Art. 2 des belgischen Sterbehilfe-Gesetzes vom 28.05.2002[706] definiert zunächst den Begriff der Sterbehilfe, der dem Gesetz zu Grunde liegt. Die Norm lautet:

> *„Für die Anwendung des vorliegenden Gesetzes ist unter Sterbehilfe die von einer Drittperson ausgeführte Handlung zu verstehen, durch die dem Leben einer Person auf deren Bitte hin vorsätzlich ein Ende gesetzt wird.“*[707]

Unter Sterbehilfe wird also eine solche Handlung verstanden, die von einem Dritten ausgeführt wird und die das Leben einer anderen Person vorsätzlich auf deren Wunsch hin beendet. Liest man nur diese Norm, so könnte man auf die Idee kommen, dass das belgische Sterbehilfe-Gesetz vielleicht sogar die Tötung auf Verlangen generell straffrei stellen soll. Dies wird aber in dieser Norm nicht festgelegt, sondern es wird zunächst nur eine Begriffsklärung vorgenommen. Denn erst im Folgenden werden die Bedingungen für die Straffreiheit festgelegt[708].

b) Bedingungen für die Straffreiheit

In Art. 3 § 1 des Sterbehilfe-Gesetzes sind die Bedingungen aufgelistet, unter denen eine Sterbehilfe tatsächlich als straffrei behandelt wird. Diese Norm lautet:

706 Siehe oben: Loi relative à l'euthanasie, 28.05.2002; dt. Übers. in: Moniteur Belge/Belgisch Staatsblad 12.06.2003, Ed. 2, S. 31821 ff. Die Zitierweise des Gesetzes orientiert sich an der genannten dt. Fassung.

707 Moniteur Belge/Belgisch Staatsblad 12.06.2003, Ed. 2, S. 31821.

708 Moniteur Belge/Belgisch Staatsblad 12.06.2003, Ed. 2, S. 31821 f.

„Ein Arzt, der Sterbehilfe leistet, begeht keine Straftat, wenn er sich vergewissert hat:

- *dass der Patient eine volljährige Person oder eine für mündig erklärte minderjährige Person ist, die zum Zeitpunkt ihrer Bitte handlungsfähig und bei Bewusstsein ist,*
- *dass die Bitte freiwillig, überlegt und wiederholt formuliert worden ist und nicht durch Druck von außen zustande gekommen ist,*
- *dass der Patient sich in einer medizinisch aussichtslosen Lage befindet und sich auf eine anhaltende, unerträgliche körperliche oder psychische Qual beruft, die nicht gelindert werden kann und die Folge eines schlimmen und unheilbaren unfall- oder krankheitsbedingten Leidens ist,*

und die durch vorliegendes Gesetz vorgeschriebenen Bedingungen und Vorgehensweisen beachtet."[709]

Damit wird zunächst klargestellt, dass nur ein Arzt („le médecin" / „ein Arzt") aktive Sterbehilfe leisten darf. Das belgische Gesetz legalisiert also nicht etwa generell die Tötung auf Verlangen. Vielmehr gilt die Legalisierung nur für den Fall, dass sie von einem Arzt vorgenommen wurde. Im Anschluss daran folgen die weiteren Bedingungen, die erfüllt sein müssen, damit sich ein Arzt auf die Straffreiheit berufen kann: Der Patient muss entweder volljährig oder ein für mündig erklärter Minderjähriger sein, außerdem muss er z. Zt. seines Sterbeverlangens urteils- und einwilligungsfähig (hier bezeichnet als „handlungsfähig") und bei Bewusstsein sein (1. Spiegelstrich). Das Sterbeverlangen muss freiwillig und wohlüberlegt wiederholt abgegeben werden und es darf nicht das Ergebnis einer Druckausübung von außen (also z. B. aus dem Umfeld des Patienten) sein (2. Spiegelstrich). Überdies muss sich der Patient in einer medizinisch ausweglosen Situation und in einem fortlaufend unerträglichen Zustand physischen oder psychischen Leidens befinden. Dieses Leiden darf nicht gemildert werden können; das heißt, es muss schwer und unheilbar sein. Es muss das Resultat eines Unfalls oder einer Erkrankung sein (3. Spiegelstrich).

709 Moniteur Belge/Belgisch Staatsblad 12.06.2003, Ed. 2, S. 31821.

Kommt der Arzt dem Sterbeverlangen des Patienten nach, so muss er die vom Sterbehilfe-Gesetz vorgeschriebenen Bedingungen und Verfahren einhalten (letzte Zeile). Art. 3 § 1 enthält somit nicht die einzigen Voraussetzungen, die der Arzt beachten muss, wenn er Sterbehilfe leistet.

Art. 3 § 2 des Sterbehilfe-Gesetzes enthält zusätzliche Bedingungen für das ärztliche Handeln[710]:

> *„Sans préjudice des conditions complémentaires que le médecin désirerait mettre à son intervention, il doit, préalablement et dans tous les cas:*
>
> *1° informer le patient de son état de santé et de son espérance de vie, se concerter avec le patient sur sa demande d'euthanasie et évoquer avec lui les possibilités thérapeutiques encore envisageables ainsi que les possibilités qu'offrent les soins palliatifs et leurs conséquences. Il doit arriver, avec le patient, à la conviction qu'il n'y a aucune autre solution raisonnable dans sa situation et que la demande du patient est entièrement volontaire;*
>
> *2° s'assurer de la persistance de la souffrance physique ou psychique du patient et de sa volonté réitérée. A cette fin, il mène avec le patient plusieurs entretiens, espacés d'un délai raisonnable au regard de l'évolution de l'état du patient;*
>
> *3° consulter un autre médecin quant au caractère grave et incurable de l'affection, en précisant les raisons de la consultation. Le médecin consulté prend connaissance du dossier médical, examine le patient et s'assure du caractère constant, insupportable et inapaisable de la souffrance physique ou psychique. Il rédige un rapport concernant ses constatations.*
>
> *Le médecin consulté doit être indépendant, tant à l'égard du patient qu'à l'égard du médecin traitant et être compétent quant à la pathologie*

710 **Achtung:** Vorliegend wird die französische Textfassung des Art. 3 § 2 verwendet, weil die dt. Fassung nach Ansicht der Verf. einen Übersetzungsfehler enthält. Dt. Fassung zum Vergleich in: Moniteur Belge/Belgisch Staatsblad 12.06.2003, Ed. 2, S. 31821 f.

concernée. Le médecin traitant informe le patient concernant les résultats de cette consultation;

4° s'il existe une équipe soignante en contact régulier avec le patient, s'entretenir de la demande du patient avec l'équipe ou des membres de celle-ci;

5° si telle est la volonté du patient, s'entretenir de sa demande avec les proches que celui-ci désigne;

6° s'assurer que le patient a eu l'occasion de s'entretenir de sa demande avec les personnes qu'il souhaitait rencontrer."

Hiernach muss der behandelnde Arzt also in allen Fällen den Sterbewilligen zunächst umfassend über dessen Gesundheitszustand und Lebenserwartung informieren. Der Arzt muss sich mit dem Patienten über dessen Sterbeverlangen beraten und mit ihm andere denkbare Therapiemöglichkeiten wie auch die Möglichkeiten palliativer Versorgung erörtern. Beide müssen zu dem Schluss kommen, dass es keine Möglichkeiten mehr gibt, das Leiden des Patienten auf anderem Wege zu mildern. Ebenso muss sich der Arzt davon überzeugen, dass das Verlangen des Patienten tatsächlich freiwillig und ernsthaft ist (Nr. 1°). Auch an dieser Stelle fällt – wie beim niederländischen Gesetz – auf, dass es vom Gesetzeswortlaut her keine engere Verknüpfung zwischen dem Sterbeverlangen des Patienten und dem Tatentschluss des Arztes gibt.

Der behandelnde Arzt muss sich darüber hinaus der Fortdauer des physischen oder psychischen Leidens des Patienten und dessen wiederholten Willens versichern. Zu diesem Zweck führt er mit dem Patienten mehrere Gespräche, die in einem im Hinblick auf den Zustand des Patienten vernünftigen zeitlichen Abstand stattfinden (Nr. 2°). Wie in den Niederlanden wird auch in Belgien bisher ein existenzielles Leiden im Sinne einer Lebensmüdigkeit nicht als ausreichendes „Leiden" im Sinne des Sterbehilfe-Gesetzes angesehen[711].

Der behandelnde Arzt muss ferner einen anderen Arzt konsultieren, um sich des schweren und unheilbaren Charakters der Erkrankung seines Patienten zu versichern. Dieser andere Arzt muss unabhängig und entsprechend fachkundig sein. Er erhält Einblick in die

711 *Lewis*, S. 156.

Krankenakte und untersucht den sterbewilligen Patienten. Er muss sich ebenfalls des dauerhaften, unerträglichen und unheilbaren Leidens des Patienten versichern. Über die getroffenen Feststellungen muss der konsultierte Arzt einen Bericht abfassen (Nr. 3°). Ähnlich wie in den Niederlanden die „SCEN"-Ärzte existieren, gibt es inzwischen in Belgien das Netzwerk der „LEIF–artsen" („LEIF" = „Life End Information Forum"). Im Februar 2003 wurde in Flandern eine Plattform von ca. 200 Ärzten gegründet, die eine spezielle Ausbildung im Bereich „end-of-life care" haben und andere Ärzte entsprechend unterstützen[712].

Sofern ein Pflegeteam existiert, das mit dem sterbewilligen Patienten regelmäßig in Kontakt steht, muss sich der behandelnde Arzt mit diesem Team in Bezug auf das Sterbeverlangen des Patienten besprechen (Nr. 4°). Wenn es der Patient wünscht, so muss der behandelnde Arzt ferner das Sterbeverlangen des Patienten mit den Personen besprechen, die dieser ausgewählt hat (Nr. 5°). Der behandelnde Arzt muss sich außerdem dessen versichern, dass der sterbewillige Patient die Gelegenheit dazu hatte, sich bezüglich seines Sterbewunsches mit den Personen zu besprechen, die er (der Patient) zu treffen wünschte (Nr. 6°).

c) zwingende weitere Konsultation nach Art. 3 § 3

Nach Art. 3 § 3 des belgischen Sterbehilfe-Gesetzes muss der behandelnde Arzt weitere Bedingungen einhalten, sofern er der Meinung ist, dass der Tod des Patienten in Kürze nachweislich zunächst *nicht* eintreten wird. Hierzu gehört die Konsultation eines (weiteren) auf die betreffende Krankheit spezialisierten unabhängigen Arztes (Nr. 1°) sowie die Einhaltung eines Zeitraums von mindestens einem Monat zwischen dem schriftlichen Sterbeverlangen des Patienten und der tatsächlichen Leistung aktiver Sterbehilfe (Nr. 2°)[713].

Eine vergleichbare Regelung gibt es im niederländischen Gesetz nicht. Es ist weder vorgeschrieben, einen weiteren Arzt hinzuzuziehen, wenn der Patient noch nicht im Sterben liegt, noch gibt es einen zeitlichen Mindestabstand, der zwischen der Äußerung des Sterbever-

712 *Cohen-Almagor*, in: Issues in Law & Medicine, Vol. 24, Nr. 3, 2009, S. 211 f., S. 212 Fn. 138.

713 Moniteur Belge/Belgisch Staatsblad 12.06.2003, Ed. 2, S. 31822.

langens und der tatsächlichen Sterbehilfe-Leistung eingehalten werden muss.

d) zwingende schriftliche Fixierung des Sterbewillens nach Art. 3 § 4

Nach Art. 3 § 4 des belgischen Sterbehilfe-Gesetzes muss das Verlangen, getötet zu werden, vom Sterbewilligen schriftlich fixiert werden. Sollte er nicht dazu in der Lage sein, das Verlangen eigenhändig niederzuschreiben, kann er eine erwachsene Person seiner Wahl, die kein materielles Interesse an seinem Tod haben darf, bitten, dies für ihn zu tun. In diesem Fall muss ein Arzt bei der Niederschrift des Tötungsverlangens als Zeuge anwesend sein. Art. 3 § 4 legt außerdem fest, dass der Patient sein Sterbeverlangen jederzeit wiederrufen kann[714].

Damit ist es nach belgischem Recht *zwingend*, das Sterbeverlangen schriftlich zu fixieren. Nach dem niederländischen Recht reicht hingegen ein mündlich abgegebenes Sterbeverlangen aus; das heißt, dort gibt es keine Form-Vorschriften[715]. Die schriftliche Willenserklärung ist in den Niederlanden vielmehr für den Fall der Vorverfügung vorgesehen, das heißt, als Möglichkeit, den eigenen Sterbewillen für die Zeit der Äußerungsunfähigkeit abzugeben (siehe oben).

e) schriftliche Vorausverfügungen

Auch nach dem belgischen Sterbehilfe-Gesetz sind schriftliche Vorausverfügungen grundsätzlich möglich. Sie sind jedoch nur unter engeren Voraussetzungen als in den Niederlanden gestattet. Auffallend ist insbesondere, dass schriftliche Vorausverfügungen nach belgischem Recht nur eine begrenzte Gültigkeitsdauer haben (siehe sogleich).

aa) Grundsätzliches nach Art. 4 § 1

Nach Art. 4 § 1 kann der handlungsfähige Betroffene – und zwar sowohl ein Erwachsener als auch ein für mündig erklärter Minderjähriger – im Vorfeld unter Zeugen eine antizipierte Erklärung („déclaration anticipée") für den Fall verfassen, dass er seinen Willen nicht mehr

714 Moniteur Belge/Belgisch Staatsblad 12.06.2003, Ed. 2, S. 31822.

715 *Nys*, in: EJHL 2003, S. 245.

äußern kann (Art. 4 § 1 Abs. 1, 3). Er kann seinen Willen festhalten, dass ein Arzt ihm Sterbehilfe leisten soll, wenn dieser Arzt in der betreffenden Situation Folgendes feststellt:

- Der Patient hat ein schweres und unheilbares Leiden, das durch einen Unfall oder eine Krankheit hervorgerufen wurde,
- der Patient hat nunmehr das Bewusstsein verloren und
- die Situation, in der sich der Patient befindet, ist nach dem jetzigen Stand der Wissenschaft irreversibel[716].

Der Betroffene kann in seiner antizipierten Erklärung hierarchisch mehrere erwachsene Personen als Vertrauenspersonen festlegen, die den behandelnden Arzt vom Willen des Patienten in Kenntnis setzen. Derartige Vertrauenspersonen dürfen *nicht* sein: der behandelnde Arzt, der konsultierte Arzt sowie Mitglieder eines etwaigen Pflege-Teams (Art. 4 § 1 Abs. 2)[717].

Sofern der Betroffene körperlich dauerhaft nicht (mehr) dazu in der Lage ist, die Erklärung selbst abzufassen, kann für ihn gemäß Art. 4 § 1 jemand anders unter Zeugen die Erklärung schriftlich abfassen (Art. 4 § 1 Abs. 4). Die Erklärung muss dann genauere Informationen dazu enthalten, weswegen der Betroffene sie nicht selbst verfassen kann. Außerdem muss ihr ein Attest beigefügt werden, welches diese dauerhafte physische Unfähigkeit (zur eigenhändigen Abfassung der Erklärung) belegt (Art. 4 § 1 Abs. 4, 5)[718].

In jedem Fall darf die antizipierte Erklärung des Patienten nicht älter als fünf Jahre sein. Sie darf nur dann berücksichtigt werden, wenn zwischen ihrer Abfassung und dem Eintritt der Äußerungsunfähigkeit nicht mehr als fünf Jahre vergangen sind (Art. 4 § 1 Abs. 6). Überdies kann die Erklärung jederzeit widerrufen oder modifiziert werden (Art. 4 § 1 Abs. 7)[719].

Damit zeichnen sich hier zwei bedeutende Unterschiede zum niederländischen Recht ab: Zunächst dürfen nur Erwachsene und für mündig erkärte Minderjährige nach belgischem Recht ihr Sterbever-

716 Moniteur Belge/Belgisch Staatsblad 12.06.2003, Ed. 2, S. 31822.

717 Moniteur Belge/Belgisch Staatsblad 12.06.2003, Ed. 2, S. 31822; Hervorheb. der Verf.

718 Moniteur Belge/Belgisch Staatsblad 12.06.2003, Ed. 2, S. 31822.

719 Moniteur Belge/Belgisch Staatsblad 12.06.2003, Ed. 2, S. 31822.

langen zum Ausdruck bringen; das heißt, dies gilt auch im Rahmen von schriftlichen Vorausverfügungen. Während das niederländische Gesetz grundsätzlich bereits 12-Jährige mit berücksichtigt und 16 – 18-Jährigen sogar die volle Urteilsfähigkeit einräumt, ist das belgische Gesetz restriktiver. Denn es beschränkt sich auf Erwachsene und solche Minderjährige, die als erwachsen angesehen werden.

Ein weiterer Unterschied zwischen den Niederlanden und Belgien ist die in Belgien vorgesehene „Ablaufdauer" der schriftlichen Vorausverfügung. Diese ist nur dann gültig, wenn zwischen ihrer Abfassung und dem Eintritt der Äußerungsunfähigkeit noch nicht mehr als fünf Jahre vergangen sind. Damit „sichert" der belgische Gesetzgeber die Ärzteschaft insofern ab, als dass eine begrenzte Gültigkeitsdauer dazu führt, dass man immer wieder die Vorausverfügung erneuern muss und somit ein zeitlich halbwegs aktueller Sterbewille vorliegt. Die Festlegung auf eine Gültigkeitsdauer führt umgekehrt jedoch auch dazu, dass einem Patienten, der die Erneuerung der Verfügung vergisst, keine Sterbehilfe geleistet werden kann. Das gilt auch dann, wenn man seine mündlichen Äußerungen kennt und weiß, dass der Patient seinen Sterbewunsch bis zum Schluss aufrechterhalten hat[720].

bb) weitere Voraussetzungen nach Art. 4 § 2

Art. 4 § 2 des Sterbehilfe-Gesetzes legt die weiteren Voraussetzungen fest, unter denen ein Arzt im Falle einer erteilten antizipierten Vorausverfügung Sterbehilfe leisten darf. Zunächst muss der Arzt feststellen, dass der Patient ein schweres und unheilbares Leiden hat, das durch einen Unfall oder eine Krankheit hervorgerufen wurde. Festgestellt werden muss auch, dass der Patient nicht mehr bei Bewusstsein ist und dass dieser gesamte Zustand des Patienten nach dem jetzigen Stand der Wissenschaften irreversibel ist (Art. 4 § 2 Abs. 1)[721].

Die weiteren Voraussetzungen des Art. 4 § 2 ähneln den Bedingungen des oben besprochenen Art. 3 § 2, sind aber naturgemäß stärker darauf zugeschnitten, dass der Patient sich nicht mehr äußern

720 Krit. auch *Adams/Nys*, in: Euthanasia and Palliative Care, S. 18 f. Ob allerdings die dort auf S. 19 vorgeschlagene Lösung, statt der jetzigen Regelung eine 5-jährige Wirksamkeitsspanne zwischen der Abfassung der Vorausverfügung und der Bitte um Befolgung der Vorausverfügung aufzustellen, dem Einzelfall gerechter wird, bleibt fraglich.

721 Moniteur Belge/Belgisch Staatsblad 12.06.2003, Ed. 2, S. 31823.

kann und seinen Sterbewillen bereits im Vorfeld erklärt hat. Die weiteren Vorschriften lauten:

> *„Sans préjudice des conditions complémentaires que le médecin désirerait mettre à son intervention, il doit préalablement:*
>
> *1° consulter un autre médecin quant à l'irréversibilité de la situation médicale du patient, en l'informant des raisons de cette consultation. Le médecin consulté prend connaissance du dossier médical et examine le patient. Il rédige un rapport de ses constatations. Si une personne de confiance est désignée dans la déclaration de volonté, le médecin traitant met cette personne de confiance au courant des résultats de cette consultation.*
>
> *Le médecin consulté doit être indépendant à l'égard du patient ainsi qu'à l'égard du médecin traitant et être compétent quant à la pathologie concernée;*
>
> *2° s'il existe une équipe soignante en contact régulier avec le patient, s'entretenir du contenu de la déclaration anticipée avec l'équipe soignante ou des membres de celle-ci;*
>
> *3° si la déclaration désigne une personne de confiance, s'entretenir avec elle de la volonté du patient;*
>
> *4° si la déclaration désigne une personne de confiance, s'entretenir du contenu de la déclaration anticipée du patient avec les proches du patient que la personne de confiance désigne.*
>
> *La déclaration anticipée ainsi que l'ensemble des démarches du médecin traitant et leur résultat, y compris le rapport du médecin consulté, sont consignés régulièrement dans le dossier médical du patient."*[722]

Hiernach muss der behandelnde Arzt (also der, der ggf. die Sterbehilfe leistet), einen anderen Arzt im Hinblick auf den irreversiblen Zu-

722 **Achtung:** Hier gilt das Gleiche wie oben. Die dt. Übers. ist aus Sicht der Verf. nicht korrekt, bzw. sie ist dazu geeignet, Verwirrung hervorzurufen. Daher wurde die französische Fassung zitiert. Vgl. dt. Übers. in: Moniteur Belge/Belgisch Staatsblad 12.06.2003, Ed. 2, S. 31823.

stand des sterbewilligen Patienten konsultieren. Der aufgesuchte Arzt muss eine vom Patienten und vom behandelnden Arzt unabhängige Stellung haben und sich in dem betreffenden Krankheitsbild entsprechend auskennen. Der konsultierte Arzt muss sich Kenntnis von der Krankenakte verschaffen und den Patienten untersuchen. Sodann erstellt er einen Bericht über seine Feststellungen. Hat der Patient in seiner schriftlichen Vorausverfügung eine Vertrauensperson benannt, so setzt der behandelnde Arzt diese über die Konsultation in Kenntnis (Art. 4 § 2 Nr. 1°).

Sofern ein Pflegeteam existiert, das mit dem sterbewilligen Patienten regelmäßig in Kontakt steht bzw. gestanden hat, muss sich der behandelnde Arzt mit diesem Team in Bezug auf die vom Patienten erklärte Vorausverfügung besprechen (Art. 4 § 2 Nr. 2°). Sofern die schriftliche Erklärung des Patienten eine Vertrauensperson bestimmt, muss sich der behandelnde Arzt mit dieser über den Willen des Patienten austauschen (Art. 4 § 2 Nr. 3°). In diesem Fall muss der Arzt sich auch mit den von der Vertrauensperson ausgewählten nahen Angehörigen des Patienten über den Inhalt der schriftlichen Vorausverfügung austauschen (Art. 4 § 2 Nr. 4°). Das Gesetz sieht an dieser Stelle aber nicht etwa vor, dass die Vertrauenspersonen *für den Patienten* die Sterbehilfe einfordern können. Sie dienen vielmehr nur als eine Art Zeuge für die Ermittlung der Umstände für die vom Patienten abgefasste Verfügung. Die schriftliche Erklärung sowie die Gesamtheit der vom behandelnden Arzt unternommenen Schritte sind entsprechend in der Krankenakte zu hinterlegen (letzter Satz).

cc) Königlicher Erlass vom 27.04.2007 zur Registrierung der Vorausverfügungen

In Belgien gab es am 27.04.2007 auf Grundlage von Art. 4 § 1 Abs. 8 des Sterbehilfe-Gesetzes einen Königlichen Erlass, der die Registrierung von Vorausverfügungen regelte[723]. Nach Art. 1 Abs. 1 dieses Erlasses kann die Patientenverfügung bei der für den jeweiligen Verfü-

723 27 Avril 2007. – Arrêté royal réglant la façon dont la déclaration anticipée en matière d'euthanasie est enregistrée et est communiquée via les services du Registre national aux médecins concernés, in: Moniteur Belge/Belgisch Staatsblad, 07.06.2007, S. 30952 ff.; abrufbar unter <http://reflex.raadvst-consetat.be/reflex/pdf/Mbbs/2007/06/07/105060.pdf> (zuletzt abgerufen: 27.10.2012).

genden zuständigen Kommunalverwaltung registriert werden[724]. Dies gilt nach Art. 1 Abs. 3 auch für die Bestätigung, Änderung oder den Rückruf einer solchen Verfügung[725]. Art. 2 des Erlasses regelt, dass der Standesbeamte die zu registrierende Vorausverfügung in Empfang nehmen und die Identität der betroffenen Person, die ihm die Vorausverfügung zum Zwecke der Registrierung übergibt, überprüfen muss. Außerdem muss er sich davon überzeugen, dass die Vorausverfügung die formalen Anforderungen erfüllt[726].

Überdies legt Art. 7 § 1 des Erlasses fest, dass sich ein Arzt in dem Fall, in dem ein Patient äußerungsunfähig ist oder sich in einem Zustand befindet, wo ggf. auch Sterbehilfe geleistet werden könnte, beim *Service Publique* Fédéral (SPF) *Santé publique, Sécurité de la Chaîne alimentaire et Environnement* erkundigen muss, ob es von dem betreffenden Patienten bereits registrierte Vorausverfügungen gibt[727].

Schon die Berichterstatter weisen in ihrem zugehörigen Bericht darauf hin, dass es sich bei der Registrierungsmöglichkeit lediglich um eine fakultative Option handelt. Mit anderen Worten sei eine Patienten-/Vorausverfügung genauso wirksam, wenn von der Registrierungsmöglichkeit kein Gebrauch gemacht wurde[728]. Gerade weil es sich nur um eine fakultative Möglichkeit handelt, könne der jeweilige Arzt auch nicht erwarten, dass er bei entsprechender Anfrage viele Informationen zu seinem Patienten erhält[729].

Der königliche Erlass enthält auch keine Modifizierung zu der Frage, ob eine registrierte Vorausverfügung ggf. sogar länger gültig ist als eine nicht-registrierte[730]. Da aber Art. 4 § 1 Abs. 8 des belgischen Sterbehilfe-Gesetzes den belgischen König *nicht* dazu ermächtigt, die Vorschriften zur Wirksamkeit von Patientenverfügungen zu verändern[731], bleibt es bei der „allgemeinen" Vorschrift in Art. 4 § 1 Abs. 6,

724 Moniteur Belge/Belgisch Staatsblad, 07.06.2007, S. 30956.

725 Moniteur Belge/Belgisch Staatsblad, 07.06.2007, S. 30956.

726 Moniteur Belge/Belgisch Staatsblad, 07.06.2007, S. 30957.

727 Moniteur Belge/Belgisch Staatsblad, 07.06.2007, S. 30957.

728 Moniteur Belge/Belgisch Staatsblad, 07.06.2007, S. 30952.

729 Moniteur Belge/Belgisch Staatsblad, 07.06.2007, S. 30952.

730 Moniteur Belge/Belgisch Staatsblad, 07.06.2007, S. 30952 ff.

731 Vgl. Moniteur Belge/Belgisch Staatsblad 12.06.2003, Ed. 2, S. 31822. Dort steht lediglich:

wonach eine entsprechende Verfügung automatisch nach fünf Jahren ihre Wirksamkeit verliert und dann bestätigt werden muss.

f) Überprüfung der Sterbehilfe durch die Kontroll-Kommission

Nach den Artt. 5 ff. des belgischen Sterbehilfe-Gesetzes muss die Gewährung von Sterbehilfe von einer Kommission überprüft werden. Art. 5 sieht vor, dass der Arzt, der Sterbehilfe geleistet hat, diese binnen vier Werktagen der Kontroll-Kommission anzeigt:

> *„Ein Arzt, der Sterbehilfe geleistet hat, reicht binnen vier Werktagen das in Artikel 7 erwähnte Registrierungsdokument ordnungsgemäß ausgefüllt bei der in Artikel 6 des vorliegenden Gesetzes erwähnten Föderalen Kontroll- und Bewertungskommission ein.“*[732]

Damit findet auch in Belgien eine sog. *„after-the-fact-control“* durch eine entsprechende Kontroll-Kommission statt. Die Artt. 6 ff. des Sterbehilfe-Gesetzes regeln Näheres zu deren Einrichtung.

aa) Art. 6: Einrichtung der Kommission

Art. 6 § 1 des Sterbehilfe-Gesetzes legt die grundsätzliche Einrichtung der Kommission mit dem Titel *„Commission fédérale de contrôle et d'évaluation“* („Föderale Kontroll- und Bewertungskommission“) fest[733]. Nach Art. 6 § 2 besteht sie aus 16 Mitgliedern, die auf der Basis ihrer Kenntnisse der und Erfahrung mit den die Kommission betreffenden Materien ausgewählt werden. Hiervon sind wiederum acht Personen Mediziner und mindestens vier von diesen acht müssen Professoren an einer belgischen Hochschule sein. Vier weitere Mitglieder (dann sind wir bei 12 von 16) müssen Rechtsprofessoren an einer belgischen Hochschule oder Anwälte sein. Die vier restlichen Mitglieder müssen keinen bestimmten Beruf vorweisen, werden aber aus Berei-

---

„Der König bestimmt, auf welche Weise die Willenserklärung erstellt, registriert, bestätigt, zurückgezogen und durch die Dienste des Nationalregisters den betroffenen Ärzten mitgeteilt wird.“

732 Moniteur Belge/Belgisch Staatsblad 12.06.2003, Ed. 2, S. 31823.

733 Moniteur Belge/Belgisch Staatsblad 12.06.2003, Ed. 2, S. 31823.

chen ausgewählt, die mit unheilbar kranken Menschen zu tun haben. Somit weisen diese Mitglieder ebenfalls Fachkenntnisse auf[734].

Nach Art. 6 § 2 (Abs. 2) ist die Mitgliedschaft in der Kommission unvereinbar mit einem gleichzeitigen Mandat in einer Legislativversammlung (also z. B. im belgischen Parlament oder im Senat). Auch besteht eine Inkompatibilität, wenn man gleichzeitig der Bundesregierung, einer Gebiets- oder Bezirksregierung oder einer Gemeinderegierung angehört (ebenfalls Art. 6 § 2 Abs. 2)[735]. Art. 6 § 2 (Abs. 4) legt außerdem fest, dass die Kommission nur dann beschlussfähig ist, wenn mindestens zwei Drittel der Mitglieder anwesend sind[736].

bb) Artt. 7 und 8: Meldung der Sterbehilfe und Vorgehensweise der Kommission

Art. 8 des belgischen Sterbehilfe-Gesetzes schreibt die Vorgehensweise der Kommission bei der Untersuchung eines gemeldeten Sterbehilfe-Falles fest. Grundsätzlich erfolgt die Meldung von Sterbehilfe nämlich nach Art. 7 in anonymisierter Form. Das bedeutet, die Meldung besteht aus zwei getrennten Teilen. Im versiegelten Teil stehen unter anderem die Namen des Arztes und des Patienten; im nicht-versiegelten Teil werden die Umstände des Sterbehilfe-Falls selbst geschildert[737].

Nach Art. 8 (Abs. 1) geht die Kommission so vor, dass sie grundsätzlich zunächst nur den zweiten (nicht-anonymen) Teil der Sterbehilfe-Meldung prüft. Kommt sie zu dem Ergebnis, dass die Bedingungen des Sterbehilfe-Gesetzes möglicherweise nicht eingehalten wurden, so kann sie mit einfacher Mehrheit die Anonymität aufheben. Dann wird der versiegelte Teil der Sterbehilfe-Meldung geöffnet. Die Kommission kann sich in diesem Fall mit dem behandelnden Arzt in Verbindung setzen, um weitere Informationen (z. B. aus der Patientenakte) zu er-

734 Moniteur Belge/Belgisch Staatsblad 12.06.2003, Ed. 2, S. 31823.

735 Moniteur Belge/Belgisch Staatsblad 12.06.2003, Ed. 2, S. 31823. Hier wird Art. 6 § 2, 2. Abs. übersetzt mit: „Die Mitgliedschaft in der Kommission ist unvereinbar mit einem Mandat als Mitglied einer der gesetzgebenden Versammlungen und mit einem Mandat als Mitglied der Föderalregierung oder einer Gemeinschafts- oder Regionalregierung." Der Begriff „Gemeinschaftsregierung" ist aus Sicht der Verf. irreführend.

736 Moniteur Belge/Belgisch Staatsblad 12.06.2003, Ed. 2, S. 31823.

737 Moniteur Belge/Belgisch Staatsblad 12.06.2003, Ed. 2, S. 31823 f.

halten[738]. Kommt die Kommission letztendlich zu der Einschätzung, dass gegen das Sterbehilfe-Gesetz verstoßen wurde, so kann sie gemäß Art. 8 (Abs. 3) mit einer Mehrheit von zwei Dritteln beschließen, den Fall der zuständigen Staatsanwaltschaft zu übergeben[739].

g) Art. 14: kein Anspruch auf Sterbehilfe

Art. 14 des belgischen Sterbehilfe-Gesetzes beschäftigt sich zuvörderst mit der Frage, ob das Sterbeverlangen des Patienten zwingenden Charakter hat. Die Norm lautet:

> *„Die Bitte und die vorgezogene Willenserklärung, wie sie in den Artikeln 3 und 4 des vorliegenden Gesetzes vorgesehen sind, haben keinen zwingenden Charakter.*
>
> *Ein Arzt kann nicht gezwungen werden, Sterbehilfe zu leisten.*
>
> *Auch eine andere Person kann nicht gezwungen werden, sich an der Leistung von Sterbehilfe zu beteiligen.*
>
> *Wenn der zu Rat gezogene Arzt es ablehnt, Sterbehilfe zu leisten, muss er den Patienten oder die eventuelle Vertrauensperson rechtzeitig davon in Kenntnis setzen und dabei die Gründe für seine Ablehnung angeben. Beruht die ablehnende Haltung auf einem medizinischen Grund, muss dieser Grund in der medizinischen Akte des Patienten aufgezeichnet werden.*
>
> *Ein Arzt, der es ablehnt, einer Bitte um Sterbehilfe nachzukommen, ist verpflichtet, auf Anfrage des Patienten oder der Vertrauensperson dem vom Patienten oder von der Vertrauensperson angegebenen Arzt die medizinische Akte des Patienten zu übermitteln."*[740]

Im ersten Absatz des Art. 14 wird somit festgehalten, dass weder das schriftlich fixierte (aktuelle) Sterbeverlangen noch die schriftliche an-

738 Moniteur Belge/Belgisch Staatsblad 12.06.2003, Ed. 2, S. 31824.

739 Moniteur Belge/Belgisch Staatsblad 12.06.2003, Ed. 2, S. 31824. Der dort verwendete Ausdruck „Prokurator des Königs des Sterbeorts des Patienten" ist nach Ansicht der Verf. übersetzungstechnisch ungünstig gewählt.

740 Moniteur Belge/Belgisch Staatsblad 12.06.2003, Ed. 2, S. 31825.

tizipierte Erklärung (nach Artt. 3 und 4 des Gesetzes) zwingend sind. Das heißt, es besteht kein Anspruch auf die Gewährung von Sterbehilfe. In den Absätzen 2 und 3 wird klargestellt, dass niemand (also auch kein Arzt) dazu verpflichtet werden kann, Sterbehilfe zu gewähren oder an ihrer Ausführung teilzunehmen. Im belgischen Gesetz gibt es also – im Gegensatz zum niederländischen Gesetz – ein ausdrückliches Weigerungsrecht des Arztes. Allerdings kann nach dem oben Gesagten auch in den Niederlanden kein Arzt dazu gezwungen werden, Sterbehilfe zu leisten. Jedoch kann dort ggf. von ihm verlangt werden, dass er bei der Suche nach einem neuen Arzt behilflich ist.

Wenn der Arzt es ablehnt, Sterbehilfe zu leisten, ist er nach Art. 14 Abs. 4 des belgischen Gesetzes hingegen „nur" dazu gehalten, den Patienten oder dessen Vertrauensperson darüber zu informieren. Beruht die Ablehnung auf medizinischen Gründen, so ist dies in der Patientenakte festzuhalten. Lehnt ein Arzt das Sterbeverlangen eines Patienten ab, so muss er auf dessen Verlangen oder auf Verlangen der Vertrauensperson die Krankenakte an einen neu ausgewählten Arzt übermitteln (Art. 14 Abs. 5). Eine Vermittlungspflicht gibt es jedoch nicht.

3) Vereinbarkeit mit internationalem Recht

In Belgien hat es zwei Entscheidungen gegeben, die sich auf die Frage beziehen, ob das belgische Sterbehilfe-Gesetz mit internationalem Recht vereinbar ist. Der belgische *Conseil d'Etat* kommt in einer sehr umfangreichen Stellungnahme aus dem Jahre 2001 zu dem Ergebnis, dass das belgische Sterbehilfe-Gesetz (bzw. damals noch der Gesetzesvorschlag) weder gegen die EMRK noch gegen den IPbpR verstoße. Dabei äußert er sich allerdings sehr viel ausführlicher, als es die niederländische Regierung in ihren oben erwähnten FAQs macht [siehe unter a)].

Die Entscheidung der *Cour d'Arbitrage* aus dem Jahre 2004 fällt demgegenüber sehr viel kürzer aus, was wohl auch dem Umstand geschuldet ist, dass sie bereits den Ansatz des Klagebegehrens zurückweist [siehe unter b)].

a) *Avis* des *Conseil d'Etat* (2001)

Der belgische *Conseil d'Etat* (Staatsrat) wurde im März 2001 vom Präsidenten des belgischen Senats angerufen, um über das Sterbehilfe-Gesetz (damals noch in der Fassung des Gesetzesentwurfs) zu befinden. Am 02.07.2001 wurde die Stellungnahme („avis") des *Conseil d'Etat* veröffentlicht[741]. Zentrale Frage des Verfahrens ist nach Auffassung des Staatsrats, ob die im belgischen Sterbehilfe-Gesetz vorgesehenen Bestimmungen mit dem Recht auf Leben vereinbar seien[742]. Dabei konzentriert sich der Staatsrat auf die Artt. 2 EMRK und 6 IPbpR[743].

Der Staatsrat konstatiert unter Bezugnahme auf die Rechtsprechung des *EGMR*, dass das in Artt. 2 EMRK und 6 IPbpR enthaltene Prinzip, das Recht auf Leben zu schützen, dem Staat zunächst eine negative Verpflichtung auferlege: Er müsse es verbieten, dass ein menschliches Individuum seines Lebens beraubt werde (bis auf die Ausnahmefälle in Artt. 2 EMRK, 6 IPbpR)[744]. Den Staat treffe aber auch eine positive Verpflichtung aus dem Prinzip des Lebensschutzes: der Staat müsse nämlich die notwendigen Maßnahmen ergreifen, um das Leben von Menschen zu schützen, die seinem Hoheitsbereich unterfallen[745]. Diese positive Schutzverpflichtung stehe hier in Rede: Es sei die

741 Siehe oben: *Sénat de Belgique*, Session de 2000-2001, 02.07.2001, Dok.-Nr. 2-244/21, Proposition de loi relative à l'euthanasie, Avis du *Conseil d'Etat*, Az. 31.441/AV-AG und 31.442/AV-AG. Die folgenden Zitate und Quellenangaben stammen aus dem französischen Teil der **PDF-Version**. Eine Zusammenfassung des *Avis* findet sich auch in Doc. 10455, *Explanatory memorandum* von *Marty*, II., Appendix 2, Rdn. 17 ff. Hinweise auch bei *Griffiths/Weyers/Adams*, S. 289.

742 *Sénat de Belgique*, Avis du *Conseil d'Etat*, Az. 31.441/AV-AG und 31.442/AV-AG, S. 3, Rdn. 4.

743 *Sénat de Belgique*, Avis du *Conseil d'Etat*, Az. 31.441/AV-AG und 31.442/AV-AG, S. 3 ff., Rdn. 5 ff.

744 *Sénat de Belgique*, Avis du *Conseil d'Etat*, Az. 31.441/AV-AG und 31.442/AV-AG, S. 3, Rdn. 5.

745 *Sénat de Belgique*, Avis du *Conseil d'Etat*, Az. 31.441/AV-AG und 31.442/AV-AG, S. 3 f., Rdn. 5. Hier Bezugnahme auf *EGMR, L. C. B ./. United Kingdom*, § 36 sowie auf *EGMR, Osman*, § 115. Siehe *EGMR, L. C. B. ./. United Kingdom*, Urt. v. 09.06.1998, in: Reports of judgments and decisions, 1998-III, Nr. 76, S. 1390 ff. (1403, Rdn. 36):
„In this connection, the Court considers that the first sentence of Article 2 § 1 enjoins the State not only to refrain from the intentional and unlawful taking of

Frage, ob der Gesetzgeber durch die Schaffung eines Legalisierungsgesetzes für die Sterbehilfe seine positive Schutzverpflichtung verletzt[746].

Um diese positive Schutzpflicht gegenüber dem Recht auf Leben einzuhalten, müsse der Staat zunächst eine Gesetzgebung schaffen, die davor zurückschrecken lässt, Menschen zu gefährden oder gar zu schädigen. Eine solche Strafgesetzgebung müsse darüber hinaus einen gut durchdachten Mechanismus enthalten, um mögliche Verstöße zu verhüten, zu ahnden und zu bestrafen[747]. Es könne sogar sein, dass staatliche Stellen auch die Verpflichtung haben, aus praktischen Gründen dort präventive Maßnahmen zu ergreifen, wo das Leben eines Einzelnen durch die kriminellen Machenschaften anderer Menschen bedroht wird. Im Einzelfall könne die Obrigkeit sogar die Verpflichtung dazu haben, konkrete Maßnahmen zum Schutze eines Menschen

---

> *life, but also to take appropriate steps to safeguard the lives of those within its jurisdiction* [...].“

EGMR, Osman. ./. United Kingdom, Urt. v. 28.10.1998, in: Reports of judgments and decisions, 1998-VIII, Nr. 95, S. 3124 ff. (3159, Rdn. 115) übernimmt dies fast wortwörtlich.

746 *Sénat de Belgique*, Avis du *Conseil d'Etat*, Az. 31.441/AV-AG und 31.442/AV-AG, S. 4, Rdn. 5.

747 *Sénat de Belgique*, Avis du *Conseil d'Etat*, Az. 31.441/AV-AG und 31.442/AV-AG, S. 4, Rdn. 6. Hier Bezugnahme u. a. auf *EGMR, Osman*, Rdn. 115; *EGMR, Kilic* (eigentlich *Kılıç*) Rdn. 62, *EGMR*, Akkoç, Rdn. 77. Siehe *EGMR, Osman. ./. United Kingdom*, Urt. v. 28.10.1998, in: Reports of judgments and decisions, 1998-VIII, Nr. 95, S. 3159, Rdn. 115:

> „*The Court notes that the first sentence of Article 2 § 1 enjoins the State not only to refrain from the intentional and unlawful taking of life, but also to take appropriate steps to safeguard the lives of those within its jurisdiction* [...]. *It is common ground that the State's obligation in this respect extends beyond its primary duty to secure the right to life by putting in place effective criminal-law provisions to deter the commission of offences against the person backed up by law-enforcement machinery for the prevention, suppression and sanctioning of breaches of such provisions. It is thus accepted* [...] *that Article 2 of the Convention may also imply in certain well-defined circumstances a positive obligation on the authorities to take preventive operational measures to protect an individual whose life is at risk from the criminal acts of another individual. The scope of this obligation is a matter of dispute between the parties.*“

Fast wortgleich (bis auf den letzten Satz) auch *EGMR, Kılıç ./. Turkey*, Urt. v. 28.03.2000, in: Reports of judgments and decisions, 2000-III, S. 75 ff. (96), Rdn. 62; *ders., Akkoç ./. Turkey*, Urt. v. 10.10.2000, in: Reports of judgments and decisions, 2000-X, S. 389 ff. (417 f.), Rdn. 77.

vor sich selbst zu treffen[748]. Der *EGMR* habe dies anerkannt bei Personen, denen ihre Freiheit entzogen wurde und die sich deswegen in einer Situation der Verletzlichkeit befinden[749].

Infolgedessen könne die Obrigkeit auch Maßnahmen ergreifen, um die Möglichkeiten einer Selbstverstümmelung oder eines Suizids zu beschränken, ohne insofern in das Selbstbestimmungsrecht des Einzelnen einzugreifen[750]. Insofern hänge es nach Ansicht des *EGMR* von den Umständen des Einzelfalls ab, ob der Staat dazu berechtigt ist, entsprechende Schutz-Maßnahmen zu ergreifen[751].

Die Rechtsprechung des *EGMR* zeige insofern, dass die Bedeutung der dem Staat zufallenden Schutzverpflichtung in Bezug auf das Leben besonders unter Berücksichtigung des Selbstbestimmungsrechts interpretiert werden müsse. In diesem Zusammenhang müsse die Intensität des Willens des Betroffenen berücksichtigt werden. Insofern sei beispielsweise die Schutzverpflichtung des Staates sehr viel wichtiger, wenn der Einzelne außer Stande sei, für sich selbst zu entscheiden[752].

---

748 *Sénat de Belgique,* Avis du *Conseil d'Etat,* Az. 31.441/AV-AG und 31.442/AV-AG, S. 4, Rdn. 6. Hier ebenfalls Bezugnahme u. a. auf *EGMR, Osman,* Rdn. 115. Siehe schon oben: *EGMR, Osman ./. United Kingdom,* Urt. v. 28.10.1998, in: Reports of judgments and decisions, 1998-VIII, Nr. 95, S. 3159, Rdn. 115.

749 *Sénat de Belgique,* Avis du *Conseil d'Etat,* Az. 31.441/AV-AG und 31.442/AV-AG, S. 4, Rdn. 6 u. a. mit Hinweis auf *EGMR, Keenan,* Rdn. 90. Vgl. *EGMR, Keenan ./. United Kingdom,* Urt. v. 03.04.2001, in: Reports of judgments and decisions, 2001-III, S. 93 ff. (128 f.), Rdn. 89 ff. In diesem Fall hatte ein psychisch erkrankter Häftling Suizid begangen, siehe im Einzelnen S. 102 ff., Rdn. 8 ff.

750 *Sénat de Belgique,* Avis du *Conseil d'Etat,* Az. 31.441/AV-AG und 31.442/AV-AG, S. 4, Rdn. 6.

751 *Sénat de Belgique,* Avis du *Conseil d'Etat,* Az. 31.441/AV-AG und 31.442/AV-AG, S. 4, Rdn. 6 mit Verweis auf *EGMR, Keenan,* Rdn. 91. Vgl. *EGMR, Keenan ./. United Kingdom,* Urt. v. 03.04.2001, in: Reports of judgments and decisions, 2001-III, S. 128 ff., Rdn. 89 ff.

752 *Sénat de Belgique,* Avis du *Conseil d'Etat,* Az. 31.441/AV-AG und 31.442/AV-AG, S. 4, Rdn. 6 mit Hinweis auf *EGMR, Herczegfalvy,* § 82. Siehe *EGMR, Herczegfalvy ./. Austria,* Urt. v. 24.09.1992, in: Publications of the European Court of Human Rights, Series A: Judgments and Decisions, Vol. 244, S. 25 f., Rdn. 82:

„The Court considers that the position of inferiority and powerlessness which is typical of patients confined in psychiatric hospitals calls for increased vigilance in reviewing whether the Convention has been complied with. While it is for the

In Bezug auf das belgische Sterbehilfe-Gesetz heiße dies nach Ansicht des *Conseil d'Etat* nun Folgendes: Es sei im Grunde keine Frage danach, unter welchen Umständen der Einzelne sein Recht auf Leben aufgeben könne. Es sei keine Frage des Rechtsverzichts, wenn ein Einzelner die staatlichen Autoritäten von ihrer Pflicht entbinde, ein bestimmtes Recht zu respektieren oder gar zu schützen. Hierdurch verlören eine Einmischung oder eine Enthaltung seitens des Staates – was man normalerweise als Verletzung des betreffenden Rechts ansähe – genau diese Qualifikation der Rechtsverletzung. Nichtsdestotrotz sei es schwierig, zu erkennen, auf welches Recht eine Person verzichtet, wenn sie eine bestimmte Handlung (also z. B. auch Sterbehilfe[753]) erbittet. Die Tatsache, dass eine Person um Sterbehilfe bittet, bedeute nicht, dass sie auf das Recht verzichtet, ihr Leben zu schützen bzw. schützen zu lassen. Es scheine vielmehr so zu sein, dass diese Person tatsächlich ihr Recht ausübt, indem sie die Grenzen des Rechtsschutzes selbst setzt[754].

Dem *Conseil d'Etat* geht es also um Folgendes: Wenn man um Sterbehilfe bittet, verzichtet man nicht auf sein Recht auf Leben. Vielmehr übt man dieses Recht aktiv aus und definiert die Grenzen der Schutzpflicht, die der Staat in Bezug auf dieses Recht hat. Man zeigt dem Staat dadurch, dass man ab einem bestimmten Punkt von ihm nicht mehr geschützt werden will. Damit entbindet man den Staat gleichzeitig von der Verpflichtung, das eigene Leben weiter zu schützen – eine Verpflichtung, die er unter normalen Umständen noch hätte.

Insofern stellt der *Conseil d'Etat* fest, dass weder Artt. 2 EMRK noch 6 IPbpR dem Staat die Verpflichtung auferlegen, das Leben des

---

medical authorities to decide, on the basis of the recognised rules of medical science, on the therapeutic methods to be used, if necessary by force, to preserve the physical and mental health of patients who are entirely incapable of deciding for themselves and for whom they are therefore responsible, such patients nevertheless remain under the protection of Article 3, whose requirements permit of no derogation.
The established principles of medicine are admittedly in principle decisive in such cases; as a general rule, a measure which is a therapeutic necessity cannot be regarded as inhuman or degrading. The Court must nevertheless satisfy itself that the medical necessity has been convincingly shown to exist."

753 Anm. der Verf.

754 *Sénat de Belgique*, Avis du *Conseil d'Etat*, Az. 31.441/AV-AG und 31.442/AV-AG, S. 5, Rdn. 7.

Einzelnen unter allen Umständen auch dann zu schützen, wenn dies dem Willen des Betroffenen widerspricht. Eine anderslautende Interpretation würde bedeuten, dass die internationalen Menschenrechtsverträge die Schutzverpflichtungen des Staates zum Hauptinhalt hätten und die Rechtsgarantien für die Bürger vielmehr nur eine untergeordnete Bedeutung hätten[755]. Der *Conseil d'Etat* drückt damit aus, dass es der Sinn von Menschenrechtsverträgen wie der EMRK und dem IPbpR ist, als wichtigstes Ziel und wichtigster Inhalt die Menschenrechte zu schützen. Die Frage nach staatlichen Schutzverpflichtungen stellt sich erst im Anschluss – z. B. dann, wenn ein Menschenrecht anders nicht ausgeübt werden kann. Dreht man diese Reihenfolge aber um, so unterläuft man das System eines Menschenrechtsvertrags. Insofern bemerkt auch der *Conseil d'Etat*, dass eine solche umgedrehte Interpretation dem Prinzip, welches der Anerkennung der Menschenrechte zu Grunde liege, zuwider laufe, nämlich dass jeder Einzelne fundamentale und unveräußerliche Rechte besitze. Gerade weil diese Rechte einen solchen Charakter haben, sei der Staat gehalten, sie zu respektieren und zu schützen[756]. Außerdem steche die Tatsache heraus, dass keiner der genannten Artikel dem Staat die Pflicht auferlege, das Leben als solches zu schützen. Es gebe vielmehr nur die Verpflichtung, das *Recht* auf Leben zu schützen. Dies verdeutliche ein weiteres Mal das Prinzip, dass man die konkrete Situation berücksichtigen müsse, in der sich der Einzelne befindet. Erst dann könne man entscheiden, ob – und ggf. wenn ja, welche – Schutzmaßnahmen ergriffen werden müssen[757].

Im Folgenden greift der *Conseil d'Etat* wieder auf, dass man die staatliche Schutzverpflichtung aus dem Recht auf Leben insbesondere mit dem Selbstbestimmungsrecht des Einzelnen abwägen müsse. Aus menschenrechtlicher Sicht bedeute dies, dass die staatliche Schutzverpflichtung (die aus Artt. 2 EMRK, 6 IPbpR folgt) zum Einen abgewogen werden müsse mit dem Recht des Einzelnen, vor unmenschlichen oder degradierenden Behandlungen geschützt zu werden (dieses folgt

755 *Sénat de Belgique,* Avis du *Conseil d'Etat,* Az. 31.441/AV-AG und 31.442/AV-AG, S. 5, Rdn. 7.

756 *Sénat de Belgique,* Avis du *Conseil d'Etat,* Az. 31.441/AV-AG und 31.442/AV-AG, S. 5, Rdn. 7.

757 *Sénat de Belgique,* Avis du *Conseil d'Etat,* Az. 31.441/AV-AG und 31.442/AV-AG, S. 5, Rdn. 7.

aus Artt. 3 EMRK, 7 IPbpR), sowie zum Anderen auch mit dem Recht des Einzelnen auf Achtung seiner körperlichen und geistigen Integrität (welches aus dem Recht auf Achtung des Privatlebens resultiert, Artt. 8 EMRK, 17 IPbpR)[758]. Allerdings gäben weder die EMRK noch der IPbpR vor, wie ein solcher Konflikt zu lösen sei[759]. Die Lösung bewegt sich also *Marty* zufolge in einer Art Dreieck zwischen Artt. 2, 3 und 8 EMRK[760].

Der *Conseil d'Etat* weist sodann darauf hin, es sei eines der entscheidenden Charakteristika der Sterbehilfe-Diskussion, dass darin schwierige und fundamentale ethische Fragen auftauchen. Infolgedessen müsse man sich zwischen verschiedenen ethischen Konzeptionen entscheiden[761]. In Bezug auf die Frage, *wer* diese Entscheidung treffen muss, beruft sich der *Conseil d'Etat* auf eine Entscheidung der *EKMR* zum norwegischen Abtreibungsrecht, in der sich die Kommission dem norwegischen *Supreme Court* angeschlossen habe[762].

Danach sei es keine gerichtliche Aufgabe, eine Entscheidung darüber zu treffen, ob die vom Gesetzgeber bei der Annahme des *Act on Termination of Pregnancy* getroffene gesetzliche Lösung die Beste sei. Sowohl unter den Richtern wie auch innerhalb der Gesellschaft gebe es in diesem Punkt unterschiedliche Auffassungen. Es sei Aufgabe des

758 *Sénat de Belgique,* Avis du *Conseil d'Etat,* Az. 31.441/AV-AG und 31.442/AV-AG, S. 5, Rdn. 8 m. w. N.

759 *Sénat de Belgique,* Avis du *Conseil d'Etat,* Az. 31.441/AV-AG und 31.442/AV-AG, S. 5, Rdn. 8 mit Verweis auf *EKMR, X ./. Deutschland,* Az. 10565/83, § 1. Dieser Verweis eignet sich jedoch nur bedingt, weil die *EKMR* in dem damaligen Verfahren in Bezug auf einen hungerstreikenden Inhaftierten lediglich den Konflikt zwischen dem Recht des Einzelnen auf körperliche Integrität sowie den aus Art. 2 EMRK resultierenden Schutzpflichten benannte und hierzu ausführte, dass die EMRK selbst diesen Konflikt nicht löse. Siehe *EKMR, X ./. Federal Republic of Germany,* Az.: 10565/83, Entscheidung über die Zulässigkeit vom 09.05.1984, S. 8, Rdn. 1.

760 Doc. 10455, *Explanatory memorandum* von *Marty,* II., Appendix 2, Rdn. 17.

761 *Sénat de Belgique,* Avis du *Conseil d'Etat,* Az. 31.441/AV-AG und 31.442/AV-AG, S. 5 f., Rdn. 8.

762 *Sénat de Belgique,* Avis du *Conseil d'Etat,* Az. 31.441/AV-AG und 31.442/AV-AG, S. 6, Rdn. 8; Hervorhebung der Verf. Hier Hinweis auf *EKMR, Hercz,* Rdn. 1. Siehe *EKMR, Hercz ./. Norway,* Entscheidung über die Zulässigkeit v. 19.05.1992, in: Yearbook of the European Convention on Human Rights, Vol. 35, 1992, S. 53 ff. (59 f.).

Gesetzgebers und liege in seiner Verantwortung, eine „Aussöhnung" zwischen widerstreitenden Interessen herbeizuführen. Die Gerichte müssten infolgedessen die vom Gesetzgeber getroffene Entscheidung respektieren und könnten sich nicht einfach an seine Stelle setzen[763].

Zur Frage, ob das norwegische Gesetz mit Art. 2 EMRK vereinbar sei, urteilte die Kommission in dem norwegischen Abtreibungsfall, dass „[...]assuming that the Convention may be considered to have some bearing in this field, the Commission finds that in such a delicate area the Contracting States must have a certain discretion."[764]. Die *EKMR* stellte hier fest, dass die Abtreibungsgesetze einzelner Staaten erheblich voneinander abweichen. Hieran soll sich die EMRK orientieren, so dass Staaten nach Ansicht der *EKMR* in einem solch umstrittenen Bereich ein gewisses Ermessen haben[765].

Damit sei es dem belgischen *Conseil d'Etat* zufolge auch bei der Sterbehilfe nach der EMRK Sache des Staates, in Ausübung seines Ermessensspielraums den Konflikt zwischen verschiedenen (ethischen oder politischen) Ansichten zu lösen. Dies gelte also auch, wenn der Staat beurteilen muss, ob er Sterbehilfe unter Strafe stellt oder nicht. Die Richter müssten insofern den Beurteilungs- und Ermessensspielraum („margin of appreciation" / „pouvoir d'appréciation") des Gesetzgebers berücksichtigen und könnten sich nicht einfach an seine Stelle setzen[766].

In der Ausübung seines Ermessensspielraumes könne der Gesetzgeber dem *Conseil d'Etat* zufolge daher zu der Einschätzung kommen, dass man den Suizid oder die Bitte um Sterbehilfe nicht tolerieren müsse. Gleichsam würde in diesem Fall ein Verbot von Sterbehilfe nicht als Verstoß gegen die staatliche Schutzpflicht angesehen, das

---

763 *Sénat de Belgique,* Avis du *Conseil d'Etat,* Az. 31.441/AV-AG und 31.442/AV-AG, S. 6, Rdn. 8. Siehe *EKMR, Hercz ./. Norway,* Entscheidung v. 19.05.1992, in: Yearbook of the European Convention on Human Rights, Vol. 35, 1992, S. 60.

764 *EKMR, Hercz ./. Norway,* Entscheidung über die Zulässigkeit v. 19.05.1992, in: Yearbook of the European Convention on Human Rights, Vol. 35, 1992, S. 60; Doc. 10455, *Explanatory memorandum* von *Marty,* II., Appendix 2, Rdn. 19.

765 Vgl. *EKMR, Hercz ./. Norway,* Entscheidung über die Zulässigkeit v. 19.05.1992, in: Yearbook of the European Convention on Human Rights, Vol. 35, 1992, S. 60.

766 *Sénat de Belgique,* Avis du *Conseil d'Etat,* Az. 31.441/AV-AG und 31.442/AV-AG, S. 6, Rdn. 8. Siehe auch Doc. 10455, *Explanatory memorandum* von *Marty,* II., Appendix 2, Rdn. 20.

Recht auf Leben zu schützen[767]. Unter der Bedingung, dass jemand trotz des Verbotes in Würde sterben könne, würde ein Sterbehilfe-Verbot auch nicht gegen das Verbot der unmenschlichen Behandlung (Art. 3 EMRK) verstoßen[768].

So oder so sei der Beurteilungsspielraum des Gesetzgebers nach Ansicht des *Conseil d'Etat* aber nicht unbeschränkt. Denn die staatliche Schutzverpflichtung gegenüber dem Recht auf Leben bringe es mit sich, dass (auch) dem Gesetzgeber im Rahmen seines Ermessensspielraums Grenzen auferlegt werden[769]. Infolgedessen untersucht der *Conseil d'Etat* nun die einzelnen Regelungen des belgischen Sterbehilfe-Gesetzes, um festzustellen, ob die Grenzen des gesetzgeberischen Spielraumes eingehalten wurden[770].

Zunächst einmal berühre die partielle Legalisierung der Sterbehilfe nicht den ansonsten geltenden strafrechtlichen Lebensschutz. Das heißt, die grundsätzliche Strafbarkeit von Mord und Totschlag, bzw. auch von fahrlässiger Tötung, werde überhaupt nicht angetastet[771]. In diesem Zusammenhang weist der *Conseil d'Etat* in der Fußnote[772] auf

767 *Sénat de Belgique,* Avis du *Conseil d'Etat,* Az. 31.441/AV-AG und 31.442/AV-AG, S. 6, Rdn. 8 mit Verweis auf *EKMR, Adler*. Siehe *EKMR, Adler ./. Deutschland,* Entscheidung über die Zulässigkeit v. 04.10.1989, Az. 13371787: Dort hatte die Kommission entschieden, dass die Weigerung des Gefängnispersonals, dem Beschwerdeführer Mittel zum Suizid bereitzustellen, nicht gegen die EMRK verstoße. Denn der Staat könne sich gegen eine solche Bitte weigern. Eine weitere Begründung der Kommission fehlt jedoch. Abrufbar ist die Entscheidung unter: <http://cmiskp.echr.coe.int/tkp197/view.asp?action=html&documentId=673054&portal=hbkm&source=externalbydocnumber&table=F69A27FD8FB86142BF01C1166DEA398649> (zuletzt abgerufen: 27.10.2012).

768 *Sénat de Belgique,* Avis du *Conseil d'Etat,* Az. 31.441/AV-AG und 31.442/AV-AG, S. 6, Rdn. 8.

769 *Sénat de Belgique,* Avis du *Conseil d'Etat,* Az. 31.441/AV-AG und 31.442/AV-AG, S. 6, Rdn. 8.

770 *Sénat de Belgique,* Avis du *Conseil d'Etat,* Az. 31.441/AV-AG und 31.442/AV-AG, S. 7 ff., Rdn. 9 ff.

771 *Sénat de Belgique,* Avis du *Conseil d'Etat,* Az. 31.441/AV-AG und 31.442/AV-AG, S. 7, Rdn. 9.1.

772 *Sénat de Belgique,* Avis du *Conseil d'Etat,* Az. 31.441/AV-AG und 31.442/AV-AG, S. 7, Rdn. 9.1., Fn. 1.

die Entscheidung der *EKMR Widmer*, § 1 (1993)[773] hin: Hiernach sei es ausreichend, wenn man die fahrlässige Tötung unter Strafe stellt, welche aus der Abwesenheit von Vorsorgemaßnahmen resultiert, die die Umstände des Falles oder die persönliche Situation des Betroffenen erfordert hätten. Insofern könne man nicht einer nationalen Gesetzgebung den Vorwurf machen, Art. 2 EMRK sei verletzt, wenn diese Gesetzgebung keine gesonderte Bestrafung für die passive Sterbehilfe vorsieht[774]. Durch diese Bezugnahme bringt der *Conseil d'Etat* zum Ausdruck, dass die grundsätzliche Unter-Strafe-Stellung von Tötungsdelikten sowie die partielle Freigabe einzelner Sterbehilfe-Formen getrennt voneinander betrachtet werden müssen. Das heißt, auch der grundsätzliche Lebensschutz durch das Strafrecht wird von einer partiellen Legalisierung nicht angetastet. Nur weil der Gesetzgeber nicht alle denkbaren Tötungsformen und Fälle unter Strafe stellt, kann man ihm (noch) nicht den Vorwurf machen, er verletze seine Schutzpflichten aus Art. 2 EMRK.

Außerdem bemerkt der *Conseil d'Etat*, dass die Straffreiheit für Sterbehilfe nur unter besonderen, in den Artt. 3 und 4 des Sterbehilfe-Gesetzes eng definierten Umständen, gelte. Aus Gründen öffentlicher Ordnung beschränke das belgische Sterbehilfe-Gesetz die Möglichkeit, ungestraft jeglicher Sterbehilfe-Bitte Folge zu leisten[775]. Indem nämlich ansonsten das Tötungsverbot aufrechterhalten wird, wird der staatlichen Schutzverpflichtung Rechnung getragen, effiziente Mittel zur Abschreckung einzusetzen, um Angriffe auf das Lebensrecht zu verhindern[776]. Darüber hinaus gelte die Straffreiheit nur für Fälle, in denen der Betroffene bewusst seinen Sterbewunsch geäußert und diesen bis zu seinen Tod auch nicht geändert habe[777]. Für den Fall des in einer Patientenverfügung vorab erklärten Sterbewillens bemerkt der

773 *EKMR, Widmer ./. Suisse*, Az.: 20527/92, 10.02.1993, En droit, Rdn. 1.

774 *Sénat de Belgique*, Avis du *Conseil d'Etat*, Az. 31.441/AV-AG und 31.442/AV-AG, S. 7, Rdn. 9.1., Fn. 1. Siehe *EKMR, Widmer ./. Suisse*, Az.: 20527/92, 10.02.1993, En droit, Rdn. 1. Weiter unten wird *Widmer* noch besprochen.

775 *Sénat de Belgique*, Avis du *Conseil d'Etat*, Az. 31.441/AV-AG und 31.442/AV-AG, S. 7, Rdn. 9.1.

776 *Sénat de Belgique*, Avis du *Conseil d'Etat*, Az. 31.441/AV-AG und 31.442/AV-AG, S. 7, Rdn. 9.1.

777 *Sénat de Belgique*, Avis du *Conseil d'Etat*, Az. 31.441/AV-AG und 31.442/AV-AG, S. 7, Rdn. 9.2., m. w. N.

Conseil d'Etat, dass die Sterbehilfe nur dann zulässig sei, wenn ein dauerhafter und rechtsgültig erklärter Wille des Betroffenen vorliegt[778]. Damit hänge die Zulässigkeit der Sterbehilfe auch in diesem Fall von einem rechtsgültig geäußerten dauerhaften Sterbewunsch des Betroffenen ab[779]. Insofern macht der *Conseil d'Etat* hier noch einmal deutlich, dass die Freigabe der aktiven Sterbehilfe nur partiell erfolgt. An Hand dieser Argumentationsschritte stellt er das Kriterium des Verlangens, also der entsprechenden Willensäußerung, in den Vordergrund. Damit verdeutlicht er, dass die aktive Sterbehilfe überhaupt nur bei einem entsprechenden Verlangen zulässig ist.

Insgesamt lasse sich nach Auffassung des *Conseil d'Etat* daher sagen, dass die Möglichkeit der Sterbehilfe (und somit auch deren Straffreiheit) nur in diesen Ausnahmefällen greift; das heißt, dann, wenn der Patient ausdrücklich und in Kenntnis seiner Situation um die Sterbehilfe gebeten hat. Unter diesem Gesichtspunkt erachte er daher die entsprechenden Regelungen als mit Artt. 2 EMRK und 6 IPbpR vereinbar[780].

Danach widmet sich der *Conseil d'Etat* dem einzuhaltenden Verfahren bei der Leistung von Sterbehilfe. In Anbetracht der in Art. 3 §§ 2, 3 des belgischen Gesetzes vorgeschriebenen Schritte merkt der Staatsrat an:

> *„Il semble que suffisamment de garanties soient ainsi mises en place pour assurer qu'il ne soit accédé à une demande de fin de vie qu'entouré de la prudence nécessaire."*[781]

Damit erachtet der *Conseil d'Etat* die im Gesetz vorgeschriebenen Schritte für ausreichend, um zu garantieren, dass einem Sterbeverlangen nur mit der nötigen Vorsicht nachgekommen werde. Gleiches gelte auch für die Möglichkeit, einem in einer Patientenverfügung nieder-

778 *Sénat de Belgique*, Avis du *Conseil d'Etat*, Az. 31.441/AV-AG und 31.442/AV-AG, S. 7 f., Rdn. 9.2.

779 *Sénat de Belgique*, Avis du *Conseil d'Etat*, Az. 31.441/AV-AG und 31.442/AV-AG, S. 8, Rdn. 9.2.

780 *Sénat de Belgique*, Avis du *Conseil d'Etat*, Az. 31.441/AV-AG und 31.442/AV-AG, S. 8, Rdn. 9.2.

781 *Sénat de Belgique*, Avis du *Conseil d'Etat*, Az. 31.441/AV-AG und 31.442/AV-AG, S. 8, Rdn. 9.3.

gelegten Sterbewunsch nachzukommen[782]. Dabei betont der Staatsrat insbesondere die Anforderung, dass die Vorausverfügung in jedem Fall vor Zeugen abgefasst werden müsse. Dies reiche aus, um zu garantieren, dass die Vorverfügung tatsächlich den Wunsch des Betroffenen ausdrücke[783]. Damit genügten nach Ansicht des Staatsrats alle diese Vorschriften den Anforderungen, die aus dem Schutz des Rechts auf Leben folgen[784].

Gleiches gelte dem *Conseil d'Etat* zufolge auch für die nachträgliche Kontrolle („contrôle automatique a posteriori") des Sterbehilfe-Falles durch die entsprechende Kommission. Die Existenz des entsprechenden Kontroll-Mechanismus begründe eine zusätzliche Garantie, die es erlaubt, zu gewährleisten, dass die Sterbehilfe nur in den vom Gesetz definierten Fällen geleistet wird. In diesem Punkt erfülle das Gesetz die staatliche Verpflichtung zum Schutze des Lebens in ausreichendem Maße[785].

Im Übrigen greife das Tätigwerden der Kontroll-Kommission nicht in die Kompetenz der Strafverfolgungsbehörden ein, ggf. auch eigene Ermittlungen von Amts wegen oder auf Grund einer Strafanzeige einzuleiten, wenn sich beispielsweise Personen, die dem Verstorbenen nahestehen, an sie wenden[786]. Damit sieht der Staatsrat die Kontroll-Kommission nur als Ergänzung, nicht aber als Ersetzung der Strafverfolgungsbehörden an. Denn diese können in jedem Fall unabhängig von der Kontroll-Kommission im konkreten Sterbehilfe-Fall ermitteln. Allerdings merkt der *Conseil d'Etat* an dieser Stelle nicht an, *ob* man mit einem Einschreiten seitens der Strafverfolgungsbehörden rechnet oder ob man – in Anlehnung an die niederländische Entwicklung – nicht vielmehr damit rechnet, dass die Strafverfolgungsbehör-

782 *Sénat de Belgique,* Avis du *Conseil d'Etat,* Az. 31.441/AV-AG und 31.442/AV-AG, S. 8, Rdn. 9.3.

783 *Sénat de Belgique,* Avis du *Conseil d'Etat,* Az. 31.441/AV-AG und 31.442/AV-AG, S. 8, Rdn. 9.3.

784 *Sénat de Belgique,* Avis du *Conseil d'Etat,* Az. 31.441/AV-AG und 31.442/AV-AG, S. 8, Rdn. 9.3.

785 *Sénat de Belgique,* Avis du *Conseil d'Etat,* Az. 31.441/AV-AG und 31.442/AV-AG, S. 9, Rdn. 9.4.

786 *Sénat de Belgique,* Avis du *Conseil d'Etat,* Az. 31.441/AV-AG und 31.442/AV-AG, S. 9, Rdn. 9.4.

den dann nicht eingreifen, wenn auch die Kontroll-Kommission keinen Gesetzesverstoß festgestellt hat[787].

Zusammenfassend urteilt der *Conseil d'Etat*, dass sich das belgische Sterbehilfe-Gesetz trotz der Tatsache, dass es eine Begrenzung des Lebensrechtsschutzes – so wie er gegenwärtig in Übereinstimmung mit den geltenden Gesetzen besteht – vorsieht, noch in den Grenzen bewegt, die dem staatlichen Ermessensspielraum von den Artt. 2 EMRK, 6 IPbpR auferlegt werden. Mit anderen Worten verstoße das belgische Sterbehilfe-Gesetz nicht gegen die EMRK und auch nicht gegen den IPbpR[788].

b) Entscheidung der *Cour d'Arbitrage* (2004)

Der belgische ehemalige Schiedshof *Cour d'Arbitrage*, jetzt *Constitutional Court*[789], entschied 2004 über die Klage auf Nichtigerklärung des Sterbehilfe-Gesetzes von der VoG[790] *Jurivie* und der VoG *Pro Vita*[791]. Die klagenden Parteien führten in diesem Verfahren an, das Sterbehilfe-Gesetz vom 28. Mai 2002 schaffe hinsichtlich des Rechts auf Leben eine Diskriminierung zwischen den in den Artt. 3 und 4 des Sterbehilfe-Gesetzes genannten Personen und den Personen, die eine körperliche und geistige Unversehrtheit genießen würden. Hierdurch greife das Gesetz in Art. 2 EMRK ein. Denn nach Art. 2 EMRK dürften Patienten im Sinne der Artt. 3 und 4 des Sterbehilfe-Gesetzes nicht anders behandelt werden als „normale" / gesunde Patienten[792].

---

787 Insofern ist der Absatz zu dieser Problematik denkbar knapp gehalten, siehe *Sénat de Belgique*, Avis du *Conseil d'Etat*, Az. 31.441/AV-AG und 31.442/AV-AG, S. 9, Rdn. 9.4.: „En outre, la proposition ne porte pas atteinte à la compétence des autorités judiciaires d'ouvrir une enquête d'office ou sur la plainte, par exemple, des proches de la personne décédée".

788 *Sénat de Belgique*, Avis du *Conseil d'Etat*, Az. 31.441/AV-AG und 31.442/AV-AG, S. 9, Rdn. 10.

789 *Griffiths/Weyers/Adams*, S. 291 (Fn. 50).

790 VoG = Vereinigung ohne Gewinnerzielungsabsicht; Anm. der Verf.

791 *Cour d'Arbitrage*, Urt. Nr. 4/2004, 14.01.2004, Geschäftsverzeichnisnummer 2587, zu finden über das Suchmenü auf <http://www.const-court.be/> und über <http://www.const-court.be/public/d/2004/2004-004d.pdf> (beide zuletzt abgerufen: 27.10.2012). Hinweis auch bei *Griffiths/Weyers/Adams*, S. 291.

792 *Cour d'Arbitrage*, Urteil Nr. 4/2004, 14.01.2004, Geschäftsverzeichnisnummer 2587, Rdn. A.2.1., S. 3, Rdn. B.3.1., S. 11.

Die klagenden Parteien begründeten diese Auffassung damit, dass das Recht auf Leben zur öffentlichen Ordnung gehöre und das grundlegendste Recht überhaupt sei. Denn ohne dieses Recht könne man gar nicht in den Genuss anderer EMRK-Rechte kommen[793]. Gemeint ist damit, dass die klagenden Parteien das Recht auf Leben als Grund-Voraussetzung überhaupt ansahen. Sofern diese Grund-Voraussetzung aus ihrer Sicht durch die Möglichkeiten des Sterbehilfe-Gesetzes gefährdet wird (weil man sich nach dem Gesetz ja töten lassen kann), werde in Art. 2 EMRK eingegriffen, weil kranke und gesunde Personen nicht mehr auf dieselbe Weise geschützt werden[794]. Vielmehr spiegele das Gesetz nach Ansicht der klagenden Parteien die Selbstbestimmung nur vor; das heißt, die kranken und leidenden Personen könnten ihr Selbstbestimmungsrecht gar nicht frei ausüben, weil sie durch ihre Krankheit, die Intervention Dritter oder Druck von außen eingeschränkt würden[795].

Nach Ansicht der Kläger stünden der Leidensdruck und der desolate Zustand des Patienten konträr zum Selbstbestimmungsgrundsatz. In einem entsprechenden Zustand „verfüge der Patient oft nicht mehr über seinen freien Willen und werde zu einer Last für die anderen"[796]. Außerdem werde der Grundsatz der Autonomie „völlig aufs Spiel gesetzt durch die Intervention Dritter (Ärzte, Ethiker usw.) oder durch etwaigen Druck seitens der Familie bei der Entscheidung für die Anwendung der Sterbehilfe"[797]. Im Übrigen dürfe man

> *„nicht ausschließen, dass finanziellen Überlegungen oder der Notwendigkeit zur Freistellung eines Bettes und nicht dem Autonomiegrund-*

793 *Cour d'Arbitrage,* Urteil Nr. 4/2004, 14.01.2004, Geschäftsverzeichnisnummer 2587, Rdn. A.2.1., S. 3.

794 So kann man die Argumentation der klagenden Parteien wohl am ehesten deuten. Vgl. *Cour d'Arbitrage,* Urteil Nr. 4/2004, 14.01.2004, Geschäftsverzeichnisnummer 2587, Rdn. A.2.1., S. 3.

795 *Cour d'Arbitrage,* Urteil Nr. 4/2004, 14.01.2004, Geschäftsverzeichnisnummer 2587, Rdn. A.2.1., S. 3; Rdn. B.3.1., S. 11.

796 *Cour d'Arbitrage,* Urteil Nr. 4/2004, 14.01.2004, Geschäftsverzeichnisnummer 2587, Rdn. A.2.2., S. 3; Rdn. B.3.1., S. 11.

797 *Cour d'Arbitrage,* Urteil Nr. 4/2004, 14.01.2004, Geschäftsverzeichnisnummer 2587, Rdn. A.2.2., S. 3; Rdn. B.3.1., S. 11.

satz Vorrang eingeräumt werde und man schließlich ein verzerrtes Bild aller Formen des Schutzes, die im Gesetz vorgesehen sind, erhalte."[798]

Die Kläger waren ferner der Meinung, dass durch die Legalisierung der Sterbehilfe den Bürgern eine bestimmte Ansicht aufgedrängt werde. Hierdurch würden der Mensch und das menschliche Leben einer Bewertung ausgesetzt[799]. Es fände somit eine „Diskriminierung zwischen den Individuen, die geistig und körperlich unversehrt seien und die das Recht auf Leben genössen, und den Individuen, die, niedergestreckt durch Krankheit, Verzweifelung und Leiden, im Namen eines entgleisten Autonomiegrundsatzes nicht länger das Recht auf Leben hätten", statt[800]. Insofern sahen die Kläger die Gefahren des Missbrauchs eröffnet und nahmen auch einen Verstoß gegen die positiven Schutzverpflichtungen aus Art. 2 EMRK an[801].

Außerdem führten die Kläger an,

„man könne sich nicht auf Art. 3 [EMRK] *berufen, um das Gesetz über die Sterbehilfe zu rechtfertigen, da er sich nicht auf die durch eine Krankheit verursachten unmenschlichen Leiden, sondern auf die durch eine öffentliche oder private Person herbeigeführten unmenschlichen Behandlungen beziehe."*[802]

Der Gerichtshof warf in seiner Entscheidung den klagenden Parteien vor, dass sie so argumentieren, als ob „sie voraussetzen, daß jeder, der nicht mehr weiterleben wolle, notwendigerweise urteilsunfähig sei"[803], und sie nicht die vielen Garantien berücksichtigen, „die in den Bestimmungen des angefochtenen Gesetzes festgelegt sind, um zu gewähr-

798 *Cour d'Arbitrage*, Urteil Nr. 4/2004, 14.01.2004, Geschäftsverzeichnisnummer 2587, Rdn. A.2.2., S. 3; Rdn. B.3.1., S. 11.

799 *Cour d'Arbitrage*, Urteil Nr. 4/2004, 14.01.2004, Geschäftsverzeichnisnummer 2587, Rdn. A.2.3., S. 3.

800 *Cour d'Arbitrage*, Urteil Nr. 4/2004, 14.01.2004, Geschäftsverzeichnisnummer 2587, Rdn. A.2.3., S. 3.

801 *Cour d'Arbitrage*, Urteil Nr. 4/2004, 14.01.2004, Geschäftsverzeichnisnummer 2587, Rdn. A.2.3., S. 3.

802 *Cour d'Arbitrage*, Urteil Nr. 4/2004, 14.01.2004, Geschäftsverzeichnisnummer 2587, Rdn. A.3.2.2., S. 4.

803 *Cour d'Arbitrage*, Urteil Nr. 4/2004, 14.01.2004, Geschäftsverzeichnisnummer 2587, Rdn. B.3.3., S. 12.

leisten, daß eine Person, die ihren Willen unter den Bedingungen der Artikel 3 und 4 ausdrückt, dies in absoluter Freiheit tut."[804] Nach Ansicht des Gerichts leiteten die Kläger aus Art. 2 EMRK „keine Argumente ab, die zu einer anderen Einschätzung führen"[805], so dass die Klage als unbegründet zurückgewiesen wurde[806].

c) Zusammenfassung und Beurteilung der genannten Entscheidungen

In beiden Entscheidungen zeigen die belgischen Organe, dass sie das Sterbehilfe-Gesetz als mit der EMRK – bzw. im Falle des *Avis* des *Conseil d'Etat* auch als mit dem IPbpR – vereinbar ansehen. Hervorgehoben wird von Beiden insbesondere, dass das belgische Gesetz die notwendigen Garantien vorsehe, um einen Verstoß gegen die staatliche Verpflichtung zum Schutze menschlichen Lebens zu verhindern.

Der belgische *Conseil d'Etat* führt in seinem umfangreichen *Avis* aus, dass die aus den Artt. 2 EMRK und 6 IPbpR resultierenden Schutzpflichten durch die Schaffung des belgischen Sterbehilfe-Gesetzes nicht verletzt werden.

Ein Unterschied zu der vom *Conseil d'Etat* erwähnten Rechtsprechung des *EGMR* besteht darin, dass beispielsweise in der Entscheidung *Keenan*[807] diskutiert wurde, ob der Staat in einem besonderen Gewaltverhältnis wie der Strafhaft nicht zu einem noch stärkeren Lebensschutz verpflichtet ist. In *Keenan* stellte der *EGMR* fest, dass der Gefängnisleitung von Seiten des Art. 2 EMRK nicht der Vorwurf gemacht werden konnte, in Bezug auf die Betreuung des Gefangenen *Keenan* versagt zu haben. *Keenan* war umfassend medizinisch betreut und untersucht worden. Es gab keine Anzeichen dafür, dass er sich in einem schlechten mentalen Zustand befand und ggf. Suizid begehen könnte. Daher habe es zu dieser Zeit keine weitergehende Kontroll-

---

804 *Cour d'Arbitrage*, Urteil Nr. 4/2004, 14.01.2004, Geschäftsverzeichnisnummer 2587, Rdn. B.3.3., S. 12 f.

805 *Cour d'Arbitrage*, Urteil Nr. 4/2004, 14.01.2004, Geschäftsverzeichnisnummer 2587, Rdn. B.3.4., S. 13.

806 *Cour d'Arbitrage*, Urteil Nr. 4/2004, 14.01.2004, Geschäftsverzeichnisnummer 2587, Rdn. B.4., S. 13.

807 Vgl. *EGMR, Keenan ./. United Kingdom*, Urt. v. 03.04.2001, in: Reports of judgments and decisions, 2001-III, S. 93 ff.

oder Vorsorgepflicht der Verantwortlichen gegeben, z. B. zusätzlich alle 15 Minuten die Gefängniszelle von *Keenan* zu kontrollieren. Selbst die Tatsache, dass vor dem Suizid der Ton der Alarmanlage ausgestellt worden war und nur der Alarm via Licht funktionierte, wurde den Verantwortlichen nicht angelastet. *Keenan* hatte vor dem Suizid noch den Alarmknopf in seiner Zelle gedrückt, so dass ein Lichtalarm ausgelöst wurde und man darauf hin seine Zelltür öffnete und ihn fand[808]. Im Rahmen einer derart besonderen Situation wie einer Strafhaft ist also danach zu fragen, ob die Verantwortlichen auf Grund des Freiheitsentzuges besondere Fürsorgepflichten für ihre Gefangenen haben. Das ist eine ganz andere Situation als bei der Sterbehilfe. Denn dort gibt es solche Fürsorgepflichten in aller Regel nicht, das heißt, der Sterbewillige steht nicht unter Aufsicht einer anderen Person.

In diesem Zusammenhang interpretiert der *Conseil d'Etat* die Schutzpflicht in Bezug auf das Recht auf Leben unter Berücksichtigung des Selbstbestimmungsrechts. Wenn jemand um Sterbehilfe bittet, dann übt er tatsächlich das Recht aus, sein Leben schützen zu lassen und zwar dahingehend, dass er die Grenzen dieses rechtlichen Schutzes selbst setzt. Als Rechtsinhaber definiert man also die Grenzen der Schutzpflicht selbst. Das heißt, man zeigt dem Staat, dass man ab einem bestimmten Punkt nicht mehr von ihm geschützt werden will und man entbindet ihn (den Staat) somit auch von dieser Schutzverpflichtung.

Eine staatliche Pflicht, das Leben des Einzelnen unter allen Umständen auch dann zu schützen, wenn der Betroffene dies nicht will, gibt es hingegen nicht. Darüber hinaus geht es bei den Artt. 2 EMRK, 6 IPbpR nur um die staatliche Pflicht, das *Recht* auf Leben zu schützen. Der Staat muss also die konkrete Situation des Betroffenen berücksichtigen und kann erst dann entscheiden, ob er Schutzmaßnahmen ergreifen muss (z. B. weil der Betroffene sein Lebensrecht gar nicht ausüben kann).

Es ist daher Aufgabe des Gesetzgebers, das Recht auf Leben insbesondere mit dem Selbstbestimmungsrecht des Einzelnen abzuwägen. Der Staat hat einen Beurteilungsspielraum bei dieser Aufgabe. Diesen hat ein Gericht zu respektieren. Das heißt, es kann sich nicht

808 Vgl. *EGMR, Keenan ./. United Kingdom*, Urt. v. 03.04.2001, in: Reports of judgments and decisions, 2001-III, S. 108, Rdn. 41 f. zu den relevanten Fallumständen sowie S. 130, Rdn. 99 zur rechtlichen Würdigung.

einfach selbst an die Stelle des Gesetzgebers setzen und ggf. eine zu liberale Regelung „kippen". Das Gericht kann die gesetzlichen Regelungen vielmehr nur darauf hin untersuchen, ob die aus den staatlichen Schutzverpflichtungen resultierenden Grenzen dieses Beurteilungsspielraums eingehalten wurden.

Konkret in Bezug auf das belgische Sterbehilfe-Gesetz heißt das:

- Das belgische Gesetz tastet den grundsätzlich auch weiter bestehenden strafrechtlichen Lebensschutz nicht an.
- Die lediglich partielle Legalisierung einzelner Verhaltensweisen verletzt die staatliche Verpflichtung zum Lebensschutz noch nicht allein auf Grund der Legalisierung.
- Die aktive direkte Sterbehilfe ist nach dem belgischen Gesetz überhaupt nur unter bestimmten Umständen zulässig.
- Zentral ist dabei der Sterbewille des Patienten. Ohne diesen darf die Sterbehilfe überhaupt nicht geleistet werden.
- Nur weil jemand an einer Krankheit leidet, ist er nicht in seiner Selbstbestimmung beeinträchtigt. Das Selbstbestimmungsrecht besteht uneingeschränkt fort. Es kann auch im Falle der Sterbehilfe über entsprechende gesetzliche Mechanismen abgesichert werden. Das belgische Sterbehilfe-Gesetz gewährleistet diese Absicherung.
- Das belgische Gesetz enthält ferner genügend Garantien, um die Verpflichtung zum Lebensschutz abzusichern. Namentlich sind dies z. B. die Abfassung der Vorausverfügung unter Zeugen sowie die Einrichtung des nachträglichen Kontroll-Mechanismus durch die entsprechende Kontroll-Kommission.
- Aufgrund dieser engen Voraussetzungen und umfassenden Garantien liegt auch kein Verstoß gegen Artt. 2 EMRK oder 6 IPbpR vor.

4) Vergleich Niederlande - Belgien

Obwohl sich das niederländische und das belgische Gesetz im Ergebnis ähnlich sind (insbesondere weil sie beide eine Legalisierung vornehmen), bestehen bezüglich einzelner Regelungen und besonders in

Anbetracht des Gesetzgebungs-„Hintergrunds" bedeutende Unterschiede.

a) Hintergrund der Gesetze

In den Niederlanden stellt das Sterbehilfe-Gesetz die gesetzliche Verankerung dessen dar, was schon längere Zeit von staatlicher und gesellschaftlicher Seite her akzeptiert und praktiziert wurde. Schon früh wurden von der Rechtsprechung Sorgfaltskriterien entwickelt, nach denen ggf. Sterbehilfe geleistet werden könnte. Diese Sorgfaltskriterien haben in das niederländische Sterbehilfe-Gesetz Eingang gefunden. Auch wurde schon früh anerkannt, dass sich ein Sterbehilfe leistender Arzt in einer Art Notstand oder Pflichtenkollision befindet. Es wurde daher nach Möglichkeiten gesucht, den Arzt straffrei zu stellen, wie die *Alkmaar*-Entscheidung von 1984 zeigt. Somit kam es in den Niederlanden bereits Ende der 1980er Jahre zu einer faktischen Legalisierung. Insofern war die grundsätzliche Frage – nämlich ob aktive Sterbehilfe überhaupt erlaubt sein sollte – in den Niederlanden schon zu diesem Zeitpunkt geklärt.

Infolgedessen konzentrierte man sich in den Niederlanden in den 1990er Jahren darauf, wie die Kontrolle der aktiven Sterbehilfe gewährleistet werden konnte. In dieser Zeit wurde auch das Meldeverfahren für Ärzte ausgearbeitet. In der zweiten Hälfte der 1990er Jahre erfolgte die Einrichtung der *Regional Review Committees*, also der Kontroll-Kommissionen für Fälle von aktiver Sterbehilfe. Diese Kommissionen dienten als Puffer zwischen den Ärzten und den Strafverfolgungsbehörden. Sie nahmen damit dem Staat die strafrechtliche Prüfung gemeldeter Sterbehilfe-Fälle zumindest im Vorfeld ab. Hierdurch wurde in gewisser Weise auch die Aufgabe der Strafverfolgungsbehörden, eine mögliche Strafbarkeit zu ermitteln, auf die Kontroll-Komitees übertragen. Denn wenn die Komitees den Strafverfolgungsbehörden meldeten, der Arzt habe sich an die allgemein anerkannten Sterbehilfe-Kriterien gehalten, wurde meistens nicht weiter ermittelt. In der Praxis wurde somit ein Verfahren entwickelt und angewendet, das bis dato keine strafgesetzliche, sondern „nur" eine bestattungsrechtliche Grundlage hatte. Dennoch wurde es akzeptiert. Damit klafften die bestehende Strafrechtslage und die tatsächliche Praxis erheblich auseinander. Erst durch das Sterbehilfe-Gesetz von 2002 erkannte der Gesetzgeber die etablierte Sterbehilfe-Praxis auch strafrechtlich an.

Das belgische Gesetz hat keinen vergleichbaren Hintergrund wie das niederländische. Im Unterschied zu den Niederlanden fand die aktive Sterbehilfe in Belgien bis zum Jahr 2002 im Verborgenen statt. Man wusste, dass es sie gab, aber es hatte nie ein den Niederlanden vergleichbares *case law* gegeben. Somit gab es bis dato auch keine vergleichbare Akzeptanz wie in den Niederlanden. Man konnte in Belgien nicht einmal abschätzen, wie z. B. Gerichte auf das Argument der Pflichtenkollision bzw. des Notstands reagieren würden.

Bis zur eigentlichen Legalisierung war also die grundsätzliche Frage, ob aktive Sterbehilfe überhaupt zulässig sein sollte, in Belgien noch gar nicht geklärt. In diesem Zusammenhang spielten offenbar die belgischen Christdemokraten eine erhebliche Rolle, weil sie eine lange Zeit die Versuche, sich der Sterbehilfe rechtlich zu nähern, konsequent blockierten. Insofern hatten sowohl in den 1980er als auch in den 1990er Jahren die verschiedenen Gesetzentwürfe belgischer Abgeordneter einfach keinerlei Chance.

Die belgische Entwicklung ist daher auch von einem beispiellosen Aufsehen gekennzeichnet. So vergingen nach dem Kolloquium *„Bioethics in the 1990s"* im Jahre 1987 noch gut zehn Jahre, bis ein Bioethik-Komitee seine Arbeit begann. Als dieses *Advisory Committee on Bioethics* (*Beratender Bioethik-Ausschuss*) im Jahre 1997 mit mehreren Vorschlägen, die auf die aktive Sterbehilfe zugespitzt waren, an die Öffentlichkeit trat, hätte man eine ausreichende Grundlage gehabt, um die rechtliche Verankerung von Sterbehilfe zu diskutieren. Die Vorschläge des *Advisory Committees* enthielten zum Teil Elemente, die später im eigentlichen Sterbehilfe-Gesetz verwendet wurden. Stattdessen wurde die vom *Advisory Committee* angestoßene Diskussion jäh wieder gestoppt, als ein Teil der Sozialisten den Fokus der Diskussion plötzlich als zu eng gefasst ansah. Dies wurde insbesondere deswegen als Bruch wahrgenommen, weil es bereits eine informelle Vereinbarung gegeben hatte, wonach ein Gesetzentwurf hätte formuliert werden sollen.

Auch nach einem weiteren Turnus von Wahlen im Jahre 1999 nahm der Gesetzgebungsprozess in Belgien nur langsam Formen an. Es war bis dato z. B. noch nicht einmal geklärt, ob die aktive Sterbehilfe grundsätzlich gesetzlich erlaubt werden oder lediglich Rechtfertigungsmöglichkeiten für den behandelnden Arzt festgeschrieben werden sollten. Infolgedessen gab es weitere politische Differenzen und überraschende Schritte wie die Anrufung des *Conseil d'Etat* durch den

Senatspräsidenten im März 2001, bis das belgische Gesetz schlussendlich verabschiedet wurde und in Kraft treten konnte.

Der Hintergrund für die Gesetzgebung in den Niederlanden und in Belgien ist also sehr unterschiedlich. *Nys* weist ebenfalls darauf hin, dass das niederländische Gesetz zum Ziel habe, bereits bestehende und durchgeführte Praktiken zu kodifizieren, während das belgische Gesetz darauf abziele, das ärztliche Verhalten bei der Beendigung des Lebens ihrer Patienten zu modifizieren[809]. Insofern weisen auch *Adams/Nys* auf den Unterschied hin, dass man sich beim niederländischen Gesetz auf eine große Anzahl von *case law* und rechtlicher Lehrmeinungen berufen könne, wenn man das Gesetz interpretiert. Hingegen sei dies beim belgischen Gesetz nicht möglich, so dass man bei der Interpretation des belgischen Gesetzes sehr viel mehr Vorsicht walten lassen müsse, vor allem, weil es den parlamentarischen Debatten manchmal an Klarheit gefehlt habe[810].

Auffällig ist in diesem Zusammenhang insbesondere auch, dass das belgische Gesetz – im Unterschied zum niederländischen – keine richtige Präambel enthält, die Ziel und Zweck des Gesetzes näher darlegt[811]. Demgegenüber enthält das niederländische Gesetz in seiner Präambel die klare Aussage, dem Arzt in strafrechtlicher Hinsicht Immunität verschaffen zu wollen.

Die Entwicklung in den Niederlanden wirkt demzufolge im Unterschied zu der belgischen Entwicklung wesentlich pragmatischer. Es ist eine Orientierung an der bereits etablierten Praxis zu erkennen. Demgegenüber erscheint das Geschehen in Belgien sehr viel kontroverser und teilweise politisch stark instrumentalisiert. Insgesamt ist die belgische Entwicklung sehr von Überraschungsmomenten und unvorhergesehenen Aktionen gekennzeichnet, die den Legalisierungsprozess eindeutig verzögert haben. Insbesondere die Anrufung des belgischen Staatsrates im Jahre 2001 durch den Senatspräsidenten hätte das Gesetz am Ende auch zu Fall bringen können. Etwas Vergleichbares hat es hingegen in den Niederlanden nie gegeben.

---

809 *Nys*, in: EJHL 2003, S. 240. Ebenso *Adams/Nys*, in: Euthanasia and Palliative Care, S. 6.

810 *Adams/Nys*, in: Euthanasia and Palliative Care, S. 6 f.

811 Siehe Moniteur Belge/Belgisch Staatsblad 12.06.2003, Ed. 2, S. 31821.

b) Definition der aktiven Sterbehilfe

Dem niederländischen wie dem belgischen Gesetz ist gemein, dass beide die aktive Sterbehilfe definieren als die vorsätzliche Beendigung des Lebens eines anderen Menschen auf dessen Verlangen hin. Allerdings vermeidet das niederländische Gesetz die Verwendung des Begriffs „euthanasie", während das belgische Gesetz ausdrücklich „Loi relative à l'euthanasie" heißt und den Begriff „euthanasie" bzw. „Sterbehilfe" (in der deutschen Fassung) auch im Gesetzestext selber verwendet. Dennoch haben beide Gesetze in Bezug auf die aktive Sterbehilfe den gleichen Anwendungsbereich, weil im niederländischen Gesetz deutlich wird, dass die Beendigung des Lebens auf Verlangen des Sterbewilligen letztlich nichts anderes ist als das, was das belgische Gesetz als „euthanasie" deklariert[812].

c) Straffreiheit nur für Ärzte

Beide Gesetze stellen *nicht* grundsätzlich die von jedermann begehbare Tötung auf Verlangen straffrei. Vielmehr zielen sie nur darauf ab, das Handeln eines *Arztes* ggf. nicht als strafbar anzusehen. In beiden Staaten ist somit die Eigenschaft, Arzt zu sein und als solcher zu handeln, eine Art besonderes persönliches strafbefreiendes Merkmal. Auf Nicht-Ärzte sind die Vorschriften der Sterbehilfe-Gesetze daher schon gar nicht anwendbar. Die aktive Tötung auf Verlangen, die von Nicht-Ärzten begangen wird, ist also in beiden Staaten weiterhin strafbar.

Ein Unterschied besteht *Nys* zufolge darin, dass das belgische Gesetz nicht explizit klar stellt, um was für eine nicht-begangene Straftat es sich handelt, wenn der Arzt Sterbehilfe gemäß dem belgischen Gesetz leistet. Hingegen werde die konkrete Straftat (oder eben Nicht-Straftat) im niederländischen Gesetz genannt. Dies sei vor allem deshalb bemerkenswert, weil es in Belgien nie einen gesonderten Privilegierungstatbestand für die Tötung auf Verlangen gab, während dieser im niederländischen Strafrecht existiert habe[813].

Ferner unterscheiden sich die Gesetze in Belgien und in den Niederlanden gegenüber § 216 StGB und Art. 114 chStGB insofern, als dass Letztere nur als Privilegierungsnormen ausgestaltet ist. Das heißt,

812 *Nys*, in: EJHL 2003, S. 240 f.

813 *Nys*, in: EJHL 2003, S. 242. Ebenso *Adams/Nys*, in: Euthanasia and Palliative Care, S. 12.

der Strafrahmen ist bei einer Tötung auf Verlangen in Deutschland und in der Schweiz schon von Gesetzes Wegen her milder als bei einer Tötung *ohne* Verlangen bzw. *gegen* den Willen des Getöteten. Strafbar macht man sich aber dennoch. In Belgien und den Niederlanden wird das Handeln des Arztes hingegen als gerechtfertigt und somit straffrei angesehen. Dies ist aber auch der weitere große Unterschied: Während die deutsche und die Schweizer Privilegierungen auf jedermann anwendbar sind, gelten die Rechtfertigungsmöglichkeiten nach dem belgischen und niederländischen Recht eben *nur für den Arzt*. Damit ist auch der Ansatz an sich unterschiedlich: Das deutsche und das Schweizer Strafrecht gehen davon aus, dass die Tötung auch im Falle des erteilten Verlangens strafbar ist. Dennoch kann jeder von der Privilegierung profitieren, wenn er auf Verlangen eines Anderen diesen getötet hat. Umgekehrt haben sich die Niederlande und Belgien dazu entschlossen, die Tötung auf Verlangen nicht generell straffrei zu stellen, sondern nur im Falle des Handelns durch einen Arzt. Damit ist der Anwendungsbereich der belgischen und niederländischen Normen von vorne herein sehr viel kleiner als bei § 216 StGB oder Art. 114 chStGB.

d) Voraussetzungen für die Straffreiheit

aa) Vergleich der einzelnen Voraussetzungen

Das niederländische Gesetz fordert für eine Straffreiheit der aktiven Sterbehilfe, dass

- ein freiverantwortliches, wohlüberlegtes Verlangen des Patienten vorliegt, das auch mündlich abgegeben werden kann, sofern der Patient noch äußerungsfähig ist,
- der Patient ein aussichtsloses und unerträgliches Leiden hat,
- der Arzt den Patienten über seine Situation entsprechend informiert hat,
- Arzt und Patient der Auffassung sind, dass es keinen anderen Ausweg als die Leistung aktiver Sterbehilfe gibt,
- der behandelnde Arzt mindestens einen anderen Kollegen um Rat gefragt hat und

- der behandelnde Arzt die Sterbehilfe medizinisch sorgfältig durchgeführt hat.

Das belgische Gesetz fordert für eine Straffreiheit der aktiven Sterbehilfe im Wesentlichen Folgendes:

- Der Patient muss volljährig oder für mündig erklärt, handlungsfähig sowie zum Zeitpunkt seines Sterbeverlangens bei Bewusstsein sein,
- das Sterbeverlangen muss freiwillig, wohlüberlegt und wiederholt abgegeben werden,
- das Sterbeverlangen darf nicht durch äußeren Druck zustande gekommen sein,
- das Sterbeverlangen muss freiwillig und ernsthaft sein, wovon sich der Arzt überzeugen muss,
- das Sterbeverlangen muss grundsätzlich schriftlich abgegeben werden,
- der Patient muss sich in einer medizinisch ausweglosen Situation und in einem fortlaufend unerträglichen Zustand physischen oder psychischen schweren und unheilbaren Leidens befinden, welches Resultat eines Unfalls oder einer Erkrankung ist,
- der Arzt muss den Patienten über seine Situation entsprechend informiert haben,
- beide müssen zu dem Schluss gekommen sein, dass es keine andere Möglichkeit als die aktive Sterbehilfe gibt,
- der Arzt muss sich des fortdauernden Leidens des Patienten dadurch versichern, dass er mit diesem mehrere Gespräche in bestimmten zeitlichen Abständen führt,
- der Arzt muss mindestens einen anderen Kollegen um Rat fragen, bevor er Sterbehilfe leistet,
- zwischen dem Sterbeverlangen und der Leistung der Sterbehilfe muss mindestens ein Monat liegen, sofern nicht der Todeseintritt kurz bevor steht.

Vergleicht man diese Grund-Voraussetzungen beider Gesetze miteinander, so fällt auf, dass das belgische Gesetz deutlich formalisierter ist und mehr ins Detail geht. Beide Gesetze stellen auf die Freiverantwortlichkeit des Sterbeverlangens ab. Jedoch wird dies vom belgischen Gesetz dahingehend ergänzt, dass das Verlangen nicht das Resultat einer Druckausübung „von außen" sein darf. In beiden Gesetzestexten fehlt aber der Hinweis darauf, inwiefern das Verlangen des Patienten den Tatentschluss beim Arzt hervorgerufen haben muss.

Darüber hinaus betont das belgische Gesetz, dass der Arzt sich während der Behandlungszeit und vor der Sterbehilfe-Leistung rückversichern muss, ob das Verlangen des Patienten noch dem entspricht, was er ursprünglich geäußert hat. Eine solche Voraussetzung fehlt im niederländischen Gesetzeswortlaut. Ein weiterer Unterschied besteht darin, dass nach belgischem Recht grundsätzlich zwischen dem Verlangen und der Sterbehilfe-Leistung mehr als ein Monat Zeit vergehen muss, sofern sich der Patient nicht tatsächlich in der terminalen Phase einer Krankheit befindet. Das niederländische Gesetz enthält eine solche Regelung nicht.

Überdies sind die Anforderungen an den Gesundheitszustand des Patienten unterschiedlich beschrieben: Im niederländischen Gesetz wird ein aussichtsloses und unerträgliches Leiden gefordert. Im belgischen Gesetz ist die Rede von einer medizinisch ausweglosen Situation und einem fortlaufend unerträglichen Zustand physischen oder psychischen schweren und unheilbaren Leidens, welches Resultat eines Unfalls oder einer Erkrankung ist. Im Endeffekt bedeutet dies aber, dass es – wie *Nys* bemerkt – weder nach dem niederländischen, noch nach dem belgischen Gesetz eine Reichweitenbegrenzung gibt, das heißt, es ist nicht erforderlich, dass der Sterbewillige sich im Endstadium seiner Krankheit und damit in Todesnähe befindet[814]. Die Formulierung beider Gesetze bedeutet aber in der Konsequenz, dass auch rein psychisches Leiden erfasst sein kann, sofern es aussichtslos und unerträglich ist. Umgekehrt hat die weite Formulierung im niederländischen Gesetz zunächst Raum für die Spekulation gegeben, ob auch eine reine „Lebensmüdigkeit" ein ausreichendes Leiden im Sinne des Gesetzes ist. Dies wurde in Bezug auf die Niederlande aber verneint. Auch in Belgien ist ein entsprechendes existenzielles Leiden kein ausreichendes „Leiden" im Sinne des Sterbehilfe-Gesetzes.

Unterschiedlich gehandhabt wird die Frage nach der *Form* des Sterbeverlangens: Zwar sehen beide Gesetze für das Tötungsverlan-

814 *Nys*, in: EJHL 2003, S. 248.

gen grundsätzlich entweder die Möglichkeit eines aktuellen Verlangens oder die Abgabe einer schriftlichen Voraus-Erklärung vor[815]. Der große Unterschied besteht dabei jedoch im Rahmen des *aktuell abgegebenen Verlangens*: Das niederländische Gesetz enthält keinerlei Formvorschriften. Hingegen sieht Art. 3 § 4 des belgischen Gesetzes vor, dass das Sterbeverlangen vom Getöteten grundsätzlich schriftlich fixiert werden muss[816]. Dies wird in erster Linie Beweiszwecken dienen, denn ein schriftlich festgehaltenes Sterbeverlangen erleichtert die Wahrheitsfindung bei der Frage, ob wirklich ein Sterbeverlangen vorlag. Jedoch besteht in diesem Punkt ebenfalls ein Unterschied zum deutschen § 216 StGB und zum Schweizer Art. 114 chStGB. Nach dem oben Gesagten ist es nicht erforderlich, das Sterbeverlangen nach § 216 StGB oder Art. 114 chStGB schriftlich abzugeben. Mit der belgischen Variante wird also das Argument widerlegt, man müsse die Strafbarkeit der Tötung auf Verlangen gerade aus Gründen der Beweisschwierigkeiten aufrechterhalten. Insofern erscheint es nicht logisch, die Strafbarkeit nach § 216 StGB oder Art. 114 chStGB gerade deswegen beizubehalten, weil man Schwierigkeiten hat, das Verlangen des Getöteten im Nachhinein nachzuweisen. Dann könnte man auch ein Sterbehilfe-Gesetz wie in Belgien schaffen, das ein schriftliches Verlangen des Sterbewilligen – ggf. im Beisein von Zeugen – voraussetzt. Dass ein schriftliches Sterbeverlangen beweistechnisch als sehr viel sicherer angesehen wird, zeigt sich an Hand der Niederlande, wo zwar vom Gesetz her auch ein mündliches Verlangen ausreicht, in der Praxis aber Wert auf die schriftliche Fixierung gelegt wird.

Ein weiterer Unterschied besteht darin, dass das niederländische Gesetz grundsätzlich nur die Konsultation eines weiteren (also eines zweiten) Arztes vorsieht. Das belgische Gesetz geht zumindest teilweise weiter: Sofern der sterbewillige Patient sich noch nicht in der terminalen Phase seiner Krankheit befindet, muss der behandelnde Arzt einen dritten Arzt – und zwar einen Spezialisten – hinzuziehen, um den Zustand des Patienten zu beurteilen. Dies ist eine zwingende Vorschrift. Das heißt, wenn der Arzt dieser Anforderung nicht nachkommt, kann er sich aus Sicht des Gesetzes nicht auf eine Straffreiheit berufen.

---

815 Siehe hierzu auch *Nys*, in: EJHL 2003, S. 244 ff.

816 *Nys*, in: EJHL 2003, S. 245.

bb) Gründe für die detaillierteren Regelungen im belgischen Gesetz

Einen Grund für die teilweise sehr viel detaillierten Regelungen im belgischen Gesetz sehen *Adams/Nys* darin, dass es in Belgien bis dato an *case law* gefehlt habe. Im niederländischen Recht seien hingegen viele Einzelbedingungen gar nicht mal im eigentlichen Gesetz definiert, sondern stammten vielmehr aus den Konkretisierungen des *case law* sowie aus Normen, die von der Ärzteschaft generell anerkannt seien[817]. Dies hänge letztlich mit den unterschiedlichen Entwicklungen in beiden Ländern zusammen. Das niederländische Gesetz kodifiziere anerkanntes *case law*, welches das Resultat einer jahrzehntelangen Entwicklung ist, während das belgische Gesetz durch einen politischen Prozess das Verhalten von Ärzten modifizieren (bzw. anpassen) solle[818]. Hierbei ist hinzuzufügen, dass die Anerkennung des *case law* in den Niederlanden schon lange vor dem Gesetz ein Stück Rechtssicherheit geschaffen hat. Diese ging zwar nicht so weit, dass ein Arzt generell auf die Straffreiheit seines Handelns vertrauen konnte. Die von den Gerichten aufgestellten Bedingungen etablierten sich aber in der Praxis. Aus diesem Grund war man in den Niederlanden allein durch das geschaffene *case law* ein Stück weiter. Es mag daher bei der Gesetzesschaffung nicht die Notwendigkeit bestanden haben, jedes einzelne Detail zu regeln, weil bereits ein Konsens über die Erlaubtheit von aktiver Sterbehilfe herrschte.

Einen weiteren Grund für die sehr viel detaillierteren Regelungen im belgischen Recht könne *Adams/Nys* zufolge auch darin liegen, dass sich das ärztliche Disziplinarrecht in Belgien stark vom niederländischen unterscheide. In Belgien sei es primäres Ziel des Standesrechts, die Ehre und Würde des ärztlichen Berufes aufrecht zu erhalten. Deswegen verhandele der belgische Standesrichter kaum Fälle, sondern kümmere sich vielmehr um das Verhalten unter ärztlichen Kollegen[819]. Darüber hinaus könne *Adams/Nys* zufolge ein weiterer Grund sein, dass der belgische Gesetzgeber kein sonderlich großes Vertrauen in die Bereitschaft des belgischen *Order of Physicians* gehabt habe, was dessen konstruktive Unterstützung der Sterbehilfe-Praxis ange-

817 *Adams/Nys*, in: Euthanasia and Palliative Care, S. 7, 28.

818 *Adams/Nys*, in: Euthanasia and Palliative Care, S. 6.

819 *Adams/Nys*, in: Euthanasia and Palliative Care, S. 27 f.

he. Denn dieser habe sich auch an der belgischen Gesetzgebungsdebatte nicht nennenswert beteiligt. Vielmehr habe er die Sterbehilfe eine rein standesinterne Angelegenheit bleiben lassen wollen. Demgegenüber habe die niederländische Ärzteschaft schon früh in den 1970er und 1980er Jahren ihre Bereitschaft zur Leistung von Sterbehilfe signalisiert. Damit sei auch der niederländischen Rechtsprechung Raum für eine gestaltende Rolle im Bereich des *case law* gegeben worden[820]. Insofern habe die niederländische Ärzteschaft zusammen mit der Judikative eine enorme Rolle für den niederländischen Gesetzgebungsprozess gespielt, während man dies von der belgischen Ärzteschaft gerade nicht behaupten könne[821].

Die von *Adams/Nys* getroffenen Aussagen zur niederländischen Ärzteschaft können nach dem oben Gesagten bestätigt werden. Zwar war die niederländische Ärzteschaft nicht geschlossen der Meinung, dass aktive Sterbehilfe straffrei sein müsse. Schon in den 1970er Jahren beschäftigte sich aber die *KNMG* mit dem Thema und öffnete sich für die Debatte. Spätestens durch das Verhalten der *KNMG* in den 1980er Jahren wurde deutlich, dass zumindest eine breite Basis von Ärzten für die aktive Sterbehilfe offen war. Darüber hinaus trieben die Ärzte, die in die Gerichtsverfahren zogen, die Schaffung von *case law* überhaupt erst voran. Diese Ärzte sind sehr offen mit der aktiven Sterbehilfe umgegangen und übten durch ihr Verhalten auch einen entsprechenden Druck aus. Ein vergleichbares Verhalten ist für Belgien nicht erkennbar.

e) Berücksichtigung von Vorausverfügungen

Sowohl das niederländische, als auch das belgische Gesetz berücksichtigen ein Sterbeverlangen, das im Voraus abgegeben wird.

Das niederländische Gesetz ist dabei so ausgestaltet, dass die schriftliche Vorausverfügung als wohlüberlegte Bitte um Sterbehilfe für den Fall der Äußerungsunfähigkeit angesehen wird. Sie ersetzt das aktuelle Verlangen aber nur, wenn der Patient zum Zeitpunkt der Abfassung der Verfügung noch fähig war, seine Interessen richtig einzuschätzen. Vorausgesetzt wird ansonsten nur, dass die Verfügung schriftlich verfasst wird.

820 *Adams/Nys*, in: Euthanasia and Palliative Care, S. 28.

821 *Adams/Nys*, in: Euthanasia and Palliative Care, S. 28 f.

Das belgische Recht ist in diesem Punkt wesentlich zurückhaltender. Hiernach muss die Vorausverfügung im Beisein von Zeugen schriftlich abgefasst werden. Die Vorausverfügung kann überhaupt nur für den Fall greifen, dass der Patient bewusstlos wird und in einem schweren und unheilbaren Leidenszustand ist *und* sein Zustand nach dem aktuellen Stand der Wissenschaft irreversibel ist. Eine solche Irreversibilitätsvoraussetzung gibt es im niederländischen Gesetz nicht. Für den Zustand der Äußerungsunfähigkeit kann der Patient nach belgischem Recht außerdem sog. Vertrauenspersonen einsetzen, die bei der Entscheidungsfindung helfen sollen. Darüber hinaus darf die schriftliche Vorausverfügung nach belgischem Recht nicht älter als fünf Jahre sein. Nach dem niederländischen Gesetz unterliegt eine dortige Vorausverfügung keiner zeitlichen Grenze.

Die Registrierungsmöglichkeit, die es nach dem belgischen Recht gibt, gibt es im niederländischen Gesetz ebenfalls nicht. Sie fällt jedoch nicht deutlich ins Gewicht, da sie lediglich fakultativer Natur ist und eine Patientenverfügung in Belgien auch dann wirksam ist, wenn sie nicht registriert (und jünger als fünf Jahre) ist.

f) Berücksichtigung der Wünsche Minderjähriger

Zentrale Unterschiede zwischen den Niederlanden und Belgien bestehen bei der Berücksichtigung von Minderjährigen[822]. Denn nach dem niederländischen Gesetz werden grundsätzlich schon minderjährige Patienten ab 12 Jahren berücksichtigt, wobei an Minderjährige ab 16 Jahren noch einmal geringere Anforderungen gestellt werden. Insbesondere können Minderjährige ab 16 Jahren auch eine schriftliche Vorausverfügung für den Fall der Äußerungsunfähigkeit abgeben. In diesem Fall müssen die Eltern oder der Vormund nicht einmal konsultiert werden. Außerdem kann ein Minderjähriger ab 16 Jahren nach dem niederländischen Recht auch aktuell eigenständig ein Sterbeverlangen abgeben. Seine Eltern oder sein Vormund müssen in diesem Fall lediglich konsultiert werden, sie müssen aber *nicht* zustimmen.

Im belgischen Recht sind Minderjährige grundsätzlich von der Sterbehilfe ausgeschlossen. Man habe sich *Adams/Nys* zufolge zu diesem Schritt entschlossen, weil ansonsten die generelle Anerkennung

822 Siehe hierzu auch *Nys*, in: EJHL 2003, S. 244.

des Sterbehilfe-Gesetzes in Gefahr gewesen wäre[823]. Nach dem belgischen Gesetz sind Minderjährige nur dann zu berücksichtigen, wenn sie für mündig erklärt wurden. Das ist *Nys* zufolge dann der Fall, wenn sie entweder bereits verheiratet sind oder von einem Gericht für mündig erklärt wurden[824]. Ist der Minderjährige aber als „mündig" anerkannt, so ist sein Verlangen nach belgischem Recht dem eines Erwachsenen gleichgestellt. Das heißt, die Eltern des Patienten haben in diesem Moment kein Interventionsrecht (mehr) wie in den Niederlanden. Sonstige Minderjährige – das heißt, auch solche, die durchaus bereits als fähig angesehen werden, eigene Entscheidungen zu treffen – werden nach dem belgischen Gesetz hingegen überhaupt nicht berücksichtigt.

g) Besetzung der Kontroll-Kommissionen

Die Besetzung der Kontroll-Kommissionen ist in den Niederlanden und in Belgien unterschiedlich ausgestaltet.

Das niederländische Recht sieht lediglich vor, dass eine Kontroll-Kommission aus einer ungeraden Zahl von mindestens drei Mitgliedern besteht und mit einfacher Mehrheit entscheidet. Angehören müssen der Kommission ein Jurist, ein Mediziner und ein Ethiker. An den Abstimmungen müssen alle Mitglieder der Kommission teilnehmen. Die belgische Kommission besteht hingegen aus 16 Mitgliedern, deren berufliche Herkunft genau festgeschrieben wird. So müssen mindestens vier der acht Mediziner Professoren an einer belgischen Hochschule sein. Vier weitere Kommissions-Mitglieder müssen Jura-Professoren an einer belgischen Hochschule oder Anwälte sein. Die restlichen vier Mitglieder müssen zumindest beruflich mit unheilbar kranken Menschen zu tun haben. Im Gegensatz zu den Niederlanden müssen in der belgischen Kontroll-Kommission nicht alle Mitglieder an einer Abstimmung teilnehmen. Die Kommission ist aber nur beschlussfähig, wenn mindestens zwei Drittel der Mitglieder anwesend sind.

Inkompatibilitätsvorschriften sind im niederländischen Gesetz nicht ausdrücklich enthalten. Es gibt lediglich die Pflicht für die Kommissions-Mitglieder, mit den ihnen anvertrauten Informationen sorg-

823 *Adams/Nys*, in: Euthanasia and Palliative Care, S. 15.

824 *Nys*, in: EJHL 2003, S. 244.

fältig umzugehen. Außerdem sollen sie niemanden beraten, der die Absicht hat, jemandem anders Sterbehilfe zu leisten. Das belgische Gesetz enthält hingegen eine ganze Reihe von Inkompatibilitätsvorschriften. So darf ein Kommissions-Mitglied z. B. nicht gleichzeitig Mitglied eines belgischen Parlaments sein. Ebensowenig darf es Mitglied einer Regierung auf Bundes-, Gebiets-, Bezirks- oder Kommunalebene sein.

h) Arbeit der Kontroll-Kommissionen

In Bezug auf die Arbeit der Kontroll-Kommissionen besteht ein weiterer Unterschied zwischen den Niederlanden und Belgien. In den Niederlanden ist der Kommission der Name des Arztes, der die Sterbehilfe geleistet hat, schon zu Beginn der Untersuchung bekannt. Hingegen wird der Sterbehilfe-Fall in Belgien grundsätzlich anonym gemeldet. Erst bei Zweifeln über die Rechtmäßigkeit der geleisteten Sterbehilfe kann die Anonymität aufgehoben werden. Auf diesen Unterschied weist auch *Cohen-Almagor* hin:

> *„In the Netherlands, the names of the reviewed physicians are known to the regional committees. Members of the committees are able to summon doctors for inquiries if they feel that something in the decision-making process was flawed. In Belgium, the names of the physicians remain anonymous. As a general rule, the Commission sees only the public part of the physicians' reports. Only when there are doubts about compliance may the commission vote whether it should also see the confidential parts."*[825]

Infolgedessen sind die Anforderungen an dieses Verfahren im belgischen Gesetz sehr detailliert beschrieben: Schon die Meldung des Sterbehilfe-Falls an sich besteht aus zwei Teilen, von denen einer grundsätzlich verschlossen abgegeben wird und die persönlichen Daten von Arzt und Patienten enthält. Der Fall wird von der Kontroll-Kommission grundsätzlich erst einmal anonym behandelt. Erst dann, wenn die Kommission Zweifel an der Rechtmäßigkeit der Sterbehilfe im konkreten Fall hat, kann sie die gesetzlich vorgeschriebene Anonymität mit einfacher Mehrheit aufheben und auch den vertraulichen Teil der Sterbehilfe-Meldung im Rahmen ihrer Untersuchung berücksichtigen.

825 *Cohen-Almagor*, in: Issues in Law & Medicine, Vol. 24, Nr. 3, 2009, S. 195 f.

i) Vereinbarkeit mit internationalem Recht

Sowohl in den Niederlanden als auch in Belgien ist man der Auffassung, dass das jeweilige Sterbehilfe-Gesetz *nicht* gegen internationales Recht verstößt. Die niederländische Regierung folgert aus Normen wie Artt. 2 EMRK und 6 IPbpR zwar die Achtung vor dem Leben. Aus ihrer Sicht kann die Achtung vor dem Leben aber kein Grund dafür sein, deswegen eine Sterbehilfe auf Verlangen eines unerträglich leidenden und unheilbar erkrankten Patienten zu verbieten.

Ähnlich – aber wesentlich umfangreicher – urteilt der belgische *Conseil d'Etat*: Es sei Sache des Gesetzgebers, eine Abwägung zwischen der positiven Schutzverpflichtung des Staates zu Gunsten des Lebens (Art. 2 EMRK) und dem Recht des Einzelnen auf psychische und physische Integrität (Art. 8 EMRK) vorzunehmen. Die EMRK selbst gebe dem Staat aber keine Hierarchie vor, an die er sich streng halten müsse. Insofern wird aus diesem Ansatz auch weiter gefolgert, dass weder Art. 2 EMRK noch Art. 6 IPbpR den Staat dazu verpflichten, den Einzelnen gegen seinen Willen umfassend zu schützen. Vielmehr überprüft der *Conseil d'Etat* dann im Verlauf seiner Stellungnahme die einzelnen Bestimmungen des belgischen Sterbehilfe-Gesetzes auf die Vereinbarkeit mit den staatlichen Schutzpflichten, die aus dem Recht auf Leben resultieren. Dabei kommt er zu dem Ergebnis, dass das neue Gesetz auf Grund seines begrenzten Anwendungsbereiches und seiner präzisierten Verfahrensschritte den staatlichen Schutzpflichten genüge. Es werde gewährleistet, dass eine Sterbehilfe nur dann erfolgt, wenn der Patient ausdrücklich darum bittet, er in einer ausweglosen Situation ist und das weitere Procedere eingehalten wird. Zusätzlich dazu gebe es die nachträgliche Kontrolle durch die Kommission. Damit werde den Anforderungen an die staatliche Lebensschutzpflicht genüge getan. Denn es ist eben nicht erforderlich, dass ein Staat sämtliche Sterbehilfe-Formen verbieten muss und nur dann seiner Lebensschutzverpflichtung in ausreichendem Maße nachkommt. Vielmehr sind die Anforderungen in unterschiedlichen Fallkonstellationen auch unterschiedlich hoch. Für den Schutz handlungs- und äußerungsfähiger Patienten, deren Sterbewille ernsthaft und durchdacht ist, reichen aber die Anforderungen aus, die das belgische Gesetz aufstellt. Ein darüber hinausgehender Schutz ist von staatlicher Seite her nicht erforderlich.

Damit herrscht in beiden Staaten die Auffassung, dass es keinen Schutz des aus freien Stücken sterbewilligen Menschens vor seiner Entscheidung, sterben zu wollen, gibt. Es ist Sache des Gesetzgebers, die Notwendigkeit eines solchen Schutzes zu beurteilen. Kommt er zu dem Ergebnis, dass er nicht eingreifen muss, so kann ihm dies auch nicht vorgeworfen werden.

j) Zweitrangigkeit des Selbstbestimmungsrechts?

Die konsequente Zuspitzung auf eine Strafbefreiungsmöglichkeit *nur* für den Arzt lässt in beiden Staaten die Frage nach dem Selbstbestimmungsrecht des Patienten offen. In der Präambel des niederländischen Gesetzes wird überhaupt nicht auf das Selbstbestimmungsrecht Bezug genommen, es wird vielmehr nur davon gesprochen, man wolle dem behandelnden Arzt strafrechtliche Immunität verschaffen. Auch der historische und gesellschaftliche Kontext, in dem sich das niederländische Gesetz bewegt, belegt dies. Denn abgestellt wurde immer wieder auf die Pflichtenkollision, in der sich der Arzt befindet – nicht aber auf die Frage, ob jemand (als Patient) das Recht haben sollte, Sterbehilfe für sich einzufordern.

Hingegen ist in Bezug auf die belgische Entwicklung bemerkt worden, dass alle Gesetzesvorschläge (bis auf die der Christdemokraten) nach den Wahlen 1999 das Selbstbestimmungsrecht in den Vordergrund stellten. Allerdings geschah dies vor dem Hintergrund, dass man bisher sehr unsicher war (mangels *case law*), weil man nicht wusste, wie ein belgisches Gericht auf die Leistung aktiver Sterbehilfe reagieren würde. Das belgische Gesetz enthält in seiner Endfassung keinerlei Hinweis auf die Frage, welches primäre *Ziel* es hat. Weder wird die Selbstbestimmung des Patienten erwähnt, noch wird – wie in der Präambel des niederländischen Gesetzes – die Schaffung von Immunität für Ärzte als Beweggrund genannt. Auch der beschriebene Verlauf des belgischen Gesetzgebungsprozesses spricht nicht dafür, dass es in erster Linie um das Selbstbestimmungsrecht von Patienten ging. Daher tritt das Selbstbestimmungsrecht des Patienten in beiden Gesetzen in den Hintergrund.

k) keine Verpflichtung zur Sterbehilfe-Leistung

Darüber hinaus gehen sowohl das niederländische als auch das belgische Gesetz davon aus, dass es keine Verpflichtung zur Leistung von Sterbehilfe gibt. Während jedoch im belgischen Gesetz ein ausdrückliches Weigerungsrecht enthalten ist, fehlt dies im niederländischen Gesetz. Nach dem oben Gesagten setzt das niederländische Gesetz vielmehr von selbst voraus, dass kein Arzt zur Leistung von Sterbehilfe gezwungen werden kann. Allerdings muss er ggf. bei der Suche nach einem neuen Arzt (der zur Sterbehilfe bereit ist) mithelfen. In dieser Hinsicht ist wiederum das belgische Gesetz restriktiver. Denn dort wird nur vorausgesetzt, dass der Arzt die Gründe für seine Ablehnung mitteilt und die entsprechenden Patientenakten herausgibt.

V) Luxemburg

Im März 2009 ist in Luxemburg ein Gesetz in Kraft getreten, das die aktive Sterbehilfe und die Beihilfe zur Selbsttötung legalisiert[826]. Luxemburg ist damit nach den Niederlanden und Belgien der dritte EU-Staat, der die aktive Sterbehilfe legalisiert hat[827].

1) Hintergrund

Das luxemburgische Sterbehilfe-Gesetz wird von *Braum* als „Ende eines über 20jährigen Diskussions- und Gesetzgebungsprozesses" bezeichnet[828]. Bei dieser Diskussion hätten keine Einzelfälle die Debatte bestimmt, sondern vielmehr Grundsatzfragen wie die der Kollisionen von Patientenrechten und Lebensschutz oder von individueller Selbstbestimmung und religiöser Werteverpflichtung[829].

Die öffentliche Sterbehilfe-Debatte in Luxemburg manifestierte sich im Jahre 1989, als die zwei Vereinigungen *„Association pour le*

---

826 Loi du 16 mars 2009 sur l'euthanasie et l'assistance au suicide, in: Memorial, Journal Officiel du Grand-Duché de Luxembourg, 16.03.2009, S. 615 ff., abrufbar unter <http://www.legilux.public.lu/leg/a/archives/2009/0046/a046.pdf> (zuletzt abgerufen: 27.10.2012). Dt. Übers. in: *Ministère de la Santé/Ministère de la Sécurité sociale*, Sterbehilfe und assistierter Suizid, S. 37 ff. (Anh. 1).

827 Luxemburg setzt Sterbehilfe-Gesetz in Kraft", in: aerzteblatt.de, 17.03.2009.

828 *Braum*, S. 1.

829 *Braum*, S. 1.

droit de mourir en dignité" und *„Omega 90"* gegründet wurden. Der erstgenannten Organisation ging es um „ein Recht auf ein menschenwürdiges Sterben und ein weitgehendes Selbstbestimmungsrecht im Hinblick auf den eigenen Tod"[830]. Der Organisation *„Omega 90"* lag hingegen der Ausbau der palliativen Versorgung und die Kritik an der Legalisierung aktiver Sterbehilfe und des assistierten Suizids am Herzen[831].

a) *Commission spéciale „D'Ethique"* (Ende der 1990er Jahre)

Im Jahre 1996 begann *Braum* zufolge die parlamentarische Debatte über Sterbehilfe. Sie wurde „von einer eigens gegründeten Ethik-Kommission begleitet"[832]. Diese Ethik-Kommission veröffentlichte ihren Bericht im Februar 1999[833]. Dem Bericht zufolge sah sie sich selbst als Organisatorin für eine Orientierungs-Debatte in Sachen Palliativmedizin und Sterbehilfe[834]. Die Kommission setzte in ihrem Bericht eine Grundlage für die weitere Diskussion, indem sie klarstellte, dass nur die freiwillige Sterbehilfe die Bezeichnung als „euthanasie" verdiene. Nur diese könne überhaupt legitim erscheinen[835]. Überdies kamen die Mitglieder der Kommission zu dem Ergebnis, dass man weitere Aspekte ergänzen müsse, um wirklich von „euthanasie" sprechen zu können:

> *„Aux vues de tous les membres de la commission, un certain nombre de conditions sont nécessaires et suffisantes pour qu'on parle d'une*

830 *Braum,* S. 1.

831 *Braum,* S. 1; siehe außerdem *Chambre des Députés* „Proposition de loi sur le droit de mourir en dignité, Exposé des motifs", Session ordinaire 2001-2002, Dok.-Nr. 4909 vom 19.02.2002, S. 5; *Leners,* in: *Sohn/Zenz,* S. 106.

832 *Braum,* S. 2.

833 *Commission spéciale „D'Ethique":* „L'encadrement en fin de vie", Rapport de la *Commission speciale „D'Ethique"* en vue du débat d'orientation sur la médecine palliative, l'acharnement thérapeutique et l'euthanasie, 02.02.1999, *Chambre des Députés,* Session ordinaire 1998 – 1999, Dok.-Nr. 4408/00.

834 Rapport de la *Commission spéciale „D'Ethique",* Dok.-Nr. 4408/00, S. 2; 28; 44; siehe auch *Leners,* in: *Sohn/Zenz,* S. 118.

835 Rapport de la *Commission spéciale „D'Ethique",* Dok.-Nr. 4408/00, S. 34; siehe auch S. 36.

euthanasie dans la suite du rapport, à savoir la présence d'un sujet qui agit dans l'intention de procurer la mort à une personne qui se trouve de toute évidence dans un état de souffrance physique et/ou morale dû à une maladie incurable avec la motivation d'y mettre fin par des moyens non violents dans le but de parvenir à une mort rapide et sans douleur et la présence d'une demande d'euthanasie de la part de la personne concernée, demande informée, réfléchie consciente et réitérée."[836]

Damit grenzte die Kommission den Begriff „euthanasie" ein auf Fälle, in denen jemand in der Absicht handelt, einen anderen zu töten, der sich eindeutig in einem körperlichen oder geistigen Leidenszustand befindet, welcher von einer unheilbaren Krankheit herrührt. Der potentielle Sterbehelfer darf keine gewalttätigen Motive für sein Handeln haben, sondern muss vielmehr das Ziel verfolgen, einen schnellen, schmerzlosen Tod herbeizuführen. Außerdem muss ein ausdrückliches, informiertes, wohlüberlegtes und wiederholt geäußertes Sterbeverlangen der betroffenen Person vorliegen. Aus diesem Abschnitt allein ist zwar noch nicht erkennbar, dass die Kommission hier insbesondere die aktive direkte Sterbehilfe ins Auge fasste. An einer späteren Stelle wird jedoch deutlich, dass es der Kommission bei „euthanasie" wirklich nur um aktive direkte Sterbehilfe ging:

„Notons d'abord qu'en droit il y a une grande différence entre d'une part le traitement de la douleur, les soins palliatifs, le droit au refus ou à l'acceptation d'un traitement et d'autre part l'euthanasie."[837]

An dieser Stelle unterschied die Kommission nämlich – auf der einen Seite – zwischen Schmerzbehandlung, palliativen Maßnahmen, dem Recht auf Behandlung(sverweigerung) und – auf der anderen Seite – „euthanasie", also aktiver direkter Sterbehilfe. Denn an diesem Punkt merkte die Kommission an, dass es einen großen Unterschied zwischen *einerseits* der Schmerzbehandlung, den palliativen Maßnahmen und dem Recht auf Behandlung(sverweigerung) sowie *andererseits* der „euthanasie" gebe. Daraus lässt sich schließen, dass mit „euthanasie" nur die aktive direkte Sterbehilfe gemeint sein kann. Denn sowohl die passive als auch die aktive indirekte Sterbehilfe fallen dem erstgenannten Block zu. Damit spitzte die Kommission die Sterbehilfe-

836 Rapport de la *Commission spéciale „D'Ethique"*, Dok.-Nr. 4408/00, S. 34.

837 Rapport de la *Commission spéciale „D'Ethique"*, Dok.-Nr. 4408/00, S. 38.

Diskussion wie in den Niederlanden und Belgien auf die aktive Sterbehilfe zu.

Die Kommission kam in ihrem Bericht zu dem Schluss, dass sowohl die passive als auch die indirekte Sterbehilfe gerechtfertigt sein könnten[838]. Außerdem übernahmen die Kommissionsmitglieder die Aussage der *Commission Consultative Nationale d'Ethique (C. C. N. E.)*, wonach es Extremsituationen gebe, in denen sich Ärzte bei einer Sterbehilfe-Leistung (bezeichnet als „auront donné la mort à un patient en stade terminal") im moralischen Sinne nichts vorzuwerfen hätten und es ethisch legitim sei, dass die staatlichen Stellen dem angemessen Rechnung tragen[839]. Darin lag eine ganz vorsichtige Öffnung hin zu der Aussage, dass die Sterbehilfe – und zwar gerade auch die aktive – zumindest im Einzelfall als nicht strafwürdig angesehen werden könne. Einig waren sich die Kommissionsmitglieder jedoch nicht. Vielmehr gab es drei Meinungsgruppen: die eine Gruppe wollte aktive Sterbehilfe auch weiterhin verbieten, die zweite wollte sie generell für straffrei erklären und die dritte Gruppe wollte zumindest Rechtfertigungs- und Entschuldigungsgründe für sie schaffen[840].

Braum bewertet den Bericht dieser Kommission als Zeichen „eine[r] schwierige[n] Orientierungsphase, gekennzeichnet durch Heterogenität politischer, juristischer, vor allem aber philosophischer, religiöser und medizinischer Ansätze."[841] Im Bericht der Kommission wird dies am Ende deutlich, wo viele Argumente für und gegen die aktive Sterbehilfe aufgelistet werden[842]. Deutlich wird aber auch, dass die Kommission sich nicht als ein Organ ansieht, das bereits konkrete Gesetzgebungsvorschläge ausarbeitet. Vielmehr ist ihre Rolle dem Bericht zufolge so zu verstehen, dass sie den Hintergrund für eine potentielle Sterbehilfe-Debatte aufbereiten sollte[843].

838 Rapport de la *Commission spéciale „D'Ethique"*, Dok.-Nr. 4408/00, S. 36.

839 Rapport de la *Commission spéciale „D'Ethique"*, Dok.-Nr. 4408/00, S. 38, siehe auch *Leners*, in: *Sohn/Zenz*, S. 119. Siehe zum Standpunkt der *C. C. N. E. Leners*, in: *Sohn/Zenz*, S. 116.

840 Rapport de la *Commission spéciale „D'Ethique"*, Dok.-Nr. 4408/00, S. 38. Die einzelnen Argumente pro und contra sind in dem Bericht auf den S. 38 ff. zu finden.

841 *Braum*, S. 2, m. w. N.

842 Rapport de la *Commission spéciale „D'Ethique"*, Dok.-Nr. 4408/00, S. 38 ff.

843 Rapport de la *Commission spéciale „D'Ethique"*, Dok.-Nr. 4408/00, insb. S. 44.

b) Gesetz vom 28.08.1998 über Kranken- und Pflegeeinrichtungen

Ein Gesetz vom 28.08.1998 über Kranken- und Pflegeeinrichtungen in Luxemburg schaffte *Braum* zufolge erstmals präzisere und vor allem „rechtsverbindliche Regelungen über Rechte und Pflichten von Patienten“[844]. *Braum* weist insbesondere auf die Artt. 40 und 43 dieses Gesetzes hin und merkt an, dass dieses Gesetz als wichtiger Schritt gegolten habe, „um den Rechten des Patienten höheres Gewicht zu verleihen.“[845] Art. 40 des Gesetzes lautet:

> *„Lors de son admission à l'hôpital ou à l'établissement hospitalier spécialisé, ainsi que pendant son séjour hospitalier le patient a, en vue de son consentement éclairé, droit à une information adéquate sur son état de santé ainsi que sur les traitements proposés.*
>
> *Il incombe au médecin traitant d'en informer le patient. Ces informations peuvent être complétées par les autres prestataires de soins dans le respect des règles déontologiques applicables.*
>
> *Le patient a le droit de refuser ou d'accepter toute intervention diagnostique ou thérapeutique, sans préjudice des dispositions de l'article 7, alinéas 2 et 3, de la loi du 10 août 1992 relatif à la protection de la jeunesse.*
>
> *En tout état de cause il a droit à une prise en charge visant à soulager sa douleur et sa souffrance.“*[846]

Dieser Art. 40 enthält also – wie *Braum* anmerkt[847] – ein umfassendes Informationsrecht des Patienten (Abs. 1, 2) sowie das Recht des Patien-

---

844 *Braum*, S. 2. Es handelt sich um das „Loi du 28 août sur les établissements hospitaliers“, in: Memorial, Journal Officiel du Grand-Duché de Luxembourg A – Nr. 78, 18.09.1998, S. 1564 ff.; abrufbar unter <http://www.legilux.public.lu/leg/a/archives/1998/0078/a078.pdf> (zuletzt abgerufen: 27.10.2012).

845 *Braum*, S. 2 unter Bezugnahme auf *Chambre des Députés* „Proposition de loi sur le droit de mourir en dignité, Exposé des motifs“, Session ordinaire 2001-2002, Dok.-Nr. 4909 vom 19.02.2002, S. 6.

846 „Loi du 28 août sur les établissements hospitaliers“, in: Memorial, Journal Officiel du Grand-Duché de Luxembourg A – Nr. 78, 18.09.1998, S. 1571.

847 *Braum*, S. 2: „Artikel 40 aus Kapitel 10 dieses Gesetzes gewährte dem Patienten ein explizites Informationsrecht im Hinblick auf intensivtherapeuti-

ten, Behandlungen zu verweigern oder auch, sie zu gestatten (Abs. 3). Abs. 4 enthält aber darüber hinaus noch das Recht des Patienten, in jedem Zustand eine Betreuung zu bekommen, um seine Schmerzen und Leiden zu lindern. Damit wurde in diesem Gesetz die Schmerzlinderung als gesetzliches Recht festgeschrieben und erscheint somit noch sehr viel bedeutender als das Informationsrecht oder das Recht auf Behandlungsverweigerung.

Art. 43 enthält – wie *Braum* anmerkt[848] – unter anderem die Bestimmung, „dass im Falle einer unheilbaren, sich im Endstadium befindenden Erkrankung der behandelnde Arzt das physische und psychische Leiden unter Verzicht auf eine aussichtslose Intensivbehandlung lindern muss."[849] Im Original lautet die Norm:

> *„En cas d'affection incurable et terminale, le médecin traitant hospitalier doit apaiser les souffrances physiques et morales du patient en lui donnant les traitements appropriés, en évitant tout acharnement thérapeutique sans espoir et en maintenant pour autant que possible la qualité de la survie.*
>
> *Le médecin doit assister le mourant jusqu'à la fin et agir de façon à permettre au patient de garder sa dignité .*
>
> *De même il offrira aux proches du patient l'assistance adéquate pour soulager leurs souffrances en rapport avec cette situation.*
>
> *A l'approche de la mort, le patient a le droit d'être accompagné en permanence par au moins une personne de son choix dans des conditions respectant sa dignité."*[850]

Abs. 1 enthält die von *Braum* angesprochene ärztliche Verpflichtung, im Falle einer unheilbaren, terminalen Erkrankung das Leiden des Patienten zu lindern und zwar so, dass die Qualität des verbleibenden Lebens nach Möglichkeit gewahrt wird. In Abs. 2 ist außerdem

sche Maßnahmen und erlaubte ihm, jeglichen diagnostischen oder therapeutischen Eingriff zu verweigern". Auf Abs. 4 geht *Braum* jedoch nicht ein.

848 *Braum*, S. 2.

849 *Braum*, S. 2.

850 „Loi du 28 août sur les établissements hospitaliers", in: Memorial, Journal Officiel du Grand-Duché de Luxembourg A – Nr. 78, 18.09.1998, S. 1571.

die Verpflichtung des Arztes enthalten, dem Sterbenden bis zum Ende beizustehen und so zu handeln, dass die Würde des Patienten gewahrt wird. Abs. 3 beinhaltet Beistandspflichten des Arztes gegenüber den Angehörigen des Patienten. Abs. 4 enthält das Recht des Patienten, bei Herannahen seines Todes permanent den Beistand von einer Person seiner Wahl zu bekommen, und zwar unter solchen Konditionen, dass seine Würde respektiert wird.

Die luxemburgische Abgeordnetenkammer hielt dieses Gesetz später allerdings nicht für ausreichend, um das Selbstbestimmungsrecht des Patienten umfassend zu garantieren. Dies galt insbesondere deswegen, weil sich der Anwendungsbereich nicht auf sterbende Patienten im privaten Bereich erstreckte, sondern vor allem auf die Beziehungen zwischen Patienten, Arzt und Pflegepersonal abzielte[851].

c) Die weitere Entwicklung bis zur Legalisierung

Im Jahre 1999 verabschiedete das Luxemburger Parlament eine Resolution, in der die gesetzliche Regelung von Patientenverfügungen befürwortet wurde. Der Patientenwille sollte hierdurch gegenüber medizinischen Intensivbehandlungen am Lebensende gestärkt werden[852]. *Braum* zufolge habe man zu dieser Zeit die Straflosigkeit der aktiven Sterbehilfe nicht mehr komplett abgelehnt, aber man sei auch noch nicht zu einer Legalisierung bereit gewesen[853]. Erst im Jahre 2001 hätten die Vorbereitungen für das neue Sterbehilfe-Gesetz begonnen, welches auf einer fraktionsübergreifenden Initiative beruhte[854]. Im Jahr 2002 wurde dann ein Gesetzesvorschlag zur Legalisierung der aktiven Sterbehilfe und der Suizidbeihilfe, der sich am belgischen Gesetz orientierte, von den Abgeordneten *Err* und *Huss* ins Parlament eingebracht[855]. Dies löste zunächst eine neue Debatte über Palliativmedizin aus und die im Jahr 2004 neu gewählte Regierung setzte sich das The-

851 Vgl. *Chambre des Députés* „Proposition de loi sur le droit de mourir en dignité, Exposé des motifs", Session ordinaire 2001-2002, Dok.-Nr. 4909 vom 19.02.2002, S. 6.

852 *Braum*, S. 2, ohne weitere Angabe. Ähnl. *Pierrat*, in: Ann. Dr. Lux. 2009, S. 190.

853 *Braum*, S. 2 f.

854 *Braum*, S. 3.

855 *Pierrat*, in: Ann. Dr. Lux. 2009, S. 190. Gemeint ist der oben bereits zitierte Gesetzesvorschlag *Chambre des Députés* „Proposition de loi sur le droit de

ma auf die Agenda[856]. Im Juni 2006 wurde ein Gesetzesvorschlag zur Palliativmedizin vorgelegt[857], der letztlich erst zur gleichen Zeit verabschiedet wurde wie das eigentliche Sterbehilfe-Gesetz[858].

Der Luxemburger *Conseil d'Etat* befasste sich erst im Jahre 2007 mit den beiden genannten Gesetzesvorschlägen und äußerte mehrfach Zweifel an der Rechtmäßigkeit des Sterbehilfe-Gesetzentwurfs[859]. Dennoch beschloss das Luxemburger Parlament im Februar 2008 in erster Lesung[860] einen Gesetzentwurf zur Legalisierung aktiver Sterbehilfe mit knapper Mehrheit (30 : 26 : 3[861])[862]. Dann äußerte der Staatsrat abermals Bedenken gegen das Gesetz, weil aus seiner Sicht juristische Unsicherheiten bestehen blieben. Das Gesetz ging aus seiner Sicht über das belgische „Vorbild" hinaus[863]. Anfang Dezember 2008 kündigte

mourir en dignité, Exposé des motifs", Session ordinaire 2001-2002, Dok.-Nr. 4909 vom 19.02.2002.

856 *Pierrat,* in: Ann. Dr. Lux. 2009, S. 191.

857 *Chambre des Députés* „Projet de loi relatif aux soins palliatifs, à la directive anticipée et à l'accompagnement en fin de vie et modifiant: [...]", Session ordinaire 2005-2006, 07.06.2006, Dok.-Nr. 5584.

858 *Pierrat,* in: Ann. Dr. Lux. 2009, S. 191.

859 *Pierrat,* in: Ann. Dr. Lux. 2009, S. 191 f.; vgl. *Chambre des Députés* „Proposition de loi sur le droit de mourir en dignité / Projet de loi relatif aux soins palliatifs, à la directive anticipée et à l'accompagnement en fin de vie et modifiant: [...]", Avis du *Conseil d'Etat,* Session ordinaire 2006-2007, 13.07.2007, Dok.-Nr. 4909^2 und 5584^8, S. 13. Ferner *Chambre des Députés* „Proposition de loi sur le droit de mourir en dignité / Projet de loi relatif aux soins palliatifs, à la directive anticipée et à l'accompagnement en fin de vie et modifiant: [...]", Avis Complementaire du *Conseil d'Etat,* Session ordinaire 2007-2008, 11.12.2007, Dok.-Nr. 4909^5 und 5584^{10}, S. 2.

860 „Luxemburg entscheidet wohl erst im Frühjahr über Sterbehilfe", in: aerzteblatt.de, 09.10.2008.

861 „Ethik: Luxemburg erlaubt Ärzten aktive Sterbehilfe", in: Welt online, 20.02.2008; „Luxemburg entscheidet wohl erst im Frühjahr über Sterbehilfe", in: aerzteblatt.de, 09.10.2008.

862 Der Tagesspiegel Nr. 19823 vom 21.02.2008, S. 9; siehe auch *Klinkhammer/ Rabbata,* in: DÄBl. Jg. 105, Heft 10, 07.03.2008, S. A 493. Ferner *Pierrat,* in: Ann. Dr. Lux. 2009, S. 192.

863 „Luxemburg entscheidet wohl erst im Frühjahr über Sterbehilfe", in: aerzteblatt.de, 09.10.2008; *Pierrat,* in: Ann. Dr. Lux. 2009, S. 192 f. *Chambre des Députés* „Proposition de loi sur le droit de mourir en dignité / Projet de loi rela-

Großherzog *Henri* überraschend an, ein mögliches Sterbehilfe-Gesetz nicht unterzeichnen zu wollen[864]. Dies wird als Umstand gewertet, der Luxemburg an den Rand einer Staatskrise brachte[865]. Es war das erste Mal seit 1912, dass sich ein luxemburgischer Großherzog in das aktuelle Tagesgeschehen einmischte[866].

Henri hatte seine ablehnende Haltung damit begründet, dass das Sterbehilfe-Gesetz gegen sein Gewissen verstoße. Er wollte sich aber ebensowenig gegen das Votum des luxemburgischen Parlaments stellen. Daher befürwortete er eine verfassungsrechtliche Beschränkung seiner Rechte, um solchen Gewissenskonflikten künftig aus dem Weg zu gehen[867]. In Luxemburg herrschte infolgedessen eine parteiübergreifende Empörung, weil es bis dato einen ungeschriebenen Konsens darüber gab, dass das Staatsoberhaupt sein theoretisch bestehendes Veto-Recht gegen ordnungsgemäß zustande gekommene Gesetze nicht ausnutzt[868].

Daraufhin wurde mit seiner Zustimmung die Verfassung von Luxemburg geändert. Hiernach muss der Großherzog Gesetze nur noch unterzeichnen, jedoch nicht mehr billigen[869]. Kurz vor Weihnachten 2008 stimmte das luxemburgische Parlament dem Sterbehilfe-Gesetz in einer weiteren Lesung mit einer knappen Mehrheit von 31 : 26

---

tif aux soins palliatifs, à la directive anticipée et à l'accompagnement en fin de vie et modifiant: [...]", Deuxième Avis Complementaire du *Conseil d'Etat*, Session ordinaire 2007-2008, 07.10.2008, Dok.-Nr. 4909[11] und 5584[16], siehe z. B. S. 2 f., 7.

864 „Initiative gegen Verfassungsänderung in Luxemburg gescheitert", in: aerzteblatt.de, 20.02.2009.

865 „Luxemburg ändert wegen Nein des Großherzogs die Verfassung", in: aerzteblatt.de, 03.12.2008; siehe auch *Stölb*, in: Das Parlament Nr. 50-51 2008, 08.12.2008; ebenso „Luxemburgs Parlament votiert erneut für aktive Sterbehilfe", in: aerzteblatt.de, 18.12.2008; ebenso „Luxemburg setzt Sterbehilfe-Gesetz in Kraft", in: aerzteblatt.de, 17.03.2009.

866 „Luxemburg ändert wegen Nein des Großherzogs die Verfassung", in: aerzteblatt.de, 03.12.2008.

867 „Luxemburgs Großherzog billigt Beschränkung seiner Rechte", in: aerzteblatt.de, 28.12.2008.

868 *Stölb*, in: Das Parlament Nr. 50-51 2008, 08.12.2008.

869 „Luxemburg setzt Sterbehilfe-Gesetz in Kraft", in: aerzteblatt.de, 17.03.2009.

: 3 Stimmen erneut zu[870]. Diese war abgehalten worden, weil an dem ursprünglich im Februar 2008 verabschiedeten Text noch mehrfach Änderungen vorgenommen worden waren[871].

Infolgedessen versuchten Sterbehilfe-Gegner, die erfolgte Verfassungsänderung mittels eines Bürgerbegehrens zu Fall zu bringen[872]. Diese Initiative scheiterte jedoch, weil lediglich 796 von erforderlichen 25.000 Unterschriften zusammenkamen[873]. Diese geringe Beteiligung spiegelt offenbar auch die Haltung der Luxemburger zur Sterbehilfe wider: Umfragen zufolge befürworteten ca. zwei Drittel der Luxemburger das neue Gesetz[874].

2) Voraussetzungen des luxemburgischen Sterbehilfe-Gesetzes

Das luxemburgische Sterbehilfe-Gesetz ähnelt an vielen Stellen dem belgischen Gesetz, welches großen Einfluss auf das luxemburgische Gesetz hatte[875]. Teilweise findet man Passagen, die wortwörtlich übernommen sind. Allerdings tauchen auch einige bedeutende Unterschie-

870 „Luxemburgs Parlament votiert erneut für aktive Sterbehilfe", in: aerzteblatt.de, 18.12.2008; siehe auch "Luxemburg setzt Sterbehilfe-Gesetz in Kraft", in: aerzteblatt.de, 17.03.2009.

871 „Luxemburgs Parlament votiert erneut für aktive Sterbehilfe", in: aerzteblatt.de, 18.12.2008. Zwischenzeitlich waren die weiteren Gesetzesänderungen noch zwei Mal beim *Conseil d'Etat* gelandet. Siehe *Chambre des Députés* „Proposition de loi sur l'euthanasie et l'assistance au suicide", Troisième Avis Complementaire du *Conseil d'Etat*, Session ordinaire 2008-2009, 25.11.2008, Dok.-Nr. 4909[13] und *Chambre des Députés* „Proposition de loi sur l'euthanasie et l'assistance au suicide", Quatrième Avis Complementaire du *Conseil d'Etat*, Session ordinaire 2008-2009, 09.12.2008, Dok.-Nr. 4909[16] und 5584[19].

872 „Luxemburg setzt Sterbehilfe-Gesetz in Kraft", in: aerzteblatt.de, 17.03.2009; siehe auch „Initiative gegen Verfassungsänderung in Luxemburg gescheitert", in: aerzteblatt.de, 20.02.2009.

873 „Initiative gegen Verfassungsänderung in Luxemburg gescheitert", in: aerzteblatt.de, 20.02.2009.

874 „Luxemburg setzt Sterbehilfe-Gesetz in Kraft", in: aerzteblatt.de, 17.03.2009.

875 Vgl. *Chambre des Députés* (Luxemburg), Proposition de loi sur le droit de mourir en dignité, Session ordinaire 2001 – 2002, Dok.-Nr. 4909, 19.02.2002, S. 3 f.

de auf, die im Folgenden mit erläutert werden. Aus der Gesamtschau heraus wirkt das luxemburgische Gesetz klarer und pragmatischer als das belgische, jedoch wiederum formalistischer als das niederländische Gesetz.

a) Anwendungsbereich

Art. 1 des luxemburgischen Gesetzes[876] definiert die Begriffe „Sterbehilfe" und „assistierter Suizid": Nach Art. 1 Abs. 1 ist „Sterbehilfe die von einem Arzt vorgenommene Handlung [...], die willentlich dem Leben einer Person auf deren ausdrückliches und freiwilliges Verlangen hin ein Ende bereitet."[877] Bei assistiertem Suizid handelt es sich gemäß Art. 1 Abs. 2 um eine Handlung, bei der „ein Arzt einer anderen Person willentlich hilft, sich selbst zu töten, oder einer anderen Person Mittel zur Selbsttötung zur Verfügung stellt, und zwar auf ausdrückliches und freiwilliges Verlangen dieser Person hin."[878] Damit wird in dem luxemburgischen Sterbehilfe-Gesetz gleich zu Beginn klargestellt, dass die Straffreiheit bei *beiden* Handlungsformen greifen kann. Dies wird auch durch den Titel des Gesetzes zum Ausdruck gebracht, welcher „Gesetz vom 16. März 2009 über Sterbehilfe *und* assistierten Suizid" lautet[879].

Dieses neue luxemburgische Sterbehilfe-Gesetz soll „den Patienten die Entscheidungsfreiheit über die Modalitäten ihres Lebensendes ermöglichen und gleichzeitig die Ärzte schützen, die bereit sind, unter den gesetzlich vorgesehenen Umständen dem Verlangen der Patienten nach Sterbehilfe oder assistiertem Suizid nachzukommen"[880]. Hierfür wurde „das Risiko einer strafrechtlichen Verfolgung der Ärzte" abge-

876 Zitiert wird hier jeweils die dt. Fassung in *Ministère de la Santé/Ministère de la Sécurité sociale,* Sterbehilfe und assistierter Suizid, S. 37 ff. (Anh. 1).

877 *Ministère de la Santé/Ministère de la Sécurité sociale,* Sterbehilfe und assistierter Suizid, S. 37.

878 *Ministère de la Santé/Ministère de la Sécurité sociale,* Sterbehilfe und assistierter Suizid, S. 37.

879 *Ministère de la Santé/Ministère de la Sécurité sociale,* Sterbehilfe und assistierter Suizid, S. 37; Hervorhebung der Verf.

880 *Ministère de la Santé/Ministère de la Sécurité sociale,* Sterbehilfe und assistierter Suizid, S. 11.

schafft[881]. Die luxemburgische Regierung stellt somit ausdrücklich sowohl auf das Selbstbestimmungsrecht der Patienten ab, als auch auf das Ziel, den behandelnden Ärzten strafrechtliche Immunität zu garantieren.

b) Grund-Voraussetzungen für die Straffreiheit

Zentrale Norm des Gesetzes ist Art. 2, der die Grund-Bedingungen festlegt, unter denen eine Sterbehilfe-Leistung oder ein assistierter Suizid nicht strafbar sind.

aa) Wortlaut des Art. 2

Die Norm des Art. 2 lautet:

> *„1. Die Handlung durch einen Arzt, einem Verlangen nach Sterbehilfe oder assistiertem Suizid nachzukommen, wird nicht strafrechtlich verfolgt und gibt keinen Anlass für eine Zivilklage auf Schadenersatz, wenn die nachstehenden* ***materiellen*** *Bedingungen erfüllt sind:*
>
> > *1) Der Patient ist zum Zeitpunkt seines Verlangens volljährig, handlungsfähig und bei Bewusstsein;*
> >
> > *2) das Verlangen wird freiwillig, überlegt und gegebenenfalls wiederholt formuliert, und es muss ohne äußeren Druck vorgebracht werden;*
> >
> > *3) der Patient befindet sich in einer ausweglosen medizinischen Situation und hat durch einen Unfall oder eine Erkrankung ein dauerhaftes und unerträgliches physisches oder psychisches Leiden ohne Aussicht auf Besserung;*
> >
> > *4) das Verlangen des Patienten nach Sterbehilfe oder assistiertem Suizid ist schriftlich niedergelegt.*

881 *Ministère de la Santé/Ministère de la Sécurité sociale*, Sterbehilfe und assistierter Suizid, S. 11.

*2. Vor dem Leisten von Sterbehilfe oder der Beihilfe zur Selbsttötung muss der Arzt in allen Fällen die nachstehend genannten **formalen und verfahrensbezogenen** Bedingungen erfüllen:*

1) Er muss den Patienten über seinen Gesundheitszustand und seine Lebenserwartung informieren, mit dem Patienten sein Verlangen nach Sterbehilfe und assistiertem Suizid besprechen und mit ihm auch die noch denkbaren therapeutischen Möglichkeiten sowie die Möglichkeiten und Folgen einer Palliativbehandlung erörtern. Er muss zu der Überzeugung gelangen, dass das Verlangen des Patienten freiwillig ist und dass es für den Patienten in dessen Augen keine andere annehmbare Möglichkeit in seiner Situation gibt. Die Gespräche sind in der Patientenakte zu hinterlegen; die Hinterlegung gilt als Informationsnachweis;

2) er muss sich vergewissern, dass das physische oder psychische Leiden des Patienten anhält und dass dieser weiterhin an seinem vor kurzem zum Ausdruck gebrachten bzw. wiederholten Verlangen festhält. Zu diesem Zweck führt er mit dem Patienten mehrere Gespräche, und zwar in Abständen, die der Entwicklung des Zustands des Patienten angemessen sind;

3) er muss einen weiteren Arzt bezüglich der Schwere und Unheilbarkeit der Erkrankung konsultieren und dabei die Gründe für die Konsultation angeben. Der konsultierte Arzt nimmt Kenntnis von der Patientenakte, untersucht den Patienten und vergewissert sich, dass dessen physisches oder psychisches Leiden dauerhaft, unerträglich und ohne Aussicht auf Besserung ist. Er verfasst einen Bericht mit seinen Feststellungen. Der konsultierte Arzt muss sowohl hinsichtlich des Patienten als auch des behandelnden Arztes unparteiisch und in Bezug auf die betreffende Pathologie kompetent sein. Der behandelnde Arzt informiert den Patienten über die Ergebnisse dieser Konsultation;

4) er muss sich, sofern der Patient dies gestattet, mit dem Pflegeteam, das regelmäßig mit dem Patienten Kontakt hat, oder dessen Mitgliedern über das Verlangen des Patienten besprechen;

5) *er muss sich, sofern der Patient dies gestattet, mit der Vertrauensperson, die der Patient in seinen Bestimmungen zum Lebensende oder zum Zeitpunkt des Verlangens nach Sterbehilfe oder assistiertem Suizid benennt, über das Verlangen des Patienten besprechen;*

6) *er muss sich vergewissern, dass der Patient die Möglichkeit hatte, mit den Personen, die er sehen möchte, über sein Verlangen zu sprechen;*

7) *er muss sich bei der Nationalen Kommission zur Kontrolle und Evaluation informieren, ob im Namen des Patienten Bestimmungen zum Lebensende registriert sind.*

Das Verlangen des Patienten muss schriftlich formuliert werden. Das Dokument wird vom Patienten selbst verfasst, datiert und unterzeichnet. Ist er dauerhaft physisch nicht in der Lage, sein Verlangen abzufassen und zu unterzeichnen, wird dieses von einer volljährigen Person seiner Wahl schriftlich niedergelegt.

Diese Person erwähnt die Tatsache, dass der Patient nicht in der Lage ist, sein Verlangen schriftlich zu formulieren und gibt die Gründe hierfür an. In diesem Fall wird das Verlangen schriftlich niedergelegt und von dem Patienten oder der das Verlangen niederschreibenden Person in Anwesenheit des behandelnden Arztes, dessen Name ebenfalls im Dokument anzugeben ist, unterzeichnet. Dieses Dokument muss in die Patientenakte aufgenommen werden.

Der Patient kann sein Verlangen jederzeit widerrufen, und in diesem Fall wird das Dokument aus der Patientenakte entfernt und dem Patienten zurückgegeben.

Alle vom Patienten formulierten Verlangen sowie die Vorgehensweisen des behandelnden Arztes und deren Ergebnisse, einschließlich des Berichts/der Berichte des/der konsultierten Arztes/Ärzte, werden regelmäßig in der Patientenakte abgelegt."[882]

882 *Ministère de la Santé/Ministère de la Sécurité sociale,* Sterbehilfe und assistierter Suizid, S. 37 f.; Hervorheb. der Verf.

bb) Art. 2 Abs. 1 Nr. 1) - 4)

Betrachtet man den Wortlaut des Art. 2, so erkennt man viele Parallelen zum belgischen Gesetz. Art. 2 Abs. 1 Nr. 1) des luxemburgischen Gesetzes verengt gegenüber dem belgischen und dem niederländischen Gesetz den Anwendungsbereich, weil in Luxemburg nur Volljährige die Leistung von Sterbehilfe oder assistiertem Suizid in Anspruch nehmen dürfen (siehe dazu auch unten). Ebenso wie das belgische Gesetz setzt Art. 2 Abs. 1 Nr. 2) des luxemburgischen Gesetzes voraus, dass das Sterbeverlangen nicht auf Grund von äußerem Druck zustande gekommen ist, sondern dem Innern des Patienten entspringt. Art. 2 Abs. 1 Nr. 3) gleicht dem belgischen Gesetz ebenso. Vor allem fällt auf, dass auch nach der luxemburgischen Rechtslage ein dauerhaftes psychisches Leiden ausreicht[883]. Ebenfalls nicht erforderlich ist es, dass der Patient bei einem physischen Leiden bereits die terminale Phase der Krankheit erreicht hat. Eine Reichweitenbegrenzung gibt es somit nicht. Hierauf weist auch die luxemburgische Regierung hin: Erfahrungsgemäß handele „es sich in den meisten Fällen um fortgeschrittene Krebserkrankungen oder neuromuskuläre Erkrankungen mit tödlichen Lähmungen"[884]. Erfasst sei aber auch „jede andere schwere, unheilbare und unumkehrbare Erkrankung", sofern die Voraussetzungen des Gesetzes erfüllt seien[885].

Art. 2 Abs. 1 Nr. 4) des luxemburgischen Gesetzes setzt gleichsam – wie in Belgien und im Gegensatz zu den Niederlanden – voraus, dass das Sterbeverlangen vom Patienten schriftlich niedergelegt wurde[886]. Ein mündliches Verlangen reicht somit nicht aus.

cc) Straffreiheit nur für den Arzt

Auch in Luxemburg sind nach Erlass des Gesetzes die Tötung auf Verlangen sowie der assistierte Suizid nicht generell straflos. Vielmehr

883 So ausdrücklich auch *Ministère de la Santé/Ministère de la Sécurité sociale,* Sterbehilfe und assistierter Suizid, S. 13.

884 *Ministère de la Santé/Ministère de la Sécurité sociale,* Sterbehilfe und assistierter Suizid, S. 13.

885 *Ministère de la Santé/Ministère de la Sécurité sociale,* Sterbehilfe und assistierter Suizid, S. 13.

886 *Ministère de la Santé/Ministère de la Sécurité sociale,* Sterbehilfe und assistierter Suizid, S. 14.

gelten die Strafausschließungsgründe auch hier nur für einen Arzt. Die luxemburgische Regierung stellt ausdrücklich klar, dass „Sterbehilfe und assistierter Suizid außerhalb des rechtlichen Rahmens des Gesetzes vom 16. März 2009 weiterhin strafbar" bleiben[887]. Damit dürfe also gerade nicht „eine beliebige Person einer anderen beliebigen Person, die dies verlangt, zum Sterben verhelfen"[888]. Die luxemburgische Regierung begründet diese Abgrenzung damit, dass bei einer kompletten Entkriminalisierung die Gefahr bestünde, „jegliche Art von Missbrauch" zu ermöglichen. Insofern könne das Sterbehilfe-Gesetz diese Missbrauchsgefahren minimieren, weil es genaue und strenge Voraussetzungen festlegt, unter denen Sterbehilfe und Suizidbeihilfe im Einzelfall erlaubt sind[889].

dd) Ausschluss einer zivilrechtlichen Schadensersatzklage

„Neu" ist am luxemburgischen Gesetz, dass es in Art. 2 Abs. 1 (im einleitenden Satz) den Hinweis darauf enthält, dass auch eine zivilrechtliche Schadensersatzklage ausgeschlossen ist, sofern der handelnde Arzt die Voraussetzungen des Gesetzes eingehalten hat. Weder in den Niederlanden noch in Belgien gibt es einen solchen Hinweis. Dort wird nur festgeschrieben, dass der handelnde Arzt keine Straftat begeht; nicht aber, dass sein Handeln in Übereinstimmung mit dem Gesetz keinen Anlass für eine zivilrechtliche Klage bieten kann.

ee) Art. 2 Abs. 2 Nr. 1) – 7)

Art. 2 Abs. 2 des luxemburgischen Gesetzes enthält ähnliche Vorschriften wie das belgische Gesetz. Art. 2 Abs. 2 Nr. 1) sieht im Wesentlichen die gleichen Informations- und Erörterungspflichten des Arztes vor. Ein Unterschied besteht aber darin, dass nach dem belgischen und dem niederländischen Gesetz *beide* zu der Überzeugung kommen

887 *Ministère de la Santé/Ministère de la Sécurité sociale,* Sterbehilfe und assistierter Suizid, S. 12.

888 *Ministère de la Santé/Ministère de la Sécurité sociale,* Sterbehilfe und assistierter Suizid, S. 12.

889 *Ministère de la Santé/Ministère de la Sécurité sociale,* Sterbehilfe und assistierter Suizid, S. 12.

müssen, dass es in der betroffenen Situation keinen anderen Ausweg als Sterbehilfe gibt. Das luxemburgische Gesetz enthält hier den Passus „dass es für den Patienten *in dessen Augen* keine andere annehmbare Möglichkeit in seiner Situation gibt" (siehe oben). Damit eröffnet das luxemburgische Gesetz vom *Wortlaut* her dem Patienten einen gewissen Entscheidungsspielraum, den er nach den beiden anderen Gesetzen (Belgien, Niederlande) nicht hat.

Die luxemburgische Regierung äußert sich zu dem Terminus „unerträgliche Leiden ohne Aussicht auf Besserung" und macht deutlich, dass es ihr gewissermaßen um einen Interessenausgleich geht: Denn zum Einen sei die Frage, ob ein unerträgliches Leiden vorliegt, größtenteils „eine subjektive und persönliche Angelegenheit des Patienten und [...] abhängig von seiner Persönlichkeit, seiner Wahrnehmungsschwelle, seinen Konzeptionen und seinen ihm eigenen Werten."[890] Andererseits habe die „Frage der Aussicht auf eine Besserung des Leidens" einen medizinischen Hintergrund. Man müsse jedoch ebenso „berücksichtigen, dass der Patient das Recht hat, eine Schmerzbehandlung oder sogar eine Palliativbehandlung abzulehnen, und zwar vor allem, wenn diese Behandlung Nebenwirkungen oder Anwendungsmodalitäten mit sich bringt, die er als unerträglich ansieht."[891]

Daher müssten Arzt und Patient diese Situation gemeinsam erörtern und deswegen sei auch die Konsultation eines zweiten unabhängigen Arztes so erforderlich[892]. Insofern wirken der Arzt und der Patient nach dem luxemburgischen Gesetz genauso zusammen wie nach den beiden anderen Gesetzen. Nach der Stellungnahme der luxemburgischen Regierung ist es aber denkbar, dass der Einschätzung des Patienten mehr Raum zugestanden wird als der Überzeugung des Arztes. Es ist insofern nicht erforderlich, dass auch der Arzt zu der eigenen Überzeugung gelangt, dass es für den Patienten in seiner Situation keine andere Möglichkeit als die Sterbehilfe gibt.

Die Hinterlegungspflicht in Art. 2 Abs. 2 Nr. 1) des luxemburgischen Gesetzes (letzter Satz) dient der Beweiserleichterung. Hiernach

890 *Ministère de la Santé/Ministère de la Sécurité sociale,* Sterbehilfe und assistierter Suizid, S. 15.

891 *Ministère de la Santé/Ministère de la Sécurité sociale,* Sterbehilfe und assistierter Suizid, S. 15.

892 *Ministère de la Santé/Ministère de la Sécurité sociale,* Sterbehilfe und assistierter Suizid, S. 15.

gilt die Hinterlegung als Informationsnachweis, so dass dann die Informationspflicht der Nr. 1) als erfüllt angesehen wird.

Art. 2 Abs. 2 Nr. 2) des luxemburgischen Gesetzes stimmt mit Art. 3 § 2 Nr. 2° des belgischen Gesetzes überein. Der Arzt muss sich nach beiden Vorschriften der Dauerhaftigkeit des Sterbewillens versichern und in regelmäßigen Abständen Gespräche mit dem Patienten hierüber führen. Eine vergleichbare Vorschrift fehlt dem niederländischen Gesetz.

Gleichsam stimmen auch Art. 2 Abs. 2 Nr. 3) des luxemburgischen und Art. 3 § 2 Nr. 3° des belgischen Gesetzes überein, was die Konsultation eines weiteren Arztes betrifft. Auch nach luxemburgischem Recht muss dieser eine unabhängige Stellung haben und entsprechend fachkundig sein. Seine Aufgabe ist es nach Angaben der Regierung, „zu bestätigen, dass die materiellen Bedingungen bezüglich der medizinischen Situation des Patienten erfüllt sind."[893] Dabei übernimmt er bei einem noch äußerungsfähigen Patienten die Aufgabe, zu „bestätigen, dass sich der Patient in einer schweren, unheilbaren und ausweglosen medizinischen Situation befindet und dass er ein konstantes und unerträgliches physisches und psychisches Leiden ohne Aussicht auf Besserung hat."[894]

Überdies gibt es auch in Luxemburg nach Art. 2 Abs. 2 Nr. 4) – 6) die Möglichkeit, andere Personen in die Entscheidungsfindung mit einzubeziehen. Die im Gesetz genannte Vertrauensperson hat dabei die Funktion, insbesondere im Falle der Äußerungsunfähigkeit des Patienten als dessen Fürsprecher zu agieren. Insofern bringt sie „keine persönliche Meinung zum Ausdruck, sondern informiert den behandelnden Arzt über den Willen des Patienten gemäß dessen letzten Erklärungen zu seiner Person."[895] Sie darf also niemals eine eigene Entscheidung treffen, das heißt, vor allem nicht darüber, ob dem Patienten Sterbe- oder Suizidbeihilfe geleistet werden darf. Diese Ent-

893 *Ministère de la Santé/Ministère de la Sécurité sociale,* Sterbehilfe und assistierter Suizid, S. 27.

894 *Ministère de la Santé/Ministère de la Sécurité sociale,* Sterbehilfe und assistierter Suizid, S. 27.

895 *Ministère de la Santé/Ministère de la Sécurité sociale,* Sterbehilfe und assistierter Suizid, S. 22.

scheidung hat höchstpersönlichen Charakter und ist somit allein dem betroffenen Patienten vorbehalten[896].

Abermals „neu" am luxemburgischen Gesetz ist Art. 2 Abs. 2 Nr. 7): Danach muss sich der Arzt bei der Kontroll-Kommission *vor* der Leistung von Sterbehilfe oder der Ausführung des assistierten Suizids erkundigen, ob es bereits Patientenverfügungen oder ähnliche Dokumente seitens des Patienten gibt. Eine solche Regelung gab es ursprünglich weder in Belgien, noch in den Niederlanden. Nach dem oben erwähnten Königlichen Erlass von 2007 in Belgien hat der Arzt dort nun aber auch vor der Leistung von Sterbehilfe zu klären, ob es von dem betreffenden Patienten bereits registrierte Vorausverfügungen gibt.

Die übrigen Bestimmungen des Art. 2 Abs. 2 des luxemburgischen Gesetzes enthalten weitere Voraussetzungen zur Abfassung des Sterbewillens. Auffällig ist dabei, dass es – im Gegensatz zu Belgien – für den Fall der Schreibunfähigkeit nicht Voraussetzung ist, dass derjenige, der das Verlangen für den Patienten niederschreibt, kein materielles Interesse an dessen Tod haben darf. Beide Vorschriften haben aber wiederum gemeinsam, dass ein Arzt bei der Niederschrift anwesend sein muss.

Deckungsgleich ist außerdem die Bestimmung, dass der Patient sein Sterbeverlangen jederzeit widerrufen kann.

ff) kein Sterbeverlangen Minderjähriger

Oben wurde bereits festgestellt, dass das luxemburgische Gesetz nur auf erwachsene Patienten anwendbar ist. Dies wird von der Regierung unterstrichen: Das Verlangen muss „von einem zum Zeitpunkt dessen Äußerung oder der Abfassung der Bestimmungen zum Lebensende volljährigen, handlungsfähigen und bei Bewusstsein befindlichen Patienten" ausgehen[897]. Somit sei es nicht möglich, dass ein Minderjähriger, eine volljährige Person unter Vormundschaft/Beistandschaft oder gar eine nicht handlungsfähige Person Sterbehilfe oder Suizid-

896 *Ministère de la Santé/Ministère de la Sécurité sociale*, Sterbehilfe und assistierter Suizid, S. 29.

897 *Ministère de la Santé/Ministère de la Sécurité sociale*, Sterbehilfe und assistierter Suizid, S. 25.

beihilfe erbitten können[898]. Damit dürften auch nicht etwa „die Eltern [...] im Namen und an Stelle ihres minderjährigen Kindes die Sterbehilfe verlangen"[899].

gg) Unterscheidung zwischen materiellen und formalen/verfahrensbezogenen Bedingungen

An Art. 2 des luxemburgischen Gesetzes fällt auf, dass darin zwischen materiellen Bedingungen für die Straffreiheit in Abs. 1 und formalen bzw. verfahrensbezogenen Bedingungen in Abs. 2 unterschieden wird. Dies wird in den beiden anderen Gesetzen (Niederlande, Belgien) nicht gemacht. Diese Unterscheidung ist bedeutsam für das Untersuchungsergebnis bzw. das weitere Vorgehen der Kontroll-Kommission und wird weiter unten genauer erläutert. Vorab sei nur darauf hingewiesen, dass die Kontroll-Kommission nach Art. 8 Abs. 3 des luxemburgischen Sterbehilfe-Gesetzes nur bei einem festgestellten Verstoß gegen die *materiellen* Voraussetzungen des Art. 2 Abs. 1 die Staatsanwaltschaft einschaltet. Bei einem „rein" verfahrensrechtlichen Verstoß gegen Art. 2 Abs. 2 schaltet die Kommission vielmehr das *Collège Médical* ein, welches dann über ein Disziplinarverfahren entscheidet[900].

c) Hinzuziehung eines weiteren Fachmanns und „Wartezeit"

Das luxemburgische Gesetz enthält in Art. 3 die fakultative Möglichkeit, einen weiteren Fachmann hinzuzuziehen. Danach *kann* sich der behandelnde Arzt von einem Fachmann seiner Wahl begleiten und beraten lassen, er *muss* dies aber *nicht* tun[901]. In Belgien ist dies hingegen nach Art. 3 § 3 Nr. 1° dann Pflicht, wenn der natürliche Tod des Patien-

898 *Ministère de la Santé/Ministère de la Sécurité sociale,* Sterbehilfe und assistierter Suizid, S. 25.

899 *Ministère de la Santé/Ministère de la Sécurité sociale,* Sterbehilfe und assistierter Suizid, S. 25.

900 *Ministère de la Santé/Ministère de la Sécurité sociale,* Sterbehilfe und assistierter Suizid, S. 42.

901 *Ministère de la Santé/Ministère de la Sécurité sociale,* Sterbehilfe und assistierter Suizid, S. 28, 38.

ten noch nicht in Kürze eintreten wird. Insofern ist das belgische Gesetz an dieser Stelle strenger.

Strenger ist am belgischen Gesetz auch, dass dort der Arzt nach Art. 3 § 3 Nr. 2° die Pflicht hat, zwischen dem geäußerten Sterbeverlangen und der tatsächlichen Sterbehilfe-Leistung wenigstens einen Monat Zeit vergehen zu lassen – sofern der Patient nicht offensichtlich in Kürze sterben wird. Im luxemburgischen Gesetz fehlt eine solche Vorschrift gänzlich.

d) Vorausverfügungen

Auch das luxemburgische Gesetz enthält die Möglichkeit, eine schriftliche Voraus- oder Patientenverfügung (sog. Bestimmungen zum Lebensende) für den Fall der Äußerungsunfähigkeit abzufassen. Dies wird im dortigen Art. 4 geregelt[902].

aa) Art. 4 Abs. 1

Nach Art. 4 Abs. 1 kann „[j]ede volljährige und handlungsfähige Person [...] für den Fall, dass sie nicht mehr in der Lage sein sollte, ihren Willen zu äußern, in Bestimmungen zum Lebensende schriftlich die Umstände und Bedingungen festlegen, unter denen sie Sterbehilfe erhalten möchte"[903]. In einer solchen Situation muss der behandelnde Arzt feststellen, dass die Person „an einem durch Unfall oder Krankheit bedingten schweren und unheilbaren Leiden" leidet, dass sie ferner „nicht bei Bewusstsein" ist und dass „diese Situation [...] nach dem aktuellen Stand der Wissenschaft nicht umkehrbar" ist[904].

Damit sind die Grund-Voraussetzungen für das Abfassen bzw. die Gültigkeit einer Vorausverfügung nach dem luxemburgischen wie dem belgischen Recht (dort Art. 4 § 1 des Sterbehilfe-Gesetzes) fast identisch. Einziger Unterschied ist, dass das luxemburgische Recht dies nur für einen Volljährigen vorsieht, während nach dem belgischen Recht auch für mündig erklärte Minderjährige solche Voraus-

902 *Ministère de la Santé/Ministère de la Sécurité sociale,* Sterbehilfe und assistierter Suizid, S. 39 f.

903 *Ministère de la Santé/Ministère de la Sécurité sociale,* Sterbehilfe und assistierter Suizid, S. 39.

904 *Ministère de la Santé/Ministère de la Sécurité sociale,* Sterbehilfe und assistierter Suizid, S. 39.

verfügungen treffen können. Gemeinsam ist dem belgischen wie dem luxemburgischen Gesetz insbesondere, dass die Situation des Patienten nach dem Stand der Wissenschaft unumkehrbar sein muss. Eine solche Voraussetzung fehlt demgegenüber im niederländischen Gesetz.

Wie das belgische Gesetz so sieht auch das luxemburgische Gesetz in Art. 4 Abs. 1 (3. Unterabsatz) vor, dass man in einer Patientenverfügung eine Vertrauensperson für den Fall der Äußerungsunfähigkeit einsetzt. Diese muss „den behandelnden Arzt über den Willen des Erklärenden gemäß dessen letzten Erklärungen zu seiner Person in Kenntnis“ setzen[905]. Auch nach luxemburgischen Recht besteht gemäß Art. 4 Abs. 1 (4. Unterabsatz) die Möglichkeit, eine Vorausverfügung zu widerrufen, zu modifizieren oder auch einfach nur zu wiederholen[906].

bb) Art. 4 Abs. 2

Art. 4 Abs. 2 des luxemburgischen Gesetzes befasst sich *zum Teil* mit Patientenverfügungen von Menschen, die nicht zur eigenhändigen Abfassung in der Lage sind. *Zum Teil* sind in dieser Norm aber auch Bedingungen enthalten, die für *alle* Patientenverfügungen gelten. Die Norm lautet:

> *„Ist die Person, die Bestimmungen zum Lebensende abfassen möchte, dauerhaft physisch nicht in der Lage, zu schreiben und zu unterzeichnen, können ihre Bestimmungen zum Lebensende von einer Person ihrer Wahl schriftlich festgehalten werden. Die Bestimmungen zum Lebensende werden in Anwesenheit von zwei volljährigen Zeugen niedergeschrieben. In den Bestimmungen zum Lebensende muss in diesem Fall angegeben werden, dass und warum der Erklärende sie nicht selbst niederschreiben und unterzeichnen kann. Die Bestimmungen zum Lebensende müssen von der sie niederschreibenden Person, den Zeugen und gegebenenfalls der Vertrauensperson datiert und unterzeichnet werden.*

---

905 *Ministère de la Santé/Ministère de la Sécurité sociale,* Sterbehilfe und assistierter Suizid, S. 39.

906 *Ministère de la Santé/Ministère de la Sécurité sociale,* Sterbehilfe und assistierter Suizid, S. 39.

Den Bestimmungen zum Lebensende wird ein ärztliches Attest beigefügt, das diese dauerhafte physische Unfähigkeit bescheinigt.

Die Bestimmungen zum Lebensende werden im Rahmen eines offiziellen systematischen Systems zur Registrierung von Patientenverfügungen bei der Nationalen Kommission zur Kontrolle und Evaluation registriert.

Die Bestimmungen zum Lebensende können jederzeit wiederholt, zurückgenommen oder angepasst werden. Die Nationale Kommission zur Kontrolle und Evaluation ist gehalten, alle fünf Jahre gerechnet ab dem Datum des Registrierungsantrags eine Bestätigung des Willens des Erklärenden zu verlangen. Jegliche Änderungen an den Bestimmungen zum Lebensende müssen bei der Nationalen Kommission zur Kontrolle und Evaluation registriert werden. Allerdings darf keine Sterbehilfe geleistet werden, wenn der Arzt infolge der von ihm gemäß Ziffer 3 unten zu ergreifenden Schritte Kenntnis von einer Willensbekundung des Patienten erlangt, die später als die ordnungsgemäß registrierten Bestimmungen zum Lebensende erfolgte und in der er seinen Wunsch nach Sterbehilfe widerruft.

Jeder Arzt, der einen sterbenden Patienten oder einen Patienten in einer ausweglosen medizinischen Situation behandelt, ist verpflichtet, sich bei der Nationalen Kommission zur Kontrolle und Evaluation zu erkundigen, ob bei ihr Bestimmungen zum Lebensende im Namen des Patienten registriert sind. [...]“[907]

Zunächst enthält diese Vorschrift also Bestimmungen zu der Frage, wie mit Patienten umgegangen wird, die körperlich nicht mehr selbst dazu in der Lage sind, eine Patientenverfügung eigenhändig abzufassen. Dabei werden im Wesentlichen die gleichen Voraussetzungen gefordert wie im belgischen Recht. Insbesondere ist die Anwesenheit von Zeugen erforderlich sowie ein Attest, welches die dauerhafte Unfähigkeit des Patienten zur eigenhändigen Abfassung bescheinigt.

Ein Unterschied zu Belgien besteht allerdings insofern, als dass nach dem luxemburgischen Recht weder vom Abfasser noch von den Zeugen erwartet wird, dass sie *kein* materielles Interesse am Tod des

907 *Ministère de la Santé/Ministère de la Sécurité sociale*, Sterbehilfe und assistierter Suizid, S. 39.

Patienten haben dürfen. Das heißt, sowohl die Person, die die Verfügung für den schreibunfähigen Patienten abfasst, als auch die zwei Zeugen dürfen aus jeglichen Motiven heraus handeln.

Die darauffolgenden Unterabsätze des Art. 4 Abs. 2 (luxemburgisches Gesetz) scheinen von der Systematik her nur für den Fall zu gelten, dass der Patient die Patientenverfügung von einer anderen Person abfassen lassen muss. Liest man sich die Bestimmungen allerdings durch und berücksichtigt man insbesondere die Anmerkungen der luxemburgischen Regierung hierzu[908], so wird deutlich, dass die Registrierungspflicht für *jede* Patientenverfügung greift und zwar unabhängig davon, ob sie der Betroffene selbst verfasst hat oder sie von einem Dritten hat abfassen lassen. Auch die luxemburgische Regierung schreibt: „Die Bestimmungen zum Lebensende müssen unbedingt registriert werden."[909]

Daraus ergibt sich, dass auch die in Art. 4 Abs. 2 (4. Unterabsatz) vorgesehene zeitliche Beschränkung von fünf Jahren für *alle* Arten von Patientenverfügungen gilt. Hiernach soll die Kontroll-Kommission alle fünf Jahre eine Bestätigung der Patientenverfügung verlangen[910]. Die luxemburgische Regierung versteht dies zwar nicht als (Un-)Gültigkeitsregelung, aber sie weist daraufhin, die Kommission sei zu einer entsprechenden Bestätigungsanforderung gehalten[911]. Insofern ist das luxemburgische Recht nicht so streng wie das belgische, da dort die Erklärung des Patienten nicht älter als fünf Jahre alt sein darf. Dies ist in Luxemburg nicht so. Das heißt, die Patientenverfügung behält auch nach fünf Jahren ihre Gültigkeit. Es wird aber aus Gründen der Rechts- und ggf. auch Beweissicherheit als ratsam angesehen, dass sich die Kommission die registrierte Verfügung in regelmäßigen Abständen bestätigen lässt.

Ein Unterschied zu Belgien besteht aber wiederum darin, dass das belgische Recht nur die *Möglichkeit* einer Registrierung vorsieht,

908 *Ministère de la Santé/Ministère de la Sécurité sociale*, Sterbehilfe und assistierter Suizid, S. 19.

909 *Ministère de la Santé/Ministère de la Sécurité sociale*, Sterbehilfe und assistierter Suizid, S. 19.

910 *Ministère de la Santé/Ministère de la Sécurité sociale*, Sterbehilfe und assistierter Suizid, S. 39.

911 *Ministère de la Santé/Ministère de la Sécurité sociale*, Sterbehilfe und assistierter Suizid, S. 20, 33.

dies also fakultativer Natur ist. Demgegenüber herrscht nach dem luxemburgischen Recht eine Registrierungspflicht.

Darüber hinaus enthält das luxemburgische Gesetz ausdrücklich das Verbot der Sterbehilfe-Leistung für den Fall, dass der Arzt rechtzeitig von einem Widerruf des Patienten Kenntnis erlangt (Art. 4 Abs. 2, 4. Unterabsatz). Ebenso muss sich der behandelnde Arzt gemäß Art. 4 Abs. 2, 5. Unterabsatz bei der Kontroll-Kommission erkundigen, ob es bereits eine registrierte Patientenverfügung des Betroffenen gibt. Eine vergleichbare Erkundigungspflicht beim *SPF Santé Publique* trifft nach dem Königlichen Erlass vom April 2007 nun auch den belgischen Arzt.

cc) Art. 4 Abs. 3

Wie das belgische Gesetz, so enthält auch das luxemburgische Gesetz in Art. 4 Abs. 3 genaue Vorschriften für das Vorgehen und die Leistung von Sterbehilfe, wenn der Umstand eintritt, den der Patient in seiner Patientenverfügung vorgesehen hatte. Die Norm lautet:

> *„Die Handlung durch einen Arzt, einem Verlangen nach Sterbehilfe oder assistiertem Suizid gemäß Bestimmungen zum Lebensende, wie unter Ziffer 1 und 2 vorgeschrieben, nachzukommen, wird nicht strafrechtlich verfolgt und gibt keinen Anlass für eine Zivilklage auf Schadenersatz, wenn der Arzt feststellt:*
>
> *1) dass der Patient an einem durch Unfall oder Krankheit bedingten schweren und unheilbaren Leiden erkrankt ist,*
>
> *2) dass er nicht bei Bewusstsein ist,*
>
> *3) dass diese Situation nach dem aktuellen Stand der Wissenschaft nicht umkehrbar ist.*
>
> *Vor dem Leisten von Sterbehilfe muss der Arzt in allen Fällen die nachstehend genannten formalen und verfahrensbezogenen Bedingungen erfüllen:*
>
> *1) Er muss einen weiteren Arzt bezüglich der Unumkehrbarkeit der medizinischen Situation des Patienten konsultieren und ihn über die Gründe dieser Konsultation informieren. Der konsul-*

tierte Arzt nimmt Kenntnis von der Patientenakte und untersucht den Patienten. Er verfasst einen Bericht über seine Feststellungen. Wenn in den Bestimmungen zum Lebensende eine Vertrauensperson angegeben ist, setzt der behandelnde Arzt diese Vertrauensperson über die Ergebnisse der Konsultation in Kenntnis. Der konsultierte Arzt muss sowohl hinsichtlich des Patienten als auch des behandelnden Arztes unparteiisch und in Bezug auf die betreffende Pathologie kompetent sein;

2) er muss, falls es ein Pflegeteam gibt, das regelmäßig mit dem Patienten in Kontakt steht, mit diesem oder seinen Mitgliedern den Inhalt der Bestimmungen zum Lebensende erörtern;

3) er muss, falls in den Bestimmungen zum Lebensende eine Vertrauensperson benannt ist, mit dieser über den Willen des Patienten sprechen;

4) er muss, falls in den Bestimmungen zum Lebensende eine Vertrauensperson benannt ist, mit den dem Patienten nahestehenden Personen, die von der Vertrauensperson angegeben werden, über den Willen des Patienten sprechen.

Die Bestimmungen zum Lebensende sowie die Gesamtheit der vom behandelnden Arzt ergriffenen Maßnahmen und ihr Ergebnis einschließlich des Berichts des konsultierten Arztes werden in der Patientenakte festgehalten bzw. eingetragen."[912]

Damit bestehen nach luxemburgischen Recht weitgehende Parallelen zu Art. 4 § 2 des belgischen Gesetzes, der die Fälle der Sterbehilfe bei aktuell äußerungsunfähigen Patienten regelt, die eine entsprechende Patientenverfügung abgefasst haben (oder haben abfassen lassen). Der Arzt muss also erst einmal feststellen, dass überhaupt eine entsprechende Situation eingetreten ist, wie sie in der Patientenverfügung vorhergesehen wurde. Art. 4 § 2 Nr. 1° – 4° des belgischen Gesetzes sowie der vorliegende Art. 4 Abs. 3, 2. Unterabsatz Nr. 1) - 4) des luxemburgischen Gesetzes sind infolgedessen ebenfalls deckungsgleich: Nach Nr. 1) muss ein weiterer Arzt hinzugezogen werden; außerdem – so-

912 *Ministère de la Santé/Ministère de la Sécurité sociale,* Sterbehilfe und assistierter Suizid, S. 40.

fern sie existiert – die Vertrauensperson des Patienten. Vorgesehen ist in diesem Zusammenhang auch, dass der konsultierte Arzt unabhängig und entsprechend fachkundig ist. Seine Aufgabe besteht darin, „zu bestätigen, dass der Patient aufgrund eines Unfalls oder einer Krankheit ein schweres und unheilbares Leiden hat, nicht bei Bewusstsein ist und dass die Situation nach dem aktuellen Stand der Wissenschaft unumkehrbar ist."[913] Auch hier wird noch einmal auf die nach dem Stand der Wissenschaft unumkehrbare Situation hingewiesen.

Nr. 2) regelt die Hinzuziehung eines potentiell vorhandenen Pflege-Teams; die Nummern 3) und 4) beschäftigen sich mit der Einbeziehung der Vertrauensperson sowie dem Patienten nahestehender Personen. Auch die Dokumentationspflicht (letzter Satz) ist der im belgischen Recht (dort Art. 4 § 2 letzter Satz) nachgebildet.

e) Überprüfung der Sterbehilfe

Die Artt. 5 ff. des luxemburgischen Gesetzes regeln das weitere Procedere, nachdem die Sterbehilfe geleistet wurde, bzw. nachdem der Arzt beim Suizid assistiert hat[914].

Nach Art. 5 muss der Arzt, der die Sterbehilfe geleistet oder bei der Selbsttötung assistiert hat, „binnen acht Tagen der [...] Nationalen Kommission zur Kontrolle und Evaluation das in Artikel 7 behandelte Registrierungsformular ordnungsgemäß ausgefüllt vorlegen."[915] Der Arzt hat also gut eine Woche Zeit, um „seinen" Sterbehilfe-Fall zu melden.

913 *Ministère de la Santé/Ministère de la Sécurité sociale,* Sterbehilfe und assistierter Suizid, S. 27.

914 *Ministère de la Santé/Ministère de la Sécurité sociale,* Sterbehilfe und assistierter Suizid, S. 40 ff.

915 *Ministère de la Santé/Ministère de la Sécurité sociale,* Sterbehilfe und assistierter Suizid, S. 40.

aa) Art. 6: Einrichtung der Nationalen Kommission zur Kontrolle und Evaluation

Die Einrichtung der Kontroll-Kommission wird von Art. 6 geregelt[916]. Die luxemburgische Regierung bezeichnet sie insofern auch als „Bürgin" dafür, dass das Sterbehilfe-Gesetz korrekt angewandt wird[917]. Gem Art. 6 Abs. 2 (1. Unterabsatz) besteht sie aus „neun Mitgliedern, die auf der Grundlage ihrer Kenntnisse und Erfahrungen in den Bereichen, die unter die Zuständigkeit der Kommission fallen, benannt werden."[918] Hiervon sind drei Mitglieder Doktor der Medizin (2. Unterabsatz), drei Juristen (3. Unterabsatz), ein Mitglied aus dem Bereich Gesundheitsberufe (4. Unterabsatz) sowie zwei Mitglieder Vertreter von Patientenrechts-Organisationen (5. Unterabsatz)[919]. Art. 6 Abs. 2 legt sehr genau fest, *woher* die Kommissionsmitglieder kommen sollen. Beispielsweise wird für die drei Juristen festgelegt, dass darunter ein Rechtsanwalt sein muss, ferner ein Richter sowie ein Professor für Jura von der Luxemburger Universität[920].

Von der Anzahl ihrer Mitglieder her ist die Luxemburger Kontroll-Kommission somit kleiner als die belgische. Allerdings ähneln sich die gesetzlichen Vorschriften beider Länder insofern, als dass auch das belgische Recht sehr genau vorschreibt, welchen Hintergrund die Kommissionsmitglieder haben sollen (dort Art. 6 des belgischen Sterbehilfe-Gesetzes).

Ebenso wie das belgische Sterbehilfe-Gesetz enthält auch das luxemburgische Gesetz Inkompatibilitätsvorschriften. Art. 6 Abs. 2 (8. Unterabsatz) besagt, dass die Mitgliedschaft in der Kommission un-

916 *Ministère de la Santé/Ministère de la Sécurité sociale*, Sterbehilfe und assistierter Suizid, S. 40 f.; siehe auch S. 34.

917 *Ministère de la Santé/Ministère de la Sécurité sociale*, Sterbehilfe und assistierter Suizid, S. 33.

918 *Ministère de la Santé/Ministère de la Sécurité sociale*, Sterbehilfe und assistierter Suizid, S. 41.

919 *Ministère de la Santé/Ministère de la Sécurité sociale*, Sterbehilfe und assistierter Suizid, S. 41.

920 *Ministère de la Santé/Ministère de la Sécurité sociale*, Sterbehilfe und assistierter Suizid, S. 41.

vereinbar ist „mit einem Abgeordnetenmandat und [...] mit der Stellung eines Mitglieds der Regierung oder des Staatsrats."[921]

Darüber hinaus wird in diesem Abschnitt festgelegt, dass die Kommission nur beratungsfähig ist, wenn mindestens sieben Mitglieder (von neun) anwesend sind[922]. Damit gibt es – ähnlich wie in Belgien, wo eine Anwesenheit von mindestens zwei Dritteln der Mitglieder für die Beschlussfähigkeit erforderlich ist – auch in Luxemburg eine Vorgabe für die Beschlussfähigkeit von gut 78 %. Zwar wird im luxemburgischen Gesetz von „kann nur rechtsgültig beraten" gesprochen[923], aber dies kommt dem Merkmal der Beschlussfähigkeit gleich.

Das luxemburgische Gesetz legt in Art. 6 Abs. 2 (8. Unterabsatz) fest, dass Beschlüsse generell (nur) mit einfacher Mehrheit gefasst werden[924]. Damit unterscheidet es sich insofern von seinem belgischen „Vorbild", als dass es dort keine generelle Mehrheitsvorschrift für alle Entscheidungen gibt, sondern dies vielmehr in den einzelnen Normen für jede Art von Entscheidung gesondert geregelt wird.

bb) Art. 7: Formalia bei der Meldung eines Sterbehilfe-Falles

Wie in Belgien, so regelt auch nach dem luxemburgischen Gesetz der dortige Art. 7 die Frage, welche Formalia der Arzt bei der Sterbehilfe-Meldung einhalten muss. In Luxemburg gibt es ebenfalls ein zweigeteiltes Formular, das der Arzt ausfüllen muss. Nach Art. 7 (Unterabsätze 2 und 3) ist der erste Teil der Meldung, der die persönlichen Daten der Beteiligten enthält, vertraulich und muss in verschlossener Form an die Kommission übergeben werden[925]. Der zweite Teil der Meldung

921 *Ministère de la Santé/Ministère de la Sécurité sociale,* Sterbehilfe und assistierter Suizid, S. 41.

922 *Ministère de la Santé/Ministère de la Sécurité sociale,* Sterbehilfe und assistierter Suizid, S. 41.

923 *Ministère de la Santé/Ministère de la Sécurité sociale,* Sterbehilfe und assistierter Suizid, S. 41.

924 *Ministère de la Santé/Ministère de la Sécurité sociale,* Sterbehilfe und assistierter Suizid, S. 41.

925 *Ministère de la Santé/Ministère de la Sécurité sociale,* Sterbehilfe und assistierter Suizid, S. 41.

ist zwar auch vertraulich, aber gleichzeitig auch der „offizielle" Teil und enthält die Beschreibung der Umstände des Falles[926].

cc) Art. 8: Überprüfung des Falles durch die Kommission

Die Kontroll-Kommission überprüft nach Art. 8, Unterabsatz 1 den gemeldeten Sterbehilfe-Fall zunächst an Hand dieses „offiziellen" Teils. Sie untersucht, „ob die vom vorliegenden Gesetz vorgeschriebenen Bedingungen und Verfahren eingehalten wurden."[927] Hat sie hieran Zweifel, so kann sie gemäß Art. 8, Unterabsatz 2 „mit einfacher Mehrheit bei mindestens sieben anwesenden Mitgliedern die Aufhebung der Anonymität beschließen."[928] In diesem Fall kann sie Kenntnis vom anderen Teil der Sterbehilfe-Meldung nehmen und auch den betroffenen Arzt auffordern, weitere Informationen bzw. Elemente aus der Patientenakte mitzuteilen bzw. zu übermitteln[929].

Art. 8, Unterabsatz 3 regelt das weitere Vorgehen: Nimmt die Kommission einen Verstoß gegen Art. 2 Abs. 2 des Sterbehilfe-Gesetzes an, also einen Verstoß gegen die Form- und Verfahrensvorschriften, so übergibt sie den Fall an das *Collège Médical*. Dieses entscheidet sodann über ein Disziplinarverfahren. Kommt die Kommission hingegen zu dem Ergebnis, dass der Arzt die Vorschriften des Art. 2 Abs. 1 nicht eingehalten hat – also die Vorschriften, die materiellrechtlich die Tötung auf Verlangen betreffen – so übergibt sie den Fall an die Staatsanwaltschaft[930].

Damit nimmt das luxemburgische Gesetz eine Zweiteilung[931] vor: Strafrechtlich relevant sind nur die Voraussetzungen des Art. 2 Abs.

926 *Ministère de la Santé/Ministère de la Sécurité sociale*, Sterbehilfe und assistierter Suizid, S. 41 f.

927 *Ministère de la Santé/Ministère de la Sécurité sociale*, Sterbehilfe und assistierter Suizid, S. 42.

928 *Ministère de la Santé/Ministère de la Sécurité sociale*, Sterbehilfe und assistierter Suizid, S. 42.

929 *Ministère de la Santé/Ministère de la Sécurité sociale*, Sterbehilfe und assistierter Suizid, S. 42.

930 *Ministère de la Santé/Ministère de la Sécurité sociale*, Sterbehilfe und assistierter Suizid, S. 42.

931 Siehe hierzu auch *Ministère de la Santé/Ministère de la Sécurité sociale*, Sterbehilfe und assistierter Suizid, S. 12.

1, das heißt (verkürzt gesagt), der dauerhaft unheilbare und ausweglose Zustand des Patienten sowie ein von ihm aktuell schriftlich erklärter (oder auf den konkreten Fall bezogener, vorher schriftlich niedergelegter) ausdrücklicher und ernstlicher Sterbewille. Aus diesem Grund wird auch die Unterscheidung im Gesetz zwischen den materiellen Bedingungen (Art. 2 Abs. 1) und den formalen bzw. verfahrensbezogenen Bedingungen (Art. 2 Abs. 2) getroffen. Bei einem rein verfahrensbezogenen Verstoß bleibt also nur Raum, gegen den Arzt ggf. ein standesrechtliches Disziplinarverfahren einzuleiten.

Die luxemburgische Regierung weist in diesem Zusammenhang ausdrücklich darauf hin, dass ein Gesetz in der Hierarchie der Rechtsnormen den Regeln der Berufsordnung vorgehe. Das bedeute, ein Arzt dürfe nicht nach der Berufsordnung bestraft werden, wenn er die Voraussetzungen und Bedingungen des Sterbehilfe-Gesetzes ausnahmslos beachtet hat[932]. Somit ist ausgeschlossen, dass ein (nicht strafbarer) Arzt rein aus „moralischen Gründen" von Seiten des *Collège Médical* nur deswegen bestraft wird, weil er (eine straf- und verfahrensrechtlich nicht zu beanstandende) Sterbehilfe oder Suizidbeihilfe geleistet hat.

f) Änderung des Strafgesetzbuches

Art. 14 des luxemburgischen Sterbehilfe-Gesetzes enthält eine Änderungsvorschrift für das luxemburgische Strafgesetzbuch. Die Norm lautet:

> *„In das Strafgesetzbuch wird ein neuer Artikel 397-1 mit folgendem Wortlaut aufgenommen:*
>
> *(Sinngemäß) ‚Art. 397-1.- Unter den Anwendungsbereich des vorliegenden Abschnitts fällt nicht die Handlung durch einen Arzt, der einem Verlangen nach Sterbehilfe oder assistiertem Suizid nachkommt, wenn die materiellen Bedingungen aus dem Gesetz vom 16. März 2009 über Sterbehilfe und assistierten Suizid beachtet werden.'"*[933]

---

932 *Ministère de la Santé/Ministère de la Sécurité sociale*, Sterbehilfe und assistierter Suizid, S. 32.

933 *Ministère de la Santé/Ministère de la Sécurité sociale*, Sterbehilfe und assistierter Suizid, S. 43.

Damit enthält das luxemburgische Gesetz – wie das der Niederlande – ausdrücklich eine Bestimmung, wonach das Strafgesetzbuch geändert werden soll. Klargestellt wird auch, dass es für die Frage nach der Strafbarkeit oder Nicht-Strafbarkeit nur relevant ist, ob – wie im gerade beschriebenen Art. 8 – die *materiellrechtlichen* Voraussetzungen des Sterbehilfe-Gesetzes eingehalten wurden.

Wie im niederländischen Sterbehilfe-Gesetz wird aber auch in Luxemburg nur ein Verweis auf das Sterbehilfe-Gesetz in das Strafgesetzbuch aufgenommen, anstatt die Voraussetzungen für die Straffreiheit dort konkret zu benennen. Dies ist auch im luxemburgischen Strafgesetzbuch so aufgenommen worden. Betreffender Art. 397-1 lautet nämlich:

> „***Art. 397-1.*** *(L. 16 mars 2009) Ne tombe pas sous le champ d'application de la présente section le fait par un médecin de répondre à une demande d'euthanasie ou d'assistance au suicide dans le respect des conditions de fond visées à la loi du 16 mars 2009 sur euthanasie et l'assistance au suicide*"[934].

Damit reicht allein die Lektüre des luxemburgischen Strafgesetzbuches nicht aus, um Klarheit über die Fragestellung zu erlangen, unter welchen Voraussetzungen man sich bei der Leistung von Sterbehilfe oder bei der Suizidbeihilfe *nicht* strafbar macht. Die *materiellrechtlichen* Voraussetzungen für die Straffreiheit ergeben sich also erst aus dem zugehörigen Sterbehilfe-Gesetz.

g) keine Verpflichtung zur Leistung von Sterbehilfe

Art. 15 des luxemburgischen Gesetzes legt schließlich fest, dass niemand dazu verpflichtet ist, Sterbehilfe zu leisten:

> *„Kein Arzt ist verpflichtet, Sterbehilfe oder Beihilfe zur Selbsttötung zu leisten.*
>
> *Keine andere Person darf gehalten werden, an Sterbehilfe oder assistiertem Suizid teilzunehmen.*

934 Abrufbar über <http://www.legilux.public.lu/leg/textescoordonnes/codes/index.html> (zuletzt abgerufen: 27.10.2012).

Wenn der konsultierte Arzt sich weigert, Sterbehilfe oder Beihilfe zur Selbsttötung zu leisten, muss er den Patienten und/oder gegebenenfalls dessen Vertrauensperson binnen 24 Stunden informieren und die Gründe für seine Weigerung angeben.

Der Arzt, der sich weigert, einem Verlangen nach Sterbehilfe oder assistiertem Suizid nachzukommen, muss auf Verlangen des Patienten oder der Vertrauensperson die Patientenakte an den vom Patienten oder der Vertrauensperson benannten Arzt übergeben."[935]

Diese Norm enthält aus materiellrechtlicher Sicht die gleichen Voraussetzungen wie das belgische Gesetz. Es gibt keinen Anspruch auf die Leistung von Sterbehilfe oder Suizidbeihilfe. Weigert sich aber ein Arzt, einem entsprechenden Wunsch nachzukommen, so ist er dazu verpflichtet, die Gründe hierfür mitzuteilen und auch daran mitzuwirken, dass der Patient einen „neuen" Arzt aufsuchen darf, indem er (der bisherige Arzt) die Patientenakte an diesen neuen Arzt herausgeben muss.

Auch nach dem Verständnis der luxemburgischen Regierung dient diese Vorschrift dazu, „die Gewissensfreiheit des behandelnden Arztes zu achten, dem es freisteht, einem Verlangen nach Sterbehilfe oder assistiertem Suizid nachzukommen oder nicht."[936] Somit kann der Arzt ein Sterbeverlangen mit der Berufung auf seine eigene persönliche Überzeugung verweigern[937].

Die luxemburgische Regierung stellt in diesem Zusammenhang auch klar, dass die Gewissensfreiheit „eine individuelle und keine institutionelle Freiheit" sei[938]. Somit dürften sich Krankenhäuser, Altersheime etc. nicht auf diese Freiheit berufen, um einem Arzt die Sterbehilfe-Leistung oder die Beihilfe zum Suizid in ihrer Einrichtung zu

935 *Ministère de la Santé/Ministère de la Sécurité sociale,* Sterbehilfe und assistierter Suizid, S. 43.

936 *Ministère de la Santé/Ministère de la Sécurité sociale,* Sterbehilfe und assistierter Suizid, S. 6 (Vorwort von *Di Bartolomeo*).

937 *Ministère de la Santé/Ministère de la Sécurité sociale,* Sterbehilfe und assistierter Suizid, S. 30.

938 *Ministère de la Santé/Ministère de la Sécurité sociale,* Sterbehilfe und assistierter Suizid, S. 30.

verweigern. Es komme allein auf die Bedingungen des Sterbehilfe-Gesetzes an und nur diese müssten erfüllt sein[939].

h) Sterbe-Tourismus nach Luxemburg?

Die luxemburgische Regierung nimmt zu der Frage Stellung, ob jemand, der nicht in Luxemburg ansässig ist, dort Sterbehilfe oder Beihilfe zum Suizid verlangen kann[940]. Dies wird ausdrücklich bejaht, da mit der Registrierung einer Patientenverfügung „und auch mit den weiteren materiellen und formalen Bedingungen des Gesetzes [...] keine Auflage des Wohnsitzes oder der Staatsangehörigkeit verbunden ist."[941]

Einschränkend bemerkt die luxemburgische Regierung, dass jedoch das Gesetz „eine enge Beziehung zwischen dem Patienten und seinem Arzt" vorschreibe. Der Arzt müsse den Betroffenen gut kennen, da er schließlich einschätzen müsse, ob das Sterbeverlangen ernsthaft und freiwillig ist. Außerdem müsse er mit den Patienten mehrfach gesprochen haben und – unter anderem – bestätigen, dass dieser sich wirklich in einer ausweglosen Situation befinde[942]. Daher werde hierdurch impliziert, „dass der behandelnde Arzt den Patienten über einen kontinuierlichen Zeitraum hinweg und ausreichend lang behandelt haben" müsse[943]. Damit stellt die luxemburgische Regierung bei dieser Frage wie die niederländische Regierung auf das Vertrauensverhältnis ab. Die Stellungnahme Luxemburgs ist an dieser Stelle aber deutlicher, weil berücksichtigt wird, dass es ein solches Vertrauensverhältnis geben kann und dann keine weiteren Voraussetzungen an die Sterbehilfe-Leistung geknüpft sind.

939 *Ministère de la Santé/Ministère de la Sécurité sociale*, Sterbehilfe und assistierter Suizid, S. 30.

940 *Ministère de la Santé/Ministère de la Sécurité sociale*, Sterbehilfe und assistierter Suizid, S. 26.

941 *Ministère de la Santé/Ministère de la Sécurité sociale*, Sterbehilfe und assistierter Suizid, S. 26.

942 *Ministère de la Santé/Ministère de la Sécurité sociale*, Sterbehilfe und assistierter Suizid, S. 26.

943 *Ministère de la Santé/Ministère de la Sécurité sociale*, Sterbehilfe und assistierter Suizid, S. 26.

Sofern jemand tatsächlich von einem Arzt in Luxemburg behandelt wird und dort schon seit langem Patient ist, ist eine Sterbehilfeleistung (z. B. für einen EU-Ausländer) denkbar. Dies wird vom luxemburgischen Gesetz nicht verboten. Auch der Hinweis der Regierung auf ein Vertrauensverhältnis greift nur bedingt. Das Sterbehilfe-Gesetz setzt weder ausdrücklich ein Vertrauensverhältnis voraus, noch fordert es z. B. eine Mindest-Behandlungsdauer. Vorausgesetzt wird einzig und allein der umfassende Austausch zwischen Arzt und Patient und eine gemeinsame Entscheidungsfindung. Diese Komponenten können aber auch erfüllt werden, wenn der Patient nicht in Luxemburg ansässig bzw. nicht einmal luxemburgischer Staatsbürger ist.

3) Vergleich von Luxemburg mit den Niederlanden und Belgien

Vergleicht man die luxemburgischen Regelungen mit denen der Niederlande und Belgiens, so fällt auf, dass sich das luxemburgische Gesetz teilweise vom Wortlaut her stark am belgischen Gesetz orientiert. Im Ergebnis lässt sich jedoch sagen, dass das niederländische Gesetz – im Vergleich zu den anderen – das pragmatischste und kürzeste Gesetz ist. Das belgische Gesetz erweist sich als sehr formalistisch und in Teilen auch umständlich. Das luxemburgische Gesetz liegt dazwischen.

Dies zeichnet sich schon an Hand der Gesetzesentwicklung in den drei Staaten ab. Während die Niederlande bereits in den 1980er Jahren geklärt hatten, dass aktive Sterbehilfe jedenfalls unter gewissen Umständen legal sein soll(te) und man in den 1990er Jahren die weiteren Verfahrensvoraussetzungen ausarbeitete (bevor man überhaupt das Gesetz verabschiedet hatte), war die belgische Entwicklung sehr stürmisch und hatte teilweise überraschende Wendungen. Die luxemburgische Entwicklung befindet sich in einem Bereich zwischen diesen beiden Extremen. Dabei darf die Weigerung des Großherzogs *Henri*, das Gesetz nicht billigen zu wollen, nicht unterschätzt werden. Denn – wie oben dargelegt – wurde dies als eine Situation eingeschätzt, die Luxemburg an den Rand einer Staatskrise brachte. Allerdings muss man in diesem Zusammenhang dem Großherzog zugestehen, dass seine Weigerung aus Gewissensgründen in einer gewissen Weise nachvollziehbar war. Es wurde zwar empört aufgenommen, dass er es wagte, sich überhaupt einzumischen, aber eine Weigerung bei einem solch umstrittenen Thema ist zumindest verständlich.

Verständlich war insofern aber auch die Reaktion der Politik, dass sich das luxemburgische Staatsoberhaupt nicht in einen parlamentarisch ordnungsgemäß abgelaufenen Prozess einzumischen habe. Die Empörung resultierte also aus dem Verständnis heraus, dass das Staatsoberhaupt das akzeptieren muss, was das Parlament als Gesetzgeber beschlossen hat. Daher wurde mit Hilfe der Verfassungsänderung ein Weg gewählt, um die vermeintliche Staatskrise abzuwenden.

a) gemeinsamer Sterbehilfe-Begriff und Straffreiheit nur für den Arzt

Gemeinsam ist den drei Benelux-Staaten der Begriff, den sie für die aktive direkte Sterbehilfe verwenden. Es geht um die Tötung eines anderen Menschen auf dessen ausdrückliches Verlangen hin. In allen drei Staaten ist diese Tötung außerdem nur dann straffrei, wenn sie durch einen Arzt ausgeführt wurde. Die generelle Freigabe der Tötung auf Verlangen ist in keinem der drei Länder erfolgt. Luxemburg begründet diese Beschränkung damit, dass man den Gefahren von Missbrauch entgegen treten wolle, die entstehen könnten, wenn eine komplette Legalisierung erfolgt. Beim niederländischen Gesetz ist die Beschränkung auf Ärzte hingegen auf Grund der historischen Entwicklung nachvollziehbar. Es war schon durch das geschaffene *case law* absehbar, dass – wenn überhaupt – nur Ärzte aktive Sterbehilfe leisten dürfen. Für Belgien lässt sich dies damit begründen, dass es dort schon nicht einmal *case law* gab. Eine Straffreistellung für jedermann wäre dort einfach nicht nachvollziehbar gewesen.

Gleichzeitig führt diese Beschränkung auf Ärzte dazu, dass es alle drei Staaten versäumen, nach dem Selbstbestimmungsrecht des Patienten zu fragen und *dieses* als Grundlage für die Straffreiheit der aktiven Sterbehilfe anzusehen. Vielmehr geht es in den drei Gesetzen lediglich um eine Straffreistellung des Arztes.

b) zivilrechtlicher Haftungsausschluss nur in Luxemburg

Von den drei Benelux-Staaten ist Luxemburg das einzige Land, das in seinem Sterbehilfe-Gesetz neben der Straffreiheit auch einen zivilrechtlichen Haftungsausschluss beinhaltet. Es wird festgeschrieben, dass die Leistung von Sterbehilfe gemäß den Anforderungen des Sterbehilfe-Gesetzes keinen Anlass für eine zivilrechtliche Klage bieten kann. Ein solcher Hinweis fehlt in den Gesetzen der beiden anderen Staaten.

c) Vorschriften das aktuelle Sterbeverlangen betreffend

Lediglich Belgien und Luxemburg legen fest, dass das Sterbeverlangen des betroffenen Patienten nicht durch äußeren Druck zustande gekommen sein darf. Die Niederlande verzichten auf einen solchen Hinweis. Ebenso haben Belgien und Luxemburg im Gegensatz zu den Niederlanden gemeinsam, dass das Sterbeverlangen *immer* schriftlich niedergelegt sein muss. In den Niederlanden reicht beim aktuell abgegebenen Sterbeverlangen auch ein mündliches Verlangen aus (wenngleich ein schriftliches Verlangen abgegeben werden *soll*).

In diesem Zusammenhang besteht ein weiterer Unterschied zwischen den drei Staaten: Dadurch, dass in Belgien und Luxemburg auch das aktuelle Sterbeverlangen schriftlich abgegeben werden muss, muss in dem Fall, in dem der Betroffene die schriftliche Abfassung nicht selbst vornehmen kann (z. B. weil er dauerhaft gelähmt ist), *immer* der Arzt als Zeuge anwesend sein. Die Abfassung selbst darf der Arzt nicht vornehmen, aber er muss trotzdem bei der Abfassung durch einen Dritten dabei sein. Dieses „Problem" umgehen die Niederlande dadurch, dass sie vom Gesetz her eine mündliche Willensäußerung als ausreichend erachten.

d) das Sterbeverlangen Minderjähriger

Jeweils unterschiedlich regeln die drei Benelux-Staaten die Frage, ob auch Minderjährige aktive Sterbehilfe einfordern dürfen. Während Luxemburg dies grundsätzlich nicht gestattet, dürfen in Belgien zumindest für mündig erklärte Minderjährige (die also rechtlich den

Volljährigen gleichgestellt sind) die Sterbehilfe für sich einfordern. Demgegenüber gehen die niederländischen Regelungen sehr viel weiter. Dort darf schon ein 12-Jähriger Sterbehilfe grundsätzlich fordern, sofern die Eltern damit einverstanden sind. Bei einem sterbewilligen Patienten zwischen 16 und 18 Jahren müssen die Eltern hingegen „nur" noch konsultiert werden. Sie müssen der Sterbehilfe also nicht mehr zustimmen. All dies gilt natürlich nur unter der Prämisse, dass der Jugendliche als dazu fähig angesehen wird, seine Situation entsprechend vernünftig einschätzen zu können.

e) Konsultation eines anderen Arztes

Gemeinsam ist den drei Gesetzen wiederum, dass alle drei die Konsultation eines anderen Arztes für notwendig erachten, bevor die Sterbehilfe geleistet wird. Belgien hat aber insofern strengere Voraussetzungen als die beiden anderen Staaten, als dass hier die Hinzuziehung eines weiteren Arztes vor der Sterbehilfe-Leistung obligatorisch ist, sofern der Patient noch nicht im Sterben liegt. In den Niederlanden gibt es eine solche Vorschrift nicht. In Luxemburg ist dies lediglich als fakultative Möglichkeit eingeräumt. Das heißt, der behandelnde Arzt *kann* einen weiteren Arzt hinzuziehen, z. B. wenn er erforschen will, ob es nicht doch noch andere Therapiemöglichkeiten für den Patienten gibt.

f) Wartezeit

Ferner ist Belgien das einzige Land, in dem vorgeschrieben ist, dass zwischen dem Sterbeverlangen und der tatsächlichen Sterbehilfe-Leistung mindestens ein Monat Zeitabstand liegen muss, sofern der Patient nicht tatsächlich schon in Kürze sterben wird.

g) Einbeziehung von Vertrauenspersonen

In Luxemburg und Belgien gibt es des Weiteren die Regelung, sog. Vertrauenspersonen heranzuziehen, um die Begleitumstände des Patientenwillens näher zu ermitteln. Diese Vertrauenspersonen vertreten nicht etwa den Patienten; das heißt, sie dürfen auch nicht für ihn das Sterbeverlangen abgeben. Sie dienen vielmehr als eine Art Zeugen für den Patientenwillen. Denkbar ist beispielsweise der Fall, in dem sich der Arzt vergewissern will, dass der Patient sein Sterbeverlangen auch gegenüber der Vertrauensperson mit dem gleichen Inhalt geäußert hat. In den Niederlanden ist die außergesetzliche Hinzuziehung von Vertrauenspersonen natürlich genauso denkbar. Eine gesetzliche Regelung hierzu existiert aber nicht.

h) Abgabe von Voraus- oder Patientenverfügungen / Bestimmungen zum Lebensende

Die Idee, dass das Sterbeverlangen auch in Form einer Voraus- oder Patientenverfügung abgegeben werden kann, ist allen drei Staaten gemeinsam. Nur Luxemburg schreibt in diesem Zusammenhang vor, dass die schriftlichen Voraus- bzw. Patientenverfügungen bei der nationalen Kontroll-Kommission registriert werden. In den beiden anderen Staaten herrscht keine Registrierungspflicht; in Belgien ist die Registrierung lediglich eine fakultative Option.

Ein weiterer Unterschied in Bezug auf die Vorausverfügungen besteht außerdem darin, dass Belgien und Luxemburg voraussetzen, dass die Situation des (inzwischen äußerungsunfähigen) Patienten nach dem aktuellen Stand der Wissenschaft unumkehrbar sein muss. Die Niederlande sehen diese Einschränkung nicht vor.

Die Regelungen zu den Vorausverfügungen unterscheiden sich auch insofern, als dass in Luxemburg nur Volljährige eine solche Verfügung abfassen dürfen. In Belgien ist dies bei Volljährigen und für mündig erklärten Minderjährigen zulässig. Die Niederlande sehen dies bereits für Minderjährige ab 16 Jahren vor, sofern sie dazu in der Lage sind, ihre Situation rational einzuschätzen.

Die Gesetze unterscheiden sich ferner darin, dass Luxemburg und Belgien die Anwesenheit von zwei Zeugen voraussetzen, wenn der betroffene Patient seine Voraus- /Patientenverfügung nicht mehr eigenhändig abfassen kann. Luxemburg setzt aber nur voraus, dass diese zwei Zeugen volljährig sein müssen, während es in Belgien vorgeschrieben ist, dass wenigstens einer der beiden Zeugen kein materielles Interesse am Tod des betroffenen Patienten haben darf. Das niederländische Gesetz sieht hingegen keine Abfassung der Vorausverfügung unter Zeugen vor.

Im Rahmen der schriftlichen Verfügungen besteht außerdem ein Unterschied in Bezug auf die Geltungsdauer. Während die Niederlande keinerlei zeitliche Begrenzung voraussetzen, ist in Luxemburg vorgesehen, dass die nationale Kontroll-Kommission alle fünf Jahre eine

Bestätigung des Patientenwillens verlangen *soll*. Damit wird die bisherige Verfügung nach Ablauf von fünf Jahren aber nicht ungültig. Vielmehr *soll* die Kontroll-Kommission sich in regelmäßigen Abständen vergewissern, dass sich der Patientenwille nicht geändert hat. Belgien hat in diesem Zusammenhang hingegen die strengste Regelung: Die Verfügung verliert automatisch nach einem Ablauf von fünf Jahren ihre Gültigkeit. Das heißt, ein darin erklärter Sterbewille darf nach Ablauf der fünf Jahre schon gar nicht mehr beachtet werden. Damit trägt das belgische Gesetz dem Umstand Rechnung, dass sich ein Patientenwille auch einmal ändern kann. Dies geschieht aber zu Ungunsten desjenigen Patienten, der nur vergessen hat, seine Verfügung zu bestätigen, dessen Wille sich aber nicht geändert hat. Umgekehrt erkennt man vor diesem Hintergrund aber auch den „Mittelweg", den Luxemburg vorsieht: Die Tatsache, dass die Verfügungen registriert werden, wird dazu führen, dass sich ein Patient den vorab geäußerten Sterbewillen gut überlegt. Das heißt, durch das Registrierungserfordernis wird eine Hürde dafür geschaffen, nicht einfach leichtfertig einen entsprechenden Willen abzugeben. Hat man diese Registrierung aber unternommen, so hat die Willensäußerung einen gewissen offiziellen Charakter. Damit begründet man zumindest in formaler Hinsicht eine neue Ebene von Rechtssicherheit. Insofern ist auch die Formulierung im luxemburgischen Gesetz zu verstehen, dass die nationale Kontroll-Kommission lediglich dazu gehalten ist, eine Bestätigung des bereits registrierten Willens zu verlangen. Eine zusätzliche Absicherung besteht in der Vorschrift, dass der Arzt sich vor einer Sterbehilfe-Leistung *immer* nach bereits registrierten Verfügungen erkundigen muss. Überdies enthält das luxemburgische Gesetz ein ausdrückliches Verbot von Sterbehilfe, wenn der behandelnde Arzt von einer anderslautenden späteren Willensbekundung erfährt, in der der (vormals) Sterbewillige den Sterbewunsch widerruft.

i) Kontroll-Kommissionen

Die Einrichtung eines nachträglichen Kontrollverfahrens durch entsprechende Kommissionen ist den drei Benelux-Staaten grundsätzlich gemein. Die Unterschiede liegen im Detail.

Zunächst enthalten die drei Gesetze unterschiedliche Regelungen, was die Anzahl der Mitglieder betrifft. In den Niederlanden müssen mindestens drei Personen Mitglieder der Kommission sein. In Belgien besteht die Kommission aus 16 Mitgliedern, in Luxemburg aus neun. Belgien und Luxemburg legen in diesem Zusammenhang auch genau fest, *woher* die einzelnen Mitglieder kommen müssen. Vorgeschrieben ist z. B., dass Professoren der Rechtswissenschaft von den landeseigenen Universitäten unter den Kommissionsmitgliedern sein müssen.

Was die Beschlussfähigkeit angeht, so ist allein nach dem niederländischen Recht vorgeschrieben, dass alle Kommissionsmitglieder an den Abstimmungen teilnehmen müssen. Dies ist augenscheinlich der geringen Mindestanzahl der Kommissionsmitglieder geschuldet. Hingegen sieht Luxemburg die Beschlussfähigkeit ab einer Anwesenheit von gut 78 %, das heißt, sieben der neun Mitglieder, als gegeben an. Damit bewegt sich das Land zwischen den Niederlanden und Belgien. Dies lässt sich auch darauf zurückführen, dass seine vorgeschriebene Anzahl der Kommissionsmitglieder zwischen der der beiden anderen Staaten liegt. Belgien – das Land mit den jeweils meisten Kommissions-Mitgliedern – sieht eine Beschlussfähigkeit ab einer Anwesenheit von zwei Dritteln der Mitglieder vor. Hier sind die Anforderungen an die Beschlussfähigkeit prozentual gesehen somit geringer als in den beiden anderen Staaten.

Ein Unterschied besteht auch in den Anforderungen an Mehrheitsentscheidungen: In den Niederlanden und in Luxemburg reicht jeweils die einfache Mehrheit zur Beschlussfassung aus. In Belgien ist jeweils gesondert festgelegt, mit welcher Mehrheit entschieden werden muss. So kann eine belgische Kommission zwar mit einfacher Mehrheit die Anonymität des Sterbehilfe-Falles aufheben, wenn sie Zweifel an der Rechtmäßigkeit der Sterbehilfe-Leistung im konkreten Fall hat. Es bedarf jedoch einer Zwei-Drittel-Mehrheit, wenn sich die belgische Kommission im Folgenden dazu entschließt, den Fall an die zuständige Staatsanwaltschaft zu übergeben.

Darüber hinaus enthalten sowohl das belgische als auch das luxemburgische Gesetz Vorschriften zur Inkompatibilität bestimmter politischer Ämter mit der Mitgliedschaft in der Kontroll-Kommission. Das niederländische Gesetz enthält hierzu keinerlei Vorschriften. Es regelt vielmehr allgemein, dass ein Mitglied der Kontroll-Kommission einem Arzt keinen Rat zu einer potentiellen Sterbehilfe-Leistung geben soll. Außerdem gibt es die Möglichkeit, sich als Mitglied der Kommission selbst für befangen zu erklären oder als befangen abgelehnt zu werden.

j) (Keine) Anonymität der Sterbehilfe-Meldung

Zwischen Luxemburg und Belgien auf der einen Seite und den Niederlanden auf der anderen Seite besteht ein zentraler Unterschied darin, dass die Meldung des Sterbehilfe-Falles in Luxemburg und Belgien aus zwei Teilen besteht. Der Teil, in dem sämtliche persönliche Daten enthalten sind, ist grundsätzlich erst einmal geheim. Das heißt, die jeweilige Kontroll-Kommission untersucht den Fall zunächst als anonyme Angelegenheit und widmet sich allein der Frage, ob von der Sache her die materiell-rechtlichen Voraussetzungen des Sterbehilfe-Gesetzes eingehalten wurden. Nur dann, wenn seitens der Kommission Zweifel an der Rechtmäßigkeit der Sterbehilfe-Leistung bestehen, kann die Anonymität des Falles aufgehoben werden. Auch dann ist aber ein Beschluss mit einfacher Mehrheit der Kommissionsmitglieder erforderlich. In den Niederlanden sind die persönlichen Daten hingegen von Anfang an für die Kontroll-Kommission einsehbar.

Ruft man sich in Erinnerung, dass die Niederlande die Kontroll-Kommission ursprünglich dafür einrichteten, um die Meldung von Sterbehilfe-Fällen prozentual zu steigern, so ist fraglich, ob dies mit einem so offenen Verfahren zum gewünschten Erfolg führt. Luxemburg und Belgien haben insofern einen anderen Weg gewählt, als dass es nicht darauf ankommen kann, *wer wem* aktive Sterbehilfe geleistet hat, sondern rein darauf, ob die materiell-rechtlichen Voraussetzungen im konkreten Fall erfüllt sind. Erst in dem Moment, wo dies zweifelhaft ist, besteht auch ein Interesse an der Aufhebung der Anonymität. Dies gilt nicht nur im Hinblick auf eine mögliche spätere Strafverfolgung, sondern auch darauf, dass in diesem Verfahrensstadium der betroffene Arzt hinzugezogen werden kann und muss, um mögliche Unklarheiten zu klären. Für die Anonymität spricht also, dass sich die Kommission bei ihrer Untersuchung wirklich nur auf den Sterbehilfe-Fall konzentriert. Hierdurch wird auch das Bestreben, die Sterbehilfe zu „entkriminalisieren" (dafür wurden die Kommissionen in den Niederlanden ursprünglich eingerichtet), deutlicher herausgestellt.

Gegen eine Anonymität spricht hingegen, dass damit der Meldung in gewisser Weise etwas Verheimlichendes beikommt. Dies soll *nicht* mit dem Argument begründet werden „Wer im Rahmen des Gesetzes gehandelt hat, muss auch nichts verbergen", sondern vielmehr mit dem Gedanken, der hinter der nachträglichen Kontrolle des Sterbehilfe-Falles steckt: Der Staat gibt durch die nachträgliche Kontrolle dem Arzt einen gewissen Vertrauensvorschuss. Denn im Nachhinein könnte sich die Sterbehilfe auch als rechtswidrig darstellen. Daher *könnte* man dem Arzt entgegenhalten, dass er im Rahmen der Sterbehilfe-Meldung wiederum dem Staat entgegen kommen muss, indem er gleich zu Beginn seine Identität und die Identität des Verstorbenen preisgibt.

Vorliegend soll die Frage, welches Verfahren besser ist, aber nicht abschließend beantwortet werden. Es gibt nachvollziehbare Gründe für beide Vorgehensweisen. Dass Belgien und auch Luxemburg sich für ein teilweise anonymisiertes Verfahren entschieden haben, kann auch als Antwort darauf gewertet werden, dass die Meldequote in den Niederlanden zumindest z. Zt. des Inkrafttretens des dortigen Gesetzes noch nicht sehr hoch war. Man *könnte* also als Argument für die Zweiteilung in Belgien und Luxemburg anführen, dass hierdurch möglicherweise mehr Sterbehilfe-Fälle gemeldet werden.

k) Luxemburg: Zweiteilung der Verfehlungen

Luxemburg ist unter den drei Benelux-Staaten das einzige Land, das eine Zweiteilung in Bezug auf die denkbaren Gesetzesverstöße vornimmt. Damit grenzt es sich von den anderen beiden Staaten ab. Der Fall wird nach luxemburgischen Recht nämlich nur dann an die Strafverfolgungsbehörden abgegeben, wenn die Kontroll-Kommission zu dem Ergebnis kommt, dass die materiell-rechtlichen Straffreiheitsvoraussetzungen aus Art. 2 Abs. 1 des Sterbehilfe-Gesetzes nicht eingehalten wurden. Denkbar wäre z. B. ein Fall, in dem überhaupt kein Sterbeverlangen des betroffenen Patienten vorlag. Liegt hingegen nach Auffassung der Kommission ein „bloßer" Verstoß gegen die Form- und Verfahrensvorschriften aus Art. 2 Abs. 2 des Sterbehilfe-Gesetzes vor, so wird der Fall dem *Collège Médical* übergeben. Dieses entscheidet dann (nur) über ein berufsrechtliches Disziplinarverfahren.

Gleichzeitig gibt es auch einen deutlichen Hinweis der luxemburgischen Regierung an die Standesrechtler: Das Sterbehilfe-Gesetz geht nach Auffassung der Regierung den berufsrechtlichen Regelungen vor. Das heißt, wenn ein Arzt nach dem Sterbehilfe-Gesetz als eindeutig straflos gilt, darf er nicht nach dem Standesrecht (z. B. aus moralischen Gründen) bestraft, bzw. sein Verhalten entsprechend sanktioniert werden.

Eine solche Zweiteilung nehmen demgegenüber weder das belgische noch das niederländische Gesetz vor. Zumindest dem Wortlaut der Gesetze nach sind dort sämtliche Verfahrensvorschriften materiellrechtliche Kriterien, wobei ein Verstoß hiergegen ebenso staatsanwaltschaftliche Untersuchungen nach sich ziehen kann.

l) kein Anspruch auf Sterbehilfe

Am Ende ihrer Gesetze stellen Belgien und Luxemburg klar, dass es keinen Anspruch auf die Leistung von Sterbehilfe, bzw. infolgedessen auch keine Verpflichtung des Arztes auf die Leistung von Sterbehilfe gibt. Die Niederlande haben dies nicht in ihr Gesetz mit aufgenommen, gehen aber ebenso hiervon aus. Damit gilt in allen drei Staaten, dass es Sache des Arztes ist, einem Sterbeverlangen nachzukommen oder sich diesem zu verweigern. Zur Sterbehilfe kann er nicht gezwungen werden, insbesondere ist die Leistung von Sterbehilfe auch nicht einklagbar.

Die Gesetze in Belgien und in Luxemburg setzen im Falle der Ablehnung voraus, dass der Arzt seine Gründe hierfür mitteilt und entsprechende Patientenakten herausgibt. In den Niederlanden wird des Weiteren angenommen, dass der Arzt, der die Sterbehilfe ablehnt, ggf. sogar bei der Suche nach einem neuen Arzt (der die Sterbehilfe leisten will), behilflich ist.

VI) Zwischenergebnis

Die Benelux-Staaten sind bislang die einzigen drei Staaten, die die aktive direkte Sterbehilfe legalisiert haben. Sie nehmen daher eine Sonderrolle ein, die sich kaum auf andere Staaten übertragen lässt. Insbesondere in Deutschland steht die Debatte noch an einem ganz anderen Punkt.

Von den drei Benelux-Staaten waren die Niederlande gewissermaßen der „Vorreiter", denn sie haben durch die bei ihnen akzeptierte Praxis und das von ihnen ins Leben gerufene Gesetz letztlich den Anstoß für die beiden anderen Länder gegeben. Die niederländische Entwicklung war selbst innerhalb der Benelux-Staaten so einzigartig, dass sie kaum mit den beiden anderen Staaten verglichen werden kann. Dass Belgien kurz nach den Niederlanden nachzog, ist angesichts der bis dato bestehenden Tabuisierung der Sterbehilfe eigentlich eher merkwürdig als folgerichtig. Es wird wohl am ehesten die geographische Nähe zu den Niederlanden gewesen sein, die die Legalisierung vorantrieb. Luxemburg hat sich wiederum von Belgien beeinflussen lassen, ist aber auf Grund seiner geringen Größe kaum als „Modell" für andere Staaten geeignet. Auffallend ist in Luxemburg aber die Ausarbeitung und Betonung von Patientenrechten, die den Gesetzgeber sicherlich in gewisser Weise auch für die Sterbehilfe-Problematik sensibilisiert hat.

Der Ablauf dieser Legalisierungsentwicklung lässt die Frage aufkommen, ob es in Europa zu einem „Domino-Effekt" kommen wird, sprich: ob andere europäischen Staaten nachziehen werden. Diese Frage kann die vorliegende Arbeit nur begrenzt beantworten, weil sie nicht alle europäischen Staaten untersucht. An Hand der Untersuchungen zum deutschen und Schweizer Recht können aber zumindest in Bezug auf diese beiden Staaten Rückschlüsse gezogen werden. Aus hiesiger Sicht wird es in absehbarer Zeit nicht zu einer entsprechenden Entwicklung kommen.

Zunächst ist für Deutschland anzumerken, dass hier zum Teil immer noch über Sterbehilfe-Formen gestritten wird (siehe *Putz*), die in den Benelux-Staaten schon früh als normales medizinisches Handeln angesehen wurden. Die Frage nach der Erlaubtheit oder Rechtfertigung stellte sich dort schon gar nicht mehr. Wenn aber im Jahre 2010 ein Verfahren erst vom *BGH* entschieden werden muss, weil sowohl die Strafverfolgungsbehörden als auch die vorherige Instanz von einer Strafbarkeit des Verhaltens ausgingen, dann steht Deutschland im Vergleich zu den Benelux-Staaten an einem anderen Punkt. Das Verfahren zeigt auch, wie viel Rechtsunsicherheit in Deutschland eigentlich (noch) herrscht. Dies spricht also schon einmal gegen einen (irgendwann) auf Deutschland überspringenden „Domino-Effekt".

Ein weiteres Argument gegen ein solches Überspringen ist die Tatsache, dass die Niederlande „in konsequent enttabuisierender Weise Rechtswirklichkeit und Gesetz in Übereinstimmung" bringen, während „in Deutschland von einer tabufreien Diskussion der Sterbehilfeproblematik keine Rede sein" könne[944]. Gemeint ist hiermit, dass Deutschland und das deutsche Rechtssystem noch immer – und gewiss auch weiterhin – von den Verbrechen der Nationalsozialisten belastet sind. Im Rahmen des sog. „Euthanasie-Programms" wurden –

944 *Saliger*, in: KritV 2001, S. 385; ähnl. auch *Csef*, in: *Sohn/Zenz*, S. 71 ff.

unter Beteiligung zahlreicher Ärzte – zur Zeit des Nationalsozialismus Menschen als „nicht lebenswert" eingestuft (z. B. weil sie behindert waren) und umgebracht[945]. Diese Geschehnisse und die Rolle der beteiligten Ärzte sind bis heute präsent, wenn über Sterbehilfe bzw. deren Legalisierung debattiert wird. Dabei dürfte innerhalb der heutigen Debatte deutlich werden, dass zumindest *körperlich* schwer kranken Personen grundsätzlich Verständnis für ihren Sterbewunsch entgegen gebracht wird. Gleiches gilt – wie oben gesehen – bei Menschen in Extremsituationen. Durch die oben beschriebene Unterscheidung zwischen der aktiven direkten und der aktiven indirekten Sterbehilfe wird jedoch auch eine deutliche Grenze gezogen. Die direkte Tötung auf Verlangen wird hiernach nicht freigegeben. Der Grund hierfür liegt gewiss auch darin, zu verhindern, dass gesetzlich weitere Situationen definiert werden, in denen eine Tötung als erlaubt oder gerechtfertigt angesehen wird. Denn dies könnte Menschen dazu bringen, hieraus Kriterien zu schlussfolgern, die in ihren Augen menschliches Leben in „lebenswert" oder „lebensunwert" bzw. „nicht lebenswert" unterscheiden. Zugleich besteht die Gefahr, dass Druck auf den Gesetzgeber ausgeübt wird, beispielsweise den Katalog zulässiger Tötungshandlungen zu erweitern. Ferner stellt sich vor dem Hintergrund der Beteiligung zahlreicher Ärzte am „Euthanasie"-Programm der Nationalsozialisten die Frage, wie weit der Handlungsspielraum von Ärzten eigentlich reichen darf[946]. Gewiss bestehen die genannten Gefahren und Bedenken auch in anderen Ländern und zwar insbesondere in denen, die die aktive Sterbehilfe tatsächlich legalisiert haben. Die nationalsozialistischen „Euthanasie"-Verbrechen als Teil der jüngeren deutschen Geschichte geben ihnen aber in Deutschland eine besondere Komponente, die in den anderen Staaten in dieser Form nicht vorhanden ist.

Ein weiterer Grund gegen die Annahme eines „Domino"-Effekts ist der Ablauf des beschriebenen Legalisierungsprozesses in den Niederlanden: Die Niederlande haben die bei ihnen abgelaufene Entwicklung unter Berücksichtigung des Handelns der Ärzte und insbesondere des einschlägigen *case laws* in den 1990er Jahren erst durch die Schaffung des Meldeverfahrens, der *Regional Review Committees* und des SCEN-Netzwerks weiterentwickelt und schließlich Anfang der

945 Siehe z. B. *Csef*, in: *Sohn/Zenz*, S. 71 ff.

946 Vgl. *Csef*, in: *Sohn/Zenz*, S. 73.

2000er Jahre in Gesetzesform gegossen. Dabei fanden die für die aktive Sterbehilfe nötigen Sorgfaltskriterien und die mögliche Rechtfertigung über die Pflichtenkollision zunächst Eingang in die Rechtsprechung und später auch ins Gesetz. Eine solche Entwicklung fehlt in Deutschland aber in Bezug auf die aktive direkte Sterbehilfe gänzlich. Der *BGH* betont mehrfach, dass § 216 StGB im Falle der direkten Tötung auf Verlangen nicht zu durchbrechen sei. Die Abwägung im Sinne des § 34 StGB wird nur für die aktive indirekte Sterbehilfe anerkannt. Damit gibt es von Seiten der Rechtsprechung in Deutschland bislang keine Öffnung für ein entsprechendes *case law*.

Entscheidend ist aus hiesiger Sicht auch, dass die Benelux-Staaten für ihre Rechtsordnung die Frage, ob aktive direkte Sterbehilfe überhaupt erlaubt sein sollte, mit „ja" beantwortet haben. Insbesondere in den Niederlanden war dies schon Ende der 1980er Jahre geschehen. Es gibt daher in diesen drei Staaten keine Diskussion mehr über die Zulässigkeit einzelner Sterbehilfe-Formen. Damit stellen sich auch keine Abgrenzungsproblematiken wie z. B. im deutschen Recht. Sofern die in Rede stehende Handlung nicht sowieso schon als normales medizinisches Handeln erlaubt ist, besteht die Möglichkeit, dass sie in den Anwendungsbereich des Sterbehilfe-Gesetzes fällt und dann eben hierüber erlaubt ist. Demgegenüber beantworten bislang aber sowohl Deutschland als auch die Schweiz durch die Aufrechterhaltung des Verbots der Tötung auf Verlangen die Frage, ob aktive Sterbehilfe erlaubt sein sollte, mit „nein". Aus diesem Grund werden sich die angesprochenen Abgrenzungsproblematiken auch weiterhin stellen und es wird auch weiterhin Fälle geben, die (in Deutschland) den Weg bis zum *BGH* gehen, weil nicht sicher ist, ob das in Rede stehende Handeln erlaubt oder verboten ist.

Ein weiteres Hindernis für einen „Domino"-Effekt stellt die Frage nach dem tauglichen Täter dar. Während in Deutschland und in der Schweiz grundsätzlich jedermann von der Privilegierung der Tötung auf Verlangen profitieren kann, gelten die drei Sterbehilfe-Gesetze der Benelux-Staaten nur für einen Arzt. Die drei Staaten behandeln also mitnichten die aktive direkte Sterbehilfe als grundsätzlich straflos. Es stellt sich somit die Frage, ob im Falle einer Legalisierung nur Ärzte hiervon profitieren sollen oder ob eine Strafbefreiung grundsätzlich für jedermann gelten soll. So, wie die Diskussion bislang in Deutschland verläuft, konzentriert sich vieles auf die möglichen Ausnahmefälle, in denen eine Tötung auf Verlangen ausnahmsweise zulässig sein könnte. Dabei geht es aber mehr um die Fallumstände (man denke an den verbrennenden Autofahrer) als um die Frage, *wer* die Tötung auf Verlangen überhaupt ausführen dürfte. So lange die Tötung auf Verlangen sowieso strafbewehrt ist, wird sich die Frage nach dem tauglichen Täter nicht weiter stellen. *Sollte* eine gesetzliche Freigabe der aktiven direkten Sterbehilfe in Deutschland angedacht werden, käme man um eine Diskussion nach der Strafbefreiung nur für Ärzte oder für jedermann nicht herum.

Materiellrechtlich liegt den Gesetzen der Benelux-Staaten die gleiche Definition der aktiven direkten freiwilligen Sterbehilfe zu Grunde wie in Deutschland und in der Schweiz. Gemeint ist die direkte Tötung eines anderen Menschen auf dessen ausdrückliches Verlangen hin. Während das Verlangen für die Anwendung der Privilegierung nach deutschem Recht ausreichend ist, müssen in der Schweiz achtenswerte Beweggründe des Täters hinzukommen, damit die Privilegierung greift. In Deutschland und der Schweiz wirken also das Sterbeverlangen des Opfers, in der Schweiz zusätzlich die achtenswerten Beweggründe strafmildernd. In den Benelux-Staaten kommen schließlich abermals weitere Voraussetzungen hinzu, damit der Arzt nicht nur privilegiert wird, sondern straffrei ausgeht. Bei diesen Voraussetzungen handelt es sich um die ursprünglich in den Niederlanden entwickelten Sorgfaltskriterien, die später in großem Umfang auch von den anderen beiden Staaten anerkannt wurden. Dabei handelt es sich also um Kriterien, die sich rechtlich und gesellschaftlich gewissermaßen durchgesetzt haben. Von außen können sie weder in § 216 StGB noch in Art. 114 chStGB hineingelesen werden. Das bedeutet, dass diese Kriterien weder in der Schweiz noch in Deutschland rechtlich anerkannt sind. Sofern also in Zukunft bestimmte Sorgfaltskriterien in Sterbehilfe-Fällen anerkannt werden sollen, steht als Erstes eine gesellschaftliche und auch rechtliche Debatte an. Ferner muss – damit ggf. eine Anerkennung erfolgt – hierzu entsprechendes *case law* geschaffen werden. Erst hierdurch wird verdeutlicht, welche Kriterien auf Dauer für zulässig erachtet werden.

Ein weiterer Unterschied zwischen den untersuchten Staaten ist die Ausgestaltung des Sterbeverlangens. In Deutschland, der Schweiz und in den Niederlanden reicht das mündliche Verlangen vom Gesetz her aus. Das belgische und das luxemburgische Gesetz erfordern, dass es schriftlich abgefasst wurde. Selbst die Niederlande tendieren aber aus Beweisgründen ebenfalls zu einem schriftlich abgefassten Verlangen. Die Argumente der Beweisbarkeit und der Absicherung für den Sterbehelfer sprechen daher auch dafür, ein solches Verlangen schriftlich abzufassen oder es jedenfalls in irgendeiner Art zu dokumentieren.

Materiellrechtlich erfordern die drei Gesetze der Benelux-Staaten, das sich der Patient in einer ausweglosen Situation befindet, in der keine Hoffnung auf Besserung besteht. Dies erfordern weder § 216 StGB noch Art. 114 chStGB. Weder in Deutschland noch in der Schweiz gibt es somit eine Begrenzung auf bestimmte Leiden oder Krankheiten. Eine solche Debatte würde aber zwangsläufig aufkommen, wenn die Legalisierung aktiver Sterbehilfe in Rede stünde. Schon bei der deutschen Debatte um die Schaffung eines Patientenverfügungsgesetzes gab es den Vorschlag, eine teilweise Reichweitenbegrenzung in das Gesetz einzubauen[947], was schlussendlich nicht geschehen ist[948]. Ferner grenzt auch der *BGH* Fälle wie den Behandlungsabbruch auf Situationen ein, in denen es einen Zusammenhang zu einer medizinischen Behandlung gibt. Eine medizinische Behandlung wird aber überwiegend nur in Krankheitsgründen durchgeführt. Daher würde sich eine entsprechende Debatte nach einer Krankheits- oder Behandlungsbezogenheit bei einem potentiellen Sterbehilfe-Gesetz zwangsläufig stellen.

Das zusätzliche Motiv des Täters, aus achtenswerten Beweggründen handeln zu müssen, ist nur in der Schweiz Voraussetzung für die Anwendung des Privilegierungstatbestands. § 216 StGB erfordert dies nicht. Auch die Benelux-Staaten sehen in ihren Legalisierungsgesetzen nicht vor, dass der behandelnde Arzt ein achtenswertes Motiv für seine Sterbehilfe-Leistung aufweisen muss. Die Motive des Arztes werden vielmehr gar nicht berücksichtigt. Eine solche Berücksichtigung erschiene auch nur begrenzt tauglich. Denn – wie oben

---

947 Siehe BT-Drucks. 16/11360, 16.12.2008, Gesetzentwurf der Abgeordneten *Bosbach, Röspel, et al.*, S. 2 ff., 9, 12, 14 f., 19 ff. Abrufbar unter <http://dip21.bundestag.de/dip21/btd/16/113/1611360.pdf> (zuletzt abgerufen: 27.10.2012).

948 Siehe BT-Drucks. 16/8442, 06.03.2008, Gesetzentwurf der Abgeordneten *Stünker, Kauch et. al.*, S. 3 f., 16 ff. Abrufbar unter <http://dip21.bundestag.de/dip21/btd/16/084/1608442.pdf> (zuletzt abgerufen: 27.10.2012). Dieser Entwurf wurde in dritter Lesung vom Bundestag beschlossen, siehe das Ergebnis der namentlichen Abstimmung v. 18.06.2009 unter <http://www.bundestag.de/dokumente/textarchiv/2009/24808527_kw25_patientenverfuegung/namabst.html> (zuletzt abgerufen: 27.10.2012).

gesehen – bereitet es im Gerichtsverfahren Schwierigkeiten, die subjektiven Beweggründe von jemandem zweifelsfrei nachzuweisen bzw. die Angaben entsprechend zu widerlegen.

Innerhalb des Vergleichs der Benelux-Staaten ist außerdem einmalig, dass nur das luxemburgische Gesetz eine Zweiteilung der Kriterien und Gesetzesverstöße vornimmt. Strafrechtlich relevant sind demnach „nur" die Kriterien des volljährigen, handlungsfähigen und bei Bewusstsein befindlichen Patientens, des freiwilligen, schriftlich verfassten Sterbeverlangens sowie der ausweglosen medizinischen Situation ohne Aussicht auf Besserung. Alle anderen Kriterien sind Verfahrens- und Formvorschriften. Damit grenzt sich Luxemburg von Belgien und den Niederlanden ab, die grundsätzlich alle Verfahrensschritte als strafrechtlich relevant ansehen. Natürlich *wäre* es auch dort denkbar, einen bestimmten Verstoß „nur" als verfahrensrechtlich relevant einzuordnen. Die dortigen Gesetze selbst sehen eine solche Zweiteilung aber eben nicht vor. Damit stellt sich im Falle einer entsprechenden Legalisierung auch immer die Frage, welche Kriterien eigentlich materiellrechtlich und welche ggf. nur verfahrensrechtlich relevant sein sollen.

Aus den genannten Gründen ist also ein „Domino-Effekt", das heißt, ein Übergreifen der Legalisierungstendenzen beispielsweise auf Deutschland, in absehbarer Zeit nicht denkbar.

B) Die strafrechtliche Beurteilung der Beihilfe zur Selbsttötung in Europa

Im folgenden Abschnitt wird die strafrechtliche Beurteilung der Beihilfe zur Selbsttötung in Deutschland, der Schweiz und den Benelux-Staaten untersucht und miteinander verglichen.

Die Beihilfe zur Selbsttötung steht in einer engen Beziehung zur aktiven direkten Sterbehilfe. Die Abgrenzung erfolgt – wie oben bereits ausgeführt – im deutschen Strafrecht grundsätzlich danach, *wer* die Tötung ausführt. Tötet sich der Sterbewillige selbst und leistet eine andere Person nur Hilfe hierzu (indem sie dem Suizidenten z. B. das Glas mit dem Gift reicht), liegt von Seiten des Helfenden lediglich eine straflose Beihilfe vor. Bittet hingegen jemand darum, dass ihn ein Anderer tötet und kommt dieser Andere dem Sterbewunsch nach, liegt eine strafbare aktive Sterbehilfe vor. Eine Abgrenzung zwischen beiden Handlungsalternativen fällt im Einzelfall jedoch nicht immer eindeutig aus[949].

Umso schwieriger wird es, wenn man die nationale Rechtsordnung verlässt und sich dem Strafrecht in anderen Ländern widmet. Im Schweizer StGB wird in Art. 115 ausdrücklich klargestellt, dass die Beihilfe zur Selbsttötung grundsätzlich nicht strafbar ist, außer, sie erfolgt aus selbstsüchtigen Motiven heraus. Dort stellen sich mögliche Strafbarkeitserwägungen wegen unterlassener Hilfeleistung oder wegen Tötung durch Unterlassen in Bezug auf den Gehilfen nicht. Denn Art. 115 chStGB wird abschließend verstanden (siehe unter „Schweiz").

Die Benelux-Staaten hingegen erfassen auch die Suizidbeihilfe durch ihre jeweiligen Sterbehilfe-Gesetze. Allerdings war dies nicht von vorne herein klar. Die Niederlande und Luxemburg haben ihre Sterbehilfe-Gesetze schon dem Wortlaut nach so ausgestaltet, dass der Arzt sich bei beiden Handlungsalternativen auf eine Straffreiheit berufen kann (sofern er die Voraussetzungen des Gesetzes eingehalten hat). Das bedeutet, dass zwar in beiden Staaten noch eine theoretische Abgrenzung zwischen der aktiven Sterbehilfe und der Suizidbeihilfe existiert, jedoch beide Handlungen unter den gleichen Voraussetzungen straffrei sein können. Auf die Unterscheidung, wer das Tötungsgeschehen in den Händen hält – und somit auf eine eindeutige

---

949 Siehe schon oben z. B. *Kaufmann*, in: MedR 1983, S. 123 f.; ferner *Schreier*, in: *Sohn/Zenz*, S. 232.

Zuordnung zu einer der beiden Handlungsalternativen – kommt es folglich nicht mehr an. In Belgien bezieht sich das Sterbehilfe-Gesetz dem Wortlaut nach nur auf die aktive Sterbehilfe. Im Wege der Rechtsfortbildung ist inzwischen allerdings auch dort der assistierte Suizid als ein Fall von „euthanasie" anerkannt (siehe unter „Belgien").

I) Deutschland

Die Selbsttötung ist in Deutschland zwar nach überwiegender Ansicht rechtswidrig, aber nicht strafbar. Auf Grund der strafrechtlichen Akzessorietätslehre[950] ist auch die Teilnahme hieran straflos, da es an einer vorsätzlichen, rechtswidrigen, teilnahmefähigen Haupttat fehlt[951]. Im *Wittig*-Fall[952] entschied der *BGH* jedoch, dass jemand (dort ein Arzt) als Garant im Sinne des § 13 StGB dafür einzustehen habe, dass der Tod eines Anderen nicht eintritt. Er kann sich auch bei freiverantwortlicher Selbsttötung des Anderen grundsätzlich wegen Tötung durch Unterlassen strafbar machen, wenn er nach Eintritt der Handlungsunfähigkeit des Suizidenten dessen Leben nicht rettet, obwohl dies möglich ist[953]. Darüber hinaus können sich Personen ohne Garantenstellung wegen unterlassener Hilfeleistung nach § 323 c StGB strafbar machen, wenn sie bei Selbsttötungsversuchen untätig bleiben[954]. Die Rettungspflicht entsteht, „wenn durch die erkannte Selbsttötungsabsicht eine unmittelbare als Unglücksfall zu wertende Gefahrenlage für den Selbstmörder entstanden ist"[955].

Damit ist eine straffreie Sterbe*begleitung* in Deutschland bislang nicht möglich, obwohl nach dem oben Erwähnten zum Teil angenom-

950 *Wessels/Beulke*, Rdn. 551: „Akzessorietät der Teilnahme" bedeutet, dass die Teilnahmehandlungen der „Anstiftung und Beihilfe [...] von der Existenz einer rechtswidrigen Haupttat iSd § 11 I Nr 5 [StGB] abhängig" sind. D. h., um als Anstifter oder Gehilfe zu irgendeiner Tat bestraft werden zu können, muss es überhaupt eine solche strafbare Haupttat geben, an der man teilnehmen kann.

951 So z. B. *BGHSt* 24, 342 ff. (343 f.); 32, 367 ff. (371). Siehe auch *Wessels/Beulke*, Rdn. 551.

952 *BGHSt* 32, 367 ff.

953 *BGHSt* 32, 367 ff. (371 ff.).

954 *BGHSt* 32, 367 ff. (374 ff.).

955 *BGHSt* 32, 367 ff. (375).

men wird, dass sich die Rechtsprechung künftig ändern könnte[956]. Das bedeutet, dass jemand zwar eine straffreie Beihilfe zur Selbsttötung dergestalt leisten darf, indem er z. B. dem Sterbewilligen das Wasserglas mit dem aufgelösten Gift reicht. In dem Moment, in dem der Suizident auf Grund der Gifteinnahme bewusstlos wird, muss der Gehilfe aber versuchen, das Leben des Suizidenten zu retten. In Ausnahmefällen kann eine diesbezügliche Strafbarkeit von Garanten und Nichtgaranten jedoch entfallen[957]. Im *Wittig*-Fall war dies die Gewissensentscheidung des Arztes, der „in Respekt vor der Persönlichkeit der Sterbenden bis zum endgültigen Eintritt des Todes bei ihr ausharrte"[958].

Die Rechtslage in Deutschland ist somit bislang unsicher. Es bleibt zwar abzuwarten, in welche Richtung sich die Rechtsprechung künftig entwickelt. Bis dato erscheint es aber sicherer, in Suizidfällen einzugreifen.

II) Schweiz

Die Beihilfe zur Selbsttötung ist gemäß Art. 115 chStGB „nicht strafbar, solange sie nicht aus selbstsüchtigen Motiven erfolgt"[959]. Die Norm lautet:

> *„Wer aus selbstsüchtigen Beweggründen jemanden zum Selbstmorde verleitet oder ihm dazu Hilfe leistet, wird, wenn der Selbstmord ausgeführt oder versucht wurde, mit Freiheitsstrafe bis zu fünf Jahren oder Geldstrafe bestraft."*[960]

1) Art. 115 chStGB

Auch nach Schweizer Recht liegt eine Beihilfe zur Selbsttötung nur dann vor, wenn sie von demjenigen vorgenommen wird, der „zur Selbsttötung eines anderen Hilfe leistet, ohne selbst das Geschehen zu

956 Siehe oben; vgl. *Fischer*, Vor §§ 211 – 216 StGB, Rdn. 25.

957 *BGHSt* 32, 367 ff. (377 ff.).

958 *BGHSt* 32, 367 ff. (381).

959 *Ress*, in: FS-*Fischer*, S. 453; siehe auch *Schreier*, in: *Sohn/Zenz*, S. 231.

960 Abrufbar unter <http://www.admin.ch/ch/d/sr/311_0/a115.html> (zuletzt abgerufen: 27.10.2012).

beherrschen oder die eigentliche Tötungshandlung auszuführen."[961] Somit liegt die gleiche Begriffsbestimmung zu Grunde wie im deutschen Strafrecht. Berücksichtigt man die Unterscheidung zwischen Täterschaft und Teilnahme, so ergibt sich „[a]us der Straflosigkeit des Suizids oder Suizidversuchs [...] nach den allgemeinen Regeln die Konsequenz, dass auch die Beteiligung Dritter [...] straflos bleiben müsste. Dieser Konsequenz zu begegnen ist der Sinn des Art. 115: Er [...] beschreibt [...] ein Verhalten, das der Sache nach *Teilnahme* ist [...]."[962] Es gibt daher Fälle der Suizidteilnahme, die ausdrücklich straflos bleiben sollen. Genauso gibt es aber auch Fälle, die bestraft werden sollen – nämlich dann, wenn beim Teilnehmer die genannten „selbstsüchtigen Motive" vorliegen. Aus diesem Grund gibt es die Norm des Art. 115 chStGB.

Allerdings ist die Strafbarkeit nach Art. 115 chStGB eine Ausnahme[963]. Das heißt, in der überwiegenden Anzahl der Fälle liegen keine selbstsüchtigen Motive vor, so dass der Suizidgehilfe straffrei bleibt.

„Selbstsüchtige Beweggründe" sind dabei solche, bei denen „der Täter einen persönlichen Vorteil verfolgt, was einerseits materieller Art sein [...] und bis zur Gewinnsucht reichen kann". Auch kann es sich um ein „Motiv ideeller oder affektiver Art" handeln[964]. Das beim Täter vorliegende Motiv muss also zum Einen auf ihn selbst bezogen sein. Zum Anderen muss der Täter ein bestimmtes, ihn weiterbringendes Ziel verfolgen, wie aus dem Begriff „selbstsüchtig" hervorgeht: „Dazu genügt es, wenn er[965] irgendeinen persönlichen, nicht unbedingt materiellen, Vorteil verfolgt oder auch nur zur Befriedigung von Hass, Rachsucht oder Bosheit handelt."[966] Darüber hinaus reicht die Interpretation des Art. 115 chStGB soweit, „dass nur derjenige straflos bleibe, der ‚aus reiner Gesinnung, aus achtenswerten Beweggründen' gehandelt habe, weil er etwa den Anderen vor Schan-

961 *Breitenmoser*, in: *Petermann*, S. 173.

962 *Stratenwerth/Jenny/Bommer*, BT I, § 1, S. 43, Rdn. 49; Hervorheb. im Text.

963 *Schwarzenegger*, in: Basler Komm II, Art. 115 StGB, Rdn. 10.

964 *Schwarzenegger*, in: Basler Komm II, Art. 115 StGB, Rdn. 10.

965 Gemeint ist der Täter, Anm. der Verf.

966 *Stratenwerth/Jenny/Bommer*, BT I, § 1, S. 46, Rdn. 59. Vgl. auch *Schwarzenegger*, in: Basler Komm II, Art. 115 StGB, Rdn. 10.

de und Elend bewahren wollte."[967] *Stratenwerth/Jenny/Bommer* halten dies für zu eng gefasst, denn „auch der vollkommen Gleichgültige muss nach der Fassung des Gesetzes straflos bleiben"[968]. Dieser Standpunkt ist nach hiesiger Auffassung vorzugswürdig, weil der Wortlaut des Art. 115 chStGB insofern eindeutig ist. Insbesondere unterscheidet sich Art. 115 chStGB von Art. 114 chStGB (Tötung auf Verlangen), welcher das Vorliegen von achtenswerten Beweggründen wie z. B. Mitleid erfordert. Eine solche Voraussetzung enthält Art. 115 chStGB jedoch gerade nicht.

Damit liegen gleich zwei Unterschiede zwischen Deutschland und der Schweiz vor: Erstens enthält das chStGB eine Norm zur Suizidbeihilfe. Im deutschen StGB fehlt dies gänzlich. Zweitens ist die Schweizer Rechtsordnung an dieser Stelle strenger, denn sie stellt bestimmte Fälle der Suizidbeihilfe – das heißt, der Gehilfenleistung an sich – unter Strafe. Dies passiert im deutschen Strafrecht nicht. Der Unterschied liegt darin, dass nach dem deutschen StGB das Akzessorietätsprinzip[969] in Bezug auf die Suizidteilnahme streng eingehalten wird. Die Schweizer Regelung sieht insofern eine Ausnahme für den Fall vor, dass der die Beihilfe leistende Teilnehmer aus selbstsüchtigen Motiven heraus handelt. Hier greift die Akzessorietätsregel nicht. Die Haupttat ist zwar nicht strafbar, dafür jedoch die Beihilfehandlung, sofern ein selbstsüchtiges Motiv vorliegt.

Entscheidend dafür, dass sich ein Suizidgehilfe nach dem Schweizer Strafrecht jedoch nicht wegen unterlassener Hilfeleistung oder Tötung durch Unterlassen strafbar macht, ist Folgendes:

> *„Art. 115 schStGB hat eine eher geringe praktische Bedeutung, denn es kommt auf Grund des geforderten subjektiven Tatbestandsmerkmals selten zu Verurteilungen. Dennoch wird an der Regelung festgehalten, um zu verdeutlichen, dass die Norm die strafbare Beteiligung abschließend regelt. Genau hier liegt die entscheidende Ursache für das moderate Erscheinungsbild der schweizerischen Regelung: Auf Grund dieses*

967 *Stratenwerth/Jenny/Bommer*, BT I, § 1, S. 46, Rdn. 59, m. w. N.

968 *Stratenwerth/Jenny/Bommer*, BT I, § 1, S. 46, Rdn. 59, m. w. N. So ausdrücklich auch *Schwarzenegger*, in: Basler Komm II, Art. 115 StGB, Rdn. 10.

969 Siehe oben; *Wessels/Beulke*, Rdn. 551.

> *abschließenden Charakters können Verhaltensweisen im Sinne des Art. 115 schStGB nicht als Unterlassen interpretiert werden.*"[970]

Art. 115 chStGB gilt somit „als abschließende Regelung für *alle* Fälle der Suizidteilnahme"[971]. Das bedeutet, man geht nicht wie in Deutschland davon aus, dass sich der bereits bewusstlos gewordene Suizident in einem Unglücksfall befindet und man deswegen entweder im Rahmen der unterlassenen Hilfeleistung oder sogar als Garant eine Rettungspflicht hat[972]. Der Suizid wird als Umsetzung einer freiverantwortlichen Entscheidung gewertet, bei der die Tatherrschaft im Falle der Bewusstlosigkeit nicht auf jemanden anders übergeht. Dies beschreibt *Wolfslast:*

> „*Anders als in Deutschland wird* [...] *überwiegend kein Wechsel der Tatherrschaft mit Eintreten der Bewusstlosigkeit angenommen und damit keine Rettungspflicht des Garanten ausgelöst, vielmehr darf dieser nach h.M. die Selbsttötung achten und passiv bleiben, wenn der Entschluss aus freien Stücken gefasst worden ist;* [...]."[973]

Die Tatherrschaft verbleibt also beim Suizidenten und geht nicht auf denjenigen über, der vorher eine Gehilfenleistung ausgeführt hat oder gar zufällig hinzukommt. Darin liegt der entscheidende Unterschied zum deutschen Recht.

Eine Verschärfung der strafrechtlichen Regelungen lehnen die Schweizer indes ab: Im Mai 2011 wurde in der Schweiz im Kanton Zürich erfolglos ein Volksentscheid zur Kriminalisierung der Suizidbeihilfe sowie zum Verbot des „Sterbetourismus" durchgeführt. Mit 85 % wurde ein generelles Verbot der Suizidbeihilfe abgelehnt und mit 78 % ein Verbot des Sterbetourismus, also der Leistung von Suizidbeihilfe für Ausländer[974].

---

970 *Vöhringer*, S. 182, m. w. N.

971 *Seelmann*, in: *Brudermüller/Marx/Schüttauf*, S. 135; Hervorheb. im Text.

972 Vgl. *Kusch*, in: NStZ 2007, S. 437; *Vöhringer*, S. 182.

973 *Wolfslast*, in: FS-*Schreiber*, S. 919 f.

974 „Kanton Zürich: Schweizer lehnen Verbot des Sterbetourismus ab", in: Spiegel Online, 16.05.2011.

2) Sterbehilfeorganisationen

Die als abschließend verstandene Regelung des Art. 115 chStGB führt dazu, dass Unterlassungstäterschaft oder mittelbare Täterschaft auch nach Eintritt der Bewusstlosigkeit beim Suizidenten nicht vorliegen. Dies liefert die Grundlage für die Arbeit von Sterbehilfeorganisationen wie *EXIT*[975]. Infolge dieser Rechtslage sind in der Schweiz Vereine wie *EXIT* oder *Dignitas* entstanden, die ihren Mitgliedern auf deren Wunsch hin Suizidbeihilfe leisten[976]. Den Mitgliedern dieser Organisationen wird im Falle des Sterbewunsches der Kontakt zu einem Arzt vermittelt, den das Mitglied dann konsultiert und der ggf. ein Rezept über eine tödliche Dosis Natrium-Pentobarbital ausstellt[977].

a) Mitgliedschaft und möglicher „Sterbetourismus"

EXIT leistet die Suizidbegleitung inzwischen nur noch Schweizer Staatsbürgern bzw. Leuten, die in der Schweiz wohnhaft sind – und natürlich müssen diese Leute auch Vereinsmitglied sein[978]. Die Mitgliedschaft bei *Dignitas* steht grundsätzlich auch Leuten offen, die „nicht in der Schweiz wohnen und eine ausländische Staatsangehörigkeit besitzen."[979] Die Suizidbeihilfe leistet *Dignitas* jedoch „nur auf Schweizer Staatsgebiet"[980]. In Deutschland wohnhafte Personen werden inzwischen von *Dignitas* (Schweiz) nicht mehr aufgenommen, weil es einen deutschen Ableger von *Dignitas* gibt[981]. Zwischen *Dignitas* in der Schweiz und *Dignitas* in Deutschland gibt es allerdings eine Vereinbarung, wonach „Mitglieder von DIGNITAS-Deutschland ei-

975 Vgl. *Seelmann*, in: *Brudermüller/Marx/Schüttauf*, S. 135 f. Siehe auch *Dignitas*, Informationsbroschüre, S. 3; *EXIT*, Informationsbroschüre, S. 9.

976 *Ress*, in: FS-*Fischer*, S. 453.

977 *Dignitas*, Informationsbroschüre, S. 7; *EXIT*, Informationsbroschüre, S. 9, 16.

978 So die Angaben auf der Homepage von *EXIT* („Freitodbegleitung – Wer kommt dafür in Frage?"), abrufbar unter <http://exit.ch/wDeutsch/2110007/wer_kommt_dafuer_in_frage.php?navanchor=2110035> (zuletzt abgerufen: 27.10.2012). Siehe auch *EXIT*, Informationsbroschüre, S. 11; S. 22, Art. 3 Abs. 1 S. 1 der Statuten.

979 *Dignitas*, Informationsbroschüre, S. 4.

980 *Dignitas*, Informationsbroschüre, S. 4.

981 *Dignitas*, Informationsbroschüre, S. 4 f.

nen Anspruch darauf [haben], auch von der Schweiz aus beraten zu werden und Hilfe zu erhalten, wie wenn sie in der Schweiz Mitglied wären."[982] *EXIT* hingegen lehnt Gesuche aus dem Ausland inzwischen ab, unter anderem mit dem Argument, dass man bei Ausländern nicht immer überprüfen könne, ob die Voraussetzungen für die Suizidbegleitung wirklich erfüllt sind. Außerdem würde „[e]ine Öffnung für Ausländer [...] den Druck auf eine Liberalisierung der Gesetze in den europäischen Ländern reduzieren."[983] Dies laufe den Interessen von *EXIT* zuwider[984]. Ausländern wird also von *EXIT* nur Suizidbeihilfe geleistet, sofern sie einen Wohnsitz in der Schweiz vorweisen können (siehe oben).

Dignitas hält sich nach dem oben Gesagten also offen, „Sterbetouristen" beim Suizid in der Schweiz zu unterstützen. Ebenso kann sich ein Ausländer in der Schweiz niederlassen und Mitglied bei *EXIT* werden. Damit ist – wie sich oben schon bei den Benelux-Staaten gezeigt hat – denkbar, dass ein ausländischer Staatsbürger einen Weg findet, sich in der Schweiz Suizidbeihilfe leisten zu lassen.

b) Ablauf der Selbsttötung

Schwarzenegger beschreibt, wie die Selbsttötung in der Schweiz genau abläuft:

> *„Die Person nimmt [...] zuerst ein Mittel ein, um den später möglicherweise auftretenden Brechreiz zu unterdrücken. Danach trinkt sie circa 60 Milliliter Wasser, in welchem eine Dosis von 10-15 Gramm Natrium-Pentobarbital aufgelöst wurde. Alternativ hierzu kann sie das Mittel auch durch eine Sonde in den Magen spritzen oder eine Kanüle öffnen, mit welcher die Lösung intravenös in den Körper gelangt. Innerhalb eines Zeitraums von 2-5 Minuten nach der Einnahme schläft die Person ein und fällt in eine tiefe Bewusstlosigkeit. Das Natrium-Pentobarbital bewirkt in der Folge eine Lähmung des Atemzentrums, was anschliessend zum Tod durch Atemstillstand führt."*[985]

982 *Dignitas*, Informationsbroschüre, S. 5.

983 *EXIT*, Informationsbroschüre, S. 11.

984 *EXIT*, Informationsbroschüre, S. 11.

985 *Schwarzenegger*, Mittel zur Suizidbeihilfe, Rdn. 1. Siehe auch *Dignitas*, Informationsbroschüre, S. 7 f.; *EXIT*, Informationsbroschüre, S. 16 f.

Der Suizid erfolgt also durch die Einnahme von Natrium-Pentobarbital. Zwar „unterfällt auch in der Schweiz Natrium-Pentobarbital dem Betäubungsmittelgesetz."[986]. Jedoch darf „ein Arzt nach Prüfung des Einzelfalls Natrium-Pentobarbital zur Begehung eines Suizids verschreiben, so dass eine tödliche Dosis in Apotheken erworben werden kann."[987]. *EXIT* und *Dignitas* arbeiten in diesem Zusammenhang so, dass sie das verschriebene Mittel für den Sterbewilligen verwahren und zum vereinbarten Sterbetermin mitbringen[988]. Die Schweiz ist somit also „liberaler" im Umgang mit Pentobarbital als andere Staaten[989].

c) keine Strafbarkeit der Gehilfen

Die Ermöglichung eines Suizids in der oben beschriebenen Form ist nicht nach Art. 115 chStGB strafbar: „Die [...] von Vereinigungen wie *EXIT* und *Dignitas* durchgeführt[e Beihilfe zur Selbsttötung] [...] ist in der Regel mangels selbstsüchtiger Beweggründe straflos"[990]. Dies gilt auch, obwohl der Suizident eine Art Spesenentschädigung und die administrativen Kosten für seine eigene Freitodbegleitung zahlt[991]. *Dignitas* verneint selbstsüchtige Motive mit dem Argument, dass die dort tätigen Suizidgehilfen „allein von DIGNITAS für ihre Tätigkeit entschädigt werden"[992]. *EXIT* verweist in ihrem Leitbild darauf, dass sie als „einzige wirtschaftliche Zielsetzung [...] die gesicherte Finanzierung ihrer Aktivitäten" habe[993].

Im Unterschied zur deutschen Rechtslage ist außerdem von Bedeutung, dass der Schweizer Suizidgehilfe beispielsweise beim Suizidenten sitzen bleiben und warten kann, bis dieser verstorben ist. Denn Art. 115 chStGB wird – wie oben erläutert – als abschließend verstan-

986 *Kusch,* in: NStZ 2007, S. 436. Siehe auch *Bosshard,* in: *Griffiths/Weyers/Adams,* S. 472; *Dignitas,* Informationsbroschüre, S. 8.

987 *Kusch,* in: NStZ 2007, S. 436; ebenso *Bosshard,* in: *Griffiths/Weyers/Adams,* S. 472 f.

988 *Dignitas,* Informationsbroschüre, S. 8; *EXIT,* Informationsbroschüre, S. 16.

989 Vgl. *BGH,* in: NStZ 2001, S. 326.

990 *Schwarzenegger,* in: Basler Komm II, Art. 115 StGB, Rdn. 10; Hervorheb. der Verf.

991 Vgl. *Schwarzenegger,* in: Basler Komm II, Art. 115 StGB, Rdn. 10.

992 *Dignitas,* Informationsbroschüre, S. 3.

993 *EXIT,* Informationsbroschüre, S. 24 (EXIT-Leitbild).

den. Der Gehilfe macht sich also weder wegen einer unterlassenen Hilfeleistung noch wegen einer Tötung auf Verlangen strafbar.

3) Arbeit von *Dignitas* in Deutschland

Wie oben bereits erwähnt, gibt es inzwischen in Deutschland einen Ableger von *Dignitas*. Auf Grund einer Vereinbarung zwischen ihm und *Dignitas* in der Schweiz können „Mitglieder von DIGNITAS-Deutschland [...] auch von der Schweiz aus beraten [...] werden und Hilfe [...] erhalten“[994]. Das heißt, die Mitglieder von *Dignitas* in Deutschland können „in der Schweiz [...] einen begleiteten Suizid erhalten [...], so lange dieser in Deutschland nicht möglich ist.“[995] Dabei läuft das Verfahren genau so ab, wie es auch bei Schweizer Staatsbürgern oder Menschen mit Wohnsitz in der Schweiz ablaufen würde[996]. Das heißt, insbesondere muss der deutsche Sterbewillige einen Schweizer Arzt konsultiert haben – wobei die Angaben von *Dignitas*-Deutschland offen lassen, wie umfangreich diese Konsultation sein muss[997]. Ziel von *Dignitas*-Deutschland ist es, dass in Deutschland irgendwann einmal eine Suizidbeihilfe in der oben beschriebenen Form wie in der Schweiz möglich ist[998].

4) Vergleich Schweiz - Deutschland

Der erste Unterschied zwischen der Schweiz und Deutschland liegt darin, dass die Schweiz in Art. 115 chStGB strafrechtlich überhaupt die Suizidbeihilfe geregelt hat. In Deutschland gibt es eine vergleichbare Norm bislang nicht. Dabei wird Art. 115 chStGB von dem Grundsatz geleitet, dass die Suizidbeihilfe an sich straflos sein soll. Sie soll es nur dann nicht sein, wenn der Gehilfe aus selbstsüchtigen Motiven heraus gehandelt hat. Solche liegen z. B. dann vor, wenn der Gehilfe aus Gewinnsucht handelt oder den Suizidenten hasst. In diesen Fällen wiegt der strafrechtliche Lebensschutz höher als die grundsätzliche Straffreiheit für den Gehilfen.

994 *Dignitas*, Informationsbroschüre, S. 5.

995 *Dignitas-Deutschland*, Informationsbroschüre, S. 7.

996 *Dignitas-Deutschland*, Informationsbroschüre, S. 9 ff.

997 *Dignitas-Deutschland*, Informationsbroschüre, S. 11.

998 *Dignitas-Deutschland*, Informationsbroschüre, S. 1, 3, 7.

Aus diesem Grund ist das Schweizer StGB von der reinen Gesetzeslage her strenger als das deutsche StGB. Denn die *Gehilfenleistung an sich* kann unter Umständen strafbar sein. Das ist sie in Deutschland nicht, denn hier gilt die Akzessorietätslehre streng: Der Suizid an sich ist nicht strafbar und somit ist auch die Teilnahme hieran nicht strafbar.

Allerdings – und das ist wiederum ein großer Unterschied – kann sich der Gehilfe nach deutschem Recht z. B. durch sein Untätigbleiben im Falle des Bewusstseinsverlusts beim Suizidenten wegen unterlassener Hilfeleistung oder gar wegen Tötung auf Verlangen strafbar machen. Der *BGH* vertritt die Auffassung, dass die Tatherrschaft, die der Suizident bis zum Bewusstseinsverlust hatte, auf anwesende oder zufällig hinzukommende Personen übergehen kann[999]. Dies führt zu der paradoxen Situation, dass man dem Suizidenten die Hilfe für den Suizid leisten darf, ihn aber im Falle des Bewusstseinsverlusts zu retten versuchen muss. In der Schweiz ist eine solche Konsequenz nicht denkbar. Hier gilt Art. 115 chStGB abschließend. Das heißt, der Gehilfe darf dem Suizidenten die Hilfe leisten (z. B. den Becher mit dem Natrium-Pentobarbital reichen) und darf auch so lange beim Suizidenten sitzen bleiben, bis Letzterer verstorben ist. Der Gehilfe muss dann nichts mehr machen, er muss insbesondere nicht versuchen, den Suizidenten doch noch zu retten.

Am Schweizer Recht fällt des weiteren auf, dass sich nicht nur der oben besprochene Art. 114 chStGB (Tötung auf Verlangen), sondern auch Art. 115 chStGB an der subjektiven Motivation des Täters orientieren. Art. 114 chStGB verlangt, dass beim Täter achtenswerte Motive vorliegen. Art. 115 chStGB verlangt, dass beim Gehilfen keine selbstsüchtigen Motive vorliegen. Sowohl die Tötung auf Verlangen, als auch die Suizidbeihilfe sind also nur privilegiert bzw. straflos, wenn sie nicht aus missbilligenswerten Motiven heraus begangen werden. Derartige Regelungen gibt es im deutschen StGB weder für die Tötung auf Verlangen, noch für die Suizidbeihilfe.

Die genannten Sterbehilfe-Organisationen nutzen die bestehende Schweizer Rechtslage, um ihre Suizidbeihilfe anzubieten. Dabei wird deutlich, dass nach Wegen gesucht wird (und diese z. T. gefunden werden), um auch ausländischen Staatsangehörigen Suizidbeihilfe zu leisten. Dies zeigt sich insbesondere durch die Vereinbarung

999 Siehe oben; *BGHSt* 32, 367 ff. (374).

von *Dignitas* in der Schweiz und *Dignitas* in Deutschland, die so weit kooperieren, dass auch deutschen Staatsangehörigen, die nicht in der Schweiz ansässig sind, eine Suizidbeihilfe geleistet werden kann. Ein Sterbetourismus in die Schweiz ist also nicht nur denkbar, sondern findet tatsächlich statt.

III) Niederlande

In den Niederlanden ist die Beihilfe zur Selbsttötung unter den gleichen Voraussetzungen wie die aktive Sterbehilfe straflos[1000]. Das niederländische Sterbehilfe-Gesetz definiert in Chapter I („Definitions"), Section 1, b. den assistierten Suizid („assisted suicide") als „intentionally helping another person to commit suicide or providing him with the means to do so as referred to in article 294, paragraph 2, second sentence of the Criminal Code"[1001]. Auf Deutsch lautet diese Passage: „das einem anderen vorsätzlich bei der Selbsttötung behilflich Sein oder ihm die dazu erforderlichen Mittel Verschaffen im Sinne des Artikel 294 Absatz 2 Satz 1 des Strafgesetzbuches"[1002].

Damit stellt der Gesetzgeber klar, dass solche Fälle erfasst werden sollen, die von den Umständen her die gleichen Voraussetzungen haben wie die Fälle einer zulässigen aktiven Sterbehilfe. Denn Art. 294 Abs. 2, 2. Satz des Strafgesetzbuches verweist wiederum auf Art. 293 Abs. 2. Dieser solle entsprechend Anwendung finden[1003]. Art. 293 des niederländischen Strafgesetzbuches regelt wiederum die aktive Sterbehilfe. Die Norm lautet:

> *„(1) Wer vorsätzlich das Leben eines anderen auf dessen ausdrückliches und ernshaftes Verlangen hin beendet, wird* [...] *bestraft.*
>
> *(2) Eine Tat nach Absatz 1 ist nicht strafbar, wenn sie von einem Arzt begangen wird, der dabei den Sorgfaltsanforderungen gemäß Artikel 2 des Gesetzes über die Prüfung von Lebensbeendigung auf Verlangen*

1000 Siehe oben die Voraussetzungen für die Straffreiheit der aktiven Sterbehilfe und der Beihilfe zur Selbsttötung.

1001 Engl. Textfassung, in: EJHL, Vol. 8, 2001, S. 184.

1002 Dt. Übers. bei *Grundmann*, S. 217.

1003 Engl. Textfassung, in: EJHL, Vol. 8, 2001, S. 188 f.; dt. Übers. bei *Grundmann*, S. 222.

> *und Beihilfe zur Selbsttötung genügt und dies dem gemeindlichen Leichenbeschauer in Übereinstimmung mit Artikel 7 Absatz 2 des Bestattungsgesetzes mitteilt."*[1004].

Das bedeutet also, dass über die Verweisung die Strafbefreiungsvoraussetzungen des Sterbehilfe-Gesetzes bei beiden Handlungsalternativen (Tötung auf Verlangen, Beihilfe zur Selbsttötung) in gleichem Maße Anwendung finden. Der Fokus des Gesetzes wird somit darauf gelegt, ob ein Arzt die materiell-rechtlichen Anforderungen für eine mögliche Strafbefreiung eingehalten hat und nicht darauf, ob letztendlich ein Fall der Suizidbeihilfe oder der aktiven Sterbehilfe vorgelegen hat.

Auch aus dem weiteren Wortlaut des niederländischen Sterbehilfe-Gesetzes wird deutlich, dass die Legalisierungsvoraussetzungen für die aktive Sterbehilfe und für die assistierte Selbsttötung gleichermaßen gelten[1005]. Schon die Überschrift des Gesetzes nennt „termination of life on request" und „assisted suicide"[1006], bzw. „Lebensbeendigung auf Verlangen *und* Beihilfe zur Selbsttötung"[1007] in einem Atemzug. Auch die Präambel weist auf beide Formen hin:

> *„Whereas We have considered that it is desirable to include in the Criminal Code grounds for granting immunity to **a physician who**, acting in accordance with the statutory due care criteria laid down in this Act, **terminates life on request or provides assistance with suicide**, and also that it is desirable to create a statutory notification and review procedure"*[1008].

Die Präambel erklärt es damit zum Ziel des Gesetzes, einem Arzt, der *entweder* ein Leben auf Verlangen des Patienten beendet *oder* jemandem Hilfe bei der Selbsttötung bietet, strafrechtliche Immunität zu gewährleisten.

Deutlich wird dies auch aus der Stellungnahme der niederländischen Regierung. Dort heißt es:

1004 *Grundmann*, S. 222. Siehe auch engl. Textfassung, in: EJHL, Vol. 8, 2001, S. 188.

1005 Engl. Textfassung in: EJHL, Vol. 8, 2001, S. 183 ff.; dt. Übers. bei *Grundmann*, S. 217 ff.

1006 Engl. Textfassung, in: EJHL, Vol. 8, 2001, S. 183.

1007 *Grundmann*, S. 217; Hervorheb. der Verf.

1008 Engl. Textfassung in: EJHL, Vol. 8, 2001, S. 183 f.; Hervorheb. der Verf.

„In den Niederlanden versteht man unter Sterbehilfe lebensbeendende Handlungen, die ein Arzt auf das ausdrückliche Verlangen eines Patienten vornimmt.“[1009]

Dieses Verständnis von Sterbehilfe wird in der Stellungnahme zunächst abgegrenzt zu dem Verzicht auf eine sinnlose Behandlung, um damit der Natur ihren Lauf zu lassen sowie zur Verabreichung von schmerzlindernden Mitteln, „die den Eintritt des Todes beschleunigen.“[1010] Die beiden zuletzt genannten Formen – das heißt, das, was man aus dem deutschen Recht als passive und indirekte Sterbehilfe kennt – fallen nach den Angaben der niederländischen Regierung schon gar nicht unter den Begriff „Sterbehilfe“[1011]. Damit wird an dieser Stelle der Anwendungsbereich des Sterbehilfe-Begriffes entsprechend eingeschränkt. Gleichzeitig verdeutlicht die Stellungnahme auch, dass sich die Diskussion in den Niederlanden schon früh auf die aktive Sterbehilfe und die Suizidbeihilfe verengt hatte (siehe oben).

Sodann wird in der Stellungnahme der niederländischen Regierung darauf Bezug genommen, was der Begriff „Sterbehilfe“ nach dem dortigen Verständnis beinhaltet: „Sterbehilfe, das heißt Lebensbeendigung auf Verlangen und Hilfe bei der Selbsttötung, ist strafbar, es sei denn [...].“[1012] Die niederländische Regierung stellt hier klar, dass der Begriff der Sterbehilfe von vorne herein nur zwei Komponenten hat, nämlich die Komponente der Tötung auf Verlangen sowie die der Suizidbeihilfe. Damit wird deutlich, dass in *rechtlicher* Hinsicht durchaus zwischen beiden Handlungsalternativen unterschieden wird. Dies zeigt sich auch an Hand der Formulierungen des Sterbehilfe-Gesetzes (siehe oben). Von der Konsequenz her werden die beiden Handlungen jedoch nicht unterschieden, das heißt, die Strafausschließungsgründe des Sterbehilfe-Gesetzes gelten für beide Formen.

Auch die in Chapter I („Definitions“), Section 1 des niederländischen Sterbehilfe-Gesetzes enthaltenen Definitionen des behandeln-

1009 *Niederländisches Ministerium für auswärtige Angelegenheiten,* FAQ Sterbehilfe, S. 3.

1010 *Niederländisches Ministerium für auswärtige Angelegenheiten,* FAQ Sterbehilfe, S. 3.

1011 *Niederländisches Ministerium für auswärtige Angelegenheiten,* FAQ Sterbehilfe, S. 3.

1012 *Niederländisches Ministerium für auswärtige Angelegenheiten,* FAQ Sterbehilfe, S. 4.

den und des konsultierten Arztes nennen die Lebensbeendigung auf Verlangen sowie den assistierten Suizid nebeneinander[1013]. Ebenso verdeutlichen die Änderung und Angleichung der strafrechtlichen Vorschriften (Chapter IV, Section 20 des Sterbehilfe-Gesetzes), dass beide Handlungsalternativen unter den gleichen Voraussetzungen legal sein sollen[1014]. Daher kann ein Arzt bei beiden Handlungsformen straffrei handeln. Damit bewegt sich die Beurteilung eines Sterbehilfe-Falles weg von der Frage, *welche Handlungsform* denn nun genau vorgelegen hat. Es wird vielmehr nur darauf geachtet, ob wirklich die materiellrechtlichen Voraussetzungen vorgelegen haben; das heißt, ob es einen entsprechenden Sterbewillen gab, ob die einzelnen Schritte korrekt eingehalten wurden, ob eine unerträgliche Leidenssituation vorlag, etc.. Es wird damit eine eher situationsbezogene Beurteilung des jeweiligen Falles vorgenommen.

Dies wird auch an Hand der Prüfung durch die jeweilige Kontroll-Kommission deutlich. In Chapter III, Division 4, Section 8, Subsection 1 des Sterbehilfe-Gesetzes heißt es:

> *„The committee shall assess, on the basis of the report referred to in section 7, subsection 2 of the Burial and Cremation Act, whether an attending physician, in terminating life on request or in assisting with suicide, acted in accordance with the due care criteria set out in section 2."*[1015]

Es ist hiernach also nicht die Aufgabe der Kontroll-Kommission, genau zu entscheiden, ob ein Fall aktiver Sterbehilfe oder ein Fall der Suizidbeihilfe vorliegt. Vielmehr ist es ihre Aufgabe, zu entscheiden, ob der behandelnde Arzt sämtliche Sorgfaltskriterien eingehalten hat;

1013 *Grundmann*, S. 217; engl. Textfassung, in: EJHL, Vol. 8, 2001, S. 184.

1014 Siehe oben; vgl. *Grundmann*, S. 221 f.; engl. Textfassung, in: EJHL, Vol. 8, 2001, S. 188 f.

1015 Engl. Textfassung in: EJHL, Vol. 8, 2001, S. 186. Dt. Übers. bei *Grundmann*, S. 219:
„Die Kommission beurteilt auf Grundlage des Berichts [...], ob der Arzt, der Lebensbeendigung auf Verlangen oder Beihilfe zur Selbsttötung geleistet hat, gemäß den Sorgfaltsanforderungen im Sinne des Artikel 2 gehandelt hat."

das heißt, ob *in materiell-rechtlicher Hinsicht* alle Straffreiheitsvoraussetzungen vorlagen[1016].

Für das niederländische Recht sei somit festzuhalten:

- Die Legalisierung ist sowohl für die Tötung auf Verlangen, als auch für die Suizidbeihilfe erfolgt.
- Rechtlich gesehen gibt es eine Unterscheidung zwischen beiden Handlungsformen, aber sie tritt in den Hintergrund, weil die Rechtsfolgen der Handlungen gleich sind.
- Bei der Beurteilung eines Sterbehilfe-Falles spielt diese Unterscheidung somit keine Rolle.
- Vielmehr ist allein entscheidend, ob der Arzt die im Gesetz genannten Sorgfaltskriterien eingehalten hat.

Ein Grund für diese „Gleichbehandlung" mag darin liegen, dass in den Niederlanden schon vor der Legalisierung sowohl die Tötung auf Verlangen als auch die Suizidbeihilfe strafbar waren. Das heißt, die Abgrenzungsproblematiken, wie wir sie aus dem deutschen Strafrecht kennen, stellten sich in dieser Form einfach nicht, weil sowieso Beides strafbar war[1017]. Dies entspringt dem Verständnis, dass der ethische Unwertgehalt beider Handlungen vergleichbar ist, so dass man auch beide Handlungen auf Rechtsfolgenseite gleich zu behandeln versucht(e)[1018]. Auch *Kimsma/van Leeuwen* weisen in diesem Zusammenhang darauf hin, dass es vom moralischen Standpunkt aus gesehen keinen Unterschied mache, „ob das todbringende Medikament im Becher oder in Form einer Injektion verabreicht wird: in beiden Fällen liegt eine klare Intention zur Sterbehilfe vor."[1019] Vor diesem Hintergrund erklärt sich auch die heute geltende Legalisierung für beide Handlungsformen. Denn wenn man schon früher davon ausging, dass beide Handlungsformen rechtlich gleich behandelt werden soll-

---

1016 Dies ergibt sich auch aus Chapter III, Division 4, Section 9, Subsection 2, lit. a, siehe engl. Textfassung in: EJHL, Vol. 8, 2001, S. 186; dt. Übers. des Art. 9 Abs. 2 lit. a bei *Grundmann*, S. 219.

1017 Vgl. *Reuter*, S. 8 f.

1018 Vgl. *Reuter*, S. 8 f.

1019 *Kimsma/van Leeuwen*, in: *Ritzel*, S. 81.

ten[1020], dann hätte es keinen Grund dafür gegeben, die eine Form generell strafbar zu lassen, die andere aber zu legalisieren.

IV) Belgien

Die Selbsttötung ist in Belgien wie in Deutschland keine strafbare Haupttat, so dass eine Strafbarkeit von Beihilfe hierzu eigentlich ausscheiden würde[1021]. Die Beihilfe zur Selbsttötung fällt aber auch unter das Gesetz von 2002, obwohl sich das Gesetz dem Wortlaut nach nicht auf diese Handlungsform bezieht[1022].

1) Wortlaut des belgischen Gesetzes

Rein aus dem Wortlaut des belgischen Gesetzes geht nicht hervor, ob es die Beihilfe zur Selbsttötung mit umfasst. Vielmehr ist auf Grund des Wortlauts sogar anzunehmen, dass sie *nicht* mit erfasst ist. Das Gesetz heißt „Loi relative à l'euthanasie", was in der deutschen Übersetzung mit „Gesetz über die Sterbehilfe" wiedergegeben wird[1023]. Der Begriff „euthanasie" / „Sterbehilfe" wird von Art. 2 des Gesetzes definiert. Dort heißt es:

> *„Pour l'application de la présente loi, il y a lieu d'entendre par euthanasie l'acte, pratiqué par un tiers, qui met intentionnellement fin à la vie d'une personne à la demande de celle-ci".*

Bzw. in der deutschen Fassung:

> *„Für die Anwendung des vorliegenden Gesetzes ist unter Sterbehilfe die von einer Drittperson ausgeführte Handlung zu verstehen, durch die dem Leben einer Person auf deren Bitte hin vorsätzlich ein Ende gesetzt wird."*[1024]

1020 Wenn auch mit unterschiedlich hoher Strafandrohung, siehe *Kimsma/van Leeuwen*, in: *Ritzel*, S. 81.

1021 Siehe oben; vgl. *Griffiths/Weyers/Adams*, S. 275. Siehe auch *Sénat de Belgique*, Avis du *Conseil d'Etat*, Az. 31.441/AV-AG und 31.442/AV-AG, S. 14, Rdn. 18.

1022 Siehe dazu sogleich.

1023 Moniteur Belge/Belgisch Staatsblad 12.06.2003, Ed. 2, S. 31821.

1024 Moniteur Belge/Belgisch Staatsblad 12.06.2003, Ed. 2, S. 31821.

Vergleicht man dies zunächst mit der oben erwähnten Sterbehilfe-Definition der niederländischen Regierung, so werden kleine Abweichungen sichtbar. In den Niederlanden sind unter Sterbehilfe alle lebensbeendenden Handlungen zu verstehen, die ein Arzt auf Verlangen des Patienten vornimmt. Hierunter fallen nach niederländischem Verständnis sowohl die Tötung auf Verlangen als auch die Suizidbeihilfe. Diese Definition ist allerdings weiter gefasst als die belgische. Denn nach belgischem Verständnis muss es sich bei Sterbehilfe um eine Handlung handeln, die von einem Dritten *ausgeführt* wird und *durch die* dem Leben einer sterbewilligen Person ein Ende gesetzt wird. Damit wird in der belgischen Definition die kausale Verknüpfung zwischen Handlung und Lebensbeendigung stärker betont.

Einem solchen Verständnis nähert sich auch der belgische *Conseil d'Etat* in seinem *Avis* aus dem Jahre 2001. Hiernach muss eine „euthanasie" folgende Elemente beinhalten:

> – „*il doit s'agir d'un acte, c'est-à-dire d'un comportement positif, et non d'une abstention;*
>
> – *cet acte doit émaner d'un tiers;*
>
> – *il doit avoir un caractère intentionnel* [...];
>
> – *l'acte doit avoir pour effet de provoquer le décès de l'autre personne;*
>
> – *l'acte doit avoir été demandé par celle-ci.*"[1025]

Nach dem Verständnis des Staatsrates muss es sich also bei der Sterbehilfe um eine Handlung, nicht aber eine Unterlassung, handeln (1. Spiegelstrich). Diese Handlung muss von einem Dritten ausgehen (2. Spiegelstrich) und muss vorsätzlichen Charakter haben (3. Spiegelstrich). Die Handlung muss als Erfolg den Tod der anderen Person hervorrufen (4. Spiegelstrich) und sie muss von dieser anderen Person erbeten worden sein (5. Spiegelstrich). Besonders aus dem Text im 4. Spiegelstrich wird deutlich, dass es einen direkten und unmittelbaren Zusammenhang zwischen der Handlung und dem Tod des Patienten geben muss. Ein solcher Zusammenhang besteht aber bei der assistier-

1025 *Sénat de Belgique*, Avis du *Conseil d'Etat*, Az. 31.441/AV-AG und 31.442/AV-AG, S. 10, Rdn. 12.

ten Selbsttötung nicht in gleichem Maße wie bei der aktiven Sterbehilfe. Denn beim assistierten Suizid führt der Suizident die entscheidende tödliche Handlung *selbst* aus.

Der engere Sterbehilfe-Begriff zieht sich durch das gesamte belgische Gesetz. Beispielsweise in Art. 3 § 1 heißt es: „Le médecin qui pratique une euthanasie ne commet pas d'infraction s'il est assuré que: [...]". Bzw. in der deutschen Übersetzung: „Ein Arzt, der Sterbehilfe leistet, begeht keine Straftat, wenn er sich vergewissert hat: [...]."[1026] Ebenso wird in Art. 4 § 1, Abs. 1 und Art. 4 § 2, Abs. 1 nur der Begriff „Sterbehilfe" und nicht etwa auch „Beihilfe zur Selbsttötung" (oder ein synonymer Begriff hierfür) verwendet[1027]. Dies gilt ebenso für die zentrale Melde-Vorschrift des Art. 5. Dort heißt es: „Le médecin qui a pratiqué une euthanasie [...]", bzw. „Ein Arzt, der Sterbehilfe geleistet hat, [...]."[1028]

Auch z. B. Art. 8 Abs. 1 des belgischen Sterbehilfe-Gesetzes, der sich mit der Untersuchungsaufgabe der Kontroll-Kommission beschäftigt, verwendet nur den Begriff „Sterbehilfe". In Satz 2 heißt es:

> *„Elle vérifie, sur la base du deuxième volet du document d'enregistrement, si l'euthanasie a été effectuée selon les conditions et la procédure prévues par la présente loi."*

Bzw. auf Deutsch:

> *„Sie überprüft anhand des zweiten Teils des Registrierungsdokuments, ob die Sterbehilfe unter den durch vorliegendes Gesetz vorgesehenen Bedingungen und gemäß der darin vorgeschriebenen Vorgehensweise geleistet worden ist."*[1029].

Auch aus Art. 8 Abs. 3 ergibt sich, dass die Kommission – wie in den Niederlanden – prüfen muss, ob die materiell-rechtlichen Voraussetzungen des Gesetzes vorliegen. Dort ist festgelegt, dass die Kommission die Akte an die zuständigen Strafverfolgungsbehörden weiterleitet, wenn sie der Meinung ist, „dass die durch vorliegendes Gesetz vorge-

1026 Moniteur Belge/Belgisch Staatsblad 12.06.2003, Ed. 2, S. 31821.

1027 Moniteur Belge/Belgisch Staatsblad 12.06.2003, Ed. 2, S. 31822 f.

1028 Moniteur Belge/Belgisch Staatsblad 12.06.2003, Ed. 2, S. 31823.

1029 Moniteur Belge/Belgisch Staatsblad 12.06.2003, Ed. 2, S. 31824.

sehenen Bedingungen nicht eingehalten worden sind"[1030]. Damit konzentriert sich die Prüfung der Kommission grundsätzlich darauf, ob alle gesetzlichen Anforderungen an die Straffreiheit erfüllt sind. Eine solche Prüfung kann aber nur dann stattfinden, wenn der betroffene Arzt tatsächlich eine „Sterbehilfe" im Sinne der Artt. 2, 3 § 1 geleistet hat. Vom *Wortlaut* des Gesetzes her kann also die Straffreiheit nur bei einer aktiven Sterbehilfe im Sinne des belgischen Gesetzesverständnisses zum Zuge kommen, nicht aber bei einer Suizidbeihilfe.

2) Avis des *Conseil d'Etat*

Der belgische *Conseil d'Etat* kritisierte in seinem *Avis* von 2001 den belgischen Gesetzentwurf dahin gehend, dass dieser die Suizidbeihilfe nicht erfasse.

a) Kritikpunkte im Einzelnen

Zunächst merkte der *Conseil d'Etat* an, es folge aus seiner genannten Definition der „euthanasie", dass das belgische Sterbehilfe-Gesetz Fälle wie die medizinisch assistierte Selbsttötung im Prinzip gar nicht erfasse[1031]. Diese Kategorie betreffe eine Haupttat – nämlich den Suizid – die gar nicht von einem Arzt ausgeführt werde[1032]. Der *Conseil d'Etat* meint damit, dass der Suizid – und infolgedessen auch die Beihilfe hierzu – in diesem Sinne gar nicht unter das Sterbehilfe-Gesetz fallen *können*, weil der Suizid als Haupttat vom Suizidenten ausgeführt wird und nicht – wie die aktive Sterbehilfe – vom Arzt.

Der Staatsrat wies jedoch darauf hin, dass es – z. B. bei der assistierten Selbsttötung – gewisse Einzelfälle gebe, die den vom Sterbehilfe-Gesetz geregelten „euthanasie"-Situationen extrem nahe kämen oder gar mit diesen verschmelzen[1033]. Somit deutete er an, dass es ggf. zu Konfliktfällen kommt, wenn man das Sterbehilfe-Gesetz tatsächlich

1030 Moniteur Belge/Belgisch Staatsblad 12.06.2003, Ed. 2, S. 31824.

1031 *Sénat de Belgique*, Avis du *Conseil d'Etat*, Az. 31.441/AV-AG und 31.442/AV-AG, S. 10, Rdn. 12.

1032 *Sénat de Belgique*, Avis du *Conseil d'Etat*, Az. 31.441/AV-AG und 31.442/AV-AG, S. 10, Rdn. 12.

1033 *Sénat de Belgique*, Avis du *Conseil d'Etat*, Az. 31.441/AV-AG und 31.442/AV-AG, S. 11, Rdn. 13.

nur auf die aktive Sterbehilfe anwenden kann. Darüber hinaus war den Mitgliedern des Staatsrats an dieser Stelle bewusst, dass die Abgrenzung zwischen aktiver Sterbehilfe und Suizidbeihilfe im Einzelfall sehr schwierig sein kann.

Im Folgenden zweifelte der *Conseil d'Etat* daran, ob es sachdienlich sei, dass die assistierte Selbsttötung aus dem Anwendungsbereich des belgischen Sterbehilfe-Gesetzes herausfällt[1034]. Erstens herrsche die Ungewissheit, ob eine solche Verhaltensweise nun eigentlich strafbar sei oder nicht. Denn dadurch, dass der Suizid keine strafbare Haupttat sei, könne auch der Gehilfe eigentlich nicht als Teilnehmer dieser Tat bestraft werden. In der Praxis sei es dennoch nicht gänzlich ausgeschlossen, dass ein solches Verhalten in bestimmten Fällen als strafbare „non-assistance à personne en danger" (also unterlassene Hilfeleistung) eingeordnet werde[1035]. Damit wies der Staatsrat auf das gleiche Problem hin, wie es aus dem deutschen Recht bekannt ist. Die Hilfeleistung an sich muss in einem späteren Verfahren nicht einmal als Straftat verurteilt werden. Denkbar ist genauso, dass der Gehilfe nach seiner Hilfeleistung nicht versucht, den Suizidenten zu retten und *deswegen* bestraft wird.

Weiter merkte der *Conseil d'Etat* in seinem *Avis* an, dass der Gesetzgeber dazu verpflichtet sei, die verfassungsrechtlichen Prinzipien der Gleichheit und der Nicht-Diskriminierung zu respektieren[1036]. Obwohl ein Suizid meistens keinen medizinischen Hintergrund habe, sei es denkbar, dass die Beihilfe hierzu unter den gleichen oder zumindest ähnlichen Voraussetzungen wie denen des Sterbehilfe-Gesetzes ausgeführt werde[1037]. In einem solchen Fall gebe es aber kaum einen Unterschied zwischen „euthanasie" im Sinne des Art. 2 (belgisches Sterbehilfe-Gesetz) und des medizinisch assistierten Suizids, was die Natur des angestrebten Verhaltens selbst und die Absichten der assistierenden Person betrifft. Infolgedessen sei es nur schlecht nachvollziehbar,

1034 *Sénat de Belgique,* Avis du *Conseil d'Etat,* Az. 31.441/AV-AG und 31.442/AV-AG, S. 14, Rdn. 18.

1035 *Sénat de Belgique,* Avis du *Conseil d'Etat,* Az. 31.441/AV-AG und 31.442/AV-AG, S. 14, Rdn. 18.

1036 *Sénat de Belgique,* Avis du *Conseil d'Etat,* Az. 31.441/AV-AG und 31.442/AV-AG, S. 14, Rdn. 18.

1037 *Sénat de Belgique,* Avis du *Conseil d'Etat,* Az. 31.441/AV-AG und 31.442/AV-AG, S. 14, Rdn. 18.

weshalb das vorgeschlagene Gesetz nicht auch das Verhalten eines Mediziners regelt, der einem Patienten auf dessen Verlangen hin letale Substanzen bereitstellt, diesem ansonsten aber die Wahl des Todeszeitpunktes selbst überlässt und ihn nicht etwa selbst tötet[1038]. Der einzige Unterschied bestehe darin, ob die zum Tod führende Handlung vom Arzt selbst ausgeführt wird oder nicht. Dieser Unterschied allein rechtfertige es aber nicht, den assistierten Suizid überhaupt nicht zu regeln. Dies gelte vor allem im Hinblick auf den Fall, in welchem sämtliche Handlungen, die dem assistierten Suizid selbst vorausgehen und entscheidend für den weiteren Verlauf sind, vom Arzt ausgeführt werden[1039]. An dieser Stelle nahm der Staatsrat somit einen Vergleich beider Handlungsformen vor und kam zu dem Schluss, dass sich der Handlungsunwert letztlich nicht nennenswert unterscheide. Denn bei beiden Handlungsformen geht es darum, dass der Patient stirbt. Nur führt in dem einen Fall der Patient den entscheidenden Schritt aus, in dem anderen Fall der Arzt.

Weiter führte der *Conseil d'Etat* in seinem *Avis* aus: Dem Gesetzgeber falle die Aufgabe zu, entweder auch den assistieren Suizid mit zu regeln oder sich wenigstens bei der Auseinandersetzung mit den Gleichheits- und Nichtdiskriminierungsprinzipien auf sachliche und juristisch zulässige Motive zu stützen. Dabei müsse er speziell die Tatsache berücksichtigen, dass der medizinisch assistierte Suizid unter der aktiven Sterbehilfe vergleichbaren Bedingungen medizinischer Kontrolle abgesichert werden könnte. Dies könnte ebenso auf die Weise geschehen, dass weder einer Missbrauchsmöglichkeit noch einer Profitmöglichkeit für einen Dritten Raum gegeben wird[1040].

1038 *Sénat de Belgique,* Avis du *Conseil d'Etat,* Az. 31.441/AV-AG und 31.442/AV-AG, S. 14 f., Rdn. 18.

1039 *Sénat de Belgique,* Avis du *Conseil d'Etat,* Az. 31.441/AV-AG und 31.442/AV-AG, S. 15, Rdn. 18.

1040 *Sénat de Belgique,* Avis du *Conseil d'Etat,* Az. 31.441/AV-AG und 31.442/AV-AG, S. 15, Rdn. 18. Diese Stelle ist sehr frei übersetzt, was dem Umstand geschuldet ist, dass man im Deutschen die einzelnen Satzteile gesondert darstellen muss, damit die Übersetzung einen Sinn ergibt. Zum Vergleich – die Stelle lautet im Original:

> *„Il appartient au législateur soit de régler également cet aspect de la mort assistée soit, en tout cas, de pouvoir s'autoriser de motifs objectifs et juridiquement admissibles au regard des principes d'égalité et de non-discrimination pour lesquels cette distinction est faite, spécialement eu égard au fait que cette assistance médi-*

b) Diskussion

Nys fasst die Ansicht des *Conseil d'Etat* so auf, dass dieser den belgischen Gesetzgeber dazu aufgefordert habe, auch die assistierte Selbsttötung mit zu regeln[1041]. Der belgische Gesetzgeber habe jedoch absichtlich den assistierten Suizid außen vor gelassen. Es habe zwar mehrere Gesetzgebungsvorschläge innerhalb der parlamentarischen Debatte gegeben, jedoch seien diese allesamt nicht angenommen worden. Damit habe die Legislative gezeigt, die assistierte Selbsttötung nicht mit regeln zu wollen[1042]. *Nys* zufolge könne man nur darüber spekulieren, was die Gründe hierfür waren. Ein Motiv könne sein, dass schon nach der damaligen belgischen Rechtslage die assistierte Selbsttötung nicht ausdrücklich verboten war, während sie dies nach der niederländischen Gesetzeslage grundsätzlich war. Weil also die assistierte Selbsttötung in Belgien nicht eigens strafbar war, während dies die Tötung auf Verlangen sehr wohl war, habe sich der Gesetzgeber selbst eine Grenze bei der Regulierung der Sterbehilfe setzen können[1043].

Nys ist im Ergebnis allerdings nicht davon überzeugt, dass die belgische Legislative die assistierte Selbsttötung nicht mit geregelt habe, weil diese nach der Gesetzeslage keine Straftat war. Vielmehr werde teilweise argumentiert, dass die assistierte Selbsttötung ggf. unter dem Gesichtspunkt der Fahrlässigkeit oder der unterlassenen Hilfeleistung strafbar sein könne. Folge man diesem Argument, so sei ein Patient, der sich selbst töten will, in großer Gefahr. Somit müsse ihm ein Arzt entsprechende fachliche Hilfe („professional care") zuteil werden lassen, ansonsten sei er (der Arzt) wegen Fahrlässigkeit strafbar. Dies sei erst recht der Fall, wenn er nicht nur die benötigte Zuwendung unterlasse, sondern auch noch den Patient mit den nötigen Mitteln versorgt, um Suizid zu begehen. Das Problem bei einer derartigen

---

cale au suicide peut être assurée dans des conditions de contrôle médical comparables à celles qui sont prévues par la proposition de loi, en manière telle qu'elle ne donne lieu à aucun abus ni à aucun détournement au profit d'un tiers."

1041 *Nys*, in: EJHL 2003, S. 241.

1042 *Nys*, in: EJHL 2003, S. 241. Siehe auch *Adams/Nys*, in: Euthanasia and Palliative Care, S. 8 ff.; *Griffiths/Weyers/Adams*, S. 310 f.

1043 *Nys*, in: EJHL 2003, S. 241.

Argumentation sei aber die Unterstellung, dass sich jede suizidwillige Person in großer Gefahr befinde[1044].

Unter Berücksichtigung dessen, was der *Conseil d'Etat* angemerkt hat (siehe oben), ist *Nys* an diesem Punkt zuzustimmen: Sowohl der Staatsrat als auch *Nys* sehen die Problematik, dass der Suizidhelfer ggf. wegen Fahrlässigkeit oder z. B. unterlassener Hilfeleistung verfolgt wird. Dies hätte eigentlich dafür sprechen müssen, dass im belgischen Gesetz auch die Suizidbeihilfe mit geregelt wird, um Rechtssicherheit zu schaffen.

Nys kritisiert ferner – ähnlich wie der *Conseil d'Etat* -, dass die aktive Sterbehilfe und die Beihilfe zum Suizid eigentlich beide den gleichen rechtlichen Vorschriften und Verfahren unterworfen werden sollten, weil die Suizidbeihilfe eben nicht strafbar sei und die Unterschiede zwischen beiden Handlungsalternativen minimal seien[1045]. Im Hinblick darauf, dass das belgische Gesetz die Menschen vor einer nicht gewollten Lebensbeendigung schützen wolle, könne man *Nys* zufolge sogar argumentieren, dass das Recht den ärztlich-assistierten Suizid als „sicherere" Alternative zur aktiven Sterbehilfe fördern sollte. Denn im Falle einer Selbsttötung müsse der Patient selbst handeln und dies könne als stärkere Sicherung seiner Autonomie angesehen werden[1046].

Mit dem erstgenannten Argument gibt *Nys* das wieder, was auch viele andere an der unterschiedlichen Behandlung der aktiven Sterbehilfe auf der einen und der Suizidbeihilfe auf der anderen Seite kritisieren: Es gibt Fälle – wie der von *Kaufmann* benannte vollständig gelähmte Mann[1047] – in denen man im Vorfeld gar nicht sicher sagen kann, ob die Hilfeleistung später als Tötung auf Verlangen oder als Suizidbeihilfe gewertet wird. Wenn eine Grenzziehung in solchen Fällen überhaupt möglich ist, dann ist diese Grenze marginal. Aus diesem Grund erscheint der Handlungsunwert einer Tötung auf Verlangen nicht höher als der der Suizidbeihilfe.

Das an dieser Stelle zweitgenannte Argument von *Nys* erscheint hingegen zweifelhaft: Zwar muss der Betroffene im Falle einer Selbsttötung selbst handeln, aber der Suizid ist nicht zwangsläufig eine si-

1044 *Nys*, in: EJHL 2003, S. 241. Siehe auch *Adams/Nys*, in: Euthanasia and Palliative Care, S. 9.

1045 *Nys*, in: EJHL 2003, S. 241.

1046 *Nys*, in: EJHL 2003, S. 241.

1047 Siehe oben; *Kaufmann*, in: MedR 1983, S. 123.

chere Alternative zur aktiven Sterbehilfe. Vielmehr sind Suizide denkbar, die fehlschlagen, weil z. B. das entsprechende Mittel zu niedrig dosiert ist. Außerdem erscheint das Argument unter dem Gesichtspunkt fragwürdig, dass der Patient in diesem Fall quasi sich selbst überlassen bliebe.

Nys hat noch eine weitere Erklärung für die Nicht-Regelung der Suizidbeihilfe im belgischen Sterbehilfe-Gesetz: Die in Belgien bis dato herrschende rechtliche Unsicherheit über den assistierten Suizid sei letztlich auch Resultat dessen gewesen, dass in Belgien bis dato noch niemand wegen assistierten Suizids strafrechtlich verfolgt worden war[1048]. Es gab also – wie oben angemerkt – kein vergleichbares *case law* wie in den Niederlanden. Hinzu sei *Nys* zufolge die kompromisslose Verurteilung des ärztlich assistierten Suizids durch den belgischen *Order of Physicians*[1049] gekommen. In den 1990er Jahren sei in die entsprechenden Standesregelungen ein absolutes Verbot des ärztlich-assistierten Suizids aufgenommen worden, obwohl er vorher dort nicht einmal erwähnt worden war[1050]. *Nys* hält es infolgedessen für möglich, dass der belgische Gesetzgeber die assistierte Selbsttötung deshalb nicht geregelt hat, weil kein gesellschaftliches Bedürfnis („social need") bestanden haben könnte. Dies sei aber unter Diskriminierungsgesichtspunkten fragwürdig[1051].

Nys vermutet an dieser Stelle somit, dass der belgische Gesetzgeber die Regelung durch das ärztliche Standesrecht als ausreichend angesehen habe bzw. dass ein soziales Bedürfnis nach der ausdrücklichen Zulässigkeit des ärztlich-assistierten Suizids auch deswegen nicht bestanden habe, weil er nach dem Standesrecht sowieso verboten war. Damit wurde in Belgien jedoch ein Problem geschaffen, das Luxemburg nach dem oben Gesagten pragmatisch gelöst hat. Luxemburg hat sowohl die aktive Sterbehilfe als auch die Suizidbeihilfe legalisiert und gleichzeitig darauf hingewiesen, dass das Strafrecht dem Standesrecht vorgeht. Ein Arzt, der sich im Rahmen des luxemburgischen Sterbehilfe-Gesetzes straffrei bewegt, kann somit nicht nach

1048 *Nys*, in: EJHL 2003, S. 241 f.

1049 Also das, was in Deutschland in etwa der Bundesärztekammer entspricht.

1050 *Nys*, in: EJHL 2003, S. 242.

1051 *Nys*, in: EJHL 2003, S. 242. Ebenso *Adams/Nys*, in: Euthanasia and Palliative Care, S. 10.

Standesrecht bestraft werden[1052]. Diesen Konflikt hatte Belgien also zunächst nicht geklärt.

Griffiths/Weyers/Adams vermuten, dass der Grund für die fehlende Regelung des assistierten Suizids vor allem im ideologischen und politischen Kontext des belgischen Gesetzgebungsprozesses gelegen habe. So habe von Anfang an eine feindliche Atmosphäre zwischen den politischen Kontrahenten geherrscht. Niemand habe davor zurück geschreckt, seinen jeweiligen politischen Gegner als Extremisten zu bezeichnen. In einer solch aufgewühlten Atmosphäre sei der Begriff „assisted suicide" für viele Beteiligte augenscheinlich gleichbedeutend gewesen mit dem Ausdruck „killing someone at their request", ohne dass man zwischen den beiden Begriffen eine Unterscheidung getroffen hätte[1053]. Die Befürworter des Gesetzentwurfs wollten demzufolge daher offensichtlich nicht beschuldigt werden, etwas so „Frivoles" zu unterstützen[1054]. Insofern hätte eben auch der Hinweis des *Conseil d'Etat* auf mögliche verfassungsrechtliche Probleme in Bezug auf die Gleichheits- und Nichtdiskriminierungsprinzipien einfach nicht gefruchtet[1055].

Die Vermutung von *Griffiths/Weyers/Adams* erscheint in diesem Zusammenhang am ehesten plausibel. Der belgische Gesetzgebungsprozess war – wie oben dargestellt – sehr unruhig und voller Überraschungen. Obwohl der assistierte Suizid rechtlich gesehen ein „Weniger" zur Tötung auf Verlangen ist, muss man davon ausgehen, dass beide Handlungsformen in der hitzigen Debatte miteinander vermengt worden wären. Aus diesem Grund waren auch die Hinweise des *Conseil d'Etat* vergeblich. Darüber hinaus ist aber auch die Vermutung von *Nys* nicht abwegig, dass kein gesellschaftliches Bedürfnis zur Regelung des assistierten Suizids bestanden habe. Die belgische Ärzteschaft hatte sich dazu entschieden, die Suizidbeihilfe nach ihrem Standesrecht zu verbieten und hatte somit für sich „geklärt", dass sie eine

1052 Siehe oben; *Ministère de la Santé/Ministère de la Sécurité sociale*, Sterbehilfe und assistierter Suizid, S. 32.

1053 *Griffiths/Weyers/Adams*, S. 310. So auch *Adams/Nys*, in: Euthanasia and Palliative Care, S. 9 f.

1054 *Griffiths/Weyers/Adams*, S. 310 f. Ebenso *Adams/Nys*, in: Euthanasia and Palliative Care, S. 10.

1055 *Griffiths/Weyers/Adams*, S. 311.

solche Beihilfe sowieso nicht leisten würde. Unter diesem Aspekt wäre eine Regelung des assistierten Suizids fast wie vergeblich erschienen.

3) Auffassung des belgischen *Order of Physicians*

Im Jahre 2003 entschied der belgische *Order of Physicians* entgegen seiner vorherigen Auffassung, dass die assistierte Selbsttötung wie die aktive Sterbehilfe behandelt werden soll, solange die in Rede stehende Handlung die Bedingungen des Sterbehilfe-Gesetzes erfüllt. Die Auffassung des *Order of Physicians* (bzw. *Ordre des médecins*) lautete im Original wie folgt:

> *„L'aide au suicide n'est pas explicitement prévue par la loi relative à l'euthanasie en tant qu'acte mettant fin à la vie d'une personne. Du point de vue déontologique, elle peut néanmoins être assimilée à l'euthanasie pour autant que soient réunies toutes les conditions prévues par la loi pour pratiquer une euthanasie. L'aide au suicide n'est acceptable que si le médecin et le patient discutent au préalable de toutes les éventualités, si le médecin procure lui-même la substance létale qui doit être absorbée en sa présence et en suivant ses indications. Il doit demeurer présent pendant toute la durée de l'agonie pour, conformément à ce qui a été convenu, apporter à tout moment l'aide nécessaire. Compte tenu de son indication stricte et des conditions posées à son application, l'aide au suicide telle que définie plus haut ne se différencie pas de l'euthanasie. De la sorte, toutes les conditions fixées par la loi relative à l'euthanasie doivent être remplies et la procédure prévue par la loi doit être suivie (souffrance insupportable ne pouvant être apaisée, consultation d'un deuxième ou troisième médecin, demande écrite, le cas échéant un mois d'attente, déclaration à la Commission fédérale de contrôle et d'évaluation, etc.).*
>
> *Toutes les formes dites d'aide au suicide qui ne répondent pas aux critères cités ci-dessus, sont déontologiquement inacceptables."*[1056]

Der belgische *Order of Physicians* geht also davon aus, dass die assistierte Selbsttötung eigentlich nicht vom belgischen Sterbehilfe-Gesetz vorgesehen sei. Aus standesrechtlicher Sicht könne sie aber mit der

1056 *Conseil de l'Ordre des Médecins*, Avis relatif aux soins palliatifs, à l'euthanasie et à d'autres décisions médicales concernant la fin de vie, Doc. a100006, 22.03.2003.

„euthanasie" gleichgesetzt werden, sofern alle Voraussetzungen erfüllt seien, die nach dem Gesetz auch für die aktive Sterbehilfe gelten. Die Beihilfe zur Selbsttötung sei allerdings nur dann akzeptabel, wenn der Arzt selbst die letale Substanz besorgt und diese vom Patienten in seinem Beisein und seinen Anweisungen folgend eingenommen wird. Ferner muss der Arzt während des Sterbevorganges ununterbrochen anwesend sein, um – in Übereinstimmung mit dem, was er vorher mit dem Patienten vereinbart hat – jederzeit eingreifen zu können (z. B. wenn es sich der Patient nach Einnahme des Mittels doch wieder anders überlegt). Angesichts der strikten Anweisungen und der Bedingungen, die an ihre Anwendung gestellt werden, unterscheidet sich die Suizidbeihilfe somit nicht von der aktiven Sterbehilfe. Auf diese Weise müssen alle vom Sterbehilfe-Gesetz festgeschriebenen Voraussetzungen erfüllt sein und das vom Gesetz vorgeschriebene Verfahren müsse befolgt werden (unerträgliches Leiden, das nicht gelindert werden kann; Konsultation eines zweiten oder sogar dritten Arztes; schriftliches Sterbeverlangen; Einhalten der Wartezeit von einem Monat; Meldung des Falles an die Kontroll-Kommission; etc.). Hingegen sind alle Formen der Suizidbeihilfe, die diesen Anforderungen nicht entsprechen, aus standesrechtlicher Sicht inakzeptabel[1057].

Damit entschied der belgische *Order of Physicians* relativ schnell nach der Legalisierung der aktiven Sterbehilfe, dass auch die assistierte Selbsttötung künftig straffrei sein sollte. Hierdurch trug er seinen Teil zur Rechtsfortbildung bei. Allerdings muss man bedenken, dass die belgische Standesvertretung der Ärzte im Sterbehilfe-Gesetz keine Rolle spielt. Insofern reichte diese Meinungsänderung für sich genommen noch nicht dazu aus, um den Anwendungsbereich des Gesetzes auch auf die Suizidbeihilfe auszudehnen und somit Rechtssicherheit zu schaffen. Dies geschah vielmehr erst durch die Klarstellung der *Commission Fédérale de Contrôle et d'Evaluation de l'Euthanasie* in ihren jeweiligen Berichten an das Parlament (siehe nun).

4) Auffassung der *Commission Fédérale de Contrôle et d'Evaluation de l'Euthanasie*

Die *Commission Fédérale de Contrôle et d'Evaluation de l'Euthanasie* (also die nationale Sterbehilfe-Kontroll-Kommission) lehnte in ihrem ersten

1057 Übers. der Verf.

Bericht (2002/2003) eine entsprechende Gesetzesänderung (also eine textliche Veränderung unter Berücksichtigung der Suizidbeihilfe) ab, da eine solche Änderung möglicherweise zu mehr Verwirrung als zu Klarheit beitrage. Bei der assistierten Selbsttötung benötige der Patient häufig die Hilfe des Arztes. Beispielsweise könne der Patient zwar den Zulauf der Infusion selbst betätigen, doch müsste sie erst durch den Arzt richtig platziert werden. Diese Umstände berührten den Geltungsrahmen des Sterbehilfe-Gesetzes in seiner jetzigen Form. Denn diese impliziere, dass der Arzt die Kontrolle über den vor sich gehenden Sterbeprozess bis zu seinem Ende hin habe, wie auch immer die Umstände seien[1058]. In ihren zuletzt veröffentlichten Berichten hält die Kommission an dieser Auffassung fest[1059]. Eine Änderung des Gesetzes*textes* soll(te) also nach Auffassung der Kommission nicht erfolgen.

Allerdings entwickelte die Kommission gleich in ihrem ersten Bericht das weiter, was der Gesetzgeber versäumt hatte: Sie legte sich dahin gehend fest, dass auch der assistierte Suizid in den Anwendungsbereich des belgischen Sterbehilfe-Gesetzes fallen sollte:

> „*Lorsque le décès s'est produit rapidement après l'ingestion du barbiturique et qu'il n'y a donc pas eu d'injection consécutive d'un paralysant neuro-musculaire, plusieurs membres de la commission ont fait remarquer qu'un tel acte pourrait être qualifié de «suicide médicalement assisté». La commission a cependant été unanime à considérer que si les conditions et les procédures imposées par la loi relative à l'euthanasie ont été respectées et que l'acte s'est déroulé sous la responsabilité du médecin présent et prêt à intervenir, l'induction de l'inconscience par ingestion (et non par injection), qu'elle ait été ou non suivie d'une injection de paralysant neuro-musculaire, entre dans le cadre de l'euthanasie telle qu'elle est définie par la loi puisque celle-ci n'impose pas la manière dont l'euthanasie doit être pratiquée.*"[1060]

1058 *Commission Fédérale de Contrôle et d'Evaluation de l'Euthanasie,* Premier Rapport aux Chambres Législatives, 22.09.2002 – 31.12.2003, S. 24.

1059 *Commission Fédérale de Contrôle et d'Evaluation de l'Euthanasie,* Cinquième Rapport aux Chambres Législatives, 2010-2011, S. 21; *dies.*, Quatrième Rapport aux Chambres Législatives, Années 2008 et 2009, S. 29, 34.

1060 *Commission Fédérale de Contrôle et d'Evaluation de l'Euthanasie,* Premier Rapport aux Chambres Législatives, 22.09.2002 – 31.12.2003, S. 17.

Die Kommission geht hier also von der Überlegung aus, dass ein Fall des medizinisch assistierten Suizids vorliegen könne, wenn der Tod alsbald nach Aufnahme eines Barbiturats eintritt, ohne dass in der Folge ein die Nerven und die Muskeln lähmendes Mittel gespritzt worden sei. Dennoch sei die Kommission einhellig der Meinung, dass der Eintritt der Bewusstlosigkeit durch die Einnahme eines Barbiturats (und nicht durch die Injektion eines Barbiturats[1061]) dem Bereich der Sterbehilfe unterfalle, wie er vom belgischen Sterbehilfe-Gesetz geregelt werde. Dies gelte unabhängig davon, ob zusätzlich nach der Einnahme des Barbiturats noch ein lähmendes Mittel injiziert worden sei. Voraussetzung für die Anwendung einer möglichen Strafbefreiung sei allerdings auch hier, dass die Bedingungen und Verfahrensschritte, die das Sterbehilfe-Gesetz vorsieht, eingehalten werden und dass die Handlung unter der Verantwortung des Arztes stattfindet, der anwesend ist und bereit, einzuschreiten. Der Grund für diese Gleichbehandlung liege darin, dass das Sterbehilfe-Gesetz nicht vorschreibe, auf welche Weise die Sterbehilfe ausgeführt werden müsse[1062].

In ihrem zweiten Bericht für die Jahre 2004/2005 bestätigt die Kommission diese Auffassung und weist außerdem darauf hin, dass dies auch im Einklang mit der zwischenzeitlich geänderten Auffassung des belgischen Ärztestandes sei[1063]. Dies bestätigt sie abermals in ihrem dritten Bericht für 2006/2007[1064], in ihrem vierten Bericht für 2008/2009[1065] sowie in ihrem fünften Bericht für 2010/2011[1066].

Nach dieser Auffassung fällt also der assistierte Suizid gerade deswegen unter das belgische Sterbehilfe-Gesetz, weil dieses nicht definiert, welche Mittel bei der Sterbehilfe angewendet werden dürfen und auch nicht exakt beschreibt, wie die Medikamente in den Körper des Patienten gelangen sollen. Unter formalen Gesichtspunkten müsse

1061 Denn das wäre ja sowieso ein Fall aktiver Sterbehilfe, Anm. der Verf.

1062 Übers. der Verf.

1063 *Commission Fédérale de Contrôle et d'Evaluation de l'Euthanasie,* Deuxième Rapport aux Chambres Législatives, Années 2004 et 2005, S. 24, 62 f.

1064 *Commission Fédérale de Contrôle et d'Evaluation de l'Euthanasie,* Troisième Rapport aux Chambres Législatives, Années 2006 et 2007, S. 62 f.

1065 *Commission Fédérale de Contrôle et d'Evaluation de l'Euthanasie,* Quatrième Rapport aux Chambres Législatives, Années 2008 et 2009, S. 62 f.

1066 *Commission Fédérale de Contrôle et d'Evaluation de l'Euthanasie,* Cinquième Rapport aux Chambres Législatives, 2010-2011, S. 17, 54.

Griffiths/Weyers/Adams zufolge aber berücksichtigt werden, dass nach dem Gesetz gerade eine *andere* Person als der Sterbewillige selbst dessen Leben vorsätzlich beenden müsse. Beendet der Patient hingegen selbst sein Leben, könnte man argumentieren, dass die Bedingungen des Sterbehilfe-Gesetzes nicht erfüllt seien und es somit gar nicht anwendbar ist[1067].

Dem ist jedoch entgegenzuhalten, dass die *Commission Fédérale de Contrôle et d'Evaluation de l'Euthanasie* nach dem oben Gesagten eindeutig davon ausgeht, dass der medizinisch-assistierte Suizid ebenfalls eine Form von „euthanasie" sein kann. Entscheidend ist in diesem Zusammenhang, dass die Kommission diejenige ist, die die gemeldeten Sterbehilfe-Fälle zuerst prüft. Damit fällt ihr eine entscheidende Aufgabe im Rahmen einer solchen Überprüfung zu. Geht sie davon aus, dass die Bedingungen des Gesetzes auch bei der assistierten Selbsttötung erfüllt sind, so reicht sie den Fall erst gar nicht an die Strafverfolgungsbehörden weiter.

Hieraus erklärt sich auch, dass die Meinungsänderung der belgischen Standesvertreter für sich genommen noch nicht ausreichte, um Rechtssicherheit zu schaffen. Denn dies hätte die nationale Kontroll-Kommission nicht davon abgehalten, Fälle des assistierten Suizids – und das ist auch das, worauf *Griffiths/Weyers/Adams* nach dem oben Gesagten hinweisen – nicht als zulässige „euthanasie" im Sinne des Gesetzes einzustufen und solche Fälle somit an die Strafverfolgungsbehörden weiterzuleiten.

In tatsächlicher Hinsicht geht also der Anwendungsbereich des belgischen Sterbehilfe-Gesetzes über den bloßen Wortlaut des Gesetzes hinaus. Damit hat sich in Belgien umgekehrt das abgespielt, was in den Niederlanden passiert ist: In den Niederlanden gab es erst die anerkannte und akzeptierte Sterbehilfe-Praxis und dann das passende Gesetz dazu. In Belgien gab es hingegen erst das scheinbar strengere Sterbehilfe-Gesetz, das dann von der belgischen Kontroll-Kommission in der Praxis auch auf die Fälle der assistierten Selbsttötung ausgeweitet wurde.

Darüber hinaus zeigt die belgische Entwicklung an dieser Stelle das, was auch oben aus der Untersuchung der niederländischen Regelungen deutlich wurde: Es existieren zwar noch Unterscheidungskriterien für die Abgrenzung zwischen der aktiven Sterbehilfe und der

1067 *Griffiths/Weyers/Adams*, S. 311.

Suizidbeihilfe. Diese Abgrenzung ist in der Praxis aber nicht mehr entscheidend. Vielmehr findet eine Verlagerung der Untersuchung durch die Kontroll-Kommission auf die Frage statt, ob alle materiell-rechtlichen Bedingungen des Sterbehilfe-Gesetzes eingehalten wurden. Es geht also primär darum, ob alle Strafbefreiungs-Voraussetzungen wie das Sterbeverlangen des Patienten, ein unerträglicher und nicht-heilbarer Leidenszustand, die Konsultation eines weiteren Arztes etc., vorliegen. Nicht entscheidend ist hingegen, welche Sterbehilfe-*Form* eigentlich angewendet wurde.

V) Luxemburg

Das luxemburgische Sterbehilfe-Gesetz erfasst schon dem Wortlaut nach nicht nur die aktive Sterbehilfe, sondern auch den assistierten Suizid. Dies verdeutlicht der Titel des Gesetzes, welcher „Gesetz vom 16. März 2009 über Sterbehilfe *und* assistierten Suizid“[1068], bzw. in der Original-Version „Loi du 16 mars 2009 sur l'euthanasie *et* l'assistance au suicide“[1069] lautet.

Art. 1 Abs. 2 des luxemburgischen Gesetzes enthält eine Definition des assistierten Suizids. Hiermit ist eine Handlung gemeint, bei der „ein Arzt einer anderen Person willentlich hilft, sich selbst zu töten, oder einer anderen Person Mittel zur Selbsttötung zur Verfügung stellt, und zwar auf ausdrückliches und freiwilliges Verlangen dieser Person hin.“[1070] Art. 2 Abs. 1 des Gesetzes enthält – wie oben gesehen – die materiell-rechtlichen Anforderungen an die Straffreiheit des Arztes. Im ersten Teil des Abs. 1 heißt es: „Die Handlung durch einen Arzt, einem Verlangen nach Sterbehilfe *oder* assistiertem Suizid nachzukommen, wird nicht strafrechtlich verfolgt [...], wenn die nachstehenden materiellen Bedingungen erfüllt sind [...].“[1071] Damit wird schon an

1068 *Ministère de la Santé/Ministère de la Sécurité sociale*, Sterbehilfe und assistierter Suizid, S. 37; Hervorhebung der Verf.

1069 Loi du 16 mars 2009 sur l'euthanasie et l'assistance au suicide, in: Memorial, Journal Officiel du Grand-Duché de Luxembourg, 16.03.2009, S. 615; Hervorheb. der Verf.

1070 *Ministère de la Santé/Ministère de la Sécurité sociale*, Sterbehilfe und assistierter Suizid, S. 37.

1071 *Ministère de la Santé/Ministère de la Sécurité sociale*, Sterbehilfe und assistierter Suizid, S. 37; Hervorheb. der Verf.

dieser Stelle klargestellt, dass für die aktive Sterbehilfe wie für die Suizidbeihilfe die gleichen Anforderungen gelten. Das luxemburgische Gesetz löst also – wie das niederländische – die Frage der Gleichbehandlung schon mit Hilfe des eigentlichen Gesetzes. Eine Rechtsfortbildung durch die Kontroll-Kommission – wie es sie nach den obigen Ausführungen in Belgien gegeben hat – ist in Luxemburg also schon gar nicht erforderlich.

Die Gleichbehandlung beider Formen wird ebenso aus dem Wortlaut des Art. 2 Abs. 2 deutlich, dessen erster Teil lautet: „Vor dem Leisten von Sterbehilfe *oder* der Beihilfe zur Selbsttötung muss der Arzt in allen Fällen die nachstehend genannten formalen und verfahrensbezogenen Bedingungen erfüllen [...]."[1072] Ebenso wird in Art. 2 Abs. 2 Nr. 1) und Nr. 5) jeweils auf das Verlangen des Patienten nach Sterbehilfe und/oder assistiertem Suizid verwiesen[1073]. Gleiches gilt für Art. 5, der die Pflicht des Arztes zur Meldung des Sterbehilfe-Falles vorsieht[1074]. Auch dem luxemburgischen Gesetz liegt somit die Unterscheidung zwischen aktiver Sterbehilfe und assistiertem Suizid zu Grunde, obwohl beide Formen im Ergebnis strafrechtlich gleich behandelt werden.

Das Gesetz ist mit der Verwendung und Unterscheidung der Begriffe allerdings nicht immer exakt. In Art. 4 sind – wie oben erläutert – die Patientenverfügungen bzw. „Bestimmungen zum Lebensende" geregelt. Art. 4 Abs. 1 besagt, dass jede volljährige und handlungsfähige Person für den Fall der Äußerungsunfähigkeit „schriftlich die Umstände und Bedingungen festlegen [kann], unter denen sie Sterbehilfe erhalten möchte"[1075]. Da dies gemäß den weiteren Bestimmungen voraussetzt, dass diese Person dann nicht mehr bei Bewusstsein ist, kann sich die Patientenverfügung denknotwendig nur auf die Leistung aktiver Sterbehilfe beziehen. Denn ein Suizid ist im Stadium der Bewusstlosigkeit nicht mehr möglich. Insofern ist die dort verwendete

1072 *Ministère de la Santé/Ministère de la Sécurité sociale*, Sterbehilfe und assistierter Suizid, S. 37; Hervorheb. der Verf.

1073 *Ministère de la Santé/Ministère de la Sécurité sociale*, Sterbehilfe und assistierter Suizid, S. 37 f.

1074 *Ministère de la Santé/Ministère de la Sécurité sociale*, Sterbehilfe und assistierter Suizid, S. 40.

1075 *Ministère de la Santé/Ministère de la Sécurité sociale*, Sterbehilfe und assistierter Suizid, S. 39.

Formulierung korrekt und auch Art. 4 Abs. 2, 4. Unterabsatz ist noch konsequent nur auf die Leistung von Sterbehilfe beschränkt[1076]. Auch die Erläuterungen der luxemburgischen Regierung zu den Patientenverfügungen bzw. Bestimmungen zum Lebensende beziehen sich nur auf die Sterbehilfe[1077]. Art. 4 Abs. 3 des luxemburgischen Gesetzes bezieht sich allerdings wiederum auf beide Formen von „Sterbehilfe *oder* assistiertem Suizid"[1078]. Da sich diese Vorschrift nach dem oben Gesagten nur auf den Fall bezieht, in dem das Verlangen in Form einer Patientenverfügung vorab erklärt wurde und der Patient nun bewusstlos ist, macht der Bezug auf beide Formen wenig Sinn. Da auch Art. 4 Abs. 3, 2. Unterabsatz wiederum nur auf das „Leisten von Sterbehilfe" Bezug nimmt[1079], wird es sich bei der Bezugnahme auf beide Formen zu Beginn des Art. 4 Abs. 3 wohl um ein redaktionelles Versehen handeln. Da materiell- und verfahrensrechtlich sowieso für beide Formen die gleichen Anforderungen gelten, macht dies im Ergebnis für die Zulässigkeit eines Verhaltens keinen Unterschied. Es zeigt sich aber auch hier eine Verlagerung weg von der eigentlichen Unterscheidung (aktive Sterbehilfe – Suizidbeihilfe) hin zur Fokussierung auf die für die Straffreiheit relevanten Kriterien.

Die ungenaue Verwendung der Begriffe zeigt sich auch in Art. 7 Abs. 1. Dort heißt es, der Arzt müsse das von der Kommission entworfene Erklärungsdokument „jedes Mal, wenn er Sterbehilfe leistet," ausfüllen[1080]. Der Arzt muss das Dokument jedoch ebenso ausfüllen und damit den Fall melden, wenn er „nur" eine Beihilfe zur Selbsttötung geleistet hat. Dies ergibt sich nämlich aus Art. 5[1081]. Art. 7 Abs. 1

1076 Vgl. *Ministère de la Santé/Ministère de la Sécurité sociale,* Sterbehilfe und assistierter Suizid, S. 39.

1077 *Ministère de la Santé/Ministère de la Sécurité sociale,* Sterbehilfe und assistierter Suizid, S. 18 f.

1078 *Ministère de la Santé/Ministère de la Sécurité sociale,* Sterbehilfe und assistierter Suizid, S. 40; Hervorheb. der Verf.

1079 *Ministère de la Santé/Ministère de la Sécurité sociale,* Sterbehilfe und assistierter Suizid, S. 40.

1080 *Ministère de la Santé/Ministère de la Sécurité sociale,* Sterbehilfe und assistierter Suizid, S. 41.

1081 *Ministère de la Santé/Ministère de la Sécurité sociale,* Sterbehilfe und assistierter Suizid, S. 40.

ist an dieser Stelle somit nicht rein „wörtlich" zu verstehen, sondern bezieht sich auch auf Fälle des assistierten Suizids.

Die Verlagerung auf die Bestimmung der für die Straffreiheit relevanten Kriterien wird ebenso deutlich, wenn man die Erläuterungen der luxemburgischen Regierung mit hinzu zieht. Dort wird gesagt, der Gesetzgeber wollte nicht nur „den Patienten die Entscheidungsfreiheit über die Modalitäten ihres Lebensendes ermöglichen", sondern eben „gleichzeitig die Ärzte schützen, die bereit sind, unter den gesetzlich vorgesehenen Umständen dem Verlangen der Patienten nach Sterbehilfe oder assistiertem Suizid nach[zu]kommen, indem er das Risiko einer strafrechtlichen Verfolgung der Ärzte abschaffte."[1082] Im Unterschied zu den Niederlanden wird an dieser Stelle zwar auch auf das Selbstbestimmungsrecht eingegangen. Deutlicher hervor tritt hier aber das Ziel, den Ärzten strafrechtliche Immunität zu garantieren[1083]. Sieht man dies als oberstes Gesetzesziel an, so tritt die Debatte für die Unterscheidung zwischen aktiver Sterbehilfe und assistiertem Suizid in den Hintergrund. Die eine wie auch die andere Form wird vielmehr grundsätzlich als zulässig erachtet – sofern die entsprechenden Kriterien eingehalten werden. Damit hat man eine Regelung geschaffen, die näher an der praktischen Ausführung etwaiger Sterbehilfe-Handlungen orientiert ist. Denn auch nach dem luxemburgischen Gesetz kommt es nicht auf die Form der Sterbehilfe an, sondern auf das „Wie".

Mit den gleichen Argumenten wie bei der aktiven Sterbehilfe wendet sich die luxemburgische Regierung jedoch auch gegen eine komplette Legalisierung des assistierten Suizids. Denn dieser kann grundsätzlich nur von einem Arzt geleistet werden, alle anderen Personen machen sich auch weiterhin strafbar. Die luxemburgische Regierung verweist auch in diesem Zusammenhang darauf, dass eine „schlichte Entkriminalisierung [...] jegliche Art von Missbrauch ermöglichen" würde[1084]. Hingegen würde das Sterbehilfe-Gesetz dieser Gefahr entgegentreten, weil „es genaue und strenge Bedingungen vor-

1082 So *Ministère de la Santé/Ministère de la Sécurité sociale*, Sterbehilfe und assistierter Suizid, S. 11.

1083 Siehe auch *Ministère de la Santé/Ministère de la Sécurité sociale*, Sterbehilfe und assistierter Suizid, S. 12.

1084 *Ministère de la Santé/Ministère de la Sécurité sociale*, Sterbehilfe und assistierter Suizid, S. 12.

schreibt, um Sterbehilfe und assistierten Suizid rechtlich zu regeln."[1085] Damit versäumt es die Regierung jedoch, auf die Frage einzugehen, weswegen nur ein Arzt als „fähig" angesehen wird, die Bedingungen des Gesetzes einzuhalten.

VI) Zwischenergebnis

Die drei Benelux-Staaten haben im Zuge ihrer Gesetzesänderungen auch die Beihilfe zur Selbsttötung legalisiert. Dabei haben die Niederlande und Luxemburg von vorne herein jegliche Zweifel ausgeräumt, indem sie beide Sterbehilfe-Formen (Tötung auf Verlangen sowie Suizidbeihilfe) in ihren Gesetzen gleichbehandeln. Belgien hingegen hat durch seine Gesetzesformulierung Rechtsunsicherheit geschaffen. An Hand der oben erwähnten Kommentierungen zeigt sich, dass man rein nach dem Gesetzeswortlaut überhaupt nicht vorhersehen konnte, wie ein Fall des assistierten Suizids in Belgien künftig gehandhabt würde. Dem ist die belgische Kontroll-Kommission entgegen getreten, indem sie das Gesetz auch auf den assistierten Suizid für anwendbar erklärt und somit die Straffreiheit für Ärzte ausgedehnt hat. Es kommt hiernach nicht darauf an, in welcher Form eine Sterbehilfe geleistet wurde, sondern vielmehr darauf, ob der Arzt die Anforderungen beachtet hat, die auch bei der aktiven Sterbehilfe gelten.

Damit ist in Belgien in umgekehrter Hinsicht das passiert, was in den Niederlanden geschah: Dort entwickelte sich zunächst die anerkannte und akzeptierte Sterbehilfe-Praxis. Später wurde das passende Gesetz hierfür geschaffen. In Belgien gab es hingegen erst das vom Wortlaut her strengere Sterbehilfe-Gesetz, dessen Anwendungsbereich im Zuge der Rechtsanwendung von der Kontroll-Kommission in der Praxis auch auf die Fälle der Suizidbeihilfe ausgeweitet wurde.

Die Untersuchung aller drei Benelux-Staaten zeigt aber auch: Zwar existieren noch Unterscheidungskriterien für die Abgrenzung der aktiven direkten Sterbehilfe von der Suizidbeihilfe. Im Rahmen der Rechtsanwendung in der Praxis ist diese Unterscheidung jedoch nicht mehr wichtig. Vielmehr müssen sich die Kontroll-Kommissionen im Rahmen ihrer Untersuchungen auf die Frage fokussieren, ob die materiell-rechtlichen Bedingungen des jeweiligen Sterbehilfe-Gesetzes

1085 *Ministère de la Santé/Ministère de la Sécurité sociale*, Sterbehilfe und assistierter Suizid, S. 12.

eingehalten wurden. Es geht nur darum, ob alle Strafbefreiungskriterien wie das Sterbeverlangen des Patienten, ein unerträglicher und nicht-heilbarer Leidenszustand, die Konsultation eines weiteren Arztes etc., vorliegen, sprich: ob alle Sorgfaltsanforderungen erfüllt wurden. Unerheblich ist hingegen, welche Sterbehilfe-*Form* eigentlich angewendet wurde.

Damit zeigt sich ein großer Unterschied zu Deutschland und der Schweiz: In den Benelux-Staaten spielt die Frage, ob überhaupt eine bestimmte Sterbehilfe geleistet werden darf, überhaupt keine Rolle mehr. Es kommt nur noch auf das „Wie" der Sterbehilfe-Leistung an, das heißt, darauf, ob die entsprechenden Sorgfaltskriterien eingehalten wurden.

Von Deutschland unterscheidet sich die Rechtslage in den Benelux-Staaten außerdem dadurch, dass durch die gesetzliche Gleichstellung der Suizidbeihilfe mit der Tötung auf Verlangen auch die Diskussion über eine mögliche Strafbarkeit des Suizidgehilfen wegen unterlassener Hilfeleistung oder Tötung durch Unterlassen weggefallen ist. Wenn die Ausführung der Suizidbeihilfe offiziell als straflos anerkannt wird, dann wird auch die vom Suizidenten getroffene Sterbeentscheidung so akzeptiert. Die Frage nach einem möglichen Übergehen der Tatherrschaft nach Eintritt der Bewusstlosigkeit stellt sich damit nicht.

Eine Sonderrolle im Rahmen dieses Vergleichs zu den Regelungen der Suizidbeihilfe nimmt die Schweiz ein. Denn dort ist die Beihilfe zum Suizid nur dann straflos, wenn sie nicht aus selbstsüchtigen Motiven heraus geleistet wird. Die Regelungen in den Benelux-Staaten enthalten diesbezüglich keine vergleichbaren Kriterien. Das heißt, die Situation des Patienten kann dem behandelnden Arzt schlicht gleichgültig sein oder er kann auch missbilligenswerte innere Motive haben. Dies ist für seine strafrechtliche Verantwortlichkeit irrelevant.

C) Gesamtergebnis des Rechtsvergleichs

Die Benelux-Staaten sind die einzigen Staaten in Europa, die die aktive direkte Sterbehilfe überhaupt für bestimmte Fälle legalisiert haben. In diesem Punkt grenzen sie sich sowohl von Deutschland als auch von der Schweiz ab. Damit nehmen sie eine Sonderrolle in Europa ein. Sie grenzen sich in Bezug auf ihre Rechtsentwicklung von den anderen Staaten ab.

Aus den Legalisierungsentwicklungen wird deutlich, dass entsprechenden Gesetzesänderungen zunächst die Akzeptanz des Behandlungsabbruchs (bzw. der passiven Sterbehilfe) sowie der aktiven indirekten Sterbehilfe vorausgehen. Erst wenn diese Formen als zulässig anerkannt sind, kann über die Legalisierung der aktiven direkten Sterbehilfe oder auch der Suizidbeihilfe überhaupt nachgedacht werden. Im Anschluss daran folgt die Herausbildung eines gesellschaftlichen Konsenses darüber, dass auch die aktive direkte Sterbehilfe zulässig sein soll. In erster Linie geht dies mit der Schaffung von *case law* sowie einer entsprechenden Handhabung seitens der Ärzteschaft einher. An diesem Punkt ist Deutschland nicht.
Auch die in der Schweiz zulässige Praxis der Suizidbeihilfe ist mit Deutschland nicht vergleichbar. Hier hat sich der Gesetzgeber für eine abschließende Regelung der Suizidbeihilfe in Art. 115 chStGB entschieden. Die Frage nach einer möglichen Strafbarkeit des Gehilfen wegen Unterlassens von Rettungsbemühungen in Bezug auf den Suizidenten stellt sich hier ebenso wenig wie in den Benelux-Staaten. Die in Deutschland geführten Diskussionen hierüber fallen also von vorne herein weg.

Zentral für den Gegensatz zwischen den Benelux-Staaten auf der einen und Deutschland und der Schweiz auf der anderen Seite ist außerdem, dass die Benelux-Staaten die Straffreiheit nach ihren Gesetzen sowohl auf die aktive direkte Sterbehilfe als auch auf die Suizidbeihilfe erstrecken. Sämtliche Abgrenzungsdiskussionen zwischen beiden Handlungsformen stellen sich somit nicht mehr. Damit wird anerkannt, dass das Handeln eines Arztes in beiden Fällen legal sein kann, sofern er die Sorgfaltskriterien einhält. Das „Wie" der Sterbehilfe spielt keine Rolle mehr. Allerdings hat dies eben auch dazu geführt, dass die Kontroll-Kommissionen lediglich untersuchen, ob der Arzt sich an die im Gesetz vorgeschriebenen Sorgfaltskriterien gehalten hat. Es findet somit eine Verlagerung weg von der theoretischen Unterscheidung beider Handlungsformen hin zu einer reinen Überprüfung der tatsächlichen Umstände des Falles statt.

Eine Frage, die sich bei einer entsprechenden Legalisierung aktiver Sterbehilfe stellen *würde*, wäre die, ob nur ein Arzt die Sterbehilfe ausführen darf oder jedermann. An dieser Stelle wird abermals deutlich, dass Deutschland und die Schweiz im Vergleich zu den Benelux-Staaten an einem anderen Punkt stehen: Während es in den Benelux-Staaten von vorne herein nur um eine mögliche Straffreiheit des Arztes ging, gelten die § 216 StGB und Art. 115 chStGB für jedermann. Bei einer Diskussion über die Erlaubtheit einer Tötung auf Verlangen muss also die Frage beantwortet werden, wer überhaupt die Sterbehilfe ausführen darf.

Fraglich ist ferner, wie ein Sterbeverlangen ausgestaltet sein soll. Sowohl aus den deutschen als auch den Schweizer Kommentierungen ergibt sich, dass das Verlangen mehr als nur eine Einwilligung ist. Es wird vielmehr als das Bestimmen des Sterbehelfers zur Tat aufgefasst. Die Gesetze der Benelux-Staaten lassen an dieser Stelle einen Spielraum zur Interpretation. Es ist denkbar, dass es sich um ein ähnliches Bestimmen handeln muss, aber die Gesetze enthalten hierzu wenig Anhaltspunkte. Es ist nicht erkennbar, wie eng die Äußerung des Sterbeverlangens und der Tatentschluss des Arztes miteinander verknüpft sein müssen. Darüber hinaus stellt sich beim Sterbeverlangen die Frage, ob es schriftlich abgefasst sein muss oder ob Mündlichkeit ausreicht. Dazu haben sich im vorliegenden Rechtsvergleich mehrere Alternativen gezeigt. Festzuhalten ist, dass ein schriftlich abgefasstes Verlangen unter Umständen eine bessere Beweiskraft für sein Vorliegen bieten kann. Denkbar ist allerdings auch die (mündliche) Äußerung des Sterbewillens unter Zeugen.

Was das Verlangen und seine unrechtsmildernde bzw. strafbefreiende Wirkung angeht, so ergibt sich ein weiterer Unterschied zwischen Deutschland und der Schweiz einerseits und den Benelux-Staaten andererseits. Während nach § 216 StGB und Art. 114 chStGB das Sterbeverlangen eine Tötung (auf Verlangen) vom Unrecht her mildern soll, erscheint dieser Gedanke bei den Gesetzen der Benelux-Staaten nur am Rande. Insbesondere beim niederländischen Gesetz hat sich gezeigt, dass das Verlangen des Patienten im Sinne einer Ausübung des Selbstbestimmungsrechts nie als Hauptargument für die Legalisierung der aktiven Sterbehilfe angeführt wurde. Es ging vielmehr immer um die Rechtfertigungsmöglichkeit für den *Arzt*. Dies wurde bereits aus der *Alkmaar*-Entscheidung von 1984 deutlich, wo letztlich im Rahmen einer Pflichtenkollision die Pflicht des Arztes gegenüber dem Patienten, Leiden zu lindern, höher bewertet wurde als die Pflicht des Arztes gegenüber dem Gesetz, das Leben des Patienten zu retten. Das Selbstbestimmungsrecht des Patienten taucht in dieser Pflichtenkollision nicht auf. Auch die Untersuchung der Präambel des niederländischen Sterbehilfe-Gesetzes verdeutlicht die gesetzliche Zielsetzung, dem Arzt Immunität zu garantieren. Vom Selbstbestimmungsrecht des Patienten ist darin überhaupt nicht die Rede. Damit fällt das Selbstbestimmungsrecht als Basis für die Rechtfertigung des niederländischen Sterbehilfe-Gesetzes weg. Der Hintergrund und die Ausgestaltung des belgischen und des luxemburgischen Gesetzes lässt für diese beiden Staaten nichts anderes gelten. Allenfalls Luxemburg hat durch seine im Vorfeld gesetzlich verankerten Patientenrechte das Selbstbestimmungsrecht gestärkt. Jedoch beschränkt auch dieses Land sich auf die Freigabe der Sterbehilfe nur für einen Arzt und damit auf eine Strafbefreiung (nur) für diesen.

Eine weitere Frage ist die, welche Anforderungen an die subjektive Einstellung des Sterbehelfers zu stellen sind. Lediglich die Schweiz legt in Artt. 114 und 115 chStGB subjektive Anforderungen an den Täter bzw. Gehilfen fest. Sowohl in Deutschland als auch in den Benelux-Staaten fehlen entsprechende Regelungen.

Nach alledem umfasst die Legalisierung der aktiven direkten Sterbehilfe (sowie der Suizidbeihilfe) mindestens folgende Aspekte[1086]:

1. Es muss eine Definition für die aktive direkte Sterbehilfe, sowie ggf. die Suizidbeihilfe gefunden werden. An Hand dessen muss entschieden werden, welche Handlungen künftig erlaubt und welche (weiterhin) verboten sein sollen.
2. Hiermit ist die Entscheidung verbunden, ob nur die eine oder beide Formen legalisiert werden sollen. Dies muss auch in einem späteren Gesetz klargestellt werden, um Irritationen wie in Belgien von vorne herein zu vermeiden.

1086 **Hinweis:** Die nun folgende Aufzählung soll mitnichten ein politischer Forderungskatalog sein, sondern soll die gewonnenen Erkenntnisse lediglich abschließend zusammenfassen.

3. Es muss geklärt werden, wer Sterbehilfe leisten dürfen soll. Dabei geht es insbesondere um die Frage, ob nur ein Arzt straffrei bleiben kann oder jedermann.
4. Geklärt werden muss, ob auch Minderjährige aktive Sterbehilfe einfordern dürfen und wenn ja, ab welchem Alter. Sofern auch Minderjährige Sterbehilfe einfordern dürfen, muss geregelt werden, ob und in welcher Form auch ihre gesetzlichen Vertreter mit hinzu gezogen werden.
5. Der Begriff des Leidens muss definiert werden. Ein Konsens herrscht insofern in den Benelux-Staaten darüber, dass nur ein aussichtsloses und unerträgliches Leiden, das nicht auf andere Weise gebessert werden kann, die Leistung von Sterbehilfe rechtfertigt. Eine Todesnähe ist danach nicht erforderlich. Aber dies könnten Gesetzgeber anderer Staaten auch anders beurteilen. Fraglich ist ferner, ob der Leidensbegriff auch rein psychisches Leiden erfassen soll. Dies ist in den Benelux-Staaten der Fall.
6. Es müssen der Begriff des Sterbeverlangens definiert und die hiermit verbundenen Anforderungen an dieses Verlangen konkretisiert werden. Insofern herrscht der Konsens, dass das Verlangen freiwillig und ernsthaft sein muss. Belgien und Luxemburg verweisen außerdem darauf, dass es nicht durch äußeren Druck zustande gekommen sein darf. Außerdem ist entscheidend, ob das Verlangen mehr sein soll als eine bloße Einwilligung in die eigene Tötung bzw. die Suizidbeihilfe. Ferner stellt sich die Frage, ob das Sterbeverlangen wiederholt geäußert werden muss und ob eine mündliche Äußerung ausreicht oder nicht doch eine schriftliche Fixierung nötig ist.
7. Sofern man zu dem Ergebnis kommt, dass das Sterbeverlangen schriftlich abgegeben werden soll, stellt sich die Frage, ob es ggf. unter Zeugen abgegeben werden muss. In diesem Zusammenhang müssen die Anforderungen an diese Zeugen geklärt werden.
8. Sofern das Sterbeverlangen schriftlich abgegeben werden soll, stellt sich schon hier die Frage, ob es ggf. gesondert registriert/dokumentiert werden soll und wenn ja, wo.

9. Die Anforderungen an die Beziehung zwischen dem Sterbehelfer und dem Sterbewilligen müssen vom Gesetz geklärt werden. Im Rahmen des Arzt-Patienten-Verhältnisses gilt: Der Patient muss insbesondere vollständig aufgeklärt und über seinen Leidenszustand informiert sein. Es muss also auch immer eine Rücksprache zwischen Arzt und Patient geben.

10. Fraglich ist, welche Therapiemöglichkeiten die Anwendbarkeit aktiver Sterbehilfe oder Suizidbeihilfe ggf. sperren sollen. Denn sowohl die aktive Sterbehilfe als auch die Suizidbeihilfe sollen nur als letztes Mittel geleistet werden. Wo wird die Grenze gezogen und darf der Patient ggf. auch Therapiemöglichkeiten verweigern?

11. Zu klären ist, welche Anforderungen an die Person des Sterbehelfers gestellt werden. Zum Einen beinhaltet dies die Frage, ob der Sterbehelfer ein Arzt sein muss (siehe schon Nr. 3). Fraglich ist ferner, ob er (wie in der Schweiz) aus achtenswerten Beweggründen heraus handeln muss bzw. ob er selbstsüchtige Beweggründe vorweisen darf. Zum Anderen muss geklärt werden, inwiefern der Sterbehelfer vom Sterbewilligen unabhängig sein muss. Außerdem muss geklärt werden, ob er bestimmte Qualifikationen aufweisen muss, und wenn ja, welche (z. B. bei einem Arzt eine entsprechende Facharztausbildung).

12. Die Sterbehilfe-Gesetze der Benelux-Staaten sehen alle die Konsultation mindestens eines anderen Arztes vor der Sterbehilfe-Leistung vor. Die Einholung einer solchen zweiten Meinung wird somit als unerlässlich angesehen. Damit verbunden stellen sich Fragen nach den Anforderungen an *diesen* Arzt wie unter 11.. Überdies ist fraglich, ob ein entsprechendes Netzwerk (wie „SCEN" in den Niederlanden oder „LEIF-artsen" in Belgien) gegründet werden soll, um bei entsprechenden Beratungen zu helfen.

13. Fraglich ist, ob ggf. noch ein weiterer Arzt hinzugezogen werden soll. Dies ist in Belgien Pflicht, sofern nicht der Patient in Kürze sterben wird. Sofern dies für erforderlich gehalten wird, sind auch die Anforderungen an *diesen* Arzt wie unter 11. zu klären.

14. Ein die aktive direkte Sterbehilfe legalisierendes Gesetz muss klären, ob die Einforderung von aktiver Sterbehilfe auch im Wege einer vor der Äußerungsunfähigkeit abgefassten Voraus- / Patientenverfügung möglich sein kann.
15. Wenn dies möglich sein soll, so müsste wiederum geklärt werden, ob auch Minderjährige solche Verfügungen abfassen dürfen. Ab welchem Alter soll dies möglich sein und unter welchen zusätzlichen Bedingungen (Konsultation der Eltern etc.)?
16. Für die Anwendung der Vorausverfügung muss geklärt werden, ob sie nur für den Fall greifen soll, dass der Zustand des Patienten nach dem anerkannten Stand der medizinischen Wissenschaften irreversibel ist.
17. Es muss geklärt werden, ob die Verfügung registriert werden soll und wenn ja, wo.
18. Es muss geklärt werden, ob die zeitliche Gültigkeitsdauer der Verfügung begrenzt werden soll. Dies ist in Belgien der Fall, hier gibt es eine Begrenzung auf fünf Jahre.
19. Fraglich ist, welche Dokumentationspflichten darüber hinaus auf die Beteiligten zukommen (Krankenakte, Sterbeverlangen, Patientenverfügung, Konsultation von Ärzten etc.).
20. Müssen Pflegepersonal und/oder Angehörige des Patienten zwingend mit in das Verfahren einbezogen werden oder soll dies nur auf Wunsch des Patienten erfolgen?
21. Fraglich ist, ob es einen zeitlichen Mindestabstand zwischen dem aktuell geäußerten Sterbeverlangen und der tatsächlichen Ausführung der Sterbehilfe geben soll. In diesem Zusammenhang stellt sich die Frage, ob (in dieser Zeit) das Sterbeverlangen ggf. wiederholt werden soll.
22. Sofern die Sterbehilfe geleistet wurde, stellt sich die Frage, in welchem Zeitrahmen sie gemeldet werden soll und vor allem, an wen.
23. Welchen Anforderungen unterliegt die Sterbehilfe-Meldung? Soll die Meldung in Teilen zunächst anonymisiert werden?

24. Soll eine Kontroll-Kommission für die nachträgliche Überprüfung des Falles eingerichtet werden?
25. (Wenn ja:) Wie soll die Kontroll-Kommission zusammengesetzt werden?
26. Soll es bestimmte Inkompatibilitätsvorschriften für die Kommissionsmitglieder geben?
27. Welche Regeln sollen für die Beschlussfähigkeit der Kommission gelten?
28. Welche Regeln sollen in Bezug auf die Anforderungen an Mehrheitsentscheidungen der Kommission gelten?
29. Die staatsanwaltschaftlichen Befugnisse bzw. die Befugnisse der Strafverfolgungsbehörden generell sollten berücksichtigt werden. Das heißt, in diesem Zusammenhang muss das Verhältnis zwischen staatlichen Organen und den Kontroll-Kommissionen (oder ähnlichen Einrichtungen) geklärt werden.
30. Es muss eine Entscheidung darüber getroffen werden, ob es einen gesetzlichen Anspruch auf Sterbehilfe oder Suizidbeihilfe geben soll oder ob der potentielle Sterbehelfer die Leistung ablehnen kann.
31. Was soll im Falle der Ablehnung von Sterbehilfe seitens des potentiellen Sterbehelfers geschehen? Sofern der Sterbehelfer ein Arzt sein soll, ist dabei insbesondere fraglich, ob lediglich die den Patienten betreffenden Unterlagen herausgegeben werden sollen. Außerdem muss geklärt werden, ob der die Sterbehilfe Ablehnende ggf. sogar bei der Suche nach einem „neuen" Sterbehelfer behilflich sein soll.
32. Fraglich ist außerdem, ob ein entsprechendes Sterbehilfe-Gesetz komplett als Gesetzesänderung ins Strafgesetzbuch aufgenommen werden soll oder ob – wie in den Niederlanden oder in Luxemburg – das Strafgesetzbuch lediglich auf das entsprechende Sterbehilfe-Gesetz verweisen soll.

§ 2) Europäische Menschenrechtskonvention (EMRK)

Im folgenden Abschnitt sollen die Vorgaben der Europäischen Menschenrechtskonvention (EMRK) im Hinblick auf die aktive Sterbehilfe und die Suizidbeihilfe zusammengetragen werden. Dabei ist zu untersuchen, welche Aussagen zur Sterbehilfe und Suizidbeihilfe bereits in Bezug auf die EMRK existieren. Dies soll in Beziehung zu den Ergebnissen des oben durchgeführten Rechtsvergleichs gesetzt werden. Denn dieser Arbeit liegt die Fragestellung zu Grunde, was die EMRK in Bezug auf die aktive Sterbehilfe und die Suizidbeihilfe vorgibt und was die Staaten daraus machen.

Das folgende Kapitel ist in zwei große Abschnitte unterteilt [A) und B)]. Der erste Abschnitt [A)] untersucht die Frage, ob es in der EMRK ein Menschenrecht oder einen Anspruch auf Sterbehilfe oder Suizidbeihilfe gibt. Schwerpunkt dieser Untersuchung ist Art. 8 EMRK und sein Geltungsbereich. Dabei ist vor allem wichtig, ob das aus Art. 8 resultierende Selbstbestimmungsrecht einen Anspruch auf Sterbehilfe beinhaltet bzw. inwiefern ein Eingriff in das Selbstbestimmungsrecht nach der EMRK gerechtfertigt werden kann. Das Hauptaugenmerk dieses Abschnitts liegt auf der Untersuchung entsprechender Urteile der Konventionsorgane *EGMR* und *EKMR*. Denn es war bzw. ist ihre Aufgabe, die EMRK auszulegen und entsprechend geltend gemachten Ansprüchen stattzugeben oder sie zurückzuweisen. Insofern ist ihre Interpretation der EMRK verbindlich und für die Auslegung der Konvention entscheidend.

Der zweite Abschnitt [B)] beschäftigt sich mit der Frage, ob die Legalisierung der aktiven Sterbehilfe gegen die EMRK verstößt. Dabei geht es allerdings nicht um die Untersuchung der einzelnen Sterbehilfe-Gesetze der Benelux-Staaten und ihre Vereinbarkeit mit der EMRK. Dies hätte nämlich zur Konsequenz, dass man jede einzelne Rechtsnorm aus den Sterbehilfe-Gesetzen überprüfen müsste, was in einer solchen Arbeit einfach nicht zu leisten ist. Daher beschränkt sich die Untersuchung auf die Frage, ob die Legalisierung der Tötung auf Verlangen *als solche* unter den Voraussetzungen eines Gesetzes wie in den Benelux-Staaten mit der EMRK vereinbar ist. Es geht also um die *grundsätzliche* Legalisierbarkeit nach der EMRK. Die Untersuchung knüpft somit an das an, was der belgische *Conseil d'Etat* in seinem *Avis* aus dem Jahre 2001 untersucht hat. Parallel zum oben besprochenen *Avis* wird hier ein Schwerpunkt auf Art. 2 EMRK und die daraus resultierenden Schutzpflichten für die EMRK-Mitgliedstaaten gelegt. Fraglich ist unter anderem, wie der Charakter des Art. 2 zu verstehen ist. Dies beinhaltet insbesondere die Fragestellung, ob Art. 2 zu einem umfassenden Schutz des Lebens verpflichtet.

An dieser Aufteilung kann kritisiert werden, dass zunächst die geltend gemachten grundrechtlichen Ansprüche untersucht werden und erst *danach* die Debatte um die Schutzpflichten erfolgt. Aus hiesiger Sicht erleichtert diese Vorgehensweise aber den Einstieg in den zweiten Teil der Prüfung. Die unter A) zu besprechenden Entscheidungen, die sich mit Sterbehilfe und EMRK auseinandersetzen, hatten (bzw. haben) alle die Frage nach grundrechtlichen Ansprüchen zum Gegenstand. Teilweise wurde aber auch hier schon auf die Schutzpflichten aus der EMRK eingegangen. Daher werden sich die Frage nach den grundrechtlichen Ansprüchen und die Frage nach den Schutzpflichten nicht immer trennen lassen. Aus der Diskussion über die möglichen Ansprüche lassen sich aber an dieser Stelle bereits Rückschlüsse auf die Schutzpflichten-Problematik ziehen. Demzufolge erleichtert dieser Aufbau die weitere Diskussion.

A) Gibt es in der EMRK ein Menschenrecht / einen Anspruch auf Sterbehilfe?

Im folgenden Abschnitt soll die Frage untersucht werden, ob die EMRK ein Recht oder einen Anspruch auf Sterbehilfe gewährt, bzw. einen Anspruch darauf, vorab Straffreiheit zugesichert zu bekommen, wenn man Sterbehilfe leisten will. In diesem Zusammenhang werden mehrere Urteile vorgestellt und diskutiert, in denen es um Sterbehilfe geht und die somit zur Beantwortung der Frage beitragen.

I) *EGMR*-Urteil *Pretty ./. Vereinigtes Königreich (Pretty ./. United Kingdom)*, Az.: 2346/02, Urt. v. 29.04.2002, in: NJW 2002, S. 2851 ff.

Die Frage nach einem möglichen Konflikt zwischen bestimmten Formen der Sterbehilfe und der EMRK ist spätestens mit dem Urteil *Pretty ./. Vereinigtes Königreich* aus dem Jahre 2002[1087] bedeutsam geworden. Der in diesem Verfahren letztlich erfolglos angegriffene britische *Suicide Act* legt in Section 2 (1) fest, dass die Suizidbeihilfe strafbar ist:

> „*A person, who aids, abets, counsels or procures the suicide of another, or an attempt by another to commit suicide, shall be liable on conviction on indictment to imprisonment for a term not exceeding fourteen years.*"[1088]

Die an ALS erkrankte britische Beschwerdeführerin *Pretty* war bereits vollständig gelähmt und wollte, dass ihr Ehemann ihr Beihilfe zum Suizid leistet[1089]. Sie wollte aber gleichzeitig vermeiden, dass ihr Mann für eine solche Tat strafrechtlich verfolgt würde. Stattdessen sollten ihm die britischen Strafverfolgungsbehörden vorab Straffreiheit für die Leistung etwaiger Sterbehilfe zusichern. *Pretty* klagte sich erfolg-

---

1087 *EGMR, Pretty ./. Vereinigtes Königreich*, Az.: 2346/02, Urt. v. 29.04.2002, in: NJW 2002, S. 2851 ff.

1088 *Suicide Act* (1961), abrufbar unter <http://www.legislation.gov.uk/ukpga/Eliz2/9-10/60/section/2> (zuletzt abgerufen: 27.10.2012). Siehe auch *EGMR, Pretty*, in: NJW 2002, S. 2851.

1089 Wobei man sich nach dem deutschen Verständnis von Haupttat und Beihilfe fragt, wie einer im Endstadium an ALS erkrankten, *vollständig gelähmten* Patientin lediglich *Beihilfe* zum Suizid geleistet werden sollte.

los durch die nationalen Instanzen[1090]. Schließlich landete der Fall beim Europäischen Gerichtshof für Menschenrechte (*EGMR*). Auch dort wurde *Pretty* ein Anspruch auf Straffreiheitszusicherung versagt.

Der *EGMR* entschied, dass *Pretty* aus der EMRK kein Recht ableiten könne, mit Hilfe Anderer zu sterben[1091]. Er bestätigte damit die Entscheidung des britischen *High Court*, wonach der britische *Suicide Act* „nicht unvereinbar mit den Konventionsrechten der Antragstellerin sei."[1092] Auch das *House of Lords* hatte *Prettys* Beschwerde gegen die Entscheidung des *High Court* Ende 2001 abgewiesen[1093].

Im Hinblick auf die in Rede stehende Sterbehilfe war zunächst einmal fraglich, welche *Form* der Sterbe- oder Suizidhilfe *Pretty* geleistet worden wäre. Dem Urteilstext zufolge ging es *Pretty* „nur" um Beihilfe zum Suizid, bzw. „Beihilfe zum Selbstmord"[1094]. *Pretty* war jedoch inzwischen vollständig gelähmt, so dass als Sterbehilfeleistung wohl nur noch die aktive Variante in Frage gekommen wäre[1095]. Die genauere Auseinandersetzung war aber offensichtlich für das hiesige Verfahren obsolet, weil – wie soeben gesehen – auch die Suizidbeihilfe in Großbritannien unter Strafe steht[1096]. Das Urteil ist daher eher als all-

1090 *EGMR, Pretty,* in: NJW 2002, S. 2851.

1091 *EGMR, Pretty,* in: NJW 2002, S. 2851 ff.; siehe insb. Leitsatz 1 auf S. 2851 und S. 2852, Rdn. 40.

1092 *High Court,* Queen's Bench Divisional Court *Regina v. Director of Public Prosecutions, ex parte Pretty; Medical Ethics Alliance and Others, Interveners* (Krone gegen Oberste Anklagebehörde, auf Antrag von Pretty; Bund für Medizinische Ethik u. a. als Nebenkläger), Urt. v. 18.10.2001, Bearb. und dt. Übers. (*Bartsch*), in: EuGRZ 2002, S. 55.

1093 *House of Lords Regina (Pretty) v Director of Public Prosecutions (Secretary of State for the Home Department intervening),* 14, 15; 29.11.2001, [2001] UKHL 61, in: WLR 2001, Vol. 3, S. 1598 ff.

1094 Siehe z. B. *EGMR, Pretty,* in: NJW 2002, S. 2851.

1095 So schreibt *Knopp* in diesem Zusammenhang von aktiver Sterbehilfe: *Knopp,* in: *Knopp/Schluchter,* S. 49; hingegen nur von "[assisted] suicide" spricht *Biggs,* in: FLS 2003, S. 294. Auch *Leenen,* in: EJHL 2002, S. 258 und *Faßbender,* in: JURA 2004, S. 116 und 117 weisen auf das Problem hin.

1096 In diese Richtung geht auch *Faßbender,* in: JURA 2004, S. 117, wobei es nach der Ansicht der hiesigen Verf. gar nicht so „zynisch" ist, darauf hinzuweisen, dass nach britischem Recht i. F. v. *Pretty* in jedem Fall eine Strafbarkeit gegeben wäre. Denn in Frage stand einfach, ob sich jemand vorab Straffreigemeine Auseinandersetzung mit der Sterbehilfe-Problematik zu verstehen.

Für die Einordnung des *Pretty*-Falles als mögliche aktive Sterbehilfe spricht *Breitenmoser* zufolge auch, dass der *EGMR* „wiederholt [...] Bedenken wegen der von ihm befürchteten Missbrauchsgefahr und Präjudizienwirkung" äußerte[1097]. Die Ausführungen des *EGMR* zur Gefahr des Missbrauchs riechen förmlich nach einer Auseinandersetzung mit der aktiven direkten Sterbehilfe (dazu noch unten). Insofern erscheint es als zu kurz gegriffen, wenn man die Ausführungen des Gerichtshofs tatsächlich nur auf die Suizidbeihilfe bezieht. Man muss wohl konstatieren, dass die Urteilsgründe *erst recht* auch für die aktive Sterbehilfe gelten.

Infolgedessen können zwar die Argumente des Gerichts nicht automatisch für andere Sterbehilfe-Formen übernommen werden. Doch auch ein rechtsvergleichender Aspekt spricht dafür, die Urteilsgründe *erst recht* auch für die aktive direkte Sterbehilfe gelten zu lassen. Nach dem obe>n durchgeführten Rechtsvergleich haben die Benelux-Staaten die aktive direkte Sterbehilfe und die Suizidbeihilfe unter den gleichen Voraussetzungen als legal eingestuft. Damit fällt die Diskussion über die Abgrenzung der beiden Handlungsformen von vorne herein weg. Es kommt nicht mehr darauf an, wer das Sterbe- oder Tötungsgeschehen in den Händen hält. Vielmehr wird der Schwerpunkt auf die Erarbeitung der Voraussetzungen gelegt, wann eine Sterbehilfe oder Suizidbeihilfe generell straflos sein soll. Es findet folglich eine Verlagerung von der Frage nach der Sterbehilfe*form* hin zur gesetzeskonformen *Ausführung* jeglicher Art von Sterbehilfe statt.

In diesem Sinne ist auch das *Pretty*-Urteil des *EGMR* zu verstehen. Es wird sich zeigen, dass die Unterscheidung zwischen einzelnen Sterbehilfe-Formen nicht das Entscheidende für die entsprechenden Urteilsgründe war. Es ging – losgelöst vom britischen *Suicide Act* – vielmehr um die Frage, ob man generell aus der EMRK ein Recht auf Sterben ableiten kann.

Im Folgenden werden das Urteil vorgestellt und die einzelnen geltend gemachten Rechtsverletzungen untersucht. Hierbei geht es um mögliche Rechtsverletzungen der Artt. 2, 3, 8, 9 und 14 EMRK. Die Un-

heit zusichern lassen kann und dann kann es auf die in Rede stehende Strafvorschrift vom Inhalt her nicht ankommen.

1097 *Breitenmoser*, in: *Petermann*, S. 175.

tersuchung ist den im Einzelnen geltend gemachten Rechtsverletzungen nachgebildet. Es werden zunächst die Beschwerde- und Urteilsbegründungen dargestellt und – sofern von Nöten – auch erläutert, was mit einzelnen Punkten gemeint ist. Danach folgt eine Auseinandersetzung mit einzelnen Urteilsaspekten.

1) Verletzung des Art. 2 EMRK (Recht auf Leben)

Zunächst wurde von der Beschwerdeführerin *Pretty* in dem Verfahren vor dem *EGMR* eine Verletzung des Art. 2 EMRK geltend gemacht[1098].

Art. 2 EMRK lautet:

„(1) Das Recht jedes Menschen auf Leben wird gesetzlich geschützt. Niemand darf absichtlich getötet werden, außer durch Vollstreckung eines Todesurteils, das ein Gericht wegen eines Verbrechens verhängt hat, für das die Todesstrafe gesetzlich vorgesehen ist.

(2) Eine Tötung wird nicht als Verletzung dieses Artikels betrachtet, wenn sie durch eine Gewaltanwendung verursacht wird, die unbedingt erforderlich ist, um

a) jemanden gegen rechtswidrige Gewalt zu verteidigen;

b) jemanden rechtmäßig festzunehmen oder jemanden, dem die Freiheit rechtmäßig entzogen ist, an der Flucht zu hindern;

c) einen Aufruhr oder Aufstand rechtmäßig niederzuschlagen."

a) Beschwerde- und Urteilsbegründung

Pretty war der Auffassung, dass Art. 2 EMRK auch ein Recht zu sterben enthält. Sie argumentierte, dass es Art. 2 EMRK nicht widerspreche, ihr den Empfang von Sterbehilfe zu gestatten. Denn anderenfalls würden die Staaten einen EMRK-Verstoß begehen, die die Suizidbeihilfe nicht unter Strafe stellen. Art. 2 schütze ferner „nicht nur das Recht auf Leben, sondern auch das Recht, darüber zu entscheiden, ob man

1098 *EGMR, Pretty*, in: NJW 2002, S. 2851.

weiterleben wolle oder nicht."[1099] Geschützt werde nur das Leben an sich und es gebe keinen Schutz des Menschen vor sich selbst. Aus diesen Gründen werde durch Art. 2 anerkannt, „dass es Sache des Einzelnen ist zu entscheiden, ob er weiterleben wolle oder nicht."[1100] Damit sei „als logisches Gegenstück des Rechts auf Leben" ebenso das „Recht zu sterben" geschützt[1101].

Morris erläutert die Argumentation *Prettys* folgendermaßen: Art. 2 sei von seinem Wesen her nicht ein Recht auf Leben. Es sei vielmehr als ein Recht auf Selbstbestimmung über das eigene Leben zu verstehen. Art. 2 schütze nicht das Leben selbst, sondern nur das individuelle Recht eines jeden Einzelnen zu leben, und zwar frei von den Ein- und Angriffen durch Dritte. Zwar habe der Staat die Pflicht, Einzelne gegen den durch einen Eingriff erfolgenden unerwünschten Tod zu schützen. Hingegen dürfe er keinem Menschen das Leben aufzwingen, wenn dieser es nicht wolle. Das Recht auf Leben beinhalte als logische Konsequenz auch das Recht, zu sterben. Beide Seiten dieses Rechts seien folglich vom Staat zu schützen[1102].

In seinem Urteil stellte der *EGMR* zunächst fest, dass das Recht auf Leben in Art. 2 nicht auch das Recht enthalte, mit Hilfe anderer zu sterben[1103]. Art. 2 garantiere „das Recht auf Leben, ohne dass alle anderen Rechte und Freiheiten in der Konvention hinfällig wären. Er bestimmt eng umgrenzte Umstände, unter denen eine Tötung gerechtfertigt sein kann [...]"[1104]. Dem Wortlaut zufolge erfasse „Art. 2 EMRK den absichtlichen oder vorsätzlichen Gebrauch tödlicher Gewalt durch Vertreter des Staates", aber er bestimme „auch die Umstände [...], in denen eine ‚Gewaltanwendung' zulässig ist, die unbeabsichtigt den Tod herbeiführen kann [...]"[1105]. Ferner verpflichte Art. 2 Abs. 1 S. 1 EMRK „den Staat nicht nur dazu [...], eine absichtliche und unrechtmäßige Tötung zu unterlassen, sondern auch dazu, geeignete Maß-

---

1099 *EGMR, Pretty*, in: NJW 2002, S. 2851.

1100 *EGMR, Pretty*, in: NJW 2002, S. 2851.

1101 *EGMR, Pretty*, in: NJW 2002, S. 2851.

1102 *Morris*, in: EHRLR 2003, S. 67.

1103 *EGMR, Pretty*, in: NJW 2002, S. 2851, Leitsatz 1; S. 2852, Rdn. 40.

1104 *EGMR, Pretty*, in: NJW 2002, S. 2851, Rdn. 37.

1105 *EGMR, Pretty*, in: NJW 2002, S. 2851, Rdn. 38.

nahmen zum Schutz des Lebens von Personen innerhalb seiner Hoheitsgewalt zu treffen [...]“[1106].

Im Folgenden legt der Gerichtshof dar, dass es bei Art. 2 EMRK in erster Linie um die Frage nach staatlichen Schutzpflichten gehe. Die aus Art. 2 resultierenden Schutzpflichten bedeuteten nicht nur, dass der Staat ggf. wirksame strafrechtliche Vorschriften erlassen müsse. Vielmehr könne Art. 2 „unter bestimmten [...] Umständen auch eine positive Verpflichtung der Behörden umfassen, präventiv praktische Maßnahmen zu treffen“, um Menschen zu schützen, deren Leben durch andere Personen gefährdet werden[1107].

An dieser Stelle zeigt sich bereits, wie schwierig es ist, zwischen der Frage nach staatlichen Schutzpflichten und der Frage nach grundrechtlichen Ansprüchen zu trennen. Denn der *EGMR* folgert seine Antwort zu der Frage nach einem grundrechtlichen Anspruch aus der Erörterung der Schutzpflichten. Dazu führt er aus, dass in allen bisher von ihm entschiedenen Fällen „die Verpflichtung des Staates, Leben zu schützen, im Vordergrund“ gestanden habe. Die Richter seien „nicht davon überzeugt, dass das in Art. 2 EMRK garantierte ‚Recht auf Leben‘ so ausgelegt werden kann, dass es auch einen negativen Aspekt mit einschließt.“[1108] Im Unterschied beispielsweise zur Vereinigungsfreiheit (Art. 11 EMRK), die – wie jedes Freiheitsrecht – auch einen negativen Aspekt (das heißt, nicht zur Vereinigung gezwungen zu werden) mit einschließt, sei Art. 2 „anders gefasst“. Es gehe bei dieser Norm nicht um „Fragen der Lebensqualität oder der Entscheidung einer Person über ihre Lebensführung“. Vielmehr gebe es in dieser Norm grundlegende Aspekte, die „des Schutzes gegen staatliches Eingreifen bedürfen“ und sich in anderen EMRK-Normen oder Menschenrechtsverträgen widerspiegeln. Dies habe aber nichts mit einem Recht zu sterben zu tun. Daher könne Art. 2 „auch nicht ein Recht auf Selbstbestimmung entnommen werden in dem Sinne, dass eine Person“ den Tod dem Leben vorziehen kann[1109].

Der *EGMR* bemerkt noch etwas Anderes: Die Beschwerdeführerin *Pretty* mache geltend, wenn man einerseits aus der EMRK kein

1106 *EGMR, Pretty,* in: NJW 2002, S. 2851, Rdn. 38.

1107 *EGMR, Pretty,* in: NJW 2002, S. 2851 f., Rdn. 38.

1108 *EGMR, Pretty,* in: NJW 2002, S. 2852, Rdn. 39.

1109 *EGMR, Pretty,* in: NJW 2002, S. 2852, Rdn. 39.

Recht zu sterben ableiten könne, würde man dadurch sogleich den Staaten, die Sterbehilfe erlauben, eine EMRK-Verletzung vorwerfen. Der *EGMR* stellt daraufhin klar, dass es gar nicht seine Aufgabe sei, bei der Entscheidung dieses konkreten Falles „zu prüfen, ob es die Rechtsordnung eines anderen Staats versäumt, das Recht auf Leben zu schützen."[1110] Auch könne „das Ausmaß, zu dem ein Staat die Möglichkeit der Schädigung einer in Freiheit befindlichen Person durch sich selbst oder durch einen anderen zulässt oder zu regeln versucht, einander widersprechende Erwägungen der persönlichen Freiheit einerseits und des öffentlichen Interesses andererseits auslösen"[1111]. Solche Widersprüche könnten aber „nur nach Prüfung der besonderen Umstände des Falls aufgelöst werden [...]"[1112]. Allerdings würde selbst dann, „wenn [...] festgestellt würde, dass die Verhältnisse in einem bestimmten Staat, der Sterbehilfe erlaubt, Art. 2 EMRK nicht verletzen", dies der Beschwerdeführerin *Pretty* nicht helfen. Denn die hiervon zu trennende Behauptung, das Vereinigte Königreich verletze Art. 2 EMRK, wenn es Sterbehilfe verbietet, sei auch dann nicht bewiesen[1113]. Somit sagt die Feststellung, dass Art. 2 kein Recht auf Sterben beinhaltet, nichts darüber aus, ob andere Staaten, die die Sterbehilfe erlauben, gegen die EMRK verstoßen.

b) Beurteilung in der Literatur und eigene Beurteilung

Schon bei der Prüfung des Art. 2 EMRK setzt sich der *EGMR* mit der Frage auseinander, welche Schutzpflichten für einen Staat aus der EMRK folgen. Dem Staat wird nicht nur auferlegt, eine tatsächlich gewollte, rechtswidrige Tötung selbst zu unterlassen. Er ist darüber hinaus auch dazu verpflichtet, *weitere* Schutzmaßnahmen zu Gunsten des Lebens von Menschen zu treffen. Das heißt, der Staat muss grundsätzlich nicht nur staatliche unrechtmäßige Tötungen unterlassen, sondern er muss auch versuchen, die Tötung eines Menschen durch andere Privatpersonen zu verhindern. Dies verpflichtet ihn ggf. zur Schaffung von Strafrecht, möglicherweise aber sogar zum präventiven Handeln, wenn jemand in Gefahr ist. Diese Feststellungen werden also später

1110 *EGMR, Pretty,* in: NJW 2002, S. 2852, Rdn. 41.

1111 *EGMR, Pretty,* in: NJW 2002, S. 2852, Rdn. 41.

1112 *EGMR, Pretty,* in: NJW 2002, S. 2852, Rdn. 41.

1113 *EGMR, Pretty,* in: NJW 2002, S. 2852, Rdn. 41.

bei der Frage, welche Schutzpflichten für die Mitgliedstaaten aus Art. 2 EMRK folgen, noch einmal aufzugreifen sein. In diesem Zusammenhang sei allerdings auch angemerkt, dass ein konventionsrechtlicher Gesetzesvorbehalt wie in Art. 2 Abs. 1 S. 1 EMRK nicht von einem materiellen Gesetzesbegriff ausgeht. Das heißt, die Rechtsordnung muss allgemein das Recht auf Leben schützen und es kommt nicht auf das tatsächliche Vorliegen eines formellen Gesetzes an[1114].

Wichtig für die hiesige Diskussion ist zunächst die Feststellung des Gerichtshofs, dass aus Art. 2 nicht das Recht folge, mit Hilfe anderer zu sterben. Ein menschenrechtlicher Leistungsanspruch besteht nach Auffassung des Gerichts somit nicht. Erst recht haben *Pretty* oder ihr Ehemann nicht den Anspruch gegenüber den britischen Strafverfolgungsbehörden, dass dem Ehemann vor der Tat Straffreiheit zugesichert wird.

aa) Negative Komponente des Art. 2 EMRK: Recht auf Sterben

Fraglich ist, ob Art. 2 EMRK eine negative Komponente im Sinne eines Rechts auf Sterben enthält.

aaa) Unterscheidung zwischen Abwehr- und Freiheitsrechten

Zunächst einmal kann man – wie der *EGMR* – zwischen Abwehr- und Freiheitsrechten unterscheiden und auf Grund dieser Unterscheidung eine negative Komponente des Art. 2 EMRK verneinen. Der *EGMR* ordnet nach dem oben Gesagten Art. 2 mehr als Schutzauftrag an den Staat und somit als reines Abwehrrecht für den Betroffenen ein. Allerdings vermengt er damit zwei Fragen, nämlich zum Einen die Frage nach den staatlichen Schutzpflichten aus Art. 2 und zum Anderen die Frage nach einem möglichen Anspruch aus Art. 2. An dieser Stelle ist es schwierig, beide Fragen voneinander zu trennen. Ohne der weiter unten erfolgenden Schutzpflichtendebatte vorgreifen zu wollen, bleibt an dieser Stelle festzuhalten, dass der *EGMR* aus Art. 2 nur

1114 *Tretter*, in: *Ermacora/Nowak/Tretter*, Art. 2 EMRK, S. 110 f.; *EGMR*, *Times Newspapers Ltd. u. a. ./. Vereinigtes Königreich*, Urt. v. 26.04.1979, in: EuGRZ 1979, S. 386 ff. (387, Rdn. 46 ff.).

Schutzpflichten ableitet und *deswegen* einen gleichzeitig bestehenden Anspruch auf Zusicherung der Straffreiheit ablehnt.

Festgehalten werden kann an dieser Stelle jedoch auch, dass der Gerichtshof Art. 2 EMRK für anders gefasst hält als andere Konventionsrechte. Während andere Konventionsrechte – wie Art. 11 EMRK – auch eine negative Freiheit enthielten, sei Art. 2 nicht mit einem solchen Freiheitsrecht vergleichbar. Auch *deswegen* verneint der *EGMR* die Frage, ob Art. 2 ein Recht auf Sterben beinhaltet.

Die Argumentation einer andersartigen Strukturierung von Art. 2 EMRK ist folglich auch in der Literatur aufgegriffen worden. *De Schutter* widmet sich dieser Argumentation[1115]. Er verweist z. B. auf die Rechtsprechung des *EGMR* zu Art. 11 EMRK, wonach die Koalitionsfreiheit ein Recht auf Nicht-Vereinigung enthalte[1116]. Der Gerichtshof bestätige im *Pretty*-Urteil zwar, dass man aus einer von der EMRK garantierten Freiheit auch das Recht ableiten könne, diese Freiheit *nicht* auszuüben, und zwar auch dann, wenn die EMRK ausdrücklich nur das Recht benennt, eine Freiheit *positiv* auszuüben[1117]. Eine solche Doktrin könne sich aber nicht auf das Recht auf Leben erstrecken. Denn dieses könne nicht als Recht verstanden werden, eine Freiheit auszuüben. Daher enthalte es auch nicht mehrere Wahlmöglichkeiten (im Sinne von leben oder nicht leben wollen) für den Rechtsinhaber[1118]. Wenn überhaupt, dann könne man nur eine Freiheit anerkennen, aus dem eigenen Leben das zu machen, was mit den eigenen religiösen oder philosophischen Überzeugungen korrespondiert. Dann müsste

1115 *De Schutter*, in: RTDH 2003, Nr. 53, S. 76 ff.

1116 *De Schutter*, in: RTDH 2003, Nr. 53, S. 76, u. a. mit Verweis auf *EGMR, Chassagnou./. France*, Rdn. 103. Vgl. *EGMR, Chassagnou et autres ./. France*, Urt. v. 29.04.1999, in: Reports of judgments and decisions, 1999-III, S. 21 ff. (englische Version S. 63, Rdn. 103; französische Version S. 165, Rdn. 103): Der *EGMR* erwähnt an dieser Stelle, dass die Vereinigungsfreiheit nach Art. 11 EMRK auch ein negatives Recht enthalte („[...] the freedom of association, which implies a negative freedom of association [...]" / „[...] la liberté d'association, qui sous-entend un droit d'association négatif [...]").

1117 *De Schutter*, in: RTDH 2003, Nr. 53, S. 77, m. w. N.

1118 *De Schutter*, in: RTDH 2003, Nr. 53, S. 78 f.

man dies aber als Teil eines größeren Konzepts der Ausdrucksfreiheit („liberté d'expression"[1119]) ansehen[1120].

Auch *Byk* widmet sich der Unterscheidung zwischen Abwehrrechten wie Artt. 2, 3 EMRK und Freiheitsrechten wie z. B. Artt. 9, 11, 12 EMRK. Es gebe Konventionsartikel, die diametral entgegengesetzte Rechte enthielten. Art. 9 enthalte ein Recht darauf, nicht dazu gezwungen zu werden, die eigenen Gedanken oder Überzeugungen preiszugeben. Art. 11 beinhalte auch ein Recht auf Nichtteilnahme an einer Vereinigung. Auch Art. 12 könne so interpretiert werden, als dass er auch ein Recht darauf enthalte, nicht zu heiraten[1121]. Aber diese Artikel befassten sich eben mit Freiheiten und eine Freiheit impliziere – wie der *EGMR* bemerke – bestimmte Wahlmöglichkeiten in Bezug auf die Ausübung dieser Freiheit[1122]. Diesem Freiheits-Modell folgten aber eben nicht alle in der EMRK garantierten Rechte[1123].

Beide Autoren sind somit der Auffassung, dass Art. 2 als Abwehrrecht und nicht als Freiheitsrecht konstituiert ist. Aus diesem Grund habe man bei Art. 2 nicht die Wahlmöglichkeit, nicht zu leben. Deswegen könne auch kein Anspruch gegenüber dem Staat geltend gemacht werden. Der Einzelne hat zwar auch hiernach das Recht, sein Leben so zu gestalten, wie er es für richtig hält. Dies impliziert aber keinen Anspruch darauf, zu sterben.

Biggs geht demgegenüber nicht auf die Unterscheidung zwischen Abwehr- und Freiheitsrechten ein, sie schließt aber eine bis dato vorhandene Erklärungslücke, die vielleicht auch dazu geführt hat, dass die Argumentation des *EGMR* im Rahmen der Prüfung des Art. 2 EMRK so stark mit der Schutzpflichten-Problematik vermengt erscheint. In Bezug auf das Argument, Art. 2 enthalte auch ein Recht auf Selbstbestimmung und damit den von *Pretty* geltend gemachten Anspruch, führt *Biggs* aus:

1119 Heißt eigentlich „Redefreiheit"; die hier gewählte Übers. passt aber nach Ansicht der Verf. vom Sinn her besser.

1120 *De Schutter*, in: RTDH 2003, Nr. 53, S. 79.

1121 *Byk*, in: Ethical Eye I, S. 113.

1122 *Byk*, in: Ethical Eye I, S. 113 mit Verweis auf *Pretty*, Rdn. 39; in der dt. Fassung ist dies *EGMR*, *Pretty*, in: NJW 2002, S. 2852, Rdn. 39.

1123 Vgl. *Byk*, in: Ethical Eye I, S. 113, m. w. N.

> *„Such a construction stands in stark contrast to the usual expectation of the impact of the Convention on right to life, that is, to protect individuals from unlawful conduct that might result in curtailing their lives."*[1124]

Die von *Pretty* geltend gemachte Rechtskonstruktion stehe also in einem totalen Gegensatz zu den üblichen Erwartungen, die man an den Einfluss der EMRK auf das Lebensrecht habe. Denn man erwarte, dass Menschen vor rechtswidrigem Verhalten, das möglicherweise ihr Leben beschränken könnte, geschützt werden. Das heißt, man ist also bisher nur davon ausgegangen, dass Art. 2 EMRK Schutzpflichten für den Staat beinhaltet, nicht aber auch Ansprüche des Einzelnen, die diese Schutzpflichten zurückdrängen. Auch dies spricht dafür, dass Art. 2 nur als Abwehrrecht ausgestaltet ist, während andere in der EMRK enthaltene Rechte auch Freiheitsaspekte mit umfassen können.

bbb) keine negative Seite aus Art. 2 EMRK ableitbar

Mit der Argumentation *Kneihs'* lässt sich an dieser Stelle jedoch weiter einhaken: Ihm zufolge könne allein die Tatsache, „daß Art 2 EMRK nicht als Handlungsgrundrecht formuliert ist", keinen Einwand dagegen darstellen, „dem Recht auf Leben als negative Seite ein Recht auf den eigenen Tod gegenüberzustellen"[1125]. Dem ist dahingehend zuzustimmen, dass die Formulierung einer Rechtsnorm nicht zwangsläufig ihren gesamten Inhalt wiedergeben muss. Entgegenzuhalten ist *Kneihs'* Aussage jedoch das, was *Biggs* anmerkt (siehe oben): Man hat bislang erwartet, dass Art. 2 EMRK sich nur dergestalt an den Staat richtet, das Leben von Menschen zu schützen. Man hat diese Norm also nur als Schutzauftrag verstanden. Vor diesem Hintergrund ist auch die Argumentation des *EGMR* zu verstehen: er geht letztlich von nichts anderem aus. Es ging also gar nicht um die Formulierung des Art. 2, sondern vielmehr um das Verständnis, wie diese Norm wirken soll.

1124 *Biggs*, in: FLS 2003, S. 295. In die gleiche Richtung geht auch *Keown*, in: IJCL 2003, S. 727 (Hervorheb. der Verf.):

> *„As the court recognized, article 2 could not, without a distortion of language, be interpreted as conferring a right to be helped to kill oneself. Pretty's* ***attempt to stand the convention on its head*** *was rightly dismissed."*

1125 *Kneihs*, S. 266 f.

Kneihs führt infolge seines Formulierungs-Arguments weiter aus, dass – sofern Art. 2 eine negative Seite enthält – „eine solche negative Seite aus dem Grundrecht selbst abzuleiten sein" müsste[1126]. Infolgedessen müsse das Recht auf Leben dahingehend untersucht werden, „ob ihm nach seiner Teleologie eine negative Seite" zuerkannt werden könne. Es müsse also danach gefragt werden, ob das Recht auf Leben einen bestimmten Bereich „gegen staatliche Einflussnahme absichern" wolle und ob es beim Recht auf Leben Aspekte „rechtlicher und faktischer (Selbst-)Verwirklichung" gebe, die „dem einzelnen zur beliebigen Gestaltung überlassen" seien[1127]. Nach dem oben Gesagten ist dies beides nicht ausgeschlossen. Zwar wird Art. 2 als Schutzauftrag an den Staat verstanden, Leben zu schützen. Damit ist die Norm ein Abwehrrecht. Zugleich enthält sie – wie *de Schutter* anmerkt (siehe oben) – auch das Recht, sein Leben so zu gestalten, wie man es für richtig hält. Dies soll aber ein Aspekt des Ausdrucks des Lebens sein.

Kneihs führt weiter aus, dass der jeweilige Rechtsträger selbst „[m]it dem Recht auf Leben, bzw dem durch dieses Recht geschützten Gut [...] im Prinzip beliebig verfahren" könne. „Handlungen, die mit Wissen und Wollen des Rechtsträgers gesetzt werden, oder die er selber freiwillig setzt, sind vom Schutzbereich des Art 2 EMRK nicht erfaßt"[1128]. Hiernach soll der Schutzbereich des Art. 2 also schon gar nicht eröffnet sein, wenn der Einzelne in Übereinstimmung mit seiner Überzeugung handelt. Somit konstituiere *Kneihs* zufolge „auch das Recht auf Leben einen Schutzbereich [...], in dem dem einzelnen ein Recht zum Belieben eingeräumt ist, in den also der Staat ungefragt nicht eindringen darf. Das Telos des Art 2 EMRK verbietet also für sich genommen die Annahme einer negativen Seite [dieses Grundrechts] nicht"[1129]. Die Zielsetzung des Art. 2 steht also nicht im Widerspruch zu der Annahme, dass man freiwillig mit dem eigenen Leben machen kann, was man will. Deswegen würde die Zielsetzung allein auch nicht der Annahme einer negativen Rechtsseite widersprechen.

1126 *Kneihs*, S. 267.

1127 *Kneihs*, S. 267.

1128 *Kneihs*, S. 267; so auch *Breitenmoser*, in: *Petermann*, S. 182.

1129 *Kneihs*, S. 267, m. w. N.

Allerdings ergeben die Grundrechtsschranken des Art. 2 *Kneihs* zufolge ein anderes Bild[1130]:

> „*Sowohl die Ausnahme für die Vollstreckung eines Todesurteils als auch die Eingriffsgründe des Abs 2 belegen deutlich, daß beim Schutz des Lebensrechtes nur an die Abwehr lebensgefährdender Handlungen bzw an die Begründung staatlicher Schutzpflichten* ***zugunsten*** *des Lebens gedacht ist. Art 2 EMRK will – wie die Schranken des Grundrechtes deutlich machen – nur das Recht auf* ***Leben*** *schützen. Über ein Recht des einzelnen auf den eigenen Tod sagt die Bestimmung nichts aus.*“[1131]

Dies habe nichts damit zu tun, dass das Leben des Einzelnen ggf. unverfügbar sei. Art. 2 EMRK treffe darüber[1132] sogar nicht mal eine Entscheidung. Entscheidend sei *Kneihs* zufolge vielmehr, „daß die Schrankenvorbehalte dieser Bestimmung auf einen Schutz auch des Rechtes auf den eigenen Tod nicht passen“ sollen. Diese Unanwendbarkeit habe zur Folge, „daß mit dem jeweils betroffenen Grundrecht eine negative Seite nicht garantiert“ werden könne[1133]. Ein Recht auf den eigenen Tod oder gar ein Anspruch auf Sterbehilfe ist also deswegen nicht aus Art. 2 EMRK ableitbar, weil diese Norm „nur an die Abwehr lebensgefährdender Handlungen bzw an die Begründung staatlicher Schutzpflichten *zugunsten* des Lebens“ denke[1134]. Dies ergebe sich aus den Schrankenvorbehalten. Damit erläutert *Kneihs* das, was der *EGMR* in *Pretty* sehr kurz gehalten hat. Der *EGMR* hatte nur gesagt, dass Art. 2 nicht so ausgelegt werden könne, dass aus ihm auch ein Selbstbestimmungsrecht abgeleitet werden kann. Die genaue Begründung hierzu fehlte aber. Es gibt demnach Handlungen, die schon gar nicht in den Schutzbereich des Art. 2 EMRK fallen. Ansonsten ist die Norm aber so ausgestaltet, dass sie nur Schutzpflichten für den Staat enthält, wann er das Leben zu schützen hat.

Infolgedessen decken sich die Annahmen von *Kneihs* mit dem, was *Biggs* (siehe oben) angemerkt hat: Hinter Art. 2 steckt die Erwar-

1130 *Kneihs*, S. 267 f.

1131 *Kneihs*, S. 268, Hervorheb. im Text.

1132 Also über die mögliche Unverfügbarkeit, Anm. der Verf.

1133 *Kneihs*, S. 268.

1134 *Kneihs*, S. 268; Hervorheb. im Text.

tung, dass der Staat damit beauftragt wird, das Leben von Menschen zu schützen. Als Schrankenvorbehalte sind daher nur solche Ausnahmen eingefügt, die die Tötung eines Menschen durch den Staat betreffen. Man hat also an die Möglichkeit, dass jemand freiwillig aus dem Leben scheiden will, einfach nicht gedacht.

ccc) Anerkennung eines Rechts auf Suizid

De Schutter zufolge sei dem *EGMR* in seiner Ablehnung, dass Art. 2 EMRK nicht auch ein negatives Recht enthalte, auch insofern zuzustimmen, als dass der Gerichtshof anderenfalls ein Recht auf Suizid („droit de chaque individu au suicide") aus Art. 2 hätte anerkennen müssen. Dieses Suizidrecht wäre dann – so *de Schutter* weiter – so ausgestaltet gewesen, dass man den Moment und die Umstände des eigenen Todes hätte wählen können, und zwar unabhängig von etwaigen Motiven. Vielleicht hätte es lediglich die Beschränkung gegeben, dass man bestimmte prozedurale Bedingungen einhalten muss, um zu garantieren, dass die Entscheidung des Suizidenten wirklich frei und aufgeklärt war[1135]. Auch sei die Beschwerdeführerin *Pretty* mit ihrer Erkrankung in einer sehr speziellen Situation gewesen. Hätte man im Sinne von *Pretty* ein Recht auf Sterben auf Grund von Mitleid für ihre Situation anerkannt, hätte man es riskiert, dass dies auch die Anerkennung eines solchen Rechts zu Gunsten von Personen nach sich zieht, die z. B. depressiv sind oder an Liebeskummer leiden. In Anbetracht dieser Fälle könne man aber das gleichsam vorhandene Mitleid nicht notwendigerweise rechtfertigen, bzw. in jedem Fall dürfe man nicht bei allen sterbewilligen Personen die gleichen Konsequenzen erlauben[1136].

De Schutter ist also der Auffassung, dass mit der Anerkennung des Rechts auf Sterben aus Art. 2 die Gefahr bestanden hätte, generell ein Recht auf Suizid anerkennen zu müssen, und zwar unabhängig von den Umständen des Falles und der Beweggründe des Suizidenten. *De Schutter* schreckt aber davor zurück, ein solches Recht anzuerkennen, weil seiner Auffassung nach ein Suizid (bzw. eine Beihilfe hierzu) nicht in jedem Fall angemessen wäre.

1135 *De Schutter*, in: RTDH 2003, Nr. 53, S. 79.

1136 *De Schutter*, in: RTDH 2003, Nr. 53, S. 79 f.

Dem ist entgegenzuhalten, dass die Entscheidung des *EGMR* immer eine Einzelfallentscheidung ist. Abgesehen von möglichen Präzedenzwirkungen (dazu weiter unten) entscheidet der *EGMR* also nur über den *ihm konkret vorliegenden* Fall. Er hätte im Falle einer positiven Entscheidung also nur geurteilt, dass der Beschwerdeführerin *Pretty* ein entsprechender Anspruch zusteht und somit Menschen in vergleichbaren Situationen dann auch ein solcher Anspruch zustehen *könnte*. Über ein allgemeines Recht auf Suizid wäre damit aber noch nichts gesagt gewesen.

Desweiteren sprechen die von *de Schutter* angesprochenen besonderen Fallumstände gerade dafür, dass der *EGMR* im Falle eines positiven Votums kein allgemein gültiges Suizidrecht anerkannt hätte, sondern nur ein Recht für Personen, die sich in einer vergleichbaren Situation wie *Pretty* befinden. Gerade dann hätte der *EGMR* ein differenziertes Votum dahin gehend getroffen, dass Menschen wie *Pretty* dieses Suizidrecht ggf. haben, andere Menschen (die z. B. „nur" an Liebeskummer leiden) jedoch nicht.

Das dritte Argument gegen den Einwand *de Schutters* fußt auf der Überlegung, dass *Pretty* streng genommen nicht einen Anspruch auf Suizidbeihilfe begehrte, sondern einen Anspruch auf Zusicherung strafrechtlicher Immunität im Vorfeld der Tat. Es ging ihr also darum, aus *ihrem* Recht auf Leben eine strafrechtliche Immunität für ihren Mann zu beanspruchen. Im Falle eines positiven Votums hätte der *EGMR* also *Pretty* nicht ein Recht auf Suizid zugesprochen, sondern ein Recht auf eine – für den Gehilfen straffreie – Inanspruchnahme von Suizidbeihilfe. Auch dann wäre über ein allgemein gültiges Recht auf Suizid noch nichts gesagt worden.

ddd) Kritik am Argument der Wortlautverzerrung

Leenen widmet sich dem Argument des *EGMR*, man dürfe den Wortlaut des Art. 2 EMRK nicht verdrehen oder verzerren („argument of distortion of language")[1137]. Art. 2 EMRK besage, dass niemand seines Lebens beraubt („deprived") werden dürfe[1138]. Der Begriff „depri-

1137 *Leenen*, in: EJHL 2002, S. 258 f. Er meint damit die Stelle bei *EGMR, Pretty*, in: NJW 2002, S. 2852, Rdn. 39, an der der *EGMR* bemerkt: „Ohne Verdrehung seines Wortlauts kann Art. 2 EMRK nicht so ausgelegt werden, dass er das diametral entgegengesetzte Recht enthält, nämlich das Recht zu sterben."

1138 *Leenen*, in: EJHL 2002, S. 258 f.

ved" bedeute aber „taken away against your will" oder „dispossession" oder auch „get robbed of". Es müsse also angezweifelt werden, ob jemand ernsthaft einer Sache „beraubt" wird, wenn er dies doch gerade dringlich und nachdrücklich fordert.[1139] In diese Richtung geht auch die oben erwähnte Argumentation von *Kneihs*, wonach der jeweilige Rechtsträger selbst „[m]it dem Recht auf Leben, bzw dem durch dieses Recht geschützten Gut [...] im Prinzip beliebig verfahren" könne[1140]. Wenn also der Rechtsgutsträger freiwillig und in Kenntnis aller Umstände eine Handlung vornimmt, so soll schon der Schutzbereich des Art. 2 EMRK gar nicht eröffnet sein[1141].

Da der *EGMR* an dieser Stelle auf eine vermeintliche Verzerrung des Wortlauts von Art. 2 abgestellt hat, sind infolge von *Leenens* Argumentation der Begriff „deprived" und die hierfür angeführten Synonyme näher zu untersuchen. Die Definition von „deprived" im *Oxford Advanced Learner's Dictionary* hilft für die Begriffsdeutung zunächst nicht weiter. Danach bedeutet „deprived" „without enough food, education, and all the things that are necessary for people to live a happy and comfortable life"[1142]. Als Beispiele werden genannt „a deprived childhood/background/area" und „economically/emotionally/socially deprived"[1143]. Diese Begriffsfindung zielt also auf eine (vor allem soziale) Benachteiligung ab.

Hilfreich ist jedoch die Definition des Begriffs „to deprive": Dies sei „to prevent sb[1144] from having or doing sth[1145], especially sth important"[1146]. Unter anderem wird das Beispiel angeführt „They were imprisoned and deprived of their basic rights."[1147] Daraus ist ersichtlich, dass jemandem eine Sache vorenthalten wird oder er einer Sache beraubt wird. Dies verbindet man mit einem Zwang, weil man diese

1139 *Leenen*, in: EJHL 2002, S. 259.

1140 *Kneihs*, S. 267.

1141 Vgl. *Kneihs*, S. 267; so auch *Breitenmoser*, in: *Petermann*, S. 182.

1142 *Oxford Dictionary*, S. 408.

1143 *Oxford Dictionary*, S. 408.

1144 sb = somebody, Anm. der Verf.

1145 sth = something, Anm. der Verf.

1146 *Oxford Dictionary*, S. 408.

1147 *Oxford Dictionary*, S. 408.

Sache eigentlich behalten will oder – im Falle der entzogenen Rechte – diese Rechte ausüben will.

In diese Richtung geht auch die Definition im *PONS Fachwörterbuch Recht*. Dort findet sich folgende Erläuterung:

> *„to deprive someone of something = to remove something from someone* ***or*** *not to allow someone to have something"*[1148].

Als Übersetzung wird „jdm[1149] etwas entziehen; jdm etwas vorenthalten" angegeben[1150]. Die erläuternden Beispiele lauten:

> *„the prisoners were deprived of contact with their families; the new Bill deprives aliens of the right to appeal"*[1151].

Damit zeigt sich, dass der Begriff „to deprive" negativ besetzt ist. Es geht also darum, jemandem etwas wegzunehmen oder zu entziehen. Dies beinhaltet eine Handlung gegen den Willen des Betroffenen. An Hand der Begriffsdeutungen und Übersetzungen wird deutlich, dass man den Begriff „to deprive" nicht verwenden würde, wenn jemand etwas freiwillig aus der Hand gibt, freiwillig ein Recht an jemanden anderes abtritt usw.. Die Definitionen stützen somit das, was *Leenen*[1152] sagt: Art. 2 EMRK spricht die Fälle an, in denen jemandem gegen seinen Willen oder per Zwang des Lebens beraubt wird. Dies deutet darauf hin, dass jemand nicht seines Lebens beraubt wird, wenn er genau dies verlangt. Insofern ist das Argument der „Wortlautverdrehung" nicht einschlägig. Der *EGMR* musste nicht den Wortlaut des Art. 2 EMRK verdrehen, um einen Anspruch der *Diane Pretty* bejahen oder verneinen zu können.

eee) weite Auslegung des Art. 2 EMRK

Byk beschäftigt sich mit der Frage, ob man Art. 2 EMRK auf Grund der Rechtsentwicklung in einigen Staaten nicht weiter auslegen müsse. Er bezieht sich auf die Niederlande und Belgien, die den assistierten Sui-

1148 *PONS Fachwörterbuch Recht*, S. 103; Hervorheb. im Text.

1149 jdm = jemandem, Anm. der Verf.

1150 *PONS Fachwörterbuch Recht*, S. 103.

1151 *PONS Fachwörterbuch Recht*, S. 103.

1152 Siehe oben; *Leenen*, in: EJHL 2002, S. 258 f.

zid straffrei gestellt hätten und ebenso auf die Schweiz, die ihn zumindest teilweise als straffrei beurteilt[1153]. *Diane Pretty* habe daher Grund zur Hoffnung gehabt, dass der *EGMR* diese Entwicklungen für die Interpretation des Art. 2 im Hinblick auf die Veränderungen von Recht und Denken in einigen Mitgliedstaaten als maßgebend ansieht. Es sei implizit von ihrer Fragestellung mit umfasst gewesen, ob – wenn es schon kein Recht auf Sterben aus der EMRK gibt – sich die Länder, die assistierten Suizid legalisiert haben, in Einklang mit der EMRK verhalten[1154]. Die Veränderungen in einigen Ländern hätten den Gerichtshof aber nicht davon überzeugt, dass sich die Interpretation von Art. 2 ggf. unter Berücksichtigung bestimmter Haltungen verändern müsse[1155]. Vielmehr habe sich herausgestellt, dass zwar sogar die Legalisierung des assistierten Suizids nicht gegen die EMRK verstoßen müsse, dies aber nicht heißt, dass die Nicht-Legalisierung gegen die EMRK verstößt[1156].

In seinem Urteil hat der *EGMR* deutlich gemacht, dass es *Pretty* nicht mal helfen würde, wenn man feststellt, dass die Legalisierung von Sterbehilfe nicht gegen Art. 2 EMRK verstößt. Denn auch hieraus könne sie in ihrem Fall nicht den Anspruch ableiten, dass auch für sie Sterbehilfe legal sein muss[1157]. Daraus erklärt sich auch, weswegen der *EGMR* Art. 2 nicht unter Berücksichtigung bestimmter Legalisierungsentwicklungen auslegt. Es ist überhaupt nicht seine Aufgabe, sich im hiesigen Fall mit den Rechtsordnungen anderer Staaten auseinanderzusetzen. Eine solche Vorgehensweise würde die Gefahr mit sich bringen, dass der *EGMR* die Rechtsentwicklung eines hier nicht betroffenen Staates dem konkret involvierten Vereinigten Königreich aufzwingt. Der Gerichtshof kann zwar feststellen, dass es in einigen Staaten rechtliche Änderungen gegeben hat, aber dies sind eben nationale Entscheidungen des Gesetzgebers. Diese können nicht auf einen anderen Staat und erst recht nicht auf ein anderes Verfahren übertragen werden.

1153 *Byk*, in: Ethical Eye I, S. 113.

1154 *Byk*, in: Ethical Eye I, S. 114.

1155 *Byk*, in: Ethical Eye I, S. 114.

1156 *Byk*, in: Ethical Eye I, S. 114.

1157 Siehe oben: *EGMR, Pretty*, in: NJW 2002, S. 2852, Rdn. 41.

fff) Vom Recht auf Leben zur Pflicht zum Leben

Leenen zufolge müsse – abseits der rechtlichen Argumentation in Bezug auf Art. 2 EMRK – über die Frage diskutiert werden, ob einer ernsthaft leidenden Person in dem Fall, in dem es keine Alternative zur Schmerzlinderung gibt, bei ihrer Selbsttötung assistiert werden dürfe. Wenn nicht, werde das Recht auf Leben in eine Pflicht zum Leben verwandelt und zwar sogar dann, wenn ein ernsthaftes Leiden vorliegt[1158]. Eine solche Schlussfolgerung verstoße *Leenen* zufolge aber gegen die Natur und die Zielsetzung klassischer Menschenrechte. Diese Rechte zielten darauf ab, Schutz gegen den Staat und teilweise auch gegen Private zu garantieren. Man habe diese Rechte nicht ausgeformt, um die Rechte des Einzelnen zu beschneiden. Die EMRK ziele auf Rechte und Freiheiten ab und nicht darauf, beim Einzelnen Pflichten zu begründen. Sie sei keine Konvention von Rechten des Staates und Pflichten des Einzelnen. Dies würde sich auch nicht durch positive Verpflichtungen des Staates ändern[1159].

Leenen befürchtet hier also die Umwandlung des Rechts auf Leben in eine Pflicht zum Leben. Wenn der Betroffene in einer Situation, in der es keine alternativen Behandlungsformen mehr gibt, keine Sterbehilfe bekommen darf, so muss er zwangsläufig sein Leben weiterleben. Diese Konsequenz hat auch der *BGH* gesehen, als er urteilte, dass in Deutschland „die bestehende Rechtslage es einem vollständig bewegungsunfähigen, aber bewusstseinsklaren moribunden Schwerstbehinderten [...] weitgehend verwehrt, ohne strafrechtliche Verstrickung Dritter aus dem Leben zu scheiden"[1160]. Für diesen Betroffenen könne daher „das Lebensrecht zur schwer erträglichen Lebenspflicht werden"[1161]. Die Enstehung einer solchen Lebenspflicht wird also hingenommen. Dies steht *Leenen* zufolge im Widerspruch zur EMRK, weil diese Konvention Rechte des Einzelnen garantieren soll, nicht aber seine Pflichten.

Damit soll *Leenen* zufolge nicht gesagt werden, dass jemand das Recht hat, eigenhändig oder mit Hilfe anderer Personen zu sterben[1162].

1158 *Leenen,* in: EJHL 2002, S. 259.

1159 *Leenen,* in: EJHL 2002, S. 259.

1160 *BGH,* in: NStZ 2003, S. 538, Rdn. 8.

1161 *BGH,* in: NStZ 2003, S. 538, Rdn. 8.

1162 *Leenen,* in: EJHL 2002, S. 259.

Selbst wenn wir akzeptierten, dass Art. 2 EMRK einen ernsthaft leidenden Patienten nicht daran hindert, unter strengen Schutzmaßnahmen mit Hilfe eines Arztes zu sterben, bedeute dies nicht, dass dieser Patient einen Rechtsanspruch hierauf hat. Was dies betrifft, so habe der *EGMR* korrekt geurteilt[1163]. Es soll also keinen Rechtsanspruch auf Sterbehilfe geben. Aber dieses Problem müsse *Leenen* zufolge eben getrennt werden von der Frage, ob Art. 2 unter Umständen die Beihilfe zur Selbsttötung oder die Lebensbeendigung auf Verlangen erlaubt. Der *EGMR* habe es versäumt, diese Unterscheidung vorzunehmen[1164]. *Leenen* geht es an dieser Stelle also um die Trennung zwischen der potentiellen Erlaubtheit der Sterbehilfe einerseits und der Frage nach einem Rechtsanspruch auf diese Sterbehilfe andererseits.

Dass eine Vermengung dieser beiden Komponenten aber üblich ist, zeigt auch das gerade angeführte *BGH*-Urteil. Hier führte der *BGH* weiter aus: Die entstandene Pflicht zum Leben könne „nicht ein auch in Art. 1 I GG angelegtes Recht auf ein Sterben unter menschenwürdigen Bedingungen begründen [...]"[1165]. Insofern gebe es auch keinen verfassungsrechtlichen „Anspruch auf aktive Sterbehilfe, der eine Straflosigkeit des die Tötung Ausführenden zur Folge haben könnte"[1166]. Hier begeht der *BGH* den gleichen Fehler wie der *EGMR*. Er setzt die bestehende Rechtslage und die hieraus resultierende Lebenspflicht des Einzelnen mit der Frage nach einem Anspruch auf Sterbehilfe-Leistung gleich. Die Frage wäre aber vielmehr gewesen, ob der Staat in diesem konkreten Fall auf seine Schutzpflicht verzichten kann.

ggg) keine Straffreiheitszusicherung im Vorfeld einer Straftat

Leenen spricht einen weiteren Aspekt an[1167], der in der bisherigen Diskussion zu kurz gekommen ist: Es geht um das Problem, dass *Diane Pretty* bereits zu einem Zeitpunkt Straffreiheit für ihren Mann zugesi-

1163 *Leenen*, in: EJHL 2002, S. 259.

1164 *Leenen*, in: EJHL 2002, S. 259 f.

1165 *BGH*, in: NStZ 2003, S. 538, Rdn. 8.

1166 *BGH*, in: NStZ 2003, S. 538, Rdn. 8.

1167 *Leenen*, in: EJHL 2002, S. 257 f.

chert bekommen wollte, als die Tat noch nicht begangen war. Hierzu führt *Leenen* an:

> „*It has to be remarked that the case was special in this sense that Mrs Pretty asked for an advance-decision of the DPP about non-prosecution. But prosecutors, for many reasons, cannot exclude prosecution before an act has been committed. A decision to prosecute is always a decision ex post. It is understandable that Mrs Pretty wanted to protect her husband, but asking such an undertaking of the DPP she directed herself into a cul-de-sac.*"[1168]

Damit trifft *Leenen* den Kern des (strafrechtlichen) Problems: Strafrecht und Strafverfolgung werden (fast) immer erst dann relevant, wenn die Tat begangen worden ist. Nur dann kann die Straftat so, wie sie geschehen ist, auch beurteilt werden. Erst zu diesem Zeitpunkt sind alle Fallumstände gegeben und eingrenzbar. *Leenen* führt daher zu Recht an, dass der Fall vielleicht anders ausgegangen wäre, wenn der Mann von *Pretty* ihr schon Sterbehilfe geleistet gehabt hätte und sich nun hinterher – im Falle der Strafverfolgung – auf „necessity (conflicting duties)" berufen hätte[1169]. Im hiesigen Fall bestand aber eben die Besonderheit, dass die Tat noch überhaupt nicht passiert war, sondern nur geplant wurde. Damit war aber aus strafrechtlicher Sicht für eine Vorab-Zusicherung kein Raum[1170].

Zwar haben die britischen Strafverfolgungsbehörden nach section 2 (4) des *Suicide Acts* ein Ermessen. Das heißt, sie entscheiden – wenn sie Kenntnis vom jeweiligen Fall der Suizidbeihilfe bekommen – ob sie überhaupt eine Strafverfolgung einleiten. Die Norm lautet:

> „[...] *no proceedings shall be instituted for an offence under this section except by or with the consent of the Director of Public Prosecutions.*"[1171]

Dabei handelt es sich also um eine Ausnahmevorschrift dergestalt, dass grundsätzlich keine Ermittlungen aufgenommen werden sollen, außer, es gibt eine entsprechende Zustimmung des *DPP*. Somit gibt

1168 *Leenen*, in: EJHL 2002, S. 257 f.

1169 *Leenen*, in: EJHL 2002, S. 258.

1170 So in Bezug auf Art. 8 EMRK i. E. auch *Kämpfer*, Selbstbestimmung, S. 247.

1171 Abrufbar unter <http://www.legislation.gov.uk/ukpga/Eliz2/9-10/60/section/2> (zuletzt abgerufen: 27.10.2012).

es einen bedeutenden Spielraum bei der Frage, ob eine Suizidbeihilfe überhaupt strafrechtlich verfolgt wird. Aber auch diesbezüglich gilt die Argumentation, dass dieser Spielraum erst dann ausgefüllt werden kann, wenn die Tat begangen wurde und die Tatumstände ermittelbar sind. Ähnlich argumentierte *Lord Steyn* in dem diesem Fall zu Grunde liegenden Urteil des *House of Lords*:

> „*It follows, that he*[1172] *may only exercise his discretion, for or against a prosecution, in relation to the circumstances of a specific prosecution. His discretion can therefore only be exercised in respect of past events giving rise to a suspicion that a crime under section 2 (I) has been committed.*"[1173]

Der *DPP* kann also sein Ermessen, das er nach section 2 (4) des britischen *Suicide Acts* hat, nur dann ausüben, wenn überhaupt eine Straftat begangen wurde. Dazu *muss* sie aber überhaupt erstmal begangen worden sein. Eine Ermessensausübung im *Vorfeld* einer Straftat ist danach einfach nicht vorgesehen.

Darüber hinaus ist auch die Zusicherung von Immunität im Vorfeld einer Straftat nach britischem Recht schlicht nicht vorgesehen. Der *High Court* führte im Falle von *Pretty* aus, dass die Befugnisse der Strafverfolgungsbehörden gesetzlich geregelt seien. Namentlich seien dies die Möglichkeiten, ein Strafverfahren einzuleiten, es fortzusetzen, sowie der Strafverfolgung überhaupt zuzustimmen. Diese Befugnisse bestünden aber „nur, nachdem eine strafbare Handlung begangen worden sei." Es sei daher gar nicht möglich, eine Vorab-Zusicherung zur Strafverfolgung zu geben. „Denn dies würde auf eine Begnadigung des Ehemanns der Antragstellerin hinauslaufen, bevor dieser die beabsichtigte Straftat begangen habe". Eine Begnadigung könne aber schon deswegen nicht zu einem Zeitpunkt erfolgen, zu dem eine Straftat noch überhaupt nicht vorliegt.[1174] Auch gebe es für die Strafverfolgungsbehörden keine gesetzliche Ermächtigung dahin gehend, ein Strafverfahren auszusetzen oder eine strafrechtliche Bestimmung gar

---

1172 Gemeint ist der *DPP*, Anm. der Verf.

1173 *Lord Steyn, House of Lords Pretty,* [2001] UKHL 61, in: WLR 2001, Vol. 3, S. 1629, Rdn. 65.

1174 *High Court, Pretty,* Urt. v. 18.10.2001, Bearb. und dt. Übers. (*Bartsch*), in: EuGRZ 2002, S. 55. Ähnl. auch *Lord Steyn, House of Lords Pretty,* [2001] UKHL 61, in: WLR 2001, Vol. 3, S. 1630, Rdn. 66.

nicht erst durchzusetzen. Ebensowenig könne ein Gericht die Strafverfolgungsbehörden „anweisen, eine Entscheidung zu treffen, die sie dem Risiko eines gerichtlichen Überprüfungsverfahrens (judicial review) aussetzen würde."[1175]

Daraus ergibt sich folgende Argumentationslinie gegen den von *Pretty* geltend gemachten Anspruch:

- Eine Strafverfolgung droht zwar schon im Vorfeld einer Tat,
- sie kann jedoch erst zeitlich nach der Tat aufgenommen werden.
- Es ist zwar unbefriedigend, dass die britischen Strafverfolgungsbehörden in Fällen der Suizidbeihilfe einen Ermessensspielraum haben und somit nicht sicher ist, ob eine Strafverfolgung nach der Tat wirklich aufgenommen wird,
- jedoch kann auch dieses Ermessen erst ausgeübt werden, wenn die Tat begangen wurde. Denn erst dann kann die Strafverfolgungsbehörde die Frage beantworten, ob sie möglicherweise auf die Verfolgung verzichten kann.
- Eine sonstige Zusicherung von strafrechtlicher Immunität im Vorfeld einer Tat ist nach britischem Recht nicht vorgesehen. Insbesondere dürfen die Strafverfolgungsbehörden nicht schon *vor* einer Straftat entscheiden, dass sie eine bestimmte Strafnorm gar nicht durchsetzen wollen.
- Auch ein Gericht darf die Strafverfolgungsbehörden nicht zu einer entsprechenden Entscheidung verpflichten. Denn sie ist erstens nicht vom Gesetz vorgesehen. Zweitens würde das Gericht hierdurch das Risiko eines weiteren Gerichtsverfahrens in Bezug auf die Überprüfung der Entscheidung eröffnen.

hhh) Sterbehilfe durch einen (Nicht-)Arzt

Weiterhin führt *Leenen* an, dass es auch ein Faktor des *Pretty*-Falls gewesen sei, dass gerade kein Arzt die Sterbehilfe geleistet hätte, sondern ein medizinischer Laie. Möglicherweise hätte eine geplante Sterbehilfe

1175 *High Court, Pretty,* Urt. v. 18.10.2001, Bearb. und dt. Übers. (*Bartsch*), in: EuGRZ 2002, S. 55.

durch einen Arzt zwar nicht die Entscheidung der Strafverfolgungsbehörden geändert, aber es gebe eben einen Unterschied zwischen der Lebensbeendigung, zu der sich ein Arzt entscheidet, und der Lebensbeendigung, zu der sich ein medizinischer Laie entscheidet[1176].

Zuzustimmen ist *Leenen* vor dem Hintergrund der oben besprochenen Gesetze der Benelux-Staaten. Alle drei Staaten unterscheiden in ihren Gesetzen zwischen Ärzten und Nicht-Ärzten, weil die Legalisierung eben nur für Ärzte gilt. Die Legalisierung war dort von vorne herein nur auf Ärzte beschränkt, weil man dieser Berufsgruppe eine entsprechende Immunität verschaffen wollte. Möglicherweise wird Ärzten in diesem Zusammenhang auch mehr vertraut als Nicht-Ärzten.

Gegen *Leenens* Gedanken muss aber angeführt werden, dass es im Fall *Pretty* nur Aufgabe des *EGMR* war, die in Rede stehende Verbotsnorm auf ihre Vereinbarkeit mit der EMRK hin zu überprüfen. Da der assistierte Suizid im Vereinigten Königreich nach der oben zitierten Norm *jedermann* verboten ist, spielte es bei *Pretty* keine Rolle, *wer* die Suizidbeihilfe ausführen wollte. Im Hinblick auf die Argumentation des *EGMR* ist es auch zweifelhaft, ob anders entschieden worden wäre, wenn nicht *Prettys* Ehemann, sondern ein Arzt Sterbehilfe hätte leisten wollen. Denn der *EGMR* ließ sich ja gerade nicht von rechtsvergleichenden Überlegungen leiten, sondern versuchte, nur den ihm konkret vorliegenden Fall zu beurteilen.

Darüber hinaus muss bedacht werden, dass auch in den Benelux-Staaten eine nachträgliche Überprüfung des Falls stattfindet. Das heißt, auch diese Staaten arbeiten nach dem Prinzip, dass die Tat erst begangen worden sein muss, bevor der Fall geprüft werden kann. Somit bekommen auch dort Ärzte nicht im Vorfeld der Tat Straffreiheit zugesichert. Es liegt zwar auf der Hand, dass eine Straffreiheit (für Ärzte) bei einem Sterbehilfe-Fall in den Benelux-Staaten wesentlich wahrscheinlicher ist, auch wenn der Fall nachträglich überprüft wird. Den Ermessensspielraum der Strafverfolgungsbehörden gibt es aber sowohl in den Benelux-Staaten als auch im Vereinigten Königreich. Insofern wäre der Fall *Pretty* wohl nicht anders ausgegangen, wenn statt des Ehemannes ein Arzt Sterbehilfe hätte leisten sollen.

1176 *Leenen*, in: EJHL 2002, S. 258.

bb) Stellungnahme

Vorbehaltlich der unten noch zu führenden Schutzpflichten-Debatte kann an dieser Stelle zunächst festgehalten werden, dass der *EGMR* es versäumt hat, zwischen der Frage nach den Schutzpflichten aus Art. 2 EMRK und der Frage nach einem Rechtsanspruch auf Sterbehilfe aus Art. 2 EMRK genauer zu trennen. Vielmehr verneint der *EGMR* auf Grund des Schutzpflichten-Charakters des Art. 2 einen Rechtsanspruch darauf, mit Hilfe anderer zu sterben. Damit trifft der Gerichtshof aber nicht den Kern des Problems. Vor allem geht das Argument der Wortlautverdrehung fehl.

Art. 2 EMRK garantiert nur das *Recht* auf Leben und verbietet es dem Staat grundsätzlich (bis auf wenige Ausnahmen), in das Recht auf Leben einzugreifen. Damit trifft die Norm „nur" Aussagen über die staatliche Verpflichtung, das Leben zu schützen. Sie sagt aber nichts darüber aus, ob jemand auf sein Leben verzichten kann bzw. ob aus diesem Verzicht ein Anspruch auf Sterbehilfe erwächst. Der *EGMR* schließt allerdings nicht aus, dass jemand auf sein Leben verzichtet. Nach Ansicht des Gerichtshofs folgt hieraus aber jedenfalls kein Recht auf Sterbehilfe.

Gegen die Annahme eines Anspruchs wird vom Gerichtshof unter anderem angeführt, dass man innerhalb der EMRK zwischen Abwehr- und Freiheitsrechten unterscheiden muss. Im Unterschied zu anderen Konventionsrechten wie Art. 11 EMRK sei Art. 2 anders strukturiert und mit einem Freiheitsrecht nicht vergleichbar. Man habe bei Art. 2 nicht die „Wahlmöglichkeit" zu leben oder nicht zu leben. Deswegen könne es auch keine negative Seite geben.

Zwar überzeugt das strukturelle Argument, dass Art. 2 anders ausgestaltet ist als andere Konventionsrechte. Auch hat sich gezeigt, dass man Art. 2 letztlich nicht vor dem Hintergrund sieht, dass er auch Sterbehilfe-Ansprüche garantieren soll. Er wird vielmehr nur als Schutzauftrag an den Staat verstanden. Allerdings ist an dieser Stelle der Einwand *Kneihs*[1177] zu berücksichtigen, dass man mit seinem Leben grundsätzlich beliebig verfahren kann. Deswegen werden Handlungen, die mit Einwilligung des Rechtsgutsträgers erfolgen, schon nicht vom Schutzbereich des Art. 2 erfasst. In diesem Fall darf der Staat also nicht ungefragt eingreifen. Das heißt, gegenüber sich selbst darf der

1177 Siehe oben; *Kneihs*, S. 266 f.

Einzelne auf sein Leben verzichten und dies steht auch nicht dem Art. 2 entgegen. Daraus folgt aber nicht, dass man einen Anspruch gegen den Staat hat, eine strafrechtliche Immunitätszusicherung zu bekommen. Denn die Schranken des Art. 2 zeigen – wie *Kneihs* anführt[1178] –, dass bei dieser Norm nur an mögliche Lebensbedrohungen von Seiten des Staates gedacht wurde, bzw. daran, welchem Schutzniveau der Konventionsstaat genügen muss. Über die Frage, was passiert, wenn jemand auf das Recht auf Leben verzichten will, ist bei Abfassung der Konvention einfach nicht entschieden worden. Vor diesem Hintergrund ist auch noch einmal an den Einwand *Biggs*[1179] zu denken, wonach man von Art. 2 EMRK schlicht nicht erwartet, dass er auch Rechtsansprüche begründet.

Dass eine Anerkennung eines Rechts auf Suizid oder auf Sterbehilfe zur Folge gehabt hätte, dass für jedermann ein solches Recht anerkannt werden muss, wie *de Schutter* befürchtet[1180], überzeugt hingegen nicht. Es ging im *Pretty*-Fall nur um einen Rechtsanspruch auf Zusicherung von Straffreiheit. Dabei handelte es sich um eine Einzelfallentscheidung. Wie auch die Legalisierungsgesetze der Benelux-Staaten zeigen, ist die Entscheidung über Strafbarkeit oder Straffreiheit auch im Rahmen der ex-post-Kontrolle eine Einzelfallentscheidung. Keineswegs wurde im Vorhinein ein Recht(sanspruch) auf Sterbehilfe oder Suizidbeihilfe geschaffen. Einen solchen Anspruch lehnen die Benelux-Staaten ja sogar eindeutig ab.

Außerdem hat der jeweilige nationale Gesetzgeber (in den Benelux-Staaten) eine Entscheidung darüber getroffen, in welchen Fällen er Sterbehilfe für zulässig erachtet. Ob dies nur bei einem körperlichen Leiden der Fall sein soll oder auch bei einem rein seelischen Leiden, hat der Gesetzgeber selbst festgelegt. Auch daraus ergibt sich, dass ein Recht auf Sterbehilfe oder Suizidbeihilfe nicht grundsätzlich anerkannt wird. Ebenso zeigt die Tatsache, dass man dem einzelnen Patienten in den jeweiligen Legalisierungsgesetzen keinen Anspruch auf Sterbehilfe zuerkennt, dass es nie um die Anerkennung eines solchen Anspruchs ging. Es sollte lediglich aus strafrechtlicher Sicht eine Rechtssicherheit für Sterbehilfe leistende Ärzte geschaffen werden.

1178 Siehe oben; *Kneihs*, S. 267 f.

1179 Siehe oben; *Biggs*, in: FLS 2003, S. 295.

1180 Siehe oben; *de Schutter*, in: RTDH 2003, Nr. 53, S. 79 f.

Die von *Byk*[1181] angedachte „weite" Auslegung des Art. 2 EMRK unter Berücksichtigung der Legalisierungsentwicklung in einzelnen Staaten wäre zwar aus „politischer" Sicht angemessen, hätte aber in rechtlicher Hinsicht nichts an der *Pretty*-Entscheidung geändert. Der *EGMR* kann sich nicht an die Stelle des nationalen Gesetzgebers setzen und einem Staat vorschreiben, dass eine bestimmte Vorschrift anders hätte abgefasst werden müssen. Der Gerichtshof kann nur im konkreten Fall einen Konventionsverstoß bejahen oder verneinen. Er kann aber nicht die Rechtslage in anderen (im konkreten Verfahren zumeist nicht involvierten) Mitgliedstaaten untersuchen und das Ergebnis dieser Untersuchung zur Urteilsfindung gegenüber dem im konkreten Verfahren betroffenen Staat verwenden.

Ein vom *EGMR* nicht aufgelöster Widerspruch entsteht hingegen dadurch, dass durch die Versagung bestimmter Sterbehilfe-Formen eine Pflicht zu leben entsteht. Dies widerspricht – wie *Leenen*[1182] ausführt – dem Konzept menschenrechtlicher Verträge. Denn Konventionen wie die EMRK sollen die Rechte des Einzelnen gegenüber dem Staat absichern. Sie sollen jedoch keine Pflichten des Einzelnen begründen. Daher wäre vom *EGMR* im Rahmen des Art. 2 die Frage zu untersuchen gewesen, ob der Staat in diesem konkreten Fall auf die Ausübung seiner Schutzpflichten aus Art. 2 verzichten kann. Dieser Verzicht wäre gleichsam das Spiegelbild der Zusicherung strafrechtlicher Immunität im Vorfeld der Tat gewesen. Eine solche Zusicherung zeitlich *vor* der Tat ist aber aus folgenden Gründen nicht möglich:

- Eine Strafverfolgung kann erst zeitlich nach der Tat aufgenommen werden, weil erst zu diesem Zeitpunkt sämtliche Fallumstände gegeben sind.
- Auch der bei der Suizidbeihilfe den Strafverfolgungsbehörden zukommende Ermessensspielraum kann erst zu dem Zeitpunkt ausgeübt werden, wenn die Tat begangen wurde. Denn erst hier steht fest, ob die Tat verfolgungswürdig ist oder nicht.
- Eine darüber hinaus gehende Zusicherung von strafrechtlicher Immunität im Vorfeld einer Tat ist nach britischem Recht nicht vorgesehen. Vor allem dürfen die Strafverfolgungsbe-

1181 Siehe oben; *Byk*, in: Ethical Eye I, S. 113 f.

1182 Siehe oben; *Leenen*, in: EJHL 2002, S. 259.

hörden nicht z. B. schon vor der Begehung einer Straftat entscheiden, dass sie eine bestimmte Strafnorm gar nicht durchsetzen wollen.

- Es läuft also alles auf eine *ex post*-Kontrolle hinaus.

Damit ergeben sich mehrere Parallelen zum oben durchgeführten Rechtsvergleich. Auch die Gesetze der Benelux-Staaten sehen nicht die Möglichkeit vor, *vor der Tat* Straffreiheit zugesichert zu bekommen. Die Rechtmäßigkeitskontrolle findet auch dort erst *nach der Tat* statt. Damit kann auch im Geltungsbereich dieser Gesetze die Sterbehilfe nur im Nachhinein für rechtmäßig erklärt werden. Hierfür lässt sich genauso anführen, dass erst zu diesem Zeitpunkt die Fallumstände bekannt sind. Eine Immunitätszusicherung im Vorfeld der Tat brächte immer das Risiko mit sich, dass die Tat hinterher doch nicht genauso durchgeführt wird, wie sie geplant wurde. Dann ergeben sich ggf. strafrechtlich relevante Abweichungen. Denkbar ist dies bei den Benelux-Staaten insbesondere im Hinblick auf die Einhaltung der Sorgfaltskriterien.

Aus Sicht des Strafrechts ist also der Anspruch, wie ihn *Pretty* formuliert hat, schlicht nicht durchsetzbar. Selbst in den Staaten, in denen die Sterbehilfe oder Suizidbeihilfe legalisiert wurde, setzt sich der Sterbehelfer dem Risiko der Strafverfolgung aus. *Erst recht* muss dies für Staaten gelten, in denen die Sterbehilfe oder Suizidbeihilfe gar nicht legalisiert worden sind.

2) Verletzung des Art. 3 EMRK (Folterverbot)

Die Beschwerdeführerin *Pretty* trug in ihrem Verfahren gegen das Vereinigte Königreich vor, dass ihr Leiden eine erniedrigende Behandlung im Sinne von Art. 3 EMRK sei[1183].

Art. 3 EMRK lautet:

> *„Niemand darf der Folter oder unmenschlicher oder erniedrigender Strafe oder Behandlung unterworfen werden."*

1183 *EGMR*, *Pretty*, in: NJW 2002, S. 2852.

a) Beschwerde- und Urteilsbegründung

Pretty begründete ihre Auffassung damit, dass die britische Regierung dazu verpflichtet sei, sie vor einer erniedrigenden Behandlung im Sinne des Art. 3 EMRK zu bewahren. Das englische Recht hielt sie für unverhältnismäßig, da hiernach Sterbehilfe grundsätzlich und ohne besondere Berücksichtigung des Einzelfalls verboten werde[1184]. *Morris* erläutert die Auffassung *Prettys* wie folgt: Die Beschwerdeführerin habe im ablehnenden Verhalten der britischen Behörden ein Fehlverhalten gesehen, das gegen Art. 3 verstoße. Indem der Staat ihrem Mann keine Straffreiheit im Vorfeld zusicherte, würde – indem *Pretty* den Schmerzen und den Leiden im Endstadium der Krankheit ausgesetzt werde – der Staat seine Verpflichtung verletzen, sie vor unmenschlichem Leiden und einer erniedrigenden Behandlung zu bewahren[1185]. Der *EGMR* lehnte jedoch eine Verletzung des Art. 3 EMRK ab[1186]. (Siehe sogleich.)

Grundsätzlich ist zu Art. 3 EMRK Folgendes zu sagen: Das Folterverbot dient sowohl dem Schutz des Lebens generell, als auch dem Schutz der körperlichen Unversehrtheit, worauf auch der *EGMR* hinweist: „[D]ie Verpflichtung der Vertragsstaaten nach Art. 1 EMRK, allen ihrer Hoheitsgewalt unterstehenden Personen die in der Konvention bestimmten Rechte und Freiheiten zuzusichern, [verlangt] i. V. mit Art. 3 EMRK von den Staaten Maßnahmen [...], die sicherstellen, dass ihrer Hoheitsgewalt unterstehende Personen nicht Folter oder unmenschlicher oder erniedrigender Strafe oder Behandlung unterworfen werden, einschließlich einer solchen Behandlung durch Privatper-

1184 *EGMR, Pretty,* in: NJW 2002, S. 2852.

1185 *Morris,* in: EHRLR 2003, S. 70; siehe auch später im Urteil *EGMR, Pretty,* in: NJW 2002, S. 2853, Rdn. 54.

1186 *EGMR, Pretty,* in: NJW 2002, S. 2853, Rdn. 53 ff.

sonen [...]."[1187] Art. 3 wird daher auch „als Antwort auf die Verbrechen des nationalsozialistischen Regimes" verstanden[1188].

In *Pretty* führte der *EGMR* nun aus: Art. 3 zähle „zusammen mit Art. 2 EMRK zu den grundlegenden Vorschriften der Konvention" und bringe „Grundwerte der demokratischen Gesellschaften zum Ausdruck, aus denen der Europarat besteht [...]".[1189] Art. 3 sei aber „ganz überwiegend auf Fallgestaltungen angewendet worden [...], in denen es absichtliche Handlungen von Repräsentanten des Staates oder seiner Behörden waren, von denen die Gefahr für eine Person, einer der verbotenen Formen der Behandlung unterworfen zu werden, ausging [...]".[1190] Daher würden die Mitgliedstaaten durch Art. 3 primär dazu verpflichtet, „ihrer Hoheitsgewalt unterstehenden Personen keinen schweren Schaden zuzufügen". Da Art. 3 aber grundlegende Bedeutung habe, könne man ihn ggf. auch auf andere Fallkonstellationen anwenden[1191].

Im Folgenden zählt der Gerichtshof zahlreiche Beispiele auf, in denen ein Mitgliedstaat dazu verpflichtet war, jemandem Schutz vor unmenschlicher oder erniedrigender Behandlung zu gewähren[1192]. All

1187 *EGMR, Pretty*, in: NJW 2002, S. 2852, Rdn. 51 mit Verweis auf *EGMR, A. ./. United Kingdom*, Rdn. 22. Siehe *EGMR, A ./. United Kingdom*, Urt. v. 23.09.1998, in: Reports of judgments and decisions 1998-VI, S. 2692 ff. (2699), Rdn. 22: *„The Court considers that the obligation on the High Contracting Parties under Article 1 of the Convention to secure to everyone within their jurisdiction the rights and freedoms defined in the Convention, taken together with Article 3, requires States to take measures designed to ensure that individuals within their jurisdiction are not subjected to torture or inhuman or degrading treatment or punishment, including such ill-treatment administered by private individuals* [...]. *Children and other vulnerable individuals, in particular, are entitled to State protection, in the form of effective deterrence, against such serious breaches of personal integrity* [...]."

1188 *Grundmann*, S. 175, m. w. N. Siehe auch *Kneihs*, in: EuGRZ 2002, S. 243.

1189 *EGMR, Pretty*, in: NJW 2002, S. 2852, Rdn. 49.

1190 *EGMR, Pretty*, in: NJW 2002, S. 2852, Rdn. 50.

1191 *EGMR, Pretty*, in: NJW 2002, S. 2852, Rdn. 50.

1192 *EGMR, Pretty*, in: NJW 2002, S. 2852 f., Rdn. 51, m. v. N. Siehe z. B. *EGMR, A ./. United Kingdom*, Urt. v. 23.09.1998, in: Reports of judgments and decisions 1998-VI, S. 2696, Rdn. 7 ff. und S. 2699 f., Rdn. 19 ff.: dort wurde der Bf. als Kind vom Stiefvater mit einem Stock geschlagen und das nationale Strafgericht hatte das Züchtigungsrecht als Rechtfertigung gelten lassen, was diese „Arten von ‚Behandlung'" deuteten aber auf eine „*Miss*handlung" hin, „die ein Mindestmaß an Schwere erreicht und körperliche Verletzungen oder intensives psychisches oder physisches Leid mit sich bringt [...]."[1193] Erniedrigt oder entwürdigt die Behandlung eine Person, „indem sie es an Achtung für die Menschenwürde fehlen lässt oder diese angreift oder Gefühle der Angst, des Schmerzes oder der Unterlegenheit erweckt, die geeignet sind, den moralischen und körperlichen Widerstand der Person zu brechen, kann die Behandlung als erniedrigend angesehen werden und damit unter das Verbot von Art. 3 EMRK fallen [...]."[1194] Eine erniedrigende Behandlung liegt also

der *EGMR* dann als unzureichenden Schutz gegen Handlungen nach Art. 3 EMRK ansah. Oder *EGMR, Keenan ./. United Kingdom,* Urt. v. 03.04.2001, in: Reports of judgments and decisions, 2001-III, S. 133 ff., Rdn. 109 ff.: Obwohl der *EGMR* in dem Fall eine Verletzung von Art. 2 EMRK ablehnte, bejahte er eine Verletzung von Art. 3 EMRK, weil seiner Ansicht nach *Keenan* vor seinem Suizid nicht ausreichend und adäquat psychiatrisch behandelt worden war und ihm darüber hinaus noch Disziplinarmaßnahmen auferlegt worden waren. Oder *EGMR, Z and others ./. United Kingdom,* Urt. v. 10.05.2001, in: Reports of judgments and decisions 2001-V, S. 1 ff.: Die vier Beschwerdeführer waren von ihren Eltern schwer missbraucht und vernachlässigt worden. Das war bei den lokalen Behörden jahrelang bekannt, ohne dass effektiv etwas unternommen worden wäre (S. 9 ff., Rdn. 9 ff.). Der *EGMR* urteilte, dass die vier Kinder durch dieses Untätigbleiben einer unmenschlichen und erniedrigenden Behandlung ausgesetzt waren, für die der Staat demzufolge nach Art. 3 EMRK verantwortlich gemacht wurde, siehe S. 25, Rdn. 74 f.

1193 *EGMR, Pretty,* in: NJW 2002, S. 2853, Rdn. 52 (Hervorheb. der Verf.), mit Verweis auf *EGMR, Irland ./. UK,* Rdn. 167 und *EGMR, V ./. UK,* Rdn. 71. Siehe *EGMR, Ireland ./. United Kingdom,* Urt. v. 18.01.1978, in: Publications of the European Court of Human Rights, Series A: Judgments and Decisions, Vol. 25, S. 66 f., Rdn. 167; *ders., V. ./. Vereinigtes Königreich,* Urt. v. 16.12.1999, in: Reports of judgments and decisions 1999-IX, S. 111 ff. (143), Rdn. 71 (Hervorheb. im Text):

> *„Treatment has been held by the Court to be ‚inhuman' because,* ***inter alia****, it was premeditated, was applied for hours at a stretch and caused either actual bodily injury or intense physical and mental suffering, and also ‚degrading' because it was such as to arouse in its victims feelings of fear, anguish and inferiority capable of humiliating and debasing them. In order for a punishment or treatment associated with it to be ‚inhuman' or ‚degrading', the suffering or humiliation involved must in any event go beyond that inevitable element of suffering or humiliation connected with a given form of legitimate treatment or punishment* [...]."

1194 *EGMR, Pretty,* in: NJW 2002, S. 2853, Rdn. 52; mit Verweis auf *EGMR, Price,* Rdn. 24 – 30 sowie *EGMR, Valasinas,* Rdn. 117. Siehe *EGMR, Price ./. United* immer dann vor, wenn mit jemandem so umgegangen wird, dass er Schäden davonzutragen droht. Darüber hinaus muss der Behandlung ein das Opfer verachtender Charakter zukommen, bzw. die Intention, das Opfer geistig und körperlich widerstandsunfähig zu machen.

Auch könne nach Ansicht des *EGMR* „das auf einer natürlich ausgebrochenen körperlichen oder geistigen Krankheit beruhende Leid [...] von Art. 3 EMRK erfasst werden, wenn es durch eine Behandlung verschlimmert wird oder zu werden droht, die auf Haftbedingungen, Ausweisungen oder andere Maßnahmen zurückgeht, für die Behörden verantwortlich gemacht werden können [...]."[1195] Das gilt auch dann, wenn keine Absicht dahin gehend nachgewiesen werden kann, den Betroffenen erniedrigen oder entwürdigen zu wollen[1196]. Bei Art. 3 EMRK geht es also auch um Behandlungen oder Zustände, die dem Staat zugerechnet werden können und die sich (möglicherweise)

Kingdom, Urt. v. 10.07.2001, in: Reports of judgments and decisions 2001-VII, S. 153 ff. (163 ff.) Rdn. 24 ff.; insb. S. 163, Rdn. 24 und S. 165, Rdn. 30; ebenso *EGMR, Valasinas ./. Litauen*, Urt. v. 24.07.2001, in: Reports of judgments and decisions 2001-VIII, S. 385 ff. (417), Rdn. 117: Sowohl eine Leibesvisitation, bei der sich der Betroffene vor einer Frau ausziehen musste als auch eine anschließende „Untersuchung" seiner Geschlechtsorgane mit bloßen Händen und die gleichzeitig erfolgende „Untersuchung" seines Essens ebenfalls mit bloßen Händen durch die Sicherheitsbeamten sah der *EGMR* als „clear lack of respect for the applicant" an, was ihn in seiner Menschenwürde herabgewürdigt habe: „It must have left him with feelings of anguish and inferiority capable of humiliating and debasing him."

1195 *EGMR, Pretty*, in: NJW 2002, S. 2853, Rdn. 52; mit Verweis auf *EGMR, D ./. UK, Keenan ./.UK, Bensaid ./. UK*. Siehe *EGMR, D. ./. United Kingdom*, Urt. v. 02.05.1997, in: Reports of judgments and decisions 1997-III, S. 777 ff. (793 f.), Rdn. 51 ff. (dort nahm der *EGMR* eine Verletzung von Art. 3 EMRK an, weil der Bf. an AIDS im Endstadium litt und nach St. Kitts abgeschoben werden sollte, wo er nicht auf medizinische Hilfe oder Unterstützung hoffen konnte; dies waren für den *EGMR* außergewöhnliche Umstände). *Ders., Bensaid ./. United Kingdom*, Urt. v. 06.02.2001, in: Reports of judgments and decisions 2001-I, S. 303 ff. (317 ff.), Rdn. 32 ff. (hier nahm der *EGMR* keine außergewöhnlichen Umstände an, d. h., der an Schizophrenie leidende Bf. durfte nach Algerien abgeschoben werden). *Ders., Keenan ./. United Kingdom*, Urt. v. 03.04.2001, in: Reports of judgments and decisions, 2001-III, S. 133 ff., Rdn. 109 ff.

1196 Vgl. *EGMR, Price ./. United Kingdom*, Urt. v. 10.07.2001, in: Reports of judgments and decisions 2001-VII, S. 165, Rdn. 30.

immer weiter verschlimmern, weil der Staat seine Handlungs- oder Fürsorgepflichten schlicht missachtet.

Ein solcher Fall lag bei *Diane Pretty* dem Gerichtshof zufolge jedoch nicht vor[1197]. Die Behauptung *Prettys*, man setze sie durch die Weigerung in Bezug auf die Straffreiheitszusicherung einer unmenschlichen oder erniedrigenden Behandlung aus, gebe „dem Begriff der Behandlung eine neue und ausdehnende Auslegung, die [...] über die gewöhnliche Wortbedeutung hinausgeht."[1198] Art. 3 müsse nach Ansicht des *EGMR* in Einklang mit Art. 2 ausgelegt werden. Eine solche Zusammenlegung erfolge, weil Art. 2 „die von den demokratischen Gesellschaften geachteten Grundwerte widerspiegelt."[1199] Dabei verweist der Gerichtshof abermals auf die aus Art. 2 resultierenden Schutzpflichten und darauf, dass aus dieser Norm kein Sterbehilfe-Anspruch abgeleitet werden könne[1200].

Somit ziele „[d]ie im vorliegenden Fall behauptete positive Verpflichtung des Staates [...] nicht auf Beseitigung oder Milderung von Schäden zum Beispiel durch Verhinderung von Misshandlungen seitens öffentlicher Institutionen oder Privatpersonen [...]" ab. Vielmehr würde eine solche Verpflichtung die Konsequenz nach sich ziehen, „dass der Staat Handlungen billigt, die darauf abzielen, das Leben zu beenden" und eine solche Verpflichtung könne „nicht aus Art. 3 EMRK abgeleitet werden"[1201]. Somit könne aus Art. 3 kein Anspruch auf Straffreiheitszusicherung abgeleitet werden[1202].

b) Kritik

aa) Ungenauigkeit: schon kein Eingriff in den Schutzbereich

Breitenmoser wirft dem *EGMR* einige Ungenauigkeiten bei der Urteilsabfassung in *Pretty* vor. Ebenso wie *Kneihs* wirft er ein, „dass bei einer

1197 *EGMR, Pretty*, in: NJW 2002, S. 2853, Rdn. 53 ff.

1198 *EGMR, Pretty*, in: NJW 2002, S. 2853, Rdn. 54.

1199 *EGMR, Pretty*, in: NJW 2002, S. 2853, Rdn. 54.

1200 *EGMR, Pretty*, in: NJW 2002, S. 2853, Rdn. 54.

1201 *EGMR, Pretty*, in: NJW 2002, S. 2853, Rdn. 55.

1202 *EGMR, Pretty*, in: NJW 2002, S. 2853, Rdn. 56.

Einwilligung des [...] vom Schutzbereich von Art. 2 EMRK erfassten Individuums von vornherein kein Grundrechtseingriff vorliegt."[1203] Ähnliches gelte für Art. 3:

> *„Als Folge der Berufung auf das Gebot der Kohärenz zur Wahrung eines einheitlichen Menschenrechtsschutzes wurde die Frage des Bestehens einer positiven Schutzpflicht in Fällen der Sterbehilfe [vom EGMR] von vornherein aus dem Anwendungs- und Schutzbereich von Art. 3 EMRK gewiesen. Es erübrigten sich deshalb spezifische Erwägungen über die Mindestschwere der behaupteten Eingriffsmassnahmen. Folgerichtig hätte der Gerichtshof dann aber feststellen müssen, dass Art. 3 EMRK* [...] *nicht berührt oder nicht anwendbar sei. Die Feststellung, dass in casu keine Verletzung von Art. 3 EMRK stattgefunden habe, ist – wie zuvor bei Art. 2 EMRK – mangels materieller Prüfung der einzelnen Schutzbereichselemente nicht zutreffend."*[1204]

Breitenmoser geht es also darum, dass der *EGMR* die Artt. 2 und 3 EMRK schon gar nicht weiter hätte prüfen dürfen. Damit hätte der Gerichtshof *Pretty* aber eine ihrer Haupt-Argumentationslinien abgeschnitten. Denn sie sah sich ja gerade in diesen beiden Menschenrechten verletzt. Vielmehr muss hier unterschieden werden, zwischen dem, was *Pretty* wollte und dem, was ihr gerade nicht gestattet wurde. Das, was *Pretty* wollte, hätte nach diesem Verständnis den Schutzbereich der Artt. 2 und 3 EMRK nicht berührt. Das heißt, das von ihr Begehrte konnte nicht gleichzeitig ein Grundrechtseingriff sein. Aber das, was ihr versagt wurde, berührte wiederum diese Rechte. Denn *Pretty* wollte aus diesen Rechten einen Anspruch ableiten. Deswegen setzte sich der *EGMR* zu Recht hiermit auseinander und somit erscheint auch seine Herangehensweise an dieser Stelle durchaus folgerichtig.

bb) enge Auslegung des Behandlungsbegriffs

Leenen kritisiert an den Urteilsgründen des *EGMR* zu Art. 3, dass der Gerichtshof nicht präzise erläutert, was genau er unter einer Behandlung („treatment") im Sinne des Art. 3 versteht und weswegen dieser Begriff so streng interpretiert wird. Art. 3 beziehe sich auf viele Arten von Handlungen (Folter, unmenschliche oder erniedrigende Behand-

1203 *Breitenmoser*, in: *Petermann*, S. 182, mit Verweis auf *Kneihs*, S. 259.

1204 *Breitenmoser*, in: *Petermann*, S. 191.

lung und Bestrafung). Es sei nicht selbstverständlich, dass vor diesem Hintergrund das Verbot, schwerwiegendes Leiden zu beenden, als solches nicht unter den Behandlungs-Begriff des Art. 3 fallen solle[1205]. *Leenen* geht es also darum, dass der Gerichtshof bei der Untersuchung des Art. 3 relativ selbstverständlich davon ausgegangen ist, dass ein gesetzliches Verbot wie der *Suicide Act* nicht unter den Behandlungsbegriff des Art. 3 falle.

Leenen baut seine Argumentation sogar noch weiter aus: Er fragt, ob der Staat nicht sogar die positive Verpflichtung hätte, sicherzustellen, dass nutzloses unerträgliches Leiden seiner Bürger verhindert wird. Er fragt auch, ob es moralisch wirklich unstreitig sei, dass der Staat ernsthaft leidenden Patienten auch dann verbiete, ihr Leben zu beenden (bzw. beenden zu lassen), wenn es keine Aussicht und keine andere Lösung mehr gibt, das Leiden zu lindern. Müsse der Staat wirklich so grausam sein und Menschen zwingen, ihr unerträgliches Leiden weiter zu ertragen anstatt ihnen zu erlauben, in Würde zu sterben?[1206] *Leenen* deutet an dieser Stelle somit an, dass die aus dem Sterbehilfe-Verbot resultierende Lebenspflicht zu einem unmenschlichen Zustand wird und deswegen ein Fall des Art. 3 vorliegen könnte.

Dem ersten Punkt, den *Leenen* anspricht, widmet sich auch *Morris*. Er sieht die Gefahr, dass bei einer zu weiten Interpretation des Begriffs „treatment" möglicherweise viele strafrechtliche Vorschriften mit Art. 3 EMRK in Konflikt geraten könnten[1207]. Er zitiert dabei den (dem *Pretty*-Fall ähnlichen) *Rodriguez*-Fall[1208], beschränkt sich allerdings auf das Zitat von *Sopinka*[1209]. Dieser hatte darauf hingewiesen, dass die ausgehungerte Person, der es strafrechtlich verboten ist, einen Happen Brot zu stehlen, ebenso wenig einer erniedrigenden Behand-

1205 *Leenen*, in: EJHL 2002, S. 260.

1206 *Leenen*, in: EJHL 2002, S. 260. Ähnl. auch *Alleweldt*, in: *Grote/Marauhn*, Kap. 10, Rdn. 91.

1207 *Morris*, in: EHRLR 2003, S. 71.

1208 *Supreme Court of Canada*, Re Rodriguez and Attorney-General of British Columbia et al.; British Columbia Coalition of People with Disabilities et al., Interveners, Az. 23476, Urt. v. 30.09.1993, im Folgenden als „Rodriguez" bezeichnet, in: 107 D. L. R. (4th), S. 342 ff.

1209 *Morris*, in: EHRLR 2003, S. 71 mit Verweis auf „[1993] 3 S.C.R. 519 at 611-612". In der hier zitierten Veröffentlichung des Falls *Rodriguez* ist das einschlägige Zitat von *Sopinka* in 107 D. L. R. (4th), S. 409 zu finden.

lung unterworfen sei wie der Heroinabhängige, dem es nach dem *Narcotics Control Act* verboten sei, Heroin zu besitzen[1210]. Man müsse sich darüber im Klaren sein, dass der Begriff „'subjected to . . . treatment'" eine viel engere Bedeutung habe. Es müsse eine Art „active state process in operation" geben, um von „treatment" sprechen zu können. Das heißt, eine bestimmte Situation muss dem Staat als aktives Vorgehen zurechenbar sein[1211]. Im Grunde geht es dabei um die Grenzziehung zwischen einer an sich „normalen" strafrechtlichen Vorschrift und ihren tatsächlichen Auswirkungen, die zumindest als unmenschlich und entwürdigend empfunden werden können. Die strafrechtliche Vorschrift an sich ist dem Staat zurechenbar, denn sie stammt von ihm. Die tatsächlichen Auswirkungen dieser Vorschrift aber sind nur Folge der Normanwendung. Die reine Normanwendung führt somit aber nicht dazu, dass jemand im Sinne des Art. 3 EMRK „behandelt" wird. Aus diesem Grund ist auch der von *Leenen* angedeutete Leidenszustand, der durch die Auferlegung der Lebenspflicht entsteht, ggf. unmenschlich oder wird als erniedrigend empfunden. Er ist aber letztlich nur Folge der Anwendung des Sterbehilfe-Verbots. Eine Behandlung liegt nach diesem Verständnis dann nicht vor.

c) Besprechung

Dem *EGMR* ist unter dem Gesichtspunkt des „Folterverbots" dahin gehend zuzustimmen, dass die Absage an *Pretty* seitens der britischen Strafverfolgungsbehörden nicht als „Folter", „unmenschliche Behandlung" oder „erniedrigende Behandlung" angesehen werden kann. Dies ergibt sich aus einer Untersuchung der einzelnen Begriffe und ihrer Verwendung.

Zur Abgrenzung der drei Begriffe hat der *EGMR* im Jahr 1978 entschieden, dass die Unterscheidung zwischen Folter, unmenschlicher Behandlung und erniedrigender Behandlung größtenteils aus dem Unterschied in der Intensität des zugefügten Leidens resultiere[1212]. Die Konvention lege im Rahmen der Unterscheidung zwischen „'torture'" und „'inhuman or degrading treatment'" mit dem Folterbe-

1210 *Rodriguez* (Meinung von *Sopinka*), in: 107 D. L. R. (4th), S. 409.

1211 *Rodriguez* (Meinung von *Sopinka*), in: 107 D. L. R. (4th), S. 409.

1212 *EGMR, Ireland ./. United Kingdom*, Urt. v. 18.01.1978, in: Publications of the European Court of Human Rights, Series A: Judgments and Decisions, Vol. 25, griff ein spezielles Stigma auf die vorsätzliche unmenschliche Behandlung, die sehr ernsthaftes und grausames Leiden nach sich ziehe[1213]. Folter ist hiernach also die schwerwiegendste der drei Behandlungsformen. An Hand dieser hierarchischen Einordnung soll im Folgenden auch die Untersuchung der Begriffe erfolgen. Das heißt, erst erfolgt die Auseinandersetzung mit dem Folterbegriff unter aa). Sodann werden unter bb) die Begriffe der unmenschlichen und der erniedrigenden Behandlung diskutiert.

aa) Folter

Kneihs definiert den Folter-Begriff als „eine Ermittlungs-, Bestrafungs- oder Diskriminierungsmethode [...], die von offiziellen [...] Stellen [...] zur Verfolgung bestimmter Zwecke gezielt und bewußt eingesetzt wird [...]".[1214] Es komme dem Folternden „darauf an, schwere körperliche oder psychische Leiden zu verursachen, um dadurch ein bestimmtes Ziel zu erreichen."[1215] Wesentlich „für die Beurteilung einer Maßnahme als Folter" sei deren zielgerichtete Anwendung „als Straf-, Ermittlungs- oder Diskriminierungsmethode"[1216]. Legt man diese Definition im Fall *Pretty* zu Grunde, so ist erkennbar, dass die Merkmale nicht erfüllt sind. Die Weigerung des *DPP* ist nicht als Ermittlungs-, Bestrafungs- oder Diskriminierungsmethode zu verstehen. Erst recht kam es den Strafverfolgungsbehörden nicht darauf an, dass *Pretty* weiter an einer Krankheit litt und ebensowenig sollte ein mit diesem Leiden verbundenes Ziel erreicht werden. Den Strafverfolgungsbehörden ging es vielmehr darum, dass zum Zeitpunkt der Weigerung noch keine Straftat begangen worden war und sie sich den ihnen vom *Suici-*

S. 66, Rdn. 167: „[...] this distinction derives principally from a difference in the intensity of the suffering inflicted."

1213 *EGMR, Ireland ./. United Kingdom*, Urt. v. 18.01.1978, in: Publications of the European Court of Human Rights, Series A: Judgments and Decisions, Vol. 25, S. 66, Rdn. 167: „[...] should by the first of these terms [‚torture'] attach a special stigma to deliberate inhuman treatment causing very serious and cruel suffering."

1214 *Kneihs*, S. 287.

1215 *Kneihs*, S. 287.

1216 *Kneihs*, S. 287.

de Act eingeräumten Ermittlungsspielraum nicht abschneiden konnten und wollten.

Auch die Erklärung des Folter-Begriffs seitens des Bundesverwaltungsgerichts aus dem Jahre 1983 spricht für einen engen Anwendungsbereich. Das Gericht wies darauf hin, dass „[d]ie Anwendung von Folter als eines menschenrechtswidrigen und eklatant gegen allgemeine Grundsätze des Völkerrechts verstoßenden Verfolgungsmittels [...] häufig Indiz für ihren politischen Charakter sein" werde[1217]. In der Vergangenheit hätten der Folter

> *„typischerweise politische oder religiöse Motive zugrunde gelegen. Dies ist auch heute nicht auszuschließen und gebietet, wenn die Anwendung von Folter festgestellt wird, eine besonders sorgfältige Prüfung der sie auslösenden staatlichen Motivation. Das gilt namentlich dann, wenn der Heimatstaat eines Asylbewerbers offiziell Foltermaßnahmen verurteilt, gleichwohl aber in der Staatspraxis ihre Anwendung billigt oder hinnimmt."*[1218].

Die Verweigerung des *DPP* gegenüber *Pretty* beruhte demgegenüber nicht auf politischen oder religiösen Motiven. Sie beruhte vielmehr darauf, dass man aus rechtlichen Gründen der Bitte *Prettys* nicht nachkommen konnte.

Auch unter Berücksichtigung der UN-Folterkonvention[1219] muss das Vorliegen von Folter hier verneint werden: Nach Art. 1 Abs. 1 der UN-Folterkonvention

> *„bezeichnet der Ausdruck 'Folter' jede Handlung, durch die eine*[r] *Person vorsätzlich große körperliche oder seelische Schmerzen oder Leiden zugefügt werden, zum Beispiel um von ihr oder einem Dritten eine Aussage oder ein Geständnis zu erlangen, um sie für eine tatsächlich oder mutmaßlich von ihr oder einem Dritten begangene Tat zu bestrafen oder um sie oder einen Dritten einzuschüchtern oder zu nötigen, oder aus*

1217 *BVerwGE* 67, 184 ff. (194).

1218 *BVerwGE* 67, 184 ff. (194).

1219 „Übereinkommen gegen Folter und andere grausame, unmenschliche oder erniedrigende Behandlung oder Strafe" (UN-Folterkonvention). Abgedruckt in Sartorius II, Internationale Verträge, Europarecht, Textsammlung, Registernr. 22. Die hier verwendeten Zitate aus der Folterkonvention entstammen allesamt dieser Textsammlung.

> *einem anderen, auf irgendeiner Art von Diskriminierung beruhenden Grund* [...].*"*

Diese Schmerzen oder Leiden müssen

> *„von einem Angehörigen des öffentlichen Dienstes oder einer anderen in amtlicher Eigenschaft handelnden Person, auf deren Veranlassung oder mit deren ausdrücklichem oder stillschweigenden Einverständnis verursacht werden. Der Ausdruck* [‚Folter'] *umfasst nicht Schmerzen oder Leiden, die sich lediglich aus gesetzlich zulässigen Sanktionen ergeben, dazu gehören oder damit verbunden sind."*

Pretty wurden durch die Verweigerung nicht vorsätzlich Schmerzen oder Leiden zugefügt. Natürlich „litt" sie auch weiterhin an ihrer Krankheit, aber dies hatte seine Ursache in der Krankheit selbst. Auch erlitt sie nicht aus Gründen der Aussageerpressung, Bestrafung, Einschüchterung oder Nötigung heraus diese Schmerzen. Außerdem lässt sich aus dem letzten Satz der Definition auch ein *a maiore ad minus*-Argument ziehen: *Pretty* unterlag schon keinen gesetzlichen Sanktionen. Denn Sanktionen sind Maßnahmen, bzw. Rechtsfolgen, mit denen einer rechtlichen Regelung zur effektiven Geltung verholfen werden soll[1220]. Dies kann „z.B. durch Erlass eines Gesetzesbefehls als Bestätigung eines Rechtssatzes mit Zwangs- oder Strafandrohung zu seiner Durchsetzung" geschehen[1221]. Es muss also eine Rechtsnorm geben, die bestimmte Rechtsfolgen vorsieht, sofern man gegen sie verstößt. Dann kann eine Sanktion verhängt werden, wie z. B. eine Strafe beim Verstoß gegen strafrechtliche Bestimmungen. Derartigen Sanktionen wurde *Pretty* jedoch schon deswegen nicht unterworfen, weil sie keinen Verstoß gegen eine Rechtsnorm begangen hatte. Wenn es also schon nicht einmal Sanktionen gegen *Pretty* gab, so folgt hieraus, dass das Erleiden von Schmerzen oder Leiden dann *erst recht* zulässig ist.

bb) unmenschliche / erniedrigende Behandlung

Fraglich ist, ob *Diane Pretty* einer unmenschlichen oder erniedrigenden Behandlung ausgesetzt war. Dabei ist insbesondere die Definition des Begriffs der „Behandlung" entscheidend.

1220 Vgl. *Creifelds* Rechtswörterbuch, S. 1033 („Sanktion").

1221 *Creifelds* Rechtswörterbuch, S. 1033 („Sanktion").

aaa) Behandlungsbegriff

Im *Oxford Advanced Learner's Dictionary* wird „treatment" im hiesigen Sinne beschrieben als „a way of behaving towards or dealing with a person or thing"[1222]. Es geht also um ein Verhalten in Richtung oder gegenüber einer Person (bzw. einer Sache) oder den Umgang mit einer Person (oder einer Sache). Beide Alternativen wären im Fall *Prettys* grundsätzlich erfüllt, denn das Verhalten des Gesetzgebers wirkte sich auf sie aus und sie unterlag durch den *Suicide Act* auch einem bestimmten Umgang. Man könnte an dieser Stelle intervenieren und – wie *Biggs* in ihrer Urteilserläuterung[1223] – darauf hinweisen, dass *Pretty* zwar eine Form von Folter oder Erniedrigung erlitt, dies aber jedenfalls nicht das Resultat eines staatlichen Eingriffs gewesen sei:

> „*Mrs Pretty might suffer a form of torture or degradation but that would not be as a result of the intervention of a public authority.*"[1224]

Bezieht man dies nur auf Art. 3, so kann man mit dem Gerichtshof annehmen, dass bereits kein Eingriff vorliegt. Schaut man sich aber den weiteren Verlauf des Urteils an, so wird man sehen, dass der *EGMR* an anderer Stelle – nämlich bei Art. 8 Abs. 1 EMRK – einen Eingriff angenommen hat[1225]. Insofern ist die Zurechnung von *Prettys* Situation an den britischen Staat also grundsätzlich möglich. Bzw. ist die in Rede stehende Weigerung der Strafverfolgungsbehörden von staatlicher Seite erfolgt, so dass auch ein staatliches Verhalten gegeben ist.

Das Problem aber bei Art. 3 ist – und das zeigen die Beispiele im *Oxford Dictionary* – dass das beschriebene Verhalten oder der Umgang in gewisser Weise zielgerichtet sein, bzw. direkt auf den Betroffenen einwirken muss. Als Beispiele werden genannt „the brutal treatment of political prisoners" und „Certain city areas have been singled out for special treatment."[1226] Noch deutlicher zeigt das die Verwendung des Begriffs „towards" in der oben erwähnten Definition. Es geht also um einen *bewussten* Umgang mit jemandem; das heißt, die Auswirkungen eines Verhaltens dürfen nicht nur im Sinne eines Reflexes nega-

1222 *Oxford Dictionary*, S. 1650.

1223 *Biggs*, in: FLS 2003, S. 296.

1224 *Biggs*, in: FLS 2003, S. 296; ähnl. auch *Grundmann*, S. 177.

1225 Dazu sogleich; siehe *EGMR, Pretty*, in: NJW 2002, S. 2853 f., Rdn. 61 ff.

1226 *Oxford Dictionary*, S. 1650.

tiv für diese betroffene Person sein. Oder wie es Richter *Sopinka* – wie oben erwähnt – ausgedrückt hat: Es muss ein „active state process in operation" existieren[1227].

Im Falle von *Pretty* gab es jedoch bloß eine Reflexwirkung (siehe schon oben). Sie war als betroffene Person zwar Leidtragende des Verbotsgesetzes. Diese Position erhielt sie aber nicht dadurch, dass der Gesetzgeber bewusst Menschen wie sie davon abbringen wollte, sich Sterbehilfe leisten zu lassen oder sich bewusst ihr gegenüber auf irgendeine Art und Weise verhalten wollte. Vielmehr hatte er entschieden, ein bestimmtes Verhalten (nämlich die Suizidbeihilfe) als strafwürdig anzusehen. Die Gesetzgebung richtete sich somit bewusst an potentielle Straftäter. Dass *Pretty* letztlich auch von dieser Gesetzgebung betroffen war, war lediglich ein Reflex hiervon.

bbb) Begriff der „Unmenschlichkeit"

Auch eine Unmenschlichkeit ist im Falle von *Pretty* nicht gegeben. Die *EKMR* hat den Begriff der „unmenschlichen Behandlung" in Art. 3 EMRK „definiert als eine Behandlung, die absichtlich schwere psychische oder physische Leiden verursacht, die in der bestimmten Situation ungerechtfertigt sind"[1228]. Dabei soll – in Anlehnung an das oben beschriebene hierarchische Verhältnis – „Folter immer auch unmenschliche und erniedrigende Behandlung" sein „und die unmenschliche Behandlung immer die erniedrigende" Behandlung mit einbeziehen[1229]. Durch das Element der Absichtlichkeit „unterschei-

1227 Siehe oben; *Rodriguez* (Meinung von *Sopinka*), in: 107 D. L. R. (4th), S. 409.

1228 *Kneihs*, S. 288 mit Verweis auf *EKMR*, Griechenland-Fall, zit. nach *Frowein*, in *Frowein/Peukert*, Art. 3 EMRK, Rdn. 2. Siehe Report of the European Commission of Human Rights „Greek Case", Az.: 3321/67 (Denmark ./. Greece), 3322/67 (Norway ./. Greece), 3323/67 (Sweden ./. Greece), 3344/67 (Netherlands ./. Greece), in: Yearbook of the European Convention on Human Rights 12 (The Greek Case), 1969. Das Element der Absichtlichkeit ist allerdings umstritten, siehe dazu *Kneihs*, S. 288 f., m. w. N.

1229 *Frowein*, in *Frowein/Peukert*, Art. 3 EMRK, Rdn. 2 mit Verweis auf *EKMR*, The Greek Case, S. 186. Siehe Report of the European Commission of Human Rights „Greek Case", Az.: 3321/67 (Denmark ./. Greece), 3322/67 (Norway ./. Greece), 3323/67 (Sweden ./. Greece), 3344/67 (Netherlands ./. Greece), in: Yearbook of the European Convention on Human Rights 12 (The Greek Case), 1969, S. 186: „[...] torture must be inhuman and degrading treatment, and inhuman treatment also degrading."

den sich [...] die unmenschliche Behandlung und die Folter von der erniedrigenden Behandlung oder Bestrafung, bei der Intentionalität nicht verlangt wird"[1230]. Die Unmenschlichkeit erfordert hiernach also, dass jemandem absichtlich schwere körperliche oder seelische Leiden zugefügt werden. Legt man diese Voraussetzungen zu Grunde, so ist in Bezug auf *Pretty* zu sagen, dass sie keiner unmenschlichen Behandlung unterworfen wurde. Die britischen Strafverfolgungsbehörden beabsichtigten durch ihre Weigerung nicht, dass *Prettys* Leiden fortgesetzt wurde. Das heißt, sie verweigerten die Immunitätszusicherung nicht, um absichtlich *Prettys* Leiden aufrechtzuerhalten. Sie verweigerten sie vielmehr aus rechtlichen Gründen.

ccc) Begriff der „Erniedrigung"

Auch eine erniedrigende Behandlung liegt im Falle von *Pretty* nicht vor: Diese wird definiert als eine Behandlung, die „einen Menschen [...] gröblich herabsetzt oder [...] ihn dazu zwingt, gegen den eigenen Willen oder das eigene Gewissen zu handeln [...]. Die Herabsetzung oder Erniedrigung muß [...] einen bestimmten Grad erreichen [...]"[1231]. Dieser Grad müsse „sich jedenfalls von jenem unterscheiden [...], der in jeder Bestrafung ‚vielleicht fast unvermeidlich' enthalten ist [...]"[1232]. „Auf eine Mißhandlungs- oder Erniedrigungs*absicht*" komme

1230 *Kneihs*, S. 289.

1231 *Kneihs*, S. 291 mit Verweis auf *Rosenmayr*, in: *Ermacora/Novak/Tretter*, Art. 3 EMRK, S. 150 ff. Bei *Rosenmayr* ist eine Schilderung der Rspr. des *EGMR* zu finden, bei der auch der Aspekt des Mindestmaßes an Schwere immer wieder auftaucht.

1232 *Kneihs*, S. 291 mit Verweis auf *EGMR, Tyrer*, Rdn. 30. Siehe *EGMR, Tyrer./. United Kingdom and Northern Ireland,* Urt. v. 25.04.1978, in: Publications of the European Court of Human Rights, Series A: Judgments and Decisions, Vol. 26, S. 15, Rdn. 30:

„*The Court notes first of all that a person may be humiliated by the mere fact of being criminally convicted. However, what is relevant for the purposes of Article 3 is that he should be humiliated not simply by his conviction but by the execution of the punishment which is imposed on him. In fact, in most if not all cases this may be one of the effects of judicial punishment, involving as it does unwilling subjection to the demands of the penal system.* [...] *It would be absurd to hold that judicial punishment generally, by reason of its usual and perhaps almost inevitable element of humiliation, is 'degrading' within the means of Article 3. Some further criterion must be read into the text. Indeed, Article 3, by expressly* es aber nicht an[1233]. In *Campbell und Cosans* hat der *EGMR* entschieden, dass der Begriff „erniedrigend" nach dem „allgemeinen und üblichen Wortsinn" ausgelegt werden müsse und nicht nach subjektiven Gesichtspunkten[1234]. Zu erniedrigenden Behandlungen können dabei sowohl administrative als auch gesetzliche Maßnahmen zählen[1235].

Diane Pretty sah sich *in ihren eigenen Augen* durchaus als erniedrigt behandelt. Sie hielt es ja für erniedrigend, dass der *DPP* ihrem Ehemann keine Straffreiheit zusicherte. Fraglich ist aber, ob man parallel zu dem oben Gesagten nicht annehmen muss, dass das Sich-Erniedrigt-Fühlen der *Diane Pretty* durch die ablehnende Haltung der Strafverfolgungsbehörden einfach nicht vermeidbar war. Die Ablehnung selbst hatte nicht zum Ziel, *Pretty* zu erniedrigen. Es ging einfach darum, dass der *DPP* nicht vorab eine Strafverfolgung ausschließen konnte, weil dies dem Strafrechtssystem schlicht fremd ist. Dass sich *Pretty* dadurch letztlich erniedrigt fühlte, ist aber nur eine Folge dieser Ablehnung. Damit entstand auch hier eine Reflexwirkung. Überdies hat der *EGMR* – wie oben gesehen – in *Campbell* entschieden, dass die Erniedrigung nicht nach subjektiven Maßstäben beurteilt werden dürfe, sondern verallgemeinerte Kriterien hierfür entscheidend seien. Danach kam es auf die subjektive Sichtweise *Prettys* bei der Beurteilung der Frage, ob eine erniedrigende Behandlung vorlag, einfach nicht an.

Auch die Heranziehung der UN-Folterkonvention deutet darauf hin, eine erniedrigende Behandlung hier zu verneinen: Art. 16 Abs. 1 der UN-Folterkonvention besagt indirekt, dass sich der Begriff der unmenschlichen oder erniedrigenden Behandlung in gewisser Weise am Begriff der Folter zu orientieren habe. Zwar kämen diese Verhaltensweisen der Folter nicht gleich, aber sie sind nach dem Wortlaut des Art. 16 Abs. 1 der UN-Folterkonvention ähnlich gravierend. Inso-

---

prohibiting 'inhuman' and 'degrading' punishment, implies that there is a distinction between such punishment and punishment in general. [...]"

1233 *Kneihs*, S. 292, Hervorheb. im Text. Siehe auch *ders.*, S. 289 und oben.

1234 *Kneihs*, S. 292 mit Verweis auf *EGMR, Campbell and Cosans ./. United Kingdom.* Siehe *EGMR, Campbell und Cosans gegen Vereinigtes Königreich,* Beschwerden 7511/76 und 7743/76, Urt. v. 25.02.1982, in: EuGRZ 1982, S. 153 ff. (155, Rdn. 30): „[...] welche nur bei Verzerrung des allgemeinen und üblichen Wortsinnes als erniedrigend bezeichnet werden könne."

1235 *Kneihs*, S. 293 mit Verweis auf *Frowein*, in *Frowein/Peukert*. Siehe dort *Frowein*, in *Frowein/Peukert*, Art. 3 EMRK, Rdn. 10 f.

fern sind zwar die Voraussetzungen zur Erfüllung des Tatbestandes deutlich geringer. Dennoch werden beide Begriffe in ihrer Grausamkeit oder Unmenschlichkeit weitestgehend gleichgestellt. Auch dies spricht somit gegen die Annahme einer erniedrigenden Behandlung bei *Pretty*. Denn dann müsste die Verweigerung seitens der Strafverfolgungsbehörden einer der in Art. 1 Abs. 1 UN-Folterkonvention beschriebenen Handlungen gleich kommen. Das ist aber – wie oben dargelegt – nicht der Fall.

cc) Stellungnahme

Die Verweigerung der Immunitätszusicherung gegenüber *Pretty* und ihrem Ehemann ist nicht als Folter, unmenschliche oder erniedrigende Behandlung im Sinne des Art. 3 EMRK anzusehen. Unter „Folter" wird

- eine Methode verstanden, die
- von staatlicher Seite entweder eingesetzt wird, von ihr veranlasst wird oder mit dem ausdrücklichen oder stillschweigenden Einverständnis seitens des Staates praktiziert wird.
- Die Methode entspringt oft politischen, ideologischen oder religiösen Motiven.
- Sie kann verschiedene Zwecke haben, z. B.: Ermittlung gegen den Betroffenen oder Bestrafung, Diskriminierung, Nötigung oder Einschüchterung des Betroffenen.
- Die Methode verursacht schwere körperliche oder psychische Leiden, welche zugleich
- über das hinausgehen, was sich lediglich aus gesetzlich zulässigen Maßnahmen ergibt oder mit diesen verbunden ist.
- Überdies muss die entsprechende Methode in der Absicht angewendet werden, durch das zugefügte körperliche/seelische Leiden ein bestimmtes Ziel zu erreichen.

Im Falle *Prettys* fehlt es bereits an einer entsprechenden Zwecksetzung. Die Weigerung des *DPP* ist nicht als etwas zu verstehen, wodurch *Pretty* diskriminiert, eingeschüchtert oder genötigt werden sollte. Die Weigerung erfolgte vielmehr aus rechtlichen Gründen heraus. Es wäre schlicht nicht möglich gewesen, dem Ehemann *Prettys* im Vorfeld der Tat Straffreiheit zuzusichern. Die von *Pretty* weiter zu ertragenden Leiden wurden auch weder durch diese Weigerung noch durch das eigentliche Verbotsgesetz verursacht. Es handelte sich vielmehr nur um Reflexwirkungen. Erst recht kam es den Strafverfolgungsbehörden nicht darauf an, dass *Pretty* weiter an ihrer Krankheit litt. Auch wollten sie kein mit diesem Leiden verbundenes Ziel erreichen. Dem *DPP* ging es vielmehr darum, dass zum Zeitpunkt der Weigerung noch keine Straftat begangen worden war. Somit konnte der durch den *Suicide Act* eingeräumte Ermittlungsspielraum nicht abgeschnitten werden.

Es liegt auch keine unmenschliche oder erniedrigende Behandlung vor. Es fehlt bei *Pretty* schon am Vorliegen einer „Behandlung", weil diese ein sich direkt auf den Betroffenen auswirkendes Verhalten beinhalten muss, was nicht nur der Reflex eines anderen Verhaltens ist. Hier besteht aber gerade eine solche Reflexwirkung. Auch die Komponente der Unmenschlichkeit ist nicht einschlägig. Unmenschlichkeit liegt nur dann vor, wenn absichtlich schwere psychische oder physische Leiden verursacht werden. Eine solche Absicht seitens des britischen Staates ist nach dem oben Gesagten abzulehnen.

Eine Erniedrigung in Bezug auf *Diane Pretty* liegt ebenfalls nicht vor. Zwar muss keine Erniedrigungs*absicht* vorliegen. Der Betroffene muss jedoch gröblich herabgesetzt werden. Diese Herabsetzung muss einen bestimmten Grad erreichen. Es sind sowohl administrative als auch gesetzliche Maßnahmen hierfür denkbar. Sowohl durch das gesetzliche Sterbehilfe-Verbot selbst als auch durch die Verweigerung der Immunitätszusicherung hätte *Pretty* hier also erniedrigt werden können. Sie hat sich wahrscheinlich sogar erniedrigt gefühlt. Jedoch ist das subjektive Empfinden in diesem Zusammenhang nicht entscheidend. Es müssen vielmehr verobjektivierte Maßstäbe an die Beurteilung gelegt werden. Auch unter diesem Gesichtspunkt ist entscheidend, dass es sich sowohl beim Sterbehilfe-Gesetz als auch bei der Verweigerung der Immunitätszusicherung jeweils um Reflexwirkungen auf Grund einer bestimmten Rechtslage handelt. Beide Aspekte dienen nicht dazu, *Pretty* als Person herabzustufen.

Problematisch bleibt aber – und das hat der *EGMR* übersehen – die von *Leenen*[1236] und *Morris*[1237] angerissene Abgrenzung zwischen ei-

1236 Siehe oben; *Leenen*, in: EJHL 2002, S. 260.

1237 Siehe oben; *Morris*, in: EHRLR 2003, S. 71.

ner „normalen" strafrechtlichen Norm und deren tatsächlichen Auswirkungen. Der *Pretty*-Fall zeigt, dass es Rechtsnormen geben kann, die von ihren Auswirkungen her im Einzelfall so gravierend sein können, dass sie als unmenschlich und/oder erniedrigend *empfunden* werden können.

3) Verletzung des Art. 8 EMRK (Achtung des Familien- und Privatlebens)

Pretty machte in dem Verfahren vor dem *EGMR* geltend, dass ihr aus Art. 8 EMRK resultierendes Selbstbestimmungsrecht verletzt sei, weil es „das Recht umfasse, Entscheidungen über den eigenen Körper zu treffen."[1238] Art. 8 EMRK lautet:

> *„(1) Jede Person hat das Recht auf Achtung ihres Privat- und Familienlebens, ihrer Wohnung und ihrer Korrespondenz.*
>
> *(2) Eine Behörde darf in die Ausübung dieses Rechts nur eingreifen, soweit der Eingriff gesetzlich vorgesehen und in einer demokratischen Gesellschaft notwendig ist für die nationale oder öffentliche Sicherheit, für das wirtschaftliche Wohl des Landes, zur Aufrechterhaltung der Ordnung, zur Verhütung von Straftaten, zum Schutz der Gesundheit oder der Moral oder zum Schutz der Rechte und Freiheiten anderer."*

Der *EGMR* kam zu dem Ergebnis, dass ein Eingriff in das Recht der Beschwerdeführerin aus Art. 8 Abs. 1 EMRK vorlag[1239]. Im Ergebnis sah er diesen Eingriff jedoch als gerechtfertigt an[1240].

a) Ansicht des *EGMR*

Unter den Begriff „Privatleben" – den der *EGMR* als „umfassend und einer abschließenden Definition nicht zugänglich" ansieht[1241] – fällt unter anderem auch „die körperliche und geistige Integrität einer

1238 *EGMR, Pretty*, in: NJW 2002, S. 2853.

1239 *EGMR, Pretty*, in: NJW 2002, S. 2853 f., Rdn. 61 ff.

1240 *EGMR, Pretty*, in: NJW 2002, S. 2854 f., Rdn. 68 ff.

1241 *EGMR, Pretty*, in: NJW 2002, S. 2853, Rdn. 61.

Person"[1242]. In *Pretty* führt der *EGMR* aus, es sei „[b]isher [...] nicht entschieden worden, dass Art. 8 EMRK auch ein Recht auf Selbstbestimmung beinhaltet."[1243] Allerdings gehe er davon aus, „dass die Vorstellung von der Autonomie einer Person ein wichtiger Grundsatz ist, der der Auslegung der Garantien von Art. 8 EMRK zu Grunde liegt."[1244] An dieser Stelle nimmt der Gerichtshof also an, dass es jedenfalls so etwas wie ein „Autonomierecht" gibt, auf das man sich im Rahmen des Art. 8 EMRK berufen kann.

aa) Eingriff

Der *EGMR* kommt im Folgenden zu dem Ergebnis, dass ein Eingriff in Art. 8 Abs. 1 EMRK vorliegt. Er führt aus, „dass die Fähigkeit, sein Leben so zu leben, wie man selbst bestimmt hat, auch die Möglichkeit einschließen kann, Dinge zu tun, die für die Person körperlich oder seelisch schädlich oder gefährlich sind."[1245] Aus diesem Grund sei auch der Einsatz von Zwangsmitteln seitens des Staates bzw. von Strafrecht (mit dem Zweck, selbstgefährdende Handlungen zu unterbinden), ein Eingriff in Art. 8 Abs. 1 EMRK und müsse nach Abs. 2 gerechtfertigt werden[1246]. Auch eine ärztliche Behandlung gegen den Willen des erwachsenen, mündigen Patienten stellt unter Umständen einen Eingriff in die körperliche Integrität dar[1247]. Der *EGMR* verweist an dieser Stelle auf die Rechtsprechung britischer Gerichte und merkt an, es sei auch dort „anerkannt, dass eine Person die Freiheit der Entscheidung in Anspruch nehmen kann zu sterben, indem sie einer Behandlung wider-

---

1242 *EGMR, Pretty,* in: NJW 2002, S. 2853, Rdn. 61 mit Verweis auf *EGMR, X und Y ./. Niederlande,* Rdn. 22. Siehe *EGMR, X und Y ./. Niederlande,* Urt. v. 26.03.1985, in: EuGRZ 1985, S. 297 ff. (298), Rdn. 22:

> *„Die Anwendbarkeit von Art. 8 war unbestritten: Der der Beschwerde vor der Kommission zugrundeliegende Sachverhalt betrifft das 'Privatleben', das die körperliche und geistige Unversehrtheit der Person einschließlich ihres Sexuallebens einschließt."*

1243 *EGMR, Pretty,* in: NJW 2002, S. 2853, Rdn. 61.

1244 *EGMR, Pretty,* in: NJW 2002, S. 2853, Rdn. 61.

1245 *EGMR, Pretty,* in: NJW 2002, S. 2853, Rdn. 62.

1246 *EGMR, Pretty,* in: NJW 2002, S. 2853 f., Rdn. 62.

1247 *EGMR, Pretty,* in: NJW 2002, S. 2854, Rdn. 63; siehe auch *Byk,* in: Ethical Eye I, S. 120.

spricht, die lebensverlängernde Wirkung haben kann“[1248]. An dieser Stelle erkennt der *EGMR* also an, dass das Autonomierecht aus Art. 8 Abs. 1 EMRK Möglichkeiten der Selbstbestimmung und auch der Selbstgefährdung beinhaltet. Es ist also möglich, dass jemand eine ärztliche Behandlung abwehrt, auch wenn die Gefahr besteht, dadurch schneller zu sterben. Überdies bezieht er sich hier ausdrücklich auf eine nationale Rechtsordnung. Im Gegensatz zu oben ist dies an dieser Stelle möglich, denn es geht um die gleiche Rechtsordnung, aus der auch das angegriffene Gesetz stammt.

Zugleich merkt der *EGMR* aber auch an, dass es im vorliegenden Fall nicht um eine ärztliche Behandlung geht, bzw. um die Verweigerung einer solchen. Vielmehr sehe die Beschwerdeführerin *Pretty* die von ihr gewünschte Sterbehilfe als Teil ihrer Lebensführung an und dies wolle sie respektiert wissen[1249]. Im Folgenden führt der *EGMR* aus, dass er bei Art. 8 Abs. 1 EMRK wohl eine Art Selbstbestimmungsrecht verankert sieht. Hier gewinne „der Begriff der Lebensqualität Bedeutung“[1250]. Angesichts der fortschreitenden medizinischen Entwicklung gebe es viele Menschen, die sich ihre eigenen Gedanken darüber machen, ob sie (im Falle schwerer Krankheit oder vergleichbarer Situationen) unter allen Umständen weiterleben wollen. Viele wollten nicht zum Weiterleben gezwungen werden, weil dies ihrer eigenen und persönlichen Freiheit widerspreche[1251]. Auch im Vergleich zum *Rodriguez*-Fall ergäben sich „vergleichbare Bedenken hinsichtlich des Grundsatzes des Selbstbestimmungsrechts einer Person in dem Sinne eines Rechts, über seinen eigenen Körper zu bestimmen“[1252].

Aus diesen Gründen nimmt der *EGMR* im Falle von *Pretty* einen Eingriff in Art. 8 Abs. 1 EMRK an. Denn *Pretty* werde auf Grund des bestehenden Gesetzes „daran gehindert, ihre Wahl zu treffen und das zu vermeiden, was sie als unwürdiges und qualvolles Ende ihres Lebens ansieht.“[1253]

1248 *EGMR, Pretty,* in: NJW 2002, S. 2854, Rdn. 63.

1249 *EGMR, Pretty,* in: NJW 2002, S. 2854, Rdn. 64.

1250 *EGMR, Pretty,* in: NJW 2002, S. 2854, Rdn. 65.

1251 *EGMR, Pretty,* in: NJW 2002, S. 2854, Rdn. 65.

1252 *EGMR, Pretty,* in: NJW 2002, S. 2854, Rdn. 66.

1253 *EGMR, Pretty,* in: NJW 2002, S. 2854, Rdn. 67.

bb) Rechtfertigung

Im Ergebnis sieht der *EGMR* in *Pretty* den Eingriff in Art. 8 Abs. 1 EMRK als gerechtfertigt an, weil der britische *Suicide Act* seiner Auffassung nach eine ausreichende Rechtfertigung im Sinne von Art. 8 Abs. 2 EMRK ist[1254].

Zunächst verfolge das britische Verbot der Suizidbeihilfe „das berechtigte Ziel, das Leben zu schützen und damit Rechte anderer."[1255] Der Notwendigkeitsbegriff in Art. 8 Abs. 2 EMRK bedeute, „dass der Eingriff einem dringenden sozialen Bedürfnis entspricht und dass er insbesondere verhältnismäßig ist zu dem verfolgten berechtigten Ziel."[1256] Im Rahmen dieser Prüfung werde berücksichtigt, „dass den staatlichen Behörden ein Beurteilungsspielraum eingeräumt ist"[1257]. Allerdings könne der *EGMR* die Entscheidungen der staatlichen Stellen auf ihre Vereinbarkeit mit der Konvention hin überprüfen[1258]. An dieser Stelle deckt sich das, was der *EGMR* anmerkt mit dem, was auch der belgische *Conseil d'Etat* in seinem bereits erwähnten *Avis* verdeutlicht[1259]: Zwar kann sich kein Gericht an die Stelle eines nationalen Entscheidungsträgers setzen. Das Gericht kann auch nicht die Beurteilung der nationalen Stelle durch eine eigene Beurteilung ersetzen. Jedoch ist es möglich, die getroffene nationale Entscheidung darauf hin zu überprüfen, ob sie sich im Rahmen der von der EMRK gesetzten Grenzen bewegt.

Mit Bezugnahme auf das *House of Lords*-Urteil im Fall *Pretty* und den kanadischen *Rodriguez*-Fall[1260] vertritt der *EGMR* die Auffassung, Staaten seien dazu berechtigt, „mit Mitteln des Strafrechts Handlungen zu regeln, die für Leben und Sicherheit einer Person schädlich

---

1254 *EGMR, Pretty*, in: NJW 2002, S. 2854 f., Rdn. 68 ff., insb. S. 2855, Rdn. 78.

1255 *EGMR, Pretty*, in: NJW 2002, S. 2854, Rdn. 69.

1256 *EGMR, Pretty*, in: NJW 2002, S. 2854, Rdn. 70.

1257 *EGMR, Pretty*, in: NJW 2002, S. 2854, Rdn. 70.

1258 *EGMR, Pretty*, in: NJW 2002, S. 2854, Rdn. 70.

1259 Siehe oben; *Sénat de Belgique*, Avis du *Conseil d'Etat*, Az. 31.441/AV-AG und 31.442/AV-AG, S. 6, Rdn. 8. Siehe auch Doc. 10455, *Explanatory memorandum* von *Marty*, II., Appendix 2, Rdn. 20.

1260 Siehe Bezugnahme des *EGMR, Pretty*, in: NJW 2002, S. 2854, Rdn. 74.

sind“[1261]. Im Rahmen der Abwägung gegen das Selbstbestimmungsrecht nähmen die Aspekte der öffentlichen Gesundheit und Sicherheit daher auch einen umso größeren Raum ein, desto schwerwiegender ein drohender Schaden sein kann[1262].

Die im Falle von *Pretty* in Rede stehende Norm des § 2 *Suicide Act* ziele auf die Erhaltung von Leben ab. Damit würden Schwache und Verletzbare sowie solche Personen geschützt, die keine vernünftige Entscheidung gegen lebensbeendende Handlungen treffen können[1263]. Zwar sei „[d]ie Lage, in der sich tödlich erkrankte Personen befinden, [...] unterschiedlich“. Viele dieser Personen seien jedoch verletzbar und diese Verletzbarkeit gebe „die ratio für das in Frage stehende Gesetz“ (das heißt, für den *Suicide Act*)[1264]. Daher sei es primär „Aufgabe der Staaten, die Gefahr und die Wahrscheinlichkeit von Missbräuchen zu beurteilen, wenn das allgemeine Verbot der Beihilfe zum Selbstmord gelockert wird oder wenn Ausnahmen vorgesehen werden“[1265]. Trotz denkbarer Schutzmechanismen sei die Gefahr des Missbrauchs nicht von der Hand zu weisen[1266].

Im Folgenden geht der *EGMR* auf die von ihm befürchtete Gefahr der Schaffung eines Präzedenzfalles ein: Zwar dürfe er immer nur die Frage der Konventionsverletzung in einem Einzelfall klären. Trotz-

1261 *EGMR, Pretty*, in: NJW 2002, S. 2854, Rdn. 74. Mit Verweis auf *EGMR, Laskey, Jaggard and Brown*, Rdn. 43. Siehe *EGMR, Laskey, Jaggard and Brown* ./. United Kingdom, Urt. v. 19.02.1997, in: Reports of judgments and decisions 1997-I, S. 120 ff. (132 f.), Rdn. 43:

> *„The Court considers that one of the roles which the State is unquestionably entitled to undertake is to seek to regulate, through the operation of the criminal law, activities which involve the infliction of physical harm. This is so whether the activities in question occur in the course of sexual conduct or otherwise.“*

Und Rdn. 44:

> *„The determination of the level of harm that should be tolerated by the law in situations where the victim consents is in the first instance a matter for the State concerned since what is at stake is related, on the one hand, to public health considerations and to the general deterrent effect of the criminal law, and, on the other, to the personal autonomy of the individual.“*

1262 *EGMR, Pretty*, in: NJW 2002, S. 2854, Rdn. 74.

1263 *EGMR, Pretty*, in: NJW 2002, S. 2855, Rdn. 74.

1264 *EGMR, Pretty*, in: NJW 2002, S. 2855, Rdn. 74.

1265 *EGMR, Pretty*, in: NJW 2002, S. 2855, Rdn. 74.

1266 *EGMR, Pretty*, in: NJW 2002, S. 2855, Rdn. 74.

dem bestehe die Gefahr, dass ein Einzelfallurteil auch zu einem Präzedenzfall werden könne, zumal man kein Urteil so abfassen könne, dass es nicht auch auf andere Fälle angewendet werden könne[1267].

Der *EGMR* hält daher das britische Verbot der Suizidbeihilfe für verhältnismäßig im Sinne von Art. 8 Abs. 2 EMRK. Es sei

> *„nicht willkürlich, wenn ein Gesetz der Bedeutung des Rechts auf Leben Rechnung trägt, indem es Beihilfe zum Selbstmord verbietet und ein System der Durchsetzung und Aburteilung vorsieht, das es erlaubt, in jedem Einzelfall dem öffentlichen Interesse an einer Strafverfolgung Rechnung zu tragen sowie den fairen und angemessenen Anforderungen an Sühne und Abschreckung."*[1268]

An dieser Stelle lässt der *EGMR* die Argumentation der britischen Regierung gelten, wonach das britische Strafrechtssystem durchaus Raum für Flexibilität im Einzelfall lasse. Denn die Strafverfolgung bedürfe der generalstaatsanwaltschaftlichen Zustimmung und es gebe die Möglichkeit, ggf. auch geringere Strafen auszusprechen[1269]. Infolgedessen sei es auch nicht unverhältnismäßig, dass dem Ehemann *Prettys* im Vorfeld keine Straffreiheit zugesichert wurde. Es begegne erheblichen rechtsstaatlichen Bedenken, wenn die Exekutive einfordere, bestimmte Personen von der Gesetzesanwendung auszunehmen. Dies gelte auch deswegen, weil das Gewicht der in Rede stehenden Tat sehr groß gewesen sei[1270].

b) Besprechung

Die Prüfung einer Verletzung von Art. 8 EMRK stellt im Fall *Pretty* einen weiteren Schwerpunkt dar. Unter aa) soll die Besprechung dieser Prüfung in der Literatur nachvollzogen werden. Unter bb) erfolgt

---

1267 *EGMR, Pretty*, in: NJW 2002, S. 2855, Rdn. 75.

1268 *EGMR, Pretty*, in: NJW 2002, S. 2855, Rdn. 76.

1269 *EGMR, Pretty*, in: NJW 2002, S. 2855, Rdn. 76. Der *EGMR* zitiert hier die britische Regierung nur, ohne sich diese Argumentation ausdrücklich zu eigen zu machen. An Hand der Formulierung des Urteilsgrunds auf S. 2855, Rdn. 76 erkennt man aber, dass der Gerichtshof die Argumentation der Regierung gelten lässt.

1270 *EGMR, Pretty*, in: NJW 2002, S. 2855, Rdn. 77.

eine Auseinandersetzung mit der Frage nach der Schaffung von Präzendenzfällen. Unter cc) erfolgt schließlich eine eigene Stellungnahme.

aa) Besprechung in der Literatur

aaa) Anerkennung des Selbstbestimmungsrechts

Byk zufolge liege die wahre Bedeutung des *Pretty*-Urteils darin, dass Art. 8 EMRK vom Gerichtshof als gesetzliche Grundlage für das Prinzip der persönlichen Autonomie angesehen werde[1271]. Der *EGMR* komme zu dieser Schlussfolgerung, weil es vielfältige Verbindungen zwischen einzelnen Lebenssituationen und den Lebensentscheidungen, die ein Einzelner treffen könne, gibt. Diese wirkten sich unter anderem auf die physische und psychische Integrität aus. Aus diesem Grund verbinde der Gerichtshof nun Art. 8 EMRK und die Ausübung individueller Freiheit im Sinne des Selbstbestimmungsrechts[1272]. Allerdings versuche der Gerichtshof auch, den Vorwurf zu vermeiden, ein Recht zu erfinden, das in der EMRK streng genommen nicht enthalten sei. Daher verweise er darauf, dass es nie einen Fall gegeben habe, in dem das Selbstbestimmungsrecht als solches in Art. 8 EMRK verankert angesehen wurde[1273]. Insofern umschiffe der *EGMR* dieses Problem durch den Ausspruch, dass der Begriff der persönlichen Autonomie ein wichtiges Prinzip sei, das der Interpretation der Garantien aus Art. 8 EMRK zu Grunde liegt[1274]. *Heymann* äußert sich noch ein Stück weitergehender als *Byk*: Indem der *EGMR* einen Eingriff in Art. 8 Abs. 1 EMRK zumindest nicht ausschließt, „erkennt er im Grundsatz an, dass die EMRK auch ein Recht auf einen selbstbestimmten Tod enthält."[1275]

Vorliegend ist der Interpretation *Byks* im Hinblick auf die vom *EGMR* gewählten Formulierungen in den Urteilsgründen der Vorzug zu geben. Der *EGMR* hält sich an dieser Stelle nämlich sehr zu-

1271 *Byk*, in: Ethical Eye I, S. 118.

1272 *Byk*, in: Ethical Eye I, S. 119.

1273 *Byk*, in: Ethical Eye I, S. 119 mit Verweis auf Rdn. 61 des *Pretty*-Urteils. Gemeint ist in der dt. Fassung *EGMR*, *Pretty*, in: NJW 2002, S. 2853, Rdn. 61.

1274 *Byk*, in: Ethical Eye I, S. 119 mit Verweis auf Rdn. 61 des *Pretty*-Urteils. Gemeint ist in der dt. Fassung *EGMR*, *Pretty*, in: NJW 2002, S. 2853, Rdn. 61.

1275 *Heymann*, in: JuS 2002, S. 958. Siehe ebenso *Vöhringer*, S. 56.

rück und umkreist das Problem unter Bezugnahme auf das Selbstbestimmungsrecht. Ob dieses Selbstbestimmungsrecht aber ein „Recht auf den eigenen Tod" beinhaltet, lässt der Gerichtshof offen. Vielmehr verortet er „die Frage der Sterbehilfe grundsätzlich in Art. 8 Abs. 1 EMRK"[1276]. Der *EGMR* sieht das Selbstbestimmungsrecht deswegen als berührt an, weil man sich grundsätzlich auch selbstgefährdenden Handlungen aussetzen oder im Falle einer medizinischen Behandlung auch Maßnahmen ablehnen könne. Die tatsächliche Feststellung eines Rechts auf den eigenen Tod fehlt aber. Aus diesem Grund kann aus Art. 8 EMRK zunächst nur ein Autonomie- und Selbstbestimmungsrecht abgeleitet werden.

bbb) Erforderlichkeitserwägungen

Kneihs stimmt dem *EGMR* bei seiner Begründung für die Rechtfertigung des Eingriffs in Art. 8 Abs. 1 EMRK nicht zu. Er zweifelt insbesondere daran, ob ein generelles Verbot der aktiven Sterbehilfe wirklich erforderlich ist. „Denn durch verfahrensrechtliche Vorkehrungen und Restriktionen ließe sich die Gefahr des Missbrauchs bannen, ohne dass jenen die Möglichkeit genommen werden müsste, einen früheren Tod zu wählen, die diesen Entschluss aus reiflicher Überlegung und freien Stücken fassen."[1277] *Kneihs* hält also ein absolutes Verbot der Sterbehilfe nicht für zwingend notwendig. Auch in dem oben getätigten Rechtsvergleich hat sich gezeigt, auf welche Weise Verfahrensabsicherungen und Kontrollmöglichkeiten geschaffen werden können, um die Gefahr von Missbräuchen einzudämmen. Insofern sind auch Ausnahmen von dem absoluten Verbot denkbar[1278].

Breitenmoser wirft dem *EGMR* vor, er habe die besondere Situation der Beschwerdeführerin *Pretty* außer Acht gelassen. Der Gerichtshof rechtfertige

> *„den generellen Charakter des Verbots der Sterbehilfe mit der Präjudizienwirkung und der allgemeinen Gefahr des Missbrauchs gegenüber schwachen und wehrlosen Menschen. Weil ein Missbrauch aber gerade im vorliegenden Fall aufgrund der klaren Sachlage* [...] *ausgeschlossen*

1276 *Kneihs*, in: EuGRZ 2002, S. 244.

1277 *Kneihs*, in: EuGRZ 2002, S. 243.

1278 Krit. hingegen *de Schutter*, in: RTDH 2003, Nr. 53, S. 92 ff.

> *werden konnte, wird* [...] *deutlich, dass für den Gerichtshof* [...] *weniger eine angemessene Lösung eines tragischen Einzelfalles als vielmehr das Errichten eines allgemeinen Riegels insb. gegen die direkte aktive Sterbehilfe im Vordergrund"*

gestanden habe[1279]. Ebenso fehle eine Differenzierung nach verschiedenen Adressaten- und Krankheitsgruppen, die von Beschränkungen des Selbstbestimmungsrechts und möglichen Rechtfertigungsmöglichkeiten vorausgesetzt würden[1280].

Breitenmoser ist dahin gehend zuzustimmen, dass sich das Urteil des *EGMR* so liest, als ob er auf Grund der Angst vor einem Präzedenzfall lieber die Beschwerde abweisen wollte. Der Gerichtshof geht selber darauf ein, dass er sich wegen Art. 34 EMRK nicht allgemein äußern dürfe, sondern nur immer auf den Einzelfall bezogen. *Trotzdem* soll hier die Gefahr einer Präjudizwirkung bestehen, weil man den Einzelfall ja immer auch auf andere ähnliche Fälle übertragen könne[1281]. Damit setzt sich der *EGMR* zu sich selbst in Widerspruch. Es wird nicht vermeidbar sein, dass sich staatliche Stellen an seiner Rechtsprechung orientieren – das sollen sie ja gerade (!) – und ähnliche Fälle ähnlich entscheiden. Dann muss der Gerichtshof aber auch den Mut haben, seine Funktion innerhalb des EMRK-Systems ausreichend auszufüllen[1282].

ccc) unpassender Rechtfertigungsgrund

Kneihs bemängelt ferner, dass der *EGMR* einen unpassenden Rechtfertigungsgrund für den britischen *Suicide Act* herangezogen habe. An-

1279 *Breitenmoser*, in: *Petermann*, S. 201.

1280 Vgl. *Breitenmoser*, in: *Petermann*, S. 201 f. Ähnl. auch *de Schutter*, in: RTDH 2003, Nr. 53, S. 87 ff. Zurückhaltender insoweit *Faßbender*, in: JURA 2004, S. 120, demzufolge aber eine strengere Verhältnismäßigkeitsprüfung hätte durchgeführt und die Frage, ob z. B. die Schaffung eines Ausnahmetatbestandes i. R. d. Erforderlichkeit für den Lebensschutz ausgereicht hätte, hätte aufgeworfen werden können.

1281 Vgl. *EGMR*, *Pretty*, in: NJW 2002, S. 2855, Rdn. 75.

1282 Zustimmend zur Angst vor der Schaffung eines Präzedenzfalles hingegen *Faßbender*, in: JURA 2004, S. 120: „[...] sachlich nachvollziehbar und angesichts der rechtspolitischen Umstrittenheit der Gesamtproblematik nicht zu beanstanden."

statt sich auf die „Rechte anderer" zu berufen, hätte der *EGMR* besser den „Schutz der Moral" als Rechtfertigungsgrund herangezogen. Denn das Tabu der Fremdtötung sei doch der eigentliche Grund für die entsprechende Entscheidung gewesen. Über den „Schutz der Moral" hätte der Gerichtshof dem britischen Gesetzgeber auch einen viel weiteren Gestaltungsspielraum zusprechen können. Hingegen lasse die Berufung auf die „Rechte anderer" beinahe schon den Schluss zu, dass ein strafrechtlich bewehrtes Verbot der aktiven Sterbehilfe zwingend notwendig ist[1283].

Dabei übersieht *Kneihs*, dass der *EGMR* den Mitgliedstaaten diesen Spielraum auch bei der Frage nach dem Schutz der Rechte anderer Menschen belässt. Der Gerichtshof führt aus, dass sich kein Gericht an die Stelle eines nationalen Entscheidungsträgers setzen kann[1284]. Vielmehr kann ein Gericht staatliche Entscheidungen nur darauf hin überprüfen, ob gewissermaßen die Grenzen der EMRK eingehalten sind. Und daher bemerkt der *EGMR* auch nur, dass die Rechte anderer, also z. B. die Rechte schwacher Menschen, ein berechtigtes Schutzgut seien, um ein bestimmtes Verhalten zu verbieten.

Darüber hinaus erscheint die Wahl des Rechtfertigungsgrundes auch aus einem anderen Grund nicht so entscheidend zu sein. *Meyer-Ladewig* weist nämlich darauf hin, dass der Beurteilungsspielraum nationalstaatlicher Organe „je nach Sachlage unterschiedlich weit" sei: „[B]ei Regelungen mit ethischen oder moralischem Gehalt lässt der EGMR einen weiten Spielraum. Er berücksichtigt, ob es in den europäischen Staaten einen Kosens gibt"[1285]. Insofern bedeute *Wildhaber* zufolge „[d]ie Doktrin des Ermessensspielraums [...] auch [die] Achtung vor den von demokratischen Institutionen getroffenen Beschlüssen [...]. Es kann nicht die Aufgabe des EGMR sein, [...] an die Stelle des demokratischen Gesetzgebers zu treten."[1286] Stattdessen obliege es dem Gerichtshof, „eine internationale Kontrolle in spezifischen Angelegenheiten aus[zu]üben, um zu gewährleisten, dass die getroffenen Entscheidungen keine übermäßige oder unerträgliche Belastung

1283 Vgl. *Kneihs*, in: EuGRZ 2002, S. 243 f.

1284 *EGMR, Pretty*, in: NJW 2002, S. 2854, Rdn. 70.

1285 *Meyer-Ladewig*, EMRK-HK, Art. 8 EMRK, Rdn. 119, m. w. N.

1286 *Wildhaber*, in: EuGRZ 2002, S. 570.

für einen Teil der Gesellschaft oder für Einzelpersonen darstellen."[1287] Aber – und das ist insofern entscheidend – der Ermessensspielraum ermöglicht das Angebot „eine[r] Vielfalt von Lösungen", sofern diese mit der EMRK vereinbar sind. Dies wird von der Konvention akzeptiert. Denn sie hat nicht zum Ziel, zahlreichen „unterschiedlichen Interessen [...] eine uniforme Sichtweise aufzudrängen." Vielmehr sollen „gemeinsame Mindestnormen" gefunden werden, „um dem innerstaatlichen Schutz der Menschenrechte einen europäischen Rahmen zu geben."[1288]

Das ist im Falle von *Pretty* der einschlägige Aspekt: Angesichts dessen, dass die Rechtslage zur Sterbehilfe innerhalb der europäischen Staaten so unterschiedlich ist, gibt es keinen „gemeinsamen Nenner" in Europa. Selbst unter rechtsvergleichenden Gesichtspunkten lässt sich kein breiter Konsens finden. Daher muss der *EGMR* – ganz gleich auf welchen Rechtfertigungsgrund er sich stützt – davon ausgehen, dass ein ethisch so bedeutsames Thema in verschiedenen Staaten unterschiedlich beurteilt wird. Er kann keinen „gemeinsamen Nenner" als vorgegeben voraussetzen. Demzufolge ist der nationale Gestaltungsspielraum denkbar weit. Es bleibt dem *EGMR* somit nichts Anderes übrig, als das zu akzeptieren und die Beurteilung einer bestimmten Thematik den Vertragsstaaten zu überlassen[1289].

ddd) Flexibilität des britischen Strafrechtssystems

De Schutter zweifelt an der Zweckmäßigkeit des Arguments, dass das britische Strafrechtssystem über die ausreichende Flexibilität verfügt, in jedem Einzelfall adäquate Maßnahmen zu treffen[1290]. *De Schutter* fragt, ob ein Strafrechtssystem, das nicht über eine solche Flexibilität verfügt, dann einen nicht zu rechtfertigenden Eingriff in Art. 8 Abs. 1 EMRK darstelle[1291]. Zwar bedeute das *Pretty*-Urteil nicht, dass der *EGMR* grundsätzlich einen Verstoß gegen die Lebensschutzverpflichtung verneint, wenn ein Staat sich einen gewissen Spielraum bei der Strafverfolgung lässt. Gleichermaßen bleibe es aber angreifbar, wenn

1287 *Wildhaber*, in: EuGRZ 2002, S. 570.

1288 *Wildhaber*, in: EuGRZ 2002, S. 570.

1289 Vgl. auch *Faßbender*, in: JURA 2004, S. 119.

1290 *De Schutter*, in: RTDH 2003, Nr. 53, S. 98 f.

1291 *De Schutter*, in: RTDH 2003, Nr. 53, S. 99.

man von diesem Spielraum die Verhältnismäßigkeit eines Eingriffs in Art. 8 Abs. 1 EMRK abhängig mache[1292]. Außerdem stelle sich die Frage, wie viel Rechtssicherheit ein Staat garantieren müsse. Denn die EMRK erfordere vom nationalen Recht so viel Rechtssicherheit, dass der Einzelne abschätzen kann, inwiefern das nationale Recht in seine Freiheiten eingreift. Nach dem britischen Recht könne nun aber der Einzelne auf eine gewisse staatliche Toleranz bei der Strafverfolgung setzen. Dabei unterschätze der *EGMR* gravierend, dass ein entsprechend laxer Umgang mit einer Abwägung seitens des Strafrechts einhergeht (nämlich ob die Strafverfolgung aufgenommen wird oder nicht)[1293]. Das Strafrecht müsse aber grundsätzlich für alle Betroffenen gleichermaßen gelten. Es könne nicht sein, dass es bei gleichgelagerten Fällen nur von Fall zu Fall angewendet wird[1294].

De Schutter bemüht diese Unterscheidung also deswegen, weil das Strafrecht etwas ist, was sich an alle richtet, die der nationalen Jurisdiktionsgewalt unterstehen. Und nur deswegen kann Strafrecht auch funktionieren. Es sei *de Schutter* zufolge daher nicht normal, dass die Ausübung eines Konventionsrechts von den Risiken abhänge, die jemand bereit ist, auf sich zu nehmen, indem er vorsätzlich das Strafrecht verletzt und darauf hofft, dass das Strafrecht dann doch nicht angewandt wird und zwar aus Gründen, die nicht von den im Vorfeld festgelegten objektiven Umständen abhängen[1295]. Daher ist auch das Argument fehlender Rechtssicherheit hier einschlägig, und zwar aus mehreren Gründen: Zum Einen ist es fragwürdig, dass im Fall *Pretty* den Strafverfolgungsbehörden ein Ermessensspielraum zugebilligt wird, obwohl die EMRK doch gerade im strafrechtlichen Bereich fordert, dass mögliche staatliche Eingriffe voraussehbar sind. Das heißt, der Einzelne soll vorher wissen, wie weit und in welchem Maße er seine Konventionsrechte ausüben kann. Im Fall *Sunday Times* hatte der *EGMR* z. B. allgemein zum „Rechts"-Begriff ausgeführt, dass eine Rechtsnorm so präzise formuliert sein muss, „daß der Bürger sein Verhalten danach einrichten kann"[1296]. Das bedeutet, der Bürger muss

1292 *De Schutter*, in: RTDH 2003, Nr. 53, S. 99.

1293 *De Schutter*, in: RTDH 2003, Nr. 53, S. 99.

1294 *De Schutter*, in: RTDH 2003, Nr. 53, S. 99 f.

1295 *De Schutter*, in: RTDH 2003, Nr. 53, S. 100.

1296 *EGMR*, *Times Newspapers Ltd. u. a.*, in: EuGRZ 1979, S. 387, Rdn. 49.

„die Folgen eines bestimmten Verhaltens mit einem den Umständen entsprechenden Grad an Gewißheit [...] erkennen" können[1297].

Zum Anderen führt die beschriebene Verlagerung auf die Zeit nach der Straftat auch dazu, dass der einzelne Täter auf eine gewisse Toleranz seitens der Strafverfolgungsbehörden hofft. Und schließlich wird den Strafverfolgungsbehörden auch eine Ungleichbehandlung gleichgelagerter Fälle ermöglicht: denn es ist ihnen überlassen, im Einzelfall nicht einzugreifen, obwohl sie in einem anderen, ähnlichen Fall vielleicht eingreifen würden.

Darüber hinaus ist *de Schutter* zufolge das *Pretty*-Urteil hinsichtlich der Fragestellung angreifbar, weshalb ausgerechnet eine gewisse strafprozessuale Toleranz weniger Missbrauchsrisiken beinhalte als die gesetzliche Festlegung klarer Abgrenzungskriterien. Dies gelte insbesondere im Hinblick auf die Möglichkeit, durch gesetzliche Normen klar zwischen freiverantwortlichen Personen, die im Vollbesitz ihrer geistigen Kräfte sind, sowie zwischen verletzbaren, schutzwürdigen Personen zu unterscheiden[1298]. Wenn die grundlegende Unterscheidung seitens des *EGMR* zwischen der gesetzlichen Festlegung bestimmter Kriterien *a priori* sowie der Einzelfallbeurteilung *a posteriori* verlaufe, müsse man doch bedenken, dass die Festlegung von Kriterien *a priori* die „contextualisation" einer Entscheidung nicht ausschließe. Das bedeutet, dass man im Rahmen einer zeitlich nach der Tat erfolgenden Entscheidung (z. B. über die Strafverfolgung) die besonderen Umstände des Einzelfalls gleichermaßen berücksichtigen würde (also auch dann, wenn sowieso gesetzliche Kriterien für entsprechende Fälle gelten). Ebenso könne ein entsprechendes Gesetz aber auch – anstatt Vorfeldkriterien festzulegen – bestimmte Verfahrensweisen für die Zeit nach der Tat festlegen, um sicherzugehen, dass vor der Sterbehilfeleistung alle Vorsichtsmaßnahmen beachtet wurden[1299]. Insofern gebe es genügend Möglichkeiten, um einen besseren Ausgleich zwischen dem Recht auf Achtung des Privatlebens und dem Recht auf Schutz des Lebens zu schaffen, ohne gleichzeitig den grundsätzlich bestehenden Straf(verfolgungs)anspruch des Staates aufzugeben[1300].

1297 *EGMR, Times Newspapers Ltd. u. a.*, in: EuGRZ 1979, S. 387, Rdn. 49.

1298 *De Schutter*, in: RTDH 2003, Nr. 53, S. 100.

1299 *De Schutter*, in: RTDH 2003, Nr. 53, S. 100; Hervorheb. im Text.

1300 *De Schutter*, in: RTDH 2003, Nr. 53, S. 100.

Genau dies ist die Gesetzeslage in den Benelux-Staaten. Hier hat man sich dafür entschieden, nicht bereits im Vorfeld bestimmte Sterbehilfe-Fälle von der Strafverfolgung auszunehmen. Es sind zwar bestimmte Kriterien festgelegt worden, die sowieso erfüllt sein müssen, aber es gibt im Nachhinein immer eine Kontrolle durch die entsprechenden Kommissionen. Erst zu diesem Zeitpunkt steht die begangene „Tat" fest, so dass auch erst hier entschieden werden kann, ob jemand strafrechtlich verfolgt wird oder nicht. Damit wird einerseits der grundsätzlich bestehende staatliche Straf(verfolgungs)anspruch gewahrt, andererseits aber auch ermöglicht, dass der die gesetzlichen Kriterien erfüllende Arzt bei einer „rechtmäßigen" Sterbehilfe-Leistung straffrei ausgeht.

eee) Aufrechterhaltung des Verbotsgesetzes

Auch *Morris* geht auf den Punkt der strafrechtlichen Flexibilität ein, bzw. deutet die vermeintliche Überflüssigkeit des britischen Verbotsgesetzes an. In Bezug auf den *Dudgeon*-Fall[1301] merkt er an, dass die Nichtanwendung oder der Nichtvollzug eines Gesetzes nicht notwendigerweise dazu führe, dass dieses Gesetz als eine Option angesehen wird, durch die so wenig wie möglich in ein bestimmtes Recht eingegriffen werde[1302]. Denn im *Dudgeon*-Fall sei gerade entschieden worden, dass die in Frage stehenden Gesetze schon auf Grund ihrer bloßen Existenz als unverhältnismäßig angesehen wurden – und das, obwohl die nordirischen Behörden sie schon gar nicht mehr anwendeten[1303]. Der *EGMR* habe hier geurteilt, dass die Nichtverfolgung einverständlicher homosexueller Handlungen weder in irgendeiner Art und Weise Schaden angerichtet habe, noch dass es eine öffentliche Aufforderung gegeben habe, das zugehörige Gesetz strenger anzuwenden. Unter diesen Umständen habe es der *EGMR* nicht als notwendig an-

1301 *Morris*, in: EHRLR 2003, S. 88 mit Verweis auf *EGMR, Dudgeon*, Rdn. 60 f. Siehe *EGMR, Dudgeon ./. United Kingdom and Northern Ireland*, Urt. v. 22.10.1981, in: Publications of the European Court of Human Rights, Series A: Judgments and Decisions, Vol. 45, S. 23 f., Rdn. 60 f.

1302 *Morris*, in: EHRLR 2003, S. 88.

1303 *Morris*, in: EHRLR 2003, S. 88 mit Verweis auf *EGMR, Dudgeon*, Rdn. 60 f. Siehe *EGMR, Dudgeon ./. United Kingdom and Northern Ireland*, Urt. v. 22.10.1981, in: Publications of the European Court of Human Rights, Series A: Judgments and Decisions, Vol. 45, S. 23 f., Rdn. 60 f.

gesehen, das absolute gesetzliche Verbot der Homosexualität aufrecht zu erhalten[1304].

Morris ist an dieser Stelle insofern zuzugestehen, dass der *Dudgeon*-Fall sehr wohl zeigt, dass es überflüssige Gesetze gibt, die nicht nur nicht angewendet werden, sondern gänzlich verschwinden sollen. Das lag im *Dudgeon*-Fall auch gewissermaßen auf der Hand. Bei *Pretty* besteht aber insofern ein Unterschied, als dass der Schaden der gesetzlich verbotenen Handlung hoch ist: es wird nämlich ein Mensch sterben. Insofern wird man nicht umhin kommen, das Gesetz grundsätzlich aufrecht zu erhalten, eben weil menschliches Leben geschützt werden soll. Möglicherweise kann man aber Ausnahmetatbestände für die Fälle schaffen, die – wie *de Schutter* es schon angesprochen hat[1305] – frei von Missbrauchsgefahren sind. Insofern reicht die Ansicht von *Morris* an dieser Stelle sehr viel weiter als die von *de Schutter*, beiden ist aber gemeinsam, dass sie die Absolutheit des strafrechtlichen Verbots in Frage stellen.

Morris kommt zu der Schlussfolgerung, dass das absolute Verbot des britischen *Suicide Acts* unverhältnismäßig im Sinne von Art. 8 Abs. 2 EMRK sei: Erstens habe das von *Pretty* eingeforderte Recht enormes Gewicht. Zweitens fehle ein überzeugender Nachweis, dass eine partielle Freigabe der Suizidbeihilfe tatsächlich schwächere Menschen in Gefahr bringen würde. Drittens könnte der Staat selbst dann, wenn für schwächere Menschen tatsächlich eine solche Gefahr bestünde, einer solchen durch weniger allgemeine und weniger zudringliche Mittel als ein strafrechtliches Blanko-Verbot begegnen. Viertens gebe es zwar keinen europäischen Konsens *für* die Legalisierung des assistierten Suizids, es gebe aber auch keinen in Bezug auf ein umfassendes Verbot desselben[1306].

1304 *Morris*, in: EHRLR 2003, S. 88 mit Verweis auf *EGMR, Dudgeon*, Rdn. 60 f. Siehe *EGMR, Dudgeon ./. United Kingdom and Northern Ireland*, Urt. v. 22.10.1981, in: Publications of the European Court of Human Rights, Series A: Judgments and Decisions, Vol. 45, S. 23 f., Rdn. 60 f. Dort, S. 23, Rdn. 61:

> *„In particular, the moral attitudes towards male homosexuality in Northern Ireland and the concern that any relaxation in the law would tend to erode existing moral standards cannot, without more, warrant interfering with the applicant's private life to such an extent."*

1305 Siehe oben; *de Schutter*, in: RTDH 2003, Nr. 53, S. 100.

1306 *Morris*, in: EHRLR 2003, S. 90. A. A. *Kämpfer*, Selbstbestimmung, S. 247 (Hervorheb. im Text):

bb) zur Frage nach dem Präzedenzfall

Der *EGMR* hat in *Pretty* die Befürchtung geäußert, dass er im Falle einer Bejahung des von *Pretty* geltend gemachten Anspruchs einen Präzedenzfall schaffen könnte[1307]. Das heißt, er befürchtete, dass er die Sterbehilfe in gewisser Weise „freigeben" könnte, bzw. dass ein positives Urteil entsprechenden Druck ausgelöst hätte.

Bei dieser Frage muss man jedoch zwischen der politischen und der rechtlichen Ebene trennen. Aus politischen Gesichtspunkten heraus wäre ein positives Urteil sicherlich Wasser auf den Mühlen der Sterbehilfe-Befürworter gewesen. Und ggf. hätten sich auch Staaten unter Druck gesetzt gefühlt, was ihre nationalen Strafgesetze angeht.

Aus rechtlicher Sicht muss berücksichtigt werden, dass die im konkreten Fall vor dem *EGMR* involvierten Parteien eben nur im Einzelfall verpflichtet werden. „[E]s gibt keinen erga-omnes Effekt der Entscheidungen" des *EGMR*[1308]. Allerdings „entfalten diese Entscheidungen eine gewisse Präzedenzwirkung, die [...] praktischen Erwägungen entspringt."[1309] Denn „[w]elches staatliche Organ lässt sich schon gerne einer Menschenrechtsverletzung bezichtigen"[1310]. Wird „eine Konventionswidrigkeit festgestellt [...], ist es höchst wahrscheinlich, dass [...] dies auch ein weiteres Mal und in bezug auf ein anderes Land" bei Identität des Streitgegenstandes erfolgen wird[1311]. Das heißt also, eine Präzedenzwirkung hätte insofern bestanden, als dass ein ähnlicher Fall – ganz gleich in welchem Mitgliedstaat – nach dem *Pretty*-Urteil anders hätte entschieden werden müssen. Dann hätte jemandem die Straffreiheit zugesichert werden müssen.

Schmid stellt insofern „indirekte Wirkungen der Entscheidungen" des *EGMR* fest. Sie seien „mit der Präzedenzwirkung von Ur-

---

*„Dennoch hat der EGMR es mit guten Gründen abgelehnt, schon **vor** Leistung der geplanten Sterbehilfe abstrakt und generell die Unverhältnismäßigkeit einer Strafverfolgung festzustellen."*

1307 *EGMR, Pretty*, in: NJW 2002, S. 2855, Rdn. 75.

1308 *Schmid*, Wirkungen, S. 114.

1309 *Schmid*, Wirkungen, S. 114.

1310 *Schmid*, Wirkungen, S. 114.

1311 *Schmid*, Wirkungen, S. 114. Siehe auch *Ress*, in: *Maier*, Menschenrechtsschutz, S. 257 f.

teilen höchstnationaler Gerichte vergleichbar"[1312]. *Ress* zufolge „liegt die Annahme nahe, daß [...] [die] vom EGMR vertretene[...] Auslegung der EMRK" entsprechend mehr beachtet wird. Denn ein Verfahren vor dem *EGMR* habe internationalen Charakter und ist entsprechend selten. Eine erneute Anrufung des *EGMR* in einem ähnlichen Fall sei nur unter erschwerten Bedingungen möglich. Außerdem seien die Staaten als Vertragsstaaten der EMRK nun mal „zu konventionsfreundlichem Verhalten" verpflichtet[1313]. Nicht zu vergessen ist außerdem der von *Wildhaber* angesprochene „common sense", den das EMRK-System in gewisser Weise darstellen soll, sowie die Autorität, die der *EGMR* im Menschenrechtsfindungs- und Konkretisierungsprozess nun einmal hat[1314]. Der *EGMR* hat also auf Grund seiner Autorität und seiner Stellung eine besondere Rolle inne. Deswegen wird seinen Urteilen auch entsprechende Beachtung geschenkt. Diese Position hat schon fast etwas Politisches. Aus diesem Grund hätte eine positive Entscheidung des *EGMR* wohl noch mehr politischen als rechtlichen Druck ausgeübt.

Aus inhaltlicher Sicht war es *Leenen* zufolge im Falle von *Pretty* ein entscheidender Faktor, dass der Ehemann *Prettys* kein Arzt, sondern medizinischer Laie war. Zwar hätte dies die Entscheidung des *DPP* wahrscheinlich nicht geändert, doch bestehe ein Unterschied zwischen der (straf-)rechtlichen Beurteilung eines Arztes, der ein Leben beendet und der (straf-)rechtlichen Beurteilung einer Laienperson, die das Gleiche tue[1315]. Insofern hätte eine positive Entscheidung des *EGMR* die potentielle Immunität bei der Sterbehilfe über die Ärzteschaft hinaus auch auf alle anderen Personen ausgeweitet. Damit wäre ein Druck erzeugt worden, der sogar mehr umfasst hätte, als das, was in den Niederlanden zu dieser Zeit bereits möglich war.

Ebenso ist aber zu berücksichtigen, dass die Risikoeinschätzung und die Beurteilung möglicher Missbrauchsgefahren nach dem *Pretty*-Urteil gerade immer noch den nationalen Stellen vorbehalten bleiben. Es wäre also denkbar und möglich, dass ein Staat die Sterbehilfe oder Suizidbeihilfe mit Verweis auf seinen nationalen Spielraum verbietet.

1312 *Schmid*, Wirkungen, S. 114.

1313 *Ress*, in: *Maier*, Menschenrechtsschutz, S. 258.

1314 *Wildhaber*, in: ZSR 1979, NF Bd. 98, S. 355.

1315 *Leenen*, in: EJHL 2002, S. 258.

Dies wäre nach dem oben Gesagten mit der EMRK vereinbar. Insofern würde ein Urteil des *EGMR*, das z. B. aktive Sterbehilfe für konventionskonform erklärt, keinen Präzedenzfall schaffen. Denn die Beurteilung möglicher Missbrauchsgefahren soll auch weiterhin dem einzelnen Staat zukommen. Der *EGMR* kann und will diese Prüfung nicht ersetzen. Er stellt in *Pretty* lediglich fest, dass sich aus der EMRK kein grundrechtliches Legalisierungsgebot ableiten lässt und den Konventionsstaaten insofern die Entscheidungsbefugnis zukommt. Aus diesem Grund gibt der *EGMR* die Entscheidung für oder gegen aktive Sterbehilfe nicht vor, so dass folglich in diesem Punkt nicht von einem Präzedenzfall gesprochen werden kann.

cc) eigene Beurteilung

Der *EGMR* hat durch das *Pretty*-Urteil mitnichten festgelegt, dass die Zulassung bestimmter Formen freiwilliger Sterbehilfe gegen die EMRK verstößt[1316]. Er hat nur ausgeführt, dass aus Art. 8 Abs. 1 EMRK kein Anspruch auf die Zusicherung von Straffreiheit vor der Leistung von Sterbehilfe abgeleitet werden kann. Der Gerichtshof überlässt es den Mitgliedstaaten der EMRK, in ihrem nationalen (Straf-)Recht eine Abwägung darüber zu treffen, ob ein bestimmtes Verhalten verboten werden soll oder nicht[1317]. Er kann sich nicht an die Stelle der nationalen Entscheidungsträger setzen, sondern kann nur darüber urteilen, ob ein bestimmtes staatliches Verhalten mit der Konvention vereinbar ist. Der Beurteilungsspielraum („margin of appreciation") einer staatlichen Stelle kann von einem Gericht demzufolge nur eingeschränkt überprüft werden. Dies hat auch der belgische *Conseil d'Etat* in seinem *Avis* (2001) deutlich gemacht. Einem Gericht obliegt es hiernach nicht, die gesetzgeberische Entscheidung für oder gegen Sterbehilfe zu überprüfen. Ob eine solche Entscheidung „richtig" oder „falsch" ist, darf das Gericht nicht beurteilen. Das Gericht kann lediglich überprüfen, ob der Gesetzgeber seine aus der EMRK resultierenden Schutzpflichten verletzt, indem er ein bestimmes Verhalten straffrei stellt.

1316 So auch *Vöhringer*, S. 56; *de Schutter*, in: RTDH 2003, Nr. 53, S. 106 f. Anders hingegen *Ress*, in: FS-*Fischer*, S. 443 f., 469 f.

1317 In diesem Sinne auch *Keown*, in: IJCL 2003, S. 730 (Hervorheb. im Text): *„The decision in **Pretty** determines that European states **may** prohibit assisted suicide, not that they **must** do so."*

Der *EGMR* verortet die Frage der Sterbehilfe in Art. 8 EMRK. Aus diesem Grund sind seine Ausführungen so zu verstehen, dass Art. 8 EMRK eine Art Selbstbestimmungsrecht beinhaltet. Dies wird vor allem durch die Bezugnahme auf medizinische Behandlungsfälle deutlich, in denen sich jemand ggf. auch gegen eine Behandlung entscheidet. Es bleibt nach alledem aber offen, ob Art. 8 Abs. 1 EMRK auch ein Recht auf den eigenen Tod enthält. Diese Formulierung erscheint angesichts der Zurückhaltung des *EGMR* in seinen Urteilsgründen zu gewagt.

Im Rahmen der Besprechung einer möglichen Verletzung des Art. 8 Abs. 1 EMRK stellen mehrere Autoren die Frage, ob das unbedingte Verbot der Suizidbeihilfe im britischen *Suicide Act* eigentlich erforderlich ist. Als Hauptargument wird angeführt, dass bei einer legalen Leistung von Sterbehilfe bestimmte Verfahrensabsicherungen und Kontrollmöglichkeiten denkbar sind, um die Missbrauchsgefahr einzudämmen. Für diesen Weg haben sich die Benelux-Staaten entschieden. Ein weiteres Argument ist gerade im Falle von *Pretty,* dass sich bei manchen Menschen die Frage des Missbrauchs von vorne herein nicht stellt. Genau so war es auch bei *Pretty*. Dies hat der *EGMR* indirekt sogar selber anerkannt. Vor allem war es ja *Pretty* selbst, die versuchte, auf gerichtlichem Wege einen Anspruch auf Straffreiheitszusicherung anerkannt zu bekommen. Dennoch hat sich der Gerichtshof hiervon nicht umstimmen lassen. Vielmehr hat er seine Urteilsgründe zu einer sehr allgemeinen Stellungnahme gegen die Freigabe von Sterbehilfe gemacht. Das wird insbesondere vor dem Hintergrund deutlich, dass der *EGMR* ganz offensichtlich vor der vermeintlichen Schaffung eines Präzedenzfalles zurückschreckt[1318]. Insofern suggeriert das *EGMR*-Urteil fälschlicherweise, dass es *Pretty* um die generelle Aufhebung eines Sterbehilfeverbots ging. Es ging ihr vielmehr um die Schaffung einer Ausnahme für ihren konkreten Einzelfall. Problematisch an der Präzedenzfall-Vermeidungsstrategie des *EGMR* ist daher, dass der Gerichtshof verkennt, dass er eine Einzelfallentscheidung trifft. Außerdem zwingt er die Mitgliedstaaten der EMRK durch das Urteil ja gerade nicht zu einer Gesetzesänderung o. ä. Allenfalls aus politischen oder gesellschaftlichen Gründen ist die Befürchtung der Schaffung eines Präzedenzfalles naheliegend. Denn eine positive Bescheidung von

1318 Siehe oben, *EGMR, Pretty,* in: NJW 2002, S. 2855, Rdn. 75.

Prettys Beschwerde wäre (rechts-)politisch in der Argumentation *für* die Legalisierung von Sterbehilfe als *Pro*-Argument angeführt worden.

Bedenkenswert sind überdies die Fragen, die *de Schutter* in Bezug auf das britische Strafrechtssystem stellt[1319]. In einem Fall wie dem Vorliegenden, in dem das in Rede stehende Handlungsverbot in einer Norm verankert ist, die so großes Ermessen ermöglicht, stellt sich die Frage, wie viel Rechtssicherheit ein Staat eigentlich gewährleisten muss. Nach der Konzeption der EMRK soll man als potentieller Straftäter doch möglichst im Vorfeld der Tat abschätzen können, ob die geplante Handlung möglicherweise strafbar ist. Man soll also mögliche Eingriffe in die eigenen Grundrechte vorhersehen können. Dies wird durch die Flexibilität des britischen *Suicide Acts*, das heißt, durch die Ermöglichung der Ermessensausübung und damit die Entscheidung darüber, ob die Tat überhaupt verfolgt wird, unterlaufen. Daraus resultieren mehrere Problematiken:

- Der künftige Straftäter schöpft vielleicht Hoffnung, dass seine geplante Tat am Ende doch nicht strafrechtlich verfolgt wird.
- Der Umgang mit dem Strafrecht erscheint an dieser Stelle sehr lax. Denn entweder ist eine Handlung strafbar, so dass sie auch verfolgt wird. Oder sie ist eben nicht strafbar und dann wird sie auch nicht verfolgt.
- Hieraus entsteht die Möglichkeit seitens der Strafverfolgungsbehörden, im konkreten Fall eine Abwägung vorzunehmen: Vielleicht wird die Straftat verfolgt, vielleicht aber auch nicht. Das Resultat einer solchen Abwägung kann ein Außenstehender nicht abschätzen.
- Durch diese Ermessensmöglichkeiten und die hervorgerufene Unsicherheit erscheint es möglich, dass die betroffene strafrechtliche Norm ihren abschreckenden Charakter verliert. Denn eine Norm, die noch existiert, aber kaum noch durchgesetzt wird, schreckt nicht effektiv ab.
- Möglicherweise kommt es zu einer Ungleichbehandlung gleich gelagerter Fälle, wenn in dem einen Fall die Strafverfolgung aufgenommen wird und in dem anderen nicht.

1319 Siehe oben; *de Schutter*, in: RTDH 2003, Nr. 53, S. 98 ff.

Das nationale Strafrecht gilt aber – wie *de Schutter* anmerkt[1320] – grundsätzlich für alle Menschen, die seiner Jurisdiktionsgewalt unterstehen. Nur auf diese Weise kann Strafrecht auch „funktionieren". Das Argument des *EGMR*, das britische Strafrecht gebe genügend Flexibilität, um auf den Einzelfall angemessen reagieren zu können, macht in gewisser Weise die Reichweite eines Konventionsrechts vom Spielraum des nationalen Strafrechts abhängig. Insofern besteht die Gefahr, dass jemand trotz eines strafrechtlichen Verbots handelt – oder sogar handeln muss – um zu erfahren, ob und wie das nationale Strafrecht letztlich hierauf reagiert.

Es ist somit nicht erkennbar, warum die Aufrechterhaltung eines ggf. lax gehandhabten Verbots einen potentiellen Missbrauch besser verhindern soll als eine klare gesetzliche Regelung, die ggf. bestimmte Sterbehilfe-Formen legalisiert. Der staatliche Strafverfolgungsanspruch kann also auch dadurch gewahrt werden, dass man entweder ein liberaleres Gesetz schafft, in dessen Rahmen ebenso die Einzelfallumstände beachtet werden, die ggf. zu einer Strafbarkeit führen können. Oder aber man schafft ein Gesetz, in dem ein Kontrollverfahren *ex post* eingebaut wird. Dies haben die Benelux-Staaten gemacht. Dort kann sich niemand schon im Vorfeld sicher sein, dass er nicht strafrechtlich verfolgt wird. Es besteht vielmehr im Nachhinein eine große Wahrscheinlichkeit der Nichtverfolgung, wenn man alle gesetzlich vorgeschriebenen Sorgfaltskriterien beachtet hat. Insofern haben die Benelux-Staaten es ihren jeweiligen Strafverfolgungsbehörden offen gelassen, zusätzlich zu ermitteln. Vor diesem Hintergrund ist auch die Auffassung *Morris'* zu verstehen, der das absolute Verbot des britischen *Suicide Acts* für unverhältnismäßig hält[1321]. Es bestünde tatsächlich die Möglichkeit, auch auf andere Weise Missbrauchsgefahren zu begegnen.

Das hätte aber nicht bedeutet, dass *Pretty* anderen Falls ein Anspruch auf Straffreiheitszusicherung zuerkannt worden wäre. Es hätten – ggf. wie im Falle von *Debbie Purdy*[1322] – als „Weniger" dieses Anspruchs z. B. Kriterien veröffentlicht werden können, wann Strafverfolgungsbehörden eingreifen, bzw. an Hand welcher Kriterien sie bestimmte Fälle als (nicht) strafverfolgungswürdig einstufen. Ange-

1320 Siehe oben; *de Schutter*, in: RTDH 2003, Nr. 53, S. 99 f.

1321 Siehe oben; *Morris*, in: EHRLR 2003, S. 90.

1322 Dazu weiter unten.

sichts des Problems, dass eine Tat erst begangen sein muss, um sie untersuchen zu können, hätte *Prettys* Ehemann auch in dieser Konstellation vorab keine Straffreiheit zugesichert bekommen. Zumindest aber hätte es für ihn eine bessere Möglichkeit zur Orientierung und zur Bewertung der geplanten Handlung gegeben.

4) Verletzung des Art. 9 EMRK (Gedanken-, Gewissens- und Religionsfreiheit)

Einen Eingriff in Art. 9 Abs. 1 EMRK, der das Recht auf Gedanken-, Gewissens- und Religionsfreiheit schützt[1323], lehnte der *EGMR* in *Pretty* ab[1324]. *Pretty* hatte sich auf Art. 9 berufen mit dem Argument, sie glaube an Sterbehilfe und trete hierfür ein[1325].

a) Auffassung des *EGMR*

Der *EGMR* begründete seine Auffassung wie folgt: Er zweifele „nicht daran, dass die Anschauungen der Bf.[1326] über Sterbehilfe fest und ernsthaft" seien[1327]. Doch „nicht alle Meinungen oder Überzeugungen" seien unter den Glaubensbegriff des Art. 9 EMRK einzuordnen[1328]. Mit der Beschwerde mache *Pretty* „keine Form des Bekenntnisses einer Religion oder eines Glaubens durch Gottesdienst, Unterricht oder Praktizieren von Bräuchen oder Riten i. S. von Art. 9 I EMRK

1323 Art. 9 EMRK lautet:

„(1) Jede Person hat das Recht auf Gedanken-, Gewissens- und Religionsfreiheit; dieses Recht umfaßt die Freiheit, seine Religion oder Weltanschauung zu wechseln, und die Freiheit, seine Religion oder Weltanschauung einzeln oder gemeinsam mit anderen öffentlich oder privat durch Gottesdienst, Unterricht oder Praktizieren von Bräuchen und Riten zu bekennen.

(2) Die Freiheit, seine Religion oder Weltanschauung zu bekennen, darf nur Einschränkungen unterworfen werden, die gesetzlich vorgesehen und in einer demokratischen Gesellschaft notwendig sind für die öffentliche Sicherheit, zum Schutz der öffentlichen Ordnung, Gesundheit oder Moral oder zum Schutz der Rechte und Freiheiten anderer."

1324 *EGMR, Pretty,* in: NJW 2002, S. 2855, Rdn. 82 f.

1325 *EGMR, Pretty,* in: NJW 2002, S. 2855.

1326 Bf. = Beschwerdeführerin, Anm. der Verf.

1327 *EGMR, Pretty,* in: NJW 2002, S. 2855, Rdn. 82.

1328 *EGMR, Pretty,* in: NJW 2002, S. 2855, Rdn. 82.

geltend."[1329] Der Begriff des „Praktizierens" in Art. 9 Abs. 1 erfasse „nicht jede Handlung, die durch Religion oder Glaube motiviert oder beeinflusst ist"[1330]. Soweit sich *Pretty* im Rahmen der Geltendmachung einer Verletzung des Art. 9 Abs. 1 EMRK auf „ihr Eintreten für persönliche Autonomie" beziehe, sei dies nicht mehr als eine Wiederholung ihres Vorbringens, mit dem sie schon eine Verletzung des Art. 8 Abs. 1 EMRK gerügt habe[1331].

Ähnlich wie der *EGMR* hatte zuvor auch *Lord Bingham of Cornill* im Urteil des *House of Lords* argumentiert. *Pretty* möge einen ernsthaften Glauben an die assistierte Selbsttötung haben. Es stehe ihr frei, diesen Glauben zu bewahren und auszudrücken. Doch könne dieser Glaube nicht als Anspruch angesehen werden, dass ihr Ehemann nicht für etwas strafrechtlich verfolgt werde, das zwar mit ihrem Glauben übereinstimmt, jedoch vom Strafrecht für verboten erklärt wird. Selbst wenn sie nach Art. 9 ein Recht geltend machen könnte, so würde in Anlehnung an Art. 8 auch hier die Rechtfertigung eingreifen[1332].

b) Besprechung

aa) falsche Prüfungsreihenfolge?

Breitenmoser bemängelt eine falsche Prüfungsreihenfolge in Bezug auf die Spezialität der zu prüfenden Grundrechte. Bei der Prüfung des Art. 9 habe der Gerichtshof nicht-religiöse Handlungen und Überzeugungen allgemein ausgegrenzt und dies nach Art. 8 EMRK verwiesen[1333].

1329 *EGMR, Pretty*, in: NJW 2002, S. 2855, Rdn. 82.

1330 *EGMR, Pretty*, in: NJW 2002, S. 2855, Rdn. 82 mit Verweis auf *EKMR, Arrowsmith ./. Vereinigtes Königreich*, Az. 7050/75, 12.10.1978, Nr. 71. Siehe *EKMR, Arrowsmith ./. United Kingdom*, Report v. 12.10.1978, Az.: 7050/75, S. 33, Rdn. 71:

> *„The Commission considers that the term ‚practice' as employed in Art. 9 (1) does not cover each act which is motivated or influenced by a religion or a belief."*

1331 *EGMR, Pretty*, in: NJW 2002, S. 2855, Rdn. 82.

1332 *Lord Bingham of Cornhill, House of Lords Pretty*, [2001] UKHL 61, in: WLR 2001, Vol. 3, S. 1617, Rdn. 31; in Teilen auch zit. bei *Morris*, in: EHRLR 2003, S. 73. Ähnl. auch *Lord Steyn, House of Lords Pretty*, [2001] UKHL 61, in: WLR 2001, Vol. 3, S. 1628 f., Rdn. 63 (ebenso zit. bei *Morris*, in: EHRLR 2003, S. 73).

1333 *Breitenmoser*, in: *Petermann*, S. 204.

Art. 8 werde auf diese Weise „zum Auffanggrundrecht für die nicht-religiösen, säkularen Tätigkeitsformen Denken, Sprechen und Handeln mit einem Bezug zur Privatsphäre."[1334] Bedenke man aber, dass eine Verletzung von Art. 8 EMRK zuvor abgelehnt wurde, so offenbare sich hier „die unrichtige Reihenfolge bei der Prüfung der einschlägigen Konventionsbestimmungen."[1335] Behandele man Art. 8 EMRK infolgedessen als Auffangrecht, so werde „bei Verletzung eines spezielleren Grundrechts die Verletzung des Auffangrechts von Art. 8 EMRK nicht mehr geprüft", sondern könne dahin gestellt bleiben[1336]. Demgegenüber müsse „Art. 8 EMRK bei fehlender Verletzung einer spezielleren Konventionsbestimmung verstärkt geprüft werden."[1337] Der *EGMR* hätte also „Art. 9 vor Art. 8 EMRK prüfen müssen."[1338]

Zweifelhaft ist, ob dies zu einem anderen Ergebnis geführt hätte. Erstens wurde die Auffassung *Prettys* innerhalb des Art. 8 hinreichend gewürdigt. Zweitens ist fraglich, inwieweit eine nicht-religiöse Auffassung im Rahmen von Art. 8 eine Rolle spielt. Es ging nicht darum, dass die britischen Strafverfolgungsbehörden dem Ehepaar *Pretty* eine falsche Gesinnung oder die illegale Ausübung ihrer Ansichten vorwarfen. Aufhänger war vielmehr die Planung einer Handlung, die einen bestimmten Straftatbestand erfüllt hätte bzw. die Frage nach der strafrechtlichen Immunität. Damit konnte es eigentlich dahin stehen, *woher* die „Idee" der Suizidbeihilfe kam. Darüber hinaus hat sich der *EGMR* im Rahmen der Prüfung einer Verletzung von Art. 8 EMRK gar nicht mit der Auffassung oder innerlichen Einstellung *Prettys* befasst. Dies deutet also darauf hin, dass der Schutzbereich des Art. 8 vom *EGMR* als sehr viel weiter reichend angesehen wird und somit nicht nur nicht-religiöse Auffassungen erfassen soll. Unter diesem Gesichtspunkt war die Prüfungsreihenfolge (das heißt, Art. 8 *vor* Art. 9) demnach richtig.

1334 *Breitenmoser*, in: *Petermann*, S. 205.

1335 *Breitenmoser*, in: *Petermann*, S. 205.

1336 *Breitenmoser*, in: *Petermann*, S. 205.

1337 *Breitenmoser*, in: *Petermann*, S. 205.

1338 *Breitenmoser*, in: *Petermann*, S. 205.

bb) Inhalt des Art. 9 EMRK

Morris hält die Begrenzung des Schutzbereichs von Art. 9 EMRK für rechtmäßig. Es müsse vernünftige Grenzen dafür geben, was Menschen im Namen ihrer persönlichen Überzeugungen tun dürften und was nicht. Folglich könnten religiöse Terroristen ihre Handlungen nicht unter Berufung auf Art. 9 EMRK rechtfertigen. Auch der „pro-life campaigner“ (also der Aktivist, der sich für unbedingten Lebensschutz einsetzt) könne nicht Ärzte töten oder verletzen, die Frauen Abtreibungen anbieten und sich dann auf Art. 9 berufen[1339]. Natürlich gebe es immer die Möglichkeit, solchen Handlungen über Art. 9 Abs. 2 EMRK vorzubeugen. Fakt sei aber, dass die Straßburger Organe zu glauben schienen, dass solche Handlungen selbst dann schon nicht dem Schutzbereich des Art. 9 Abs. 1 unterfielen, wenn es Art. 9 Abs. 2 gar nicht gäbe[1340].

Morris verweist an dieser Stelle auf ein Urteil des *EGMR*, wonach das Recht, seinen Glauben auszudrücken, nicht erfordere, dass bestimmte Praktiken vom Staat erlaubt werden müssten[1341]. In dem zu Grunde liegenden Fall ging es um die Frage, ob es einer jüdisch-orthodoxen Vereinigung erlaubt werden sollte, sich an rituellem Schlachten zu beteiligen, um glatt-koscheres[1342] Fleisch zu erhalten. Der *EGMR* führte aus, es läge nur dann ein Eingriff in Art. 9 vor, wenn das Verbot, rituelles Schlachten durchzuführen, es ultra-orthodoxen Juden unmöglich machen würde, Zugang zu glatt-koscherem Fleisch zu haben[1343].

In Bezug auf *Diane Pretty* bedeute dies *Morris* zufolge, dass es z. B. dann einen Eingriff in Art. 9 Abs. 1 EMRK gegeben hätte, wenn man

1339 *Morris*, in: EHRLR 2003, S. 74.

1340 *Morris*, in: EHRLR 2003, S. 74.

1341 Vgl. *Morris*, in: EHRLR 2003, S. 74 mit Verweis auf *EGMR, Cha'are Shalom Ve Tsedek*. Vgl. *EGMR, Cha'are Shalom Ve Tsedek ./. France*, Urt. v. 27.06.2000, in: Reports of judgments and decisions 2000-VII, S. 195 ff. (258), Rdn. 82.

1342 Der Zusatz „glatt“ bedeutet, dass das Fleisch frei von Anhaftungen oder Beschädigungen sein muss. Siehe hierzu <http://www.einstein-restaurant.de/> unter der Rubrik „koscher?“ und <http://www.hagalil.com/judentum/rabbi/090323.htm> (beide zuletzt abgerufen: 27.10.2012).

1343 *Morris*, in: EHRLR 2003, S. 74 mit Verweis auf *EGMR, Cha'are Shalom Ve Tsedek*. Siehe *EGMR, Cha'are Shalom Ve Tsedek ./. France*, Urt. v. 27.06.2000, in: Reports of judgments and decisions 2000-VII, S. 258, Rdn. 80 ff.

sie an der Veröffentlichung von Broschüren für die Unterstützung ihres Anliegens gehindert hätte[1344]. *Pretty* habe aber mehr gewollt und *Morris* sieht zwischen ihrem Fall und dem der jüdischen Vereinigung Parallelen: Es gehe um die Option, die vom Staat das Meiste und zugleich Kontroverseste abverlange[1345].

cc) eigene Bewertung

Da der *EGMR* im Rahmen der Prüfung von Art. 8 Abs. 1 EMRK bereits das Selbstbestimmungsrecht verankert und anerkannt hat, macht es wenig Sinn, diesem im Rahmen des Art. 9 Abs. 1 EMRK eine eigenständige Bedeutung zuzuerkennen. Der Glaubensbegriff des Art. 9 EMRK bezieht sich eigentlich auf religiöse, politische oder philosophische Weltanschauungen[1346]. So fällt unter die Gewissensfreiheit „[j]ede ernsthafte und an grundlegenden Kategorien irgendwelcher Art orientierte Entscheidung"[1347]. Als „Religion" kommen nicht nur alle bekannten Religionen in Betracht, sondern auch unbekannte. Sie müssen aber identifizierbar sein[1348]. Ebenso ist aber auch eine nichtreligiöse Weltanschauung von Art. 9 geschützt[1349].

Es ist – wie der *EGMR Pretty* zubilligt – nicht an der Ernsthaftigkeit des Vorbringens von *Pretty* zu zweifeln. Das, was sie als „Glaube" vorbringt, ist aber kein Glaube im Sinne des Art. 9.

Morris ist z. T. zuzustimmen, seine Beispiele passen nach hiesiger Ansicht aber nicht auf den Fall *Pretty*. Es ist nachvollziehbar, dass sich der religiöse Attentäter im Ergebnis nicht auf Art. 9 Abs. 1 EMRK berufen können soll, wenn er ein Attentat verübt, bei dem andere Menschen verletzt oder sogar getötet werden. Auch kann sich der pro-life-Aktivist im Ergebnis nicht auf seine Religionsfreiheit berufen, wenn er einen Arzt tötet, der legale Abtreibungen vornimmt. Im Endeffekt hat der *EGMR* in *Pretty* die Eröffnung des Schutzbereichs aber nicht deswegen abgelehnt, weil es zu einer verbotenen Handlung kommen

1344 *Morris*, in: EHRLR 2003, S. 74.

1345 *Morris*, in: EHRLR 2003, S. 74.

1346 Vgl. *Frowein*, in: *Frowein/Peukert*, Art. 9 EMRK, Rdn. 1 ff., 6 ff., 14.

1347 *Frowein*, in: *Frowein/Peukert*, Art. 9 EMRK, Rdn. 3.

1348 *Frowein*, in: *Frowein/Peukert*, Art. 9 EMRK, Rdn. 6.

1349 *Frowein*, in: *Frowein/Peukert*, Art. 9 EMRK, Rdn. 14.

könnte. Vielmehr ging es darum, dass die Auffassung *Prettys* schon nicht als „Glaube" angesehen wurde. Ob dieser „Glaube" dem religiösen oder fundamentalistischen Attentäter versagt werden könnte, ist demgegenüber zweifelhaft.

Morris übersieht in seinen Ausführungen außerdem, dass sich der Fall der jüdischen Organisation und der Fall von *Pretty* insofern nicht vergleichen lassen, als dass es für *Pretty* keine andere Option gab, Suizidbeihilfe oder Sterbehilfe (legal) zu erhalten, während die jüdische Organisation auf anderem Wege legalen Zugang zu dem von ihr gewünschten Fleisch hatte. Gerade deswegen – und das hat der *EGMR* in dem Urteil ja auch ausgeführt – ist der Staat nicht dazu verpflichtet, die eingeforderte Handlung zu erlauben.

Im Endeffekt ist aber das Urteil des *EGMR* in *Pretty* an dieser Stelle folgerichtig, weil der Glaubensbegriff des Art. 9 EMRK etwas Anderes schützen soll, als es von *Pretty* vertreten wird. Selbst wenn der Gerichtshof Art. 9 Abs. 1 als eröffnet angesehen hätte, hätte dies wohl in der Sache nicht viel geändert. Da Art. 9 Abs. 2 die gleichen Einschränkungsmöglichkeiten wie Art. 8 Abs. 2 vorsieht, wäre die Entscheidung in diesem Punkt wohl ähnlich ausgegangen.

5) Verletzung des Art. 14 EMRK (Diskriminierungsverbot)

a) Auffassung des Gerichtshofs

Im Fall *Pretty* stand schließlich in Rede, ob eine Diskriminierung nach Art. 14 EMRK vorlag. Art. 14 lautet:

> *„Der Genuß der in dieser Konvention anerkannten Rechte und Freiheiten ist ohne Diskriminierung insbesondere wegen des Geschlechts, der Rasse, der Hautfarbe, der Sprache, der Religion, der politischen oder sonstigen Anschauung, der nationalen oder sozialen Herkunft, der Zugehörigkeit zu einer nationalen Minderheit, des Vermögens, der Geburt oder eines sonstigen Status zu gewährleisten."*

Da ein Eingriff in Art. 8 Abs. 1 bejaht worden war[1350], musste das Gericht die Diskriminierungsrüge *Prettys* prüfen, die darin bestand, dass

1350 Art. 14 EMRK hat akzessorische Wirkung, d. h., er „ergänzt andere materielle Vorschriften der EMRK" und kommt nur zur Anwendung, wenn der

„das staatliche Recht nicht behinderten Personen erlaubt, Selbstmord zu begehen, eine behinderte Person aber daran hindert, dafür Hilfe zu erhalten."[1351] Oder – einfacher gesagt – *Pretty* sah sich „durch das allgemeine Verbot der Sterbehilfe diskriminiert, weil sie wegen ihrer Behinderung ihr Leben nicht wie andere ohne Hilfe beenden könne."[1352] Im Ergebnis kam der *EGMR* aber zu dem Schluss, eine Diskriminierung liege nicht vor[1353].

Zunächst legte der *EGMR* seinen Prüfungsmaßstab fest:

> *„Nach Art. 14 EMRK ist eine unterschiedliche Behandlung von Personen in vergleichbarer oder rechtserheblich ähnlicher Lage diskriminierend, wenn ihr eine sachliche und vernünftige Rechtfertigung fehlt, das heißt wenn sie kein berechtigtes Ziel verfolgt oder wenn kein angemessenes Verhältnis zwischen den angewendeten Mitteln und dem verfolgten Ziel besteht. Die Staaten haben außerdem bei der Beurteilung, ob und in welchem Umfang Unterschiede bei im Übrigen gleichen Sachverhalten eine unterschiedliche Behandlung rechtfertigen, einen Beurteilungsspielraum* [...]*."*[1354]

Darüber hinaus könne

Schutzbereich eines anderen Rechts eröffnet ist; *Meyer-Ladewig*, EMRK-HK, Art. 14 EMRK, Rdn. 5; *EKMR, Hercz ./. Norway*, Entscheidung v. 19.05.1992, in: Yearbook of the European Convention on Human Rights 1992, Vol. 35, S. 52 ff. (62), Rdn. 5. Siehe auch *EGMR, Pretty*, in: NJW 2002, S. 2855, Rdn. 87 „deswegen".

1351 *EGMR, Pretty*, in: NJW 2002, S. 2855, Rdn. 87.

1352 *EGMR, Pretty*, in: NJW 2002, S. 2855.

1353 *EGMR, Pretty*, in: NJW 2002, S. 2855 f., Rdn. 87 ff.; insb. S. 2856, Rdn. 90.

1354 *EGMR, Pretty*, in: NJW 2002, S. 2855, Rdn. 88 mit Verweis auf *EGMR, Camp und Bourimi*, Rdn. 37. Siehe *EGMR, Camp and Bourimi ./. Netherlands*, Urt. v. 03.10.2000, in: Reports of judgments and decisions, 2000-X, S. 117 ff. (130), Rdn. 37:

> *„For the purposes of Article 14 a difference in treatment is discriminatory if it ‚has no objective and reasonable justification', that is if it does not pursue a ‚legitimate aim' or if there is not a ‚reasonable relationship of proportionality between the means employed and the aim sought to be realised'. Moreover, the Contracting States enjoy a certain margin of appreciation in assessing whether and to what extent differences in otherwise similar situations justify a different treatment* [...]*."*

> „[e]*ine Diskriminierung* [...] *auch gegeben sein, wenn Staaten ohne sachliche und vernünftige Begründung Personen in eindeutig unterschiedlicher Lage nicht unterschiedlich behandeln* [...].“[1355]

Im Fall von *Pretty* gebe es nach Auffassung des *EGMR*

> *„eine sachliche und vernünftige Rechtfertigung dafür, nicht grundsätzlich zwischen Personen, die physisch in der Lage sind, Selbstmord zu begehen und solchen, die das nicht sind, zu unterscheiden.“*[1356]

Mit Verweis auf die Prüfung von Art. 8 EMRK führt der *EGMR* aus, es hätten sich schon oben gute Gründe dafür gezeigt, in ein Gesetz auch dann keine Ausnahmen aufzunehmen, wenn Personen nicht schutzbedürftig seien[1357]. Wie bei Art. 8 bestünden auch bei Art. 14

> „[ä]*hnlich zwingende Gründe* [...], *nicht zwischen Personen zu unterscheiden, die ohne Hilfe Selbstmord begehen können, und solchen, die das nicht können. Die Grenzlinie zwischen diesen beiden Kategorien wird häufig schwer zu ziehen sein.“*[1358]

Der Schutz des Lebens, den der *Suicide Act* gewährleisten soll, wäre dem *EGMR* zufolge ernsthaft gefährdet und die Missbrauchsgefahr würde sich deutlich vergrößern, wenn man gesetzlich eine Ausnahme für Personen schafft, die sich nicht selbst töten können[1359].

Schon in dem Verfahren vor dem *House of Lords* war die Verletzung von Art. 14 diskutiert worden. *Lord Bingham of Cornill* äußerte

---

1355 *EGMR, Pretty,* in: NJW 2002, S. 2855, Rdn. 88 (mit Verweis auf *EGMR, Thlimmenos,* Rdn. 44). Siehe *EGMR, Thlimmenos ./. Greece,* Az.: 34369/97, Urt. v. 06.04.2000, in: *ECHR,* Reports of Judgments and Decisions 2000-IV, S. 263 ff. (279), Rdn. 44:

> *„The* [...] *right under Article 14* [...] *is violated when States treat differently persons in analogous situations without providing an objective and reasonable justification* [...] *The right* [...] *is also violated when States without an objective and reasonable justification fail to treat differently persons whose situations are significantly different."*

1356 *EGMR, Pretty,* in: NJW 2002, S. 2855, Rdn. 89.

1357 *EGMR, Pretty,* in: NJW 2002, S. 2855, Rdn. 89 mit Verweis auf S. 2854 f., Rdn. 74: Lebenserhaltung als Ziel des *Suicide Acts* und deswegen Schutz von schwachen und verletzbaren Menschen.

1358 *EGMR, Pretty,* in: NJW 2002, S. 2855, Rdn. 89.

1359 *EGMR, Pretty,* in: NJW 2002, S. 2855 f., Rdn. 89.

hierzu, dass das Argument von *Pretty*, der *Suicide Act* halte körperlich unfähige Personen davon ab, ihr Recht auf Selbsttötung auszuüben, und diskriminiere sie hierdurch, auf einer irrigen Annahme beruhe. Das Gesetz gebe gar kein Recht, eine Selbsttötung zu begehen. Die Selbsttötung und ihr Versuch seien ursprünglich pönalisiert worden, um diejenigen (und ihre Helfer) zu bestrafen, die erfolglos versucht hatten, sich umzubringen. Dies sei später dekriminalisiert worden, weil unschuldige Familienangehörige einer Person, die sich selbst getötet hatte, durch die Kennzeichnung einer Selbsttötung als Straftat stigmatisiert worden seien. Außerdem habe es zu dem geschmacklosen Ergebnis geführt, dass Menschen, die sich im Krankenhaus von ihrem fehlgeschlagenen Selbsttötungsversuch erholten, im Endeffekt deswegen verfolgt wurden, weil sie es nicht geschafft hatten, sich zu töten. Doch nur weil der *Suicide Act* dies abgeschafft habe, heiße das nicht, dass man nun ein Recht darauf habe, sich zu töten. Denn wenn es ein solches Recht gäbe, könnte man die hohe Strafandrohung für die Beihilfe zu diesem vermeintlich rechtmäßigen Suizid nicht rechtfertigen[1360].

Lord Bingham of Cornill zufolge könne das Strafrecht außerdem deswegen nicht als verwerflich diskriminierend kritisiert werden, weil es für alle Menschen gelte. Wenngleich in manchen Fällen das Strafrecht eine Ausnahme für Jugendliche vorsehe, so bestehe die breite Strategie des Strafrechts darin, dass seine Vorschriften auf alle angewendet würden. Außerdem könne es den persönlichen Umständen Rechnung tragen, indem entschieden werde, ob eine Straftat verfolgt wird oder nicht oder – im Falle eines Schuldspruchs – eine Strafe verhängt werden soll[1361].

b) Besprechung

Der *EGMR* fasst sich innerhalb der Prüfung einer Verletzung von Art. 14 EMRK sehr kurz. Im Grunde lässt er die bei Art. 8 EMRK getroffenen Feststellungen auch hier gelten und folgert daraus, das Diskriminierungsverbot sei nicht verletzt worden. Zu Art. 8 EMRK hatte der

1360 Vgl. *Lord Bingham of Cornhill, House of Lords Pretty,* [2001] UKHL 61, in: WLR 2001, Vol. 3, S. 1618, Rdn. 35.

1361 Vgl. *Lord Bingham of Cornhill, House of Lords Pretty,* [2001] UKHL 61, in: WLR 2001, Vol. 3, S. 1618, Rdn. 36.

Gerichtshof ausgeführt, die streitgegenständliche Regelung des § 2 *Suicide Act* habe

> *„zum Ziel, Leben zu erhalten, indem Schwache und Verletzbare geschützt werden und insbesondere solche Personen, die keine vernünftige Entscheidung gegen Handlungen treffen können, die darauf abzielen, ihr Leben zu beenden oder dazu Beihilfe zu leisten. Die Lage, in der sich tödlich erkrankte Personen befinden, ist zweifellos unterschiedlich. Aber viele werden verletzbar sein, und es ist die typischerweise vorliegende Verletzbarkeit dieser Personen, welche die ratio für das in Frage stehende Gesetz gibt. Es ist in erster Linie Aufgabe der Staaten, die Gefahr und die Wahrscheinlichkeit von Missbräuchen zu beurteilen, wenn das allgemeine Verbot der Beihilfe zum Selbstmord gelockert wird oder wenn Ausnahmen vorgesehen werden. Dass die Gefahr von Missbräuchen besteht, ist klar, auch wenn man mögliche Sicherungen und Schutzmaßnahmen in Betracht zieht."*[1362]

Legt man den oben genannten Prüfungsmaßstab des *EGMR* für Art. 14 EMRK an, so muss zuerst festgestellt werden, dass der *Suicide Act* für alle Menschen gleichermaßen gilt, das heißt, auch in Bezug auf alle Suizidenten. Das Gesetz unterscheidet also vom Wortlaut her nicht danach, ob sich jemand noch selbst töten kann oder nicht.

Dabei ist aber fraglich, ob das Gesetz nicht schon von vorne herein auf Menschen, die nicht mehr zum Suizid fähig sind, unanwendbar ist. Das Gesetz macht bei Menschen, die sich nicht (mehr) selbst töten können, schlicht keinen Sinn. Oben wurde in diesem Zusammenhang bereits angezweifelt, ob *Pretty* noch zum Suizid in der Lage war. Wahrscheinlich war sie dies nicht, so dass man sich auch eine bloße Suizidbeihilfe in ihrem Fall einfach nicht vorstellen kann. Da aber auch der *EGMR* diese Unterscheidung nicht berücksichtigt hat und seine Prüfung stattdessen mehr auf ein allgemeines Sterbehilfe-Verbot ausgerichtet hat, soll dem gefolgt werden. Gehen wir also davon aus, dass das Sterbehilfe-Verbot des britischen *Suicide Acts* sowohl auf Menschen anwendbar ist, die sich noch selbst umbringen können, als auch auf solche, die dies nicht (mehr) können.

Fraglich ist also, ob es einen vernünftigen Grund für diese Gleichbehandlung gibt, obwohl beide Menschengruppen ja eigentlich sehr verschieden sind, was ihre körperlichen Fähigkeiten angeht. Dass

1362 *EGMR, Pretty*, in: NJW 2002, S. 2855, Rdn. 74.

Schwache und Verletzbare geschützt werden sollen, wie der *EGMR* anmerkt, ist für sich genommen ein vernünftiger Grund. Fraglich ist aber, ob man Sterbewillige ebenfalls als schwach und verletzbar einstufen kann. Der *EGMR* gesteht an dieser Stelle selber ein, dass die Lage der betroffenen Personen durchaus unterschiedlich sein könne. Er erkennt also an, dass es sterbewillige Menschen gibt, die in einer entsprechenden Situation *nicht* schwach und verletzbar sind. Er tendiert sogar dazu, *Pretty* als nicht schutzbedürftig in diesem Sinne anzusehen[1363]. Genau dies wird von *Byk* dann auch zu Recht als Ungereimtheit („inconsistency") angesehen:

> *„Having just made the point that the applicant could not be classed as vulnerable, it*[1364] *justified its strict line on margin of appreciation on the sole ground of protecting the vulnerable."*[1365]

Allein mit dem Argument, dass aber viele Menschen verletzbar sein werden und *dies* hinter dem *Suicide Act* stehe, kommt man an dieser Stelle nicht weiter. Denn dies würde es nicht unmöglich machen, eine Schutzregelung für schwache und verletzbare Menschen zu schaffen, den sterbewilligen Menschen aber dennoch die Suizidbeihilfe zu erlauben. In diesem Sinne äußert sich auch *Byk*: Obwohl ein Eingriff in Art. 8 (bzw. Art. 14) nur gerechtfertigt sei, um die Schwachen und Verletzlichen zu schützen und obwohl der *EGMR* die Beschwerdeführerin nicht als verletzlich ansieht, überlasse er es den Mitgliedstaaten, mögliche Missbrauchsrisiken selbst abzuschätzen und ggf. auch ein vollständiges Verbot auszusprechen[1366].

Vielmehr versucht der *EGMR* auch an dieser Stelle, Missbrauchsgefahren zu begegnen bzw. hiermit das Verbot auch gegenüber *Pretty* zu rechtfertigen: Wie *Biggs* anmerkt, muss *Pretty* nicht einmal selbst als verletzbare Person angesehen werden. Die Umstände ihres Falles reichen aus, um eine zu große Nähe ihrer Situation zu anderen Fällen herzustellen, in denen die Betroffenen als so verletzbar angesehen wer-

1363 *EGMR, Pretty*, in: NJW 2002, S. 2854, Rdn. 73.

1364 Gemeint ist der *EGMR*, Anm. der Verf.

1365 So *Byk*, in: Ethical Eye I, S. 122 in Bezug auf die Rechtfertigung nach Art. 8 Abs. 2 EMRK.

1366 *Byk*, in: Ethical Eye I, S. 123.

den, dass mit ihrer Situation Missbrauch betrieben werden könnte[1367]. Damit setzt sich der Gerichtshof aber in Widerspruch zu dem, was er vorher sagt und wird vor allem *Prettys* spezieller Situation nicht gerecht.

6) Zwischenergebnis

Die Untersuchung des Urteils *Pretty ./. Vereinigtes Königreich* ergibt, dass die EMRK keinen Anspruch darauf enthält, im Falle der Strafbarkeit einer bestimmten Sterbehilfe-Form vorab zugesichert zu bekommen, dass der Täter im Falle der Begehung einer solchen Sterbehilfe nicht strafrechtlich verfolgt wird. Dem Urteil ist ferner zu entnehmen, dass es die EMRK nicht verbietet, eine bestimmte Sterbehilfe-Form unter Strafe zu stellen.

Art. 2 EMRK wird nach diesem Urteil als bloßes Abwehrrecht, nicht auch als Freiheitsrecht verstanden. Die Norm enthält somit nicht das Recht, zu sterben. Vielmehr beinhaltet die Norm Schutzpflichtenaufträge an den Staat. Dies sind im Einzelnen:

- die Verpflichtung des Staates, geeignete Maßnahmen zum Schutz des Lebens von Menschen zu erlassen,
- die Schaffung wirksamen Strafrechts durch den Staat sowie
- unter Umständen die Ergreifung präventiver Maßnahmen, um den Einzelnen zu schützen.

Die Feststellung, dass es keinen Sterbeanspruch aus Art. 2 EMRK gibt, sagt jedoch nichts darüber aus, ob andere Staaten, die die aktive Sterbehilfe erlauben, gegen die EMRK verstoßen[1368]. Einer entsprechenden Wertung hat sich der *EGMR* auch ausdrücklich enthalten.

Auch aus Art. 3 EMRK kann der von *Pretty* geltend gemachte Anspruch nicht abgeleitet werden. Die Interpretation des Art. 3 muss nach Ansicht des *EGMR* im Zusammenspiel mit Art. 2 vorgenommen werden. Daher seien die für Art. 2 geltenden Schutzpflichten bei Art. 3 in gleichem Maße zu berücksichtigen. Tatsächlich ist aus hiesiger Sicht im Falle von *Pretty* Art. 3 deswegen nicht verletzt, weil die Weigerung

1367 *Biggs*, in: FLS 2003, S. 300.

1368 So auch *Faßbender*, in: JURA 2004, S. 119. Anders aber z. B. *Ress*, in: FS-*Fischer*, S. 443 f., 469 f.

der britischen Strafverfolgungsbehörden weder als Folter, noch als unmenschliche oder erniedrigende Behandlung angesehen werden kann.

Auch Art. 8 EMRK ist nach Ansicht des *EGMR* im Ergebnis nicht verletzt. In dieser Norm wird die Sterbehilfe-Problematik verankert und es wird anerkannt, dass Art. 8 jedenfalls auch eine Art Selbstbestimmungsrecht beinhalte. Im Ergebnis sei das britische Sterbehilfe-Verbot aber deswegen gerechtfertigt, weil das Leben anderer Menschen hierdurch zulässigerweise geschützt werde. Insbesondere müsse Missbrauch vorgebeugt werden. Aus diesem Grund liege im Ergebnis auch keine Diskriminierung von *Pretty* vor, weil ihr körperlich abweichender Zustand keine Behandlung rechtfertige, die von der Behandlung gesunder Menschen abweicht.

Bei der Frage, ob ein Staat Sterbehilfe verbietet oder erlaubt, hat dieser ansonsten einen großen Beurteilungsspielraum. Daher muss er die Risiken und Gefahren, die z. B. die Legalisierung aktiver Sterbehilfe mit sich bringt, selbst beurteilen. Der *EGMR* kann sich nicht an dessen Stelle setzen. Auch lehnt er eine Argumentation basierend auf rechtsvergleichenden Überlegungen ab. Dies alles hat zur Folge, dass es in Europa derart verschiedene strafrechtliche Ausgestaltungen gibt. Gerade weil sich bei der Sterbehilfe kein europäischer gemeinsamer Nenner finden lässt, ist die Rechtslage derart uneinheitlich.

In Bezug auf den britischen *Suicide Act* besteht die Besonderheit, dass die streitgegenständliche Norm zwar generell die Suizidbeihilfe unter Strafe stellt, jedoch für die Strafverfolgung den Behörden ein gewisses Ermessen einräumt. Das bedeutet, ein Fall von Suizidbeihilfe wird möglicherweise gar nicht strafrechtlich verfolgt. Dabei spitzt sich alles auf folgende Fragen zu: Wie viel Rechtssicherheit und Vorhersehbarkeit muss ein Mitgliedstaat nach der EMRK gewährleisten? Und wie flexibel darf ein Gesetz umgekehrt im Falle der Strafverfolgung überhaupt noch sein?

Das Hauptproblem der hiesigen Fallkonstellation liegt nach Ansicht der Verfasserin darin, dass der von *Pretty* geltend gemachte Anspruch aus strafrechtlicher Sicht schlicht nicht durchsetzbar war. In gewisser Weise kollidierten hier das nationale Strafrecht und die EMRK, bzw. das, was *Pretty* aus der EMRK abzuleiten meinte. Wie oben erläutert konnten die britischen Strafverfolgungsbehörden nicht im Vorfeld einer potentiellen Straftat bereits die Immunität für diese zusichern. Eine solche Möglichkeit sah das britische Straf(prozess)recht nicht vor.

Die Strafverfolgungsbehörden wollten und konnten sich ihre Ermessensspielräume auch nicht schon im Vorfeld der Tat abschneiden.

Wenn also eine bestimmte Sterbehilfe-Leistung vom Strafrecht erfasst wird, dann werden auch die strafrechtlichen und strafprozessualen Mechanismen hierauf angewandt. Dann hat der Staat auch das Recht, die in Rede stehende Handlung zu beurteilen, nachdem sie begangen wurde. Nach diesem Verständnis kann also immer erst im Nachhinein einer Straftat beurteilt werden, ob das Verhalten strafwürdig war oder nicht.

Dieses Verständnis liegt sogar den Gesetzen der Benelux-Staaten zu Grunde. Grundsätzlich sind dort die Suizidbeihilfe und die aktive Sterbehilfe auch weiterhin strafbar. Es wurde lediglich eine Ausnahme für Ärzte geschaffen. Sodann ging es bei der dortigen Legalisierung der Sterbehilfe zwar zuvörderst darum, dem Arzt Immunität für sein Handeln zuzusichern (siehe oben und insbesondere die Präambel des niederländischen Gesetzes). Es wird dem Arzt aber nicht schon im Vorfeld der konkreten Tat Straffreiheit zugesichert. Vielmehr muss er sich der nachträglichen Kontrolle stellen. Erst dann wird über den Fall entschieden. Auch hier wird also erst (zeitlich) *nach* der Leistung der Sterbehilfe beurteilt, ob sich die Leistung im Rahmen der Voraussetzungen des Sterbehilfe-Gesetzes bewegte.

II) *EKMR, R. ./. Vereinigtes Königreich*, 04.07.1983, Az.: 10083/82, D. R. Vol. 33, S. 270 ff.

In dem von der Europäischen Kommission für Menschenrechte (*EKMR*) entschiedenen Fall *R. ./. Vereinigtes Königreich* war der Beschwerdeführer *R.*, ein *EXIT*-Mitglied, wegen Beihilfe zur Selbsttötung und Konspiration hierzu („aiding and abetting suicide and conspiring to aid and abet suicide") verurteilt worden. Ihm war vorgeworfen worden, im Rahmen der Konsultation von Seiten sterbewilliger Menschen diesen Leuten Treffen mit einer Person namens *L.* vermittelt zu haben. *L.* war ebenfalls *EXIT*-Mitglied und assistierte später beim Suizid[1369]. *R.* wehrte sich gegen die Verurteilung mit dem Argument, dass diese sowie das Strafmaß unter Section 2 des britischen *Suicide Acts* eine Verletzung seines Rechts auf Achtung seines Privatlebens aus Art.

1369 *EKMR, R. ./. United Kingdom*, 04.07.1983, Az.: 10083/82, D.R. Vol. 33, S. 270 ff. (270 f.).

8 EMRK und seines Rechts auf freie Äußerung („free expression") aus Art. 10 EMRK darstellten[1370]. Die Kommission hielt jedoch weder Art. 8, noch Art. 10 für verletzt[1371].

1) Verletzung des Art. 8 EMRK

R. trug in dem Verfahren vor, dass das Angebot von Suizidbeihilfe in den Bereich des von Art. 8 Abs. 1 EMRK geschützten Privatlebens falle[1372].

a) Ausführungen der Kommission

In den Leitsätzen führt die *EKMR* zu Art. 8 aus:

> *„A person convicted of aiding and abetting the suicide of third parties, does not suffer an interference with the exercise of his right to respect for private life."*[1373]

An diesem Punkt lehnt die *EKMR* also schon einen Eingriff in Art. 8 Abs. 1 EMRK ab.

Sie weist unter Zitierung ihres Berichts im Fall *Brüggemann und Scheuten*[1374] darauf hin, dass der Schutzbereich zur freien Entfaltung der Persönlichkeit in Art. 8 EMRK so weit gefasst sei, dass er dem Einzelnen auch einen Bereich garantiert, in dem er seine Persönlichkeit entwickeln und sich verwirklichen kann. Dazu müsse er die Möglichkeit haben, Beziehungen zu anderen Menschen einzugehen. Wann immer der Staat in diesem Bereich Regeln aufstelle, greife er in die Ach-

1370 *EKMR, R. ./. United Kingdom,* 04.07.1983, Az.: 10083/82, D.R. Vol. 33, S. 270 ff. Siehe insb. S. 271, Rdn. 11 und S. 272, Rdn. 14.

1371 S. schon die Leitsätze bei *EKMR, R. ./. United Kingdom,* 04.07.1983, Az.: 10083/82, D.R. Vol. 33, S. 270.

1372 *EKMR, R. ./. United Kingdom,* 04.07.1983, Az.: 10083/82, D.R. Vol. 33, S. 271, Rdn. 11.

1373 *EKMR, R. ./. United Kingdom,* 04.07.1983, Az.: 10083/82, D.R. Vol. 33, S. 270.

1374 *EKMR, Brüggemann and Scheuten ./. Federal Republic of Germany,* Az.: 6956/75, Entscheidung über die Zulässigkeit v. 19.05.1976, in: D.R. Vol. 10, S. 100 ff. und European Commission on Human Rights, *Brüggemann and Scheuten against Federal Republic of Germany,* Az.: 6956/75, Report of the Commission, Adopted on 12 July 1977 (zugehöriger Bericht).

tung des Privatlebens ein, so dass es hierfür eine Rechtfertigung nach Art. 8 Abs. 2 geben müsse[1375].

Nach Ansicht der Kommission gebe es in diesem Bereich aber auch Grenzen. Obwohl ein großer Anteil des geltenden Rechts in einem bestimmten Staat direkte oder indirekte Auswirkungen auf die Möglichkeit des Einzelnen, sich frei zu entfalten, habe, könnten diese Auswirkungen nicht alle als Eingriff in Art. 8 Abs. 1 EMRK gewertet werden. Vielmehr sei der Anspruch auf Achtung des Privatlebens automatisch in dem Maße begrenzt, wie das Individuum selbst sein Privatleben in Berührung mit dem öffentlichen Leben bringt oder es zumindest eng mit anderen geschützten Interessen verbindet[1376]. Das heißt, der Anspruch auf Achtung des Privatlebens tritt zurück, je mehr der Einzelne sein Privatleben mit der Außenwelt und den dort bestehenden Interessen verknüpft.

So falle nach Ansicht der Kommission auch die vom Kläger begangene Beihilfe zur Selbsttötung nicht in die schützenswerte Sphäre seines Privatlebens. Während es demgegenüber denkbar sei, dass die Privatsphäre der Suizidenten selbst berührt sei, so folge hieraus doch nicht, dass deswegen auch die Rechte des Klägers auf Achtung seiner Privatsphäre betroffen seien[1377]. Vielmehr seien die verschiedenen Handlungsformen der Suizidbeihilfe vom (Schutz-)Konzept der Privatheit ausgeschlossen. Denn die verschiedenen Beihilfeformen drängen in das öffentliche Interesse am Schutz des Lebens ein, wie es sich in den Strafvorschriften des *Suicide Acts* widerspiegele[1378]. Das heißt, die Kommission nimmt hier einen Fall an, in dem der Schutz des Privatlebens zurücktreten muss, weil die in Rede stehende Handlung zu sehr mit den genannten öffentlichen Interessen verknüpft ist.

1375 *EKMR, R. ./. United Kingdom,* 04.07.1983, Az.: 10083/82, D.R. Vol. 33, S. 271, Rdn. 12 mit Zitat des Berichts. Siehe European Commission on Human Rights, *Brüggemann and Scheuten against Federal Republic of Germany,* Az.: 6956/75, Report of the Commission, Adopted on 12 July 1977, S. 18, Rdn. 55.

1376 *EKMR, R. ./. United Kingdom,* 04.07.1983, Az.: 10083/82, D.R. Vol. 33, S. 271, Rdn. 12 mit Zitat des Berichts. Siehe European Commission on Human Rights, *Brüggemann and Scheuten against Federal Republic of Germany,* Az.: 6956/75, Report of the Commission, Adopted on 12 July 1977, S. 18, Rdn. 56.

1377 *EKMR, R. ./. United Kingdom,* 04.07.1983, Az.: 10083/82, D.R. Vol. 33, S. 271, Rdn. 13.

1378 *EKMR, R. ./. United Kingdom,* 04.07.1983, Az.: 10083/82, D.R. Vol. 33, S. 271 f., Rdn. 13.

b) Zusammenfassung

Kneihs bezeichnet die zuletzt genannte Passage der Kommissionsentscheidung (S. 271 f., Rdn. 13) als „Obiter Dictum" und sieht hierin eine Anerkennung, „daß der Empfang von Sterbehilfe zum Privatleben des Sterbenden gehören kann"[1379]. Das heißt, völlig „neu" war die Verankerung des Selbstbestimmungsrechts in Art. 8 EMRK im Falle von *Pretty* nicht. Es war nur – und darauf hatte der *EGMR* ja hingewiesen – noch nie zuvor ein Selbstbestimmungsrecht ausdrücklich anerkannt worden. Somit führte der *EGMR* in *Pretty* das fort, was die *EKMR* in *R. ./. Vereinigtes Königreich* im Jahre 1983 begonnen hatte.

Der *Sterbehelfer* ist jedoch vom Schutz des Art. 8 Abs. 1 EMRK nicht erfasst. Seine Handlung ist strafbar und steht somit mit dem öffentlichen Interesse am Lebensschutz in Konflikt. Die Suizidbeihilfe lässt den Sterbehelfer aus seinem geschützten Privatleben heraustreten und schafft eine enge Verbindung zu den durch das Strafrecht geschützten Interessen. Daher kann die Suizidbeihilfe nicht mehr als Handlung im Bereich *seines* Privatlebens eingeordnet werden.

2) Verletzung des Art. 10 EMRK

R. sah sich außerdem in seinem Recht auf Freiheit der Meinungsäußerung aus Art. 10 EMRK verletzt und zwar dadurch, dass er für die Vermittlung von Wissen und Informationen an sterbewillige Menschen verurteilt worden war[1380].

a) Ausführungen der Kommission

Die Kommission bejahte hier einen Eingriff in die Rechte des Klägers aus Art. 10 EMRK[1381]. In den Leitsätzen führte sie zu Art. 10 aus:

> *„A person convicted for having provided third parties with information helping them to commit suicide, suffers an interference with the exercise of his right to impart information.*

1379 *Kneihs*, S. 345.

1380 *EKMR, R. ./. United Kingdom*, 04.07.1983, Az.: 10083/82, D.R. Vol. 33, S. 272, Rdn. 14.

1381 *EKMR, R. ./. United Kingdom*, 04.07.1983, Az.: 10083/82, D.R. Vol. 33, S. 270 (Leitsatz) und 272, Rdn. 17.

That interference, prescribed by law, is justified by the State's interest in protecting the lives of people against possible abuses in this area (protection of health and prevention of crime)."[1382]

Die *EKMR* sah einen Eingriff in das Recht des Klägers auf Informationsvermittlung gegeben[1383]. Es müsse aber das legitime Interesse des Staates in diesem Bereich berücksichtigt werden, Maßnahmen zu ergreifen, um das Leben seiner Bürger gegen kriminelles Verhalten zu schützen, vor allem derjenigen Bürger, die auf Grund ihres Alters oder körperlichen Gebrechens besonders verletzlich seien[1384]. Die *EKMR* erkenne das Recht eines Staates unter der Konvention an, unvermeidbaren kriminellen Missbrauchsversuchen vorzubeugen, die bei Fehlen von Gesetzen gegen Suizidbeihilfe aufträten. Auch die Tatsache, dass *R.* im vorliegenden Fall mit gutem Willen gehandelt habe, ändere hieran nichts[1385]. Der Eingriff in Art. 10 Abs. 1 sei folglich durch die Vorschrift des Art. 10 Abs. 2 gerechtfertigt, weil er notwendig in einer demokratischen Gesellschaft für den Schutz der Gesundheit und die Verhinderung von Straftaten sei[1386].

b) Zusammenfassung

Dem Beschwerdeführer wird an dieser Stelle zugesprochen, dass seine Vermittlungstätigkeit von der EMRK grundsätzlich geschützt wird. Allerdings darf der Staat diese Tätigkeit unterbinden, um potentielle Suizidenten, aber auch alle anderen Menschen zu schützen. Der Staat darf dies auch durch den Erlass strafrechtlicher Vorschriften tun.

Ähnlich wie im Fall *Pretty* argumentiert die *EKMR* mit den Gefahren eines Missbrauchs. Die Kommission sieht die Gefahr, dass

---

1382 *EKMR, R. ./. United Kingdom,* 04.07.1983, Az.: 10083/82, D.R. Vol. 33, S. 270 (Leitsatz).

1383 *EKMR, R. ./. United Kingdom,* 04.07.1983, Az.: 10083/82, D.R. Vol. 33, S. 272, Rdn. 17.

1384 *EKMR, R. ./. United Kingdom,* 04.07.1983, Az.: 10083/82, D.R. Vol. 33, S. 272, Rdn. 17.

1385 *EKMR, R. ./. United Kingdom,* 04.07.1983, Az.: 10083/82, D.R. Vol. 33, S. 272, Rdn. 17. *R.* hatte angegeben, er habe aus Mitleid gehandelt, siehe *EKMR, R. ./. United Kingdom,* 04.07.1983, Az.: 10083/82, D.R. Vol. 33, S. 271.

1386 *EKMR, R. ./. United Kingdom,* 04.07.1983, Az.: 10083/82, D.R. Vol. 33, S. 272, Rdn. 17.

Missbrauch dann auftreten könnte, wenn die Suizidbeihilfe erlaubt ist. Damit akzeptiert sie die Entscheidung, die der nationale Gesetzgeber getroffen hat und sieht den Eingriff in Art. 10 Abs. 1 EMRK als gerechtfertigt an.

III) *EGMR, Haas ./. Schweiz*, Az. 31322/07, Urt. v. 20.01.2011

Auch in dem Verfahren *Haas ./. Schweiz*[1387], welches Anfang 2011 vom *EGMR* entschieden wurde, ging es um die Frage nach einem aus der EMRK abzuleitenden Anspruch. Der Beschwerdeführer *Haas*, ein Schweizer Staatsbürger[1388], sah sich in seinem aus Art. 8 EMRK resultierenden Recht, über den Moment und die Weise seines Sterbens zu entscheiden, verletzt[1389].

1) Vorgeschichte

Haas litt an einer schweren bipolaren affektiven Störung und hatte bereits zwei Suizidversuche hinter sich. Seit 2004 war er Mitglied von *Dignitas* und wollte mit deren Hilfe aus dem Leben scheiden. Hierzu ist es aber (wie oben gesehen) nach Schweizer Recht erforderlich, sich 15 Gramm Natrium-Pentobarbital verschreiben zu lassen. *Haas* hatte vergeblich nach einem psychiatrischen Arzt gesucht, um sich das gewünschte Rezept ausstellen zu lassen[1390]. Daher wollte er das Pentobarbital ohne entsprechendes Rezept bekommen, was verschiede-

1387 *EGMR, Affaire Haas c. Suisse*, Urt. v. 20.01.2011, Az. 31322/07, abrufbar über das Suchmenü unter <http://hudoc.echr.coe.int> (zuletzt abgerufen: 27.10.2012). Im Folgenden zitiert als *EGMR, Haas*. (Zusammengekürzte) deutsche Fassung in: NJW 2011, S. 3773 ff. Das Urteil ist seit dem 20.06.2012 rechtskräftig, da gem. Art. 44 Abs. 2 lit. c) EMRK der Antrag *Haas'* auf Verweisung der Rechtssache an die Große Kammer abgelehnt wurde.

1388 *EGMR, Haas*, Rdn. 6; *ders.*, in: NJW 2011, S. 3773.

1389 *EGMR, Haas*, Rdn. 3, 32; *ders.*, in: NJW 2011, S. 3773, Rdn. 32.

1390 *EGMR, Haas*, Rdn. 7; *ders.*, in: NJW 2011, S. 3773. Siehe schon das nationale Verfahren des Schweizer Bundesgerichts: *BGE* 133 I 58, Urt. v. 03.11.2006, Az. 2A.48/2006 und 2A.66/2006, Sachverhalt, abrufbar über Suchmenü auf <http://www.polyreg.ch/d/informationen/bge.html> sowie (mit entsprechenden Seitenangaben) auch über <http://www.bger.ch> [Rechtsprechung → Leitentscheide (BGE)] (beide zuletzt abgerufen: 27.10.2012).

ne staatliche Stellen in der Schweiz abgelehnt hatten[1391]. Das *Schweizer Bundesamt für Gesundheit* (*Office fédéral de la santé publique*) hatte den Beschwerdeführer sogar noch darauf hingewiesen, dass aus seiner Sicht Art. 8 EMRK den EMRK-Mitgliedstaaten keine positive Pflicht auferlege, für Umstände zu sorgen, die einen schmerzlosen Suizid ohne Risiko des Scheiterns ermöglichen[1392]. Dem schloss sich die Gesundheitsdirektion des Kantons Zürich an[1393].

2) Das Urteil des Schweizer Bundesgerichts

Im Jahr 2006 wies das Schweizer Bundesgericht (BG) das Anliegen *Haas'* ab[1394]. *Haas* hatte eine Verletzung von Art. 8 EMRK und Art. 10 Abs. 2 BV geltend gemacht. Er sah einen Anspruch aus der persönlichen Freiheit bzw. dem Schutz des Privatlebens gegeben, einen Suizid „risiko- und schmerzfrei vornehmen zu können."[1395] Man müsse seinen autonomen Willen respektieren und zwar trotz der Tatsache, dass er psychisch krank sei. Denn „das Recht auf einen begleiteten Suizid beschränke sich nicht auf terminal oder sonst wie körperlich schwer Kranke."[1396] *Haas* wollte, „dass ihm ein begleiteter, risiko- und schmerzfreier Suizid ermöglicht werde, ohne dass er sich vorgängig ‚einem medizinischen Paternalismus' unterzuordnen habe."[1397] Daher habe der Staat die Pflicht, ihm notfalls auch einen rezeptfreien Zugang zu Natrium-Pentobarbital zu gewähren[1398].

Im Rahmen seines Urteils stellte das BG gleich zu Beginn fest:

> *„Natrium-Pentobarbital kann einem Sterbewilligen weder nach dem Betäubungsmittelrecht noch nach dem Heilmittelrecht ohne ärztliche Verschreibung abgegeben werden (E. 4). Art. 8 EMRK bzw. Art. 10*

1391 *EGMR, Haas*, Rdn. 8 ff.; *ders.*, in: NJW 2011, S. 3773; *BGE* 133 I 58, Sachverhalt.

1392 *EGMR, Haas*, Rdn. 10.

1393 *EGMR, Haas*, Rdn. 11. Siehe zu beiden auch *BGE* 133 I 58, Sachverhalt.

1394 *BGE* 133 I 58, 03.11.2006, Az. 2A.48/2006 und 2A.66/2006. Vgl. auch *EGMR, Haas*, Rdn. 14 ff.

1395 *BGE* 113 I 58, Rdn. 5.

1396 *BGE* 113 I 58, Rdn. 5.

1397 *BGE* 113 I 58, Rdn. 5.

1398 Vgl. *BGE* 113 I 58, Rdn. 5.

Abs. 2 und Art. 13 Abs. 1 BV verpflichten den Staat nicht dazu, dafür zu sorgen, dass Sterbehilfeorganisationen oder Suizidwillige Natrium-Pentobarbital rezeptfrei beziehen können (E. 5-6.3.6)."[1399]

Zuerst führte das BG aus, dass Natrium-Pentobarbital ein Betäubungsmittel sei[1400] und es daher der Verschreibungspflicht unterfalle[1401]. Eine Ausnahme von der grundsätzlichen Verschreibungspflicht läge nicht vor, weil sich *Haas* nicht in einer Notlage befinde[1402]. Diese Notlage bestünde nur dann, wenn es zeitlich unmöglich ist, ein Rezept zu erhalten. Der Begriff der Notlage umfasse hingegen nicht eine sachliche Unmöglichkeit dergestalt, „dass ein Arzt mangels medizinischer Indikationen nicht bereit ist, ein solches [Rezept] auszustellen"[1403]. Auch andere Ausnahmesituationen waren nach Ansicht des BG nicht gegeben[1404].

Anschließend widmete sich das BG dem Schutz der persönlichen Freiheit aus Art. 10 Abs. 2 BV: Die persönliche Freiheit schütze „alle Aspekte, die elementare Erscheinungen der Persönlichkeitsentfaltung bilden"[1405]. Geschützt sei „ein Mindestmass an persönlicher Entfaltungsmöglichkeit und die dem Bürger eigene Fähigkeit, eine gewisse tatsächliche Begebenheit zu würdigen und danach zu handeln"[1406]. Bei der persönlichen Freiheit aus Art. 10 Abs. 2 BV handele es sich demgegenüber nicht um eine allgemeine Handlungsfreiheit wie z. B. Art. 2 Abs. 1 GG[1407].

Einen ähnlichen Schutz wie Art. 10 Abs. 2 BV gewähre auch Art. 8 EMRK. Innerhalb dessen Geltungsbereichs überschnitten „sich die Garantien der persönlichen Freiheit (Art. 10 Abs. 2 BV) und der Privat-

1399 *BGE* 133 I 58, Leitsatz (Regeste).

1400 *BGE* 113 I 58, Rdn. 4.1.1.

1401 *BGE* 113 I 58, Rdn. 4.1.2.

1402 *BGE* 113 I 58, Rdn. 4.2 ff.

1403 *BGE* 113 I 58, Rdn. 4.2.1.

1404 *BGE* 113 I 58, Rdn. 4.2.2 ff.

1405 *BGE* 113 I 58, Rdn. 6.1.

1406 *BGE* 113 I 58, Rdn. 6.1, m. w. N.

1407 Vgl. *BGE* 113 I 58, Rdn. 6.1.

sphäre (Art. 13 Abs. 1 BV)"[1408]. Art. 8 Abs. 1 EMRK schütze nach der Definition des BG jedenfalls den Freiraum, innerhalb dessen man „seine Persönlichkeit entwickeln und verwirklichen kann" und zwar frei von staatlichen Einwirkungen. Danach könne man auch „im Rahmen der privaten Sphäre über die eigene Person und die Gestaltung des Lebens verfügen"[1409]. Das Selbstbestimmungsrecht im Sinne des Art. 8 Abs. 1 EMRK umfasse demzufolge „auch das Recht, über Art und Zeitpunkt der Beendigung des eigenen Lebens zu entscheiden; dies zumindest, soweit der Betroffene in der Lage ist, seinen entsprechenden Willen frei zu bilden und danach zu handeln"[1410]. Damit ging das BG an dieser Stelle noch einen Schritt weiter als der *EGMR* in *Pretty*. Das BG erkannte nicht nur ausdrücklich ein Selbstbestimmungsrecht an. Vielmehr sah es ausdrücklich auch das Recht, über die Art und den Zeitpunkt der Beendigung des eigenen Lebens zu entscheiden, als geschützt an.

Hiervon war dem BG zufolge nun der „vom Beschwerdeführer geltend gemachte[...] Anspruch auf Beihilfe zum Suizid seitens des Staates oder Dritter abzugrenzen."[1411] Damit trennte das BG schon bei der Bestimmung des Schutzbereichs das Selbstbestimmungsrecht an sich von der Frage nach einem möglichen Anspruch auf Suizidbeihilfe. Ein solcher Anspruch konnte dem BG zufolge aber weder Art. 10 Abs. 2 BV noch Art. 8 Abs. 1 EMRK entnommen werden, denn es gebe keinen Anspruch auf Suizidbeihilfe oder die Leistung aktiver Sterbehilfe[1412]. Zwar resultiere aus der Schutzverpflichtung des Staates gegenüber dem Recht auf Leben aus Artt. 10 Abs. 1 BV, 2 EMRK nicht die Verpflichtung, den Einzelnen gegen seinen Willen zu schützen. Umgekehrt könne deswegen aber nicht aus Art. 8 Abs. 1 EMRK eine positive staatliche Pflicht gefolgert werden, dem Einzelnen Zugang zu einem

1408 *BGE* 113 I 58, Rdn. 6.1 mit Verweis auf *BGE* 127 I 6 E. 5 a S. 12. Dort heißt es: „[...] und zudem überschneiden sich die Garantien der persönlichen Freiheit und der Privatsphäre aus der Sicht von Art. 8 EMRK, welcher beide Bereiche umfasst." Siehe *BGE* 127 I 6, Urt. v. 22.03.2001, abrufbar unter <http://www.servat.unibe.ch/dfr/c1127006.html> (zuletzt abgerufen: 27.10.2012).

1409 *BGE* 113 I 58, Rdn. 6.1 m. w. N.

1410 *BGE* 113 I 58, Rdn. 6.1 m. w. N.

1411 *BGE* 113 I 58, Rdn. 6.2.1.

1412 *BGE* 113 I 58, Rdn. 6.2.1 m. w. N.

bestimmten Stoff oder einem Instrument für den Suizid zu gewähren[1413]. Nichts anderes ergebe sich z. B. auch aus dem *Pretty*-Urteil[1414].

An dieser Stelle trennte das BG sehr viel deutlicher als der *EGMR* in *Pretty* die zwei Fragen voneinander, ob erstens der Mensch auch gegen seinen Willen vom Staat geschützt werden muss und zweitens, ob hieraus im Falle der Verneinung eine Pflicht des Staates besteht, Sterbehilfe (in welcher Form auch immer) zu ermöglichen. Das Recht auf Leben erfordere es nach Ansicht des BG aber nur, „durch ein geeignetes Verfahren sicherzustellen, dass ein allfälliger Entscheid über die Beendigung des Lebens tatsächlich dem freien Willen des Betroffenen entspricht"[1415]. Es muss also die Möglichkeit geben, die Willensentscheidung des Betroffenen als „frei" garantieren zu können. Eine andere Frage sei dem BG zufolge vielmehr die, ob nach Art. 8 EMRK auch sichergestellt werden

> *„muss, dass der Beschwerdeführer schmerz- und risikolos sterben kann, und* [der Staat] *deshalb dafür zu sorgen hat, dass er in Abweichung von der gesetzlichen Regelung ohne ärztliche Verschreibung Natrium-Pentobarbital erhält."*[1416]

Dies verneinte das BG[1417]. Es sei

> *„nicht ersichtlich, inwiefern – im Hinblick auf mögliche Alternativen – die Suizidfreiheit bzw. die Freiheit, über die eigene Lebensqualität entscheiden zu können, vorliegend dadurch beeinträchtigt würde, dass der Staat die Abgabe des umstrittenen Stoffes nicht voraussetzungslos, sondern nur aufgrund einer ärztlichen Verschreibung im Rahmen der ‚anerkannten Regeln der medizinischen und pharmazeutischen Wissenschaften' und unter Kenntnis des Gesundheitszustands des Betroffenen zulässt"*[1418].

Die vorbehaltlose Abgabe von Natrium-Pentobarbital sei daher nicht erforderlich, um die in Art. 8 Abs. 1 EMRK garantierte Freiheit aus-

---

1413 *BGE* 113 I 58, Rdn. 6.2.1 m. w. N.

1414 Vgl. *BGE* 113 I 58, Rdn. 6.2.2.

1415 *BGE* 113 I 58, Rdn. 6.2.1 m. w. N.

1416 *BGE* 113 I 58, Rdn. 6.2.3.

1417 *BGE* 113 I 58, Rdn. 6.2.3.

1418 *BGE* 113 I 58, Rdn. 6.2.3.

üben zu können. Dies gelte sogar unter dem Gesichtspunkt, dass sich der Stoff für einen Suizid besonders gut eignen soll. Denn die rezeptfreie Abgabe von Natrium-Pentobarbital werde nicht dadurch legitimiert, dass andere Suizid-Alternativen möglicherweise risikobehafteter oder schmerzhafter sind. Eine positive Pflicht des Staates zur Ermöglichung einer rezeptfreien Abgabe lasse sich daher weder Art. 10 Abs. 2 BV noch Art. 8 EMRK entnehmen[1419].

Damit verneinte das Schweizer BG einen grund- oder menschenrechtlichen Anspruch auf Abgabe von Natrium-Pentobarbital ohne die entsprechende Verschreibung. Der Staat hat nach Ansicht des Gerichts nicht die Pflicht, einen möglichst risikofreien Suizid zu gewähren bzw. noch mehr Freistellungsvoraussetzungen zu schaffen, wie es sie in der Schweiz jetzt schon gibt. Das bedeutet im Umkehrschluss aber auch, dass sich *Haas* an das vom Schweizer Recht vorgeschriebene Verfahren halten muss. Bekommt er tatsächlich kein Rezept, müsste er – wenn er denn sterben will – einen anderen Weg finden, um aus dem Leben zu scheiden.

Selbst wenn man im vorliegenden Falle einen Eingriff in den Schutzbereich des Art. 10 Abs. 2 BV und des Art. 8 Abs. 1 EMRK annimmt – was das BG hier nicht macht[1420] – so wäre dieser Eingriff dem BG zufolge aber in jedem Fall gerechtfertigt[1421]. Durch die Verschreibungspflicht werden die Gesundheit und die Sicherheit der Bevölkerung geschützt. Im Zusammenhang mit der Sterbehilfe kämen außerdem die Verhinderung strafbarer Handlungen sowie die Bekämpfung eventueller Missbrauchsgefahren hinzu[1422]. Man müsse bedenken, dass die Einnahme einer ausreichenden Menge an Natrium-Pentobarbital letztlich zum Tod führt. Ein solcher Stoff könne daher nicht allein von einem Apotheker abgegeben werden, der die Umstände des Falles ggf. gar nicht kennt. Im Interesse des Patienten müsse das Mittel vorher durch einen Arzt verschrieben worden sein[1423]. Zu dem gesamten Vorgang gehörten ja auch nicht nur eine entsprechende Diagnose und eine Aufklärung des Patienten. Auch müsse der Arzt unter anderem die Ur-

1419 *BGE* 113 I 58, Rdn. 6.2.3.

1420 Vgl. *BGE* 113 I 58, Rdn. 6.3.

1421 *BGE* 113 I 58, Rdn. 6.3 ff.

1422 *BGE* 113 I 58, Rdn. 6.3.2.

1423 Vgl. *BGE* 113 I 58, Rdn. 6.3.2.

teilsfähigkeit des Patienten untersuchen[1424]. Darüber hinaus stelle die Rezeptpflicht nicht nur sicher, dass die Verschreibung von Natrium-Pentobarbital in einem konkreten Fall angemessen ist, sondern diene auch „dem Schutz vor unüberlegten, voreiligen Entschlüssen“[1425].

Wenn der Staat schon die Suizidbeihilfe mit Hilfe medizinischer Mittel unter bestimmten Voraussetzungen zulasse, dann dürfe er zugleich auch „ein Kontrollverfahren festschreiben“, um zu gewährleisten, dass die Entscheidung „tatsächlich dem freien und wohlerwogenen Willen des Betroffenen“ entspreche. Hierfür sei „die ärztliche Rezeptpflicht geeignet und erforderlich.“[1426] Dies gelte gerade auch im Hinblick auf das rein psychische Leiden von *Haas*: Die Verschreibungsmöglichkeit hänge hier von einem psychologischen Fachgutachten ab. Dies könne aber nur abgesichert werden, indem man „an der ärztlichen Verschreibungspflicht“ grundsätzlich festhält und die Beurteilung eines Sterbewunsches nicht nur privatrechtlichen Sterbehilfeorganisationen überlässt[1427].

Gerade weil es also nach der Schweizer Rechtslage möglich ist, dass sich auch ein „lediglich“ psychisch Erkrankter Natrium-Pentobarbital verschreiben lässt und damit aus dem Leben scheidet, ist es wichtig, dass die vom Schweizer Recht geschaffenen Voraussetzungen beibehalten werden. Hierdurch soll gewährleistet werden, dass der potentielle Suizident nicht nur spontan handelt, sondern die anerkannten Suizidvoraussetzungen wirklich erfüllt sind.

3) Geschehen zwischen dem Urteil des BG und dem Verfahren vor dem *EGMR*

Nachdem das BG Ende 2006 sein Urteil gesprochen hatte, wandte sich der Beschwerdeführer am 02.05.2007 mit einem sehr allgemein gehaltenen Brief an 170 praktizierende Psychiater und fragte sie, ob sie bereit wären, ihm das entsprechende Rezept auszustellen[1428].

Der Brief hatte folgenden Inhalt:

1424 Vgl. *BGE* 113 I 58, Rdn. 6.3.2.

1425 *BGE* 113 I 58, Rdn. 6.3.2.

1426 *BGE* 113 I 58, Rdn. 6.3.2.

1427 *BGE* 113 I 58, Rdn. 6.3.5.1 f.

1428 *EGMR, Haas,* Rdn. 17 f.; *ders.,* in: NJW 2011, S. 3773.

„Monsieur,

Je vous fais parvenir ci-joint une copie d'un arrêt du Tribunal fédéral me concernant. J'avais demandé au Tribunal fédéral l'accès direct au pentobarbital sodique, pour que je puisse, avec l'aide de « Dignitas », me suicider de manière accompagnée, sans risque d'échec et sans douleurs. Le Tribunal fédéral a certes admis que le droit de décider de la manière et du moment de mettre fin à sa propre vie est un droit de l'homme. En même temps, il a déclaré qu'un accès direct au pentobarbital sodique n'était pas possible, une ordonnance médicale étant nécessaire à cette fin.

Etant donné que je suis psychiquement malade, le Tribunal fédéral a en outre déclaré qu'il fallait au préalable une expertise psychiatrique approfondie (p. 75, point 6.3.5.2). Celle-ci devrait déterminer si ma volonté de mourir est l'expression d'un dysfonctionnement psychique susceptible d'être soigné ou s'il s'agit d'une décision autonome, bien réfléchie et durable d'une personne capable de discernement (également p. 75, point 6.3.5.1).

Par la présente, je vous demande si vous êtes prêt à m'accepter comme patient, exclusivement en vue de la réalisation d'une telle expertise.

Je vous rends en outre attentif au fait que je ne risque guère de me suicider en ce moment ; je vis sans consommer de neuroleptiques depuis novembre 2006."[1429]

Die Bemühungen von *Haas* blieben erfolglos. Nicht einer der 170 angeschriebenen Mediziner erklärte sich bereit, ihm zu helfen[1430]. Übersetzt lautet der Brief folgendermaßen:

„Mein Herr,

ich übersende Ihnen anbei die Kopie eines mich betreffenden Urteils des Schweizer Bundesgerichts. Ich hatte vor dem Bundesgericht einen direkten Zugang zu Natrium-Pentobarbital eingeklagt, um mich mit Hilfe von „Dignitas" im Wege des begleiteten Suizids risiko- und schmerz-

1429 Abgedruckt in *EGMR, Haas,* Rdn. 17.

1430 *EGMR, Haas,* Rdn. 18; *ders.,* in: NJW 2011, S. 3773.

frei umzubringen. Das Bundesgericht hat gewiss zugestanden, dass das Recht über die Art und Weise und den Moment, sein eigenes Leben zu beenden, ein Menschenrecht ist. Gleichzeitig hat es jedoch auch den direkten Zugang zu Natrium-Pentobarbital für nicht möglich erklärt. Hierfür ist nach wie vor eine ärztliche Verordnung nötig.

Da ich psychisch krank bin, hat das Bundesgericht außerdem erklärt, dass ich im Vorfeld ein vertieftes psychologisches Fachgutachten einholen müsse. [...] *Ein solches müsste bestimmen, ob mein Sterbewille nur Ausdruck einer behandelbaren psychischen Störung ist oder ob es sich um eine autonome, wohl durchdachte und dauerhaft bestehende Entscheidung einer urteilsfähigen Person handelt.* [...]

Hiermit frage ich Sie, ob Sie dazu bereit sind, mich als Patienten zu akzeptieren, und zwar ausschließlich unter dem Gesichtspunkt, das genannte Gutachten auszustellen.

Seien Sie sich auch dessen bewusst, dass ich es im Moment kaum wage, mich umzubringen. Ich habe seit November 2006 keine Antipsychiotika mehr eingenommen."[1431]

Bei der Lektüre des Briefes kann man an dessen Ernsthaftigkeit durchaus zweifeln. So nüchtern, wie das Schreiben verfasst ist, spricht (für Außenstehende) Vieles dafür, dass *Haas* gar nicht krank war. Darüber hinaus ist der Brief sehr unpersönlich abgefasst, das heißt, er wirkt schon vom Stil her wie ein Serienbrief. Außerdem wird deutlich, dass es *Haas* nur um das Gutachten geht und er somit gar kein dauerhaftes Arzt-Patienten-Verhältnis aufbauen will. Gerade im Bereich psychiatrischer Erkrankungen erscheint es aber wichtig, dass sich Arzt und Patient länger kennen. Erst dann kann der Arzt die Ernsthaftigkeit der Erkrankung und des Sterbewillens beurteilen. Deswegen verwundert es nicht, dass von den 170 angeschriebenen Personen niemand dazu bereit war, sich mit dem Patienten *Haas* näher zu befassen.

Haas wertete diesen Umstand im Verfahren vor dem *EGMR* aber so, dass er einfach nicht dazu im Stande sei, die vom BG festgelegten Kriterien zu erfüllen. Dies widerspreche aber dem vom *EGMR* aufgestellten Prinzip, dass die EMRK konkrete und wirksame Rechte schüt-

1431 Eigene Übers. der Verf.

ze[1432]. Die Schweizer Regierung führte hiergegen an, dass es für *Haas* andere Möglichkeiten gebe, Suizid zu begehen und schloss sich im Übrigen der Auffassung des BG an[1433]. Zu der vom Beschwerdeführer geltend gemachten „Unmöglichkeit", ein entsprechendes Rezept zu bekommen, führte die Regierung an, dass *Dignitas* schon mehrfach psychisch kranken Personen beim Suizid assistiert habe und diese Organisation deswegen Kontakt zu psychiatrischen Ärzten haben müsse, die dann auch entsprechende Rezepte ausstellen könnten[1434].

Außerdem führte die Regierung an, dass der Beschwerdeführer es versäumt habe, sich an einen Arzt im Kanton Zürich zu wenden, obwohl dort seit 2006 Ärzte nicht mehr strafrechtlich verfolgt würden, wenn sie ein Rezept über Natrium-Pentobarbital ausstellen. Stattdessen habe *Haas* lieber an 170 Mediziner in den Regionen Basel und Bern geschrieben[1435]. Überdies sei der Brief in seiner Formulierung nicht dazu geeignet, dass man hierauf eine positive Antwort bekommt. Indem der Beschwerdeführer von vorne herein nur nach einem Gutachten frage, aber jegliche Therapiemöglichkeiten ausschlägt, werde eine ernsthafte Suche nach Suizid-Alternativen auf Anhieb ausgeschlossen, obwohl diese eigentlich Teil der Untersuchung sei, die möglicherweise zu einer entsprechenden Verordnung von Natrium-Pentobarbital führt[1436].

4) Das Urteil des *EGMR*

Der *EGMR* bemerkt zunächst, dass – im Lichte der *Pretty*-Rechtsprechung[1437] – das Recht eines Einzelnen, zu entscheiden, auf welche Weise und wann er sterben wolle, unter der Bedingung, dass er im Stande

1432 *EGMR, Haas*, Rdn. 33; siehe auch Rdn. 37; *ders.*, in: NJW 2011, S. 3773, Rdn. 33 – 37 (zusammengefasst).

1433 *EGMR, Haas*, Rdn. 38; siehe auch Rdn. 38 ff.

1434 *EGMR, Haas*, Rdn. 44.

1435 *EGMR, Haas*, Rdn. 44.

1436 *EGMR, Haas*, Rdn. 44.

1437 Vgl. *EGMR, Haas*, Rdn. 50 f. bzw. *ders.*, in: NJW 2011, S. 3774, Rdn. 50 f., jeweils mit Verweis in Rdn. 50 auf *Pretty*, Rdn. 67. Siehe *EGMR, Pretty*, in: NJW 2002, S. 2854, Rdn. 67: Dort konnte der *EGMR* „nicht ausschließen, dass" die Verweigerung der Immunitätszusicherung einen Eingriff in Art. 8 Abs. 1 EMRK darstellte.

ist, seinen eigenen Willen frei zu bilden und nach dessen Konsequenz zu handeln, unter das Recht auf Achtung des Privatlebens nach Art. 8 EMRK falle[1438]. Damit erkennt hier auch der *EGMR* ausdrücklich das Recht an, über die Art und den Zeitpunkt des eigenen Ablebens entscheiden zu dürfen. Auch der *EGMR* grenzt aber die Fälle *Haas* und *Pretty* ab: Dem Beispiel des Schweizer BG folgend, gehe es bei *Haas* darum, ob der Staat auf Grund von Art. 8 EMRK dazu verpflichtet sei, es dem Beschwerdeführer zu ermöglichen, unter Verstoß gegen die eigentliche Gesetzeslage auch ohne ärztliche Verschreibung Natrium-Pentobarbital zu bekommen[1439]. Anders ausgedrückt bestehe der Unterschied zu *Pretty* darin, dass *Haas* vorgibt, dass die Suizidhandlung unwürdig wird, wenn er das gewünschte Mittel nicht bekommt[1440]. Ein weiterer Unterschied zu *Pretty* bestehe außerdem darin, dass *Haas* sich nicht im Endstadium einer Krankheit befindet, die ihn daran hindert, überhaupt Suizid zu begehen[1441].

Dem *EGMR* zufolge sollte man das Begehren des Klägers (rezeptfreier Zugang zu Natrium-Pentobarbital) unter dem Gesichtspunkt einer positiven staatlichen Verpflichtung untersuchen, einen würdigen Suizid ermöglichen zu müssen. Dann müsse eine Balance zwischen den betroffenen widerstreitenden Interessen gefunden werden, in deren Rahmen der Staat einen gewissen Beurteilungsspielraum („marge

1438 *EGMR, Haas,* Rdn. 51; *ders.,* in: NJW 2011, S. 3774, Rdn. 51.

1439 *EGMR, Haas,* Rdn. 52; *ders.,* in: NJW 2001, S. 3774, Rdn. 52.

1440 *EGMR, Haas,* Rdn. 52; *ders.,* in: NJW 2011, S. 3774, Rdn. 52.

1441 *EGMR, Haas,* Rdn. 52 bzw. *ders.,* in: NJW 2001, S. 3774, Rdn. 52, jeweils mit Verweis auf *Pretty,* Rdn. 9. Siehe *EGMR, Pretty,* in: NJW 2002, S. 2851.

d'appréciation") besitzt[1442] und der je nach der Herkunft der Frage und den auf dem Spiel stehenden Interessen variiert[1443].

Im Rahmen der Frage nach einer möglichen Verletzung von Art. 8 EMRK müsse man außerdem Art. 2 EMRK berücksichtigen, der den nationalen Stellen die Verpflichtung zum Schutz verletzlicher Personen auferlegt, und dies sogar gegen Handlungen, durch die sie ihr eigenes Leben bedrohen[1444]. Hiernach seien die staatlichen Stellen dazu verpflichtet, einen Einzelnen am Suizid zu hindern, wenn seine Entscheidung nicht frei und unter Kenntnis aller Umstände zu Stande gekommen ist[1445].

Auch auf rechtsvergleichende Fragen geht der *EGMR* ein: Man könne wohl nicht von einem europäischen Konsens sprechen. Zwar hätten die Benelux-Staaten den assistierten Suizid legalisiert, aber auch nur für eng umschriebene Fälle. Andere Staaten würden nur passive Sterbehilfe erlauben. Die große Mehrheit der Staaten bekräftige wiederum mehr den Lebensschutz des Einzelnen als dessen etwaiges

1442 *EGMR, Haas,* Rdn. 53 bzw. *ders.,* in: NJW 2011, S. 3774, Rdn. 53, jeweils mit Verweis auf *EGMR, Keegan ./. Ireland,* Rdn. 49. Siehe dort *EGMR, Keegan ./. Ireland,* Urt. v. 26.05.1994, in: Publications of the European Court of Human Rights, Series A: Judgments and Decisions, Vol. 290, S. 19, Rdn. 49:

„*The Court recalls that the essential object of Article 8 is to protect the individual against arbitrary action by the public authorities. There may in addition be positive obligations inherent in an effective ‚respect' for family life. However, the boudaries between the State's positive and negative obligations under this provision do not lend themselves to precise definition. The applicable principles are, non the less, similar. In both contexts regard must be had to the fair balance that has to be struck between the competing interests of the individual and of the community as a whole; and in both contexts the State enjoys a certain margin of appreciation* [...]."

1443 *EGMR, Haas,* Rdn. 53 bzw. *ders.,* in: NJW 2011, S. 3774, Rdn. 53, jeweils mit Verweis auf *Pretty,* Rdn. 70. Siehe *EGMR, Pretty,* in: NJW 2002, S. 2854, Rdn. 70.

1444 *EGMR, Haas,* Rdn. 54 bzw. *ders.,* in: NJW 2011, S. 3774, Rdn. 54, jeweils mit Verweis auf *Keenan ./. United Kingdom,* Rdn. 91. Siehe *EGMR, Keenan ./. United Kingdom,* Urt. v. 03.04.2001, in: Reports of judgments and decisions, 2001-III, S. 93 ff. (129), Rdn. 91:

„[...] *that persons in custody are in a vulnerable position and that the authorities are under a duty to protect them. It is incumbent on the State to account for any injuries suffered in custody, which obligation is particularly stringent where that individual dies* [...]."

1445 *EGMR, Haas,* Rdn. 54; *ders.,* in: NJW 2011, S. 3774, Rdn. 54.

Recht, sich zu töten. Daraus schließt der Gerichtshof, dass der Beurteilungsspielraum der Staaten in diesem Bereich erheblich ist[1446].

An dieser Stelle passiert das, wovor der *EGMR* im *Pretty*-Urteil noch ein wenig zurückgeschreckt ist, nämlich die Auslegung der Konvention mit Hilfe rechtsvergleichender Feststellungen. Der *EGMR* bemerkt, dass man keine einheitliche „Linie" in Europa in Bezug auf die Sterbehilfe ausmachen könne. Deswegen nimmt er an, dass der Beurteilungsspielraum der einzelnen Staaten (und insbesondere der jeweiligen Gesetzgeber) sehr groß ist. Dies ist auch nachvollziehbar: Gäbe es nämlich einen solchen Konsens, dann müsste ein Staat, der von der konsensualen Linie „abweichen" will, schon gute Gründe hierfür haben und dieses Abweichen entsprechend rechtfertigen können. Gerade weil aber keine einheitliche „Linie" erkennbar ist, gesteht der *EGMR* den Mitgliedstaaten der EMRK auch im Vergleich zueinander entsprechend konträre Regelungsmöglichkeiten zu.

Im Folgenden rechtfertigt der *EGMR* die Rezeptpflicht im Schweizer Recht mit einer ähnlichen Begründung wie das BG: Legitimes Ziel dieser Rezeptpflicht sei es, jeden potentiellen Suizidenten vor einer voreiligen Entscheidung zu bewahren. Ebenso sei es das legitime Ziel der Vorschrift, Missbrauch zu verhindern, namentlich, zu vermeiden, dass eine nicht urteilsfähige Person eine tödliche Dosis des streitgegenständlichen Mittels einnimmt[1447]. Entscheidend sei in diesem Zusammenhang insbesondere, dass die Schweiz ein liberales Land ist, in dem Gesetzgebung und Praxis relativ einfach die Suizidbeihilfe ermöglichten. Wenn ein Staat einen solch liberalen Ansatz verfolgt, seien ihm zugleich auch entsprechend hohe Maßstäbe auferlegt, damit er im Rahmen der Anwendung einer solch liberalen Gesetzgebung gleichzeitig Maßnahmen gegen Missbrauch ergreift[1448]. Auch stimme der Gerichtshof mit dem Schweizer BG dahin gehend überein, dass das Recht auf Leben nach Art. 2 EMRK die Staaten dazu verpflichte, ein entsprechendes Verfahren auszuarbeiten, um sicherzustellen, dass eine Sterbeentscheidung auch wirklich dem freien Willen des Betroffenen entspricht[1449]. Das Erfordernis eines ärztlichen Rezepts, ausgefertigt auf

1446 *EGMR, Haas*, Rdn. 55, siehe auch Rdn. 61. Siehe ebenso *ders.*, in: NJW 2011, S. 3774, Rdn. 55.

1447 *EGMR, Haas*, Rdn. 56; *ders.*, in: NJW 2011, S. 3774, Rdn. 56.

1448 *EGMR, Haas*, Rdn. 57 f.; *ders.*, in: NJW 2011, S. 3774 f., Rdn. 57 f.

1449 *EGMR, Haas*, Rdn. 58; *ders.*, in: NJW 2011, S. 3775, Rdn. 58.

der Basis eines psychiatrischen Gutachtens, sei ein geeignetes und ausreichendes Mittel, um dieser Forderung aus Art. 2 zu genügen[1450].

Im Übrigen werfe das Vorgehen von *Haas* auch nach Ansicht des *EGMR* einige Fragen auf. Die Versendung des Briefes an 170 Ärzte könne auf den ersten Blick nicht berücksichtigt werden, um das Begehren von *Haas* zu stützen. Die Briefe seien auf jeden Fall nicht dazu geeignet, eine positive Antwort der Adressaten zu erwarten. Der *EGMR* sei daher auch nicht davon überzeugt, dass es *Haas* wirklich unmöglich war, einen Arzt zu finden, der ihm hilft[1451]. An dieser Stelle hat der *EGMR* somit ähnliche Bedenken, wie sie auch schon unter 3) deutlich wurden.

5) Besprechung

Die Urteile des Schweizer BG und des *EGMR* im Fall *Haas* überraschen vom Ergebnis her nicht. In Abgrenzung zu *Pretty* stand bei *Haas* sogar ein „Weniger" als das dortige Beschwerdebegehren in Rede. Daher konnte man davon ausgehen, dass das BG und auch der *EGMR* die Beschwerde von *Haas* abweisen würden.

Die Argumentation *Haas'*, ihm sei es nicht möglich, die entsprechende Verschreibung zu bekommen, wirkt angesichts der Lektüre des 170-mal verschickten Briefes nicht überzeugend. Dabei geht es nicht einmal so sehr um die distanzierte Formulierungsweise des Gesuchs, sondern darum, dass *Haas* es versäumt, sein Anliegen überzeugend darzulegen. Viele der angeschriebenen Ärzte werden den Brief schlicht nicht ernst genommen haben.

Dennoch haben sich die Gerichte mit der Frage befasst, ob ein Staat dazu verpflichtet ist, jemandem möglichst ohne Beschränkung Zugang zu einem todbringenden Medikament oder Mittel zu gewährleisten und dies verneint. *Selbst wenn* es *Haas* also tatsächlich unmöglich gewesen wäre, die entsprechenden Voraussetzungen zu erfüllen, hätte dies nicht bedeutet, dass die Schweiz durch die Zugangsbeschränkungen die EMRK verletzt. Vielmehr wäre *Haas* wohl auch dann auf andere mögliche Suizidalternativen angewiesen gewesen.

1450 *EGMR, Haas*, Rdn. 58; *ders.*, in: NJW 2011, S. 3775, Rdn. 58: „Das Erfordernis einer ärztlichen Verschreibung auf Grund eines umfassenden psychiatrischen Gutachtens ist ein Mittel, das diese Anforderungen erfüllt."

1451 *EGMR, Haas*, Rdn. 60; *ders.*, in: NJW 2011, S. 3775, Rdn. 60.

In beiden Entscheidungen wird klargestellt, dass das Selbstbestimmungsrecht nach Art. 8 Abs. 1 EMRK auch das Recht umfasst, über die Art und den Zeitpunkt der Beendigung des eigenen Lebens zu entscheiden. Gegenüber der noch etwas unklaren Formulierung in *Pretty* wird dies nun deutlich festgehalten. Sodann unterscheiden sich die Urteile jedoch darin, dass das Schweizer BG bereits den Eingriff in Art. 8 Abs. 1 EMRK verneint, während der *EGMR* einen solchen Eingriff zumindest nicht ausschließt[1452]. Das Schweizer BG lehnt bereits den Eingriff ab, weil es das genannte Selbstbestimmungsrecht von einem Anspruch auf Suizidbeihilfe oder Sterbehilfe abgrenzt, der in Art. 8 Abs. 1 EMRK nicht garantiert sei. Nur um einen solchen gehe es im vorliegenden Fall und dieser sei nicht von der EMRK geschützt.

Art. 8 Abs. 1 EMRK enthält nach Ansicht des Schweizer BG nicht die staatliche Verpflichtung, dem Einzelnen einen Suizid zu ermöglichen. Die Suizidfreiheit wird also nicht dadurch beeinträchtigt, dass der Staat die Abgabe eines bestimmten Stoffes nur unter bestimmten Voraussetzungen zulässt. Daher liegt nach Ansicht des BG schon kein Eingriff vor. Hilfsweise prüft das BG dann aber doch eine mögliche Rechtfertigung eines Eingriffs in Art. 8 Abs. 1 EMRK und kommt zu dem Ergebnis, zu dem später auch der *EGMR* kommt: Die Rezeptpflicht für Natrium-Pentobarbital ist rechtmäßig, weil hierdurch der Betroffene vor einer voreiligen Entscheidung bewahrt werden soll und strafbare Handlungen sowie Missbrauch verhindert werden sollen. Auch soll verhindert werden, dass nicht-urteilsfähige Menschen Zugang zu Natrium-Pentobarbital erhalten. Die Verschreibungspflicht sichert in diesem Zusammenhang also ab, dass der potentielle Suizident erstens eine freiverantwortliche Entscheidung trifft und zweitens auf Grund seines Sterbewillens Zugang zu Pentobarbital bekommt.

Schwarzenegger stimmt dieser Rechtfertigungsargumentation zu. Denn es gehe darum, „Menschen [...] vor gefährlichen Heil- bzw. Betäubungsmitteln zu schützen [...] und möglichst zu verhindern, dass solche Substanzen in falsche Hände geraten."[1453] Man müsse „den Umgang mit Natrium-Pentobarbital und vergleichbaren gefährlichen Substanzen auf Personen [...] beschränken, die Gewähr für einen sorgfäl-

1452 Der Gerichtshof lässt dies aber i. E. offen, siehe *EGMR, Haas,* Rdn. 51, 53 f. bzw. *ders.,* in: NJW 2011, S. 3774, Rdn. 51, 53 f.

1453 *Schwarzenegger,* Mittel zur Suizidbeihilfe, Rdn. 23.

tigen Umgang bieten."[1454] Denn schließlich werde „leicht vergessen, dass sich die Substanz sowohl zum freiverantwortlichen Suizid als auch zur klassischen Tötung oder gar zum Mord eignet."[1455] Daher hält es *Schwarzenegger* auch für kontraproduktiv, die Abgabevoraussetzungen für Natrium-Pentobarbital zu lockern: Denn „[d]ie breite Akzeptanz [...] der organisierten Suizidbeihilfe [...] dürfte eben gerade darauf zurückzuführen sein, dass eine ärztliche Überprüfung im Einzelfall stattfindet."[1456] Das heißt, gerade weil es gewisse Mindestanforderungen an die Abgabe des Stoffes gibt und es eine entsprechende ärztliche Mitwirkung gibt, ist die Schweizer Form der Suizidbeihilfe besonders anerkannt.

Die Ansicht *Schwarzeneggers* überzeugt. Mittel wie Natrium-Pentobarbital können auch zweckentfremdet eingesetzt werden. Es kann nicht ausgeschlossen werden, dass jemand Zugang hierzu erlangen will, der gar nicht im Sinn hat, sich selbst zu töten. Letztendlich hätte man diesen Vorwurf sogar dem Betroffenen *Haas* machen können. Insofern sichert die Rezeptpflicht ab, dass das erbetene Mittel auch wirklich für den eigenen Suizid und nicht für eine Tötung Dritter eingesetzt wird. Darüber hinaus ist auch das Argument nachvollziehbar, dass die Sterbehilfe-Praxis in der Schweiz gerade deswegen in hohem Maße akzeptiert wird, weil es das vorgesehene Verfahren (inkl. Konsulation eines Arztes, Verschreibung, etc.) gibt. An Hand der oben (in § 1) zitierten Texte von *EXIT* und *Dignitas* wird nämlich deutlich, dass sich die Schweizer Sterbehilfe-Praxis in gewisser Weise etabliert hat.

„Neu" an der *Haas*-Entscheidung gegenüber *Pretty* ist der Aspekt, dass der *EGMR* rechtsvergleichende Überlegungen mit in die Urteilsfindung einbezieht. Dabei setzt er sich erneut mit dem in *Pretty* angesprochenen staatlichen Beurteilungsspielraum in Bezug auf die Sterbehilfe auseinander. Der Gerichtshof erkennt an, dass es sehr divergierende Auffassungen in Europa gibt und akzeptiert dies auch. Denn er kann letztlich nicht darüber entscheiden, welche Regelungen „gut" oder „schlecht" sind, sondern nur darüber, ob die Konvention verletzt wurde. Daher akzeptiert er auch das in der Schweiz durchgeführte Sterbehilfe-Verfahren. Hier zeigen sich also abermals die Parallelen zum oben besprochenen *Avis* des belgischen *Conseil d'Etat* sowie

1454 *Schwarzenegger*, Mittel zur Suizidbeihilfe, Rdn. 23.

1455 *Schwarzenegger*, Mittel zur Suizidbeihilfe, Rdn. 23.

1456 *Schwarzenegger*, Mittel zur Suizidbeihilfe, Rdn. 23.

zum Urteil *Pretty*: Ein Gericht kann letztlich nur prüfen, ob der Mitgliedstaat im Rahmen seines Beurteilungsspielraums eine Entscheidung trifft, die (noch) mit der Konvention vereinbar ist. Eine weitergehende Entscheidungsbefugnis steht dem Gericht aber nicht zu.

In Bezug auf den unter Art. 8 Abs. 1 EMRK geltend gemachten Anspruch von *Haas* folgt also nach Vergleich der Urteile des BG und des *EGMR* Folgendes:

- Art. 8 EMRK schützt das Selbstbestimmungsrecht (auch) in der Form des Rechts, über die Art und den Zeitpunkt der Beendigung des eigenen Lebens zu entscheiden.
- Es bleibt offen, ob die Verschreibungspflicht von Natrium-Pentobarbital in der Schweiz einen Eingriff in die Suizidfreiheit aus Art. 8 Abs. 1 EMRK darstellt (offen gelassen vom *EGMR*) oder nicht (so das Schweizer BG).
- Jedenfalls aber kann eine solche Maßnahme nach Art. 8 Abs. 2 EMRK bzw. über die einschlägige Schutzpflicht aus Art. 2 EMRK gerechtfertigt werden. Denn die Verschreibungspflicht hat das legitime Ziel, die Gesundheit und die Sicherheit der Bevölkerung durch die Verhinderung von strafbaren Handlungen oder Missbrauch zu schützen. Bei einem freien Zugang zu Pentobarbital bestünde zum Einen die Gefahr, dass jemand eine voreilige und unüberlegte Suizidentscheidung trifft. Ferner bestünde die Gefahr, dass auch nicht-urteilsfähige Personen Zugang zu Pentobarbital bekommen. Außerdem könnte der Stoff auch dazu eingesetzt werden, andere Menschen (gegen deren Willen) umzubringen.

In Bezug auf mögliche staatliche Schutzpflichten aus dem Recht auf Leben (Art. 2 EMRK) ergibt sich aus den beiden Urteilen Folgendes:

- Art. 2 EMRK verpflichtet den Staat nicht dazu, das Leben des Betroffenen gegen dessen Willen zu schützen.
- Art. 2 setzt nur voraus, dass durch ein entsprechendes Verfahren sichergestellt wird, dass die Entscheidung über das Lebensende dem wirklichen Willen des Betroffenen entspricht.
- Das nach Schweizer Recht vorgesehene Verfahren über die Verschreibung von Natrium-Pentobarbital (und damit die entsprechende Verschreibungspflicht) reicht für diese Kontrolle aus.

- Hingegen hat der Staat eine Verpflichtung zum Schutz des Lebens von Menschen, wenn eine Suizidentscheidung nicht freiverantwortlich und in Kenntnis aller Umstände zustande gekommen ist. Dann muss der Staat den Suizid verhindern.

IV) *House of Lords, Debbie Purdy,* Urt. v. 30.07.2009, Session 2008-09, [2009] UKHL 45

Inwieweit sich aus der EMRK Ansprüche im Bereich Sterbehilfe ableiten lassen, zeigt ein Urteil des britischen *House of Lords* vom Sommer 2009[1457]. Darin erklagte sich die Klägerin *Purdy* den Anspruch, von den britischen Strafverfolgungsbehörden die Kriterien veröffentlicht zu bekommen, nach denen die Behörden bei der Verfolgung von Fällen der Suizidbeihilfe vorgehen.

1) Hintergrund

Debbie Purdy litt an fortgeschrittener Multipler Sklerose. Sie war bereits auf den Rollstuhl angewiesen und konnte viele Handlungsschritte nicht mehr allein ausführen. Sie hatte Schluckbeschwerden und litt beim Trinken unter Krampfanfällen. Sie wusste auch, dass eine Zeit kommen würde, in der ihre Leiden unerträglich werden könnten. Für diese Zeit hatte sie sich vorgenommen, ihr Leben zu beenden. Allerdings wusste sie auch, dass sie diese Lebensbeendigung nicht mehr alleine würde ausführen können, sondern hierfür Hilfe benötigte. Daher wollte sie in ein Land reisen, in dem assistierter Suizid erlaubt ist – voraussichtlich in die Schweiz. Ihr Ehemann war dazu bereit, ihr bei dieser Reise zu helfen[1458].

Wie im Fall *Pretty* drohte *Purdys* Ehemann auch hier eine Bestrafung nach Section 2 (1) des britischen *Suicide Acts*[1459]. Denn hierunter

---

1457 *House of Lords,* R (on the application of Purdy) (Appellant) *v* Director of Public Prosecutions (Respondent), Urt. v. 30.07.2009, Session 2008-09, [2009] UKHL 45, abrufbar unter <http://www.publications.parliament.uk/pa/ld200809/ldjudgmt/jd090730/rvpurdy.pdf> (zuletzt abgerufen: 27.10.2012). Im Folgenden zitiert als: (*Lord ...,*) *House of Lords, Purdy,* ....

1458 Schilderung der Situation von *Purdy* in: *Lord Hope of Craighead, House of Lords, Purdy,* S. 5 f., Rdn. 17.

1459 Vgl. *Lord Hope of Craighead, House of Lords, Purdy,* S. 6, Rdn. 18. Siehe auch S. 10, Rdn. 25, S. 11, Rdn. 27. Anders dagegen *Lord Philipps of Worth Mat-*

fielen nach Ansicht von *Lord Hope of Craighead* auch Handlungen, die einer Person die Reise in ein anderes Land ermöglichen, in dem Wissen, dass es der Person darum geht, dort ihr Leben zu beenden. Eine enger gefasste Anwendung der Norm verbiete sich schon deswegen, weil es ansonsten zu einfach wäre, verletzbare oder leicht verführbare Menschen von ihrem Schutz auszuschließen. Außerdem sehe Section 2 (1) keine Ausnahmen vor[1460].

Debbie Purdy ging es daher auch nicht darum, dass (wie im Fall von *Pretty*) ihrem Mann bereits im Vorfeld der Tat Straffreiheit zugesichert werde. Sie begehrte vielmehr Informationen über die britische Strafverfolgungspraxis, um eine Entscheidung über ihr Lebensende treffen zu können. Von den Menschen, die andere Menschen zum Suizid ins Ausland begleitet hatten, war nämlich bis dato niemand strafrechtlich belangt worden[1461]. Allerdings hatten es die britischen Strafverfolgungsbehörden auch abgelehnt, *Purdy* gegenüber offenzulegen, nach welchen Kriterien sie in Fällen des assistierten Suizids vorgehen[1462].

2) Das Urteil des *House of Lords*

Das *House of Lords* spricht sich einmütig dafür aus, dem Begehren *Purdys* stattzugeben und vom *DPP* die Offenlegung der Kriterien zu fordern, die bei der potentiellen Strafverfolgung von Gehilfen in den Fällen des assistierten Suizids angewendet werden.

Lord Hope of Craighead steckt im Verlauf seiner Urteilsgründe den Prüfungsmaßstab ab und merkt an, dass es nicht Aufgabe der angerufenen Richter sei, eine Rechtsänderung vorzunehmen, um den assistierten Suizid zu legalisieren. Wenn Rechtsänderungen erforder-

ravers, House of Lords, Purdy, S. 4, Rdn. 11 ff., demzufolge *Purdys* Ehemann streng genommen eine Bestrafung wegen Mordes drohe, weil der Suizid in der Schweiz geplant sei und die mildere Strafandrohung des *Suicide Acts* wegen dessen Section 3(3) („This Act shall extend to England and Wales only") hierauf nicht anwendbar sei. Die anderen Richter sahen dieses Problem jedoch nicht.

1460 *Lord Hope of Craighead, House of Lords, Purdy,* S. 6, Rdn. 18. Ähnl. auch S. 9, Rdn. 23.

1461 Vgl. *Lord Hope of Craighead, House of Lords, Purdy,* S. 12, Rdn. 30. Siehe auch S. 13, Rdn. 31.

1462 Vgl. *Lord Hope of Craighead, House of Lords, Purdy,* S. 13, Rdn. 31.

lich seien, dann müssten diese durch das Parlament vorgenommen werden[1463]. Die Aufgabe der Richter sei es (nur), zu sagen, *was* das Recht ist und – wenn dies unklar ist – das ihnen Mögliche zu tun, um den Inhalt des „Rechts" klarzustellen[1464].

Es gebe bei der Suizidbeihilfe in Großbritannien erhebliche Abweichungen zwischen der Rechtslage und der Praxis. Obwohl es nach britischem Recht eigentlich klar sei, dass auch ein Reise-Helfer wegen assistiertem Suizid verfolgt werden kann, bedeute dies nicht, dass er in der Praxis dann auch verfolgt wird[1465]:

> *„But the practice that will be followed in cases where compassionate assistance of the kind that Ms Purdy seeks from her husband is far less certain."*[1466]

Aus diesem Grund komme den Richtern die Aufgabe zu, in einem solch sensiblen Bereich für Rechtsklarheit und -beständigkeit zu sorgen[1467]. *Purdy* hatte mit ihrem Begehren[1468] ja schon deutlich gemacht, dass trotz der Strafandrohung viele Suizidhelfer gar nicht verfolgt oder bestraft werden. Sie wollte an Hand der begehrten Informationen selbst abschätzen können, ob sie ihren Mann darum bitten kann, sie bei der geplanten Reise zu begleiten[1469]. Auf Grund der Weigerung des *DPP*, ihr gegenüber die üblichen Kriterien offenzulegen, an denen man sich bei der Strafverfolgung von Sterbehelfern orientiert, war ihr diese Entscheidungsfindung bis dato nicht möglich[1470].

Lord Hope of Craighead gelangt schließlich zu der Auffassung, dass der Schutzbereich von Art. 8 Abs. 1 EMRK im Fall *Purdy* eröffnet ist[1471].

1463 *Lord Hope of Craighead, House of Lords, Purdy*, S. 11, Rdn. 26.

1464 *Lord Hope of Craighead, House of Lords, Purdy*, S. 11, Rdn. 26. Hervorheb. der Verf.

1465 Vgl. *Lord Hope of Craighead, House of Lords, Purdy*, S. 11, Rdn. 27.

1466 *Lord Hope of Craighead, House of Lords, Purdy*, S. 11, Rdn. 27.

1467 *Lord Hope of Craighead, House of Lords, Purdy*, S. 11, Rdn. 27.

1468 Vgl. *Lord Hope of Craighead, House of Lords, Purdy*, S. 12 f., Rdn. 30 f.

1469 Vgl. *Lord Hope of Craighead, House of Lords, Purdy*, S. 13, Rdn. 31.

1470 Vgl. *Lord Hope of Craighead, House of Lords, Purdy*, S. 13, Rdn. 31.

1471 *Lord Hope of Craighead, House of Lords, Purdy*, S. 14 ff., Rdn. 34 ff. Siehe insb. S. 17, Rdn. 39.

Er grenzt die Fälle *Pretty* und *Purdy* voneinander ab[1472] und sieht den entscheidenden Unterschied darin, dass man jedenfalls bei *Pretty* auch von Seiten des *House of Lords* daran zweifelte, ob der Schutzbereich des Art. 8 EMRK überhaupt eröffnet war. Hingegen könne es bei *Purdy* keine Zweifel hieran geben. Denn *Purdy* sei exakt der Fall, denn der *EGMR* in *Pretty*[1473] beschrieben habe, als er auf den Entscheidungswillen der Menschen angesichts des medizinischen Fortschritts einging. Denn während es *Pretty* nicht um die Erlangung von Informationen, sondern vielmehr um Straffreiheit für ihren Ehemann ging, gehe es *Purdy* darum, eine auf ausreichenden Informationen beruhende Entscheidung zu treffen[1474].

Als Nächstes legt *Lord Hope of Craighead* den Prüfungsmaßstab nach Art. 8 Abs. 2 EMRK für den Eingriff in Art. 8 Abs. 1 EMRK fest:

> „*The Convention principle of legality requires the court to address itself to three distinct questions. The first is whether there is a legal basis in domestic law for the restriction. The second is whether the law or rule in question is sufficiently accessible to the individual who is affected by the restriction, and sufficiently precise to enable him to understand its scope and foresee the consequences of his actions so that he can regulate his conduct without breaking the law. The third is whether, assuming that these two requirements are satisfied, it is nevertheless open to the criticism that it is being applied in a way that is arbitrary because, for example, it has been resorted to in bad faith or in a way that is not proportionate.*"[1475]

Erforderlich ist also nicht nur, dass es eine gesetzliche Grundlage für den Eingriff gibt und diese hinreichend bestimmt und zugänglich ist, so dass ein Eingriff entsprechend vorhersehbar ist. Vielmehr ist auch erforderlich, dass die gesetzliche Grundlage verhältnismäßig und nicht-willkürlich angewendet wird[1476]. *Lord Hope of Craighead* zufolge

1472 Vgl. *Lord Hope of Craighead, House of Lords, Purdy*, S. 15 ff., Rdn. 35 ff.

1473 Verweis auf *EGMR, Pretty*, Rdn. 65 bei *Lord Hope of Craighead, House of Lords, Purdy*, S. 17, Rdn. 38. Siehe hierzu *EGMR, Pretty*, in: NJW 2002, S. 2854, Rdn. 65.

1474 *Lord Hope of Craighead, House of Lords, Purdy*, S. 16 f., Rdn. 38.

1475 *Lord Hope of Craighead, House of Lords, Purdy*, S. 17, Rdn. 40, m. v. N.

1476 Vgl. *Lord Hope of Craighead, House of Lords, Purdy*, S. 17, Rdn. 40.

genüge Section 2 (1) des britischen *Suicide Acts* diesen Kriterien, da klar erkennbar sei, dass die von *Purdys* Ehemann beabsichtigte Handlung hierunter falle[1477].

Allerdings ziele die von *Purdy* aufgeworfene Frage nicht auf Section 2 (1), sondern vielmehr auf Section 2 (4) ab und auf die Art und Weise, an Hand derer vom *DPP* erwartet werden kann, wie er sein Ermessen („discretion") ausübt. Denn Section 2 (4) erlaube ein gewisses Ermessen bei der Entscheidung, ob *Purdys* Ehemann strafrechtlich verfolgt wird[1478]. Schon in dem Absatz zuvor deutet *Lord Hope of Craighead* an, dass ein Gesetz, welches Ermessen ermöglicht, nach den beschriebenen Maßstäben nicht per se als willkürlich oder unverhältnismäßig gelte. Voraussetzung sei aber, dass der Anwendungsbereich des Ermessens und die Art und Weise der Ausübung klar erkennbar sind. Nur so könne dem Einzelnen ein Schutz gegen willkürliche Eingriffe ermöglicht werden[1479].

Lord Hope of Craighead erläutert sodann den Hintergrund von Section 2 (4): Der Gesetzgeber habe nicht gewollt, dass alle Menschen, die sich möglicherweise nach Section 2 (1) strafbar gemacht haben, auch wirklich verfolgt oder bestraft werden[1480]. Dies liege daran, dass es ansonsten auch unter unangemessenen Umständen immer ein Strafverfolgungsrisiko gäbe[1481]. Genau dies führe zu einem Problem fehlender praktischer Konsistenz („consistency of practice") in Fällen des assistierten Suizids[1482]. Gemeint ist damit, dass sich bei der praktischen Beurteilung von Fällen des assistierten Suizids im Grunde keine klare Linie der Rechtssicherheit abzeichnet. Doch auch in ethisch kontroversen Bereichen wie dem assistierten Suizid muss es für die Strafverfolgungsbehörden möglichst klare Anweisungen geben[1483].

1477 *Lord Hope of Craighead, House of Lords, Purdy*, S. 18, Rdn. 41.

1478 *Lord Hope of Craighead, House of Lords, Purdy*, S. 18, Rdn. 41 f. Man rufe sich an dieser Stelle die o. g. Kritik *de Schutters* an der Flexibilität des britischen Strafrechts in Erinnerung. Siehe *de Schutter*, in: RTDH 2003, Nr. 53, S. 99 f.

1479 *Lord Hope of Craighead, House of Lords, Purdy*, S. 18, Rdn. 41, m. w. N.

1480 *Lord Hope of Craighead, House of Lords, Purdy*, S. 19 f., Rdn. 44 f.

1481 *Lord Hope of Craighead, House of Lords, Purdy*, S. 20, Rdn. 45.

1482 Vgl. *Lord Hope of Craighead, House of Lords, Purdy*, S. 20 ff., Rdn. 46 ff.

1483 Vgl. *Lord Hope of Craighead, House of Lords, Purdy*, S. 20 f., Rdn. 46.

Zwar habe es schon Versuche gegeben, mehr praktische Beständigkeit bei der Strafverfolgung zu schaffen. Beispielsweise gebe es einen *Code for Crown Prosecutors*, in dem generelle Prinzipien und Leitlinien für die Strafverfolgungsbehörden enthalten sind. Dieser sei aber auf alle Straftaten gleichermaßen anwendbar und unterscheide nicht zwischen einzelnen Delikten[1484]. Viele der darin enthaltenen Kriterien seien im Falle des assistierten Suizids gar nicht relevant[1485], bzw. nur sehr wenige dieser Kriterien seien überhaupt für entsprechende Fälle geeignet[1486]. Die Staatsanwaltschaft ziehe ggf. sogar Kriterien hinzu, die gar nicht in dem genannten *Code* stehen[1487]. Für Fälle des assistierten Suizids existierten also bislang keine gesonderten Kriterien, an Hand derer sich bestimmte Leitlinien für das Verhalten der Strafverfolgungsbehörden ablesen lassen.

Inzwischen gebe es *Lord Hope of Craighead* zufolge eine spezielle staatsanwaltschaftliche Abteilung, um die Strafverfolgung in besonders sensiblen oder schwierigen Fällen zu überwachen. Daher habe die Staatsanwaltschaft im Fall *Purdy* auch darauf hingewiesen, dass *Purdy* ergänzend auf die Kriterien aus einem vorherigen Suizidfall zurückgreifen könne. Zu mehr sei die Behörde nicht bereit gewesen[1488]. In solchen Fällen könnte der Wunsch nach mehr Rechtssicherheit mit dem Ermessensspielraum der Strafverfolgungsbehörden kollidieren:

> *„A finding that the Code did not provide sufficient guidance would have serious implications as this could inhibit the width of the Director's discretion."*[1489]

Es besteht also die Gefahr, dass die Anerkennung entsprechender Klagebegehren dazu führt, dass die Strafverfolgungsbehörden in ihrem Ermessensspielraum eingeschränkt werden. Dennoch kommt *Lord Hope of Craighead* zu dem Ergebnis, dass diese bisherigen Entwicklungen nicht dazu ausreichen, um die erforderliche Konsistenz oder

1484 *Lord Hope of Craighead, House of Lords, Purdy*, S. 21, Rdn. 47 f.

1485 *Lord Hope of Craighead, House of Lords, Purdy*, S. 22, Rdn. 49. Ähnl. deutlich auch *Lord Neuberger of Abbotsbury, House of Lords, Purdy*, S. 42, Rdn. 102 f.

1486 Vgl. *Lord Hope of Craighead, House of Lords, Purdy*, S. 22 f., Rdn. 49 ff.

1487 Vgl. *Lord Hope of Craighead, House of Lords, Purdy*, S. 23, Rdn. 51.

1488 *Lord Hope of Craighead, House of Lords, Purdy*, S. 23, Rdn. 52.

1489 *Lord Hope of Craighead, House of Lords, Purdy*, S. 23, Rdn. 52.

Rechtssicherheit in Fällen des assistierten Suizids zu gewährleisten. Die Entwicklungen würden den Erfordernissen der EMRK an Erreichbarkeit („accessibility“) und Vorhersehbarkeit („foreseeability“) nicht gerecht. Ein anderer Suizidfall habe bereits gezeigt, dass die in dem genannten *Code for Crown Prosecutors* aufgestellten Strafverfolgungskriterien in sehr außergewöhnlichen und sensiblen Fällen keine Hilfe böten. Ganz davon abgesehen seien die dort angewandten Kriterien auch nur auf den dortigen Fall zugeschnitten gewesen. In Fällen, in denen der Sterbehelfer z. B. auch ein (finanzielles) Interesse am Ableben des Suizidenten hat, seien sie wiederum nicht brauchbar[1490].

Daher bestehe in Fällen des assistierten Suizids eine evidente Kluft zwischen dem Gesetzestext der Section 2 (1) des *Suicide Acts* und der Art und Weise der Gesetzesanwendung in der Praxis[1491]. Der alleinige Grund, dass Entscheidungen in diesem Bereich ggf. hochgradig sensibel oder kontrovers sein können, rechtfertige es nicht, die Staatsanwaltschaft von der Verpflichtung zu entbinden, die für sie relevanten Kriterien in diesem Bereich deutlich zu machen[1492].

Somit gibt *Lord Hope of Craighead* dem Begehren *Purdys* statt und fordert vom *DPP* die Veröffentlichung einer straftatsspezifischen Richtlinie („offence-specific policy“), die die Fakten und Umstände offenlegt, die bei einer Entscheidung über die (weitere) Strafverfolgung in Fällen wie dem von *Debbie Purdy* berücksichtigt werden[1493]. Dem schließen sich die anderen Richter *Lord Philipps of Worth Matravers*[1494],

---

1490 Vgl. *Lord Hope of Craighead, House of Lords, Purdy,* S. 24, Rdn. 53.

1491 *Lord Hope of Craighead, House of Lords, Purdy,* S. 24, Rdn. 54.

1492 *Lord Hope of Craighead, House of Lords, Purdy,* S. 24 f., Rdn. 55.

1493 *Lord Hope of Craighead, House of Lords, Purdy,* S. 25, Rdn. 56. *Lord Hope of Cragihead* hatte eine solche Offenlegung von Kriterien schon i. F. v. *Pretty* für zulässig erachtet, allerdings stand dies dort bekanntlich nicht in Rede, siehe *Lord Hope of Craighead, House of Lords Pretty,* [2001] UKHL 61, in: WLR 2001, Vol. 3, S. 1633, Rdn. 80.

1494 *Lord Philipps of Worth Matravers, House of Lords, Purdy,* S. 1, Rdn. 1.

Baroness Hale of Richmond[1495], *Lord Brown of Eaton-under-Heywood*[1496] und *Lord Neuberger of Abbotsbury*[1497] an.

Zusätzlich gibt *Baroness Hale of Richmond* zu bedenken, dass es gar nicht so sehr darum gehe, durch die Aufstellung und Veröffentlichung dieser Kriterien das öffentliche Interesse („the public interest") näher zu bestimmen, das heißt, sich der Beantwortung der Frage zu nähern, wann überhaupt die Strafverfolgung eines assistierten Suizids (noch) im öffentlichen Interesse liegt. Vielmehr gehe es darum, die Charakteristika zu bestimmen, um Fälle, in denen strafrechtliche Abschreckung unverhältnismäßig ist, von den Fällen zu trennen, in denen diese Abschreckung notwendig ist[1498]. Zwar sei es wichtig, verletzliche Menschen zu schützen, die möglicherweise Druck von außen ausgesetzt sind und sich deswegen für eine vorzeitige Lebensbeendigung entscheiden. Genauso wichtig sei es aber auch, dass das Recht auf die Ausübung einer authentischen, autonomen Entscheidung geschützt werde. Am wichtigsten sei es daher, die Faktoren zu bestimmen, die für oder gegen eine solche freie und autonome Entscheidung sprechen[1499].

3) Besprechung

Das *House of Lords* sieht nach dem hier besprochenen Urteil *Purdy* deswegen in ihrem Recht auf Achtung des Privatlebens aus Art. 8 Abs. 1 EMRK verletzt, weil es für sie und ihren Ehemann nach ihren jetzigen Informationen unvorhersehbar ist, wie die britischen Strafverfolgungsbehörden reagieren, wenn der Ehemann sie in die Schweiz begleitet, bzw. ihr jedenfalls bei der Organisation einer Reise hilft, auf der sie im weiteren Verlauf Suizid begeht. Die Rechtsverletzung folgt aber nicht per se daraus, dass die Strafverfolgungsbehörden einen Er-

1495 *Baroness Hale of Richmond, House of Lords, Purdy,* S. 30, Rdn. 69.

1496 *Lord Brown of Eaton-under-Heywood, House of Lords, Purdy,* S. 37, Rdn. 87. Er warf in seinem Votum außerdem die Frage auf, ob man bestimmte Formen des assistierten Suizids überhaupt unter Strafe stellen sollte, siehe S. 36, Rdn. 83.

1497 *Lord Neuberger of Abbotsbury, House of Lords, Purdy,* S. 38, Rdn. 88, S. 41, Rdn. 101, S. 43, Rdn. 106.

1498 *Baroness Hale of Richmond, House of Lords, Purdy,* S. 28, Rdn. 64.

1499 *Baroness Hale of Richmond, House of Lords, Purdy,* S. 28, Rdn. 65.

messensspielraum haben und somit – man denke an die Konstellation in *Pretty* – abwarten müssen, wie die Tat letztendlich begangen wird. Die Verletzung liegt vielmehr darin, dass die britische Gesetzeslage und die Rechtswirklichkeit so eklatant voneinander abweichen, dass es im Interesse *Purdys* liegt, eine von ihr getroffene, wohlinformierte und autonome Entscheidung auf den rechtlich relevanten Strafverfolgungskriterien abstützen zu können. Hierzu reichen die bisher verfügbaren Informationen nicht aus. Gerade weil der Zugang zu den relevanten Informationen fehlt, ist eine mögliche Strafverfolgung für *Purdy* und ihren Ehemann nicht vorhersehbar. Daher wird ihr im Urteil vom *House of Lords* der Anspruch zuerkannt, die begehrten Informationen einzufordern.

Tolmein bezeichnet es als „Grundvoraussetzung des Rechtsstaates", „[d]ass Menschen wissen, wie das Recht ihr Verhalten wertet"[1500]. Allerdings werde das Urteil des *House of Lords* fälschlicherweise als bahnbrechende Entscheidung wahrgenommen, obwohl es eigentlich (nur) „eine Entscheidung über ein Recht auf Rechtssicherheit" sei[1501]. Dass aber teilweise sogar von einem „Musterprozess" gesprochen werde, liege nicht zuletzt auch an den Voten der Richter, aus denen deutlich werde, dass sie den *Suicide Act* in seiner jetzigen Fassung für nicht mehr zeitgemäß halten[1502]. Damit decken sich *Tolmeins* Anmerkungen mit der oben besprochenen Kritik *de Schutters* an der Flexibilität des britischen Strafrechtssystems bzw. der Frage nach Rechtssicherheit[1503]. Das *House of Lords* ist diesen Kritikpunkten mit dem Urteil *Purdy* entscheidend entgegen gekommen.

Aus dem Urteil des *House of Lords* folgt, dass Betroffene zumindest grob ihr Verhalten strafrechtlich einordnen können und wissen müssen, was ggf. auf sie zukommt. Wenn die Rechtslage mit der Praxis übereingestimmt hätte, dann hätte das *House of Lords* dem Begehren *Purdys* kaum stattgegeben. Da es diese Übereinstimmung aber nicht gab, zeigt das Gericht, dass ihm das Vertrauen auf die Flexibilität des britischen *Suicide Acts* – entgegen dem *EGMR* in *Pretty* – nicht ausreicht. Es ist somit im Bereich des assistierten Suizids für Betroffene

1500 *Tolmein*, in: Debbie Purdy, faz.net, 01.08.2009.

1501 *Tolmein*, in: Debbie Purdy, faz.net, 01.08.2009.

1502 *Tolmein*, in: Debbie Purdy, faz.net, 01.08.2009.

1503 Siehe oben; *de Schutter*, in: RTDH 2003, Nr. 53, S. 98 ff.

nicht im Vorfeld erkennbar oder absehbar, ob die Strafverfolgungsbehörden eine Tat im Einzelfall verfolgen würden. Der Staat wird daher zu einem deutlichen Bekenntnis dergestalt aufgefordert, offenzulegen, welche Kriterien er für strafverfolgungswürdig hält.

Hierdurch wird den Strafverfolgungsbehörden ihr Ermessensspielraum nicht abgeschnitten. Sie können einen Fall der Suizidbeihilfe auch nach Veröffentlichung der Kriterien noch verfolgen. Sie müssen nur vorher sagen, ob bestimmte Fallumstände bei dieser Verfolgungsentscheidung für sie eine Rolle spielen. An Hand dessen wird auch der Unterschied zur Konstellation in *Pretty* deutlich. Während eine strafrechtliche Immunitätszusicherung im Vorfeld einer Straftat schlicht nicht möglich ist, ist es den Strafverfolgungsbehörden zuzumuten, ihre Vorgehensweise in entsprechenden Fällen offenzulegen. Dies ist somit auch schon vor der Begehung einer Tat möglich.

4) Die Veröffentlichung der Kriterien

Infolge des Urteils des *House of Lords* veröffentlichte der *DPP* Richtlinien, an Hand derer die Strafverfolgungsbehörden bei Fällen des assistierten Suizids vorgehen sollen[1504].

a) Definition „encouraging or assisting suicide“

Zu Beginn der Richtlinien wird erläutert, auf welche Straftat(en) sich diese beziehen sollen:

> *„A person commits an offence under section 2 of the Suicide Act 1961 if he or she does an act capable of encouraging or assisting the suicide or attempted suicide of another person, and that act was intended to encourage or assist suicide or an attempt at suicide. This offence is referred to in this policy as 'encouraging or assisting suicide'. The consent of the Director of Public Prosecutions (DPP) is required before an individual may be prosecuted.“*[1505]

Gemäß dieser Definition werden also alle Handlungen vom Begriff „encouraging or assisting suicide“ erfasst, die dazu geeignet sind, den

1504 „Policy for Prosecutors in respect of Cases of Encouraging or Assisting Suicide“, issued by The Director of Public Prosecutions, Februar 2010. Im Folgenden zitiert als „Policy for Prosecutors, S. ..., Rdn. ...“.

1505 Policy for Prosecutors, S. 1, Rdn. 1.

(versuchten) Suizid einer anderen Person zu fördern oder zu unterstützen. Damit ist der Anwendungsbereich des Begriffs sehr weit. Denn es können grundsätzlich *alle* Handlungen, die in den Fokus der Strafverfolgungsbehörden gelangen, als fördernd oder unterstützend für den späteren Suizid angesehen werden. Da die Richtlinien keine zeitliche Beschränkung vorsehen (z. B. auf die Zeit unmittelbar vor dem Suizid), muss damit gerechnet werden, dass auch Taten mit erfasst werden, die zeitlich weit im Vorfeld des eigentlichen Suizids liegen. Dazu würde auch die Mithilfe oder Unterstützung bei einer Reise gehören, wie es *Debbie Purdy* vorschwebt(e). Der Gehilfe muss also nicht unmittelbar beim Suizidgeschehen dabei sein, vielmehr reicht auch eine vorherige Handlung aus, sofern sie den Suizid in irgendeiner Weise gefördert hat.

Die eigenständige Behandlung der Suizidbeihilfe nach dem *Suicide Act* führt sogar dazu, dass eine Handlung als „encouraging or assisting suicide" verfolgt werden kann, wenn der (versuchte) Suizid selbst niemals stattgefunden hat[1506].

b) keine Rechtsänderung, keine Legalisierung

Sodann wird klargestellt, dass das Urteil *Purdy* keine Rechtsänderung herbeigeführt habe. Denn eine solche könne nur durch das Parlament, das heißt, den Gesetzgeber, erfolgen[1507]. Insofern dürfe man die Richtlinien auch nicht so verstehen, dass sie die Suizidbeihilfe in irgendeiner Form dekriminalisieren. Insbesondere liefen sie nicht auf die Zusicherung strafrechtlicher Immunität im Vorfeld einer möglichen Straftat hinaus[1508]. Damit unterstreicht die Staatsanwaltschaft bereits an dieser Stelle ihren Ermessensspielraum, den sie im Rahmen der Strafverfolgung hat. Sie behält sich vor, die Strafverfolgung zu betreiben – obwohl ggf. eine Reihe von Kriterien vorliegt, die die Strafverfolgung als unverhältnismäßig erscheinen lassen.

1506 Vgl. Policy for Prosecutors, S. 3, Rdn. 18; S. 4, Rdn. 31.

1507 Policy for Prosecutors, S. 1, Rdn. 5.

1508 Policy for Prosecutors, S. 1, Rdn. 6.

c) Anwendungsbereich

Anschließend stellt der *DPP* klar, dass sich die Richtlinien nicht nur auf Suizide beziehen, die in England oder Wales stattfinden:

> *„This policy applies when the act that constitutes the encouragement or assistance is committed in England and Wales; any suicide or attempted suicide as a result of that encouragement or assistance may take place anywhere in the world, including in England and Wales."*[1509]

Danach muss also die Handlung selbst, die als assistierter Suizid gewertet wird, in England oder Wales begangen werden. Der Suizid selbst aber kann überall auf der Welt stattfinden. Auf den ersten Blick sieht dieser Absatz so aus, als ob sich der Anwendungsbereich verengt, das heißt, als ob viele vorbereitende Taten, die vor der Abreise in ein anderes Land ggf. noch in England oder Wales stattfinden, den Richtlinien nicht unterfallen. Berücksichtigt man aber die oben erwähnte Definition von „encouraging or assisting suicide", so wird deutlich, dass der Anwendungsbereich nach wie vor sehr groß bleibt. Insbesondere kann jede Handlung, die auch nur potentiell dazu geeignet ist, den Suizid zu fördern, als „encouraging or assisting suicide" gewertet werden. Schon die Reiseplanungen der *Debbie Purdy* und ihres Ehemanns würden nach dieser Definition hierunter fallen.

Auch die zwischenzeitlich eingetretene Änderung des *Suicide Acts* ändert hieran nichts, wenngleich der *DPP* darauf hinweist, dass es Aufgabe der Staatsanwälte sei, den Zeitpunkt der potentiellen Suizidbeihilfe genau festzustellen[1510]. Im *Coroners and Justice Act* von 2009 werden die „Acts capable of encouraging or assisting [suicide]" in einer neu eingefügten[1511] Section 2A näher definiert:

> *„2A Acts capable of encouraging or assisting*
>
> *(1) If D arranges for a person (‚D2') to do an act that is capable of encouraging or assisting the suicide or attempted suicide of another person and D2 does that act, D is also to be treated for the purposes of this Act as having done it.*

1509 Policy for Prosecutors, S. 1, Rdn. 8.

1510 Policy for Prosecutors, S. 2, Rdn. 15.

1511 Vgl. Policy for Prosecutors, S. 3, Rdn. 21.

(2) Where the facts are such that an act is not capable of encouraging or assisting suicide or attempted suicide, for the purposes of this Act it is to be treated as so capable if the act would have been so capable had the facts been as D believed them to be at the time of the act or had subsequent events happened in the manner D believed they would happen (or both).

(3) A reference in this Act to a person (‚P') doing an act that is capable of encouraging the suicide or attempted suicide of another person includes a reference to P doing so by threatening another person or otherwise putting pressure on another person to commit or attempt suicide."[1512]

Nach Unterabsatz 1 kann also der Gehilfe des Gehilfen ebenfalls wegen Suizidbeihilfe bestraft werden. Dies weitet die Strafbarkeit enorm aus, denn es können hiervon auch Handlungen und Personen erfasst sein, die mit der unmittelbaren Suizidausführung überhaupt nichts zu tun haben. Nach Unterabsatz 2 kann der Gehilfe des Gehilfen sogar dann bestraft werden, wenn er bestimmten Irrtümern unterliegt, bzw. er einen untauglichen Versuch begeht. Nach Unterabsatz 3 wird klargestellt, dass auch die Bedrohung bzw. das Unter-Druck-Setzen einer anderen Person, dass diese Suizid begehen solle, strafbar ist.

d) *Full Code Test*

Der *DPP* legt im Folgenden fest, dass in Fällen der Suizidbeihilfe ein sog. *Full Code Test* durchgeführt werden muss, der im *Code for Crown Prosecutors* enthalten ist. Dieser hat zwei Abschnitte, nämlich einmal die Ermittlung der Tatsachen bzw. die Beweissicherung („evidential stage") sowie zweitens die Frage nach dem öffentlichen Interesse („public interest stage"). Wenn eine potentielle Straftat schon nicht das Stadium der „evidential stage" übersteht, wird sie auch nicht weiter verfolgt. Gibt es hingegen genügend Anhaltspunkte, die eine Strafverfolgung begründen, müssen sich die Behörden fragen, ob die Verfol-

1512 Coroners and Justice Act 2009, Chapter 25, Part 2 (Criminal Offences), Chapter 1 (Murder, Infanticide and Suicide), S. 35 f., Rdn. 59. Abrufbar unter <http://www.legislation.gov.uk/ukpga/2009/25/pdfs/ukpga_20090025_en.pdf> (zuletzt abgerufen: 27.10.2012). Siehe hierzu auch Policy for Prosecutors, S. 3, Rdn. 19 ff.

gung im öffentlichen Interesse liegt[1513]. Der *DPP* wird nach eigenen Angaben einer Verfolgung nur zustimmen, wenn die Bedingungen des *Full Code Tests* auch wirklich erfüllt sind[1514].

e) Die Beurteilung des öffentlichen Interesses

Sofern genügend Tatsachen vorliegen, um zu beweisen, dass eine Suizidbeihilfe stattgefunden hat (das heißt, dass der potentielle Täter dafür auch bestraft werden könnte), muss die Strafverfolgungsbehörde prüfen, ob die Strafverfolgung letztendlich auch im öffentlichen Interesse liegt[1515]. Damit ist man bei dem Punkt angelangt, den *Debbie Purdy* durch ihre Klage aufgeworfen hat. Selbst wenn nämlich der Straftatbestand „encouraging or assisting suicide" erfüllt ist, heißt dies noch lange nicht, dass der Täter hierfür auch verfolgt oder ggf. bestraft wird. Die Zustimmung der Staatsanwaltschaft hängt nach Section 2 (4) des *Suicide Acts* davon ab, ob sie ein öffentliches Interesse an der Strafverfolgung bejaht. Die Richtlinien des *DPP* sollen daher über die Beurteilung des öffentlichen Interesses Aufschluss geben[1516].

Der *DPP* macht in den Richtlinien deutlich, dass man bei der Beurteilung des öffentlichen Interesses nicht einfach eine Pro-und-Contra-Abwägung unternehmen und hiernach entscheiden kann. Denn jeder Fall habe seine Eigenheiten. Insofern müsse man zunächst immer den Wert eines bestimmten Faktors für den konkreten Fall bestimmen. Auch sei es möglich, dass am Ende ein Faktor so gehaltvoll ist, dass er für die eine oder andere Seite (also entweder für die Verfolgung oder für die Nicht-Verfolgung) den Ausschlag gibt[1517]. Ebensowenig könne man anehmen, dass das Fehlen eines bestimmten Faktors automatisch den Ausschlag in die Gegenrichtung gibt[1518].

Im Folgenden werden die Faktoren aufgelistet, die Anhaltspunkte dafür geben sollen, ob ein öffentliches Interesse an der Strafverfol-

1513 Policy for Prosecutors, S. 2, Rdn. 13. Einzelheiten zum *Full Code Test* auf S. 2 ff., Rdn. 15 ff.

1514 Policy for Prosecutors, S. 2, Rdn. 14.

1515 Policy for Prosecutors, S. 4, Rdn. 37.

1516 Vgl. Policy for Prosecutors, S. 4 ff., Rdn. 36 ff.

1517 Vgl. Policy for Prosecutors, S. 5, Rdn. 39.

1518 Vgl. Policy for Prosecutors, S. 5, Rdn. 40.

gung vorliegt oder nicht. Beide Listen sind nicht abschließend, sondern können nur einige Anhaltspunkte für die staatsanwaltschaftliche Beurteilung geben[1519]. Sie werden hier nun unter aa) und bb) zitiert.

aa) Faktoren, die *für* eine Strafverfolgung sprechen

Faktoren, die nach Ansicht des *DPP* für eine Strafverfolgung sprechen, sind Folgende:

„A prosecution is more likely to be required if:

(1) the victim was under 18 years of age;

(2) the victim did not have the capacity (as defined by the Mental Capacity Act 2005) to reach an informed decision to commit suicide;

(3) the victim had not reached a voluntary, clear, settled and informed decision to commit suicide;

(4) the victim had not clearly and unequivocally communicated his or her decision to commit suicide to the suspect;

(5) the victim did not seek the encouragement or assistance of the suspect personally or on his or her own initiative;

(6) the suspect was not wholly motivated by compassion; for example, the suspect was motivated by the prospect that he or she or a person closely connected to him or her stood to gain in some way from the death of the victim;

(7) the suspect pressured the victim to commit suicide;

(8) the suspect did not take reasonable steps to ensure that any other person had not pressured the victim to commit suicide;

(9) the suspect had a history of violence or abuse against the victim;

(10) the victim was physically able to undertake the act that constituted the assistance him or herself;

(11) the suspect was unknown to the victim and encouraged or as-

1519 Vgl. Policy for Prosecutors, S. 5 ff., Rdn. 43 ff.; siehe insb. S. 7, Rdn. 47.

sisted the victim to commit or attempt to commit suicide by providing specific information via, for example, a website or publication;

(12) *the suspect gave encouragement or assistance to more than one victim who were not known to each other;*

(13) *the suspect was paid by the victim or those close to the victim for his or her encouragement or assistance;*

(14) *the suspect was acting in his or her capacity as a medical doctor, nurse, other healthcare professional, a professional carer [whether for payment or not], or as a person in authority, such as a prison officer, and the victim was in his or her care;*

(15) *the suspect was aware that the victim intended to commit suicide in a public place where it was reasonable to think that members of the public may be present;*

(16) *the suspect was acting in his or her capacity as a person involved in the management or as an employee (whether for payment or not) of an organisation or group, a purpose of which is to provide a physical environment (whether for payment or not) in which to allow another to commit suicide."*[1520]

Für eine Strafverfolgung einer Suizidbeihilfe können also sprechen: Das minderjährige Alter des Suizidenten (1), Mängel in Bezug auf die Willensbildung (2, 3), Mängel in Bezug auf die Kommunikation (4), dass der Suizident den Täter gar nicht um Hilfe gebeten hat (5), dass der Täter ein persönliches Interesse am Ableben des Suizidenten hat (6)[1521], dass der Suizident unter Druck stand (7, 8), dass der Täter gegenüber dem Suizidenten früher Gewalt ausgeübt oder ihn missbraucht hat (9)[1522] oder dass der Suizident sich auch alleine hätte töten können (10).

1520 Policy for Prosecutors, S. 5 f., Rdn. 43. **Achtung:** Die eckigen Klammern sind an dieser Stelle aus dem zitierten Text übernommen.

1521 Wobei auch dies vom Einzelfall und der Motivation des Täters insgesamt abhängt, siehe Policy for Prosecutors, S. 6, Rdn. 44.

1522 Wobei auch die umgekehrte Variante denkbar wäre, Anm. der Verf.

Ferner spricht für eine Strafverfolgung, dass der Täter dem Suizidenten unbekannt war, z. B. weil die Hilfeleistung lediglich in einer Informationsbeschaffung bestand (11), oder der Täter schon mehrfach Suizidbeihilfe geleistet hat (12). Kritisch wird es auch, wenn der Täter für seine Hilfeleistung Geld erhalten hat (13) oder in seiner Stellung als Fürsorgepflichtiger des Suizidenten gehandelt hat (14). Ebenso stellt es einen negativen Faktor dar, wenn sich der Täter dessen bewusst war, dass der Suizident in der Öffentlichkeit Suizid zu begehen beabsichtigte (15) oder wenn der Täter bei der Beihilfe in Ausübung seiner Tätigkeit für eine Suizid-Organisation handelte (16).

bb) Faktoren, die *gegen* eine Strafverfolgung sprechen

Die Liste der Faktoren, die nach Ansicht des *DPP* gegen eine Strafverfolgung sprechen können, ist hingegen wesentlich kürzer:

„A prosecution is less likely to be required if:

(1) the victim had reached a voluntary, clear, settled and informed decision to commit suicide;

(2) the suspect was wholly motivated by compassion;

(3) the actions of the suspect, although sufficient to come within the definition of the offence, were of only minor encouragement or assistance;

(4) the suspect had sought to dissuade the victim from taking the course of action which resulted in his or her suicide;

(5) the actions of the suspect may be characterised as reluctant encouragement or assistance in the face of a determined wish on the part of the victim to commit suicide;

(6) the suspect reported the victim's suicide to the police and fully assisted them in their enquiries into the circumstances of the suicide or the attempt and his or her part in providing encouragement or assistance."[1523]

1523 Policy for Prosecutors, S. 7, Rdn. 45.

Gegen eine Strafverfolgung spricht also die autonome und freiwillige Entscheidung des Suizidenten (1), die ausschließlich von Mitleid getragene Motivation des Täters (2), der letztlich nur geringe Tatbeitrag des Täters (3), der Versuch des Täters, den Suizidenten von seinem Vorhaben abzubringen (4) oder sich dem zu widersetzen (5) sowie das Einschalten der Polizei und deren Unterstützung bei den Ermittlungen (6).

f) eigene Bewertung

An Hand des Verhaltens des *DPP* im Falle von *Debbie Purdy* war zu erwarten, dass die Veröffentlichung der Kriterien nicht die Strafbarkeit der Suizidbeihilfe als solche in Frage stellen würde. Der *DPP* war letztlich (nur) dazu gehalten, offen zu legen, nach welchen Kriterien Strafverfolgungsentscheidungen getroffen werden.

Obwohl es sich bei der Veröffentlichung also nicht um eine Gesetzesänderung handelt, fällt doch auf, dass sich in den genannten Kriterien vieles wiederspiegelt, was z. B. auch in den Sterbehilfe-Gesetzen der Benelux-Staaten auftaucht. Entscheidend ist, ob der Suizident z. B. freiverantwortlich handelt, ob er den Gehilfen tatsächlich um Beihilfe gebeten hat oder aus welchen Motiven heraus der Gehilfe handelt. Damit legt sich der *DPP* auf diese Kriterien fest. Hierdurch sinkt das Risiko einer Strafverfolgung in einem Fall, in dem die überwiegenden Umstände gegen eine Strafverfolgung sprechen. Denn ansonsten setzt sich der *DPP* der Gefahr aus, sich selbst zu widersprechen.

Der *DPP* hat mit dieser Veröffentlichung letztlich nicht mehr offen gelegt, als es nach der *Purdy*-Entscheidung nötig war. Damit erhält er sich seinen Einschätzungsspielraum. Zugleich muss berücksichtigt werden, dass es sich um bei der Suizidbeihilfe allgemein gültige Kriterien handelt, die auf eine Vielzahl von Fällen anzuwenden sind. Viel mehr als das, was in den Richtlinien steht, kann man im Vorfeld einer zudem noch unbestimmten Tat auch nicht sagen. Auch deswegen wird darauf hingewiesen, dass die Listen der Faktoren keinesfalls abschließend sind[1524]. Die Kriterien können also nur Anhaltspunkte für die Bewertung eines bestimmten Falles sein. Die strafrechtliche Bewertung selbst ist eben erst möglich, wenn die Tat begangen wurde. An dieser Stelle treffen sich – wie in *Purdy* angedeutet – der Anspruch auf

1524 Vgl. Policy for Prosecutors, S. 7, Rdn. 47.

Rechtssicherheit seitens der Bürger sowie der Anspruch auf unabhängige Ermittlungen und Strafverfolgung seitens des Staates. Insofern soll(te) die Veröffentlichung der Kriterien einen gewissen Ausgleich zwischen diesen beiden Faktoren schaffen.

V) *EGMR, Koch ./. Bundesrepublik Deutschland*, Urt. v. 19.07.2012, Az. 497/09

Kürzlich war ein weiterer Fall vor dem *EGMR* die Sterbehilfe betreffend anhängig, von dem unter anderem *Müller*[1525] berichtet. Die Entscheidung war ursprünglich schon für das Jahr 2011 erwartet worden[1526]. Erst im Juli 2012 erging jedoch das Urteil[1527]. Bis dato hatte sich der *EGMR* nur dahin gehend geäußert, dass er die Beschwerde grundsätzlich für zulässig erachtete und somit zur Entscheidung annehmen wollte[1528].

In dem Fall ging es um die Frage, ob „dem Ehemann einer fast vollständig gelähmten lebensmüden Frau ein tödliches Medikament" verweigert werden durfte[1529]. Die zwischenzeitlich verstorbene Ehefrau des Beschwerdeführers hatte beim Bundesinstitut für Arzneimittel und Medizinprodukte vergeblich die Erlaubnis für 15 g Natri-

1525 *Müller*, in: FAZ Nr. 273, 23.11.2010, S. 5.

1526 Vgl. *Janisch/von Hardenberg*, Begehrtes Gift, in: sueddeutsche.de, 23.11.2010.

1527 *EGMR, Koch ./. Bundesrepublik Deutschland*, Urt. v. 19.07.2012, Az. 497/09; im Folgenden zit. nach juris.de. Engl. Version abrufbar unter <http://hudoc.echr.coe.int/sites/eng/pages/search.aspx?i=001-112282> oder über Suchmenü auf <http://hudoc.echr.coe.int> (beide zuletzt abgerufen: 05.01.2013).

1528 *EGMR*, Pressemitteilung des Kanzlers, ECHR 042 (2011) vom 10.06.2011: „Weigerung deutscher Behörden, gelähmter Patientin Erwerb eines tödlichen Medikaments zu erlauben: EGMR erklärt Beschwerde des Witwers für zulässig", abrufbar über Suchmenü auf <http://hudoc.echr.coe.int> (zuletzt abgerufen: 27.10.2012). Vgl. auch die Zulässigkeitsentscheidung des *EGMR, Koch ./. Germany*, Application No. 497/09, abrufbar unter <http://cmiskp.echr.coe.int/tkp197/view.asp?action=html&documentId=886317&portal=hbkm&source=externalbydocnumber&table=F69A27FD8FB86142BF01C1166DEA398649> (zuletzt abgerufen: 27.10.2012).

1529 *Müller*, in: FAZ Nr. 273, 23.11.2010, S. 5. Siehe auch *EGMR, Koch ./. Bundesrepublik Deutschland*, Urt. v. 19.07.2012, Az. 497/09, Gründe Rdn. 8 ff.

um-Pentobarbital beantragt, damit sie Suizid begehen konnte.[1530] Die Weigerung sah der Beschwerdeführer als Verstoß gegen Art. 8 EMRK, insbesondere „gegen das Recht auf einen würdigen Tod" an[1531]. Die Bundesregierung sah keinen EMRK-Verstoß, weil Art. 8 EMRK keinen Anspruch dahin gehend gebe, dass man bei der Selbsttötung oder der Beihilfe hierzu von staatlicher Seite unterstützt wird. Art. 8 „umfasse nicht die Verpflichtung des Staates, den Erwerb eines tödlichen Medikaments zu erlauben."[1532]

Ferner bemängelte der Beschwerdeführer dem Artikel *Müllers* zufolge, dass ihm in Deutschland der Rechtsschutz versagt worden sei, weil er die Weigerung des Bundesinstituts nicht habe anfechten dürfen. Dem hielt die Bundesregierung entgegen, dass „seine Frau zu ihren Lebzeiten von den verfügbaren Mitteln keinen Gebrauch gemacht" habe[1533]. *Müller* zufolge musste an dieser Stelle auch berücksichtigt werden, „dass die Frau [...] starb, bevor ihr Fall auch nur vor deutschen Gerichten anhängig gemacht wurde."[1534]

1530 *EGMR, Koch ./. Bundesrepublik Deutschland,* Urt. v. 19.07.2012, Az. 497/09, Gründe Rdn. 9 f. Siehe auch *Müller,* in: FAZ Nr. 273, 23.11.2010, S. 5.

1531 Schilderung bei *Müller,* in: FAZ Nr. 273, 23.11.2010, S. 5. Siehe auch *EGMR, Koch ./. Bundesrepublik Deutschland,* Urt. v. 19.07.2012, Az. 497/09, Gründe Rdn. 3.

1532 Schilderung bei *Müller,* in: FAZ Nr. 273, 23.11.2010, S. 5. Siehe auch Siehe auch *EGMR, Koch ./. Bundesrepublik Deutschland,* Urt. v. 19.07.2012, Az. 497/09, Gründe Rdn. 31.

1533 Schilderung bei *Müller,* in: FAZ Nr. 273, 23.11.2010, S. 5. Siehe auch *EGMR, Koch ./. Bundesrepublik Deutschland,* Urt. v. 19.07.2012, Az. 497/09, Gründe Rdn. 3, 29.

1534 *Müller,* in: FAZ Nr. 273, 23.11.2010, S. 5. Siehe zum Sachverhalt auch *EGMR,* Pressemitteilung des Kanzlers, ECHR 042 (2011) vom 10.06.2011 (siehe oben), die Zulässigkeitsentscheidung des *EGMR, Koch ./. Germany,* Application No. 497/09, The Facts, A. The circumstances of the case sowie das Urteil Siehe auch *EGMR, Koch ./. Bundesrepublik Deutschland,* Urt. v. 19.07.2012, Az. 497/09, Gründe Rdn. 7 ff.

1) Das Verfahren vor dem *VG Köln*, Urt. v. 21.02.2006, Az.: 7 K 2040/05

Im Jahre 2006 entschied das *VG Köln* über den Antrag der inzwischen verstorbenen Ehefrau des Beschwerdeführers *Koch*[1535]. Nach einer teilweisen Klagerücknahme[1536] wies das *VG Köln* die restliche Klage als unzulässig ab[1537]. Die Ehefrau *Kochs* hatte zwar noch den Antrag auf Gewährung von 15 g Natrium-Pentobarbital beim Bundesinstitut für Arzneimittel und Medizinprodukte gestellt[1538], hatte aber noch während des Widerspruchsverfahrens Suizid in der Schweiz begangen[1539]. Kläger war also von Anfang an nur ihr Ehemann[1540].

Das *VG Köln* sprach dem Kläger die Klagebefugnis nach § 42 Abs. 2 VwGO ab[1541]. Die Verletzung der von ihm geltend gemachten Rechte, insbesondere aus Art. 8 Abs. 1 EMRK, schien dem Gericht zufolge ausgeschlossen[1542]. Denn die ablehnende Entscheidung des Bundesinstituts für Arzneimittel und Medizinprodukte sei allenfalls dazu geeignet gewesen, „in Rechte der verstorbenen Ehefrau des Klägers einzugreifen, sollte sich für diese aufgrund der selbstbestimmten Entwicklung ihrer Persönlichkeit ein Anspruch auf den Erwerb des Betäubungsmittels ergeben."[1543] Mit der Selbstbestimmung des Klägers habe dies aber nichts zu tun[1544].

1535 *VG Köln*, Urt. v. 21.02.2006, Az. 7 K 2040/05, abrufbar unter <http://www.justiz.nrw.de/nrwe/ovgs/vg_koeln/j2006/7_K_2040 _05urteil 20060221.html> (zuletzt abgerufen: 27.10.2012).

1536 Vgl. *VG Köln*, 7 K 2040/05, Rdn. 9 ff.

1537 *VG Köln*, 7 K 2040/05, Rdn. 20 ff.

1538 Vgl. *VG Köln*, 7 K 2040/05, Rdn. 1 ff.

1539 *VG Köln*, 7 K 2040/05, Rdn. 9; *EGMR*, *Koch ./. Bundesrepublik Deutschland*, Urt. v. 19.07.2012, Az. 497/09, Gründe Rdn. 9 ff.

1540 Vgl. *VG Köln*, 7 K 2040/05, Rdn. 9 ff.

1541 *VG Köln*, 7 K 2040/05, Rdn. 22.

1542 *VG Köln*, 7 K 2040/05, Rdn. 25. Zur möglichen Verletzung von Art. 6 Abs. 1 GG siehe Rdn. 26 ff. Vorliegend soll – im Hinblick auf das Verfahren vor dem *EGMR* – nur auf Art. 8 EMRK eingegangen werden.

1543 *VG Köln*, 7 K 2040/05, Rdn. 33.

1544 *VG Köln*, 7 K 2040/05, Rdn. 33.

Dem *VG Köln* zufolge könne sich der Kläger auch nicht auf Rechte seiner verstorbenen Frau berufen[1545]. Der Anspruch auf die von der Ehefrau begehrte Erlaubnis sei ein höchstpersönlicher Anspruch und somit nicht im Wege der Erbfolge übertragbar. Denn hier gehe es um die „individuelle[...] gesundheitliche[...] Situation des jeweiligen Antragstellers"[1546].

Hilfsweise widmete sich das *VG Köln* noch der Frage, ob denn der von der Ehefrau eingeforderte Anspruch bestanden hätte, was es ebenfalls verneinte[1547]. Einer Erlaubniserteilung stehe

> *„zumindest der zwingende Versagungsgrund des § 5 Abs. 1 Nr. 6 BtMG entgegen. Die in dieser Vorschrift angesprochene Notwendigkeit der medizinischen Versorgung der Bevölkerung kann dann nicht erfüllt sein, wenn der Erwerb des Betäubungsmittels der Selbsttötung dienen soll. Unter der notwendigen medizinischen Versorgung der Bevölkerung sind nur solche Verwendungen zu verstehen, die therapeutischen Zwecken dienen.* [...]"[1548]

Darunter fielen aber nicht „Handlungen [...], die [...] gegen das Leben selbst gerichtet sind."[1549] Ohne über den geltend gemachten Anspruch letztlich zu entscheiden, könnten dem *VG Köln* zufolge jedenfalls die einfachgesetzlichen Vorschriften des BtMG nicht in Richtung eines Anspruchs aus Art. 8 Abs. 1 EMRK ausgelegt werden[1550]. Vielmehr kollidierten hier nach Ansicht des *VG* die gesetzgeberische Intention, Krankheiten zu heilen und die Selbsttötung als Zweck des beabsichtigten Betäubungsmittelerwerbs:

> *„Der Erwerb von Betäubungsmitteln zum Zwecke der Selbsttötung steht der gesetzgeberischen Intention der Linderung und Heilung von Krankheiten sowie des weiteren in § 5 Abs. 1 Nr. 6 BtMG genannten Gesetzeszweckes, des Ausschlusses von Missbrauch und Abhängigkeiten diametral entgegen. Die in dieser Vorschrift genannten Gesetzes-*

1545 *VG Köln*, 7 K 2040/05, Rdn. 37.

1546 *VG Köln*, 7 K 2040/05, Rdn. 38.

1547 *VG Köln*, 7 K 2040/05, Rdn. 51 ff.

1548 *VG Köln*, 7 K 2040/05, Rdn. 52.

1549 *VG Köln*, 7 K 2040/05, Rdn. 54.

1550 *VG Köln*, 7 K 2040/05, Rdn. 56.

> *zwecke finden ihre Grundlage in der aus Artikel 2 Abs. 2 Satz 1 GG angelegten Schutzpflicht des Staates für das Leben und die körperliche Unversehrtheit des Einzelnen. Gegen das Leben gerichtete Handlungen sind damit nicht zu vereinbaren.“*[1551]

Außerdem würden

> *„die Vorschriften des Betäubungsmittelgesetzes nicht durch den möglicherweise vorrangig anzuwendenden Artikel 8 Abs. 1 EMRK verdrängt. Denn diese Vorschrift begründet im Ergebnis ebenfalls nicht den geltend gemachten Anspruch. Der EGMR hat es bislang offen gelassen, ob der Schutzbereich des durch Artikel 8 Abs. 1 EMRK geschützten Privatlebens das Recht umfasst, das eigene, als unwürdig und qualvoll empfundene Weiterleben durch Selbsttötung zu beenden. Zugleich hat er aber betont, dass das Grundrecht des Artikel 8 Abs. 1 EMRK nicht schrankenlos gewährt wird, sondern den Einschränkungen des Absatzes 2 dieser Vorschrift unterliegt.“*[1552]

Mit Verweis auf den weiten Beurteilungsspielraum der *EGMR*-Mitgliedstaaten betonte das *VG Köln* außerdem, dass das grundsätzliche Verbot des Erwerbs von Betäubungsmitteln nach dem BtMG eine zulässige Beeinträchtigung nach Art. 8 Abs. 2 EMRK darstelle[1553].

2) Das weitere innerstaatliche Verfahren

Das Oberverwaltungsgericht (OVG) von Nordrhein-Westfalen (NRW) wies mit Beschluss vom 22.06.2007 den Antrag *Kochs* auf Zulassung der Berufung zurück[1554]. Entsprechende Zulassungsgründe für die Berufung hätten nicht vorgelegen[1555]. Auch das OVG verneinte die Klage-

1551 *VG Köln*, 7 K 2040/05, Rdn. 56.

1552 *VG Köln*, 7 K 2040/05, Rdn. 57 mit Verweis auf *Pretty*, Rdn. 69 ff. Siehe *EGMR, Pretty*, in: NJW 2002, S. 2854 f., Rdn. 69 ff.

1553 *VG Köln*, 7 K 2040/05, Rdn. 59 mit Verweis auf *Pretty*, Rdn. 74. Siehe *EGMR, Pretty*, in: NJW 2002, S. 2854 f., Rdn. 74.

1554 *OVG NRW*, Beschl. v. 22.06.2007, Az. 13 A 1504/06, abrufbar unter <http://justiz.nrw.de/nrwe/ovgs/ovg_nrw/j2007/13_A_1504_06beschluss20070622.html> (zuletzt abgerufen: 27.10.2012).

1555 *OVG NRW*, Beschl. v. 22.06.2007, Az. 13 A 1504/06, Rdn. 2 ff.

befugnis[1556]. Insbesondere sei nach Ansicht des OVG das Privatleben aus Art. 8 Abs. 1 EMRK nicht beeinträchtigt, weil es „um diese private Sphäre [...] jedenfalls dann nicht mehr [geht], wenn im Rahmen der Entwicklung und Erfüllung der Persönlichkeit die Rechte anderer unmittelbar tangiert werden."[1557] Die Verschaffung von Natrium-Pentobarbital wäre weit über die Privatsphäre *Kochs* hinausgegangen und im Übrigen könne „[d]er Suizid seiner Ehefrau [...] nur etwas mit *ihrer* nach Art. 8 EMRK geschützten Privatsphäre zu tun haben."[1558]

Daher werde aus dem „Umstand, dass ein Recht auf Suizid – möglicherweise – im Recht auf Privatleben wurzelt und insoweit möglicherweise durch Art. 8 Abs. 1 EMRK geschützt wird, [...] deutlich, dass es eigenständige ‚Drittrechte' auf Beteiligung an einem Suizid oder auf Ermöglichung eines Suizids eines anderen Menschen [...] nicht geben kann."[1559] Der Charakter eines solchen Rechts sei jedenfalls höchstpersönlicher Natur, so dass *Koch* nichts aus diesem höchstpersönlichen Recht seiner Ehefrau ableiten könne[1560]. Auch werde *Kochs* Recht auf Schutz von Ehe und Familie nach Art. 6 Abs. 1 GG nicht beeinträchtigt, da dieses jedenfalls kein „Recht auf Beendigung einer ehelichen Gemeinschaft durch Suizid eines Ehepartners" beinhaltet[1561].

Die hiergegen gerichtete Verfassungsbeschwerde nahm das Bundesverfassungsgericht (*BVerfG*) schon nicht zur Entscheidung an[1562]. Es hielt sie bereits für unzulässig[1563] und schloss sich der Meinung des OVG in Bezug auf Art. 6 Abs. 1 GG an[1564]. Darüber hinaus verneinte das *BVerfG* die Beschwerdebefugnis unter anderem deshalb, weil *Koch* weder einen postmortalen Persönlichkeitsschutz geltend mache

1556 *OVG NRW*, Beschl. v. 22.06.2007, Az. 13 A 1504/06, Rdn. 5 ff.

1557 *OVG NRW*, Beschl. v. 22.06.2007, Az. 13 A 1504/06, Rdn. 10.

1558 *OVG NRW*, Beschl. v. 22.06.2007, Az. 13 A 1504/06, Rdn. 12; Hervorheb. der Verf.

1559 *OVG NRW*, Beschl. v. 22.06.2007, Az. 13 A 1504/06, Rdn. 14.

1560 *OVG NRW*, Beschl. v. 22.06.2007, Az. 13 A 1504/06, Rdn. 14.

1561 *OVG NRW*, Beschl. v. 22.06.2007, Az. 13 A 1504/06, Rdn. 8.

1562 *BVerfG*, 1 BvR 1832/07, Beschl. v. 04.11.2008, abrufbar unter <http://www.bverfg.de/entscheidungen/rk20081104_1bvr183207.html> (zuletzt abgerufen: 27.10.2012).

1563 *BVerfG*, 1 BvR 1832/07, Beschl. v. 04.11.2008, Rdn. 5.

1564 *BVerfG*, 1 BvR 1832/07, Beschl. v. 04.11.2008, Rdn. 6.

noch den Schutz höchstpersönlicher Rechte seiner Ehefrau im Wege der Rechtsnachfolge gelten machen könne[1565].

3) Das Urteil des *EGMR*

Nunmehr lag das Verfahren dem *EGMR* zur Entscheidung vor. Der *EGMR* hatte zunächst angekündigt, dass er eine mögliche Rechtsverletzung des Beschwerdeführers an Hand von Art. 8 EMRK allein bzw. Artt. 13 in Verbindung mit 8 EMRK prüfen werde. Die Beschwerde „werfe schwerwiegende Sachverhalts- und Rechtsfragen nach der Konvention auf und ist nicht offensichtlich unbegründet". Ferner sei auch die von *Koch* vorgebrachte „Beschwerde, dass die deutschen Gerichte das Recht [...] auf eine wirksame Beschwerde verletzt hätten, indem sie ihm das Recht absprachen, die Weigerung des Bundesinstituts anzufechten [...]" nicht offensichtlich unbegründet[1566].

Sodann erklärt der *EGMR* im Urteil vom 19.07.2012 zunächst „die Beschwerde des Beschwerdeführers in Bezug auf die Verletzung der Rechte, die nach der Konvention der Ehefrau des Betroffenen zuerkannt werden, für unzulässig."[1567] Ferner urteilt er, dass die Rechte des Beschwerdeführers aus Art. 8 EMRK verletzt worden seien, „weil die nationalen Gerichte sich geweigert haben, die Klage des Beschwerdeführers der Sache nach zu prüfen."[1568] Eine weiterreichende Prüfung dahin gehend, ob die Rechte des Beschwerdeführers aus Artt. 13 oder 6 EMRK verletzt wurden, lehnt er jedoch ab[1569].

a) Verletzung der Konventionsrechte der verstorbenen Ehefrau

Mit Verweis auf seine bisherige Rechtsprechung lehnt es der *EGMR* in *Koch ./. Bundesrepublik Deutschland* ab, den Beschwerdeführer die Rech-

1565 *BVerfG*, 1 BvR 1832/07, Beschl. v. 04.11.2008, Rdn. 7 f.

1566 *EGMR*, Pressemitteilung des Kanzlers, ECHR 042 (2011) vom 10.06.2011 (s. o.). Vgl. auch die Zulässigkeitsentscheidung des *EGMR*, *Koch ./. Germany*, Application No. 497/09, The Law, I. – III.

1567 *EGMR*, *Koch ./. Bundesrepublik Deutschland*, Az. 497/09, Urt. v. 19.07.2012 (im Folgenden: *EGMR*, *Koch*), Gründe, nach Rdn. 94 Nr. 1.

1568 *EGMR*, *Koch*, Gründe, nach Rdn. 94 Nr. 2.

1569 *EGMR*, *Koch*, Gründe Rdn. 82 f. und nach Rdn. 94 Nr. 3.

te seiner verstorbenen Ehefrau geltend machen zu lassen. Die Rechte aus Art. 8 EMRK seien höchstpersönlicher Natur und grundsätzlich nicht übertragbar[1570]. In dem Fall *Sanles Sanles ./. Spanien* hatte der *EGMR* z. B. geurteilt, dass unter anderem das Recht auf Achtung der Privatsphäre aus Art. 8 EMRK ein höchstpersönliches Recht ist, auf das sich die Erbin des Verstorbenen in dem Fall nicht berufen konnte[1571]. Das würde in Bezug auf den Fall *Koch* bedeuten, dass die Ehefrau *Kochs* selber zunächst den innerstaatlichen Rechtsweg hätte durchlaufen und sodann eine Beschwerde vor dem *EGMR* hätte einlegen müssen. In der Entscheidung *Koch* macht der *EGMR* deutlich, dass er von diesen Grundsätzen bis dato nicht abrückt. Er sehe keinen Aspekt gegeben, der ein Abrücken von der bisherigen Rechtsprechung rechtfertigen würde[1572].

b) Verletzung eigener Rechte des Beschwerdeführers aus Art. 8 EMRK

Der *EGMR* sieht jedoch den Beschwerdeführer *Koch* in *eigenen* Rechten verletzt. Sowohl die Ablehnung des Antrags durch das Bundesinstitut für Arzneimittel und Medizinprodukte als auch „die Weigerung der Verwaltungsgerichte, die Klage des Beschwerdeführers der Sache nach zu prüfen", stellten „einen Eingriff in das Recht des Beschwerdeführers auf Achtung seines Privatlebens aus Artikel 8 der Konvention dar[...]"[1573]. Zum Einen könne der Beschwerdeführer „eine enge Bindung zu seiner verstorbenen Ehefrau" belegen[1574]. Zum Anderen habe er seine Frau permanent unterstützt und auch bis zum Ende begleitet[1575]. Drittens habe er „ein starkes und nachhaltiges Interesse an einer Entscheidung über die Begründetheit der ursprünglichen Klage"[1576]. Der vom *EGMR* festgestellte Eingriff in Art. 8 Abs. 1 EMRK (Nichtbe-

1570 *EGMR, Koch,* Gründe Rdn. 77 ff.

1571 *EGMR, Sanles Sanles ./. Spanien,* Urt. v. 26.10.2000, Az.: 48335/99, in: Reports of judgments and decisions, 2000-XI, S. 479 ff. (502 f., Rdn. 1).

1572 *EGMR, Koch,* Gründe Rdn. 80.

1573 *EGMR, Koch,* Gründe Rdn. 53.

1574 *EGMR, Koch,* Gründe Rdn. 44, unter a).

1575 *EGMR, Koch,* Gründe Rdn. 44, unter b).

1576 *EGMR, Koch,* Gründe Rdn. 44, unter c).

fassung mit der Klage) sei im vorliegenden Fall auch nicht nach Abs. 2 zu rechtfertigen gewesen[1577].

Die besondere persönliche Verbundenheit rechtfertigt es demnach, den vorliegenden Fall von anderen Konstellationen wie *Sanles Sanles* zu unterscheiden, in denen „Rechtsnachfolger oder Verwandte[...] der verstorbenen Person in *deren* Namen" bestimmte Rechte (weiter)verfolgen wollen[1578]. Nach Ansicht des Gerichtshof sei auch das Argument der deutschen Bundesregierung, die Ehefrau *Kochs* habe nicht selbst versucht, das Verfahren zu beschleunigen, unerheblich. Der *EGMR* weist darauf hin, dass Verfahren im einstweiligen Rechtsschutz „darauf abzielen, die Rechtslage des Klägers während des Hauptverfahrens sicherzustellen. Grundsätzlich dienten sie nicht dazu, den Ausgang eines solchen Verfahrens zu beschleunigen."[1579] Dies gelte umso mehr vor dem Hintergrund der Schwere des hiesigen Streitgegenstands „und der unwiderruflichen Folgen, die einstweilige Anordnungen zwangsläufig mit sich bringen"[1580].

Überdies spricht der *EGMR* in *Koch* abermals an, dass die Mitgliedstaaten der EMRK „über einen erheblichen Ermessensspielraum [in Fragen des assistierten Suizids] verfügen."[1581] Demzufolge gelte seine Subsidiaritätsstellung in besonderem Maße[1582]. Es sei also zuvörderst Aufgabe der nationalen Rechts(schutz)systeme selbst, „den begangenen Verletzungen abzuhelfen"[1583] und auch die Klage *Kochs* der Sache nach entsprechend zu prüfen[1584].

c) Besprechung

Etwaige Hoffnungen auf ein „Grundsatzurteil" des *EGMR*, wie *Janisch/von Hardenberg* es im Vorfeld beschrieben[1585], wurden durch die Ent-

---

1577 *EGMR, Koch,* Gründe Rdn. 66.

1578 *EGMR, Koch,* Gründe Rdn. 42.

1579 *EGMR, Koch,* Gründe Rdn. 47.

1580 *EGMR, Koch,* Gründe Rdn. 47.

1581 *EGMR, Koch,* Gründe Rdn. 69.

1582 *EGMR, Koch,* Gründe Rdn. 70, 68.

1583 *EGMR, Koch,* Gründe Rdn. 68.

1584 *EGMR, Koch,* Gründe Rdn. 70.

1585 *Janisch/von Hardenberg,* Begehrtes Gift, in: sueddeutsche.de, 23.11.2010.

scheidung *Koch ./. Bundesrepublik Deutschland* enttäuscht. *Tolmein* hatte die Erfolgsaussichten des Verfahrens schon vorher als gering eingestuft[1586]. *Janisch/von Hardenberg* zufolge habe man in der mündlichen Verhandlung nicht deuten können, was die Richter des *EGMR* zu der Beschwerde sagen würden. Allerdings habe der estnische Richter *Rait Maruste* geäußert, dass der Menschenwürdeschutz in Deutschland doch „überragende Bedeutung" habe und ob „es damit vereinbar" sei, „einem Menschen ein qualvolles, vielleicht auch unmenschliches und würdeloses Leben zuzumuten"[1587].

Die Entscheidung in der Sache ist jedoch ausgeblieben. Vielmehr hat der *EGMR* den deutschen staatlichen Stellen vorgehalten, sich in der Sache nicht mit *Kochs* Begehren auseinandergesetzt zu haben. Dies enttäuscht auf den ersten Blick, weil man sich ggf. eine Auseinandersetzung des *EGMR* mit dem Vortrag des Beschwerdeführers erhofft hatte. Beispielsweise wurde im Vorfeld von *Tolmein* mit Verweis auf die *Pretty*-Entscheidung und das Urteil des *VG Köln* angemerkt, dass das deutsche Betäubungsmittelrecht wohl jedenfalls als zulässige Beschränkung im Sinne des Art. 8 Abs. 2 EMRK vom *EGMR* eingeordnet werden könnte[1588]. Die Beantwortung entsprechender Fragen überlässt der *EGMR* jedoch bis auf Weiteres den nationalen Stellen. Diese hält er zur Entscheidungsfindung in der Sache an.

Im Hinblick auf den vom *EGMR* erwähnten Ermessensspielraum in Fragen der Suizidbeihilfe erscheint dies jedoch folgerichtig: Schon der belgische *Conseil d'Etat* wies in Bezug auf den norwegischen Abtreibungsfall der *EKMR*[1589] darauf hin, dass die Gerichte die vom Gesetzgeber getroffene Entscheidung respektieren müssten und sich nicht einfach an seine Stelle setzen könnten[1590]. Auch bei Fragen der Sterbehilfe und Suizidbeihilfe sei es nach Ansicht des belgischen *Con-*

1586 *Tolmein,* Menschenrecht auf Suizid?, in: faz.net, 23.11.2010.

1587 *Janisch/von Hardenberg,* Begehrtes Gift, in: sueddeutsche.de, 23.11.2010.

1588 *Tolmein,* Menschenrecht auf Suizid?, in: faz.net, 23.11.2010.

1589 Siehe oben: *Sénat de Belgique,* Avis du *Conseil d'Etat,* Az. 31.441/AV-AG und 31.442/AV-AG, S. 6, Rdn. 8. Hier Hinweis auf *EKMR, Hercz,* Rdn. 1. Siehe *EKMR, Hercz ./. Norway,* Entscheidung über die Zulässigkeit v. 19.05.1992, in: Yearbook of the European Convention on Human Rights, Vol. 35, 1992, S. 53 ff. (59 f.).

1590 Siehe oben: *Sénat de Belgique,* Avis du *Conseil d'Etat,* Az. 31.441/AV-AG und 31.442/AV-AG, S. 6, Rdn. 8. Siehe *EKMR, Hercz ./. Norway,* Entscheidung v.

seil d'Etat Sache des Staates, in Ausübung seines Ermessensspielraums den Konflikt zwischen verschiedenen Ansichten zu lösen. Die Richter müssten insofern den Beurteilungs- und Ermessensspielraum des Gesetzgebers berücksichtigen und könnten sich nicht einfach an seine Stelle setzen[1591]. Dies gilt also nach der Entscheidung *Koch ./. Deutschland* erst recht für die Richter des *EGMR*. Ihre Stellung ist subsidiär[1592], so dass die nationalen Systeme zunächst selbst versuchen müssen, potentielle Rechtsverletzungen zu prüfen und ggf. zu beseitigen[1593].

Potential für weitere Rechtsstreitigkeiten bietet die *EGMR*-Entscheidung *Koch ./. Deutschland* allemal. Beispielsweise hatte *Tolmein* noch im Vorfeld die Konstruktion, *Koch* werde in seinem eigenen Recht aus Art. 8 Abs. 1 EMRK verletzt, weil er seine Frau zum Suizid in die Schweiz begleiten musste, als „eher fernliegend" bezeichnet[1594]. Genau diese Argumentation hat der *EGMR* jedoch als zulässig erachtet[1595].

Ein weiteres Argument gegen die Möglichkeit der Geltendmachung eines *eigenen* Rechts hätte ggf. die oben besprochene Entscheidung der *EKMR, R ./. Vereinigtes Königreich* aus dem Jahre 1983 sein können. Hier hatte die Kommission entschieden, dass eine Beihilfe zur Selbsttötung nicht in die schützenswerte Sphäre des Privatlebens eines Suizidgehilfen falle[1596]. Vielmehr kollidiere eine Suizidbeihilfe mit dem öffentlichen Interesse am Schutz des Lebens und werde somit nicht vom Privatleben erfasst[1597]. Das heißt, wenn *Koch* geltend gemacht hätte, eine Beihilfe geleistet zu haben (was nicht der Fall ist), so hätte er sich nach dieser Entscheidung nicht auf Art. 8 Abs. 1 EMRK berufen

19.05.1992, in: Yearbook of the European Convention on Human Rights, Vol. 35, 1992, S. 60.

1591 Siehe oben: *Sénat de Belgique*, Avis du *Conseil d'Etat*, Az. 31.441/AV-AG und 31.442/AV-AG, S. 6, Rdn. 8. Siehe auch Doc. 10455, *Explanatory memorandum* von *Marty*, II., Appendix 2, Rdn. 20.

1592 *EGMR, Koch*, Gründe Rdn. 68, 70.

1593 *EGMR, Koch*, Gründe Rdn. 68.

1594 *Tolmein*, Menschenrecht auf Suizid?, in: faz.net, 23.11.2010.

1595 *EGMR, Koch*, Gründe Rdn. 42 ff.

1596 Siehe oben; vgl. *EKMR, R. ./. United Kingdom*, 04.07.1983, Az.: 10083/82, D.R. Vol. 33, S. 271, Rdn. 13.

1597 Siehe oben; vgl. *EKMR, R. ./. United Kingdom*, 04.07.1983, Az.: 10083/82, D.R. Vol. 33, S. 271 f., Rdn. 13.

können. Aber auf diese Entscheidung ist der *EGMR* im Urteil *Koch* nicht weiter eingegangen, wohl auch deswegen, weil hier ein „Weniger“ in Rede stand, als in *R ./. Vereinigtes Königreich*.

Denkbar war jedenfalls, dass der *EGMR* möglicherweise eine Ausnahme dahin gehend machen könnte, dass es sich um eine Fallkonstellation handelt, in der die eigentlich Betroffene schon verstorben ist. Auch der Fall *Sanles Sanles* beinhaltete eine solche Konstellation[1598]. Das heißt, die Fälle der Sterbehilfe oder Suizidbeihilfe bringen es oft mit sich, dass der eigentlich Betroffene im Verlauf des Verfahrens stirbt oder bereits vor Aufnahme des Verfahrens verstorben ist. Der *EGMR* hat dies in *Koch ./. Deutschland* durch die Herstellung einer entsprechenden Nähe des Beschwerdeführers als Aspekt eines *eigenen* Rechts des Beschwerdeführers gewürdigt[1599]. Ansonsten sieht er aber keinen Anlass, eine solche Ausnahme zu machen[1600]. Es mag für die Schaffung entsprechenden *case law* auch noch zu früh sein. Sollten aber in Zukunft vermehrt Verfahren vor dem *EGMR* stattfinden, in denen derartige Konstellationen zu Grunde liegen, wäre die Schaffung einer Ausnahme zumindest denkbar.

Entgegen der Ansicht des *VG Köln*[1601] hat der *EGMR* in der genannten Entscheidung *Haas* inzwischen grundsätzlich anerkannt, dass Art. 8 EMRK das Recht schützt, über die Art und den Zeitpunkt seines eigenen Ablebens zu entscheiden[1602]. Daher fiele – wenn die Ehefrau *Kochs* noch leben würde – der von ihr geltend gemachte Anspruch wohl in den Schutzbereich von Art. 8 Abs. 1 EMRK. Es konzentriert sich somit alles auf eine mögliche Rechtfertigung nach Art. 8 Abs. 2. Dabei fallen die Parallelen zum Verfahren *Haas* auf, weil auch dort der Zugang zu einem todbringenden Mittel begehrt wurde. Insofern ließe sich vertreten, dass auch § 5 Abs. 1 Nr. 6 BtMG die Bevölkerung vor dem Missbrauch von Betäubungsmitteln und somit die Gesund-

1598 Vgl. *EGMR, Sanles Sanles ./. Spanien*, Urt. v. 26.10.2000, Az.: 48335/99, in: Reports of judgments and decisions, 2000-XI, S. 497 ff. Bei dem Verstorbenen handelte es sich um den Spanier *Ramón Sampedro Cameán*, dessen Geschichte in dem Film „Mar adentro (Das Meer in mir)“ verfilmt wurde.

1599 *EGMR, Koch*, Gründe Rdn. 42 ff.

1600 *EGMR, Koch*, Gründe Rdn. 77 ff.

1601 Siehe oben; vgl. *VG Köln*, 7 K 2040/05, Rdn. 57.

1602 Siehe oben; *EGMR, Haas*, Rdn. 51. So auch ausdrücklich *EGMR, Koch*, Gründe Rdn. 51.

heit schützen soll. Aus diesem Grund könnte man nicht einfach auf Antrag ein bestimmtes Mittel erhalten.

Der Unterschied zur Konstellation in *Haas* besteht im Fall von *Koch* darin, dass bei *Haas* der grundsätzliche Zugang zu Natrium-Pentobarbital (wenn auch über das Verschreibungsverfahren) ermöglicht ist. Hingegen muss nach § 3 Abs. 1 Nr. 1 BtMG ein Antrag auf Erlaubnis zum Erwerb eines Betäubungsmittels gestellt werden. Das Antragsverfahren soll jedoch nicht der Ermöglichung einer Selbsttötung dienen (so aber das Verschreibungsverfahren in der Schweiz). Damit ist das deutsche Antragsverfahren nicht mit der Schweizer Sterbehilfe-Praxis vergleichbar. Deutschland befindet sich somit in einem Stadium des „Weniger". Ein mit der Schweiz vergleichbares Verfahren gibt es in Deutschland nicht. Die Frage verengt sich also auf den Punkt, ob ein Staat, der ein solches Verfahren *nicht* anbietet, im Einzelfall nicht eben doch das Natrium-Pentobarbital abgeben muss, sofern es keine andere Möglichkeit der Selbsttötung gibt (und ein Missbrauch ausgeschlossen werden kann, siehe sogleich).

Ein weiterer Unterschied besteht darin, dass im Falle *Kochs* (wie schon bei *Pretty*) ein Missbrauch von vorne herein ausgeschlossen werden konnte. Der Gesundheitszustand der Ehefrau *Kochs* konnte nicht mehr verbessert, bzw. sie geheilt werden. Damit fällt die Zwecksetzung des Versagungsgrundes in § 5 Abs. 1 Nr. 6 BtMG weg. Allerdings hat dieser Wegfall des Missbrauchsrisikos den *EGMR* schon im Falle von *Pretty* nicht überzeugen können. Es bleibt also bis auf Weiteres offen, ob es für derartige Konstellationen in Zukunft doch Ausnahmen geben kann.

VI) Zwischenergebnis zu A)

Die EMRK garantiert weder ein Recht auf aktive Sterbehilfe noch auf Suizidbeihilfe. Seit *Pretty* und vor allem *Haas* ist aber anerkannt, dass das Selbstbestimmungsrecht an sich von Art. 8 Abs. 1 EMRK erfasst ist. Dazu gehört auch, zu entscheiden, wann und auf welche Weise man sterben will – unter der Bedingung, den eigenen Willen frei und autonom bilden zu können. Nicht ableiten kann man aus Art. 8 Abs. 1 jedoch einen Anspruch auf Straffreiheitszusicherung im Vorfeld der Tat. Einen solchen Anspruch gibt es auch in den Benelux-Staaten, die die aktive Sterbehilfe und die Suizidbeihilfe legalisiert haben, nicht. Dies widerspräche dem System und dem Sinn des Strafrechts. Eine Handlung wie die Sterbehilfe oder Suizidbeihilfe kann erst dann beurteilt (und ggf. verfolgt werden), wenn sie begangen worden ist.

Auch folgt – wie der Fall *Haas* zeigt – aus Art. 8 Abs. 1 EMRK kein Anspruch auf eine staatliche Unterstützung beim Suizid dergestalt, dass man ein todbringendes Mittel ohne Rezept bekommt. Die aus Art. 2 EMRK resultierenden Schutzpflichten erfordern es, ein gewisses Verfahren einzuhalten, um staatlicherseits eine Verletzung des Rechts auf Leben ausschließen zu können. Einen Freifahrtschein für Natrium-Pentobarbital oder andere Mittel kann es also nicht geben.

Was aber aus Art. 8 EMRK folgt, ist – wie in *Purdy* – der Anspruch auf Schaffung einer gewissen Rechtssicherheit durch den Staat. Diesem Anspruch kann der Staat durch die Veröffentlichung von Beurteilungskriterien in Fällen der Sterbehilfe oder der Suizidbeihilfe nachkommen. Damit bleibt der Staatsanwaltschaft ihr Ermessensspielraum erhalten; das heißt, sie hält sich in Fragen der Strafverfolgung grundsätzlich alle Türen offen. Gleichzeitig kann jeder Bürger die Kriterien selbst anwenden (z. B. auf einen „eigenen" Fall) und abschätzen, ob er oder jemand anders eine Suizidbeihilfe leisten sollte oder nicht. Natürlich bleibt hierdurch das grundsätzliche Risiko der Strafverfolgung bestehen. Aber auch dies resultiert daraus, dass die potentiell strafbare Handlung erst *nach ihrer Begehung* beurteilt werden kann.

Das *Purdy*-Urteil hat einen gewissen Druck auf die Strafverfolgungsbehörden ausgeübt, weil ihnen vor Augen gehalten wurde, wie stark Gesetzeslage und Rechtspraxis voneinander abweichen können. Möglicherweise gibt das Urteil auch einen Anstoß zu weiteren Reformüberlegungen. Denn der Staat kann schlecht dabei zusehen, wie Gesetzeslage und Rechtspraxis immer weiter auseinander driften. Die Tatsache, dass Gesetzeslage und Rechtspraxis so weit voneinander abweichen, lässt daher die Frage aufkommen, ob ein Gesetz wie der britische *Suicide Act* in seiner jetzigen Form (auch nach der erwähnten Modifizierung) noch brauchbar ist.

Aus dem *Pretty*-Urteil wird ferner deutlich, dass das Verbot der Sterbehilfe bzw. der Suizidbeihilfe die EMRK nicht verletzt. Denn die Mitgliedstaaten der EMRK haben einen Beurteilungsspielraum und darin bewerten sie beispielsweise mögliche Missbrauchsgefahren. Die Staaten sind demnach für ihre Gesetzgebung selbst verantwortlich. Der *EGMR* setzt sich folglich nicht an ihre Stelle. Er respektiert die in den jeweiligen Staaten getroffenen Entscheidungen.

Aus *Haas* ergibt sich, dass der *EGMR* in Bezug auf diesen Beurteilungsspielraum neuerdings auch rechtsvergleichende Überlegungen wagt. Bei der Sterbehilfe gibt es (bislang) keinen europäischen Konsens über die Zulässigkeit, so dass der Beurteilungsspielraum der jeweiligen Gesetzgeber deswegen auch besonders groß ist. Das heißt aber auch, dass eine Konventionsverletzung nur schwer greifbar sein wird. Denn je größer der Beurteilungsspielraum ist, desto weniger Raum bleibt für eine Überprüfung an Hand der EMRK-Kriterien.

Aus dem Urteil *Koch* kann schließlich abgeleitet werden, dass sich die nationalen staatlichen Stellen einer Entscheidung in der Sache nicht entziehen können. Zwar schreibt ihnen der *EGMR* nicht vor, *wie* sie zu entscheiden haben. Auf Grund des weiten nationalen Beurteilungsspielraums dürfte er dies auch gar nicht. Er hält sie aber dazu an, die aus der EMRK resultierenden Grund- und Menschenrechte auch und gerade bei ihren innerstaatlichen Entscheidungen zu beachten.

Für den weiteren Verlauf der Arbeit sei noch einmal an *Pretty* angeknüpft: Die dort getroffene Feststellung, dass aus Art. 2 EMRK kein Recht zu sterben abgeleitet werden kann, sagt (noch) nichts darüber aus, ob Staaten, die die aktive Sterbehilfe erlauben, gegen die EMRK verstoßen. Dies hängt vielmehr davon ab, welche Schutzpflichten der Staat in Bezug auf das Leben von Menschen hat. Für die sogleich folgende Untersuchung ist also entscheidend, welche Schutzpflichten bis dato aus der EMRK im Rahmen der vorgestellten Entscheidungen durch die Konventionsorgane abgeleitet wurden. Daher sollen diese hier noch einmal zusammengefasst werden:

- Art. 2 EMRK verpflichtet den Staat dazu, geeignete Maßnahmen zum Schutz des Lebens von Menschen zu erlassen.
- Hierzu muss der Staat wirksames Strafrecht schaffen.
- Hierzu muss er unter Umständen sogar präventive Maßnahmen ergreifen.
- Der Staat hat im Rahmen seiner Gesetzgebung einen Beurteilungsspielraum in Bezug auf mögliche Gefährdungen und Risiken. Es ist ihm überlassen, eine eigene Einschätzung vorzunehmen.
- Art. 2 EMRK verpflichtet den Staat nicht dazu, das Leben des Betroffenen gegen dessen Willen zu schützen.

- Art. 2 setzt nur voraus, dass durch ein entsprechendes Verfahren sichergestellt wird, dass die Entscheidung über das Lebensende dem wirklichen Willen des Betroffenen entspricht.
- Das nach Schweizer Recht vorgesehene Verfahren über die Verschreibung von Natrium-Pentobarbital reicht für diese Kontrolle aus.
- Hingegen hat der Staat eine Verpflichtung zum Schutz menschlichen Lebens, wenn eine Suizidentscheidung nicht freiverantwortlich und in Kenntnis aller Umstände zustande gekommen ist. Dann muss der Staat den Suizid verhindern.
- Eine solche Schutzpflicht kann im Wege des *Erst recht*-Schlusses auch für die aktive direkte unfreiwillige Sterbehilfe angenommen werden. Wenn schon kein Sterbewille vorliegt, stellt sich die Frage nach einem möglichen Zurücktreten der staatlichen Schutzpflicht nicht. In diesen Fällen ist der Staat also dazu verpflichtet, menschliches Leben effektiv zu schützen.

B) Verstößt die Legalisierung aktiver Sterbehilfe gegen die EMRK?

Fraglich ist, ob ein Staat, der die aktive direkte freiwillige Sterbehilfe gestattet, gegen die EMRK verstößt. Die niederländische Regierung hat diese Frage für das dort geltende Sterbehilfe-Gesetz verneint. Obwohl man Achtung vor dem menschlichen Leben habe, sei dies kein Grund dafür, die aktive direkte freiwillige Sterbehilfe (oder die Suizidbeihilfe) zu verbieten[1603]. Der belgische *Conseil d'Etat* kam in Bezug auf das belgische Gesetz zu dem gleichen Ergebnis[1604]. Aus innerstaatlicher Sicht ist man also zu dem Ergebnis gekommen, dass die Legalisierung der aktiven direkten Sterbehilfe konventionskonform ist. Dieses Ergebnis soll nun dem Verständnis der EMRK vom „internationalen" Standpunkt aus gesehen entgegengesetzt werden. In diesem Zusammenhang spielt die Auslegung der EMRK durch die Konventionsorgane eine entscheidende Rolle. Die zentrale Frage lautet, ob Art. 2 EMRK den Grundrechtsträger auch gegen seinen Willen vor sich selbst schützen muss.

Die nun folgende Untersuchung konzentriert sich – wie oben bereits angedeutet – auf die generelle Legalisierung der aktiven Sterbehilfe und der Suizidbeihilfe in den Benelux-Staaten. Das heißt, es geht nicht um einzelne Normen, sondern nur um die Legalisierung *als solche*. Es wird auch nicht untersucht, ob sämtliche denkbare Konstellationen einer Legalisierung gegen die EMRK verstoßen. Vielmehr nimmt die folgende Untersuchung eine Konstellation an, in der die Sterbehilfe und Suizidbeihilfe – wie in den Benelux-Staaten – auch weiterhin grundsätzlich strafbar bleiben und nur für bestimmte Fälle straffrei gestellt werden.

I) Verstoß gegen Art. 2 EMRK

Fraglich ist, ob die Legalisierung der aktiven Sterbehilfe gegen Art. 2 EMRK verstößt. Zur Erinnerung sei diese Norm hier noch einmal wiedergegeben:

1603 Siehe oben; vgl. *Niederländisches Ministerium für auswärtige Angelegenheiten*, FAQ Sterbehilfe, S. 20.

1604 Siehe oben; vgl. *Sénat de Belgique*, Session de 2000-2001, 02.07.2001, Dok.-Nr. 2-244/21, Proposition de loi relative à l'euthanasie, Avis du *Conseil d'Etat*, Az. 31.441/AV-AG und 31.442/AV-AG.

„(1) Das Recht jedes Menschen auf Leben wird gesetzlich geschützt. Niemand darf absichtlich getötet werden, außer durch Vollstreckung eines Todesurteils, das ein Gericht wegen eines Verbrechens verhängt hat, für das die Todesstrafe gesetzlich vorgesehen ist.

(2) Eine Tötung wird nicht als Verletzung dieses Artikels betrachtet, wenn sie durch eine Gewaltanwendung verursacht wird, die unbedingt erforderlich ist, um

a) jemanden gegen rechtswidrige Gewalt zu verteidigen;

b) jemanden rechtmäßig festzunehmen oder jemanden, dem die Freiheit rechtmäßig entzogen ist, an der Flucht zu hindern;

c) einen Aufruhr oder Aufstand rechtmäßig niederzuschlagen."

Die EMRK beinhaltet keine Pflicht zum umfassenden Lebensschutz, wie der folgende Abschnitt zeigen wird. Der Konventionsstaat ist zwar grundsätzlich nach Art. 2 „verpflichtet, wirksame strafrechtliche Vorschriften mit abschreckender Wirkung zu erlassen, sowie [...] eine Strafverfolgung zu organisieren mit dem Ziele der Prävention, Unterdrückung und Bestrafung bei Verstößen gegen strafrechtliche Normen"[1605]. Denn ohne Strafrecht kann der von der Konvention garantierte Lebensschutz nicht funktionieren. Das bedeutet aber nicht, dass Strafrecht generell erforderlich ist, um dieser Lebensschutzverpflichtung nachzukommen.

1) *EKMR, Widmer ./. Schweiz*, Az.: 20527/92, Entscheidung v. 10.02.1993

In *Widmer ./. Schweiz*[1606] entschied die *EKMR*, dass die Nichtaufnahme der Strafverfolgung wegen passiver Sterbehilfe mangels konkreter Anhaltspunkte weder das Recht auf Leben oder das Recht auf Privatsphäre des Verstorbenen noch den Anspruch auf Achtung des Familienlebens des Anzeigers verletzt. Sie verstößt auch nicht gegen das Recht

1605 *Meyer-Ladewig*, EMRK-HK, Art. 2 EMRK, Rdn. 11.

1606 *EKMR, Widmer ./. Suisse*, Az.: 20527/92, Entscheidung v. 10.02.1993, zu finden über Suchmenü auf <http://hudoc.echr.coe.int> (zuletzt abgerufen: 27.10.2012).

auf eine wirksame Beschwerde vor einer nationalen Instanz. Die Beschwerde wurde von der *EKMR* daher für unzulässig erklärt[1607].

a) Sachverhalt und Begehren

Der Beschwerdeführer *Widmer* hatte am 21.12.1990 Anzeige gegen das medizinische Personal eines Krankenhauses im Kanton *Neuchâtel* erstattet, weil er es verdächtigte, Sterbehilfe ohne ausdrückliches Verlangen hiernach[1608] geleistet zu haben. Sein an Parkinson leidender Vater war im Alter von 82 Jahren im November 1990 in dem Krankenhaus gestorben. Im April 1991 stufte der zuständige Generalstaatsanwalt die Anzeige als unzulänglich ein. Die Untersuchung hatte kein Indiz zu einer möglicherweise begangenen aktiven oder passiven Sterbehilfe zu Tage gefördert. Vielmehr waren die von den Medizinern ergriffenen Maßnahmen aus seiner Sicht angemessen, wenngleich sie nicht das gewünschte positive Ergebnis gebracht hatten[1609].

Die Anklagekammer vom Kanton *Neuchâtel* wies die Beschwerde *Widmers* gegen die staatsanwaltschaftliche Einstellungsverfügung im August 1991 zurück. Sie begründete dies damit, dass eine passive Sterbehilfe nur dann verfolgt werden könne, wenn der Straftatbestand der fahrlässigen Tötung erfüllt sei. Im vorliegenden Fall würde das Verfahren aber wohl auf eine Einstellung hinauslaufen, weswegen die Staatsanwaltschaft nicht rechtswidrig gehandelt habe, als sie das Verfahren als unzulänglich einstufte. Die hiergegen gerichtete Verfassungsklage *Widmers* blieb erfolglos[1610].

Vor der *EKMR* stand nun in Frage, ob Art. 2 EMRK die Mitgliedstaaten der EMRK dazu verpflichtet, seine Bürger auch gegen die ärztliche Entscheidung zu schützen, keine medizinische Behandlung zu unternehmen[1611]. *Widmer* vertrat die Auffassung, dass das Schwei-

1607 *EKMR, Widmer ./. Suisse*, Az.: 20527/92, 10.02.1993.

1608 Das geht aus der Schilderung in der *EKMR*-Entscheidung nicht eindeutig hervor, ist aber eigentlich gemeint, siehe *EKMR, Widmer ./. Suisse*, Az.: 20527/92, 10.02.1993, Griefs, Rdn. 1; *Griffiths/Weyers/Adams*, S. 301.

1609 *EKMR, Widmer ./. Suisse*, Az.: 20527/92, 10.02.1993, En fait. Es gibt keine näheren Erläuterungen darüber, was das medizinische Personal gemacht oder nicht gemacht hat; siehe auch *Griffiths/Weyers/Adams*, S. 301, Fn. 25.

1610 *EKMR, Widmer ./. Suisse*, Az.: 20527/92, 10.02.1993, En fait.

1611 *Griffiths/Weyers/Adams*, S. 301.

zer Recht das Recht auf Leben seines verstorbenen Vaters nach Art. 2 EMRK verletze, da es nicht erlaube, über Fälle der passiven Sterbehilfe in zufriedenstellender Weise entscheiden zu können. Art. 2 EMRK zwinge den nationalen Gesetzgeber, das Leben zu schützen, insbesondere dadurch, dass er strafrechtliche Vorschriften erlasse, die von Privatpersonen begangene Angriffe auf das Leben ahnden[1612].

Außerdem beanstandete *Widmer*, dass das Schweizer Recht nicht explizit passive Sterbehilfe für den Fall verbietet, dass der Patient nicht aufgeklärt und ausdrücklich schriftlich in diese Form von Sterbehilfe eingewilligt hat. Dies würde dazu führen, dass die behandelnden Ärzte über Leben und Tod von Patienten entscheiden könnten, deren Tod nur durch lebensverlängernde Maßnahmen verzögert werde[1613].

Widmer sah auch eine Verletzung von Art. 8 EMRK als gegeben an, da eine passive Sterbehilfe gegen den Willen des Betroffenen einen unrechtmäßigen Eingriff in dessen Recht auf Achtung des Privatlebens darstelle. Durch die bestehende Gesetzeslücke im Schweizer Recht könne nicht angemessen über derartige Sterbehilfe-Fälle entschieden werden[1614].

Indem es das Schweizer Recht dem Angehörigen eines Verstorbenen nicht erlaube, das Interesse dieses Verstorbenen an einer Strafverfolgung von Personen, die der Sterbehilfe verdächtigt sind, zu schützen, sei *Widmer* zufolge außerdem in sein Recht auf Schutz seiner familiären Verbindungen eingegriffen worden[1615].

Ferner lag nach Ansicht *Widmers* auch eine Verletzung des Rechts auf wirksame Beschwerde nach Art. 13 EMRK vor, weil er vor den Schweizer Gerichten nicht die Verletzung der EMRK habe anbringen können. Dies resultiere aus der beanstandeten gesetzlichen Unzulänglichkeit[1616]. Gemeint ist, dass *Widmer* auf Grund der von ihm geltend gemachten Gesetzes- und Rechtslücken die aus seiner Sicht vorliegenden Konventionsverletzungen nicht schon im innerstaatlichen Gerichtsverfahren rügen konnte.

1612 *EKMR, Widmer ./. Suisse*, Az.: 20527/92, 10.02.1993, Griefs, Rdn. 1.

1613 *EKMR, Widmer ./. Suisse*, Az.: 20527/92, 10.02.1993, Griefs, Rdn. 1.

1614 *EKMR, Widmer ./. Suisse*, Az.: 20527/92, 10.02.1993, Griefs, Rdn. 2; siehe auch *Griffiths/Weyers/Adams*, S. 301.

1615 *EKMR, Widmer ./. Suisse*, Az.: 20527/92, 10.02.1993, Griefs, Rdn. 2.

1616 *EKMR, Widmer ./. Suisse*, Az.: 20527/92, 10.02.1993, Griefs, Rdn. 3; En droit, Rdn. 2.

b) Entscheidung der *EKMR*

Die *EKMR* wies die Beschwerde mangels fundierter Begründung als unzulässig zurück. Sie führte aus, dass Art. 2 Abs. 1 S. 1 EMRK dem jeweiligen Mitgliedstaat eine größere Schutzverpflichtung auferlege als Art. 2 Abs. 1 S. 2 EMRK und demzufolge nicht nur dazu verpflichte, dem Staat zurechenbare Tötungen zu unterlassen, sondern auch positive Maßnahmen zum Lebensschutz zu ergreifen[1617]. Das ist das, was der *EGMR* später auch in *Pretty* entschied: Es reicht nicht aus, dass ein Staat nur bestimmte Dinge unterlässt, sondern er muss zum Lebensschutz vielmehr aktiv tätig werden[1618]. Oder – wie *Lewisch* es formuliert: Die *EKMR* spreche „aus, [...] daß [...] Art 2 Abs 1 Satz 1 EMRK die Pflicht der Vertragsstaaten zum Lebensschutz mit den Mitteln der Rechtsordnung festlegt."[1619]

Weiter führte die *EKMR* aus: Das Schweizer Strafrecht ahnde Angriffe auf das Leben einer Person, z. B. durch fahrlässige Tötung. Dadurch, dass die Schweiz diese rechtliche Regelung geschaffen hat, erfülle sie die ihr obliegenden Verpflichtungen aus Art. 2 EMRK in angemessener Weise. Der Schweizer Gesetzgeber könne daher nicht dafür kritisiert werden, dass er davon abgesehen hat, eine spezielle Regelung zur passiven Sterbehilfe zu schaffen[1620]. Ein Mitgliedstaat ist also aus Art. 2 Abs. 1 S. 1 EMRK nicht dazu verpflichtet, für jeden möglichen Todesfall eine strafrechtliche Regelung zu schaffen. Das bedeutet auch, dass nicht jede denkbare Form der Sterbehilfe gegen die EMRK verstößt.

Eine Stellungnahme der *EKMR* zu einer möglichen Verletzung von Art. 8 EMRK fehlt hingegen[1621]. Die Kommission merkte lediglich an, man habe nicht den Anschein einer Verletzung der Artt. 8 und 13 EMRK feststellen können[1622].

1617 *EKMR, Widmer ./. Suisse*, Az.: 20527/92, 10.02.1993, En droit, Rdn. 1.

1618 Siehe oben; vgl. *EGMR, Pretty*, in: NJW 2002, S. 2851 f., Rdn. 38.

1619 *Lewisch*, in: FS-*Platzgummer*, S. 385 mit Bezug auf genau diese Entscheidung *Widmer*.

1620 *EKMR, Widmer ./. Suisse*, Az.: 20527/92, 10.02.1993, En droit, Rdn. 1.

1621 Vgl. hierzu den Text in *EKMR, Widmer ./. Suisse*, Az.: 20527/92, 10.02.1993, En droit, Rdn. 2. Dies bemängeln auch *Griffiths/Weyers/Adams*, S. 301.

1622 *EKMR, Widmer ./. Suisse*, Az.: 20527/92, 10.02.1993, En droit, Rdn. 2.

c) Besprechung

Wichtig für die EMRK-Diskussion ist in der Entscheidung der Kommission zunächst, dass die *EKMR* die positiven staatlichen Schutzverpflichtungen zu Gunsten des Lebens in Art. 2 Abs. 1 EMRK verortet[1623]. Hierzu hat der *EGMR* später in *Pretty* angeführt, Art. 2 Abs. 1 S. 1 EMRK verpflichte „den Staat nicht nur dazu [...], eine absichtliche und unrechtmäßige Tötung zu unterlassen, sondern auch dazu, geeignete Maßnahmen zum Schutz des Lebens von Personen innerhalb seiner Hoheitsgewalt zu treffen [...]"[1624]. Die hier in Rede stehende mögliche positive Schutzverpflichtung des Staates in Bezug auf die aktive Sterbehilfe ist also – wenn überhaupt – aus Art. 2 Abs. 1 S. 1 EMRK abzuleiten[1625]. Dies deckt sich auch mit der Entstehungsgeschichte der EMRK, aus der deutlich wird, dass Art. 2 Abs. 1 S. 1 EMRK von vorne herein auch auf den Schutz vor privatem Handeln abzielte, während z. B. Art. 2 Abs. 2 EMRK auf staatliche Eingriffe beschränkt werden sollte[1626]. Damit richten sich die Eingriffstatbestände der Art. 2 Abs. 1 S. 2, Abs. 2 EMRK nur an den Staat, während sich die Schutzverpflichtung gegen private Eingriffe nach Art. 2 Abs. 1 S. 1 EMRK richtet[1627]. Damit wird sich die weitere Untersuchung auf Art. 2 Abs. 1 S. 1 EMRK konzentrieren.

Die *EKMR* umgrenzt in ihrer Entscheidung in aller Kürze die aus Art. 2 EMRK in Bezug auf die passive Sterbehilfe folgenden Schutzpflichten. Die knappe Begründung stellt sich für den Leser gleichsam so dar, als ob es für die Kommission offensichtlich war, dass die EMRK nicht verletzt worden war. Die *EKMR* geht von einem funktionierenden Schweizer Strafrechtssystem aus. Dieses enthält ihrer Auffassung nach ausreichende Straftatbestände, um Tötungshandlungen zu ahnden und somit den aus der EMRK resultierenden Schutzpflichten nachzukommen. Dies gilt demnach auch für eine passive Sterbe-

1623 Siehe oben; vgl. *EKMR, Widmer ./. Suisse*, Az.: 20527/92, 10.02.1993, En droit, Rdn. 1.

1624 *EGMR, Pretty*, in: NJW 2002, S. 2851, Rdn. 38.

1625 Anders hingegen *Ress*, in: FS-*Fischer*, S. 443.

1626 Vgl. *Lewisch*, in: FS-*Platzgummer*, S. 389; *Tretter*, in: *Ermacora/Nowak/Tretter*, Art. 2 EMRK, S. 103 ff., 108 f.

1627 *Lewisch*, in: FS-*Platzgummer*, S. 390; *Kneihs*, S. 228 f.; *Grundmann*, S. 155 f., m. w. N.

hilfe ohne oder gegen den Willen des Betroffenen. Für die hiesige Diskussion bedeutet dies, dass sich eine Parallele zum oben besprochenen *Avis* des belgischen *Conseil d'Etat* eröffnet: Man müsse sich hiernach vor Augen halten, dass das Tötungsverbot als solches durch die partielle Legalisierung der aktiven Sterbehilfe nicht angetastet wird. Eine Strafbarkeit entfällt lediglich in eng umgrenzten Fällen und nur unter bestimmten Voraussetzungen. Ansonsten werden die Tötungsverbote und somit auch der Lebensschutz nicht in Frage gestellt[1628]. Das bedeutet also auch, dass der Lebensschutz nach der EMRK es nicht erfordert, jeden potentiellen Tötungsfall unter Strafe zu stellen. Der Lebensschutz ist damit nicht absolut[1629]. Dies spricht für eine Zulässigkeit aktiver Sterbehilfe unter der EMRK.

2) „Auswirkungen" des Art. 2 Abs. 2 EMRK auf Art. 2 Abs. 1 S. 1 EMRK

Eine andere Frage ist die, ob Art. 2 Abs. 2 EMRK Anhaltspunkte für die nähere Bestimmung der staatlichen Schutzverpflichtung aus Art. 2 Abs. 1 S. 1 EMRK gibt. *Kneihs* zufolge könnte in Art. 2 Abs. 2 „eine Richtschnur für die Erfüllung der Schutzpflicht aus Abs 1 Satz eins liegen". Dies ergebe sich schon aus dem Wortlaut des Einleitungssatzes von Abs. 2 („*dieses Artikels*")[1630]. Die in Abs. 2 „für zulässig erklärten Eingriffsgründe und -modalitäten [müssten] doch als maßgeblich dafür bewertet werden, wie insbesondere der Gesetzgeber die einfachgesetzliche Rechtslage im Hinblick auf die Verhältnisse Privater zueinander auszugestalten hat."[1631] Beispielsweise müsse „der Gesetzgeber das einfach-gesetzliche Notwehrrecht an Abs 2 lit a zumindest [...] [in einer gewissen Weise] orientieren"[1632].

Kneihs geht somit davon aus, dass Art. 2 Abs. 2 EMRK dem Staat gewisse Hinweise für seine Schutzpflicht aus Art. 2 Abs. 1 S. 1 gibt. Für das in Art. 2 Abs. 2 lit. a) genannte Notwehrrecht liegt dies in der Tat nahe. Allerdings ergeben sich in Bezug auf die Sterbehilfe

1628 Siehe oben; *Sénat de Belgique*, Avis du *Conseil d'Etat*, S. 7, Rdn. 9.1.

1629 So auch *Baumgarten*, S. 90 f.

1630 *Kneihs*, S. 244; Hervorheb. im Text.

1631 *Kneihs*, S. 245; siehe auch S. 247.

1632 *Kneihs*, S. 245.

aus Art. 2 Abs. 2 lit. a) – c) keine Anhaltspunkte dafür, wie die staatliche Lebensschutzverpflichtung näher bestimmt werden kann. Denn die drei Anwendungsfälle des Art. 2 Abs. 2 sind a) eine Gewaltanwendung, um jemanden gegen rechtswidrige Gewalt zu verteidigen, b) eine Gewaltanwendung zur rechtmäßigen Festnahme oder Hinderung an der Flucht und c) eine Gewaltanwendung zur rechtmäßigen Niederschlagung eines Aufstands.

Eine andere Überlegung ist, ob vielleicht der in Art. 2 Abs. 2 enthaltene Substanzgedanke auf Art. 2 Abs. 1 S. 1 übertragen werden kann und sich hieraus etwas für die Bestimmung der Schutzpflichten ableiten lässt[1633]. In *McCann ./. Vereinigtes Königreich* weist der *EGMR* auf die strenge Auslegung des Art. 2 hin[1634]. Im Folgenden spricht er von der „Substanz" eines Konventionsrechts und prüft, ob diese Substanz in irgendeiner Weise verletzt worden ist[1635]. Dabei übernimmt er dieses „Substanz"-Merkmal von der *EKMR*, derzufolge die Anforderungen des Art. 2 EMRK dann erfüllt sind, wenn die Substanz des Konventionsrechts durch nationales Recht geschützt wird[1636]. Der Gerichtshof vergleicht die im Fall *McCann* in Rede stehende nationale Vor-

1633 Vgl. *Grundmann*, S. 165 f.

1634 *EGMR, McCann and Others ./. United Kingdom*, Urt. v. 27.09.1995, in: Publications of the European Court of Human Rights, Series A: Judgments and Decisions, Vol. 324, S. 45 f., Rdn. 147:
„It must also be borne in mind that, as a provision which not only safeguards the right to life but sets out the circumstances when the deprivation of life may be justified, Article 2 ranks as one of the most fundamental provisions in the Convention – indeed one which, in peacetime, admits of no derogation under Article 15. Together with Article 3 of the Convention, it also enshrines one of the basic values of the democratic societies making up the Council of Europe [...]. *As such, its provisions must be strictly construed."*

1635 Vgl. *EGMR, McCann and Others ./. United Kingdom*, Urt. v. 27.09.1995, in: Publications of the European Court of Human Rights, Series A: Judgments and Decisions, Vol. 324, S. 47, Rdn. 152 ff.

1636 *McCann and Others ./. United Kingdom*, Urt. v. 27.09.1995, in: Publications of the European Court of Human Rights, Series A: Judgments and Decisions, Vol. 324, S. 47, Rdn. 152:
„For the Commission [...] *Article 2 was not to be interpreted as requiring an identical formulation in domestic law. Its requirements were satisfied if the substance of the Convention right was protected by domestic law."*
Siehe auch *Grundmann*, S. 165.

schrift[1637] mit dem Standard des Art. 2 Abs. 2 EMRK und „kommt zu dem Ergebnis, dass die Differenz zwischen dem nationalen und dem von Abs. 2 geforderten Standard nicht so erheblich ist, dass sie allein einen Verstoß gegen Abs. 1 S. 1 begründen kann."[1638] An dieser Stelle werde *Grundmann* zufolge „ein möglicher Verstoß gegen die Schutzpflicht an die fehlende Kongruenz mit den Eingriffsgründen des Abs. 2 geknüpft"[1639]. Der *EGMR* beziehe sich später auf Art. 2 Abs. 2 EMRK: „Art. 2 Abs. 2 EMRK sei genüge getan, wenn nationale Vorschriften die Substanz des Konventionsstandards widerspiegeln."[1640] Mit dem Substanzgedanken meint der *EGMR*, dass dieser zwar nicht erst durch eine komplette Übernahme der EMRK in nationales Recht gewahrt ist, aber jedenfalls etwas ist, das den Kern eines Grundrechts widerspiegelt[1641]. Denn die EMRK verpflichte ihre Mitgliedstaaten nicht dazu, ihre Vorschriften wortwörtlich in nationales Recht zu übernehmen[1642].

1637 Bei dieser handelte es sich um „eine Anweisung des britischen Verteidigungsministeriums bezüglich der Anwendung von Gewalt und des Schusswaffengebrauchs", so *Grundmann*, S. 165. Siehe *EGMR, McCann and Others ./. United Kingdom*, Urt. v. 27.09.1995, in: Publications of the European Court of Human Rights, Series A: Judgments and Decisions, Vol. 324, S. 11 f., 16 ff. sowie S. 42, Rdn. 136.

1638 *Grundmann*, S. 165 mit Verweis auf *EGMR, McCann ./. United Kingdom*, Rdn. 155. Siehe *EGMR, McCann and Others ./. United Kingdom*, Urt. v. 27.09.1995, in: Publications of the European Court of Human Rights, Series A: Judgments and Decisions, Vol. 324, S. 47, Rdn. 155.

1639 *Grundmann*, S. 165.

1640 Zit. nach *Grundmann*, S. 166, u. a. mit Verweis auf *EGMR, McCann ./. United Kingdom*, Rdn. 156. Siehe hierzu *EGMR, McCann and Others ./. United Kingdom*, Urt. v. 27.09.1995, in: Publications of the European Court of Human Rights, Series A: Judgments and Decisions, Vol. 324, S. 47, Rdn. 156: „[...] that the rules of engagement [...] provide a series of rules governing the use of force which carefully reflect the national standard as well as the substance of the Convention standard [...]."

1641 Vgl. *McCann and Others ./. United Kingdom*, Urt. v. 27.09.1995, in: Publications of the European Court of Human Rights, Series A: Judgments and Decisions, Vol. 324, S. 45 ff., Rdn. 146 ff., 152 ff.

1642 Vgl. *McCann and Others ./. United Kingdom*, Urt. v. 27.09.1995, in: Publications of the European Court of Human Rights, Series A: Judgments and Decisions, Vol. 324, S. 47, Rdn. 153.

Grundmann legt diesen Substanzgedanken als Maßstab für Art. 2 Abs. 1 S. 1 EMRK zu Grunde[1643] und führt aus:

> „*Legt man die Schranken des Art. 2 Abs. 2 EMRK der Beurteilung der Frage, ob die Einführung des Rechtfertigungsgrundes für aktive Sterbehilfe die Grenzen der nationalen Gestaltungsfreiheit im Rahmen der Schutzpflicht aus Art. 2 Abs. 1 S. 1 EMRK überschreitet, zugrunde,* [...] *so muss* [...] *ein Überschreiten der Grenzen des Gestaltungsraumes und damit ein Verstoß gegen die Schutzpflicht angenommen werden, weil Abs. 2 einen Rechtfertigungsgrund für aktive Sterbehilfe nicht vorzeichnet.*"[1644]

Fraglich sei *Grundmann* zufolge aber, ob Art. 2 Abs. 2 auch dann zu Grunde gelegt werden könne, wenn sein „Katalog [...] offensichtlich nicht berührt ist."[1645] Denn bisher hätten immer Fälle des Notwehr- oder Polizeirechts in Rede gestanden. Deswegen hat *Grundmann* für die aktive Sterbehilfe kein Ergebnis[1646]. Gegen die Heranziehung des aus Art. 2 Abs. 2 abzuleitenden Substanzgedankens auf die aktive Sterbehilfe spricht jedoch, dass sich diese Norm auf staatliche Tötungen bezieht (siehe oben). Sie stellt also Regeln für das Verhalten des Staates im direkten Umgang mit seinen Bürgern auf. Das unterscheidet sie von Art. 2 Abs. 1 S. 1, der – über Abs. 2 hinaus – Regeln für das staatliche Verhalten in Bezug auf den Umgang der Bürger *untereinander* betrifft. Eine Übertragung des „Substanzgedankens" ist allenfalls bei Art. 2 Abs. 2 lit. a) denkbar. Denn das Notwehr- bzw. Notstandsrecht ist auch im Strafrecht bekannt. Insofern erscheint es notwendig, dass auch im Notwehr- oder Notstandsrecht unter Privaten ähnliche Standards gelten müssen. Darüber hinaus ist Art. 2 Abs. 2 aber eben auf staatliche Tötungen zugeschnitten[1647] und die dort genannten Fälle sind nicht mit der aktiven Sterbehilfe vergleichbar. Aus diesem Grund ist eine künstliche Zuschneidung des Abs. 1 S. 1 über das Konstrukt des „Substanzgedankens" für die aktive Sterbehilfe abzulehnen.

1643 *Grundmann*, S. 165 f.

1644 *Grundmann*, S. 166.

1645 *Grundmann*, S. 166 f.

1646 *Grundmann*, S. 167.

1647 Vgl. *Bockelmann*, in: FS-*Engisch*, S. 463 f. A. A. *Frister*, in: GA 1985, S. 559.

Somit ist allein Art. 2 Abs. 1 S. 1 EMRK Maßstab für die Frage, ob ein Staat seine Schutzverpflichtungen verletzt, wenn er aktive Sterbehilfe legalisiert. Im weiteren Verlauf dieser Arbeit wird somit der Fokus auf die Frage verengt, was aus Art. 2 Abs. 1 S. 1 EMRK für die Mitgliedstaaten der EMRK und ihre Gesetzgebung folgt.

3) Belgien: Ansicht des *Conseil d'Etat*

Zunächst sollen die vom belgischen *Conseil d'Etat* aus Art. 2 EMRK abgeleiteten Schutzpflichten und die damit verbundenen Auswirkungen auf das belgische Sterbehilfe-Gesetz noch einmal zusammengefasst werden, um unter 5) diese „nationale" Sichtweise dann mit der „internationalen" Sichtweise [diese folgt unter 4)] zu vergleichen. Die Erkenntnisse des belgischen Staatsrats sind die Folgenden:

- Der Staat muss verbieten, dass ein menschliches Individuum seines Lebens beraubt wird[1648].
- Der Staat muss die notwendigen Maßnahmen ergreifen, um das Leben von Menschen zu schützen[1649].
- Hierzu muss der Staat ein effektives und durchsetzungsfähiges strafrechtliches System schaffen[1650].
- Der Staat muss ggf. sogar Menschen vor sich selbst schützen. Dies ist z. B. dann der Fall, wenn Personen in Gefangenschaft sind und zugleich besonders verletzbar sind[1651].
- Es hängt aber von den Umständen des Einzelfalls ab, ob der Staat wirklich eingreifen muss. Dabei muss das Selbstbestimmungsrecht von Menschen berücksichtigt werden. Es kann also sein, dass ein freiverantwortlich ausgeübtes Selbstbestimmungsrecht die Schutzverpflichtung des Staates zurückdrängt oder sogar entfallen lässt[1652].

1648 Siehe oben; vgl. *Sénat de Belgique*, Avis du *Conseil d'Etat*, S. 3, Rdn. 5.

1649 Siehe oben; vgl. *Sénat de Belgique*, Avis du *Conseil d'Etat*, S. 3 f., Rdn. 5.

1650 Siehe oben; vgl. *Sénat de Belgique*, Avis du *Conseil d'Etat*, S. 4, Rdn. 6.

1651 Siehe oben; vgl. *Sénat de Belgique*, Avis du *Conseil d'Etat*, S. 4, Rdn. 6.

1652 Siehe oben; vgl. *Sénat de Belgique*, Avis du *Conseil d'Etat*, S. 4, Rdn. 6. Ebenso *de Schutter*, in: RTDH 2003, Nr. 53, S. 107.

- Ein solcher Fall tritt beim belgischen Sterbehilfe-Gesetz ein: Der Sterbewillige übt freiverantwortlich sein Selbstbestimmungsrecht aus. Er setzt dem Staat damit die Grenze für dessen Schutzverpflichtung. Der Sterbewillige will nicht mehr geschützt werden und entbindet den Staat dadurch von seiner Schutzverpflichtung[1653].
- Daher verpflichtet Art. 2 EMRK den Staat nicht dazu, den Einzelnen gegen seinen Willen zu schützen[1654].
- Der Staat hat in ethisch umstrittenen Bereichen einen Beurteilungsspielraum, um das Interesse an einem möglichst umfassenden Lebensschutz mit anderen Interessen wie z. B. dem an einer Durchsetzung des Selbstbestimmungsrechts, abzuwägen. Daher ist es denkbar, dass zwei verschiedene Staaten in diesen Fragen zu unterschiedlichen Ergebnissen kommen, ohne dass einer von ihnen die EMRK verletzt[1655].
- Danach ist es also denkbar, dass ein Staat die aktive Sterbehilfe erlaubt und ein anderer Staat sie verbietet.
- Dieser grundsätzlich bestehende Beurteilungsspielraum eines Staates ist aber nicht frei von Einschränkungen. Das heißt, die EMRK wirkt sich hierauf wiederum aus[1656].
- Im Rahmen dieses wechselseitigen Verhältnisses reicht es für den Lebensschutz aus, wenn der Staat das grundsätzliche Tötungverbot nicht antastet, aber einzelne Tötungen gestattet[1657].
- Der Staat darf eine aktive Sterbehilfe für den Fall legalisieren, dass der Betroffene einen entsprechenden Sterbewillen äußert.

1653 Siehe oben; vgl. *Sénat de Belgique*, Avis du *Conseil d'Etat*, S. 5, Rdn. 7.

1654 Siehe oben; vgl. *Sénat de Belgique*, Avis du *Conseil d'Etat*, S. 5, Rdn. 7. Anders hingegen *Ress*, in: FS-*Fischer*, S. 443 f., 469 f.; *Borowsky*, in: *Meyer*, GR-Charta, Art. 2 GR-Charta, Rdn. 31; *Alleweldt*, in: *Grote/Marauhn*, Kap 10, Rdn. 91; *Grundmann*, S. 165.

1655 Siehe oben; vgl. *Sénat de Belgique*, Avis du *Conseil d'Etat*, S. 5 f., Rdn. 8. Vgl. auch *Lewisch*, in: FS-*Platzgummer*, S. 387; *Faßbender*, in: JURA 2004, S. 119.

1656 Siehe oben; vgl. *Sénat de Belgique*, Avis du *Conseil d'Etat*, S. 6, Rdn. 8.

1657 Siehe oben; vgl. *Sénat de Belgique*, Avis du *Conseil d'Etat*, S. 7, Rdn. 9.1.

Damit findet kein von der EMRK verbotener Angriff auf das Recht auf Leben statt[1658].

- Die vom belgischen Sterbehilfe-Gesetz aufgestellten Verfahrensanforderungen sind ausreichend dafür, um das tatsächliche Vorliegen eines Sterbewillens zu verifizieren und somit sicherzustellen, dass die Sterbehilfe nur auf Verlangen des Betroffenen erfolgt[1659].
- Das nachträgliche Kontroll-Verfahren ist hierbei eine zusätzliche Garantie, um eine Straffreiheit nur im Falle der verlangten aktiven Sterbehilfe zu gewährleisten[1660].
- Ebensowenig wird dem Staat dadurch das Recht abgeschnitten, eigene Ermittlungen durch die Strafverfolgungsbehörden aufzunehmen[1661].

4) Die Entscheidungen der Konventionsorgane

Die Erwägungen zu den Schutzpflichten seitens der Konventionsorgane lassen sich wie folgt zusammenfassen:

- Art. 2 Abs. 1 S. 1 EMRK legt dem jeweiligen Mitgliedstaat eine größere Schutzverpflichtung auf als Art. 2 Abs. 1 S. 2 EMRK und verpflichtet demzufolge den Staat zum Erlass positiver Maßnahmen in Bezug auf den Lebensschutz[1662].
- Dazu muss der Staat mindestens ein effektives und durchsetzungsfähiges Strafrechtssystem schaffen. Er hat ggf. sogar die Verpflichtung, „präventiv praktische Maßnahmen zu treffen, um

1658 Siehe oben; vgl. *Sénat de Belgique*, Avis du *Conseil d'Etat*, S. 7 f., Rdn. 9.1. f.

1659 Siehe oben; vgl. *Sénat de Belgique*, Avis du *Conseil d'Etat*, S. 8, Rdn. 9.3.

1660 Siehe oben; vgl. *Sénat de Belgique*, Avis du *Conseil d'Etat*, S. 9, Rdn. 9.4.

1661 Siehe oben; vgl. *Sénat de Belgique*, Avis du *Conseil d'Etat*, S. 9, Rdn. 9.4.

1662 Siehe oben; *EKMR, Widmer ./. Suisse*, Az.: 20527/92, 10.02.1993, En droit, Rdn. 1. Ebenso *EGMR, Pretty*, in: NJW 2002, S. 2851, Rdn. 38 mit Verweis auf *EGMR, L. C. B. / Vereinigtes Königreich*. Siehe *EGMR, L. C. B. ./. United Kingdom*, Urt. v. 09.06.1998, in: Reports of judgments and decisions, 1998-III, Nr. 76, S. 1403, Rdn. 36 (mit dem gleichen Ausspruch in Englisch bzw. Französisch).

eine Person zu schützen, deren Leben durch Straftaten einer anderen Person gefährdet ist [...]"[1663].

- Dies gilt namentlich in Fällen wie *Keenan*, wo Art. 2 EMRK „auf einen geisteskranken Gefangenen angewendet worden" ist, der Suizid begehen wollte[1664].
- Der Staat hat eine Verpflichtung zum Schutz menschlichen Lebens, wenn eine Suizidentscheidung nicht freiverantwortlich und in Kenntnis aller Umstände zustande gekommen ist. Dann muss der Staat den Suizid verhindern[1665].
- Eine solche Schutzpflicht kann im Wege des *Erst recht*-Schlusses auch für die aktive unfreiwillige Sterbehilfe angenommen werden.
- Im Umkehrschluss bedeutet dies, dass der Staat dann nicht zum Schutze menschlichen Lebens verpflichtet ist, wenn der Einzelne eine freiwillige Sterbeentscheidung trifft[1666].

1663 Siehe oben; *EGMR, Pretty*, in: NJW 2002, S. 2851 f., Rdn. 38, mit Verweis auf *EGMR, Osman ./. Vereinigtes Königreich*, Rdn. 115 sowie auf *EGMR, Kılıç*, Rdn. 62, 76. Siehe schon oben *EGMR, Osman. ./. United Kingdom*, Urt. v. 28.10.1998, in: Reports of judgments and decisions, 1998-VIII, Nr. 95, S. 3159, Rdn. 115; ferner *EGMR, Kılıç ./. Turkey*, Urt. v. 28.03.2000, in: Reports of judgments and decisions, 2000-III, S. 96, Rdn. 62 und insb. S. 99, Rdn. 76:

> *„In addition to these defects which removed the protection which Kemal Kılıç should have received by law, there was an absence of any operational measures of protection. The Government have disputed that they could have effectively provided protection against attacks. The Court is not convinced by this argument. A wide range of preventive measures were available which would have assisted in minimising the risk to Kemal Kılıç's life and which would not have involved an impractial diversion of resources.* [...]"

1664 Siehe oben; *EGMR, Pretty*, in: NJW 2002, S. 2852, Rdn. 38 mit Verweis auf *EGMR, Keenan*, Rdn. 91. Vgl. dort *EGMR, Keenan ./. United Kingdom*, Urt. v. 03.04.2001, in: Reports of judgments and decisions, 2001-III, S. 129, Rdn. 91.

1665 Siehe oben; vgl. *EGMR, Haas*, Rdn. 54. Gleiches gilt, wenn z. B. fremdbestimmt über jemanden entschieden werden soll oder er nicht mehr für sich selbst (vor)sorgen kann, siehe *Kneihs*, S. 271 f.

1666 So BGE 113 I 58, Rdn. 6.2.1; vgl. auch *Kneihs*, S. 271.

- Art. 2 EMRK setzt nur voraus, dass durch ein entsprechendes Verfahren sichergestellt wird, dass die Entscheidung über das Lebensende dem wirklichen Willen des Betroffenen entspricht[1667].
- Das nach dem Schweizer Recht vorgesehene Verfahren über die Verschreibungspflicht von Natrium-Pentobarbital reicht für diese Kontrolle aus[1668].
- Ein Mitgliedstaat ist nicht dazu verpflichtet, spezielle strafrechtliche Regelungen für bestimmte Tötungsformen zu erlassen. Es reicht aus, dass er ein grundsätzliches Tötungsverbot aufstellt und hierdurch die Ahndung entsprechender Straftaten ermöglicht[1669].

5) Vergleich zwischen 3) und 4)

Nun sollen die unter 3) und 4) zusammengetragenen Erwägungen miteinander verglichen werden.

Aus den Erwägungen unter 3) und 4) wird deutlich, dass der Staat aktiv zum Lebensschutz verpflichtet ist. Er muss ein Strafrechtssystem schaffen, das (auch) den Lebensschutz zum Ziel hat und Angriffe hierauf entsprechend erfolgreich ahndet. Diese Verpflichtung ist grundsätzlicher Natur. Das heißt, der Staat muss schon von vorne herein ein grundsätzliches strafrechtliches Tötungsverbot statuieren. Er kann sich also nicht darauf verlassen, „dass schon alles gut gehen" möge und deswegen untätig bleiben. Es reicht aber wiederum aus, dass der Staat dem Lebensschutz durch ein *generelles* strafbewehrtes Tötungsverbot nachkommt. Er muss keine gesonderten Straftatbestände für bestimmte Tötungs- oder eben Sterbehilfeformen schaffen. Deswegen ist es hiernach nicht ausgeschlossen, dass bestimmte Tötungshandlungen vom Strafrecht als zulässig anerkannt werden können.

Dabei hängt die staatliche Verpflichtung, bei Lebensgefährdungen einzugreifen, darüber hinaus davon ab, wie (un)vorhersehbar ein bestimmtes menschliches Verhalten ist. Denn die Verpflichtung zum Lebensschutz darf keine unmögliche oder unverhältnismäßige Aufga-

1667 Siehe oben; vgl. *EGMR, Haas*, Rdn. 58; vgl. auch *Kneihs*, S. 271.

1668 Siehe oben; vgl. *EGMR, Haas*, Rdn. 58.

1669 Siehe oben; vgl. *EKMR, Widmer ./. Suisse*, Az.: 20527/92, 10.02.1993, En droit, Rdn. 1.

be für die staatlichen Stellen bedeuten. Nicht jedes denkbare Risiko für das Leben kann demzufolge die Verantwortlichkeit des Staates nach Art. 2 Abs. 1 S. 1 EMRK heraufbeschwören[1670]. Eine Lebensschutzverpflichtung besteht aber jedenfalls dann, wenn die staatlichen Stellen wissen oder hätten wissen können, dass das Leben einer Person in Gefahr ist[1671].

Der Staat muss darüber hinaus sogar (präventiv) Menschen vor sich selbst schützen, wenn sie nicht freiverantwortlich handeln und sich selbst gefährden. Damit hat der Staat eine Schutzpflicht im Falle eines nicht freiverantwortlichen Suizids. Erst recht gilt dies auch bei einer unfreiwilligen Sterbehilfe. Dieses Problem stellt sich jedoch bei einer freiwilligen Sterbehilfe oder einem freiwilligen Suizid nicht. Wenn es einen entsprechend verifizierbaren Sterbewillen gibt, dann hat der Staat keine Pflicht, den Einzelnen gegen dessen Willen zu schützen. Die Grenze der Schutzpflicht ist also dort, wo der Einzelne seinen Willen freiwillig und ernsthaft ausübt.

Im Rahmen des Beurteilungsspielraums *kann* der Staat also zu dem Ergebnis kommen, dass der frei getroffene Sterbewille im Rahmen des Selbstbestimmungsrechts gegenüber möglichen Missbrauchsrisiken überwiegt und deswegen eine freiwillige Sterbehilfe erlaubt werden *kann*. Der Staat muss aber nicht zu diesem Ergebnis kommen. Er kann genauso zu dem Ergebnis gelangen, freiwillige Sterbehilfe auch weiterhin zu verbieten.

Sofern der Staat meint, eine freiwillige Sterbehilfe erlauben zu können, muss er durch ein geeignetes Verfahren sicherstellen, dass die Sterbeentscheidung auch wirklich dem Willen des Betroffenen entspricht. Er ist dann nach Art. 2 EMRK dazu verpflichtet, die „Freiwilligkeit und Ernsthaftigkeit einer Zustimmung in die Gefährdung oder Vernichtung des Rechtsgutes Leben" zu kontrollieren[1672]. „Nur wenn [...] Freiwilligkeit und Ernsthaftigkeit sichergestellt [...] [sind], weicht der Grundrechtsschutz des Art 2 EMRK hinter der Selbstbestimmung

---

1670 Vgl. *EGMR, Osman. ./. United Kingdom,* Urt. v. 28.10.1998, in: Reports of judgments and decisions, 1998-VIII, Nr. 95, S. 3159, Rdn. 116; ähnl. Gedanken auch bei *EGMR, L. C. B. ./. United Kingdom,* Urt. v. 09.06.1998, in: Reports of judgments and decisions, 1998-III, Nr. 76, S. 1404, Rdn. 38 ff.

1671 Vgl. *EGMR, Osman. ./. United Kingdom,* Urt. v. 28.10.1998, in: Reports of judgments and decisions, 1998-VIII, Nr. 95, S. 3159 f., Rdn. 116.

1672 *Kneihs,* S. 271.

des einzelnen zurück."[1673] Dies dient zugleich der Abgrenzung zwischen freiwillig getroffenen Sterbeentscheidungen und solchen Fällen, in denen der Betroffene diese Entscheidung nicht frei gewählt hat. Das Schweizer Verfahren, welches im Vorfeld des Suizids stattfindet und die Verschreibungspflicht von Natrium-Pentobarbital vorsieht, reicht für eine solche Kontrolle aus. Eine entsprechende Vorfeld-Kontrolle des Sterbewillens ist somit zulässig und zur Absicherung ausreichend.

Aus belgischer Sicht sind die dort aufgestellten Verfahrensanforderungen des Sterbehilfe-Gesetzes ebenfalls ausreichend dafür, um das tatsächliche Vorliegen eines frei getroffenen, ernsthaften Sterbewillens zu kontrollieren. Die nach der Sterbehilfe-Leistung erfolgende Kontrolle durch die entsprechende Kommission ist dann eine zusätzliche Garantie, um die Freiwilligkeit und Ernsthaftigkeit der Sterbeentscheidung sicherzustellen. Darüber hinaus haben die Strafverfolgungsbehörden auch weiterhin das Recht (und ggf. sogar die Pflicht), eigene Ermittlungen aufzunehmen. Eine strafrechtliche Kontrolle bleibt also weiterhin möglich.

6) Vergleich zwischen dem Schweizer Verfahren und dem Verfahren der Benelux-Staaten

Aus dem soeben Gesagten folgt, dass aus „internationaler" EMRK-Sicht ein den Sterbewillen kontrollierendes Verfahren, welches mit dem Schweizer Verfahren vergleichbare Sicherheiten bietet, konventionskonform ist. Denn der *EGMR* hatte im Fall *Haas* das Schweizer Verfahren für zulässig erklärt[1674]. Mangels weiterem *case law* auf der Ebene der EMRK ist somit bis auf Weiteres das Schweizer Verfahren als entsprechender Maßstab für die Verfahren anderer Länder entscheidend. Daher muss sich auch die Argumentation des belgischen *Conseil d'Etat* an diesem Maßstab messen lassen. Fraglich ist daher, ob die Absicherungsmodalitäten und Kontrollverfahren der Benelux-Staaten mit dem Schweizer Verfahren vergleichbar sind und somit einen vergleichbaren Lebensschutz bieten.

1673 *Kneihs*, S. 271.

1674 Siehe oben; vgl. *EGMR, Haas*, Rdn. 58.

Ausgehend von dem genannten *Avis* des belgischen *Conseil d'Etat*[1675] ist zu berücksichtigen, dass in den drei Benelux-Staaten sowohl bestimmte Schritte *vor* der Sterbehilfe-Leistung als auch *danach* einzuhalten sind. Daher ist zwischen dem, was *vor* der Sterbehilfe-Leistung und dem, was *nach* der Sterbehilfe-Leistung in den Benelux-Staaten geschieht, zu unterscheiden.

a) Das Geschehen *vor* der Sterbehilfe-Leistung

Die Sterbehilfe-Gesetze der Benelux-Staaten erfordern es, dass sich der Arzt von der Ernsthaftigkeit des Sterbewillens und der Aussichtslosigkeit des Leidens des Patienten selbst überzeugt. Damit sind sie dem Verfahren in der Schweiz vergleichbar, welches die Konsultation eines Arztes vorsieht, um Natrium-Pentobarbital überhaupt verschrieben zu bekommen.

Zunächst einmal setzen alle drei Gesetze der Benelux-Staaten voraus, dass ein freiverantwortliches und wohlüberlegtes Sterbeverlangen vorliegt. Dieses muss – um die Beweiskraft abzusichern – nach dem luxemburgischen und dem belgischen Gesetz schriftlich formuliert sein. Auch die Niederlande tendieren in der Praxis dazu, das Verlangen schriftlich formulieren zu lassen. Mit der Schriftlichkeit wird also die erste Verfahrensanforderung festgelegt. Außerdem muss eine medizinisch aussichtlose Lage gegeben sein, in der es keine Aussicht auf Besserung gibt. Hierzu muss der Arzt den Patienten über seine Situation informieren und entweder müssen Beide zu dem Schluss kommen, dass es keinen anderen Ausweg gibt (Niederlande, Belgien) oder der Arzt muss davon überzeugt sein, dass es in den Augen des Patienten keine andere Möglichkeit mehr gibt (Luxemburg). Hierdurch soll sich der Arzt somit der Fortdauer des Leidens sowie der Ernsthaftigkeit des Sterbewillens versichern. Außerdem muss jeweils mindestens ein weiterer Arzt konsultiert werden, der den Patienten untersucht und einen entsprechenden Bericht hierüber verfasst. Es muss also bereits im Vorfeld der Sterbehilfe-Leistung eine Kontrolle des Falls durch einen anderen Arzt stattfinden. Der Patient und der zur Sterbehilfeleistung bereite Arzt können also nicht „unter vier Augen" entscheiden, sondern müssen sich die ausweglose Situation bestätigen lassen. Nichts anderes stellt das Verfahren nach Schweizer Recht dar.

1675 Siehe oben; vgl. *Sénat de Belgique*, Avis du *Conseil d'Etat*, S. 8 f., Rdn. 9.3.f.

Auch hier muss ein Arzt konsultiert werden, um das ausweglose Leiden und die Ernsthaftigkeit des Sterbewillens des potentiellen Suizidenten festzustellen. Nur wenn der konsultierte Arzt vom Vorliegen dieser Voraussetzungen überzeugt ist, darf er das gewünschte Natrium-Pentobarbital verschreiben.

Damit ist das Verfahren der Benelux-Staaten im Vorfeld der Sterbehilfe-Leistung mit dem Schweizer Verfahren vergleichbar. In beiden Fällen wird ein außenstehender Arzt hinzugezogen, um die Aussichtslosigkeit des Leidens und die Ernsthaftigkeit des Sterbeverlangens sicherzustellen. An dieser Stelle genügt das Verfahren der Benelux-Staaten somit den Maßstäben des Schweizer Verfahrens. Daher verletzt es nicht die Schutzpflicht aus Art. 2 EMRK.

b) Das Geschehen *nach* der Sterbehilfe-Leistung

Fraglich ist, ob das in den Benelux-Staaten vorgesehene Verfahren der nachträglichen Kontrolle mit den Anforderungen der EMRK vergleichbar ist. Unter diesem Gesichtspunkt ist es insbesondere entscheidend, ob eine nachträgliche Kontrolle der Schutzverpflichtung aus Art. 2 Abs. 1 S. 1 EMRK genügt. Der belgische *Conseil d'Etat* hatte diesbezüglich entschieden, dass das nachträgliche Kontroll-Verfahren eine *zusätzliche* Garantie sei[1676]. Man könnte also dahin gehend argumentieren, dass das unter a) beschriebene und für zulässig erklärte Verfahren sowieso schon ordnungsgemäß durchgeführt worden sein muss, um sich auf eine Straffreiheit berufen zu können. Wenn die Kriterien unter a) nicht erfüllt wurden, ist die jeweilige Kontroll-Kommission dazu gehalten, die Strafverfolgungsbehörden einzuschalten. Die nachträgliche Kontrolle in den Benelux-Staaten soll also eine nochmalige Überprüfung des Falles darstellen, nachdem die Sterbehilfe geleistet wurde. Sie kann aber die unter a) vorausgesetzten Anforderungen nicht ersetzen.

An Hand des Urteils *Calvelli und Ciglio*[1677] bezweifelt *Grundmann*, ob in den Niederlanden „ein effektives, unabhängiges Kontrollverfahren vorhanden" ist, „welches nicht nur theoretisch besteht, sondern

---

1676 Siehe oben; vgl. *Sénat de Belgique*, Avis du *Conseil d'Etat*, S. 9, Rdn. 9.4.

1677 *EGMR, Calvelli and Ciglio ./. Italy*, Urt. v. 17.01.2002, in: Reports of judgments and decisions 2002-I, S. 1 ff.

auch in der Praxis wirksam ist."[1678] Sie zweifelt somit daran, ob das niederländische Kontroll-System wirklich die Legalität der Sterbehilfe-Leistung absichern soll. In *Calvelli und Ciglio* hatte der *EGMR* geurteilt, es bedürfe eines effektiven und unabhängigen Kontrollsystems, um die Todesursache von Menschen zu klären, die in Zusammenhang mit der Pflege durch medizinisches Personal gestorben sind. Und ebenso müsse es möglich sein, die für den Tod Verantwortlichen zur Rechenschaft ziehen zu können[1679]. Dabei müsse das von Art. 2 geforderte effektive Kontrollsystem auch den Rückgriff auf das Strafrecht erlauben[1680]. Eine solche Verpflichtung werde nicht erfüllt, wenn der gewährte Schutz durch das inländische Recht nur in der Theorie existiert. Darüber hinaus müsse es auch in der Praxis effektiv funktionieren, und zwar in einer derartigen Zeitspanne, in der die Gerichte die Umstände eines jeden Falls komplett und abschließend untersuchen können[1681].

Das theoretische Vorhandensein eines Kontrollsystems bejaht *Grundmann* in Zusammenhang mit dem niederländischen Sterbehilfe-Gesetz. Denn grundsätzlich habe die niederländische Staatsanwaltschaft immer das Recht, jeden einzelnen Sterbehilfefall selbstständig zu untersuchen[1682]. Allerdings betone der *EGMR* in *Calvelli und Ciglio*, dass die Lebensschutzpflicht nur dann erfüllt ist, wenn ein solches Kontrollsystem auch *in der Praxis* effektiv wirke[1683]. Und genau diese Voraussetzung sieht *Grundmann* dadurch in Gefahr, dass die niederländische Regierung nach den Gesetzesmaterialien die Staatsan-

1678 *Grundmann*, S. 172 mit Verweis auf *EGMR, Calvelli and Ciglio*, Rdn. 48 f., 53. Siehe *EGMR, Calvelli and Ciglio ./. Italy*, Urt. v. 17.01.2002, in: Reports of judgments and decisions 2002-I, S. 1 ff. (37 ff.), Rdn. 48 ff.

1679 *EGMR, Calvelli and Ciglio ./. Italy*, Urt. v. 17.01.2002, in: Reports of judgments and decisions 2002-I, S. 37, Rdn. 49.

1680 *EGMR, Calvelli and Ciglio ./. Italy*, Urt. v. 17.01.2002, in: Reports of judgments and decisions 2002-I, S. 37, Rdn. 51.

1681 *EGMR, Calvelli and Ciglio ./. Italy*, Urt. v. 17.01.2002, in: Reports of judgments and decisions 2002-I, S. 38, Rdn. 53.

1682 *Grundmann*, S. 172 f.; siehe auch schon S. 109 f.

1683 *Grundmann*, S. 173 (Hervorheb. im Text) mit Verweis auf *Calvelli and Ciglio*, Rdn. 53, siehe *EGMR, Calvelli and Ciglio ./. Italy*, Urt. v. 17.01.2002, in: Reports of judgments and decisions 2002-I, S. 38, Rdn. 53: „[...] above all, it must also operate effectively in practice [...]".

waltschaft in Fällen der Sterbehilfe so weit wie möglich aus möglichen Ermittlungen heraus halten wolle[1684]. Auch aus dem oben Gesagten wurde schon deutlich, dass die niederländische Regierung die Strafverfolgungsbehörden in gewisser Weise aus dem Sterbehilfe-Gesetz heraushalten wollte bzw. will.

Grundmanns Argument lässt sich dadurch zurückweisen, dass der *EGMR* nur ein effektives Kontrollsystem fordert, das heißt, nicht zwangsläufig nur eines anerkennt, in der die Staatsanwaltschaft eine wichtige Rolle spielt. Es ist also denkbar, dass das Kontrollsystem auch anders aufgebaut oder organisiert ist. Wichtig ist nur, dass die Kontrolle funktioniert. Überdies kann ihr auch das vom belgischen *Conseil d'Etat* angeführte Argument entgegen gehalten werden, dass dem Staat durch die Einrichtung einer Kontroll-Kommission nicht das Recht abgeschnitten werde, eigene Ermittlungen durch die Strafverfolgungsbehörden aufzunehmen[1685]. Die Sterbehilfe-Gesetze als solche sind also nicht das Problem. Vielmehr wird die nachträgliche Kontrolle dann zu einem Problem, wenn das Gesetz so interpretiert wird, dass möglichst wenige Informationen überhaupt den Strafverfolgungsbehörden mitgeteilt werden sollen. Dann könnten diese ihren eigenen Untersuchungsspielraum tatsächlich nicht mehr ausüben.

Grundmann prüft sodann weiter, ob die Kontroll-Kommissionen auch die vom *EGMR* beschriebenen Anforderungen in der Praxis erfüllen[1686]. Sie zweifelt an der Unabhängigkeit der Kommissionen, da der zu Grunde liegende Sachverhalt „ausschließlich vom handelnden Arzt, also dem mutmaßlichen Täter [...] mitgeteilt" werde[1687]. Daher sei „nicht auszuschließen, dass das [...] niederländische [...] Kontrollverfahren den Anforderungen [...] an ein effektives unabhängiges Gerichtswesen zur Untersuchung von Todesfällen innerhalb der medizinischen Praxis nicht gerecht" werde und eine Verletzung von Art. 2 EMRK vorliegen könnte[1688]. Die Tatsache, dass lediglich der Arzt die Sterbehilfe mitteilt, ändert aber nichts an dem Kontrollsystem an sich.

1684 *Grundmann*, S. 173.

1685 Siehe oben; vgl. *Sénat de Belgique*, Avis du *Conseil d'Etat*, S. 9, Rdn. 9.4.

1686 *Grundmann*, S. 173 f.

1687 *Grundmann*, S. 174.

1688 *Grundmann*, S. 174. Ähnl. auch *Ress*, in: FS-*Fischer*, S. 468 f.:
„Der eigentliche Vorgang der Sterbehilfe [...] *liegt in der Hand zweier Ärzte und ist somit nur einer nachträglichen Kontrolle zugänglich. Außerdem hängt es*

Zum Einen verbieten die Sterbehilfe-Gesetze der Benelux-Länder es nicht, dass zusätzlich noch andere Personen die Sterbehilfe melden. Diese können auch selbstständig Strafanzeige erstatten[1689]. Zum Anderen ist es ja gerade der Arzt, der die Tat ausgeführt hat. Das heißt, er war unmittelbar beim Geschehen dabei und kann die Umstände am Besten widergeben. Insofern ist es eigentlich nur folgerichtig, dass der Arzt die Sterbehilfe meldet. Es ist auch fraglich, inwiefern man diesen Punkt anders regeln sollte oder könnte. Wenn man nicht will, dass der behandelnde Arzt die Sterbehilfe-Meldung ausführt, müsste man es eigentlich zulassen, dass ein unbeteiligter Dritter als normaler Zeuge bei der Sterbehilfe-Leistung anwesend ist und den Fall dann meldet. Dies könnte jedoch ggf. das Risiko mit sich bringen, dass ein solcher Zeuge z. B. medizinischer Laie ist und bestimmte Umstände im Rahmen seiner späteren Aussage möglicherweise unkorrekt wiedergibt.

Eine andere Frage ist die, ob sich die Benelux-Staaten ggf. vorwerfen lassen müssen, dass sie nicht schon im Vorfeld eine beabsichtigte Sterbehilfe offiziell „absegnen“ (also nicht nur durch den konsultierten Arzt). In diese Richtung geht auch *Ress*, der vorschlägt, dass man die regionalen Prüfungskommissionen doch zumindest im Rahmen einer Anhörung vor der eigentlichen Sterbehilfe-Leistung hinzuziehen sollte[1690]. Aber auch dies würde die nachträgliche Überprüfung des Sterbehilfe-Falles nicht ersetzen, sondern wäre vielmehr als zusätzliche „Absicherung“ zu verstehen.

Gegen eine solche Absegnung sprechen außerdem zwei hier gewonnene Erkenntnisse: Zum Einen erfordert auch das Schweizer Recht im Vorfeld eines geplanten Suizids keine offizielle „Absegnung“ des Suizids von Seiten des Staates. Eine Konsultation des Arztes in Verbindung mit einer möglichen Verordnung von Natrium-Pentobarbital reicht vielmehr nach dem Urteil *Haas* des *EGMR* aus. Insofern reicht auch – wie oben gesehen – das vor der Sterbehilfe-Leistung einzuhaltende Verfahren der Benelux-Staaten für die Einhaltung der Schutzpflichten aus Art. 2 EMRK aus. Zum Anderen ist zu berücksichtigen, dass die nachträgliche Kontrolle eine Art strafrechtliche Kontrolle ist.

---

von dem behandelnden Arzt ab, ob die Sterbehilfe als solche überhaupt angezeigt wird, so dass es auf ein System der Selbstkontrolle hinausläuft.“

1689 So in Bezug auf die Niederlande auch *Grundmann*, S. 110.

1690 *Ress*, in: FS-*Fischer*, S. 469. Krit. zur nachträglichen Kontrolle auch *Antoine*, S. 310.

Vom Inhalt her ist sie nichts anderes als das, was die Strafverfolgungsbehörden machen. Es wird geprüft, ob der Arzt sich an die gesetzlichen Voraussetzungen gehalten hat. Eine solche Kontrolle ist aber erst im Nachhinein einer Tat möglich. Das heißt, die nachträgliche Kontrolle könnte denknotwendig nicht wegfallen, solange die Tötung auf Verlangen oder die Suizidbeihilfe grundsätzlich strafbar sind.

Somit verletzt die in den Benelux-Staaten vorgesehene nachträgliche Kontrolle einer Sterbehilfe-Leistung nicht die EMRK.

7) Zwischenergebnis

Ein Staat, der die aktive direkte freiwillige Sterbehilfe gestattet, verstößt nicht gegen Art. 2 EMRK. Der sterbewillige Bürger befindet sich nicht in einer verletzlichen Position und muss deswegen auch nicht geschützt werden. Dies gilt, soweit er die eigene Tötung verlangt. Mit seinem freiwilligen und ernsthaften Verlangen setzt er die Grenzen für die staatliche Lebensschutzpflicht. Der Staat muss in diesen Fällen den Einzelnen nicht vor sich selbst schützen. Nur dann, wenn der Einzelne z. B. Willensmängeln unterliegt oder von Seiten Dritter Druck auf ihn ausgeübt wird, geht die Lebensschutzpflicht vor. Dann muss der Staat ihn vor sich selbst und auch vor den anderen Menschen schützen. Eine Legalisierung der aktiven Tötung auf ernsthaftes und freiwilliges Verlangen hin ist jedoch mit der EMRK vereinbar.

Der Staat muss die Freiwilligkeit und Ernsthaftigkeit einer getroffenen Sterbeentscheidung sicherstellen und kontrollieren. Hierzu darf er sich eines entsprechenden Verfahrens wie in der Schweiz (Verschreibungspflicht von Natrium-Pentobarbital) bedienen. Die Verfahren in den Benelux-Staaten sind mit dem Schweizer Verfahren aus hiesiger Sicht vergleichbar und bewegen sich somit im Rahmen der von der EMRK gezogenen Grenzen. Insbesondere werden die Freiwilligkeit und Ernsthaftigkeit des Sterbeverlangens bereits im Vorfeld kontrolliert. Auch wird ein weiterer Arzt konsultiert, der sich von der Freiwilligkeit und Ernsthaftigkeit des Sterbeverlangens sowie vom aussichtslosen Leiden des Betroffenen überzeugen muss. Es findet also bereits im Vorfeld eine Kontrolle durch einen anderen Arzt statt. Nichts anderes passiert in der Schweiz.

Das nachträgliche Kontrollverfahren in den Benelux-Staaten durch die entsprechenden Kontroll-Kommissionen ist eine zusätzliche Verfahrensabsicherung. Denn die Voraussetzungen des Sterbehilfe-Gesetzes müssen schon bei Begehung der Sterbehilfe oder Suizidbeihilfe vorliegen. Die nachträgliche Kontrolle ersetzt das Verfahren im Vorfeld also nicht. Eine solche Ersetzung darf auch nicht stattfinden, weil die nachträgliche Kontrolle denknotwendig erst zeitlich *nach* der Tat möglich ist. Denn die Überprüfung, ob alle gesetzlich vorgeschriebenen Voraussetzungen eingehalten wurden, kann erst *nach* der Tat erfolgen.

II) Verstoß gegen Art. 6 EMRK

Eine andere Frage, die sich in Bezug auf die Gesetze der Benelux-Staaten stellt, ist die, ob die Verpflichtung zur Meldung des Sterbehilfe-Falles gegen den nemo-tenetur-Grundsatz aus Art. 6 EMRK verstößt[1691].

1) Ableitung des nemo-tenetur-Grundsatzes aus Art. 6 EMRK

Das Recht, schweigen zu dürfen und sich nicht selbst bezichtigen zu müssen, wird in Art. 6 EMRK nicht ausdrücklich erwähnt. Es ergibt sich aber aus dem dort verankerten Recht auf ein faires Verfahren (Art. 6 Abs. 1 S. 1 EMRK) und ist international anerkannt[1692]. Das Recht auf ein faires Verfahren wird in Art. 6 Abs. 2, 3 EMRK konkretisiert, indem dort besondere Aspekte des allgemeinen Grundsatzes aus Abs. 1 S. 1 benannt werden[1693]. Das Recht, sich nicht selbst belasten zu müssen, beinhaltet dabei insbesondere, dass jemand als Beschuldigter bei einer Vernehmung nicht aussagen muss. Hierzu darf er nicht gezwungen werden. Von Seiten der Strafverfolgungsbehörden müssen also – wenn jemand nicht aussagen will – andere (rechtmäßige) Beweismittel gegen ihn erbracht werden, um ihm eine bestimmte Tat nachzuweisen[1694].

1691 Das Problem nur anreißend: *Adams/Nys*, in: Euthanasia and Palliative Care, S. 30. Siehe auch *Reuter*, S. 207 ff., die offenbar einen Verstoß gegen den Selbstbelastungsgrundsatz aus Art. 14 Abs. 3 lit. g IPbpR annimmt.

1692 Vgl. *Meyer-Ladewig*, EMRK-HK, Art. 6 EMRK, Rdn. 131, m. w. N.

1693 Vgl. *Meyer-Ladewig*, EMRK-HK, Art. 6 EMRK, Rdn. 93; *Peukert*, in: *Frowein/ Peukert*, Art. 6 EMRK, Rdn. 2, jew. m. w. N.

1694 Vgl. *Meyer-Ladewig*, EMRK-HK, Art. 6 EMRK, Rdn. 131, m. w. N.

2) niederländische Diskussion

Grundmann weist darauf hin, dass das niederländische Meldeverfahren „wegen eines möglichen Verstoßes gegen den in Art. 6 EMRK verankerten nemo-tenetur-Grundsatz" kritisiert worden sei[1695]. *Kimsma/van Leeuwen* nennen „die Meldepflicht, eine Art Selbstanzeige, widersprüchlich und eigentlich ungesetzlich: denn kein Verbrecher darf zusätzlich dafür bestraft werden, daß er sich nicht selbst bei den Behörden angezeigt hat."[1696]

Allerdings habe die niederländische Regierung *Grundmann* zufolge keinen Verstoß gegen Art. 6 EMRK angenommen. Das Argument der Regierung sei gewesen, „dass der Arzt zum Zeitpunkt der Meldung des Sterbehilfefalles (noch) nicht Beschuldigter sei und ihm daher die Rechte eines Beschuldigten nicht zustünden"[1697]. Darüber hinaus habe auch der *Hoge Raad* im Jahre 1999

> *„jedenfalls hinsichtlich dem einem Arzt nach Bescheinigung eines natürlichen Todes in einem Fall aktiver Sterbehilfe vorgeworfenen Abgabe einer falschen schriftlichen Erklärung über die Todesursache* [...] *einen Verstoß des Meldeverfahrens gegen den nemo-tenetur-Grundsatz verneint."*[1698]

Dies sei *Grundmann* zufolge damit begründet worden, dass man als Arzt

> *„schließlich nur verpflichtet* [sei], *in derartigen Fällen keine Todesbescheinigung auszustellen, worin noch keine Selbstbezichtigung liege. Das Recht, nicht zur eigenen Verurteilung beitragen zu müssen, umfasse nicht das Recht, alles zu tun – also auch eine Straftat zu begehen –, um den Verdacht möglichst weit von der eigenen Person zu lenken."*[1699]

1695 *Grundmann*, S. 72, m. w. N.

1696 *Kimsma/van Leeuwen*, in: *Ritzel*, S. 82 (allerdings ohne ausdrücklichen Hinweis auf Art. 6 EMRK). Krit. auch *Fokkens*, in: *Brudermüller/Marx/Schüttauf*, S. 163.

1697 So die Schilderungen bei *Grundmann*, S. 72, Fn. 375, m. entspr. N.

1698 So die Schilderungen bei *Grundmann*, S. 72, Fn. 375, m. entspr. N.

1699 So die Schilderungen bei *Grundmann*, S. 101, m. entspr. N.

3) Verfahren vor der *EKMR*

Die Frage, ob die Verpflichtung zur Meldung des Sterbehilfe-Falles gegen Art. 6 EMRK verstößt, sollte eigentlich in dem Verfahren *Zoon ./. Niederlande* vor der *EKMR* (und später dem *EGMR*) beantwortet werden. *Herman Olivier Zoon* war ein niederländischer Arzt, der Sterbehilfe geleistet hatte, aber dem örtlich zuständigen Leichenbeschauer mitgeteilt hatte, der Patient sei eines natürlichen Todes gestorben[1700]. Abgesehen von weiteren Beschwerdepunkten rügte *Zoon* in einem Verfahren vor der *EKMR*, dass die niederländische Verpflichtung, einen Sterbehilfe-Fall als nichtnatürlichen Tod zu melden, gegen den nemo-tenetur-Grundsatz aus Art. 6 EMRK verstoße[1701]. Die *EKMR* erklärte diesen Beschwerdepunkt jedoch für unzulässig. Denn *Zoon* habe es versäumt, zunächst die nationalen Rechtswegmöglichkeiten auszuschöpfen. Dies wäre aber Voraussetzung für die Zulässigkeit des entsprechenden Beschwerdepunktes gewesen[1702].

4) Stellungnahme

Gegen die Anwendung des Art. 6 EMRK auf das in den Benelux-Staaten vorgesehene Meldeverfahren gegenüber der Kontroll-Kommission spricht, dass diese Norm sich nur auf gerichtliche Verfahren, bzw. im Strafrecht auch auf die entsprechenden Voruntersuchungen seitens der Strafverfolgungsbehörden bezieht[1703]. Durch die nachträgliche Untersuchung seitens der Kontroll-Kommissionen wird zwar überprüft, ob die gesetzlichen Voraussetzungen für die Sterbehilfe vorgelegen haben. Diese Untersuchung ist jedoch einem möglichen Strafverfahren vorgelagert. Es handelt sich bei der Kontrolle durch die Kommission nicht um eine Untersuchung der Strafverfolgungsbehörden. Die

---

1700 *EKMR, Zoon ./. Netherlands,* Entscheidung v. 14.01.1998 über die Zulässigkeit, Az. 29202/95, The Facts, A (The particular circumstances of the case) abrufbar über das Suchmenü unter <http://hudoc.echr.coe.int> (zuletzt abgerufen: 27.10.2012).

1701 *EKMR, Zoon ./. Netherlands,* Entscheidung v. 14.01.1998 über die Zulässigkeit, Az. 29202/95, Complaints, Nr. 2; The Law, Nr. 2.

1702 *EKMR, Zoon ./. Netherlands,* Entscheidung v. 14.01.1998 über die Zulässigkeit, Az. 29202/95, The Law, Nr. 2.

1703 Vgl. *Meyer-Ladewig,* EMRK-HK, Art. 6 EMRK, Rdn. 5. Wobei vorläufige Maßnahmen wiederum nicht hierunter fallen sollen, siehe Rdn. 30.

Kommission ist vielmehr von diesen unabhängig. Zwar lässt es sich nicht leugnen, dass die Kontroll-Kommissionen *inhaltlich* die Arbeit der Strafverfolgungsbehörden zumindest teilweise übernehmen (siehe oben). Dennoch muss angesichts der niederländischen Entwicklung in den 1990er Jahren berücksichtigt werden, dass man Strafverfolgungsbehörden und Kontroll-Kommissionen ganz bewusst voneinander abgrenzen wollte. Denn die Einrichtung der Kommissionen sollte ja gerade dazu führen, dass das Meldeverfahren von der Strafverfolgung abgekoppelt und somit die Sterbehilfe „entkriminalisiert" werden. Darüber hinaus haben die Kontroll-Kommissionen bei Verstößen gegen die Sterbehilfe-Gesetze auch „nur" die Pflicht, die Strafverfolgungsbehörden *einzuschalten*. Die Strafverfolgung selbst übernehmen sie aber nicht.

Ein weiteres Argument für die Ablehnung einer Verletzung des Selbstbelastungsgrundsatzes ist, dass zum Zeitpunkt der Sterbehilfe-Meldung noch überhaupt keine Maßnahmen gegen den betroffenen Arzt vorgenommen werden, die strafverfolgungsähnlichen Charakter haben. Im Rahmen des Art. 6 EMRK ist nämlich der Zeitpunkt entscheidend, ab dem man von einer strafrechtlichen Anklage oder zumindest strafverfolgungsähnlichen Situation sprechen kann[1704]. Entscheidend ist der Zeitpunkt, in dem gegen den Betroffenen „Maßnahmen getroffen werden, aus denen sich eine Beschuldigung ergibt und welche Auswirkungen auf die Lage des Betroffenen haben, wie insbesondere die Festnahme [...], die Eröffnung von Voruntersuchungen oder eine Durchsuchung [...]."[1705] Der – weit zu verstehende[1706] – Begriff der „strafrechtlichen Anklage" in Art. 6 EMRK setzt zumindest voraus, dass dem Betroffenen kenntlich gemacht werden muss, er stehe im Verdacht, eine Straftat begangen zu haben[1707]. Diese Auslegung deckt sich also mit dem oben erwähnten Argument der niederländischen Regierung, der Arzt sei z. Zt. der Meldung noch kein Beschuldigter[1708].

1704 Vgl. *Meyer-Ladewig*, EMRK-HK, Art. 6 EMRK, Rdn. 21 ff. Siehe auch Rdn. 95.

1705 *Meyer-Ladewig*, EMRK-HK, Art. 6 EMRK, Rdn. 22, m. w. N.

1706 Vgl. *Peukert*, in: *Frowein/Peukert*, Art. 6 EMRK, Rdn. 25 ff.; *Meyer-Ladewig*, EMRK-HK, Art. 6 EMRK, Rdn. 21 ff., jew. m. w. N.

1707 Vgl. *Peukert*, in: *Frowein/Peukert*, Art. 6 EMRK, Rdn. 41 f.

1708 Siehe oben; vgl. *Grundmann*, S. 72, Fn. 375.

5) Zwischenergebnis

Die in den Sterbehilfe-Gesetzen vorgesehene Meldepflicht für geleistete Sterbehilfe-Fälle verstößt nicht gegen den Selbstbelastungsgrundsatz aus Art. 6 EMRK.

III) Ergebnis zu B)

Die Legalisierung der aktiven freiwilligen Sterbehilfe verstößt nicht gegen die EMRK.

C) Ergebnisse der Untersuchung in § 2

Aus der in § 2 vorgenommenen Untersuchung folgen zwei wesentliche Ergebnisse: Erstens gewährt die EMRK keinen Anspruch auf Leistung von Sterbehilfe ohne Einmischung des Staates. Zweitens verstößt die Legalisierung aktiver direkter freiwilliger Sterbehilfe unter den Voraussetzungen eines Gesetzes wie in den Benelux-Staaten nicht gegen die EMRK.

Art. 2 EMRK verleiht dem Einzelnen kein Recht, zu sterben. Die Norm garantiert lediglich das *Recht* auf Leben und trifft somit nur Aussagen darüber, inwiefern die Mitgliedstaaten der EMRK dazu verpflichtet sind, Leben zu schützen. Zwar ist hiernach nicht ausgeschlossen, dass jemand auf sein Leben verzichtet. Ein Anspruch oder ein Recht auf Sterbehilfe folgt hieraus aber jedenfalls nicht (*Pretty*).

Da der Staat zum Schutze menschlichen Lebens auch strafrechtliche Normen schaffen kann – und teilweise sogar muss –, sind diese Normen letztlich die Ausprägungen dessen, was der Staat an Schutzpflichten nach Art. 2 EMRK meint, ausüben zu müssen. Hieraus folgt, dass er auf diese Schutzpflichtenausprägung im Vorfeld einer geplanten strafbewehrten Tötung nicht verzichten kann. Vielmehr kann die Handlung erst beurteilt werden, wenn sie ausgeführt worden ist. Das bedeutet zugleich, dass dem potentiellen Sterbehelfer nicht schon im Vorfeld der geplanten Sterbehilfe Immunität zugesichert werden kann (*Pretty*). Umgekehrt wird ein Mitgliedstaat aus Art. 2 EMRK nicht dazu verpflichtet, für jede denkbare Tötungshandlung oder -form eine gesonderte Strafnorm zu erlassen. Demzufolge verstößt die Nicht-Subsumierbarkeit bestimmter Sterbehilfeformen unter strafrechtliche Normen nicht gegen die EMRK (*Widmer*).

Weiterhin stellt es keine Folter oder unmenschliche/erniedrigende Behandlung dar, wenn staatliche Institutionen jemandem eine straffreie Leistung von Sterbehilfe verweigern. Nach den oben getroffenen Erwägungen mag der Sterbewillige dies zwar – im übertragenen Sinne – als „Folter", „unmenschlich" oder „erniedrigend" empfinden. Dies sind aber letztlich nur Reflexwirkungen, die aus der Existenz der entsprechenden strafrechtlichen Verbotsnorm resultieren (*Pretty*).

Ebensowenig ist das Verbot von Sterbehilfe ein Eingriff in die Glaubens- und Gewissensfreiheit nach Art. 9 Abs. 1 EMRK. Denn der Glaubensbegriff des Art. 9 schützt nicht die Überzeugung, sterben zu wollen oder die Überzeugung, Sterbehilfe für richtig zu halten (*Pretty*).

Auch liegt keine Diskriminierung vor, wenn ein strafrechtliches Verbotsgesetz zur Konsequenz hat, dass sich Menschen, die nicht (mehr) dazu in der Lage sind, sich selbst zu töten, sich nicht straffrei töten lassen können. Sofern der Gesetzgeber im Rahmen seines Beurteilungsspielraums zu einer gerechtfertigten Unterscheidung gelangt, muss dies von Seiten der EMRK akzeptiert werden (*Pretty*).

Das Recht, über die Art und den Zeitpunkt des eigenen Ablebens zu entscheiden, wird hingegen von Art. 8 Abs. 1 EMRK geschützt. Der Betroffene darf also für sich entscheiden, sterben zu wollen. Er darf auch entscheiden, für sich Sterbehilfe in Anspruch nehmen zu wollen. Er muss aber damit rechnen, dass sich der Staat einmischt. Denn der Staat kann dieses Recht über Art. 8 Abs. 2 EMRK beschränken. Er kann im Rahmen seines Beurteilungsspielraumes zu dem Ergebnis kommen, dass er den Lebensschutz aus Art. 2 Abs. 1 S. 1 EMRK als höherwertig ansieht als die getroffene Sterbeentscheidung (*Pretty*; *Haas*). Deswegen kann der Staat die Sterbehilfe verbieten (*Pretty*) oder sie nur unter bestimmten Umständen zulassen (*Haas*). Lässt er sie zu, kommt er seinen Lebensschutzverpflichtungen aus Art. 2 Abs. 1 S. 1 EMRK ausreichend nach, wenn er ein Kontrollverfahren festlegt, welches die Freiwilligkeit und Ernsthaftigkeit der getroffenen Sterbeentscheidung sicherstellt. Denn der Staat ist nicht dazu verpflichtet, das Leben von Menschen auch gegen deren Willen zu schützen. Die Schutzverpflichtung aus Art. 2 EMRK setzt nur voraus, dass durch ein entsprechendes Verfahren sichergestellt wird, dass die Entscheidung, sterben zu wollen, auch wirklich dem Wunsch des Betroffenen entspricht (*Haas*).

Mangels weiterem *case law* muss sich ein entsprechendes Kontrollverfahren bis auf Weiteres an dem Verfahren der Schweiz orientieren. Denn hierzu ist die Entscheidung *Haas* des *EGMR* ergangen. Das heißt, ein Kontrollverfahren für Sterbehilfe-Fälle aus einem anderen Staat muss mit dem der Schweiz vergleichbar sein. Insbesondere muss es vergleichbare „Sicherheitsstandards" bieten, um dem Lebensschutz aus Art. 2 Abs. 1 S. 1 EMRK gerecht zu werden. Nach der hier erfolgten Untersuchung ist in Bezug auf die Benelux-Staaten festzuhalten, dass die Legalisierung der aktiven freiwilligen Sterbehilfe unter Zugrundelegung der dortigen Voraussetzungen nicht gegen die EMRK verstößt.

Die Einschränkung des Selbstbestimmungsrechts aus Art. 8 Abs. 1 EMRK und die Ausübung der staatlichen Lebensschutzverpflichtungen aus Art. 2 Abs. 1 S. 1 EMRK stehen nach dieser Untersuchung also im Ergebnis spiegelbildlich zueinander. Unter A) wurde deutlich, dass sich die Fragen nach grund- bzw. menschenrechtlichen Ansprüchen und die Frage nach den Schutzverpflichtungen des Staates oft nicht voneinander trennen lassen. Hier erklärt sich nun, weshalb dieser Eindruck entsteht: Die über Art. 8 Abs. 2 EMRK erfolgenden Einschränkungen sind letztlich die Kehrseite dessen, was der Staat im Rahmen seines Beurteilungsspielraumes und den dort zu beachtenden Lebensschutzverpflichtungen aus Art. 2 Abs. 1 S. 1 EMRK meint, ausüben zu müssen.

Dieser enge Zusammenhang zwischen grund- bzw. menschenrechtlichen Ansprüchen auf der einen und staatlichen Verpflichtungen auf der anderen Seite führt dazu, dass anspruchsablehnende Urteile wie *Pretty* als Hinweis auf die Konventionswidrigkeit der (freiwilligen) aktiven direkten Sterbehilfe oder der Suizidbeihilfe angesehen werden. Eine derartige Schlussfolgerung ist jedoch falsch, wie die Untersuchung gezeigt hat.

Hingegen können sich der Sterbehelfer oder der Suizidhelfer *selbst* nicht auf Art. 8 Abs. 1 EMRK berufen. Denn das Anbieten oder die Ausführung von Sterbehilfe bzw. Suizidbeihilfe fallen nicht in die schützenswerte Privatsphäre aus Art. 8 Abs. 1 EMRK (*R. ./. Vereinigtes Königreich*). Betroffene Familienangehörige – die eine familiäre und persönliche Nähe zum Sterbewilligen nachweisen können (und nicht zugleich Sterbehelfer sind) – können aus Art. 8 EMRK demgegenüber unter Umständen den Anspruch ableiten, dass sich innerstaatliche Organe (z. B. Gerichte) auch mit Rechtsschutzbegehren befassen, in denen der eigentlich Betroffene schon verstorben ist (*Koch*).

Ferner kann sich jemand ggf. auf das Recht auf Freiheit der Meinungsäußerung aus Art. 10 Abs. 1 EMRK berufen, wenn er beispielsweise Kontakte zu Sterbehelfern vermittelt. Allerdings kann auch diese Freiheit wiederum über Art. 10 Abs. 2 EMRK eingeschränkt werden (*R. ./. Vereinigtes Königreich*).

Die – auch in den Benelux-Staaten nach wie vor bestehende – generelle Aufrechterhaltung der Strafbarkeit von aktiver direkter Sterbehilfe hat überdies zur Konsequenz, dass es effektive Kontrollmechanismen geben muss, um straffreie Ausnahmekonstellationen zu überwachen. Daher ist es – wie in *Pretty* gesehen – auch nicht möglich, im Vorfeld der Sterbehilfe eine Zusicherung dahin gehend zu erhalten, später nicht strafrechtlich verfolgt zu werden. Ausreichend – aber auch erforderlich – ist es lediglich, im Vorfeld der Sterbehilfe so umfassend wie möglich informiert zu werden, um ein potentielles Strafverfolgungsrisiko selbst einschätzen zu können. Der Einzelne kann aus Art. 8 Abs. 1 EMRK ein Recht ableiten, eine wohlinformierte und -überlegte Entscheidung zu treffen. Sofern das strafrechtliche Sterbehilfe- oder Suizidbeihilfe-Verbot den Strafverfolgungsbehörden ein Ermessen einräumt, kann dies in der Praxis einen Mangel an Rechtssicherheit zur Folge haben. Entscheidungen über die Strafverfolgung sind also wenig vorhersehbar. Deswegen muss es zumindest festgelegte Kriterien geben, die bei der Ermessensausübung eine Rolle spielen sollen und an Hand derer sich die Betroffenen orientieren können. Dies ersetzt keine Gesetzgebung, sondern belässt den Strafverfolgungsbehörden ihren Beurteilungsspielraum. Aber für den Informationsanspruch des Einzelnen ist es unerlässlich, dass er an Hand dieser Kriterien eine Einschätzung treffen kann (*Purdy*).

Ergebnis

Die vorliegende Arbeit hat zu Beginn die Frage gestellt, welche Vorgaben die EMRK in Bezug auf die Sterbehilfe und die Suizidbeihilfe macht und was die Staaten daraus machen (können). Diese Frage soll an Hand der vorliegenden Ergebnisse noch einmal abschließend beantwortet werden.

Die EMRK verbietet die aktive freiwillige Sterbehilfe und die Suizidbeihilfe nicht. Sie verbietet die unfreiwillige Sterbehilfe, weil sie für menschliches Leben grundsätzlich eine Schutzverpflichtung aufstellt. Diese entfällt nur, wenn die Sterbehilfe auf Verlangen des Betroffenen erfolgt. Konventionskonform sind somit nur Formen der freiwilligen aktiven Sterbehilfe. Deren Legalisierung ist mit der Konvention vereinbar.

Dem einzelnen Mitgliedstaat der EMRK steht es frei, ob er die aktive freiwillige Sterbehilfe verbietet oder erlaubt. Ein *Gebot* ist aus der EMRK nicht ableitbar, ebenso wenig wie ein Anspruch. Demzufolge kann in Europa kein Staat zu einer bestimmten Gesetzgebung oder Handhabung der Sterbehilfe gezwungen werden. Infolgedessen ist derzeit auch kein einheitlicher Konsens in Sachen Sterbehilfe feststellbar. Allein der oben durchgeführte Rechtsvergleich zeigt, dass schon fünf Staaten im Vergleich zueinander entsprechend unterschiedliche rechtliche Regelungen aufweisen. Da der nationale Gesetzgeber in diesem Bereich einen eigenen Beurteilungsspielraum hat, muss seine gesetzgeberische Entscheidung von Seiten der EMRK akzeptiert werden. Infolgedessen kann die EMRK nur punktuell bestimmte Anforderungen aus Art. 2 EMRK stellen wie beispielsweise die, dass die unfreiwillige Sterbehilfe nicht gestattet ist. Sie gibt jedoch keinen abschließenden Kriterienkatalog dergestalt vor, wie eine zulässige Sterbehilfe ausgestaltet sein kann/muss. Beispielsweise ist nach der vorliegenden Untersuchung nicht erkennbar, dass nach der EMRK nur eine Sterbehilfe durch Ärzte für zulässig erachtet wird. Ebensowenig gibt die EMRK eine Reichweitenbegrenzung vor: Das heißt, eine zulässige aktive Sterbehilfe scheint nicht auf eine hoffnungslose, nicht mehr anders abwendbare Lage des Patienten begrenzt zu sein.

Auf Grund des hohen Wertes des Lebensrechts ist der Staat gehalten, seine Lebensschutzverpflichtungen aus der EMRK durch die Schaffung und Anwendung von Strafrecht zu konkretisieren. Daher werden Sterbehilfe und Suizidbeihilfe grundsätzlich über das Strafrecht geregelt. Eine Abkoppelung der Sterbehilfe oder Suizidbeihilfe vom Strafrecht ist bis dato nicht ersichtlich. Selbst in den Benelux-Staaten gelten für die Sterbehelfer „nur" besondere Straffreiheitskriterien. Das heißt, ansonsten sind auch dort Sterbehilfe und Suizidbeihilfe weiterhin strafbar. Demzufolge ist eine generelle Freigabe bisher nicht absehbar. Dies würde auch in Widerspruch zu den in den Benelux-Staaten getroffenen Regelungen stehen.

Insbesondere die Verankerung im Strafrecht ist einer der Gründe, weshalb den einzelnen Mitgliedstaaten der EMRK ein weitreichender Beurteilungsspielraum zukommt. Die strafrechtliche Beurteilung der Sterbehilfe verbleibt zunächst Aufgabe des nationalen Gesetzgebers. Nach den oben getroffenen Wertungen sind sowohl die Entscheidung des deutschen und des Schweizer Gesetzgebers, die Tötung auf Verlangen unter Strafe zu stellen, als auch die Entscheidung der Benelux-Staaten, sie unter gewissen Umständen zu legalisieren, von der EMRK gedeckt. Die Mitgliedstaaten der EMRK können im Rahmen ihres Beurteilungsspielraums zu der Einschätzung kommen, dass die Tötung auf Verlangen verboten werden muss. Ebenso können sie zu dem Ergebnis gelangen, dass sie unter gewissen Voraussetzungen legalisiert werden kann. Auch lässt der gesetzgeberische Spielraum die Einschränkung der Legalisierung auf bestimmte Täter-Gruppen wie die Ärzte in den Benelux-Staaten zu. Sämtliche Beurteilungen bei der Frage der (Nicht-)Legalisierung obliegen dabei dem nationalen Gesetzgeber und nicht etwa einem Gericht. Insbesondere der *EGMR* kann sich nicht an die Stelle des nationalen Gesetzgebers setzen, sondern muss dessen Entscheidung akzeptieren.

Die Untersuchung der Entscheidungspraxis zur EMRK hat darüber hinaus die unter § 1) C) aufgestellte These bestätigt, dass die Legalisierung in den Benelux-Staaten zunächst nicht zu einem Übergreifen dieser Entwicklung auf andere europäische Staaten führt. Der *EGMR* geht selber davon aus, dass es keinen gemeinsamen Konsens zu Fragen der Sterbehilfe in Europa gibt. Gerade deswegen ist der beschriebene Beurteilungsspielraum des nationalen Gesetzgebers so groß. Es ist einfach nicht ersichtlich, dass sich ein entsprechender gemeinsamer europäischer Konsens in absehbarer Zeit herausbilden wird. Damit wird es bis auf Weiteres in Europa keinen „gemeinsamen Nenner" zur freiwilligen aktiven Sterbehilfe geben, so dass auch der von der EMRK eingeräumte gesetzgeberische Beurteilungsspielraum nicht eingeschränkt wird. Die Konsequenz dessen ist, dass die einzelnen

Mitgliedstaaten der EMRK Sterbehilfe entsprechend unterschiedlich regeln können und dies auch machen. Die Entscheidung über die Legalisierung von Sterbehilfe verbleibt somit bei ihnen.

Hiermit ist zugleich verbunden, dass die einzelnen Mitgliedstaaten bereits bestimmte Teilbereiche unterschiedlich regeln. Der Beurteilungsspielraum lässt es also beispielsweise zu, dass sich die zulässige Inanspruchnahme von Sterbehilfe nach bestimmten subjektiven Motiven des Sterbehelfers richtet (vgl. Schweiz). Ebenso erscheint es zulässig, dass ein freiwilliges Sterbeverlangen durch eine Voraus- oder Patientenverfügung abgegeben wird (Benelux-Staaten) oder dass auch Heranwachsende in bestimmten Fällen um Sterbehilfe bitten können (insb. Niederlande).

Mit der ansonsten grundsätzlich weiterhin bestehenden Strafbarkeit sind Fragen der Kontrolle bzw. der Strafverfolgung eng verbunden. Nach der EMRK gibt es keinen Anspruch auf Zusicherung von Straffreiheit im Vorfeld der Tat. Aus strafrechtlicher Sicht kann eine Handlung auch nicht beurteilt werden, bevor sie nicht begangen wurde. Es läuft somit alles auf eine nachträgliche Kontrolle der Sterbehilfe hinaus. Das heißt, wenn aktive Sterbehilfe (oder Suizidbeihilfe) so wie in den Benelux-Staaten legalisiert wird, kommt man um eine nachträgliche Kontrolle (wie auch immer diese im Einzelnen ausgestaltet sein mag) nicht umhin. Die entsprechende Handlung kann erst beurteilt werden, nachdem sie ausgeführt wurde. Dies beinhaltet im Falle der Legalisierung aktiver Sterbehilfe auch ein Risiko: Denn die nachträgliche Kontrolle kann ergeben, dass die Sterbehilfe nicht hätte geleistet werden dürfen.

Solange also bestimmte Sterbehilfe-Formen grundsätzlich strafbar bleiben (auch wenn es einzelne Ausnahmeregelungen z. B. für Ärzte gibt), muss es auch eine nachträgliche Überprüfung dieser Handlungen geben. Dieses Verfahren haben auch die Benelux-Staaten gewählt. Hier wird somit erst *nach* der Sterbehilfe-Leistung das Verhalten des Arztes überprüft.

Umgekehrt reicht im Falle der Suizidbeihilfe in der Schweiz die rein vorherige Kontrolle aus. Dies hat seinen Grund darin, dass dort die Suizidbeihilfe (bis auf Art. 115 chStGB) nicht strafbar ist. Der Schweizer Gesetzgeber hat also diese Handlungen schon von vorne herein aus dem Geltungsbereich des chStGB herausgenommen. Damit stellt sich die Frage nach einer nachträglichen Kontrolle auch nicht.

Bislang hat der *EGMR* nicht über die Legalisierungsgesetze der Benelux-Staaten geurteilt. Damit ist das im Rahmen der vorliegenden Arbeit abgegebene Urteil über die dortigen Kontrollmechanismen lediglich eine Prognose. Der einzige Fall, in dem über einen derartigen Kontrollmechanismus entschieden wurde, war der Fall *Haas ./. Schweiz*. Hier hat der *EGMR* das Schweizer Verfahren als mit der EMRK vereinbar angesehen. Seinen Ausführungen zufolge genügen die in der Schweiz aufgestellten Voraussetzungen der Lebensschutzverpflichtung aus Art. 2 EMRK, wonach durch ein angemessenes Verfahren sichergestellt werden muss, dass die Entscheidung, sterben zu wollen, auch tatsächlich dem wirklichen freien Willen des jeweils betroffenen Sterbewilligen entspricht. Bis auf Weiteres ist damit die Konventionskonformität der Kontrollverfahren anderer Staaten an den Erkenntnissen des Urteils *Haas* und somit an den Voraussetzungen des Schweizer Verfahrens zu messen. So lange es also kein weiteres diesbezügliches *case law* im Rahmen des Anwendungsbereichs der EMRK gibt, ist das Schweizer Verfahren gewissermaßen der „Maßstab" für die Sterbehilfe-Regelungen anderer Staaten. Auch innerhalb dieses „Maßstabes" kann nur eine Prognose abgegeben werden. Deutlich wird aber, dass sich ein Sterbehilfe-Verfahren bis auf Weiteres an den Schweizer Kontrollmechanismen zu orientieren hat. Der Schwerpunkt liegt dabei auf dem Kontrollverfahren selbst. Dies erscheint vor dem Hintergrund der oben getroffenen Feststellungen in Bezug auf die Benelux-Staaten bedeutsam: Dort hat – wie oben ausgeführt – eine Verlagerung der Zulässigkeitsfrage(n) von der Handlungs*form* hin zur *Ausführung* der Sterbehilfe stattgefunden. Dort wird also überprüft, ob der Sterbehelfer sich im Rahmen des jeweiligen Sterbehilfe-Gesetzes bewegt hat. Welche *Form* der Sterbehilfe er ausgeführt hat, ist jedoch zweitrangig. Die Feststellungen des *EGMR* in *Haas* deuten auf ein ähnliches Verständnis hin: Wichtig ist hiernach, dass der wirkliche Sterbewille des Betroffenen feststeht. Ob er aber durch eine aktive oder passive Sterbehilfe bzw. durch einen Suizid stirbt, ist hierfür nicht relevant.

Auf Grund der weiter bestehenden Verankerung von Sterbehilfe und Suizidbeihilfe im Strafrecht kommt es bis dato zu der Notwendigkeit, zwischen strafrechtlichen und menschenrechtlichen Fragestellungen – also zwischen Strafrecht und EMRK – abgrenzen zu müssen. Auch müssen Aspekte des Ge- oder Verbots von Sterbehilfe getrennt von potentiellen Ansprüchen gegenüber dem Staat betrachtet werden. Deswegen ist die Versagung eines Anspruchs auf Sterbehilfe

(*Pretty*) nicht mit einer Aussage bezüglich der generellen Zulässigkeit von Sterbehilfe gleichzusetzen. Umgekehrt führt die Zuerkennung eines (Informations-)Anspruchs nicht zu einer Gesetzesänderung oder zu einer Aussage dergestalt, dass Sterbehilfe in einem bestimmten Falle zulässig wäre (*Purdy*). Die Trennung von Zulässigkeitsvoraussetzungen und Ansprüchen verdeutlichen auch die Legalisierungsgesetze der Benelux-Staaten. Nach keinem dieser drei Gesetze gibt es einen Anspruch auf Sterbehilfe. Kein Arzt ist folglich dazu verpflichtet, einem Sterbewilligen Sterbehilfe zu leisten. Zwangsweise ist der Sterbewunsch also nicht durchsetzbar.

Dass die EMRK im Ergebnis die aktive direkte Sterbehilfe weder gebietet noch verbietet, korrespondiert in gewisser Weise mit den Legalisierungsentwicklungen der Benelux-Staaten, insbesondere in den Niederlanden. Hier erfolgte die Legalisierung aus dem Innern des Staates heraus. Somit handelte es sich bei den entsprechenden Entwicklungen um einen „nationalen" Prozess. Zugleich ist dies darauf zurückzuführen, dass die Mitgliedstaaten die Zulässigkeit der Sterbehilfe innerhalb ihres *eigenen* gesetzgeberischen Beurteilungsspielraums bewerten müssen. Ihnen kann also nicht die Beurteilung eines anderen Staates aufgezwungen werden. Im Ergebnis folgt hieraus auch, dass die EMRK – als völkerrechtlicher Vertrag gegenüber den Mitgliedstaaten – keinen „Befehl von oben" dergestalt erteilt, die aktive Sterbehilfe beispielsweise zu verbieten oder zu legalisieren. Die EMRK kann hierfür nur die Rahmenbedingungen – insbesondere die Schutzpflichten aus Art. 2 EMRK – vorgeben. Die *Ausfüllung* dieser Rahmenbedingungen ist hingegen Aufgabe der Mitgliedstaaten.

Literaturverzeichnis

	Hinweis: Literatur konnte bis 26. Oktober 2012 berücksichtigt werden. Die genannten URLs (auch die in der Arbeit enthaltenen) wurden zum jeweils angegebenen Zeitpunkt das letzte Mal abgerufen.
Adams, Maurice / Nys, Herman	**Euthanasia in the Low Countries** **Comparative Reflections on the Belgian and Dutch Euthanasia Act** in: *Schotsmans/Meulenbergs,* Euthanasia and Palliative Care in the Low Countries (siehe unten), S. 5 ff. zit. als: *Adams/Nys,* in: Euthanasia and Palliative Care, S. ...
Albrecht, Dietlinde	**Strafrechtliche Aspekte der ärztlich vorgenommenen Therapiebegrenzung** in: *Amelung/Beulke* et al. (Hrsg.), FS-*Schreiber* (siehe unten), S. 551 ff. zit. als: *Albrecht,* in: FS-*Schreiber,* S. ...
Amelung, Knut / Beulke, Werner / Lilie, Hans / Rosenau, Henning et al. (Hrsg.)	**Strafrecht - Biorecht - Rechtsphilosophie** Festschrift für Hans-Ludwig Schreiber zum 70. Geburtstag am 10. Mai 2003 Heidelberg 2003 zit. als: *Bearb.,* in: FS-*Schreiber,* S. ...
Antoine, Jörg	**Aktive Sterbehilfe in der Grundrechtsordnung** Berlin 2004 zit. als: *Antoine,* S. ...
Arzt, Gunther / Weber, Ulrich / Heinrich, Bernd / Hilgendorf, Eric	**Strafrecht** **Besonderer Teil** 2. Aufl., Bielefeld 2009 zit. als: *Bearb.,* in: *Arzt/Weber* et al., BT, § ..., Rdn. ...
Baumann, Jürgen / Weber, Ulrich / Mitsch, Wolfgang	**Strafrecht, Allgemeiner Teil** Lehrbuch 11. Aufl., Bielefeld 2003 zit. als: *Baumann/Weber/Mitsch,* § ..., Rdn. ...

Baumgarten, Mark-Oliver	**„The Right to Die?"** **Rechtliche Probleme um Sterben und Tod** Suizid – Sterbehilfe – Patientenverfügung – "Health Care Proxy" – Hospiz im internationalen Vergleich 2. Aufl., Bern 2000 zit. als: *Baumgarten*, S. ...
Beratender Bioethik-Ausschuss (Belgien)	**Gutachten Nr. 1 vom 12. Mai 1997 über die Opportunität einer gesetzlichen Euthanasieregelung** <http://www.health.belgium.be/internet2Prd/groups/public/@public/@dg1/@legalmanagement/documents/ie2divers/7946414_de.pdf> (zuletzt abgerufen: 27.10.2012) zit. als: *Beratender Bioethik-Ausschuss*, Gutachten Nr. 1 vom 12.05.1997, S. ...
Biggs, Hazel	**A pretty fine line: life, death, autonomy and letting it b** in: FLS, Vol. 11, 2003, S. 291 ff. zit. als: *Biggs*, in: FLS 2003, S. ...
Bockelmann, Paul / Kaufmann, Arthur / Klug, Ulrich (Hrsg.)	**Festschrift für Karl Engisch zum 70. Geburtstag** Frankfurt am Main, 1969 zit. als: *Bearb.*, in: FS-*Engisch*, S. ...
Bockelmann, Paul	**Menschenrechtskonvention und Notwehrrecht** in: *Bockelmann/Kaufmann/Klug* (Hrsg.), FS-*Engisch* (siehe oben), S. 456 ff. zit. als: *Bockelmann*, in: FS-*Engisch*, S. ...
Braum, Stefan	**Sterbehilfe in Luxemburg: Vorgeschichte, Inhalt und Auswirkungen des neuen Gesetzes** veröffentlicht bei der Evangelischen Akademie Tutzing <web.ev-akademie-tutzing.de/cms/get_it.php?ID=1093> (zuletzt abgerufen: 27.10.2012) zit. als: *Braum*, S. ...
Breitenmoser, Stephan	**Das Recht auf Sterbehilfe im Lichte der EMRK** in: *Petermann* (siehe unten), S. 167 ff. zit. als: *Breitenmoser*, in: *Petermann*, S. ...
Brudermüller, Gerd / Marx, Wolfgang / Schüttauf, Konrad (Hrsg.)	**Suizid und Sterbehilfe** Würzburg 2003 zit. als: *Bearb.*, in: *Brudermüller/Marx/Schüttauf*, S. ...

Bundesärztekammer (BÄK)	**Grundsätze der Bundesärztekammer zur Sterbebegleitung** in: DÄBl. Jg. 108, Heft 7, 18.02.2011, S. A 346 ff. <http://www.bundesaerztekammer.de/downloads/Sterbebegleitung_17022011.pdf> (zuletzt abgerufen: 27.10.2012) zit. als: *BÄK*, Grundsätze Sterbebegleitung 2011, in: DÄBl. 18.02.2011, S. ...
Bundesärztekammer (BÄK) (Arbeitsgemeinschaft der deutschen Ärztekammern) (Hrsg.)	**114. Deutscher Ärztetag** **Beschlussprotokoll** Kiel, 31. Mai bis 3. Juni 2011 Berlin 2011 <http://www.bundesaerztekammer.de/downloads/114Beschlussprotokoll20110704.pdf> (zuletzt abgerufen: 27.10.2012) zit. als: 114. Deutscher Ärztetag (2011), Beschlussprotokoll, S. ...
Byk, Christian	**Euthanasia and the right to life – The Pretty case** in: *Council of Europe* (Hrsg.), Ethical Eye I (siehe unten), S. 109 ff. zit. als: *Byk*, in: Ethical Eye I, S. ...
Chambre des Députés (Luxemburg)	**Projet de loi relatif aux soins palliatifs, à la directive anticipée et à l'accompagnement en fin de vie et modifiant:** **1. le Code des assurances sociales;** **2. la loi modifiée du 29 avril 1983 concernant l'exercice des professions de médecin, de médecin-dentiste et de médecin vétérinaire;** **3. la loi modifiée du 16 avril 1979 fixant le statut général des fonctionnaires de l'Etat;** **4. la loi modifiée du 24 décembre 1985 fixant le statut général des fonctionnaires communaux** Session ordinaire 2005-2006, Dok.-Nr. 5584, Dépôt: 07.06.2006 <http://www.chd.lu/wps/PA_1_084AIVIMRA06I4327I10000000/FTSByteServingServletImpl/?path=/export/exped/sexpdata/Mag/011/512/051101.pdf> (zuletzt abgerufen: 27.10.2012) zit. als: *Chambre des Députés* „Projet de loi relatif aux soins palliatifs, à la directive anticipée et à l'accompagnement en fin de vie et modifiant: [...]", Session ordinaire 2005-2006, 07.06.2006, Dok.-Nr. 5584

Chambre des Députés (Luxemburg)	**Proposition de loi sur le droit de mourir en dignité, Exposé des motifs** Session ordinaire 2001-2002, Dok.-Nr. 4909 vom 19.02.2002 <http://chd.lu/wps/ PA_1_084AIVIMRA06I432DO10000000/FTSShowAttachment?mime=application%2fpdf&id=701821&fn=701821.pdf> (zuletzt abgerufen: 27.10.2012) zit. als: *Chambre des Députés* „Proposition de loi sur le droit de mourir en dignité, Exposé des motifs", Session ordinaire 2001-2002, Dok.-Nr. 4909 vom 19.02.2002, S. ...
Chambre des Députés / Conseil d'Etat (Luxemburg)	**Proposition de loi sur le droit de mourir en dignité / Projet de loi relatif aux soins palliatifs, à la directive anticipée et à l'accompagnement en fin de vie et modifiant: 1. le Code des assurances sociales;** **2. la loi modifiée du 29 avril 1983 concernant l'exercice des professions de médecin, de médecin-dentiste et de médecin vétérinaire;** **3. la loi modifiée du 16 avril 1979 fixant le statut général des fonctionnaires de l'Etat;** **4. la loi modifiée du 24 décembre 1985 fixant le statut général des fonctionnaires communaux** Avis du Conseil d'Etat, Session ordinaire 2006-2007, 13.07.2007 Dok.-Nr. 4909^{2} und 5584^{8} <http://www.chd.lu/wps/ PA_1_084AIVIMRA06I4327I1000000/FTSByteServingServletImpl/?path=/export/exped/sexpdata/ Mag/016/694/061953.pdf> (zuletzt abgerufen: 27.10.2012) zit. als: *Chambre des Députés* „Proposition de loi sur le droit de mourir en dignité / Projet de loi relatif aux soins palliatifs, à la directive anticipée et à l'accompagnement en fin de vie et modifiant: [...]", Avis du *Conseil d'Etat,* Session ordinaire 2006-2007, 13.07.2007, Dok.-Nr. 4909^{2} und 5584^{8}, S. ...

Chambre des Députés / Conseil d'Etat (Luxemburg)	**Proposition de loi sur le droit de mourir en dignité / Projet de loi relatif aux soins palliatifs, à la directive anticipée et à l'accompagnement en fin de vie et modifiant: 1. le Code des assurances sociales;** **2. la loi modifiée du 16 avril 1979 fixant le statut général des fonctionnaires de l'Etat;** **3. la loi modifiée du 24 décembre 1985 fixant le statut général des fonctionnaires communaux;** **4. le Code du travail** Avis Complementaire du Conseil d'Etat, Session ordinaire 2007-2008, 11.12.2007 Dok.-Nr. 4909^{5} und 5584^{10} <http://www.chd.lu/wps/PA_1_084AIVIMRA06I4327I10000000/FTSByteServingServletImpl/?path=/export/exped/sexpdata/Mag/054/624/065233.pdf> (zuletzt abgerufen: 27.10.2012) zit. als: *Chambre des Députés* „Proposition de loi sur le droit de mourir en dignité / Projet de loi relatif aux soins palliatifs, à la directive anticipée et à l'accompagnement en fin de vie et modifiant: [...]", Avis Complementaire du *Conseil d'Etat,* Session ordinaire 2007-2008, 11.12.2007, Dok.-Nr. 4909^{5} und 5584^{10}, S. ...

Chambre des Députés / Conseil d'Etat (Luxemburg)	**Proposition de loi sur le droit de mourir en dignité / Projet de loi relatif aux soins palliatifs, à la directive anticipée et à l'accompagnement en fin de vie et modifiant:** **1. le Code des assurances sociales;** **2. la loi modifiée du 16 avril 1979 fixant le statut général des fonctionnaires de l'Etat;** **3. la loi modifiée du 24 décembre 1985 fixant le statut général des fonctionnaires communaux;** **4. le Code du travail** Deuxième Avis Complementaire du Conseil d'Etat, Session ordinaire 2007-2008, 07.10.2008 Dok.-Nr. 4909[11] und 5584[16] <http://www.chd.lu/wps/PA_1_084AIVIMRA06I4327I10000000/FTSByteServingServletImpl/?path=/export/exped/sexpdata/Mag/041/745/074404.pdf> (zuletzt abgerufen: 27.10.2012) zit. als: *Chambre des Députés* „Proposition de loi sur le droit de mourir en dignité / Projet de loi relatif aux soins palliatifs, à la directive anticipée et à l'accompagnement en fin de vie et modifiant: [...]", Deuxième Avis Complementaire du *Conseil d'Etat*, Session ordinaire 2007-2008, 07.10.2008, Dok.-Nr. 4909[11] und 5584[16], S. ...
Chambre des Députés / Conseil d'Etat (Luxemburg)	**Proposition de loi sur l'euthanasie et l'assistance au suicide** Troisième Avis Complementaire du Conseil d'Etat, Session ordinaire 2008-2009 25.11.2008, Dok.-Nr. 4909[13] <http://www.chd.lu/wps/PA_1_084AIVIMRA06I4327I10000000/FTSByteServingServletImpl/?path=/export/exped/sexpdata/Mag/061/719/076108.pdf> (zuletzt abgerufen: 27.10.2012) zit. als: *Chambre des Députés* „Proposition de loi sur l'euthanasie et l'assistance au suicide", Troisième Avis Complementaire du *Conseil d'Etat*, Session ordinaire 2008-2009, 25.11.2008, Dok.-Nr. 4909[13]

Chambre des Députés / Conseil d'Etat (Luxemburg)	**Proposition de loi sur l'euthanasie et l'assistance au suicide** Quatrième Avis Complementaire du Conseil d'Etat, Session ordinaire 2008-2009 09.12.2008, Dok.-Nr. 4909[16] und 5584[19] <http://www.chd.lu/wps/PA_1_084AIVIMRA06I4327I10000000/FTSByteServingServletImpl/?path=/export/exped/sexpdata/Mag/064/771/076730.pdf> (zuletzt abgerufen: 27.10.2012) zit. als: *Chambre des Députés* „Proposition de loi sur l'euthanasie et l'assistance au suicide", Quatrième Avis Complementaire du *Conseil d'Etat*, Session ordinaire 2008-2009, 09.12.2008, Dok.-Nr. 4909[16] und 5584[19]
Cohen-Almagor, Raphael	**Euthanasia Policy and Practice in Belgium: Critical Observations and Suggestions for Improvement** in: Issues in Law & Medecine, Vol. 24, Nr. 3, 2009, S. 187 ff. <http://hcc.haifa.ac.il/~rca/articles/Belgium%20Euthanasia%20Policy_Practice.pdf> (zuletzt abgerufen: 27.10.2012) zit. als: *Cohen-Almagor,* in: Issues in Law & Medecine, Vol. 24, Nr. 3, 2009, S. ...
Collin, P. H. / Janssen, Sigrid / Kornmüller, Anke / Livesey, Rupert	**PONS Fachwörterbuch Recht** Englisch-Deutsch Deutsch-Englisch 2. Aufl., London Stuttgart 1998 / Nachdruck 2005 (2,01) zit. als: *PONS Fachwörterbuch Recht,* S. ...
Comité Consultatif de Bioéthique (Belgien)	**Avis n° 1 du 12 mai 1997 concernant l'opportunité d'un règlement légal de l'euthanasie** <http://www.health.belgium.be/internet2Prd/groups/public/@public/@dg1/@legalmanagement/documents/ie2divers/7946414_fr.pdf> (zuletzt abgerufen: 27.10.2012) in der Arbeit wird die deutsche Fassung verwendet und somit entsprechend zit. als: *Beratender Bioethik-Ausschuss,* Gutachten Nr. 1 vom 12.05.1997, S. ...

Commission Fédérale de Contrôle et d'Evaluation de l'Euthanasie (Belgien)	**Premier Rapport aux Chambres Législatives** 22 septembre 2002 – 31 décembre 2003 <https://portal.health.fgov.be/pls/portal/docs/PAGE/INTERNET_PG/HOMEPAGE_MENU/GEZONDHEIDZORG1_MENU/OVERLEGSTRUCTUREN1_MENU/COMMISSIES1_MENU/EUTHANASIA1_MENU/PUBLICATIES105_HIDE/PUBLICATIES105_DOCS/RAPPORT%20EUTHANASIE%202004.PDF> sowie Liste auf <http://www.health.belgium.be/eportal/Healthcare/Consultativebodies/Commissions/Euthanasia/Publications/index.htm?fodnlang=fr> (beide zuletzt abgerufen : 27.10.2012) zit. als: *Commission Fédérale de Contrôle et d'Evaluation de l'Euthanasie,* Premier Rapport aux Chambres Législatives, 22.09.2002 – 31.12.2003, S. ...
Commission Fédérale de Contrôle et d'Evaluation de l'Euthanasie (Belgien)	**Deuxième Rapport aux Chambres Législatives** Années 2004 et 2005 <http://www.health.belgium.be/filestore/14088500_FR/Rapport%20euthanasie%202006%20_14088500_fr.pdf> sowie Liste auf <http://www.health.belgium.be/eportal/Healthcare/Consultativebodies/Commissions/Euthanasia/Publications/index.htm?fodnlang=fr> (beide zuletzt abgerufen : 27.10.2012) zit. als: *Commission Fédérale de Contrôle et d'Evaluation de l'Euthanasie,* Deuxième Rapport aux Chambres Législatives, Années 2004 et 2005, S. ...
Commission Fédérale de Contrôle et d'Evaluation de l'Euthanasie (Belgien)	**Troisième Rapport aux Chambres Législatives** Années 2006 et 2007 <http://www.health.belgium.be/filestore/14280500_FR/Rapport%20euthanasie%202008_14280500_fr.pdf> sowie Liste auf <http://www.health.belgium.be/eportal/Healthcare/Consultativebodies/Commissions/Euthanasia/Publications/index.htm?fodnlang=fr> (beide zuletzt abgerufen : 27.10.2012) zit. als: *Commission Fédérale de Contrôle et d'Evaluation de l'Euthanasie,* Troisième Rapport aux Chambres Législatives, Années 2006 et 2007, S. ...

Commission Fédérale de Contrôle et d'Evaluation de l'Euthanasie (Belgien)	**Quatrième Rapport aux Chambres Législatives** Années 2008 et 2009 <http://www.health.belgium.be/filestore/19063733/H7849%20Rapport%20euthanasie%20FR.pdf> sowie Liste auf <http://www.health.belgium.be/eportal/Healthcare/Consultativebodies/Commissions/Euthanasia/Publications/index.htm?fodnlang=fr> (beide zuletzt abgerufen: 27.10.2012) zit. als: *Commission Fédérale de Contrôle et d'Evaluation de l'Euthanasie,* Quatrième Rapport aux Chambres Législatives, Années 2008 et 2009, S. ...
Commission Fédérale de Contrôle et d'Evaluation de l'Euthanasie (Belgien)	**Cinquième Rapport aux Chambres Législatives** Années 2010 – 2011 <www.health.belgium.be/filestore/19078961_FR/Rapport%202012%20fr.pdf> sowie Liste auf <http://www.health.belgium.be/eportal/Healthcare/Consultativebodies/Commissions/Euthanasia/Publications/index.htm?fodnlang=fr> (beide zuletzt abgerufen: 27.10.2012) zit. als: *Commission Fédérale de Contrôle et d'Evaluation de l'Euthanasie,* Cinquième Rapport aux Chambres Législatives, 2010-2011, S. ...
Commission Spéciale d'Ethique (Luxemburg)	**L'encadrement en fin de vie** Rapport de la Commission speciale „D'Ethique" en vue du débat d'orientation sur la médecine palliative, l'acharnement thérapeutique et l'euthanasie, 02.02.1999, Chambre des Députés, Session ordinaire 1998 – 1999 Dok.-Nr. 4408/00 abrufbar über Suchmenü auf <http://www.chd.lu> =>Travail à la Chambre => Recherche => Recherche d'archives (zuletzt abgerufen: 27.10.2012) zit. als: Rapport de la *Commission spéciale „D'Ethique",* Dok.-Nr. 4408/00, S. ...

Conseil National de l'Ordre des Médecins (Belgien)	**Avis relatif aux soins palliatifs, à l'euthanasie et à d'autres décisions médicales concernant la fin de vie** Doc. a100006, 22.03.2003, Bulletin 100, S. 6 <http://www.ordomedic.be/fr/avis/conseil/avis-relatif-aux-soins-palliatifs-a-l%27euthanasie-et-a-d%27autres-decisions-medicales-concernant-la-fin-de-vie> (zuletzt abgerufen: 27.10.2012) zit. als: *Conseil de l'Ordre des Médecins*, Avis relatif aux soins palliatifs, à l'euthanasie et à d'autres décisions médicales concernant la fin de vie, Doc. a100006, 22.03.2003
Council of Europe / Europarat (Hrsg.)	**Ethical Eye** **Euthanasia, Volume I – Ethical and human aspects** Straßburg 2003 zit. als: (*Bearb.*, in:) Ethical Eye I, S. …
Council of Europe, Parliamentary Assembly, Social, Health and Family Affairs Committee	**Report** **Assistance to patients at the end of life** 09.02.2005, Doc. 10455 <http://assembly.coe.int/main.asp?Link=/documents/workingdocs/doc05/edoc10455.htm> (zuletzt abgerufen: 27.10.2012) zit. als: Doc. 10455, <Gliederungsebene>, Rdn. ...
Creifelds, Carl (Begründer) / *Weber, Klaus* (Hrsg.)	**Rechtswörterbuch** 20. Aufl., München 2011 zit. als: *Creifelds* Rechtswörterbuch, S. ... (Stichwort)
Czerner, Frank	**Aktive Sterbehilfe auch gegenüber Kindern? Zur Übertragbarkeit der aktuellen Diskussion in den Niederlanden auf die Bundesrepublik Deutschland unter verfassungsrechtlichen Gesichtspunkten** in: MedR 2001, S. 354 ff. zit. als: *Czerner*, in: MedR 2001, S. ...
-----------------------	**De brug naar de eenentwintigste eeuw – regeerakkord – 7 juli 1999** (Übers.: Die Brücke zum einundzwanzigsten Jahrhundert – Regierungsabkommen – 7 Juli 1999) <http://home.scarlet.be/~pin67548/Regeerakkoord.pdf> (zuletzt abgerufen: 27.10.2012)

Deckwerth, Sabine	**Töten ohne Strafe: Eine Mutter hat ihren schwer kranken Sohn vergiftet und wurde nicht belangt – Signal zur Legalisierung der Sterbehilfe?** in: Berliner Zeitung online, 17.09.2005 <http://www.berlinonline.de/berliner-zeitung/archiv/.bin/dump.fcgi/2005/0917/berlin/0029/index.html> (zuletzt abgerufen: 27.10.2012) zit. als: *Deckwerth*, in: Berliner Zeitung online, 17.09.2005
de Schutter, Olivier	**L'aide au suicide devant la Cour Européenne des Droits de l'Homme** **A propos de l'arrêt *Pretty c. Royaume-Uni* du 29 avril 2002** in: RTDH 2003, Nr. 53, S. 71 ff. zit. als: *de Schutter*, in: RTDH 2003, Nr. 53, S. …
de Haan, Jurriaan	**The New Dutch Law on Euthanasia** in: MLR 10, Spring 2002, S. 257 ff. zit. als: *de Haan*, in: MLR 2002, S. …
de Vries, Ubaldus	**The Limits of Lawful Euthanasia** in: AHL, Vol. XX, 2004, S. 101 ff. zit. als: *De Vries*, in: AHL 2004, S. ...
Dignitas (Hrsg.)	**DIGNITAS** **Menschenwürdig leben – Menschenwürdig sterben** Informationsbroschüre 5. Aufl., Forch (Schweiz) 2011 <http://www.dignitas.ch/images/stories/pdf/informations-broschuere-dignitas-d.pdf> (zuletzt abgerufen: 27.10.2012) zit. als: *Dignitas*, Informationsbroschüre, S. ...
Dignitas-Deutschland e. V. (Hrsg.)	**DIGNITAS – Menschenwürdig leben – Menschenwürdig sterben (Sektion Deutschland) e. V.** Informationsbroschüre 2. Aufl., Hannover 2010 <http://www.dignitas.ch/images/stories/pdf/digde/digde-informations-broschuere-dignitas-deutschland.pdf> (zuletzt abgerufen: 27.10.2012) zit. als: *Dignitas-Deutschland*, Informationsbroschüre, S. ...
The Director of Public Prosecutions (DPP) (Großbritannien)	**Policy for Prosecutors in respect of Cases of Encouraging or Assisting Suicide** Februar 2010 <http://www.cps.gov.uk/publications/prosecution/assisted_suicide_policy.pdf> (zuletzt abgerufen: 27.10.2012) zit. als: Policy for Prosecutors, S. ..., Rdn. ...

Dölling, Dieter	**Einwilligung und überwiegende Interessen** in: *Dölling/Erb* (Hrsg.), FS-*Gössel* (siehe unten), S. 209 ff. zit. als: *Dölling*, in: FS-*Gössel*, S. ...
Dölling, Dieter / Erb, Volker (Hrsg.)	**Festschrift für Karl Heinz Gössel zum 70. Geburtstag am 16. Oktober 2002** Heidelberg 2002 zit. als: *Bearb.*, in: FS-*Gössel*, S. ...
Dreier, Horst	**Grenzen des Tötungsverbotes – Teil 2** in: JZ 2007, S. 317 ff. zit. als: *Dreier*, in: JZ 2007, S. ...
Duttge, Gunnar / Geilen, Gerd / Meyer-Goßner, Lutz / Warda, Günter (Hrsg.)	**Gedächtnisschrift für Ellen Schlüchter** Köln, Berlin, Bonn, München 2002 zit. als: *Bearb.*, in: GedS-*Schlüchter*, S. ...
Ermacora, Felix / Nowak, Manfred / Tretter, Hannes (Hrsg.)	**Die Europäische Menschenrechtskonvention in der Rechtsprechung der österreichischen Höchstgerichte** **Ein Handbuch für Theorie und Praxis** Wien 1983 zit. als: *Bearb.*, in: *Ermacora/Nowak/Tretter*, Art. ..., S. ...
Eser, Albin / Kullmann, Hans Josef / Meyer-Goßner, Lutz et al. (Hrsg.)	**Straf- und Strafverfahrensrecht, Recht und Verkehr, Recht und Medizin** Festschrift für Hannskarl Salger zum Abschied aus dem Amt als Vizepräsident des Bundesgerichtshofes Köln, Berlin, Bonn, München 1995 zit. als: *Bearb.*, in: FS-*Salger*, S. ...
------------------------	**Ethik: Luxemburg erlaubt Ärzten aktive Sterbehilfe** in: Welt online, 20.02.2008 <http://www.welt.de/politik/article1700073/Luxemburg_erlaubt_Aerzten_aktive_Sterbehilfe.html> (zuletzt abgerufen: 27.10.2012) zit. als: „Ethik: Luxemburg erlaubt Ärzten aktive Sterbehilfe“, in: Welt online, 20.02.2008
EXIT (Deutsche Schweiz) (Hrsg.)	**Selbstbestimmung im Leben und im Sterben** Informationsbroschüre 7. Aufl., 2010 <http://exit.ch/wDeutsch/2110054/documents/pdf/Broschuere_-_Selbstbestimmung_im_Leben_und_im_Sterben_7._Auflage.pdf> (zuletzt abgerufen: 27.10.2012) zit. als: *EXIT*, Informationsbroschüre, S. ...

Faßbender, Kurt	**Lebensschutz am Lebensende und Europäische Menschenrechtskonvention** in: JURA 2004, S. 115 ff. zit. als: *Faßbender*, in: JURA 2004, S. ...
Fischer, Thomas	**Direkte Sterbehilfe** **Anmerkungen zur Privatisierung des Lebensschutzes** in: *Heinrich/Jäger* et al. (Hrsg.), FS-*Roxin* (siehe unten), Bd. 1, S. 557 ff. zit. als: *Fischer*, in: FS-*Roxin*, S. ...
Fischer, Thomas	**Strafgesetzbuch und Nebengesetze** Beck'sche Kurz-Kommentare, Bd. 10 57. Aufl., München 2010 zit. als: *Fischer*, 57. Aufl., § ... StGB, Rdn. ...
Fischer, Thomas	**Strafgesetzbuch und Nebengesetze** Beck'sche Kurz-Kommentare, Bd. 10 59. Aufl., München 2012 zit. als: *Fischer*, § ... StGB, Rdn. ...
Fokkens, Jan Watse	**Sterbehilfe im niederländischen Recht** in: *Brudermüller/Marx/Schüttauf* (siehe oben), S. 147 ff. zit. als: *Fokkens*, in: *Brudermüller/Marx/Schüttauf*, S. ...
Frister, Helmut	**Zur Einschränkung des Notwehrrechts durch Art. 2 der Europäischen Menschenrechtskonvention** in: GA 1985, S. 553 ff. zit. als: *Frister*, in: GA 1985, S. ...
Frowein, Jochen Abr. / Peukert, Wolfgang	**Europäische Menschenrechtskonvention** EMRK-Kommentar 3. Aufl., Kehl, Straßburg, Arlington 2009 zit. als: *Bearb.*, in: *Frowein/Peukert*, Art. ..., Rdn. ...
Fuchs, Helmut / Brandstetter, Wolfgang (Hrsg.)	**Festschrift für Winfried Platzgummer zum 65. Geburtstag** Wien, New York, 1995 zit. als: *Bearb.*, in: FS-*Platzgummer*, S. ...
Gaede, Karsten	**Durchbruch ohne Dammbruch – Rechtssichere Neuvermessung der Grenzen strafloser Sterbehilfe** in: NJW 2010, S. 2925 ff. zit. als: *Gaede*, in: NJW 2010, S. ...
Gevers, Sjef	**Euthanasia: law and practice in the Netherlands** in: BMB 1996, Vol. 52, Nr. 2, S. 326 ff. zit. als: *Gevers*, in: BMB 1996, Vol. 52, Nr. 2, S. ...

Grabenwarter, Christoph / Pabel, Katharina	**Europäische Menschenrechtskonvention** Ein Studienbuch 5. Aufl., München 2012 zit. als: *Grabenwarter/Pabel*, EMRK, § ..., Rdn. ...
Griffiths, John / Weyers, Heleen / Adams, Maurice	**Euthanasia and Law in Europe** Oxford and Portland 2008 zit. als: (*Bearb.*, in:) *Griffiths/Weyers/Adams*, S. ...
Gropp, Walter	**Das Abschalten des Respirators – ein Unterlassen durch Tun?** in: *Duttge/Geilen* et al. (Hrsg.), GedS-*Schlüchter* (siehe oben), S. 173 ff. zit. als: *Gropp*, in: GedS-*Schlüchter*, S. ...
Grote, Rainer / Marauhn, Thilo	**EMRK/GG Konkordanzkommentar** Tübingen 2006 zit. als: *Bearb.*, in: *Grote/Marauhn*, Kap. ..., Rdn. ...
Grundmann, Antonia	**Das niederländische Gesetz über die Prüfung von Lebensbeendigung auf Verlangen und Beihilfe zur Selbsttötung** Aachen 2004 zit. als: *Grundmann*, S. ...
Heinrich, Manfred / Jäger, Christian et al. (Hrsg.)	**Strafrecht als Scientia Universalis** Festschrift für Claus Roxin zum 80. Geburtstag am 15. Mai 2011, Band 1 Berlin, New York 2011 zit. als: *Bearb.*, in: FS-*Roxin*, S. ...
Helgerth, Roland	**Anmerkungen zum Urteil des BGH vom 13.09.1994 – 1 StR 357/94 (BGHSt 40, 257)** in: JR 1995, S. 338 ff. zit. als: *Helgerth*, in: JR 1995, S. ...
Herdegen, Matthias	**Völkerrecht** 11. Aufl., München 2012 zit. als: *Herdegen*, § ..., Rdn. ...
Heymann, Monika	**Die Europäische Menschenrechtskonvention und das Recht auf aktive Sterbehilfe – EGMR, NJW 2002, 2851** in: JuS 2002, S. 957 ff. zit. als: *Heymann*, in: JuS 2002, S. …

Hirsch, Hans Joachim	**Behandlungsabbruch und Sterbehilfe** in: *Küper* (Hrsg.)/*Puppe*/*Tenckhoff*, FS-*Lackner* (siehe unten), S. 597 ff. zit. als: *Hirsch*, in: FS-*Lackner*, S. ...
Hobe, Stephan	**Europarecht** 7. Aufl., München 2012 zit. als: *Hobe*, § ..., Rdn. ...
Hoerster, Norbert	**Sterbehilfe im säkularen Staat** Frankfurt am Main 1998 zit. als: *Hoerster*, S. ...
Hornby, A. S. / Turnbull, Joanna	**Oxford Advanced Learner's Dictionary *of Current English*** 8th edition, Oxford, New York 2010 zit. als: *Oxford Dictionary*, S. ...
Hoyer, Andreas / Müller, Henning Ernst / Pawlik, Michael / Wolter, Jürgen (Hrsg.)	**Festschrift für Friedrich-Christian Schroeder zum 70. Geburtstag** Heidelberg 2006 zit. als: *Bearb.*, in: FS-*Schroeder*, S. ...
------------------------	**Initiative gegen Verfassungsänderung in Luxemburg gescheitert** in: aerzteblatt.de, 20.02.2009 <http://www.aerzteblatt.de/nachrichten/35523/Initiative_gegen_Verfassungsaenderung_in_Luxemburg_gescheitert.htm> (zuletzt abgerufen: 27.10.2012) zit. als: „Initiative gegen Verfassungsänderung in Luxemburg gescheitert", in: aerzteblatt.de, 20.02.2009
Jaeckel, Liv	**Schutzpflichten im deutschen und europäischen Recht** Eine Untersuchung der deutschen Grundrechte, der Menschenrechte und Grundfreiheiten der EMRK, sowie der Grundrechte und Grundfreiheiten der Europäischen Gemeinschaft Baden-Baden 2001 zit. als: *Jaeckel*, S. ...
Jähnke, Burkhard / Laufhütte, Heinrich Wilhelm / Odersky, Walter (Hrsg.)	**Strafgesetzbuch** **Leipziger Kommentar** Großkommentar Bd. 5, §§ 146 – 222 11. Aufl., Berlin 2005 zit. als: LK-*Bearb.*, § ... StGB, Rdn. ... (Stand: ...)

Janisch, Wolfgang / von Hardenberg, Nina	**Sterbehilfe vor europäischem Gericht: Begehrtes Gift** in: sueddeutsche.de, 23.11.2010 <http://www.sueddeutsche.de/politik/2.220/sterbehilfe-verhandlung-vor-europaeischem-gericht-begehrtes-gift-1.1027435> (zuletzt abgerufen: 27.10.2012) zit. als: *Janisch/von Hardenberg*, Begehrtes Gift, in: sueddeutsche.de, 23.11.2010
Janssen, André	**Die Regelung der aktiven Sterbehilfe in den Niederlanden – Ein Novum** in: ZRP 2001, S. 179 ff. zit. als: *Janssen*, in: ZRP 2001, S. ...
Janssen, André	**„Sterbe-Tourismus" in die Niederlande – Euthanasie im „Land der unbegrenzten Möglichkeiten"?** in: ZfL, 11. Jahrgang, Heft 4, 2002, S. 107 ff. zit. als: *Janssen*, in: ZfL 2002, S. ...
Joecks, Wolfgang / Miebach, Klaus (Hrsg.)	**Münchener Kommentar zum Strafgesetzbuch** Bd. 4, §§ 185 – 262 StGB 2. Aufl., München 2012 zit. als: MK-*Bearb.*, § ... StGB, Rdn. ...
Joerden, Jan C.	**Die neue Rechtsprechung des Bundesgerichtshofs zur Sterbehilfe und der Knobe-Effekt** in: *Heinrich/Jäger* et al. (Hrsg.), FS-*Roxin* (siehe oben), Bd. 1, S. 593 ff. zit. als: *Joerden*, in: FS-*Roxin*, S. ...
Kämpfer, Ulf	**Die Selbstbestimmung Sterbewilliger** Sterbehilfe im deutschen und amerikanischen Verfassungsrecht Berlin 2005 zit. als: *Kämpfer*, Selbstbestimmung, S. ...
-----------------------	**Kanton Zürich: Schweizer lehnen Verbot des Sterbetourismus ab** in: Spiegel Online, 16.05.2011 <http://www.spiegel.de/panorama/0,1518,762727,00.html> (zuletzt abgerufen: 27.10.2012) zit. als: Kanton Zürich: Schweizer lehnen Verbot des Sterbetourismus ab, in: Spiegel Online, 16.05.2011
Kaspar, Johannes	**Abteilung Strafrecht, Tagungsbericht 66. Deutscher Juristentag** in: JZ 2007, S. 235 ff. zit. als: *Kaspar*, in: JZ 2007, S. ...

Kaufmann, Arthur	**Euthanasie – Selbsttötung – Tötung auf Verlangen** in: MedR 1983, S. 121 ff. zit. als: *Kaufmann*, in: MedR 1983, S. ...
Keown, John	**European Court of Human Rights: Death in Strasbourg – assisted suicide, the *Pretty* case and the European Convention on Human Rights** in: IJCL 2003, S. 722 ff. zit. als: *Keown*, in: IJCL 2003, S. ...
Keown, John	**Euthanasia, Ethics and Public Policy** **An Argument against Legislation** 3. Aufl., Cambridge 2005 zit. als: *Keown*, Euthanasia, S. ...
Khan, Daniel-Erasmus (Bearb.)	**Sartorius II** **Internationale Verträge – Europarecht** 50. Ergänzungslieferung Juli 2012 (Stand: 01. Juli 2012)
Kimsma, G. K. / van Leeuwen, E.	**Euthanasie und Beihilfe zum Suizid in den Niederlanden** (Übers. aus dem Englischen von *A. Simon*) in: *Ritzel* (Hrsg.), Beihilfe zum Suizid (siehe unten), S. 74 ff. zit. als: *Kimsma/van Leeuwen*, in: *Ritzel*, S. ...
Kindhäuser, Urs / Neumann, Ulfrid / Paeffgen, Hans-Ullrich (Hrsg.)	**Nomos Kommentar** **Strafgesetzbuch** Bd. 1 3. Aufl., Baden-Baden 2010 zit. als: NK-*Bearb.*, § ... StGB, Rdn. ...
Klinkhammer, Gisela / Rabbata, Samir	**Luxemburg: Straffreiheit für aktive Sterbehilfe** in: DÄBl. Jg. 105, Heft 10, 07.03.2008, S. A 493 <http://www.aerzteblatt.de/pdf/105/10/a493.pdf> (zuletzt abgerufen: 27.10.2012) zit. als: *Klinkhammer/Rabbata*, in: DÄBl. Jg. 105, Heft 10, 07.03.2008, S. A 493
Kneihs, Benjamin	**Grundrechte und Sterbehilfe** Wien 1998 zit. als: *Kneihs*, S. ...
Kneihs, Benjamin	**Sterbehilfe durch EMRK nicht geboten / Der Fall Pretty** Anmerkung zu EGMR *Pretty ./. UK*, EuGRZ 2002, 234 ff. in: EuGRZ 2002, S. 242 ff. zit. als: *Kneihs*, in: EuGRZ 2002, S. ...

Knopp, Lothar	**Aktive Sterbehilfe aus europäischer und nationaler verfassungsrechtlicher Sicht** in: *Knopp/Schluchter* (siehe unten), S. 49 ff. zit. als: *Knopp*, in: *Knopp/Schluchter*, S. ...
Knopp, Lothar	**Aktive Sterbehilfe – Europäische Entwicklungen und ‚Selbstbestimmungsrecht' des Patienten aus verfassungsrechtlicher Sicht** in: MedR 2003, S. 379 ff. zit. als: *Knopp*, in: MedR 2003, S. ...
Knopp, Lothar / Schluchter, Wolfgang (Hrsg.)	**Sterbehilfe – Tabuthema im Wandel?** Berlin, Heidelberg, New York 2004 zit. als: *Bearb.*, in: *Knopp/Schluchter*, S. ...
Köck, Heribert Franz / Lengauer, Alina / Ress, Georg (Hrsg.)	**Europarecht im Zeitalter der Globalisierung** Festschrift für Peter *Fischer* Wien 2004 zit. als: *Bearb.*, in: FS-*Fischer*, S. ...
Kubiciel, Michael	**Tötung auf Verlangen und assistierter Suizid als selbstbestimmtes Sterben?** in: JZ 2009, S. 600 ff. zit. als: *Kubiciel*, in: JZ 2009, S. ...
Küper, Wilfried (Hrsg.) / Puppe, Ingeborg / Tenckhoff, Jörg	**Festschrift für Karl Lackner zum 70. Geburtstag am 18. Februar 1987** Berlin, New York 1987 zit. als: *Bearb.*, in: FS-*Lackner*, S. ...
Krey, Volker / Hellmann, Uwe / Heinrich, Manfred	**Strafrecht** **Besonderer Teil** Band 1: Besonderer Teil ohne Vermögensdelikte 15. Aufl., Stuttgart 2012 zit. als: *Krey/Hellmann/Heinrich*, BT 1, Rdn. ...
Kusch, Roger	**In Würde sterben – nur im Ausland?** in: NStZ 2007, S. 436 ff. zit. als: *Kusch*, in: NStZ 2007, S. ...
Kutzer, Klaus	**Rechtliche und rechtspolitische Aspekte einer verbesserten Schmerzbekämpfung in Deutschland** in: *Eser/Kullmann* et al. (Hrsg.), FS-*Salger* (siehe oben), S. 663 ff. Köln, Berlin, Bonn, München 1995 zit. als: *Kutzer*, in: FS-*Salger*, S. ...

Kutzer, Klaus	**Sterbehilfeproblematik in Deutschland: Rechtsprechung und Folgen für die klinische Praxis** in: MedR 2001, S. 77 ff. zit. als: *Kutzer*, in: MedR 2001, S. ...
Kutzer, Klaus	**Strafrechtliche Grenzen der Sterbehilfe** in: NStZ 1994, S. 110 ff. zit. als: *Kutzer*, in: NStZ 1994, S. ...
Lackner, Karl / Kühl, Kristian	**Strafgesetzbuch** **Kommentar** 27. Aufl., München 2011 zit. als: *Lackner/Kühl*, § ... StGB, Rdn. ...
Leenen, Henricus "Henk" Jacobus Josephus	**Assistance to Suicide and the European Court of Human Rights: the Pretty Case** in: EJHL 9, 2002, S. 257 ff. zit. als: *Leenen*, in: EJHL 2002, S. ...
Lewis, Penney	**Assisted Dying and Legal Change** New York 2007 zit. als: *Lewis*, S. ...
Lewis, Penney / Hoogendoorn, Bastian	**The Dutch Experience of Euthanasia** in: JLS Vol. 25, No. 4, 1998, S. 636 ff. zit. als: *Lewis/Hoogendorn*, in: JLS 1998, Nr. 4, S. ...
Lewisch, Peter	**Recht auf Leben (Art. 2 EMRK) und Strafgesetz** in: *Fuchs/Brandstetter* (Hrsg.), FS-*Platzgummer* (siehe oben), S. 381 ff. zit. als: *Lewisch*, in: FS-*Platzgummer*, S. ...
Lunshof, Jeantine / Visser, Jaap	**Sterbehilfe in den Niederlanden** in: Niederlande-Net, Online-Informationsportal der Westfälischen Wilhelms-Universität in Münster, Stand: Juni 2009 <http://www.uni-muenster.de/NiederlandeNet/nl-wissen/soziales/vertiefung/sterbehilfe/aerzte.html> (zuletzt abgerufen: 27.10.2012) zit. als: *Lunshof/Visser*
------------------------	**Luxemburg ändert wegen Nein des Großherzogs die Verfassung** in: aerzteblatt.de, 03.12.2008 <http://www.aerzteblatt.de/v4/news/news.asp?id=34646> (zuletzt abgerufen: 27.10.2012) zit. als: „Luxemburg ändert wegen Nein des Großherzogs die Verfassung", in: aerzteblatt.de, 03.12.2008

-----------------------	**Luxemburg entscheidet wohl erst im Frühjahr über Sterbehilfe** in: aerzteblatt.de, 09.10.2008 <http://www.aerzteblatt.de/v4/news/news.asp?id=33983> (zuletzt abgerufen: 27.10.2012) zit. als: „Luxemburg entscheidet wohl erst im Frühjahr über Sterbehilfe", in: aerzteblatt.de, 09.10.2008
-----------------------	**Luxemburg setzt Sterbehilfe-Gesetz in Kraft** in: aerzteblatt.de, 17.03.2009 <http://www.aerzteblatt.de/v4/news/news.asp?id=35837> (zuletzt abgerufen: 27.10.2012) zit. als: „Luxemburg setzt Sterbehilfe-Gesetz in Kraft", in: aerzteblatt.de, 17.03.2009
-----------------------	**Luxemburgs Großherzog billigt Beschränkung seiner Rechte** in: aerzteblatt.de, 28.12.2008 <http://www.aerzteblatt.de/v4/news/news.asp?id=34879> (zuletzt abgerufen: 27.10.2012) zit. als: „Luxemburgs Großherzog billigt Beschränkung seiner Rechte", in: aerzteblatt.de, 28.12.2008
-----------------------	**Luxemburgs Parlament votiert erneut für aktive Sterbehilfe** in: aerzteblatt.de, 18.12.2008 <http://www.aerzteblatt.de/v4/news/news.asp?id=34834> (zuletzt abgerufen: 27.10.2012) zit. als: „Luxemburgs Parlament votiert erneut für aktive Sterbehilfe", in: aerzteblatt.de, 18.12.2008
Maier, Irene (Hrsg.)	**Europäischer Menschenrechtsschutz, Schranken und Wirkungen** Verhandlungen des Fünften Internationalen Kolloquiums über die Europäische Menschenrechtskonvention in Frankfurt (Main) Motive – Texte – Materialien, Bd. 16 Heidelberg 1982 zit. als: *Bearb.*, in: *Maier*, Menschenrechtsschutz, S. ...
Mattisseck-Neef, Maria	**Schwangerschaftsabbrüche kranker/geschädigter Föten und Neugeboreneneuthanasie** Im rechtsvergleichenden Überblick mit den Niederlanden, Österreich und der Schweiz Frankfurt am Main 2006 zit. als: *Mattisseck-Neef*, S. ...

Maurach, Reinhart / Schroeder, Friedrich-Christian / Maiwald, Manfred	**Strafrecht** **Besonderer Teil** Teilband 1: Straftaten gegen Persönlichkeits- und Vermögenswerte 10. Aufl., Heidelberg 2009 zit. als: *Maurach/Schroeder/Maiwald,* BT 1, § ..., Rdn. ...
Merkel, Reinhard	**Ärztliche Entscheidungen über Leben und Tod in der Neonatalmedizin** in: JZ 1996, S. 1145 ff. zit. als: *Merkel,* in: JZ 1996, S. ...
Merkel, Reinhard	**Aktive Sterbehilfe** **Anmerkungen zum Stand der Diskussion und zum Gesetzgebungsvorschlag des „Alternativ-Entwurfs Sterbebegleitung"** in: *Hoyer* et. al. (Hrsg.), FS-*Schroeder* (siehe oben), S. 297 ff. zit. als: *Merkel,* in FS-*Schroeder,* S. ...
Meyer, Jürgen (Hrsg.)	**Charta der Grundrechte der Europäischen Union** Kommentar 3. Aufl., Baden-Baden 2011 zit. als: *Bearb.,* in: *Meyer,* GR-Charta, Art. ..., Rdn. ...
Meyer-Ladewig, Jens	**EMRK-Handkommentar** 3. Aufl., Baden-Baden 2011 zit. als: *Meyer-Ladewig,* EMRK-HK, (Art. ..., Rdn. ...) (oder Protokoll ..., S. ...)
Ministère de la Santé/ Ministère de la Sécurité sociale (Luxemburg)	**Sterbehilfe und assistierter Suizid** **Gesetz vom 16. März 2009** **25 Fragen, 25 Antworten** <http://www.sante.public.lu/publications/sante-fil-vie/fin-vie/euthanasie-assistance-suicide-25-questions-reponses/euthanasie-assistance-suicide-25-questions-reponses-de.pdf> (zuletzt abgerufen: 27.10.2012) zit. als: *Ministère de la Santé/Ministère de la Sécurité sociale,* Sterbehilfe und assistierter Suizid, S. ...
Morris, Dan	**Assisted Suicide under the European Convention on Human Rights: a Critique** in: EHRLR 2003, S. 65 ff. zit. als: *Morris,* in: EHRLR 2003, S. ...

Müller, Claus Peter	**Armin Meiwes für achteinhalb Jahre in Haft** (Kannibale von Rotenburg) in: faz.net, 30.01.2004 <http://www.faz.net/aktuell/gesellschaft/kriminalitaet/kannibale-von-rotenburg-armin-meiwes-fuer-achteinhalb-jahre-in-haft-1135492.html> (zuletzt abgerufen: 27.10.2012) zit. als: *Müller*, in: faz.net, 30.01.2004
Müller, Reinhard	**Ein Recht auf Todesmittel?** in: FAZ Nr. 273, 23.11.2010, S. 5 zit. als: *Müller*, in: FAZ Nr. 273, 23.11.2010, S. 5
Niederländisches Ministerium für auswärtige Angelegenheiten	**FAQ Sterbehilfe** **Das niederländische Gesetz über die Kontrolle der Lebensbeendigung auf Verlangen und der Hilfe bei der Selbsttötung in der Praxis** Stand: 19. Juli 2012 <http://www.minbuza.hosting.onehippo.com/de/anhange/die-niederlande/die-niederlande-auf-einen-blick/gesellschaftspolitische-themen/faq-sterbehilfe.html> (zuletzt abgerufen: 27.10.2012) zit. als: *Niederländisches Ministerium für auswärtige Angelegenheiten*, FAQ Sterbehilfe, S. ...
Niggli, Marcel Alexander / Wiprächtiger, Hans (Hrsg.)	**Basler Kommentar** **Strafrecht II** Art. 111 – 392 StGB 2. Aufl., Basel 2007 zit. als: *Bearb.*, in: Basler Komm II, Art. ..., Rdn. ...
Nys, Hermann	**Advice of the Federal Advisory Committee on Bioethics concerning Legalisation of Euthanasia** in: EJHL Vol. 4, 1997, S. 389 ff. zit. als: *Nys*, in: EJHL 1997, S. ...
Nys, Hermann	**A Presentation of the Belgian Act of Euthanasia against the Background of Dutch Euthanasia Law** in: EJHL Vol. 10, 2003, S. 239 ff. zit. als: *Nys*, in: EJHL 2003, S. ...
Oduncu, Fuat S. / Eisenmenger, Wolfgang	**Euthanasie – Sterbehilfe – Sterbebegleitung, Eine kritische Bestandsaufnahme im internationalen Vergleich** in: MedR 2002, S. 327 ff. zit. als: *Oduncu/Eisenmenger*, in: MedR 2002, S. ...

Oppermann, Thomas / Classen, Claus Dieter / Nettesheim, Martin	**Europarecht** Ein Studienbuch 5. Aufl., München 2011 zit. als: *Oppermann/Classen/Nettesheim*, § ..., Rdn. ...
Otto, Harro	**Die strafrechtliche Problematik der Sterbehilfe** in: JURA 1999, S. 434 ff. zit. als: *Otto*, in: JURA 1999, S. ...
Otto, Harro	**Komplex: Recht auf den eigenen Tod? Strafrecht im Spannungsverhältnis zwischen Lebenserhaltungspflicht und Selbstbestimmung** Gutachten D für den 56. Deutschen Juristentag, in: Verhandlungen des 56. DJT, Bd. I, S. D 9 ff. zit. als: *Otto*, in: Verhandlungen des 56. DJT, Bd. I, S. ...
Otto, Harro	**Patientenautonomie und Strafrecht bei der Sterbebegleitung** in: NJW 2006, S. 2217 zit. als: *Otto*, in: NJW 2006, S. ...
Petermann, Frank Th. (Hrsg.)	**Sterbehilfe – Grundsätzliche und praktische Fragen, Ein interdisziplinärer Exkurs** Referat der Tagung vom 13. Oktober 2005 in Kongresshaus Zürich St. Gallen 2006 zit. als: *Bearb.*, in: *Petermann*, S. ...
Pierrat, Myriam	**Soins et respect de la volonté de la personne en fin de vie** in: Ann. Dr. Lux. 2009, S. 189 ff. <http://www.ehp.lu/uploads/media/Annales_droit_luxembourgeois_19-2009_Soins_et_respect_de_la_volonte_de_la_personne_en_fin_de_vie.pdf> (zuletzt abgerufen: 27.10.2012) zit. als: *Pierrat*, in: Ann. Dr. Lux. 2009, S. ...
Ress, Georg	**Die Europäische Menschenrechtskonvention und die Vertragsstaaten: Die Wirkungen der Urteile des Europäischen Gerichtshofes für Menschenrechte im innerstaatlichen Recht und vor innerstaatlichen Gerichten** in: *Maier* (Hrsg.), Menschenrechtsschutz (siehe oben), S. 227 ff. zit. als: *Ress*, in: *Maier*, Menschenrechtsschutz, S. ...
Ress, Georg	**Sterbehilfe als rechtliches Problem in Europa** in: *Köck/Lengauer* et al. (Hrsg.), FS-*Fischer* (siehe oben), S. 435 ff. zit. als: *Ress*, in: FS-*Fischer*, S. ...

Reuter, Birgit	**Die gesetzliche Regelung der aktiven ärztlichen Sterbehilfe des Königreichs der Niederlande – ein Modell für die Bundesrepublik Deutschland?** Frankfurt am Main 2001 zit. als: *Reuter*, S. ...
Rietjens, Judith A. C. / van der Maas, Paul J. / Onwuteaka-Philipsen / van Delden, Johannes J. M. / van der Heide, Agnes	**Two Decades of Research on Euthanasia from the Netherlands. What Have We Learnt and What Questions Remain?** in: Bioethical Inquiry, 2009, Heft/Vol. 6, S. 271 ff. <http://www.ncbi.nlm.nih.gov/pmc/articles/PMC2733179/pdf/11673_2009_Article_9172.pdf> (zuletzt abgerufen: 27.10.2012) zit. als: *Rietjens/van der Maas,* in: Bioethical Inquiry 2009, S. ...
Ritzel, Günther (Hrsg.)	**Beihilfe zum Suizid** **Ein Weg im Streit um Sterbehilfe?** Regensburg 1998 zit. als: *Bearb.*, in: *Ritzel*, S. ...
Roxin, Claus	**An der Grenze von Begehung und Unterlassung** in: *Bockelmann/Kaufmann/Klug* (Hrsg.), FS-*Engisch* (siehe oben), S. 380 ff. zit. als: *Roxin*, in: FS-*Engisch*, S. ...
Roxin, Claus	**Die Sterbehilfe im Spannungsfeld von Suizidteilnahme, erlaubtem Behandlungsabbruch und Tötung auf Verlangen** Zugleich eine Besprechung von BGH, NStZ 1987, 365 und LG Ravensburg NStZ 1987, 229 in: NStZ 1987, S. ... zit. als: *Roxin*, in: NStZ 1987, S. ...
Roxin, Claus	**Täterschaft und Tatherrschaft** 8. Aufl., Berlin 2006 zit. als: *Roxin*, Täterschaft und Tatherrschaft, S. ...
Saliger, Frank	**Sterbehilfe ohne Strafrecht? Eine Bestimmung des Anwendungsbereichs von Sterbehilfe als Grundstein für ein interdisziplinäres Sterbehilferecht** in: KritV 2001 (84. Jg.), S. 382 ff. zit. als: *Saliger*, in: KritV 2001, S. ...
Schmid, Walter	**Die Wirkungen der Entscheidungen der Europäischen Menschenrechtsorgane** Zürich 1974 zit. als: *Schmid*, Wirkungen, S. ...

Schmidhäuser, Eberhard	**Selbstmord und Beteiligung am Selbstmord in strafrechtlicher Sicht** in: *Stratenwerth/Kaufmann* et al. (Hrsg.), FS-*Welzel* (siehe unten), S. 801 ff. zit. als: *Schmidhäuser*, in: FS-*Welzel*, S. ...
Schmidhäuser, Eberhard	**Strafrecht** **Besonderer Teil** Grundriß 2. Aufl., Tübingen 1983 zit. als: *Schmidhäuser*, BT, S. ..., Kapitel ..., Rdn. ...
Schöch, Heinz	**Beendigung lebenserhaltender Maßnahmen - Zugleich eine Besprechung der Sterbehilfeentscheidung des BGH vom 13.9.1994 -** in: NStZ 1995, S. 153 ff. zit. als: *Schöch*, in: NStZ 1995, S. ...
Schöch, Heinz	**Die erste Entscheidung des BGH zur sog. indirekten Sterbehilfe** **- Zum Urteil des BGH vom 15.11.1996 – 3 StR 79/96** in: NStZ 1997, S. 409 ff. zit. als: *Schöch*, in: NStZ 1997, S. ...
Schönke, Adolf / Schröder, Horst et al.	**Strafgesetzbuch** Kommentar 28. Aufl., München 2010 zit. als: S/S-*Bearb.*, § ... StGB, Rdn. ...
Schotsmans, Paul / Meulenbergs, Tom	**Euthanasia and Palliative Care in the Low Countries** Leuven - Paris - Dudley 2005 zit. als: *Bearb.*, in: Euthanasia and Palliative Care, S. ...
Schreiber, Hans-Ludwig	**Das Recht auf den eigenen Tod – zur gesetzlichen Neuregelung der Sterbehilfe** in: NStZ 1986, S. 337 ff. zit. als: *Schreiber*, in: NStZ 1986, S. ...
Schroth, Ulrich	**Sterbehilfe als strafrechtliches Problem, Selbstbestimmung und Schutzwürdigkeit des tödlich Kranken** in: GA 2006, S. 549 ff. zit. als: *Schroth*, in: GA 2006, ...

Schwarzenegger, Christian	**Das Mittel zur Suizidbeihilfe und das Recht auf den eigenen Tod** Jusletter 19.03.2007 <http://www.rwi.uzh.ch/lehreforschung/alphabetisch/schwarzenegger/publikationen/Jusletter070319.pdf> (zuletzt abgerufen: 27.10.2012) zit. als: *Schwarzenegger*, Mittel zur Suizidbeihilfe, Rdn. ...
Seelmann, Kurt	**Sterbehilfe: Die Rechtslage in der Schweiz** in: *Brudermüller/Marx/Schüttauf* (siehe oben), S. 135 ff. zit. als: *Seelmann*, in: *Brudermüller/Marx/Schüttauf*, S. ...
Sénat de Belgique, Conseil d'Etat (Belgien)	**Proposition de loi relative à l'euthanasie** Avis du *Conseil d'Etat*, Az. 31.441/AV-AG und 31.442/AV-AG *Sénat de Belgique*, Session de 2000-2001, 02.07.2001, Dok.-Nr. 2-244/21 <http://www.senate.be/www/?MIval=/publications/viewPub&TID=33612372&LANG=fr> (normale Web-Version) sowie <http://www.senate.be/www/webdriver?MItabObj=pdf&MIcolObj=pdf&MInamObj=pdfid&MItypeObj=application/pdf&MIvalObj=33576552> (zweisprachige PDF-Version; wird in der vorliegenden Arbeit verwendet) (beide zuletzt abgerufen: 27.10.2012) zit. als: *Sénat de Belgique*, Avis du *Conseil d'Etat*, Az. 31.441/AV-AG und 31.442/AV-AG, S. ..., Rdn. ...
Smies, Jonathan T.	**The Legalization of Euthanasia in The Netherlands** in: GJIL Vol. 7, 2003, S. 0 ff. <http://www.gonzagajil.org/pdf/volume7/Smies/Smies.pdf> (zuletzt abgerufen: 27.10.2012) zit. als: *Smies*, in: GJIL 2003, S. ...
Sohn, Wolfgang / Zenz, Michael (Hrsg.)	**Euthanasia in Europe** Stuttgart, New York 2001 zit. als: (*Bearb.*, in:) *Sohn/Zenz*, S. ...
Ständige Deputation des Deutschen Juristentages (Hrsg.)	**Verhandlungen des sechsundfünfzigsten Deutschen Juristentages, Berlin 1986** Bd. I (Gutachten), München 1986 zit. als: *Bearb.*, in: Verhandlungen des 56. DJT, Bd. I, S. ...

Stölb, Marcus	**Ein Großherzog wird entmachtet** in: Das Parlament Nr. 50-51 2008, 08.12.2008 („Europa und die Welt") abrufbar über <http://webarchiv.bundestag.de/cgi/show.php?fileToLoad=1720&id=1149> (zuletzt abgerufen: 27.10.2012) zit. als: *Stölb*, in: Das Parlament Nr. 50-51 2008, 08.12.2008
Stratenwerth, Günter / Kaufmann, Armin / Geilen, Gerd et al. (Hrsg.)	**Festschrift für Hans Welzel zum 70. Geburtstag am 25. März 1974** Berlin, New York 1974 zit. als: *Bearb.*, in: FS-*Welzel*, S. ...
Stratenwerth, Günter	**Sterbehilfe** in: ZStR Bd. 95, 1978, S. 60 ff. zit. als: *Stratenwerth*, in: ZStR Bd. 95, 1978, S. ...
Stratenwerth, Günter / Jenny, Guido / Bommer, Felix	**Schweizerisches Strafrecht** Besonderer Teil I: Straftaten gegen Individualinteressen 7. Aufl., Bern 2010 zit. als: *Stratenwerth/Jenny/Bommer*, BT I, § ..., S. ..., Rdn. ...
Tolmein, Oliver	**Debbie Purdy: Informationfreiheit oder Recht auf Suizid?** Blog auf faz.net, 01.08.2009 <http://faz-community.faz.net/blogs/biopolitik/archive/2009/08/01/debbie-purdy-informationfreiheit-oder-recht-auf-suizid.aspx> (zuletzt abgerufen: 27.10.2012) zit. als: *Tolmein*, Debbie Purdy, in: faz.net, 01.08.2009
Tolmein, Oliver	**Deutschland in Straßburg verklagt – Menschenrecht auf Suizid?** Blog auf faz.net, 23.11.2010 <http://faz-community.faz.net/blogs/biopolitik/archive/2010/11/23/deutschland-ist-nicht-dignitas-klage-vor-dem-egmr-in-strassburg.aspx> (zuletzt abgerufen: 27.10.2012) zit. als: *Tolmein*, Menschenrecht auf Suizid?, in: faz.net, 23.11.2010
Verrel, Torsten	**Der BGH legt nach: Zulässigkeit der indirekten Sterbehilfe** Anmerkung zur Sterbehilfeentscheidung des BGH vom 15.11.1996 in: MedR 1997, S. 248 ff. zit. als: *Verrel*, in: MedR 1997, S. ...

Vöhringer, Caroline	**Tötung auf Verlangen** Die Abgrenzung des § 216 StGB zur straflosen Beihilfe zum Suizid sowie das Verständnis von privilegierenden zu qualifizierenden Tatumständen Frankfurt am Main 2008 zit. als: *Vöhringer*, S. ...
von Kühlmann, Alexandra	**Sterbehilfe** Eine Studie geltenden Rechtes in Deutschland, Österreich, der Schweiz und den Niederlanden Aachen 1995 zit. als: *von Kühlmann*, S. ...
Wessels, Johannes / Beulke, Werner	**Strafrecht** **Allgemeiner Teil** Die Straftat und ihr Aufbau 42. Aufl., Heidelberg, München, Landsberg, Frechen, Hamburg 2012 zit. als: *Wessels/Beulke*, Rdn. ...
Wildhaber, Luzius	**Eine verfassungsrechtliche Zukunft für den Europäischen Gerichtshof für Menschenrechte?** in: EuGRZ 2002, S. 569 ff. zit. als: *Wildhaber*, in: EuGRZ 2002, S. ...
Wildhaber, Luzius	**Erfahrungen mit der Europäischen Menschenrechtskonvention** in: ZSR, NF, Bd. 98, 1979, II. Halbband; Bd. 120 der gesamten Folge, S. 229 ff. zit. als: *Wildhaber*, in: ZSR 1979, NF Bd. 98, II. Halbband, S. ...
Wolfslast, Gabriele	**Rechtliche Neuordnung der Tötung auf Verlangen?** in: *Amelung/Beulke* et al., FS-*Schreiber* (siehe oben), S. 913 ff. zit. als: *Wolfslast*, in: FS-*Schreiber*, S. ...

FSC
www.fsc.org
MIX
Papier | Fördert gute Waldnutzung
FSC® C083411

Kolibri 360 GmbH
Ferdinand-Jühlke-Straße 7
99095 Erfurt, Deutschland
produktsicherheit@kolibri360.de